Der Grüne Reiseführer

J.-P. Lescouret/PIX

Côte d'Azur

Französische Riviera

Alle in diesem Reiseführer enthaltenen Angaben wurden mit größter Sorgfalt recherchiert und überprüft. Da Irrtümer nie ganz auszuschließen sind und diese Angaben außerdem auch nach Redaktionsschluß ständigem Wandel unterliegen, können wir hierfür keine Haftung übernehmen und bitten für eventuelle Unstimmigkeiten um Ihr Verständnis. Wir machen Sie insbesondere darauf aufmerksam, daß alle Preisangaben aufgrund der Euro-Umrechnung nur Näherungspreise sind.

Reise-Verlag

Michelin Reifenwerke KGaA
Reise-Verlag
Redaktion Der Grüne Reiseführer
Postfach 21 09 51
D-76159 Karlsruhe
www.ViaMichelin.de
DerGrueneReisefuehrer@de.michelin.com

Manufacture française des pneumatiques Michelin
Société en commandite par actions au capital de 304 000 000 EUR
Place des Carmes-Déchaux – 63 Clermont-Ferrand (France)
R.C.S. Clermont-Fd B 855 200 507

Dépôt légal mai 2002 – ISBN 2-06-000246-X – ISSN 0763-1375
Printed in France 04-02/4.1

Photosatz: LE SANGLIER, Charleville-Mézières
Druck - broschur: I.M.E., Baume-les-Dames

Umschlaggestaltung: Carré Noir, F – 75017 Paris

DER GRÜNE REISEFÜHRER, die Kunst des Reisens

Der Grüne Reiseführer hilft Ihnen dabei, Ihren Urlaub aktiv zu gestalten, Kunst und Kultur zu erleben, Land und Leute kennenzulernen. Lassen Sie Ihrer Reiselust freien Lauf. Der Grüne Reiseführer begleitet Sie und gibt Ihnen wertvolle Tips.

Unsere Redakteure besuchen alljährlich Länder, Regionen und Städte, um Ihren Urlaub vorzubereiten. Vor Ort besichtigen Sie Sehenswürdigkeiten, erarbeiten Streckenvorschläge, testen Hotels und Restaurants. Ihre Erfahrungen fließen auch in die Fertigung der detailgenauen Karten und Pläne ein.

So entsteht ein mit großer Sorgfalt recherchierter Reiseführer. Regelmäßig wird er aktualisiert und entwickelt sich stetig weiter - nicht zuletzt auch dank Ihres Feedbacks. Der Grüne Reiseführer hat immer ein offenes Ohr für Ihre Anliegen. Schreiben Sie uns! Wir freuen uns über Ihre Zuschriften.

Teilen Sie mit uns die Lust, Neues zu entdecken. Der Grüne Reiseführer begleitet Sie zu derzeit über 40 Zielen in Europa und Nordamerika. Lassen Sie sich von uns führen und erleben Sie mit uns, was die Kunst des Reisens bedeutet.

Inhaltsverzeichnis

S. Sauvignier/MICHELIN

Grün wie die Pinien von Porquerolles

S. Sauvignier/MICHELIN

Rot wie die Rosen von Grasse

Karten und Pläne

Thematische Karten

Stadtpläne

Denkmäler und historische Stätten

Karten der Streckenvorschläge

D. Pazery/MICHELIN

Gelb wie die Fassaden in Nizza

S. Sauvignier/MICHELIN

Blau wie das Meer bei St-Jean-Cap-Ferrat

Karten und Pläne

ZU DIESEM REISEFÜHRER EMPFEHLEN WIR:

Michelin-Karten – denn Grüner Reiseführer, Roter Michelin Hotel- und Restaurantführer ergänzen einander. So finden Sie bei jedem Ort und jeder Landschaft, die in einem Grünen Reiseführer beschrieben ist, Hinweise auf unser Kartenmaterial, damit Sie sich leicht zurechtfinden können. Die Abbildung unten zeigt Ihnen, welche Karten Sie in dem von diesem Reiseführer erfaßten Gebiet benutzen können:

- Die **Regionalkarte Nr. 245** (Maßstab 1:200 000) deckt das Haupt- und Nebenstraßennetz ab und enthält viele touristisch interessante Informationen. Sie ist besonders geeignet bei der Reise über ein weites Gebiet und bietet einen schnellen Überblick über die Hauptsehenswürdigkeiten. Darüber hinaus sind auch Burgen, Höhlen, sakrale Gebäude, Badestrände an Flüssen oder Teichen, Schwimmbäder, Golfplätze, Pferderennbahnen, Segelfluggelände und Freizeitflughäfen verzeichnet.

- Ebenfalls im Maßstab 1:200 000 sind die Michelin-Detailkarte Nr. 340 (Departements Bouches-du-Rhône) und Nr. 341 (Alpes-Maritimes). Die Detailkarten Nr. 114 (Var) und Nr. 115 (Alpes-Maritimes) bieten bei einem kleineren Ausschnitt einen größeren Maßstab (1:100 000) und eignen sich für Touristen, die sich nur unweit von ihrem Urlaubsort entfernen und eher die Wanderwege in Anspruch nehmen.

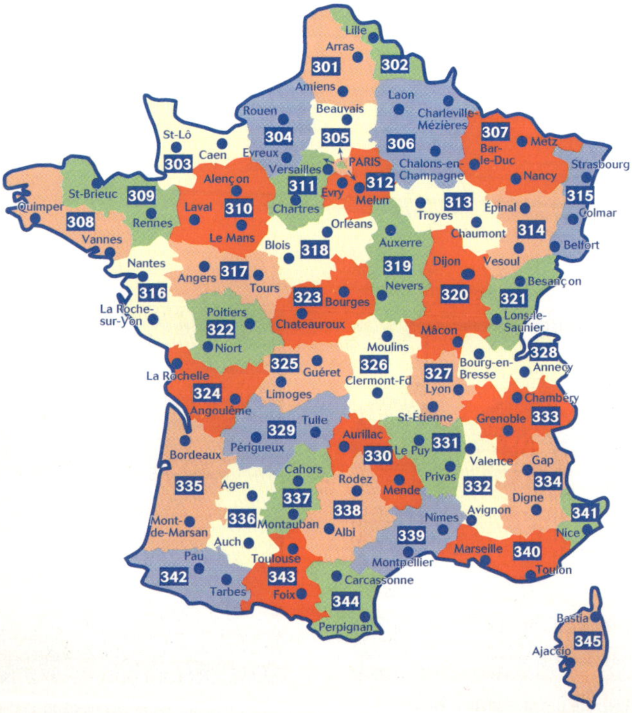

... und um nach Frankreich zu gelangen:

Wenn Sie aus Deutschland, Österreich oder der Schweiz nach Frankreich fahren, sollten Sie immer die neueste Ausgabe der **Länderkarte Nr. 989** France (1:1 000 000) mit sich führen. Sie vermittelt einen Überblick über ganz Frankreich, über Ihre Zielregion und die schnellsten Zufahrtswege dorthin. Auch als Spiralatlas (**Nr. 2093**) erhältlich. Wer viel auf Autobahnen unterwegs ist, für den empfiehlt sich die **Michelin-Karte Nr. 911 Frankreich Fernrouten** mit Haupt- und Alternativrouten, die vor allem während der verkehrsreichen Ferienzeiten nützlich sein können; hilfreich ist auch die Angabe der geschätzten Fahrtdauer.

Die **Michelin-Karte Nr. 914 Frankreich Autobahnen** besteht aus einem detaillierten Atlas der französischen Autobahnen mit genauen Angaben zu Maut, Rastplätzen und Tankstellen entlang der Strecke; sie enthält eine Tafel, anhand derer man Entfernung und Fahrtdauer ausrechnen kann.

Internet

Die Website **www.ViaMichelin.de** unterstützt mit einer Vielzahl von Dienstleistungen und praktischen Hinweisen Ihre Mobilität in 43 europäischen Ländern: Online-Routenplaner, Kartenausschnitte (von der Länderkarte bis zum Stadtplan), Hotel- und Restaurantempfehlungen (Auswahl des Roten Michelin-Führers) etc.

Haben Sie Anmerkungen oder Vorschläge? Dann schreiben Sie uns: Michelin Reifenwerke KGaA, Reise-Verlag, Redaktion Der Grüne Reiseführer, Postfach 21 09 51, D-76159 Karlsruhe, oder schicken Sie uns eine E-Mail:
DerGrueneReisefuehrer@de.michelin.com

Gute Reise!

Zeichenerklärung

Kunst- und Naturdenkmäler

- Beschriebene Strecke
- Ausgangspunkt der Besichtigung
- Katholische Kirche
- Protestantische Kirche
- Synagoge - Moschee
- Gebäude
- Statue, kleines Gebäude
- Bildstock
- Brunnen
- Befestigungsmauer - Turm - Tor
- Schloß, Burg
- Ruine(n)
- Staudamm
- Fabrik, Kraftwerk
- Festung
- Grotte, Höhle
- Höhlenwohnungen
- Megalith-Steindenkmal
- Orientierungstafel
- Aussichtspunkt
- Sonstige Sehenswürdigkeit

Besonderes Zeichen

- Strand

Sport und Freizeit

- Pferderennbahn
- Eisbahn
- Freibad - Hallenbad
- Multiplex-Kino
- Jachthafen
- Schutzhütte
- Seilschwebebahn, Kabinenbahn
- Standseilbahn, Zahnradbahn
- Museumseisenbahn, touristisch interessante Eisenbahnlinie
- Freizeiteinrichtungen
- Vergnügungspark
- Tierpark, Zoo
- Blumenpark, Arboretum
- Vogelpark, Vogelschutzgebiet
- Wanderweg
- Für Kinder besonders interessant

Abkürzungen

A	Landwirtschaftskammer (Chambre d'agriculture)
C	Handelskammer (Chambre de commerce)
H	Rathaus (Hôtel de ville)
J	Justizgebäude (Palais de justice)
M	Museum (Musée)
P	Präfektur, Unterpräfektur (Préfecture, sous-préfecture)
POL.	Polizei (Police)
	Gendarmerie
T	Theater (Théâtre)
U	Universität (Université)

	Kunst- und Naturdenkmal	Badeorte	Wintersportorte	Kurorte
Ist eine Reise wert	★★★			
Verdient einen Umweg	★★			
Besonders sehenswert	★			

Sonstige Zeichen

	Informationsstelle
	Autobahn oder Schnellstraße
	Autobahneinfahrt und/oder -ausfahrt
	Fußgängerzone
	Gesperrte oder zeitweise gesperrte Straße
	Treppenstraße - Weg
	Bahnhof - Autoreisezug
S.N.C.F.	Omnibusbahnhof
	Straßenbahn
	U-Bahnstation
	Park-and-Ride-Plätze
	Behindertengerechter Zugang
	Hauptpostamt
	Telefon
	Markthalle
	Kaserne
	Bewegliche Brücke
	Steinbruch
	Bergwerk
B F	Fähre
	Auto- und Personenfähre
	Personenfähre
③	Kennzeichnung der Ausfallstraßen auf den MICHELIN-Stadtplänen und -Karten
Bert (R.)...	Auf den Stadtplänen vermerkte Einkaufsstraße
AZ B	Lage auf dem Plan
▶▶	Ebenfalls sehenswert

Tips und Adressen

20 Z:	Anzahl der Zimmer
38,57/57,17€	Mindestpreis für ein Einzelzimmer/Höchstpreis für ein Doppelzimmer (bei Privatzimmern inkl. Frühstück)
Halb- oder Vollpension: 42,62€	Preis pro Person auf Doppelzimmerbasis
6,85€	Preis des Frühstücks (wenn nicht extra erwähnt, ist er im Zimmerpreis inbegriffen)
120 Plätze: 12,18€	Anzahl der Stellplätze/Preis für 2 Personen und 1 Auto auf Campingplätzen
12,18€ Mittagsmenü-16,74/38,05€	Preis für ein Tagesmenü mittags sowie Mindest- bzw. Höchstpreis für ein Abendessen in Restaurants (Menü oder à la carte)
Rest. 16,74/38,05€	Mindest- bzw. Höchstpreis für Tagesmenü oder Essen à la carte in Hotels, Pensionen etc.
Mahlzeit 15,22€	Mindest- bzw. Höchstpreis für eine Mahlzeit in Privatunterkünften (Menü oder à la carte)
Reserv.	Nur mit Reservierung möglich
Reserv. empf.	Reservierung empfohlen
	Keine Kreditkarten
P	Für Gäste reservierter Parkplatz

Die genannten Preise beziehen sich jeweils auf die Hochsaison.

Hauptsehenswürdigkeiten

MONACO	★★★	Ist eine Reise wert
Antibes	★★	Verdient einen Umweg
Biot	★	Besonders sehenswert
Cogolin		Sonstiger in diesem Führer beschriebener Ort

Badeorte ⛱ wurden nach eigenen Kriterien eingestuft.

Im Reiseführer beschriebener Routenvorschlag. Die entsprechende Seitenangabe finden Sie, indem Sie einen auf der Strecke verzeichneten Ort im Register nachschlagen.

Streckenvorschläge

Siehe gleichnamiges Kapitel in den
PRAKTISCHEN HINWEISEN.

1 Umland von Toulon und Îles d'Or

2 Malerische Dörfer im Haut-Var

3 Das Maurenmassiv

4 Pays de Fayence und Esterelmassiv

5 Düfte der Voralpen

6 Umgebung von Nizza

7 Die Französische Riviera aus der Höhe

TORINO
Col de Tende
Colle di Tenda
le Boréon
Cascade de l'Estrech
St-Martin-Vésubie
Vallée des Merveilles
Tende
la Brigue
N.-D. des Fontaines
Venanson
St-Dalmas-de-Tende
Vallon de la Gordolasque
l'Authion
Gorges de Bergue
ITALIA
Saorge
Gorges de Saorge
Forêt de Turini
Breil-s-Roya
GENOVA
Cime de Peira-Cava
D 2204
N 204
Lucéram
Sospel
S 1
PAYS
S 20
A 10
L'Escarène
SAN REMO
Peillon
Ventimiglia
NIÇOIS
N 7
MENTON
Èze
MONTE-CARLO
MONACO
Beaulieu-s-Mer
Villefranche-s-Mer
NICE
CORNICHES DE LA RIVIERA
Cap Ferrat
-s-Mer
ES-PINS
ntibes

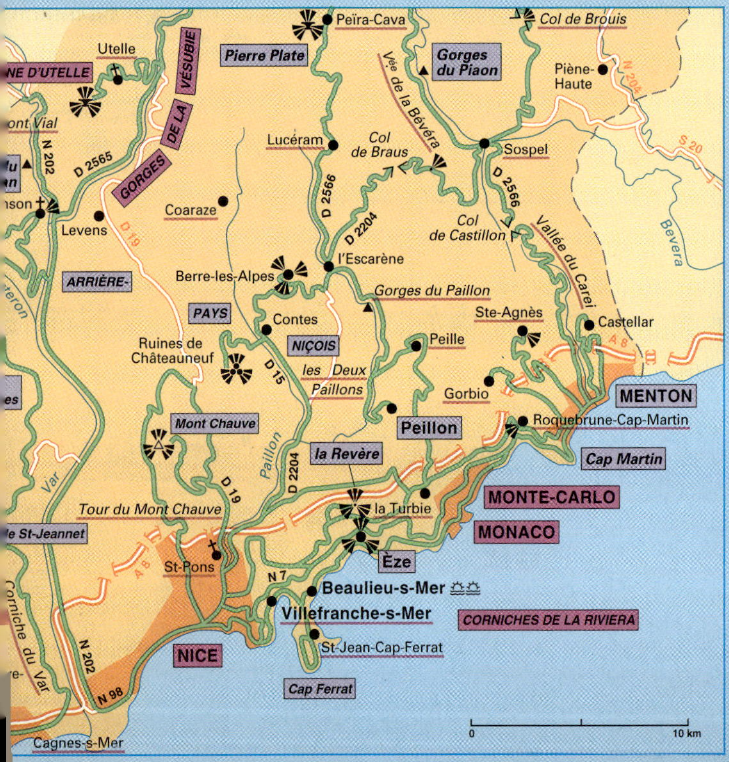
Peïra-Cava
Col de Brouis
Utelle
Pierre Plate
Gorges du Piaon
Piène-Haute
VÉSUBIE
DE LA
GORGES
Vée de la Bévéra
N 204
NE D'UTELLE
Lucéram
Col de Braus
Sospel
S 20
N 202
D 2565
D 2566
D 2204
Coaraze
Levens
D 19
Col de Castillon
Vallée du Careï
Bevera
ARRIÈRE-
Berre-les-Alpes
L'Escarène
Gorges du Paillon
PAYS
Contes
Ste-Agnès
Castellar
Ruines de Châteauneuf
NIÇOIS
D 15
Peille
A 8
les Deux Paillons
Gorbio
MENTON
Mont Chauve
Peillon
Roquebrune-Cap-Martin
Paillon
D 2204
la Revère
Cap Martin
Var
D 19
MONTE-CARLO
Tour du Mont Chauve
la Turbie
MONACO
e St-Jeannet
A 8
St-Pons
Èze
N 7
Beaulieu-s-Mer
Villefranche-s-Mer
CORNICHES DE LA RIVIERA
Corniche du Var
St-Jean-Cap-Ferrat
N 202
NICE
N 98
Cap Ferrat
Cagnes-s-Mer
0
10 km

BRIANÇON
D 2205
PARC NATIONAL DU MERCANT
Route de Valdeblore
St-Sauveur-sur-Tinée
Rimplas
Verdon
Var
Cians
ALPES-DE-HAUTE-PROVENCE
ALPES-MARITIMES
N 202
Var
Tinée
N 202
Lac de Castillon
Vieux-Pierrefeu
Mont Vial
Esteron
Castellane
Gréolières-les-Neiges
Route des Crêtes
Verdon
N 85
Clue
Gréolières
Col de Vence
Col de Valferrière
Hte Vallée du Loup
Vallée
Tourrettes-s-Loup
D 952
D 955
Pas de la Faye
Gorges du Loup
Vence
Route
Gourdon
du
St-Paul
Belvédère du Baou Mourine
St-Vallier-de-Thiey
le Bar-s-Loup
Siagne
Baume Obscure
Mons
Loup
Grasse
Col du Bel-Homme
Seillans
St Cézaire
Cabris
Valbonne
Biot
Napoléon
Gorges de Châteaudouble
Fayence
N.-D. de Peygros
Auribeau
Mougins
Bargemon
Lac de St-Cassien
Vallauris
le Malmont
Forêt St Paul
Massif du Tanneron
CANNES
JUAN
Golfe-Juan
Nartuby
Mandelieu-la Napoule
Mont Vinaigre
Draguignan
Théoule-s-Mer
Îles de Lérins
D 557
N.-D. de Jérusalem
MASSIF
Pointe de l'Esquillon
Lorgues
Parc zoologique
DE
Ste Roseline
L'ESTEREL
PIC DE L'OURS
N 555
le Trayas
les Arcs
N 7
St Raphaël
Roquebrune-s-Argens
Fréjus
PIC DU CAP ROUX
Argens
Fréjus-Plage
Anthéor
Agay
Boulouris
L'ESTEREL
A 8
St-Aygulf
Sémaphore du Dramont
MAURES
D 25
DE
les Issambres
N 98
CORNICHE
D 75
la Garde-Freinet
les Roches Blanches
Ste-Maxime
Grimaud
Port-Grimaud
St-Tropez
DES
D 14
Cogolin
Moulins de Paillas
Monastère de la Verne
Gassin
Anse de Pampelonne
Forêt du Dom
N 98
Ramatuelle
Camarat
Col du Canadel
Presqu'île de St-Tropez
Cavalaire-sur-Mer
Cap Lardier
Canadel-s-Mer
Domaine du Rayol
Cavalière
le Lavandou
Maures
Bormes-les-Mimosas
des
Corniche
Île du Levant
Î. DE PORT-CROS
D'HYÈRES

Archäologische Fundstätte
Sakralbau
Schloß, Burg
Natursehenswürdigkeit
Festung
Höhle
Gärten
Sport- und Freizeitaktivitäten
Aussichtspunkt
Tierpark, Zoo
Vogelpark, Vogelschutzgebiet
Schiffsrundfahrt
Außergewöhnlicher Ort/Lage
Altes Stadtzentrum
Malerisches Dorf
Museum
Wein- oder Kostproben
Schöner Badeort
Fresken
Briançon
D 2205
National du
St-Sauveur-sur-Tinée
Alpes-Maritimes
Verdon
D 900
Cians
N 85
N 202
Var
Lac Castillon
Vieux-Pierrefeu
Esteron
Gourdon
Tourrettes-s-Loup
St-Vallier-de-Thiey
D 12
D 2210
Cabris
Grasse
le Bar-s-Loup
Spéracèdes
St-Cézaire
Caillan
D 5
D 13
5
Vallauris
Auribeau
N 2085
Col de Valferrière
Tourtour
Châteaudouble
Fayence
D 19
Montauroux
D 9
Mougins
Figagnières
Lac de St-Cassien
Mandelieu
Golfe-Juan
Draguignan
D 54
D 51
Bagnols-en-Forêt
Tanneron
Flayosc
D 57
D 59
les Adrets
la Napoule
Cannes
Chapelle-Ste-Roseline
D 562
Roquebrune-s-Argens
Mont Vinaigre
4
le Muy
D 17
Lorgues
D 4
N 98
Pointe de l'Esquillon
les Arcs
D 91
St-Raphaël
Agay
Pointe de l'Observatoire
D 7
Fréjus
le Luc
N 7
D 8
Boulouris
Sémaphore du Dramont
D 25
Plan-de-la Tour
D 44
St-Aygulf
les Issambres
Corniche
Gonfaron
la Garde-Freinet
D 75
3
N 98
Beauvallon
Ste-Maxime
D 39
Grimaud
St-Tropez
les Marines
D 14
Cogolin
Gassin
Monastère de la Verne
Ramatuelle
Presqu'île de St-Tropez
D 41
Col-de-Gratteloup
la Croix-Valmer
D 559
Cavalaire-s-Mer
le Lavandou
Domaine-du-Rayol
la Londe-les-Maures
Bormes-les-Mimosas
Île du Levant
Port-Cros
D'Hyères

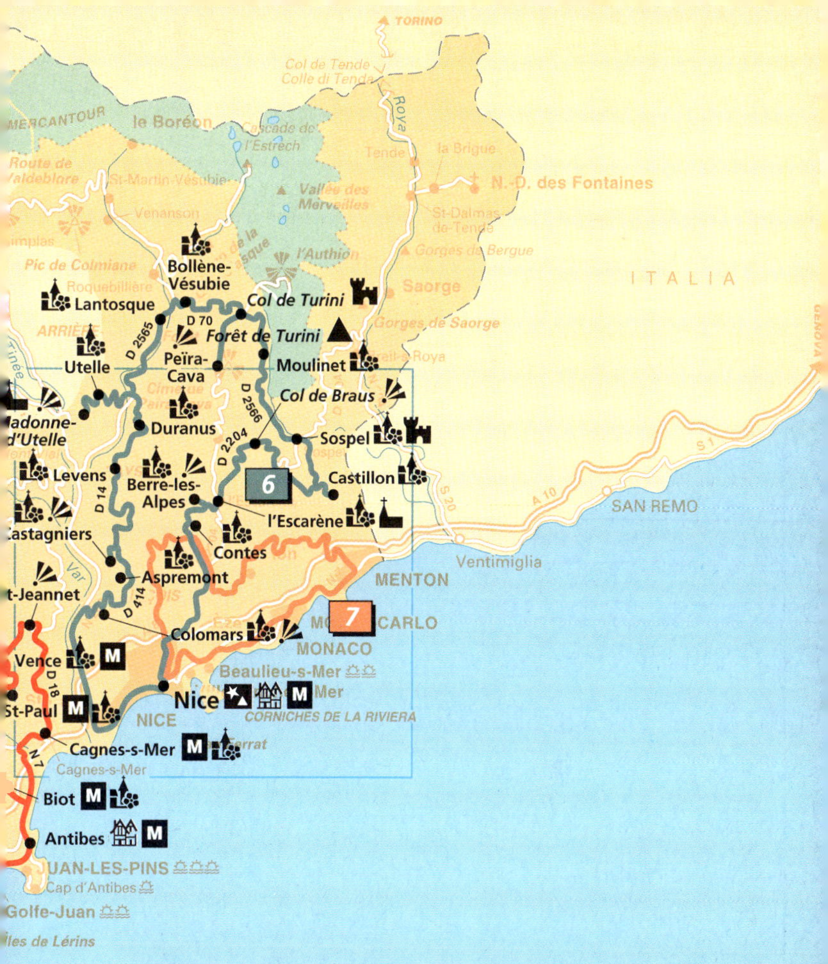
TORINO
Col de Tende
Colle di Tenda
Roya
MERCANTOUR
le Boréon
Cascade de l'Estrech
Tende
la Brigue
Route de Valdeblore
St-Martin-Vésubie
Vallée des Merveilles
N.-D. des Fontaines
St-Dalmas-de-Tende
Venanson
Gorges de Bergue
Pic de Colmiane
Roquebillière
l'Authion
Saorge
ITALIA
Bollène-Vésubie
Lantosque
Col de Turini
D 70
Forêt de Turini
Gorges de Saorge
D 2565
Peïra-Cava
Utelle
Moulinet
Col de Braus
D 2566
Madonne-d'Utelle
Duranus
Sospel
D 2204
S 1
Levens
Berre-les-Alpes
6
Castillon
A 10
SAN REMO
D 14
l'Escarène
S 20
Castagniers
Contes
Ventimiglia
Aspremont
MENTON
Var
D 414
7
MONTE-CARLO
St-Jeannet
Colomars
MONACO
Vence
M
D 18
Beaulieu-s-Mer
Nice
M
NICE
St-Paul
M
CORNICHES DE LA RIVIERA
Cagnes-s-Mer
M
N 7
Biot
M
Antibes
M
JUAN-LES-PINS
Cap d'Antibes
Golfe-Juan
Iles de Lérins
GENOVA

Utelle
D 2565
St-Jean-la-Rivière
MADONE D'UTELLE
Peira-Cava
Col de Braus
Gorges du Piaon
Plène-Haute
Pont de la Mescla
Madonne-d'Utelle
Duranus
D 2566
Sospel
Lucéram
Défilé du Chaudan
D 19
Col de Braus
Col de Castillon
6
Levens
Berre-les-Alpes
D 2204
D 54
Castillon
Bevera
Esteron
Châteauneuf
D 615
l'Escarène
D 14
Gorges du Paillon
F
Contes
Peille
Ste-Agnès
D 815
Castagniers
D 53
D 22
D 22
l'Annonciade
D 15
Tourrette-Levens
Peillon
F
Menton
M
Aspremont
D 21
Vistaero
D 19
Colomars
D 2204
7
Drap
Cap Martin
Roquebrune
D 2564
Var
D 414
la Turbie
MONTE-CARLO
Falicon
D 46
MONACO
D 2564
Èze
Beaulieu-s-Mer
Col d'Èze
CORNICHES DE LA RIVIERA
N 98
Nice
M
N 202
St-Jean-Cap-Ferrat
Villeneuve-Loubet
Cap Ferrat
Cagnes-s-Mer
0
10 km

Feinstes Hotel am Platz – das Negresco in Nizza

Praktische Hinweise

Reisevorbereitung

NÜTZLICHE ADRESSEN

Internet

www.franceguide.com
Die Website des Maison de la France *(s. unten)* enthält Informationen über Reisemöglichkeiten in ganz Frankreich, teilweise auch auf Deutsch. Die Hauptsprachen sind Französisch und Englisch; interessante Links.

www.botschaft-frankreich.de
Die Website der französischen Botschaft in Berlin.

www.maison-de-la-france.at
Die Website des Maison de la France in Österreich.

Französische Fremdenverkehrsverbände außerhalb Frankreichs

Um sich vorab zu informieren, die entsprechende Dokumentation einzuholen und die Reise in aller Ruhe vorzubereiten, wende man sich zuerst an die Vertretungen des amtlichen französischen Fremdenverkehrsbüros im Heimatland:

In Deutschland

Maison de la France
60325 Frankfurt am Main, Westendstraße 47, ☎ 0190/57 00 25 (0,62 €/Min.) oder ☎ 069/74 30 68 53, Fax: 0190/59 90 01
E-Mail: maison.de.la.france@t-online.de

In Österreich

Maison de la France
1040 Wien, Argentinierstraße 41 A, ☎ 01/503 28 90, Fax: 01/503 28 71
E-Mail: info@maison-de-la-france.at

In der Schweiz

Maison de la France
8023 Zürich, Löwenstrasse 59, ☎ 01/211 30 85, Fax: 01/211 16 44
E-Mail: mdlfgva@bluewin.ch

Touristeninformation in Frankreich

Die Adressen der Fremdenverkehrsbüros der Departements von ganz Frankreich erhalten Sie bei der **Fédération nationale des Comités départementaux de Tourisme**, 280 Boulevard St-Germain, 75007 Paris, ☎ 01 44 11 10 30. Wir führen hier die Adressen der Touristeninformationen der *Regionen* und der *Departements* auf, die von diesem Reiseführer erfaßt werden. Im Register wird nach jeder Stadt das Departement angegeben, zu dem die Stadt gehört, und in der Karte der Hauptsehenswürdigkeiten im Einführungsteil können Sie sehen, wo sich die Departements befinden.

Fremdenverkehrsverbände der Regionen

Comité régional du Tourisme Provence-Alpes-Côte d'Azur – Les Docks, Atrium 10.5, 10 Place de la Joliette, BP 46214, 13567 Marseille Cedex 02, ☎ 04 91 56 47 00

Comité régional du Tourisme Riviera-Côte d'Azur – 55 Promenade des Anglais, BP 1602, 06011 Nice Cedex 1, ☎ 04 93 37 78 78

Fremdenverkehrsverbände der Departements

Comité départemental du Tourisme du Var – 1 Boulevard Mar.-Foch, BP 99, 83003 Draguignan Cedex, ☎ 04 94 50 55 50

Union départementale des Offices de Tourisme et Syndicats d'Initiative des Alpes-Maritimes – 2 Rue Gustave-Deloye, 06000 Nice, ☎ 04 92 47 75 15

Office de Tourisme et des Congrès de la Principauté de Monaco – 2A Boulevard des Moulins, 98030 Monaco, ☎ (+377) – von Frankreich aus 04 – 92 16 61 16

Örtliche Fremdenverkehrsämter

Die Adressen der örtlichen Informationsstellen (*Syndicat d'Initiative* oder *Office de Tourisme*) finden Sie im Kapitel „Besichtigungsbedingungen". Auf den Stadtplänen des vorliegenden Reiseführers und des Roten Michelin-Hotel- und Restaurantführers France sind sie durch ein **i** gekennzeichnet.

Botschaften und konsularische Vertretungen

Bundesrepublik Deutschland

Informationsstelle der deutschen Botschaft
24 Rue Marbeau
75016 Paris, ☎ 01 44 17 31 31

Generalkonsulat
34 Avenue d'Iéna
75116 Paris, ☎ 01 53 83 45 00

Generalkonsulat
Le Minotaure
34 Avenue Henri Matisse
06200 Nice, ☎ 04 93 83 55 25

Generalkonsulat
338 Avenue du Prado
13295 Marseille Cedex 8, ☎ 04 91 16 75 20

Österreich

Botschaft
6 Rue Fabert
75007 Paris, ☎ 01 40 63 30 63

Konsulat
27 Cours Pierre Puget
13006 Marseille, ☎ 04 91 53 02 08
oder ☎ 04 91 37 74 30

Konsulat
6 Avenue de Verdun
06000 Nice, ☎ 04 93 87 01 31

Generalkonsulat
17 Avenue de Villars
75007 Paris, ☎ 01 40 63 30 90

Konsulat
7 Boulevard des Moulins
98000 Monte-Carlo, ☎ (+377) – von Frankreich aus 04 – 93 30 23 00

Schweiz

Botschaft
142 Rue de Grenelle
75007 Paris, ☎ 01 49 55 67 00

Konsulat
13 Rue Alphonse Karr
06000 Nice, ☎ 04 93 88 85 09

Konsulat
7 Rue d'Arcole
13291 Marseille Cedex 6, ☎ 04 96 10 14 10
oder ☎ 04 96 10 14 11

REISEFORMALITÄTEN

Papiere – Für den Besucher aus der Bundesrepublik Deutschland, aus Österreich und der Schweiz genügt zur Einreise nach Frankreich der Personalausweis. Kinder unter 16 Jahren benötigen einen Kinderausweis oder müssen im Reisepaß der Eltern eingetragen sein.
Für Kraftfahrzeuge, einschließlich Wohn- oder Gepäckanhänger, braucht man nur die Papiere des Heimatlandes. Die grüne Versicherungskarte wird nicht mehr verlangt, bei Schadensfällen vereinfacht sie jedoch die Abwicklung.

Zollbestimmungen – Die Warenmengen, die zollfrei ein- und ausgeführt werden können, sind Änderungen unterworfen. Auskünfte erteilen die Zollämter. Für Mitgliedsstaaten des Schengener Abkommens (u. a. Deutschland, Frankreich und Österreich) bestehen bei Waren für den Privatbedarf keine Mengenbeschränkungen.

Kranken- und Unfallversicherung – Für Reisende aus den **Mitgliedsstaaten der Europäischen Union** gibt es einen internationalen Krankenschein (Formular E 111). Dieser wird von der heimischen Krankenkasse ausgestellt und muß auf der Reise mitgeführt werden. Er wird im Bedarfsfall dem Arzt oder Krankenhaus vorgelegt.
Da es in der **Schweiz** keine gesetzliche Krankenkasse gibt, muß der Reisende in Frankreich seine Kranken- und Unfallkosten selbst bezahlen. Wer privat versichert ist, kann bei seiner Krankenversicherung einen französischen Krankenschein vorlegen, die Kosten werden den Bestimmungen entsprechend vergütet.

Notrufnummern s. S. 31.

REISEZEIT

Klima – Die Französische Riviera eignet sich praktisch das ganze Jahr über für einen Aufenthalt. Die **Wintermonate** zeichnen sich durch ein mildes, sonniges Klima aus, das besonders solche Gäste anzieht, die dem Trubel der Sommermonate entgehen wollen. Im **Frühjahr** und **Herbst** sind häufig heftige Regenfälle an der Tagesordnung, und der kalte Mistral wird manchen überraschen. Doch können diese sporadischen Unannehmlichkeiten die herrliche Pracht der in voller Blüte stehenden Pflanzen nicht überschatten. Der **Sommer** bleibt natürlich die Hochsaison an der Côte d'Azur, an der sich dann dermaßen viele Badegäste und Sonnenhungrige tummeln, daß es häufig zu Verkehrsstaus kommt und es nicht immer einfach ist, eine Unterkunft zu finden. Eine rechtzeitige Reservierung ist daher ratsam.

Wetterdienst – Vor Ort kann man beim französischen Wetterdienst regionale Vorhersagen über das Telefon abfragen. Die allgemeine Vorhersage erhält man unter ☎ 05 45 55 91 09 (5 Tage im voraus ☎ 04 36 85 01 01). Geographisch detailliertere Auskünfte sind unter ☎ 04 36 65 02 06 für das Departement **Alpes-Maritimes** und unter

J.-P. Clapham/MICHELIN

Gap – Place Monnier

☎ 04 36 65 02 83 für das Departement **Var** erhältlich. Vorhersagen über die Wetterbedingungen auf dem Meer erhält man unter ☎ 04 36 65 08 06 für das Departement Alpes-Maritimes und unter ☎ 04 36 68 08 83 für das Departement Var. Eine 5-Tage-Vorschau liefert die ☎ 04 36 68 08 08.
Über die **Schneeverhältnisse** in den Wintersportorten unterrichtet die 24-Stunden-Ansage unter ☎ 04 42 66 64 28. Für eine 5-Tage-Vorschau des Wetters im Gebirge wählen Sie die ☎ 04 36 68 04 04. **Schneefall- und Lawinengefahrvorhersagen** erhält man unter ☎ 04 36 68 10 20.

Gesetzliche Feiertage und Ferien – 1. Januar (Neujahr); Ostern (Sonntag und Montag); 1. Mai (Tag der Arbeit); 8. Mai (Waffenstillstand 1945); Christi Himmelfahrt; Pfingsten (Sonntag und Montag); 14. Juli (Nationalfeiertag); 15. August (Mariä Himmelfahrt); 1. November (Allerheiligen); 11. November (Waffenstillstand 1918); 25. Dezember.
An diesen Tagen können Museen und sonstige Sehenswürdigkeiten geschlossen sein oder andere Öffnungszeiten haben.
Abgesehen von den üblichen Schulferien an Weihnachten, Ostern und im Sommer sind die Schulen im Februar und Anfang November für 10 bis 14 Tage geschlossen.
Im August schließen viele Geschäfte und Betriebe.

HINWEISE FÜR REISENDE MIT BEHINDERUNGEN

Einige der in diesem Führer beschriebenen Sehenswürdigkeiten sind auch für Körperbehinderte zugänglich. Im Kapitel „Besichtigungsbedingungen" sind sie durch das Symbol ♿ kenntlich gemacht. Auskünfte über Museumsbesichtigungen für Körperbehinderte sowie Hör- und Sehgeschädigte erteilt die **Direction des Musées de France** (Service Accueil des Publics, 6 Rue des Pyramides, 75041 Paris Cedex 01, ☎ 01 40 15 35 88).
Die jährlich aktualisierten Michelin-Publikationen **Hotel- und Restaurantführer France** und **Camping Caravaning France** verweisen auf Hotels bzw. Campingplätze, die über behindertengerechte Zimmer und Sanitäreinrichtungen verfügen.
Der **Französische Verband für Behindertenhilfe** (C.N.F.L.R.H., 236bis Rue de Tolbiac, 75013 Paris, ☎ 01 53 80 66 66) informiert über Ferien und Transportmöglichkeiten für Behinderte und behindertengerechte Hotels und Freizeiteinrichtungen. Auch Gîtes de France gibt eine Informationsbroschüre über behindertengerechte Unterkünfte *(Guide des gîtes accessibles à tous)* heraus. Mitglieder von Behinderten-Sportvereinen können sich bei der Fédération française des Sports adaptés (182 Rue Raymond-Losserand, 75014 Paris, ☎ 01 40 31 45 45) über Möglichkeiten informieren, ihren Lieblingssport in Frankreich auszuüben.
Die Publikation *Guide Rousseau H... comme Handicaps* (Association France Handicaps, 9 Rue Luce de Lancival, 77340 Pontault-Combault, ☎ 01 60 28 50 12, Fax: 01 64 43 93 73) enthält wertvolle Hinweise zu den Themen Fremdenverkehr, Freizeit und Sportmöglichkeiten für Behinderte.

Verkehrsmittel

ANREISE

Mit dem Flugzeug

Die in dem beschriebenen Reisegebiet gelegenen größeren Flughäfen sind **Nizza** (Flughafen Nice-Côte d'Azur) und **Marseille**. Mehrere Fluggesellschaften bieten dorthin Flüge an. LUFTHANSA fliegt täglich ab Frankfurt, München und Düsseldorf nach Nizza (www.lufthansa.com). AUSTRIAN AIRLINES bietet eine Verbindung Wien–Nizza an (www.aua.com). Von der Schweiz gelangt man mit SWISSAIR oder CROSSAIR ab Basel, Zürich und Genf nach Nizza (www.swissair.com oder www.crossair.com). Die französische Fluggesellschaft AIR FRANCE EUROPE schließlich fliegt Genf, Düsseldorf und München an (www.airfrance.de). Zur Weiterfahrt und Besichtigung vor Ort kann ein Auto gemietet werden.
Die wichtigsten französischen Fluggesellschaften – AIR FRANCE, AIR LITTORAL – bieten Inlandsflüge zwischen den französischen Städten an.

Mit der Bahn

Die Büros, Schalter und Internetseiten der Deutsche Bahn AG (www.bahn.de), der Österreichischen Bundesbahn (www.oebb.at) und der Schweizerischen Bundesbahnen (www.sbb.ch) informieren über Bahnverbindungen nach und in Frankreich.
Auskunft über Fahrpläne, Streckenverbindungen und verbilligte Fahrkarten (Euro Domino, Billet Séjour, Inter Rail u. a.) erhalten Sie in den Verkaufsstellen der Bahn oder in Ihrem Reisebüro *(s. auch Billiger reisen, S. 29)*. Die französische Staatsbahn SNCF unterhält eine Generalvertretung in Berlin, Frankfurt am Main und Bern, die jeweils telefonisch unter ☎ 030/200 40 24 für Berlin, ☎ 069/72 84 45 oder ☎ 0180/521 82 38 für Frankfurt und ☎ 031/381 11 01 oder ☎ 031/38 29 90 00 für Bern zu erreichen sind. Sehr empfehlenswert ist die Website der SNCF: www.sncf.fr (auch in englisch), auf der Sie für die gewünschte Verbindung mehrere Abfahrtszeiten sowie den Preis dazu erhalten. Unter ☎ 08 36 35 35 36 erteilt die SNCF in Frankreich Auskunft in deutscher Sprache (man sollte sich allerdings nicht von der zunächst französischsprachigen Ansage vom Band abschrecken lassen).

Mit dem Auto oder Motorrad

Auf den Autobahnen erreicht man die Côte d'Azur am schnellsten.
Von Norddeutschland fährt man am besten über die Autobahnen A 7 und A 96 in die Schweiz, von dort weiter Richtung Italien und dann vorbei an Mailand und Genua auf der A 8 nach Nizza. Richtung Toulon sollte man die Strecke über Luxemburg, Metz, Beaune, Lyon und Avignon wählen (A 1 in Deutschland, A 31, A 6, A 7, A 8, A 52 und A 50 in Frankreich).
Von Ost- und Süddeutschland bietet sich sowohl für Nizza als auch für Toulon die Strecke über die Schweiz und Italien an.
Urlauber aus der Schweiz fahren über Italien. Das gleiche gilt für Österreich, von wo man an Padua, Verona, Brescia und Tortona vorbei an die Côte d'Azur gelangt.

> Bei Ihrer Routenplanung können Ihnen auch die auf Seite 6 aufgeführten **Michelin-Karten**, unsere Website **www.ViaMichelin.de** sowie die Karte der Hauptsehenswürdigkeiten und der Streckenvorschläge am Anfang dieses Reiseführers behilflich sein.

UNTERWEGS AN DER CÔTE D'AZUR

Wenn man selbst hinter dem Steuer sitzt

Verkehrshinweise – Die **Höchstgeschwindigkeit** beträgt in Ortschaften 50 km/h; auf Landstraßen 90 km/h (80 km/h bei Regen), auf Schnellstraßen mit getrennten Fahrbahnen 110 km/h (100 km/h bei Regen) und auf Autobahnen 130 km/h (110 km/h bei Regen). Wer seinen Führerschein noch kein Jahr besitzt, darf nur 90 km/h fahren (ein Aufkleber mit einem großen A informiert die anderen Verkehrsteilnehmer). Es besteht allgemeine Gurtpflicht.
Bei **Alkohol** am Steuer (Promillegrenze: 0,5) und Geschwindigkeitsüberschreitungen gelten strenge Vorschriften. Oft wird sofort Bußgeld verlangt, u. U. kann das Fahrzeug beschlagnahmt werden.

Ein dichtes Netz von Autobahnen und Nationalstraßen durchzieht ganz Frankreich. Hilfreich können die Michelin-Karten Nr. 911 (Frankreich Fernrouten) und Nr. 914 (Frankreich Autobahnen) sein, auf denen Mautgebühren und Raststätten aufgeführt sind.

Pannendienst – Die orangefarbenen Notrufsäulen an den Autobahnen stehen in Abständen von 2 km. Sie sind Tag und Nacht direkt mit der Gendarmerie oder der Verkehrswacht verbunden. Bei einer Autopanne führt eine zugelassene Reparaturwerkstatt die gesamte Reparatur aus oder schleppt den Wagen zu einem Festpreis bis zur Werkstatt Ihrer Wahl ab. Bei einem Unfall schickt die Gendarmerie die Unfallhilfe sofort an die Unfallstelle.

Parken mit Parkscheibe

Gebühren-pflichtiges Parken

Parken – In Städten kann man in manchen Zonen nur beschränkt oder gebührenpflichtig parken: Lösen Sie am Parkscheinautomaten *(horodateur)* einen Parkschein (Kleingeld bereithalten), und legen Sie ihn auf der Fahrerseite gut sichtbar hinter die Windschutzscheibe. Verkehrswidriges Parken wird mit hohem Bußgeld belegt; das Fahrzeug kann abgeschleppt werden. In manchen Städten gibt es blaue Parkzonen *(zones bleues)*, die durch eine blaue Linie oder ein blaues Schild mit einem P und einem kleinen Viereck darunter gekennzeichnet sind. Dort können Sie mit einer Parkscheibe 1 1/2 Std. (während der Mittagszeit 2 1/2 Std.) kostenlos parken. Parkscheiben *(disques de stationnement)* sind in Supermärkten und Tankstellen erhältlich.

Reiseplanung – Verkehrsinformationen erhalten Sie rund um die Uhr unter ☎ 05 56 96 33 33. Während der Ferienzeit herrscht starker Verkehr (vor allem an den Juli- und Augustwochenenden). Staus kann man umgehen, indem man den beschilderten Ausweichstrecken folgt *(Bison futé - itinéraires bis)*.
Auf unserer Website www.ViaMichelin.com können Sie sich Ihre individuelle Reiseroute zusammenstellen lassen.

Radio – Wer des Französischen mächtig ist, kann sich im Süden Frankreichs auch per Radio über Staus, Wetter, Veranstaltungen etc. informieren. Radio Traffic informiert auf UKW 107,7 darüber, regelmäßig auch auf englisch.

Autobahngebühren – In Frankreich sind die meisten Autobahnen gebührenpflichtig *(Péage)*. Sie können bar oder mit Kreditkarte zahlen (Mastercard, Visa). Achtung: Die Schalter für Kreditkarten sind an den Mautstationen besonders ausgeschildert (CB = *Carte bancaire*).

Automobilclub – Der französische Automobilclub **Fédération française des Clubs Automobiles** unterhält Geschäftsstellen in den größeren Städten. Anschriften im **Roten Michelin-Hotel- und Restaurantführer France** des laufenden Jahres.

Leihwagen – Autoverleihfirmen finden Sie in Flughäfen, Bahnhöfen und allen größeren Städten Frankreichs.

Reservierungszentralen in Frankreich:

Avis: ☎ 08 02 05 05 05	Europcar: ☎ 08 03 35 23 52
Budget: ☎ 08 00 10 00 01	Hertz: ☎ 08 03 86 18 61
Citer-Eurodollar: ☎ 01 44 38 61 61	Sixt-Eurorent: ☎ 01 44 38 55 55

Tanken – In Frankreich werden vier Kraftstofftypen verkauft: Super verbleit *(super)*, Super Plus *(sans plomb 98)*, Super *(sans plomb 95)* und Diesel *(diesel/gazole)*.

Die wichtigsten Hinweise im Straßenverkehr

accident	*Unfall*	gravillons	*Rollsplitt*
accotement dangereux	*Unbefestigter Seitenstreifen*	interdiction de doubler	*Überholverbot*
aire de service	*Autobahnraststätte mit Tankstelle*	poids lourd	*LKW*
attention	*Vorsicht*	priorité	*Vorfahrt*
bouchon	*Stau*	rappel	*Wiederholung eines Verkehrshinweises*
chantier	*Baustelle*	rétrécissement	*Fahrbahnverengung*
dangereux	*Gefährlich*	rond-point	*Kreisverkehr*
début	*Anfang*	rue à sens unique	*Einbahnstraße*
déviation	*Umleitung*	sortie	*Ausfahrt*
échangeur	*Autobahnkreuz*	tourner à droite	*rechts abbiegen*
entrée	*Einfahrt*	tourner à gauche	*links abbiegen*
fin	*Ende*	voiture de tourisme	*PKW*

Mit der Bahn

Zwischen den Städten an der Küste (Toulon, Hyères, St-Raphaël, Cannes, Antibes, Nizza, Monaco und Menton) bestehen gute Bahnverbindungen, oft auch per TGV (*Train à Grande Vitesse*, z. B. Paris–Nizza 6 1/2 Std.). Das Gebirge ist jedoch weniger gut per Bahn erschlossen, es gibt keine TGV-Linien. Genauere Informationen erhalten Sie bei der SNCF (*s. oben unter Anreise, Mit der Bahn*).

Die SNCF bietet auch eine Reihe von Ermäßigungen an, s. dazu Billiger reisen, S. 29.

In Frankreich müssen die Fahrscheine am Abfahrtstag vor dem Einsteigen entwertet (composter) werden. Zu diesem Zweck sind direkt an den Bahnsteigen orangefarbene Entwerter aufgestellt. Wenn Sie einen TGV nehmen, ist eine vorherige Platzreservierung erforderlich.

Unterkunft, Gastronomie

Tips und Adressen in diesem Reiseführer

Damit Sie nach Ihrem Urlaub auch einen angenehmen Aufenthalt in Erinnerung behalten, hat die Redaktion der Kollektion Der Grüne Reiseführer eine Auswahl an interessanten Tips und Adressen für Sie getroffen. Unsere Redakteure sind kreuz und quer durch das Land gezogen, um für Sie Gästezimmer, Hotels, Chalets, Campingplätze, Restaurants, Cafés und Bars ausfindig zu machen. Berücksichtigt haben wir hierbei bevorzugt Adressen im Herzen besonders sehenswerter Städte, in Orten, die sich gut als Ausgangspunkt eignen, Adressen, die auf einer der beschriebenen Rundfahrten liegen oder die sich in schöner Lage befinden, aber auch einfachere Adressen und solche, die durch ihren besonderen Charme etc. hervortreten. Auch bei den Restaurants sind die Adressen breit gestreut: Sie umfassen sowohl traditionelle französische Restaurants, als auch ausgefallenere oder exotische Gaststätten und reichen vom einfachen Bistro über Landgasthäuser bis zu Feinschmeckertempeln.
Komfort und Qualität waren die wichtigsten Auswahlkriterien. Alle Adressen wurden mit großer Sorgfalt ausgesucht. Es kann allerdings vorkommen, daß sich seit unserem letzten Besuch das ein oder andere geändert hat. In diesem Fall wären wir Ihnen dankbar für Ihre Hinweise. Bemerkungen und Vorschläge sind immer willkommen.
Die angegebenen **Preise gelten für die Hochsaison**. Zahlreiche Unterkünfte bieten jedoch vorteilhafte Sonderpreise außerhalb der Haupturlaubszeiten und geben gerne Auskunft darüber.
Die in Euro angegeben Preise sind meist Näherungspreise, d. h. abgerundete, von unserer Redaktion vor der Einführung des Euro durchgeführte Umrechnungen des ursprünglichen Preises in Francs (1 € = 6,55957 FF).

Das steckt dahinter

In den meisten Kapiteln im Hauptteil (Städte und andere besondere Sehenswürdigkeiten) finden Sie auf blauem Grund die Rubrik Tips und Adressen. Die Auswahl an Hotels und Pensionen an der sich ganz dem Tourismus verschriebenen Côte d'Azur ist natürlich mannigfaltig. In den höheren Lagen und in den Wintersportorten bevorzugen die Besucher oft die Privatunterkünfte, die Fremdenzimmer in einfachen Gasthäusern oder auf dem Bauernhof.
Die Adressen von Hotels und Restaurants haben wir in drei Kategorien eingeteilt – ob in malerischen Städten, belebten Vierteln, mitten auf einer Alm oder vor einem malerischen Bergsee gelegen, in unmittelbarer Nähe von Sehenswürdigkeiten, einfach oder besonders elegant, es gibt für jeden Geldbeutel etwas.
Unter der Überschrift **„Gut & preiswert“** finden Sie einfache Hotels, Gästezimmer und Campingplätze (bis 40 €/Übernachtung) sowie Adressen von Restaurants mit oft durchaus gastronomischen Mahlzeiten, aber zu korrekten Preisen, d. h. unter 15 €.
Wenn Sie mehr Komfort anstreben und größeren Wert auf eine schöne Lage legen, werden Sie garantiert unter der Kategorie **„Unsere Empfehlung“** das Richtige finden. Hier sind weitgehend stilvoll eingerichtete Hotels oder Ferienwohnungen sowie Privatzimmer mit mehr Komfort in charmantem Ambiente (bis 75 €/Übernachtung) verzeichnet, aber natürlich auch Restaurants, darunter solche mit gehobener französischer Küche, deren Köche in ihrem Metier besonders engagiert sind (Preise bis 30 €).
Für diejenigen, die sich etwas Besonderes gönnen möchten, hält die **„Spitzenkategorie“** bzw. **„Fürstlich logieren“** eine Auswahl an Adressen bereit. Dabei handelt es sich oft um exklusive Adressen, die ein hohes Maß an Komfort und Luxus bieten, um Grandhotels

oder Unterkünfte in einem noblen Landhaus oder Schloß. Für das, was diese Häuser bieten, kann der Preis manchmal durchaus interessant sein. Wem die Übernachtung zu teuer ist, der kann das traumhafte Dekor auch beim Tee oder Brunch genießen, und auch ein Sterne-Restaurant kann mittags Mahlzeiten zu erschwinglichen Preisen bieten. In einigen dieser eleganten Hotels und Restaurants wird korrekte Kleidung erwartet.
Im folgenden einige spezifische Informationen zu den verschiedenen Unterkunftsmöglichkeiten:

Hotels

Die Bandbreite der von uns ausgesuchten Hotels ist beachtlich. Die Preise gelten pro Übernachtung und schließen das Frühstück nicht mit ein. Der Frühstückspreis steht jeweils neben dem Tassensymbol. Manche Hotels besitzen ein jedermann zugängliches Restaurant.

Gästezimmer

Es handelt sich um Privatunterkünfte, die im Gegensatz zum Hotel eine familiäre Atmosphäre bieten. Die Preise verstehen sich pro Übernachtung inklusive Frühstück. Bei einigen besteht auch die Möglichkeit, mit Halbpension unterzukommen. Wegen der großen Beliebtheit dieser Zimmer sollten Sie möglichst früh Ihren Aufenthalt buchen.

Ferienwohnungen

Die Wohnungen werden im allgemeinen wochenweise vermietet, manche sind auch für einige Tage oder ein Wochenende zu haben. Jede Wohnung besitzt eine Küche oder Küchenzeile.

Ferienhäuser

Vermietet werden sie wochenweise oder manchmal auch für ein Wochenende. Vor allem in der Hochsaison ist eine rechtzeitige Reservierung unerläßlich.

Campingplätze

Die Preise verstehen sich pro Übernachtung für zwei Personen und einen Zeltstellplatz. Auf manchen Campingplätzen kann man Bungalows oder Campingwagen mieten.

Hinweis: Das *bis* hinter der Hausnummer in den Adressen (z. B. *8 bis Rue Coysevox*) entspricht der deutschen Hausnummer 8b, *8 ter* demnach 8c.
In einigen Hotels und Campingplätzen sind Haustiere nicht oder nur gegen Aufpreis erlaubt. Erkundigen Sie sich bei der Reservierung danach.

AUSSERDEM ...

Unterkunft

Die **Fédération des Stations vertes de Vacances et Villages de Neige** veröffentlicht jedes Jahr eine Liste mit Gemeinden, die wegen ihrer ruhigen Lage und ihres interessanten Freizeitangebots ausgewählt wurden. Auskunft: 6 Rue Ranfer-de-Bretenières, BP 71698, 21016 Dijon Cedex, ☎ 03 80 54 10 50.

Accueil de France – Die Geschäftsstellen des Accueil de France sind das ganze Jahr über geöffnet und nehmen gegen Entgelt Zimmerreservierungen vor. Das Hauptbüro befindet sich in 75008 Paris, 127 Avenue des Champs-Élysées, ☎ 01 49 52 53 54 (nur Auskünfte). Darüber hinaus gibt es Büros in größeren Städten und touristischen Gegenden. Beim Hauptbüro ist die Broschüre *Logis et Auberges de France* erhältlich.

Loisirs Accueil – Dieser in den meisten französischen Departements vertretene Reservierungsservice bietet vielfältige Urlaubsideen und Unterkunftsmöglichkeiten an: Hotelzimmer, Privatunterkünfte, Ferienwohnungen, Berghütten usw. Informationen erhalten Sie bei der Pariser Zentralstelle (Service Réservation Loisirs Accueil, 280 Boulevard St-Germain, 75007 Paris, ☎ 01 44 11 10 44). Dort sind auch die Adressen der Geschäftsstellen in den verschiedenen Regionen sowie Broschüren über einzelne Departements erhältlich. Mehrsprachige, auch deutsche Website (www.resinfrance.com), mit der Sie Reservierungen vornehmen können.

Hotels

Der Rote Michelin-Hotel- und Restaurantführer France – Im jährlich aktualisierten Hotel- und Restaurantführer von Michelin finden Sie eine reiche Auswahl an vor Ort geprüften Hotels. Für jedes Hotel werden mehrere wichtige Informationen gegeben: Komfort, aktuelle Preise, akzeptierte Kreditkarten, Telefon- bzw. Faxnummer für die Zimmerreservierung sowie eine kurze Beschreibung. Hotels in besonders ruhiger Lage sind mit dem Symbol gekennzeichnet.

Preiswerte Hotelketten – Wenn Sie nur eine Verschnauf- und Schlafpause auf Ihrer Fahrt zum Urlaubsziel benötigen, können diese äußerst preiswerten Hotels (unter 38 € für ein Doppelzimmer) die Lösung sein. Sie befinden sich meist entlang der Autobahnen oder großen Verkehrsachsen und bieten einen recht bescheidenen Komfort. Hier die Telefonnummern der jeweiligen Reservierungszentralen:

Akena ☎ 01 69 84 85 17

B&B ☎ 08 03 00 29 29

Etap Hôtel ☎ 08 36 68 89 00 (0,34 €/Min.)

Mister Bed ☎ 01 46 14 38 00

Villages Hôtel ☎ 03 80 60 92 70

Die folgenden Hotelketten sind etwas teurer (ab 46 € pro Doppelzimmer), sind dafür aber komfortabler und bieten besseren Service:

Campanile ☎ 01 64 62 46 46

Climat de France ☎ 01 64 46 01 23

Ibis ☎ 08 03 88 22 22

Kyriad ☎ 01 64 62 51 96

Unterkunft auf dem Lande

Wanderer finden nützliche Informationen in *Gîtes d'étapes, refuges* von A. und S. Mouraret, einem Büchlein, das sich an all jene wendet, die gerne zu Fuß, zu Pferde oder mit dem Fahrrad unterwegs sind (Rando Éditions, BP 24, 65421 Ibos, ☎ 05 62 90 09 90).

Die **Maison des Gîtes de France et du Tourisme vert** (59 Rue St-Lazare, 75439 Paris Cedex 09, ☎ 01 49 70 75 75) vermittelt die Adressen der örtlichen Verbände und veröffentlicht regionale Broschüren über verschiedene Unterkunftsmöglichkeiten: *chambres d'hôte* (Fremdenzimmer mit Frühstück), *gîtes d'étape* (besonders für Wanderer geeignete Übernachtungsmöglichkeiten), *gîtes ruraux* (Unterkünfte in ländlicher Umgebung). Internet: www.gites-de-France.fr
Gîtes de France verfügt auch über Adressen für Angler *(gîtes et logis de pêche)* und Wintersportler *(gîtes de neige)*; zudem gibt es eine Informationsbroschüre über behindertengerechte Unterkünfte *(Guide des gîtes accessibles à tous)*.

Relais et Châteaux – 9 Avenue Marceau, 75016 Paris, ☎ 01 47 42 20 92. Übernachtungsmöglichkeiten in besonders stilvollen Häusern, Schlössern oder Landsitzen.

Ferien auf dem Bauernhof – In dem von der Assemblée permanente des Chambres d'Agriculture (französische Landwirtschaftskammer) herausgegebenen Führer *Bienvenue à la ferme* sind die Adressen der französischen Landwirte aufgeführt, die Ferien auf dem Bauernhof gemäß den von der Landwirtschaftskammer aufgestellten Richtlinien anbieten. Gütezeichen ist ein gelbes Blümchen (Kontaktadresse: A.P.C.A., 9 Avenue George V, 75008 Paris).

Weitere Adressen für Ferien auf dem Bauernhof enthält das bei Éditions Balland erschienene Büchlein *Vacances et week-ends à la ferme*.

Jugendherbergen – In Frankreich gibt es zwei Jugendherbergsverbände:

Fédération unie des Auberges de Jeunesse (F.U.A.J.), 4 Boulevard Jules-Ferry, 75011 Paris. ☎ 01 43 57 02 60 Fax 01 43 57 53 90, www.iyhf.org.
Um in den Häusern der F.U.A.J. übernachten zu können, benötigt man den Internationalen Jugendherbergsausweis. Die F.U.A.J. gibt Broschüren mit den Adressen und den Preisen ihrer Jugendherbergen heraus.

Ligue française pour les Auberges de la Jeunesse, 67 Rue Vergniaud, 75013 Paris, ☎ 01 44 16 78 78, Fax: 01 44 16 78 80.

Michelin-Führer Camping Caravaning France – Der Michelin-Campingführer enthält eine Auswahl der besten Campingplätze mit Angabe der vorhandenen Einrichtungen, der aktuellen Preise und der verschiedenen Annehmlichkeiten, die sich aus ihrer Lage ergeben. Der Campingführer wird jedes Jahr überarbeitet. Das Mitführen des Camping Carnet International (Internationaler Camping-Ausweis) für Wohnwagen ist sinnvoll, aber nicht obligatorisch. Man kann es bei den Auto- oder Campingclubs erhalten.

Gastronomie

Roter Michelin-Hotel- und Restaurantführer France – Der Hotel- und Restaurantführer von Michelin enthält eine breit gefächerte Auswahl an Restaurants an der Côte d'Azur und im Hinterland, in denen man feinste regionale Küche kosten kann. Wo das rot gedruckte Symbol ☺ in der Beschreibung einer Gaststätte auftaucht, können auch Feinschmecker preiswert und gut essen. Piktogramme weisen auf Lokale mit besonders angenehmer Ausstattung, schönem Blick oder ruhiger Lage hin. Der Rote Michelin-Führer nennt nicht nur die Adressen empfehlenswerter Restaurants, sondern gibt auch eine kurze Beschreibung sowie die kulinarischen Spezialitäten an.

D. Pazery/MICHELIN

Restaurant-Terrasse in einem Gäßchen in Cannes

Ferienorte
Badeorte
Badeorte ⛱ wurden nach eigenen Kriterien eingestuft.
Kurorte
Wintersportorte
Traditioneller Ferienort
Stadt, die einen mehrtägigen Aufenthalt lohnt
Übernachtungsort
Jachthafen
Bléone
D 900
Verdon
N 85
Digne-les-Bains
N 202
D 907
Castellane
N 85
DURANCE
A 51
D 11
D 955
Verdon
D 554
Aups
Bargemon
Tourtour
Nartuby
Barjols
Salernes
Flayosc
Draguignan
Trans-en-Provence
Cotignac
Entrecasteaux
Lorgues
Arc
D 560
Argens
le Val
St-Maximin-la-Ste-Baume
A 8
Brignoles
D 25
N 560
A 52
Beauvallon
Port-Grimaud
Grimaud
Port Cogolin
Gapeau
A 57
Cogolin
Ramatuelle
Collobrières
la Croix-Valmer
A 50
la Cadière-d'Azur
Cavalaire-s-Mer
Solliès-Ville
Canadel-s-Mer
le Rayol
St-Cyr-s-Mer
St-Clair
N 98
Cavalière
les Lecques
TOULON
Hyères
le Lavandou
Bandol
le Mourillon
Bormes-les-Mimosas
le Pradet
Bendor
Ayguade-Ceinturon
la Seyne
Sanary-s-Mer
Six-Fours-les-Plages
Carqueiranne
Hyères-Plage
les Embiez
la Capte
la Tour-Fondue
Port-du-Niel
Port-Cros
Porquerolles

ITALIA
PARC NATIONAL DU MERCANTOUR
D 2205
Tende
St-Dalmas-de-Tende
la Brigue
St-Martin-Vésubie
La Colmiane-Valdeblore
Berthemont-les-Bains
Tinée
Var
la Bollène-Vésubie
Lantosque
Saorge
N 204
Roya
Breil-sur-Roya
N 202
Vésubie
Peïra-Cava
D 2204
Sospel
S 20
Levens
Coaraze
l'Escarène
Castillon
A 10
Gréolières-les-Neiges
N 202
VAR
Roquebrune-Cap-Martin
Ventimiglia
Peillon
MENTON
Loup
Cipières
Villefranche-s-Mer
MONTE-CARLO
Andon
Vence
Cap-d'Ail
Tourrettes-s-Loup
Èze-Bord-de-Mer
St-Paul
Beaulieu
St-Vallier
la Colle-s-Loup
St-Jean-Cap-Ferrat
NICE
St-Cézaire
Villeneuve Loubet-Plage
St-Laurent-du-Var
Cabris
Grasse
illans
Cros-de-Cagnes
Mougins
Cagnes-s-Mer
N 85
Pégomas
Fayence
Marina Baie des Anges
Antibes
CANNES
Juan-les-Pins
Mandelieu-la-Napoule
Cap d'Antibes
le Cannet
Port Gallice
la Napoule
Golfe-Juan
Théoule-s-Mer
Port-la-Galère
Miramar
A 8
Le Trayas
Agay
Anthéor
MER
Fréjus
Fréjus-Plage
Boulouris
St-Raphaël
St-Aygulf
MÉDITERRANÉE
les Issambres
Ste-Maxime
ST-TROPEZ
Anse de Pampelonne
Tramontane
Mistral
Grec
N
N-O
N-E
Ponant
O
E
Levant
S-O
S-E
(Libeccio)
Labech
S
Sirocco
Largade
0
10
20 km

WAHL DES FERIENORTES

Die Karte der **Ferienorte** zeigt Städte und Dörfer, die wir Ihnen zur Übernachtung oder als Ausgangspunkt für Rundfahrten in der Umgebung empfehlen. Die traditionellen Ferienorte wurden wegen ihrer schönen Lage und der besonderen touristischen Infrastruktur ausgewählt. Städte wie Nizza und Monaco/Monte-Carlo eignen sich besonders gut für einen mehrtägigen Aufenthalt.

ESSEN UND TRINKEN

Französische Tischgewohnheiten – In Frankreich wird das Mittagessen ab 12 Uhr eingenommen, das Abendessen ab 19.30 Uhr. In den Brasserien und kleinen Restaurants empfiehlt sich das Tagesmenü *(plat du jour)*. Die Preise der Restaurants (Menü oder Karte) enthalten immer Brot und Bedienung. Dennoch gibt man meist ein Trinkgeld.
Zahlreiche Restaurants bieten neben den einzelnen Gerichten auch Menüs an; sie sind zumeist preiswerter als ein Essen *à la carte*. Die Menüs enthalten eine Vorspeise, ein Hauptgericht (in gehobenen Restaurants auch zwei Hauptgerichte), Käse oder Nachtisch (manchmal wird auch beides angeboten). Es kommt vor, daß Getränke und Kaffee im Preis inbegriffen sind, doch ist dies jeweils angegeben.
Das Frühstück ist in Frankreich oft recht einfach – ganz im Gegensatz zum Mittag- und Abendessen, bei dem die Franzosen traditionsgemäß großen Wert auf eine abwechslungsreiche, gut aufeinander abgestimmte Speisenfolge, begleitet von den passenden Weinen, legen. Hast ist verpönt, beim Servieren ebenso wie beim Essen, für das man zwischen eineinhalb und zwei Stunden rechnen sollte.
Wer es eilig hat, sollte statt in ein gepflegtes Restaurant lieber in eine „Brasserie" oder eines der zahlreichen „Cafés" gehen. Das französische *Café* ist übrigens kein Café im deutschen Sinne (das heißt in Frankreich *Salon de Thé*), sondern eher eine Gaststätte oder Kneipe.
Auf dem Lande ist es ratsam, in kleinen Gaststätten zu essen, wo einen oft besondere kulinarische Genüsse, wenn auch in einfacher Aufmachung, erwarten.

Getränke – Frankreich ist für seine ausgezeichneten **Weine** bekannt. Flaschenweine sind jedoch nicht billig. Wer sparen will, kann einen Krug offenen Wein bestellen (*pichet de vin* oder *vin en carafe*), der in Portionen von 33 cl oder 50 cl ausgeschenkt wird.

Mineralwässer werden in Frankreich unter ihrem Namen verkauft. Stilles Wasser ist sehr beliebt (z. B. Contrexéville, Évian oder Vittel). Zu den leicht kohlensäurehaltigen Wässern zählen Badoit und Vichy St-Yorre; stark kohlensäurehaltig ist Perrier. In allen Restaurants kann man auch eine kostenlose Karaffe Leitungswasser verlangen *(carafe d'eau)*.
Man erhält fast überall die bekannten französischen oder ausländischen Flaschenbiere. Gezapftes **Bier** *(bière à la pression)* zu bestellen ist allerdings meistens billiger. Apropos: unter einem *Demi* versteht man in Frankreich nicht einen halben Liter Bier, sondern nur 25 cl.

Trinkgeld – In den Preisen für Speisen und Unterkunft ist das Bedienungsgeld inbegriffen. Sie brauchen daher in Restaurants und Hotels kein Trinkgeld zu geben. Wenn Sie jedoch mit dem Service zufrieden waren, in einem Lokal gut gegessen haben oder einem besonders zuvorkommenden Taxifahrer begegnet sind, ist es üblich, ein Trinkgeld *(pourboire)* zu geben. Man rundet den zu zahlenden Betrag auf oder gibt 1,50 oder 2 €; in besonders luxuriösen Restaurants bedankt man sich auch beim Bedienungspersonal meist mit höheren Summen (7 € oder mehr).

Alles, was für Sie wichtig ist

BILLIGER REISEN

100 Sehenswürdigkeiten mit einem Paß – Nach Zahlung von 42,69 € gewährt Ihnen ein **Laissez-Passer** (Passierschein) freien Zutritt zu über hundert Denkmälern, die vom Denkmalschutzamt *Centre des Monuments Nationaux* verwaltet werden. Es ist ab Kaufdatum ein Jahr lang und in ganz Frankreich gültig. Erhältlich ist das Laissez-Passer in den bedeutendsten Denkmälern, Bauten und Museen. Informationen auch auf der interessant gestalteten Website: www.monuments-france.fr.

Carte Musées Côte d'Azur – Mit dieser Karte können Sie an einem oder mehreren Tagen zahlreiche Museen und Sehenswürdigkeiten an der Côte d'Azur besichtigen, und zwar zu folgenden Tarifen: 1 Tag für 8 €, 3 aufeinander folgende Tage für 15 € oder 7 Besichtigungstage, die sich auf 15 aufeinander folgende Tage verteilen können, für 25 €. Zu den Sehenswürdigkeiten gehören:

Antibes: Fort carré, Musées d'archéologie, Musée napoléonien, Musée Peynet, Musées Picasso; **Biot:** Musée du bonsaï, Musée Fernand Léger; **Cagnes-sur-Mer:** Château-musée Grimaldi, Musée Renoir; **Cannes:** Chapelle Bellini, la Malmaison, Musée de la Castre, Musée de la mer; **Eze:** Jardin exotique; **Fréjus:** Cloître de la cathédrale; **Grasse:** Collection privée Molinard, Musée d'art et d'histoire de Provence, Musée Jean-Honoré Fragonard, Musée international de la parfumerie, Musée privé de la parfumerie Fragonard, Musée provençal du costume et du bijou; **La Turbie:** Trophée d'Auguste; **Le Cannet:** Chapelle Saint-Sauveur; **Levens:** Maison du portal; **Le Thoronet:** Abbaye du Thoronet; **Menton:** Musée des Beaux-Arts, Musée Jean Cocteau, Musée de la préhistoire régionale, Palais de l'Europe, Salle des mariages; **Mouans-Sartoux:** Espace de l'art concret; **Mougins:** Musée d'histoire locale, Musée de la photographie; **Nizza:** Galerie de la marine, Galerie des ponchettes, Musée d'art et d'histoire, Musée d'art naïf, Musée d'art moderne et d'art contemporain, Musée des Arts Asiatiques, Musée et site archéologiques, Musée des Beaux-Arts, Musée franciscain de Cimiez, Musée message biblique Marc Chagall, Musée du palais Lascaris, Musée de la marine, Musée Matisse, Musée Terra Amata, Museum d'histoire naturelle, Prieuré du vieux logis, Théâtre de la photographie et de l'image, Villa Arson; **Puget-Rostang:** Écomusée du pays de la Roudoule; **Roquebrune-Cap-Martin:** Château médiéval; **Saint-Paul:** Musée d'histoire locale, Musée de Saint-Paul; **Saorge:** Monastère; **Sospel:** Fort du Barbonnet; **Tende:** Musée des merveilles; **Tourrette-Levens:** Château-Musée, Espace Chubac; **Vallauris:** Musée Magnelli und Musée de la céramique, Musée Picasso La guerre et la paix; **Vence:** Château de Villeneuve; **Villefranche-sur-Mer:** Musée d'art et d'histoire de la citadelle; **Villeneuve-Loubet:** Musée d'histoire et d'art

Ermäßigungen für den Zug (SNCF) – Die französische Staatsbahn SNCF bietet eine Reihe von Ermäßigungen an. Interessant sind insbesondere das Angebot *Découverte à deux*, durch das man bei einer Hin- und Rückfahrt zu zweit 25 % Ermäßigung erhält. Für junge Leute zwischen 12 und 25 Jahren gibt es die ein Jahr gültige *Carte 12-25*, die Ermäßigungen zwischen 25 und 50 % ermöglicht. Für Reisende ab 60 Jahren ist die *Carte Senior* erhältlich (44,21 €), mit der ebenfalls Ermäßigungen zwischen 25 und 50 % möglich sind. Reisen mit Kindern wird mit der *Carte Enfant +* (53,36 €) günstiger, mit der ein Kind unter 12 Jahren sowie 4 Begleiter (Kinder oder Erwachsene, die nicht unbedingt die Eltern des Kindes zu sein brauchen) ebenfalls ein Jahr lang Ermäßigungen zwischen 25 und 50 % erhalten können. Alle diese Karten sind an französischen Bahnhöfen, Schaltern der SNCF und in einigen Reisebüros erhältlich (Personalausweis oder Paß und Paßfoto mitbringen!). Für fast alle diese Angebote gilt, daß bestimmte Tageszeiten, insbesondere der Freitag- und der Sonntagnachmittag, von der Ermäßigung ausgenommen sind. Die SNCF gibt Taschenkalender *(Calendrier voyageur)* heraus, in denen die blauen Zonen (*zones bleues*, Ermäßigung möglich) und die weißen Zonen (*zones blanches*, keine Ermäßigung) verzeichnet sind. Genauere Informationen zu all diesen Angeboten erhalten Sie auf der Website der SNCF (www.sncf.com).

Tanken – Benzin ist in Deutschland inzwischen fast genauso teuer wie in Frankreich. Es lohnt sich also nicht mehr, extra einen Kanister mitzunehmen. Wer dennoch etwas sparen möchte, sollte natürlich Autobahntankstellen meiden und die Tankstellen der großen Supermarktketten, der *Hypermarchés* (Auchan, Leclerc, Les Trois Mousquetaires, Cora etc.), aufsuchen. Diese befinden sich meist in Gewerbegebieten am Stadtrand, die aufgrund der vielen Leuchtreklamen etwas amerikanisch anmuten.

GUT ZU WISSEN

Notrufnummern:

Polizei *(Police)* 17 **Notarzt** *(SAMU)* 15 **Feuerwehr** *(Pompiers)* 18

Ärzte und Apotheken

Die französischen Apotheken *(pharmacies)* sind am grünen Kreuz erkenntlich. Sonn- und feiertags sowie nachts sind an den Türen der Apotheken zumeist die Adressen der diensthabenden Ärzte und Apotheken angeschlagen. Ansonsten erteilt die Polizei Auskunft.

Für EU-Angehörige gibt es einen europäischen Krankenschein (**E 111-Formular**, *s. auch REISEVORBEREITUNG, Reiseformalitäten*). Er wird von der heimischen Krankenkasse ausgestellt und muß auf der Reise mitgeführt werden. Bedenken Sie, daß Sie, wenn Sie in Frankreich einen Arzt aufsuchen, diesen für die Konsultation in bar oder per Scheck bezahlen müssen. Nach der Heimkehr können die vom französischen Arzt bzw. Krankenhaus ausgestellten Papiere (Krankenschein, Rezept) der eigenen Krankenkasse vorgelegt werden, die dann die Kosten gemäß den in Frankreich geltenden Tarifen zurückerstattet (60-100 % des Kassensatzes, der mitunter unter dem Tarif der Ärzte liegt).

Geldgeschäfte

Banknoten und Münzen – Seit dem 1. Januar 2002 gilt auch in Frankreich die europäische Währungseinheit Euro. Besucher aus Deutschland und Österreich haben es einfach, denn die in ihrem Heimatland üblichen Geldscheine und Münzen können sie auch in Frankreich verwenden.

Banken – Außer an Feiertagen sind die Banken montags bis freitags im allgemeinen von 9-16.30 Uhr geöffnet (manche Filialen haben auch samstags auf, sind dafür aber oft montags geschlossen). Die meisten Banken sind mit Geldautomaten *(distributeurs)* ausgestattet, die die EC-Card und internationale Kreditkarten akzeptieren (achten Sie auf die Logos der entsprechenden Kreditinstitute). Wenn Sie Schecks (Reiseschecks o. ä.) einlösen wollen, müssen Sie Ihren Paß oder Personalausweis vorlegen. Banken verlangen im allgemeinen eine geringere Gebühr als Hotels, am günstigsten ist es aber, sein Geld direkt mit der Kreditkarte am Geldautomaten abzuholen.

Kreditkarten – Bargeldloser Zahlungsverkehr ist in Frankreich sehr verbreitet. American Express, Visa, MasterCard/Eurocard und Diners Club werden in den meisten Geschäften, Hotels, Restaurants und an Tankstellen in Zahlung genommen. Auch die Autobahngebühren können damit bezahlt werden. American-Express-Kreditkarten können nur in den Geldautomaten der Bank Crédit Lyonnais oder von American Express benutzt werden. Bei Verlust oder Diebstahl wählen Sie umgehend eine der folgenden Nummern.

American Express: ☎ 01 47 77 72 00 **Visa:** ☎ 08 36 69 08 80

MasterCard/Eurocard: ☎ 0 800 90 23 90 **Diners Club:** ☎ 01 49 06 17 50

Melden Sie den Verlust von Kreditkarte oder Reiseschecks ebenfalls unbedingt der Polizei *(Commissariat de police)*, die Ihnen eine Verlustbescheinigung für Ihre Versicherung oder Kreditkartengesellschaft ausstellt.

Post und Telefon

Post – Die Postämter *(bureaux de poste)* sind in größeren Städten montags bis freitags von 8-19 Uhr, ansonsten von 9-12 Uhr und von 15-18 Uhr sowie Samstagvormittag bis 12 Uhr geöffnet. Ein Brief kostet 0,46 € Porto (Postkarte ebenfalls). Briefmarken kann man auch bei Zeitungshändlern und in Tabakläden kaufen.

Öffentliche Telefonzellen – Telefonzellen mit Münzfernsprechern gibt es kaum noch. Für die meisten Telefonzellen benötigt man eine Telefonkarte (*télécarte* mit 50 oder 120 Einheiten); einige Telefonzellen funktionieren auch mit Kreditkarten (Visa, MasterCard/Eurocard). Telefonkarten sind in Postämtern, France-Télécom-Agenturen, Tabakläden und manchmal bei Zeitungshändlern erhältlich. In den französischen Telefonzellen können Inlands- und Auslandsgespräche geführt werden; in Telefonzellen, die mit einer blauen Glocke gekennzeichnet sind, kann man sich auch anrufen lassen.

Telefonieren in Frankreich – Französische Telefonnummern sind zehnstellig. Die Nummern in Paris und Umgebung beginnen mit 01; in Nordwestfrankreich beginnen sie mit 02; in Nordostfrankreich mit 03; mit 04 in Südostfrankreich und Korsika; mit 05 in Südwestfrankreich. Handynummern beginnen mit 06, Telefondienste mit 08 36 (je nach Service zwischen 0,16 und 0,75 €/Min.), Gratisnummern mit 0 800. Die mit 08 beginnenden Nummern können Sie nicht vom Ausland aus anwählen, sondern nur, wenn Sie sich schon in Frankreich befinden. Da Ihnen diese Nummern jedoch vor Ort nützlich sein können, haben wir sie auch in unsere Praktischen Hinweise aufgenommen.

Internationale Telefongespräche – Wenn Sie vom Ausland nach Frankreich telefonieren möchten, wählen Sie zunächst 00, dann die Vorwahl von Frankreich (33) und die neunstellige Telefonnummer (man läßt die 0 weg). Möchten Sie von Frankreich ins Ausland telefonieren, wählen Sie 00, dann die Vorwahl des Landes, anschließend die regionale Vorwahl ohne die 0 und schließlich die Nummer Ihres Gesprächspartners.

Internationale Vorwahl (00 + Nummer des Landes):

Deutschland ☎ 49

Österreich ☎ 43

Liechtenstein ☎ 423

Schweiz ☎ 46

Auskunft (französischsprachig): 12

Wenn Sie ein **Handy** mieten möchten, wenden Sie sich an:

Ellinas Phone Rental
☎ 01 48 01 63 33
Fax: 01 48 01 62 13

Rent a Cell Express
☎ 01 53 93 78 00
Fax: 01 53 93 78 09

Shopping

Geschäfte – In Frankreich gibt es keine einheitlichen Ladenschlußzeiten. Kaufhäuser und größere Geschäfte sind werktags von 9.30-19.30 Uhr geöffnet, einige an einem Tag in der Woche auch länger. Kleinere Geschäfte schließen oft in der Mittagszeit (manchmal sogar bis 16 Uhr, dafür sind sie abends länger geöffnet). Bäckereien und einige Lebensmittelgeschäfte sind morgens schon ab 7 Uhr auf. Manche Geschäfte sind an Markttagen nachmittags geschlossen. Bäckereien, Metzgereien und Lebensmittelgeschäfte sind zum Teil am Sonntagvormittag geöffnet, dafür aber in der Regel am Montag geschlossen. In belebten Straßen können insbesondere kleine Geschäfte auch wesentlich länger geöffnet haben.

Erstattung der Mehrwertsteuer – Bei Einkäufen, die 200 € übersteigen, ist eine Erstattung der Mehrwertsteuer möglich, jedoch nur für Reisende, die nicht aus den Mitgliedstaaten der Europäischen Union stammen. Die Mehrwertsteuer variiert zwischen 5,5 % und 19,6 %. In großen Geschäften oder in Luxusgeschäften, die sich in besonderem Maße an Touristen wenden, braucht man nur seinen Paß zu zeigen; das Verkaufspersonal füllt ein Formular aus, das Sie vom Zoll an der Grenze bei der Ausreise aus der EU abstempeln lassen müssen.

Strom

In Frankreich ist 220 Volt-Spannung üblich. Meist benutzt man runde, zweipolige Stecker. Neuere Elektrogeräte passen im allgemeinen in französische Steckdosen, solche mit Eurostecker ohnehin. Wenn Sie alte Elektrogeräte mitführen, kaufen Sie gegebenenfalls vor der Abreise einen Zwischenstecker *(adaptateur)*, der in den meisten Drogerien und Flughäfen erhältlich ist.

Streckenvorschläge

1 UMLAND VON TOULON UND ÎLES D'OR

Rundfahrt von 235 km ab Toulon

Das „echte" Toulon entdeckt man nur Schritt für Schritt, indem man die engen Gassen im Schatten der Platanen entlangschlendert. Auf dem Marché Lafayette sind alle typischen Erzeugnisse der Gegend vereint. Von hier aus geht es zur „schönsten Bucht des Mittelmeers", welche die Landspitze des Fort Balaguier und das Cap Sicié umfaßt. Die Ortschaften Sanary und Bandol zwischen Gebirge und Meer bilden mit den vorgelagerten Inseln Île de Bendor und Îles des Embiez eine paradiesische Landschaft. Ebenso malerisch liegen die Bergdörfer Le Castellet, Le Beausset und Évenos. Vom Mont Faron hat man eine wundervolle Aussicht auf die gesamte Bucht. Der Vogelpark bei La Londe und ein Unterwasserausflug bei der Insel Port-Cros sorgen für exotische Reize. Die Îles d'Or (Porquerolles und Port-Cros) sind auf jeden Fall einen Abstecher wert. Von einem ganz anderen, aber ebenso spannenden Blickwinkel aus lernen Sie die Gegend bei einer Besichtigung der Mine du Pradet am Cap de Carqueiranne kennen.

2 MALERISCHE DÖRFER IM HAUT-VAR

Rundfahrt von 245 km ab Draguignan

Altehrwürdige Klöster und hübsche Dörfer in ungewöhnlicher Lage bilden abwechslungsreiche Zwischenstationen auf der Fahrt durch die bewaldete Hügellandschaft. Tourtour z. B. erstreckt sich entlang eines Bergkamms oberhalb von Olivenhainen, Cotignac liegt gedrängt auf einem Steilhang, Villecroze und Seillans sind von einer Tuffsteinlandschaft umgeben, und über Entrecasteaux wacht seit Jahrhunderten eine Burg. Die Verschiedenartigkeit der Dörfer wird Sie überraschen. Einige scheinen verschlafen und der Vergangenheit verschrieben, andere sind von geschäftigen Handwerksbetrieben geprägt. Lokalkolorit drückt sich auch in den Trüffel- oder Käsemärkten aus, die eine der vielen Gelegenheiten darstellen, die überaus schmackhafte und ausgefeilte regionale Küche zu kosten.

3 DAS MAURENMASSIV

Rundfahrt von 275 km ab Fréjus

Abgeschieden von der sommerlichen Geschäftigkeit der Küste atmen Sie im Forêt des Maures die reine, frische Luft und die herrlichen Düfte der Korkeichen, Eichen, Kastanien, Eukalyptusbäume und Zedern (im Arboretum de Gratteloup). Einen der letzten naturbelassenen Küstenstriche können Sie auf der Domaine du Rayol bewundern, vielfältiges Kunsthandwerk ist lebendig in Collobrières, Gonfaron und Cogolin. Höhenlagen gehen oft mit wundervollen Aussichten einher, und so sind die Panoramen auf die Küste von den Bergdörfern Ramatuelle, Grimaud, Gassin und den Mühlen von Paillas aus atemberaubend schön. Zurück an der Küste können Sie sich mit einem Sonnenbad in einer der geschützten Buchten verwöhnen, es sei denn, Sie gehen lieber auf die Jagd nach Berühmtheiten auf der Terrasse des Sénéquier in St-Tropez oder nach einem unechten Picasso auf dem Marché aux Croûtes im alten Hafen.

4 PAYS DE FAYENCE UND ESTERELMASSIV

Rundfahrt von 285 km ab Cannes

Auf dieser Rundfahrt steht, und das ganz gleich zu welcher Jahreszeit, die Natur im Vordergrund. Im Sommer werden Sie der Gesang der Zikaden und die im Sonnenschein rot glänzenden Vulkangipfel des Esterelmassivs bezaubern. Im Winter hüllt Sie der Duft der Mimosen ein, und im Frühling tut die sanfte Wärme der Sonnenstrahlen besonders gut. Zwischen La Napoule und Agay fällt die Corniche d'Or in wunderschönen Grün-, Blau- und Rottönen zum Meer hin ab. Unweit liegen St-Raphaël, der belebte Badeort, Fréjus, das auf eine herausragende militärische Vergangenheit zurückblickt, und Fréjus-Plage, der längste Strand der Côte d'Azur. In der Gegend um Fayence erklimmen Sie die malerischen Dörfer, die an steilen Hängen kleben und manchmal von Burgen überragt werden, darunter Fayence, Tourrettes, Seillan, Callian, Tanneron und Auribeau-sur-Siagne.

5 DÜFTE DER VORALPEN

Rundfahrt von 215 km ab Grasse

In dem von tiefen Schluchten durchzogenen Alpenvorland konkurrieren Rosen, Jasmin, Veilchen, Olivenbäume und Zitrusfrüchte untereinander in ihrer Farbenpracht und ihrem Duft. Die Blütenstadt Grasse ist untrennbar mit diesem Naturreichtum verbunden, so daß eine Besichtigung der Stadt unbedingt mit dem Besuch des Musée du Parfum und der Parfümerien beginnen sollte. Am Eingang der Loup-Schlucht liegt wie auf Wachposition das Bergdorf Gourdon, dahinter erstreckt sich das Hochplateau von Caussols, das mit seiner Mondlandschaft einen beeindruckenden Kontrast darstellt. In den Höhlen von St-Vallier und St-Cézaire dringt man in das Innenleben dieser Karstlandschaft vor. Tourrettes-sur-Loup ist eine Hochburg des Veilchenanbaus. In den Museen von St-Paul-de-Vence, der Künstlerstadt, können die Werke der Maler und Bildhauer bewundert werden, die einst dem Charme des malerischen Ortes erlegen sind. Beliebtes Ziel von Kletterfans ist der berühmte *Baou* von St-Jeannet, der imposant über dem Ort aufragt. Abwechslungsreich ist auch die Küste zwischen Cagnes-sur-Mer und Antibes, die mit gut erhaltenen Altstädten und Museen moderner Kunst für jeden Geschmack etwas bietet.

6 UMGEBUNG VON NIZZA

Rundfahrt von 270 km ab Nizza

Als einige der Höhepunkte dieser Rundfahrt seien die malerischen Bergdörfer, die mit mittelalterlichen Wandmalereien von berühmten oder unbekannten Künstlern versehenen Kapellen, die atemberaubenden Aussichtspunkte auf tiefe Schluchten, in denen Wildbäche tosen, und die tiefen Wälder genannt, in denen sich die reiche Fauna der Gegend tummelt. Man erreicht die ersten Anhöhen des Nizzaer Hinterlandes, das vom Mont Chauve überragt wird, durch das Tal am Unterlauf des Var. Anschließend durchquert man Aspremont, Levens und Duranus und gelangt zu den Schluchten der Vésubie mit beeindruckenden Ausblicken auf das Flußtal. Weiter geht es bergauf bis nach La Madone d'Utelle in 1 174 m Höhe. Auf der Weiterfahrt entlang dem Oberlauf der Vésubie sollte man auf keinen Fall Bollène-Vésubie versäumen, das schwindelerregend an einem Berghang klebt. Die Aussicht an der Pointe des Trois-Communes in L'Authion ist eine der weitesten der Gegend. In den Schluchten des Piaon hält die Landschaft weitere schöne Naturschauspiele bereit. Nach der Kapelle Notre-Dame-de-la-Menour erreichen Sie Sospel, wo Sie sich mit den Spezialitäten der Region stärken können. Mehrere Pässe liegen vor Ihnen, bevor Sie Lucéram erreichen, das wegen seiner Kirche und seiner Hirtenweihnacht berühmt ist. Wunderbare Aussichten genießen Sie dann auf den Anhöhen von Berre, Falicon und Tourrettes.

E. Baret

Murmeltier

7 DIE FRANZÖSISCHE RIVIERA AUS DER HÖHE

Rundfahrt von 250 km ab Nizza

Ganz wie bei Cary Grant in dem Hitchcock-Film *Über den Dächern von Nizza*, wird in den steilen Abhängen und Haarnadelkurven der Grande Corniche auch Ihr Können am Steuer gefordert. Dafür werden Sie mit einer Vielzahl von wunderbaren Aussichtspunkten auf die schönsten Abschnitte der Côte d'Azur entschädigt. Die Auffahrt auf die Grande Corniche erfolgt in Villefranche, bekannt für seine herrliche Bucht und seine Fischspezialitäten ebenso wie für seine Chapelle St-Pierre, die von Jean Cocteau ausgeschmückt wurde. Auf der Fahrt nach Roquebrune machen Sie einen Abstecher nach Beaulieu mit seiner Villa Kérylos sowie nach St-Jean-Cap-Ferrat, wo Sie die Villa Ephrussi-de-Rothschild besichtigen können. Èze, das Dorf des Kunsthandwerks und der Künstler, ist nicht nur wegen seines Kakteengartens einen Zwischenstop wert. Vom Vistaëro genießt man einen letzten atemberaubenden Blick auf die umliegende Landschaft, bevor die Abfahrt nach Roquebrune beginnt. Sehenswert sind hier u. a. die mittelalterliche Burg und der tausendjährige Olivenbaum. Der Chemin des Écoliers in Menton führt zu den bemerkenswerten Bergdörfern Ste-Agnès, Peille und Peillon, in denen man durch schwindelerregend steile Gassen zu kleinen Kapellen gelangt, die mit ihren auffallend lebendigen und ausdrucksstarken Wandmalereien zu einer Besichtigung einladen.

Themenstrecken

Befestigungsanlagen in den Alpes-Maritimes – Schon Vauban, der Festungsbaumeister Ludwigs XIV., hatte die strategische Bedeutung des südöstlichen Grenzgebiets erkannt, aber man machte sie sich erst von 1880 an auf Veranlassung von Séré de Rivières durch den Bau eines Verteidungssystems zunutze. Die Verteidigungsanlage wurde ab 1929 ergänzt und verbessert, als man diesen Sektor der Maginotlinie angeschlossen hatte, um den ganzen Grenzverlauf von Dünkirchen bis Menton zu befestigen. Die Bauten bilden in ihrer Gesamtheit ein sehenswertes Panorama der Militärarchitektur aus dem 19. und 20. Jh. Manche Anlagen wurden von Vereinen restauriert und sind zur Besichtigung freigegeben. Sie sind im vorliegenden Reiseführer beschrieben. Fort **Ste-Agnès** *(s. unter MENTON, Umgebung)*, Fort **St-Roch** *(s. unter SOSPEL, Umgebung)*, das Fort auf dem Mont **Barbonnet** in Sospel – nur Fort **Suchet** aus dem 19. Jh. ist zu besichtigen *(s. unter Forêt de TURINI, 7)*.
Weitere Befestigungsanlagen sind zwar nicht ganz so interessant, doch wegen ihrer landschaftlichen Umgebung und der reizvollen Aussicht ein schönes Ausflugsziel.

Bei einem Besuch alter Militäranlagen sollte man stets Vorsicht walten lassen und auf die ausgeschilderten Hinweise achten. In den scheinbar gut erhaltenen Bauwerken der Maginotlinie gibt es verdeckte Brunnenschächte und riskante Durchgänge. Außerdem befinden sich einige dieser Gebäude in Privatbesitz und sind auch als solcher zu betrachten.

In dem strategisch äußerst wertvollen **Authion**-Gebiet unweit des Col de Turini *(s. unter Forêt de TURINI, Ausflüge)* findet man mehrere Beispiele der Architektur von Séré de Rivières. Man kann sie über die schleifenförmig um das Massiv herum verlaufende Straße erreichen. Es handelt sich um das Fort des Mille-Fourches, das Fort de la Forca und die Redoute des Trois-Communes aus dem Jahre 1897, die erste aus Stahlbeton gebaute Befestigungsanlage.
Der **Mont Chauve d'Aspremont** *(s. unter NICE, 3)* nördlich von Nizza ist ein hervorragender Aussichtspunkt, der bei schönem Wetter die Küste bis zum Horizont freigibt. Auf dem Gipfel (854 m) erhebt sich ein Fort von Séré de Rivières mit einer für die Bauzeit typischen monumentalen Südfassade. Dort sind nun Fernmeldedienste untergebracht. Weiter nördlich zeichnet sich die Spitze des Mont Chauve de Tourrette ab, wo sich ebenfalls ein Befestigungswerk aus derselben Zeit befindet.
In der Nähe des **Col de Tende** (dieses Gebiet gehörte von 1860 bis 1947 zu Italien) befindet sich ein imposantes italienisches Verteidigungssystem aus dem 19. Jh. mit einem sehenswerten zentralen Fort. Es liegt direkt auf dem Gipfel des Passes und ist über die kleine Paßstraße, die am Eingang des Straßentunnels beginnt, zu erreichen. Jede Fassade des Baus wurde architektonisch anders gestaltet. Im Inneren *(der Zugang ist etwas schwierig)* erblickt man ein kleines Dorf, das sich eigenständig versorgen kann.

Route historique des Hauts-Lieux-de-Provence (Straße der provenzalischen Geschichte) – Strecke von St-Maximin-la-Ste-Baume bis Fréjus über Draguignan und Les Arcs und Rückfahrt entlang der Küste bis Toulon. Sie wird von dem dafür vom Fremdenverkehrsamt (83460 Les Arcs-sur-Argens, ☎ 04 94 73 37 30) gegründeten Verein unterhalten.

Route des Grandes Alpes – Die Route des Grandes Alpes, die **Hochalpenstraße**, ist die bekannteste und lohnenswerteste unter den großen französischen Alpenrouten und eine einzigartige Gelegenheit, die französischen Alpen von Anfang bis Ende zu durchqueren. Vom Genfer See bis zur Côte d'Azur verläuft sie nahe der Kammlinie, oft in Grenznähe, und ist nur im Hochsommer auf ganzer Länge befahrbar. Der überwiegende Teil der Strecke steht im *Grünen Reiseführer Französische Alpen* beschrieben.

Die in dieser Ausgabe beschriebenen Streckenabschnitte gehen von St-Sauveur-de-Tinée/Rimplas nach St-Martin-Vésubie *(s. ST-MARTIN-VÉSUBIE,* 11 *Route de Valdeblore)*, weiter durch das Vésubie-Tal bis La Bollène-Vésubie *(s. Vallée de la VÉSUBIE* 6*)*, dann durch den Wald von Turini bis Sospel *(s. Forêt de TURINI, Ausflüge Vallon de St-Élisabeth und Route du Col de Braus)*, von dort aus über die Route du Col de Castillon *(s. MENTON, Ausflug* 8*)* zur Küste.
Die Strecke können Sie auch auf der Karte Arrière-Pays Niçois (Umgebung von Nizza, S. 274, 275) verfolgen.

Route des Côtes-de-Provence (Straße der Côtes-de-Provence-Weine) – Diese Route verbindet verschiedene Weingüter, die ihre Produkte zum Verkauf anbieten und die man teils auch besichtigen kann. Auskunft erteilt das Comité interprofessionnel des Vins Côtes-de-Provence, Maison des Vins, N 7, 83460 Les Arcs, ☎ 04 94 99 50 10.

Route des Oliviers und Route des Chevaliers – Der Verein **Association touristique du Canton de Levens** *(Maison des Cantons des Alpes d'Azur, N 202, La Manda, 06670 Colomars, ☎ 04 93 08 76 31)* organisiert zwei Themenrundfahrten. Die eine führt zu den Ölmühlen der Gegend von La Roquette-sur-Var bis Levens, die zweite besteht aus einer Besichtigungstour der mittelalterlichen Städte Lévens, Châteauneuf-Villevieille und Tourrette-Levens, die eine Mittagsmahlzeit aus regionalen Gerichten in einem Restaurant einschließt. *1. Novemberwoche bis Anfang Januar geschl. – Reserv*

Jardins exotiques – Dank des milden Klimas und der durch die Bergkette im Hinterland geschützten Lage konnten an der Côte d'Azur exotische Pflanzen beheimatet werden, die sonst nirgendwo im Land gedeihen. Dazu gehören Zitronen- und Orangenbäume, Palmen und andere Gewächse. Die schönsten Tropengärten sind von West nach Ost: **Domaine du Rayol**, **Jardin de la Princesse** in Grasse, **Jardin Thuret** am Cap d'Antibes, **Parc Phœnix** in Nizza, **Jardins de la Villa Ephrussi-de-Rothschild** am Cap Ferrat, **Jardin exotique** in Èze, **Jardin exotique** und **Jardin japonais** in Monaco, **Jardins du Val Rameh**, **Jardins des Colombières** und **Jardin des Romanciers** in Menton. Hinter der italienischen Grenze sind außerdem die **Jardins Handbury** in Mortola Inferiore sehenswert.

Auf Entdeckungstour

Mit der Bergbahn

Train des Pignes – Der berühmte **Train des Pignes** (der Name stammt angeblich von den *Pignes*, den Kiefernzapfen, die früher als Brennmaterial für die Lokomotiven verwendet wurden), der von Nizza über Puget-Théniers, Entrevaux, Annot, St-André-les-Alpes nach Digne-les-Bains fährt, durchquert das Hinterland von Nizza und die Haute-Provence über eine Strecke von 150 km. Die eingleisige Linie wurde zwischen 1890 und 1911 erbaut und passiert etwa 60 bemerkenswerte Bauwerke: Stahlbrücken, Viadukte, Tunnel (darunter einen von 3,5 km Länge). Sie ist der Überrest eines ausgedehnten regionalen Schienennetzes, das zu Beginn des 20. Jh.s das gesamte Hinterland über Draguignan bis nach Toulon durchzog. Die dreistündige Fahrt führt durch fünf Täler und sehr schöne Landschaften sowie an hoch im Gebirge gelegenen Dörfern vorbei, die zum Teil nur schwer mit dem Wagen zu erreichen sind.
Das ganze Jahr über kann man mit dem Train des Pignes zum See von Castillon und zur Verdon-Schlucht sowie zu den Wintersportorten der Departements Alpes-Maritimes und Alpes-de-Haute-Provence *(s. Grüner Reiseführer Französische Alpen)* fahren. Das Tal der Vésubie mit seinen zahlreichen Wandermöglichkeiten ist von dem Ort **Plan-du-Var** aus zu erreichen. Außerhalb der eigentlichen Bahnhöfe sind durch Schilder kenntlich gemachte Haltestellen eingerichtet. Sie ermöglichen es dem Wanderer, seine Marschroute recht frei zu wählen, den Zug an einem bestimmten Punkt zu verlassen und abends an einem anderen Punkt wieder einzusteigen.

Auskunft – Chemin de Fer de Provence – 4bis, Rue Alfred-Binet, BP 1387, 06007 Nice Cedex 1, ☎ 04 97 03 80 80

Hoch in der Luft

Rundflüge – Es bieten sich zahlreiche Möglichkeiten, die Küste aus der Vogelperspektive kennenzulernen, vor allem den Golf von St-Tropez, das Esterelmassiv, die Îles de Lérins und das Fürstentum Monaco. Auskunft über Flugpläne und Preise:

Aéroport de Tourisme et d'Affaires de Cannes-Mandelieu – Internationaler Flughafen, 06150 Cannes-la-Bocca, ☎ 04 93 90 40 40, www.cannes.aeroport.fr

Héli-Air-Monaco – Neben den planmäßigen Flugverbindungen zum Flughafen Nice-Côte d'Azur bietet die Gesellschaft Héli-Air-Monaco vom Héliport Monaco-Fontvieille kurze Hubschrauber-Rundflüge über die Küste an – ☎ 04 92 05 00 50.

Aéroport de Toulon-Hyères – Eine andere originelle Form, das spektakuläre Relief aus der Luft zu sehen, ist ein Rundflug in einer Piper über der Verdon-Schlucht vom Flughafen Toulon-Hyères aus. Nähere Informationen und Preisauskünfte sind am Flughafen zu erfragen unter ☎ 04 94 00 83 83.

Auf dem Wasser

Schiffsausflüge – Außer den fahrplanmäßigen Schiffsverbindungen zur Île de Bendor, zu den Îles des Embiez, den Îles de Lérins und den Hyèrischen Inseln werden während der Hauptsaison in folgenden Badeorten Ausflugsfahrten angeboten:

Ausgangshafen	Fahrtziel
Bandol	Îles des Embiez – Toulon über das Cap Sicié – Cassis und die Calanque d'En-Vau über La Ciotat – Tagesfahrt zum Château d'If und nach Frioul – Unterwasser-Erkundungsfahrten mit dem Glasbodenschiff *Aquascope* (Schiffahrtsgesellschaft Atlantide)
Toulon	La Seyne-sur-Mer, Les Sablettes, Tamaris, St-Mandrier (Pendelverkehr) – Bucht und Hafen von Toulon
Le Lavandou	Île du Levant
Cavalaire	Îles d'Hyères
Hyères	Îles d'Hyères
St-Tropez	Îles d'Hyères, Ste-Maxime (Pendelverkehr) – Les Issambres (Pendelverkehr) – Port-Grimaud (Pendelverkehr) – Baie des Cannebiers
Cannes	Îles de Lérins
St-Raphaël	St-Tropez (Pendelverkehr) – Îles de Lérins
Nizza	Riviera
Menton	Riviera – Monaco

Die einzelnen Adressen finden Sie in den Abschnitten „Tips und Adressen" der entsprechenden Kapitel.

Mit Kindern

An der Côte d'Azur wurden viele Freizeiteinrichtungen für Kinder angelegt, die eine angenehme Abwechslung zu den Strand- und Badefreuden darstellen, wenn einmal die Sonne nicht scheinen mag oder der Mistral einem arg zusetzt. Es gibt Erlebnisbäder, Tier- und Miniaturenparks. Die Öffnungszeiten der wichtigsten Einrichtungen findet man unter der entsprechenden Ortschaft in den Besichtigungsbedingungen am Ende dieses Bandes. Das Symbol ☺ weist auf besonders kindgerechte Angebote hin.

Erlebnisbäder

Parc nautique Niagara – Route du Canadel, 83310 La Môle – ☎ 04 94 49 58 87

Aquasplash – N 7, 06600 Antibes – ☎ 04 93 33 55 77

Aquatica – N 98, 83600 Fréjus – ☎ 04 94 53 58 58

Aqualand – 559 Chemin départemental, 83270 St-Cyr-sur-Mer – ☎ 04 94 32 08 32

Tierparks

Sanary-Bandol – Zoo – ☎ 04 94 29 40 38

Toulon – Zoo du Mont-Faron – ☎ 04 94 88 07 89

La Londe-les-Maures – Jardin d'Oiseaux tropicaux (Exotischer Vogelpark) *(s. unter HYÈRES, Umgebung)* – ☎ 04 94 35 02 15

Gonfaron – **Village des Tortues** (Schildkrötendorf) *(s. unter Massif des MAURES,* 4*)* – ☎ 04 94 78 26 41

Fréjus – Parc zoologique – ☎ 04 94 40 70 65

Antibes – Jungle des Papillons (Schmetterlingsdschungel), La petite Ferme (Bauernhof), Le Golf Aventureland und Marineland – ☎ 04 93 33 49 49

St-Jean-Cap-Ferrat – Zoo mit Schimpansenshow – ☎ 04 93 76 04 98

Monaco – Jardin animalier (Tiergarten) – ☎ 04 +(377) 93 25 18 31

Kunsthandwerk kreativ

Während der Hauptreisezeit kann man in zahlreichen Dörfern und Ferienorten an kunsthandwerklichen Kursen teilnehmen. Das Angebot umfaßt insbesondere Porzellanmalerei in Cannet, Weberei und Tischlerei im Hinterland von Cannes sowie Kochkurse für regionale Küche in St-Martin-Vésubie. In Le Luc-en-Provence kann man an einem Einführungsseminar zur Weinkunde teilnehmen: Domaine de Lauzade, Route de Toulon, 83340 Le Luc, ☎ 04 94 60 72 51.

Parfüm-Seminare – In Grasse bieten die großen Parfümerien Einführungslehrgänge an, bei denen man unter sachkundiger Leitung die Techniken der Parfümherstellung kennenlernt. Das selbst hergestellte Parfüm darf zum Schluß mitgenommen werden. Molinard, 60 Boulevard Victor-Hugo, 06333 Grasse, ☎ 04 93 36 01 62; Parfumerie Galimard, ☎ 04 93 09 20 00. Erkundigen Sie sich beim Fremdenverkehrsamt von Grasse über die saisonabhängigen Teilnahmebedingungen.
Die Adressen der einzelnen Vereinigungen sind bei den Fremdenverkehrsverbänden der Departements in Toulon und Nizza erhältlich.

Ein Sprung über die Grenze

Italien ist nur einen Katzensprung entfernt; Sie können sogar zu Fuß dorthin einen Abstecher machen und bei einer Ihrer Wanderungen auf die italienischen Anwohner der Riviera stoßen.

Nützliche Informationen

Wenden Sie sich vor Ihrer Reise vorzugsweise an das **ENIT (Ente Nazionale Italiano per il Turismo)**:

In Deutschland – 10178 Berlin, Karl-Liebknecht-Str. 34, ☎ 030/247 83 97-8; 60329 Frankfurt a. M., Kaiserstr. 65, ☎ 069/23 74 30 oder ☎ 069/25 91 26; 80336 München, Goethestr. 20, ☎ 089/53 13 17.
Für die Bestellung von Informationsmaterial gilt die landesweite Servicenummer ☎ 0190/70 64 40.

In der Schweiz – 8001 Zürich, Uraniastr. 32, ☎ 01/211 79 17 oder ☎ 01/211 30 31

In Österreich – 1010 Wien, Kärntner Ring 4, ☎ 01/505 16 30 oder ☎ 01/505 16 39

In vielen italienischen Provinzhauptstädten gibt es ein regionales Fremdenverkehrsamt mit der Bezeichnung **A.P.T. (Azienda di Promozione Turistica)**. In anderen Provinzen heißt diese Institution **E.P.T. (Ente Provinciale per il Turismo)**. In Ferienorten gibt es eine lokale Informationsstelle der **Azienda Autonoma di Soggiorno, Cura e Turismo (A.S.)**.

Auch im **Grünen Reiseführer Italien** sowie im **Roten Michelin-Hotel- und Restaurantführer Italia** finden Sie die Adressen der Fremdenverkehrsämter der darin behandelten Orte. Für Ihre Fahrt nach Italien eignet sich am besten die **Regionalkarte Italien Nord-West Nr. 428**.

Mit dem Zug von Nizza nach Cuneo

Die eingleisige Bahnlinie, die Nizza mit Coni (Cuneo) in Italien verbindet, fährt die Bahnhöfe von Peillon, Peille, L'Escarène, Sospel, Breil-sur-Roya, Fontan-Saorge, St-Dalmas-de-Tende, Tende, Vievola sowie Limone in Italien an. Mit dem Bau dieser Linie wurde im Jahre 1920 begonnen. Ihr kühner Verlauf, der nur dank bemerkenswerter Konstruktionen (wie der Talbrücke von Scarassoui) realisiert werden konnte, läßt herrliche Landschaften entdecken und gewährt insbesondere zwischen Breil und Tende entlang der wilden Schlucht der Roya und zwischen L'Escarène und Sospel einen eindrucksvollen Einblick in das Hinterland, den die Straße nicht immer bieten kann. Die insgesamt 119 km lange Strecke führt in einem 85 km langen Abschnitt von Meereshöhe bis zu einer Höhe von 1 279 m hinauf (Eingang des Tunnels von Tende). Der im Zweiten Weltkrieg stark beschädigte französische Streckenabschnitt wurde erst 1980 vollständig wiederhergestellt. Auf der italienischen Seite führt die Linie weniger steil durch das malerische Val de Vermenagna nach Cuneo hinab.
Da es genügend Zugverbindungen hin und zurück gibt, sollte man dieses Verkehrsmittel zu einer Fahrt ins Mercantour-Massiv nutzen, um einen Tagesausflug in den italienischen Wintersportort Limone-Piemonte zu unternehmen.
Es gibt mindestens vier Hin- und Rückfahrten täglich ab bzw. nach Nizza, je nach Jahreszeit auch mehr.
In Breil-sur-Roya hat man Anschluß an die Linie Ventimiglia-Coni über Breil, auf der mehr Züge der italienischen Eisenbahn verkehren. Auskünfte über die Abfahrtszeiten unter ☎ 04 93 87 50 50.

Wandermöglichkeiten jenseits der Grenze

Das ehemalige Jagdrevier der Könige von Sardinien und Piemont erstreckte sich bis zum Zweiten Weltkrieg über beide Hänge des Mercantour und des Marguareis. Auf der italienischen Seite hat man seitdem auf dem Gelände Naturschutzgebiete eingerichtet und Biotope angelegt. Es entstanden die beiden großen Naturparks **Parco delle Alpi marittime** und **Parco Alta Valle Pesio** weiter östlich. Wie auch im französischen Naturpark Mercantour wurden vom Aussterben bedrohte Tierarten wieder neu angesiedelt,

M. Braun

Viadukt von Scarassouï auf der Strecke von Nizza nach Cuneo

darunter vor allem Bartgeier und Steinböcke. Von den Grenzpässen gelangt man auf schönen Wanderwegen zu den zahlreichen botanischen Lehrpfaden, die im Parco delle Alpi marittime angelegt wurden. Die wichtigsten Pässe sind der Col de la Lombarde und Col de Tende *(s. auch Grüner Reiseführer Französische Alpen)*. Vom Col de Tende verlaufen zwei Wanderwege den Gebirgskämmen entlang zum Rocca dell'Abisso (2 755 m) im Westen und zum Cima di Pepino (2 335 m) im Osten.
Der **Parco Alta Valle Pesio** im Marguareis-Massiv ist naturbelassener und von Frankreich aus nicht so leicht zu erreichen. Interessierte Wanderer müssen von Limone-Piemonte aus zunächst mit dem Auto das Massiv in nordöstlicher Richtung umfahren oder ab Savona dem Talverlauf folgen.
Das Val de Vermenagna, das sich vom Col de Tende bis zur Ebene um Cuneo erstreckt, mutet noch ganz provenzalisch an. Im Juli finden im Grana-Tal volkstümliche Veranstaltungen statt (Roumiage de Provenço). Herausragende Erzeugnisse der Gegend sind der Castelmagnol, ein bekannter Käse, und die handgearbeiteten Schneidwaren wie die Taschenmesser aus Vernantino.

Parco naturale delle Alpi marittime – Corso Dante, Livio Bianco 5, 12010 Valdieri (CN), ☎ 0039-0171 97542, www.parks.it/parco.alpi.marittime

Parco naturale Alta Valle Pesio e Tanaro – Via Sta Anna 34, 12013 Chiusa Pesia (CN), ☎ 0039-0171 734021.

Fremdenverkehrsamt (Azienda di Turismo) in Limone-Piemonte – Via Roma (CN), ☎ 0039-0171 92101.

Auf Entdeckungstour an der Italienischen Riviera

Einer der Hauptanziehungspunkte für Touristen der ganzen Gegend ist der **Markt von Ventimiglia** am Freitag, auf dem sich dermaßen viele Auswärtige drängen, daß sich die Einheimischen unweigerlich in der Minderheit befinden. Herausragende Erzeugnisse sind die dort feilgebotenen Blumen und kunsthandwerkliche Waren, deren Qualität jedoch sehr unterschiedlich ist. Wir raten Ihnen, besonders bei Luxusartikeln bekannter Marken vorsichtig zu sein, da es sich häufig um gefälschte Waren handelt. Ein scharfsichtiger Zollbeamter könnte Ihr Souvenir später leicht zum „Corpus delicti" werden lassen. Demgegenüber versprechen die **Jardins Handbury** (Giardini Handbury) in **Mortola Inferiore** direkt hinter der Grenze über die Pont St-Louis alle Sinnesfreuden eines südländischen Gartens. Der Park wurde im 19. Jh. von Thomas Handbury auf einem Hang über dem Meer angelegt.

Freizeitgestaltung

Badefreuden

Im Meer – Der über 300 km lange Küstenstreifen, Hunderte von Kies- oder Sandstränden und eine Wassertemperatur, die auch den Empfindlichsten angenehm überrascht, machen den Badeurlaub zu der beliebtesten Freizeitaktivität an der Côte d'Azur. Zudem sorgen der weiße Strand, das türkisblaue Meer, die vorgelagerten kleinen Inselchen, die Palmen im Hintergrund und die Kormorane, die sich auf den Wellen tummeln, dafür, daß man sich manchmal wie auf einer Südseeinsel am anderen Ende der Welt fühlt. Obwohl die Wellen am Mittelmeer nicht besonders hoch sind, sollte man doch einige Sicherheitsvorschriften beachten. Auch auf die Wasserqualität sollte geachtet werden, da sie stark variieren kann. Ab Juni werden alle Strände monatlich auf die Qualität des Wassers hin überprüft. Die Ergebnisse der Kontrollen führen zu einer Einteilung der Strände in vier Kategorien von A (beste Qualität) bis D.

S. Sauvignier/MICHELIN

In den Seen – Wer lieber im Süßwasser planscht, hat in den Seen im Hinterland ausreichend Gelegenheit dazu. Zudem eignen sie sich auch gut zum Tretbootfahren, Surfen oder für ein gemütliches Picknick. Zwei Seen seien hier genannt:

Lac de St-Cassien – Der mit 430 ha größte See des Esterelmassivs ist für seine Umgebung in mehrfacher Hinsicht von Bedeutung. Nicht nur, daß er ein Wasserkraftwerk speist, er versorgt auch den östlichen Teil des Departements Var mit Trinkwasser, ist ein Wasserreservoir für die Löschflugzeuge, die bei Waldbränden zum Einsatz kommen, und dient nicht zuletzt in seinem westlichen Teil als Naturreservat, wo in seinem Schilf mehr als 150 verschiedene Wasservogelarten überwintern. An seinen zum Teil steilen Ufern gibt es Verleihstellen für Tretboote und Surfbretter (motorisierte Wassersportarten sind verboten). In einer Surfschule kann man erste Kenntnisse in dieser Sportart erwerben.

Lac de Carcès – Der Stausee, der sich über 100 ha erstreckt, wird vom Argens gespeist. Die Straße an seinem Ostufer verläuft durch ein schattiges Wäldchen. Am entgegengesetzten Ufer, das bei Anglern sehr beliebt ist, herrschen Felder vor. Auf dem See ist Kanu- und Kajakfahren erlaubt.

Kanu, Kajak

Einige der zahlreichen Wasserläufe des Departements Alpes-Maritimes sind das ganze Jahr über für Kanu- und Kajakfreunde zugänglich, doch der Frühling ist die günstigste Jahreszeit. In den Tälern von Roya und Tinée (Klasse III) sind Einrichtungen vorhanden, die Einführungskurse in diese Sportarten anbieten.

Fédération française de Canoë-Kayak – 87 Quai de la Marne, BP 58, 94344 Joinville-le-Pont, ☎ 01 45 11 08 50, www.ffcanoe.asso.fr. Der Verband gibt eine Frankreichkarte zum Wildwassersport heraus.

Comité régional de canoë-Kayak Côte d'Azur – 49 Boulevard du Général-Louis-Delfino, 06300 Nice, ☎ 04 93 89 54 40

Canyoning

Für die Freunde des Canyoning, die Schwimmen in Wildwasser, Höhlenforschung und Klettern miteinander verbinden möchten, bieten die Flüsse der Alpes-Maritimes in der Umgebung des Mercantour-Parks und von St-Martin-Vésubie die schönsten Strecken. Im **oberen Roya-Tal** findet man in der Nähe von Saorge zwei außergewöhnliche Abfahrtsmöglichkeiten: **Maglia** (Durchfahrt durch Höhlen) und **Bendola** (48-Stunden-Tour). Im zentralen Teil des Mercantour-Nationalparks ist Canyoning streng verboten.
Von St-Martin-Vésubie bis zur Mündung in den Var führt die **Vésubie** durch verschiedene Schluchten: Duranus, L'Imberguet, La Bollène und den schwer zu bewältigenden Canyon de Gourgas. Auf der linken Var-Seite sind auf dem Nebenfluß **Esteron** die beliebten Abfahrten durch eine beeindruckende Umgebung, die stufenförmig von Roquesteron nach St-Auban verläuft, zu empfehlen.

Da hier das Flußnetz durch ein starkes Gefälle gekennzeichnet ist, wurde das Departement Var zu einer Hochburg für Wildwasserfahrten. Man legte 11 verschiedene Strecken mit unterschiedlichen Schwierigkeitsgraden an, so daß jedermann diesem Sport nachgehen kann. Für Anfänger und Naturfreunde sind die **Destel-Schlucht**, der **Caramy bei Carcès**, der **Jabron-Unterlauf** (unterhalb von Trigance) und die **Gorges de Pennafort** geeignet. Seillans-la-Cascade, der Nartuby und der Desteou im Maurenmassiv setzen allerdings gutes technisches Können voraus.
In jeder Jahreszeit gilt äußerste Vorsicht, denn es kann nach Gewittern in flußaufwärts gelegenen Gebieten oder durch die unerwartete Öffnung von Staubecken zu plötzlichem Hochwasser kommen.

Conseil général des Alpes-Maritimes – DATDE, Service des Randonnées, BP 3007, 06201 Nice Cedex 3. Er gibt die Broschüre *Clues et Canyons* heraus, in der die Orte verzeichnet sind, an denen man Wildwasserfahrten unternehmen kann. Sie enthält viele wertvolle Ratschläge und ist ebenfalls in den Fremdenverkehrsämtern erhältlich.

Adressen der Sportvereine und Clubs – Siehe unter der Rubrik „Bergsteigen und Klettern".

Radsport

Das abwechslungsreiche Relief des Hinterlandes und die Radwege an der Küste sowie im Esterel- und im Maurenmassiv machen die Gegend insbesondere für Mountainbiker interessant. Zahlreiche Organisationen, Vereinigungen und Hotels verleihen entsprechende Fahrräder und bieten ausgeschilderte bzw. speziell angelegte Radwege an. Die Listen der Fahrradverleiher sind in den Fremdenverkehrsbüros erhältlich.
Das Comité départemental des Sports du Var veröffentlicht eine Broschüre mit 20 gekennzeichneten Radstrecken mit oft so vielversprechenden Namen wie *Le toit du Var* („Das Dach des Var", 70 km), *La route de la bauxite* („Die Bauxitstraße", 80 km), *L'ubac des Maures* („Die Nordseite des Maurenmassivs", 80 km) oder *Les châtaigneraies des Maures* („Die Kastanienhaine des Maurenmassivs", 90 km).
Das Mountainbike-Rennen **Roc'Azur** in Fréjus *(s. Praktische Hinweise, Veranstaltungskalender)* ist eines der bekanntesten in Europa. Die 50 km lange Strecke weist Höhenunterschiede von fast 200 m auf.
Die für den Besuch des Mercantour-Parks geltenden besonderen Vorschriften betreffen auch Radfahrer. Im zentralen Bereich des Parks sind Mountainbikes verboten. Über die Regelung in den restlichen Sektoren des Parks erteilen die Informationsstellen Maisons du Parc oder die Hauptstelle der Parkverwaltung in Nizza Auskunft.

Comité départemental de Cyclotourisme des Alpes-Maritimes – M. Rémy Bernage, 22bis Rue Trachel, 06000 Nice, ☎ 04 93 82 16 39

Comité départemental de Cyclotourisme du Var – L'Héliante, Rue Émile-Ollivier, 83000 Toulon, ☎ 04 94 36 04 09

Fédération française de Cyclotourisme – 12 Rue Louis-Bertrand, 94200 Ivry-sur-Seine, ☎ 01 56 20 88 88

Bergsteigen und Klettern

Unzählige Möglichkeiten zum Bergsteigen bieten sich im gesamten Hinterland, von den Voralpen in der Gegend von Nizza über die steil aufragenden Felswände der *Baous* des Var-Tals und den Felsen von Roquebrune-sur-Argens bis zur Verdon-Schlucht.
Es werden Ausflüge mit geprüften Bergführern organisiert: Bergsteigen, Klettern, Wandern, Skifahren, Skitouren, Langlauf. Auskünfte erhalten Sie bei den regionalen Stellen des **Club alpin français**:
– 80 Rue Jules-d'Aspres, 83000 Toulon, ☎ 04 94 92 66 73 oder ☎ 04 94 03 64 19 (Anrufbeantworter); mittwochs von 18.30-20 Uhr ist das Büro hinter dem Bahnhof (6 Cité Montety) geöffnet.
– 14 Avenue Mirabeau, 06000 Nice, ☎ 04 93 62 59 99

und bei der **Association des Guides et Accompagnateurs des Alpes méridionales** – Roquebillière, ☎ 04 93 03 44 30; St-Martin-Vésubie, ☎ 04 93 03 26 00; Tende, ☎ 04 93 04 69 22.

Bureau des Guides de la Côte d'Azur – 138 Avenue de Nice, 06800 Cagnes-sur-Mer, ☎ 04 93 31 11 23 oder ☎ 06 09 55 80 67, sowie 71 Boulevard de la Rocade, 06250 Mougins, ☎ 04 93 75 27 39

Bureau des Guides du Mercantour – 75 Rue du Dr-Cagnoli, 06450 St-Martin-Vésubie, ☎ 04 93 03 31 32; in Tende, ☎ 04 93 04 77 85

Comité régional Montagne et Escalade des Alpes méridionales – 326 Route de Turin, 06300 Nice, ☎ 04 93 27 96 11

Comité départemental Montagne et Escalade du Var – Maison départementale des Sports „L'Héliante", 142 Rue Émile-Ollivier, 83000 Toulon, ☎/Fax 04 94 46 27 61

Fédération française de la Montagne et de l'Escalade – 8-10 Quai de la Marne, 75019 Paris, ☎ 01 40 18 75 50, www.ffme.fr

Im *Guide des sites naturels d'escalade en France* (Éd. Cosiroc/FFME) sind alle Klettergebiete von ganz Frankreich verzeichnet.

Via ferrata – Auf diesen Klettersteigen, auf denen eine Mischung aus Bergsteigen und Wandern praktiziert wird, ist es möglich, wie beim Klettern steile Felswände zu überwinden, ohne jedoch eine Ausbildung oder viel Übung zu benötigen. Am Col de la Colmiane können Interessierte, die das Klettern auf diese Weise ausprobieren möchten, zwischen drei verschiedenen Strecken der **Via ferrata du Baou de la Frema** wählen. Das Fremdenverkehrsamt von La Colmiane informiert über Möglichkeiten zum Ausleihen von Ausrüstung. Die **Via ferrata des Comtes de Lascaris** in Tende sorgt für Nervenkitzel in einer vollkommen abgesicherten Umgebung. Oberhalb des Dorfs **Peille** (Auskunft beim örtlichen Fremdenverkehrsamt) liegt die jüngste Einrichtung dieser Art.

Jet-Ski

An manchen Küstenteilen, die vom Land her schwer zugänglich sind und überlegt gewählt wurden, kann man **Jet-Ski** fahren. Es ist eine phantastische Erfahrung, eigenständig navigieren zu können, wenngleich dieser Sport strengen Vorschriften unterliegt: ein Mindestabstand von 150 m zwischen zwei Fahrzeugen, Fahrten bei Tag zwischen 300 m außerhalb der Fahrrinnen und bis zu 1 Seemeile vor der Küste; neuerdings muß der Fahrer auch einen Führerschein dafür absolviert haben. In den meisten großen Badeorten kann man Jet-Skis stundenweise oder halbtags mieten. In Salins d'Hyères und in manchen Badeorten im Var sind auch **Meerkajaks** zu mieten.

Parasailing

Um seinen Lieblingsstrand einmal aus der Vogelperspektive kennenzulernen, kann der Urlauber bedenkenlos einen Flug mit dem Gleitschirm wagen. Beim **Parasailing** fliegt man an einem Fallschirm, der von einem Schnellboot gezogen wird. Man sollte natürlich versuchen, so lange wie möglich in maximaler Höhe zu bleiben. An nahezu allen angelegten Stränden mit guten Windverhältnissen werden Lufttaufen oder Erkundungsflüge mit dem Gleitschirm angeboten.

Hochseefischen

Für die Hochseefischerei kann man Boote mit Berufsfischern mieten oder frühmorgens (in der Regel während der Hauptreisezeit von 6-10 Uhr) an Ausfahrten zum Fischen auf hoher See teilnehmen. Diese Fahrten werden von Schiffahrtsunternehmen, die auch Ausflugsfahrten organisieren, in Sanary, Les Marines-de-Cogolin und Ste-Maxime angeboten.

Fédération française des Pêcheurs en Mer – Résidence Alliance, Centre Jorlis, 64600 Anglet, ☎ 05 59 31 00 73

Angeln

Wer in Flüssen (Gapeau, Réal Martin, Argens, Roya, Bévéra) und Seen (Carcès, St-Cassien) angelt, muß die landesweiten und örtlichen Vorschriften beachten. Ferner ist es erforderlich, für das laufende Jahr Mitglied eines Angel- oder Fischzuchtvereins *(Association de Pêche et de Pisciculture)* in dem Departement seiner Wahl zu werden sowie die je nach Angelart festgesetzten Gebühren zu bezahlen. Gegebenenfalls kann man bei einem zugelassenen Verkäufer eine Tageskarte kaufen.
Einige Sonderbestimmungen der neuen, 1995 in Kraft getretenen örtlichen Vorschriften: Vom 2. Samstag im März bis zum 3. Sonntag im September darf man Forellen angeln, Hechte allerdings nur vom 31. Januar bis zum 15. April. In der Siagne ist das Angeln von Äschen ganzjährig verboten.
Man sollte sich an die **Vereine** im Departement wenden, um sich über die neuesten Änderungen der lokalen Vorschriften zu informieren. Im Departement Var unter ☎ 04 94 69 05 56 und im Departement Alpes-Maritimes unter ☎ 04 93 72 06 04.
Auskunft erteilt ebenfalls der **Conseil supérieur de la Pêche**, 134 Avenue Malakoff, 75016 Paris, ☎ 01 45 02 20 20. Dort kann man auch die kommentierte Faltkarte *Pêche en France* kaufen.

Unterwasserjagd

Die vielen kleinen Buchten des Küstenstreifens erfüllen bei der Ausübung dieser Sportart auch die höchsten Erwartungen. Die Unterwasserjagd unterliegt allerdings sehr strengen Bestimmungen, die wir in den Grundzügen nachstehend aufführen.

Besondere regionale Bestimmungen – In einigen Küstenbereichen ist die Unterwasserjagd von Anfang November bis zum 1. März untersagt. Man muß sich vorher unbedingt bei der **Direction départementale des Affaires maritimes** des jeweiligen Departements erkundigen: in Toulon – 244 Avenue de l'Infanterie-de-Marine, ☎ 04 94 46 92 00, und in Nizza – 22 Quai de Lunel, BP 139, ☎ 04 92 00 41 50.
An einigen Stellen ist die Unterwasserjagd ganzjährig strengstens verboten. Dies gilt für die Südseite der Halbinsel von St-Mandrier, einen Teil der Insel Porquerolles, die Insel Port-Cros und die umliegenden Inselchen.
Im Departement Alpes-Maritimes sind die Gebiete Golfe-Juan, Beaulieu und Roquebrune-Cap-Martin Meeresreservate (durch Bojen gekennzeichnet). Die Reede von Villefranche-sur-Mer ist zum Naturschutzgebiet erklärt worden.

Freizeitschifffahrt im Mittelmeer

R. Corbel/MICHELIN

Wer auf Unterwasserjagd geht, muß die **allgemeinen Fischereibestimmungen** einhalten und darf nicht außer acht lassen, daß es im Mittelmeer:
– ausnahmslos verboten ist, Zackenbarsche und Perlmutt zu fangen bzw. zu fischen;
– vom 1. Mai bis zum 30. September im Var und vom 1. Mai bis 31. August in den Alpes-Maritimes verboten ist, Seeigel zu fangen;
– verboten ist, Meeressäugetiere wie z. B. Delphine zu verfolgen und zu fangen (auch wenn man sie nicht töten will);
– Pflicht ist, die Mindestfanggröße von 12 cm (mit Ausnahme von Sardinen und Sardellen) bzw. von 18 cm bei Langusten einzuhalten;
Es ist in jedem Fall verboten, an ein und demselben Ort mit einem Atemgerät und einem Unterwasserjagdgewehr zu tauchen sowie nachts mit Lampen auf Jagd zu gehen.

Freizeitschiffahrt

Die meisten Seebäder zwischen Les Lecques und Menton verfügen über einen hervorragend ausgerüsteten Jachthafen; deshalb ist dieser Küstenstreifen mit seiner Vielzahl an Jachthäfen und der hochwertigen Ausstattung das führende Segelrevier Frankreichs. Praktisch jeder Hafen verfügt bereits über Ankerplätze mit mehr oder minder komfortablen Einrichtungen. Infolge der großen Segelbegeisterung aber wurden riesige Anlegeflächen mit sehr viel Komfort geschaffen, die jeden noch so anspruchsvollen Segler zufriedenstellen. Dazu zählen die folgenden Häfen mit mehr als 1 000 Liegeplätzen: Bandol, Toulon, Hyères (Port St-Pierre), La Londe (Port Miramar), Le Lavandou, St-Raphaël (Santa-Lucia), Cannes (Port Canto und Vieux Port), St-Laurent-du-Var und der zur Zeit größte Hafen Port Vauban in Antibes.
Auf der Karte der Ferienorte sind die als Zwischenstation für Segler auf der Durchreise vorgesehenen Jachthäfen eingezeichnet.
In den meisten Badeorten gibt es Segelschulen, die Kurse anbieten. In der Hauptreisezeit kann man Boote mit und ohne Besatzung mieten. Der Segelführer *Guide du plaisancier en Méditerranée* (Éd. France Yachting Service) beschreibt das in jedem Hafen verfügbare Serviceangebot.
Auskunft erteilen das jeweilige Hafenamt und der Segelverband **Fédération française de Voile**, 55 Avenue Kléber, 75784 Paris Cedex 16, ☎ 01 44 05 81 00, www.ffv.fr

Wichtige Regeln – Die Geschwindigkeit für Wasserfahrzeuge ist in weniger als 300 m Entfernung von der Küste auf 5 Knoten begrenzt. Die Benutzung von Wasserscootern ist innerhalb dieser Zone (mit Ausnahme der Fahrrinne für Ein- und Ausfahrt) und in bestimmten Gegenden (Hyèrische Inseln, Îles de Lérins, Bucht von Villefranche) untersagt.
– Immer mindestens 100 m Abstand zu den Alpha-Flaggen oder den roten Flaggen mit weißem Diagonalstrich halten, sie signalisieren die Anwesenheit von Tauchern.
– Für alle motorisierten Wasserfahrzeuge ab 6 PS ist ein Bootsführerschein erforderlich.
– Dieser ermöglicht die Benutzung von Wasserscootern und das Führen von Wasserfahrzeugen mit mehr als 6 PS. Das Fahren bei Dunkelheit ist damit jedoch nicht gestattet. Diese Erlaubnis ist das einzig gültige Dokument; es kann durch Ablegen einer Prüfung erworben werden.
Bei der **Direction départementale des Affaires maritimes des Alpes-Maritimes** ist auch eine Broschüre erhältlich, in der die Orte und Küstenabschnitte verzeichnet sind, für die besondere Regeln gelten.

Grégor/EXPLORER

Windsurfen, Funboard

Die Var-Küste bietet weitläufige, heftigen Mistralböen ausgesetzte Strände. Daher finden Freunde des Wassersports (Windsurfen, Funboard – mit dem kürzeren Brett kann man nicht nur surfen, sondern auch Sprünge ausführen) hier im ganzen Mittelmeerraum die besten Voraussetzungen, um ihrer sportlichen Leidenschaft nachzugehen. Der Strand **Plage de l'Almanarre** an der Westküste der Halbinsel Giens wurde zu einer Hochburg für Funboard-Fans; hier finden auch die französischen Vorentscheidungen für die Funboard-Weltmeisterschaft statt. In Six-Fours-les-Plages und auf beiden Seiten des Cap Nègre ist ausgezeichnete Surf-Technik erforderlich. Windsurfer müssen innerhalb der gekennzeichneten Fahrrin-

Y. Gladu/JACANA

Geheimnisvolle Unterwasserwelt

nen bleiben, dürfen sich nicht weiter als 1 000 m von der Küste entfernen und dürfen nicht aufs Meer hinaus, wenn die schwarz-weiße Flagge, die Landwind anzeigt, aufgezogen ist. Außerdem dürfen sie auf keinen Fall ihr Brett verlassen, wenn sie in Schwierigkeiten kommen.

Tauchen

Viele Tauchklubs bieten für Anfänger und Fortgeschrittene Tauchkurse mit Sauerstoffflaschen in Begleitung von Tauchlehrern zu einem Pauschalpreis an. Die wichtigsten Zentren für die unterschiedlichen Tauchsportarten liegen in Bendor (das Centre Padl ist europaweit eines der größten), Le Pradet (Plage de la Garonne), Giens (La Tour-Fondue), Sanary, Cavalaire, Ramatuelle (L'Escalet), St-Tropez, Ste-Maxime, St-Raphaël, La Napoule, Cannes und Villefranche.
Das **Maison du Tourisme du Golfe de St-Tropez** in Gassin (☎ 04 94 55 22 00) veröffentlicht eine Broschüre, in der alle Angaben über die Anbieter der Region aufgelistet sind.
Das **Centre du Rayol-Canadel** und der **Naturpark Port-Cros** bieten Führungen zum Kennenlernen von Fauna und Flora im Mittelmeerraum an.
In der **Fédération française d'Études et de Sports sous-marins**, 24 Quai de Rive-Neuve, 13284 Marseille, ☎ 04 91 33 99 31, sind mehr als 1 800 lokale Vereine zusammengeschlossen. Der Dachverband bringt ein äußerst umfassendes Jahrbuch über die verschiedenen Tauchsportarten in Frankreich heraus. Internet: www.ffessm.fr
Weitere Informationen erhält man beim **Comité régional des Sports sous-marins de la Côte d'Azur**, Cap Blanc, Port de Bormes, 83233 Bormes-les-Mimosas Cedex, ☎ 04 94 00 40 71.

Regelung bezüglich archäologischer Funde auf dem Meeresboden

Alle unterseeischen Kulturgüter (Amphoren, Schiffswracks usw.), die Gemeingut geworden sind, gehören dem Staat. Nach einem 1996 in Kraft getretenen Gesetz ist jeder, der bei einem Tauchgang ein archäologisches Objekt findet, verpflichtet, es an Ort und Stelle zu belassen und es nicht zu beschädigen.
Hat man einen Gegenstand ungewollt (beispielsweise in einem Netz) aufgenommen, muß man innerhalb von 48 Stunden die nächstliegende Dienststelle der Affaires maritimes oder die Aufsichtsbehörde DRASSM (Département des Recherches archéologiques et sous-marines) in Marseille darüber in Kenntnis setzen. Zuwiderhandlungen werden vor dem Landgericht geahndet.
Taucher, die ein Schiffswrack oder archäologische Reste entdeckt und gemeldet haben, können in den Genuß einer von der Verwaltung bereitgestellten Belohnung kommen, deren Höhe von der wissenschaftlichen Bedeutung der Funde abhängt.

Die schönsten Unterwasserlandschaften – Das zerklüftete Relief der Var-Küste, des Mauren- und des Esterelmassivs und das kristallklare Wasser der Hyèrischen Inseln laden dazu ein, die Atmosphäre der Filme *Im Rausch der Tiefe* und *Die schweigende Welt* nachzuerleben. Der intensive Schiffsverkehr hat über Jahrhunderte hinweg die Meeresgründe in ein richtiges Wrackmuseum verwandelt. Rund 100 Schiffe und knapp 20 Flugzeuge wurden vor der Küste an der Côte d'Azur gezählt. Die meisten liegen in einer Tiefe von über 20 m und sind nur von erfahrenen Tauchern im Rahmen von Erkundungstauchgängen erreichbar. Einige Wracks allerdings, die weniger als 20 m tief liegen, können von Anfängern leicht ausfindig gemacht und „besichtigt" werden. Über den Tauchsportverband in Marseille kann man die Anschriften der Tauchzentren in der Nähe von Wracks erfahren.
Das Verzeichnis *Naufrages en Provence* von J.-P. Joncheray führt die Wracks in der Provence auf und beschreibt ihre Geschichte.

Sicherheitshinweise für Taucher – Das ständig wachsende Interesse an den wunderbaren Unterwasserlandschaften an der Côte d'Azur darf nicht vergessen lassen, daß man als Freizeittaucher unbedingt einige grundsätzliche Regeln beachten muß, um Unfälle mit oft schwerwiegenden Folgen zu vermeiden:
– auf keinen Fall allein, nach einer reichhaltigen Mahlzeit, nach dem Genuß von alkoholischen oder kohlensäurehaltigen Getränken oder in erschöpftem Zustand tauchen;
– die Fahrrinnen der Schiffe und die von Windsurfern genutzten Bereiche unbedingt meiden;
– den Ort des Tauchgangs den Regeln entsprechend kennzeichnen: durch die Alpha-Flagge oder die rote Flagge mit weißem Diagonalstrich;
– der Rettungsmannschaft die Art des Unfalls mitteilen, damit gegebenenfalls eine Behandlung in einer Unterdruckkammer vorbereitet werden kann. Das ist selbst bei leichten Druckschäden die einzig mögliche Behandlungsmethode.

Reiten

Sowohl im Departement Alpes-Maritimes als auch im Var bestehen eine Reihe von Reitwegen. Auskunft und Infomaterial erhalten Sie bei den örtlichen Fremdenverkehrsverbänden.

Ligue Provence-Côte d'Azur de Tourisme équestre – 43 Boulevard de l'Esterel, BP 28, 06590 Théoule-sur-Mer, ☎ 04 93 77 39 36

Comité départemental d'Équitation de Randonnée des Alpes-Maritimes – M. Desprey, Mas de la Jumenterie, Route de St-Cézaire, 06460 St-Vallier-de-Thiey, ☎ 04 93 42 62 98

Zu Pferde im Grenzgebiet – Eine originelle Art und Weise, das Mercantour-Massiv kennenzulernen. Ab St-Martin-Vésubie kann man Bergtouren mit Pferden auf der speziell angelegten Reitstrecke **Itinéraire Équestre des Espaces Naturels Franco-Italiens** (Itinerario Equestre degli Spazi Naturali Franco-Italiani) unternehmen. Eine ausgewiesene Strecke von St-Martin-Vésubie nach Certosa di Pesio führt durch die italienischen Naturparks Alpi Marittime und Alta Valle Pesio. Rund zehn Stationen sind als Zwischenhalt für Reiter und Pferde eingerichtet.
Die Informationsstellen des Mercantour- und des Alpi Marittime-Nationalparks geben praktische Tips.
Der **Nationalpark Mercantour** veröffentlicht eine Broschüre, in der verschiedene Routen für Reitwanderungen im Argentera- und im Mercantour-Massiv mit den möglichen Etappen beschrieben sind.
Das **Comité national de Tourisme équestre**, 9 Boulevard Mac-Donald, 75019 Paris, ☎ 01 53 26 15 50, www.eii.fr, gibt eine jährlich aktualisierte Broschüre mit dem Titel *Tourisme et loisirs équestres en France* heraus.

Wandern

Entlang der Küste

Von dem berühmten **Zollpfad** *(s. unter ST-TROPEZ, Wanderungen)*, der vor der massiven Bebauung am ganzen Küstenstreifen der Französischen Riviera entlanglief, blieben noch einige malerische Teilabschnitte erhalten. Sie wurden vom Küsten-Landschaftsschutzamt ausgebaut.
Mehrere Wanderwege, die alle an der Var-Küste entlangführen, wurden mit Markierungen versehen. Zehn dieser Wanderwege zwischen Bandol und St-Aygulf sind im sogenannten *Topo-Guide* des Französischen Wandervereins beschrieben.

Im Hinterland

Das in diesem Reiseführer beschriebene Gebiet kann man auf zahlreichen ausgewiesenen Wanderwegen entdecken.

Bestimmte Fernwanderwege (GR), die das Hinterland von Nizza durchziehen, bleiben bergerprobten, geübten Wanderern vorbehalten und können nur von Ende Juni bis Anfang Oktober benutzt werden:
– der **GR 5** ist der älteste und längste und durchquert halb Europa. In seinem letzten Teilstück führt er von Nizza nach St-Dalmas-Valdeblore über Aspremont, Levens, die Vésubie-Schlucht und La Madone d'Utelle.

– der **GR 52** von St-Dalmas-Valdeblore nach Menton über Le Boréon, das Merveilles-Tal, den Wald von Turini, Sospel; er endet im Tropengarten Jardin du Val Rameh.
– der **GR 52A**, der vom Col de Tende über die Gebirgskämme um den östlichen Teil des Nationalparks Mercantour herumführt.

Die folgenden Fernwanderwege können das ganze Jahr über auch von ungeübten Wanderern benutzt werden:
– der **GR 4**, der von Grasse über Gréolières zur Verdon-Schlucht führt.
– der **GR 51**, der sogenannte Mittelmeer-Balkon, überragt die Küste vom ersten Gebirgskamm aus. Er bietet zwischen dem Col de la Cadière (Esterelmassiv) und Castellar (östlich von Menton) die schönsten Aussichtspunkte der Côte d'Azur.
– der **GR 510**, der ganz durch die Alpes-Maritimes von Breil-sur-Roya nach St-Cézaire-sur-Siagne verläuft und dabei in einer interessanten 10-Tage-Tour von Tal zu Tal über Sospel, Villars-sur-Var, Puget-Rostand, Roquesteron, St-Auban und Escragnolles führt; bei jeder Zwischenstation entdeckt man ein neues Tal mit vereinzelten Bergdörfern.
– der **GR 9**, der durch das Maurenmassiv von Signes nach St-Pons-les-Mûres führt.
– der **GR 99**, der Toulon mit dem Verdon verbindet und durch das Hügelland des Gebiets Haut-Var führt.
– der **GR 90** (der kürzeste), der das Maurenmassiv von Le Lavandou bis Notre-Dames-des-Anges durchquert, wo man dann auf den GR 9 stößt.

In den *Topo-Guides*, die von der **Fédération française de la Randonnée pédestre** herausgegeben werden, findet man den genauen Verlauf dieser großen und kleinen Wanderwege sowie überaus wertvolle Ratschläge für Wanderer. Adresse: 14 Rue Riquet, 75019 Paris, ☎ 01 44 89 93 90.

In den Wäldern

An der ganzen Küste des Departements Alpes-Maritimes sind an vielen Stellen Haine und kleinere Wälder *(Parcs forestiers)* erhalten, parkartige Grünzonen mit vielen bequemen Wegen für Spaziergänger jeden Alters.

Parc de la Grande-Corniche in Èze – *Anfahrt vom Col d'Èze über die Grande Corniche.*

Parc de Vaugrenier – *Anfahrt über die N 7 zwischen Antibes und Marina-Baie-des-Anges.*

Parc de la Vallée de la Brague – *An der nördlichen Ausfahrt der Ortschaft Biot.*

Parc du San Peyre – *Von La Napoule fahren Sie in Richtung Autobahn A 8 und biegen dann nach links in die Route du Cimetière ein. Von dem ehemaligen Wachposten aus hat man in 131 m Höhe eine herrliche Aussicht über die Bucht von Cannes.*

Parc de la Pointe de l'Aiguille – *Parkplatz an der N 98 an der Ausfahrt von Théoule.*

Weitere Adressen

Private Vereinigungen organisieren Wanderungen ganz unterschiedlicher Schwierigkeitsgrade.

RandOxygène – Die Verwaltung des Departements Alpes-Maritimes gibt unter dem Titel *RandOxygène* eine Reihe von Führern heraus, die zahlreiche praktische Informationen für Wanderungen, Mountainbike-Touren und Wildwasserfahrten enthalten. Die Broschüren sind erhältlich bei den größeren Fremdenverkehrsämtern sowie beim Bureau du Développement local et touristique du Conseil général des Alpes-Maritimes, 27 Boulevard Paul-Montel, 06200 Nice, ☎ 04 93 18 67 50.

B. Kaufmann/MICHELIN

Lac du Basto im Vallée des Merveilles, dem „zauberhaften Tal"

Fédération nationale Ânes et Randonnées – Le Pré du Meinge, 26560 Éourres, ☎ 04 92 65 09 07. Wer bei seiner Wanderung die Dienste eines Packesels in Anspruch nehmen möchte, erhält bei dieser Adresse eine Liste der Verleiher.

Vorsicht, Vipern! – In den Causses und den Garrigues leben Vipern unter Steinen, in Felsspalten oder im Gestrüpp. Sie sind i. a. eher scheu, doch wenn sie sich bedroht fühlen oder angegriffen werden, können sie auch zubeißen. Nach einem solchen Biß schwillt die Stelle rasch an, in der Mitte der Schwellung entsteht ein kleiner roter Fleck. Um die Ausbreitung des Giftes im Körper zu vermeiden, ist der Verletzte möglichst ruhigzustellen. Man sollte nicht selbst die Wunde einschneiden oder das Gift mit dem Mund heraussaugen, sondern den Verletzten auf schnellstem Wege ins Krankenhaus bringen, wo das entsprechende Gegengift verabreicht wird. Zur Vermeidung solcher Unfälle empfiehlt es sich, knöchelhohe Wanderschuhe zu tragen, keine Steine hochzuheben und ab und zu mit den Füßen auf den Boden zu stampfen und Lärm zu machen, um die Vipern zu verscheuchen.

Wintersport

Wintersportmöglichkeiten bieten sich in weniger als zwei Autostunden Entfernung von der Küste in Orten, die auf regionaler Ebene bekannt sind. Dazu zählen folgende Skistationen:

- La Colmiane-Valdeblore
- Boréon-St-Martin-Vésubie
- Peïra-Cava
- L'Audibergue
- La Gordolasque-Belvédère
- Turini-Camp d'Argent
- Gréolières-les-Neiges

Langlauf – Loipen wurden im oberen Roya-Tal angelegt: die Langlaufstrecke La Brigue (in 900 m Höhe) und das Langlaufzentrum **Tende-Val Casterino** (in 1 500 m Höhe).
In der Nähe des italienischen Wintersportorts Limone-Piemonte, der problemlos mit einer Pendelbahn zu erreichen ist, kann man den verschiedenen Wintersportarten frönen.

Ski Club de Nice – 6 Rue Castel, 06000 Nice, ☎ 04 93 52 36 36

Höhlenerkundung

In den Kalksteinplateaus und den Voralpen kann man unzählige Höhlen, ihre geologischen Phänomene und die unterschiedlichen Etappen ihrer Entstehung erforschen. Im Var findet man ganz außergewöhnliche Phänomene: Das **Siou Blanc-Plateau** bietet eine unvorstellbar große Bandbreite unterschiedlichster Varianten von Schluchten und Klüften. Hier stößt man beispielsweise auf die tiefste Kluft des Departements (350 m tief). In der Nähe von Draguignan bietet die Grotte de Mouret jedem die Möglichkeit, sich als Höhlenforscher zu betätigen.
In den Alpes-Maritimes, in den Karstreliefs des Umlands von Grasse, insbesondere auf dem Plateau de Caussols, kann der eingefleischte Höhlenforscher folgende Grotten erforschen: die „toten" Grotten von **St-Cézaire** *(s. unter GRASSE, Ausflüge)*, Klüfte in riesigen Karrenbildungen wie die Tropfsteinhöhle **Grotte des Audides** *(s. unter CABRIS, Umgebung)* oder ursprünglich durch eine Folge von Ablagerungen entstandene Tropfsteinhöhlen wie die **Grotte de Baume Obscure** *(s. unter ST-VALLIER-DE-THIEY, Besichtigung)*. Die **Grottes de Villecroze** *(s. unter VILLECROZE, Auf Entdeckungstour)* aus Tuffstein in der Nähe von Draguignan wurden speziell so ausgestaltet, daß sie auch von Neulingen mühelos besichtigt werden können. Das legendäre Massif de Marguareis nordöstlich von Tende, in dem sich schon der Höhlenforscher Michel Siffre in den 60er Jahren, als die Höhlenkunde noch nicht in Mode war, einen Namen gemacht hat, bleibt ein Paradies für Profi-Speläologen. Dieses riesige, von Dolinen durchfurchte Kalkplateau mit schwindelerregenden Steilwänden besitzt Abgründe, die mehr als 900 m tief sind.
Weitere Höhlen sind mit der entsprechenden Ausrüstung und gewissen Grundkenntnissen zugänglich. Man kann sie im Rahmen der Höhlenforschungsaktivitäten besichtigen. Einen ersten Eindruck eines höhlenkundlichen Erkundungsgangs ohne große Vorkenntnisse kann einem auch der Eingangsbereich (ungefähr 10 m) des Embut de Caussols (*embut* bedeutet „Trichter" auf Provenzalisch) vermitteln.
Man wende sich an: Club alpin français, Section „Spéléologie", in Toulon oder Nizza oder an die Departement-Verbände:

Comité départemental de Spéléologie du Var – L'Hélianthe, Rue Émile-Ollivier, 83000 Toulon, ☎ 04 94 31 29 43

Comité départemental de Spéléologie des Alpes-Maritimes – Bât. 5, L'Alsace, Boulevard Paul-Montel, 06100 Nice, ☎ 04 93 42 15 42

Fédération française de Spéléologie – 130 Rue St-Maur, 75011 Paris, ☎ 01 43 57 56 54

École française de Spéléologie – 28 Rue Delandine, 69002 Lyon, ☎ 04 72 56 09 63

Aus der Vogelperspektive

Gleitflug, Drachenfliegen, Paragliding und Ultraleichtfliegen – Es gibt ungefähr 20 Orte, die sich für Luftsportarten und Flüge mit dem UL-Flugzeug eignen. Die stets aktualisierte Liste der Gleitflugzentren und -plätze kann man bei folgenden Adressen erhalten:

Comité départemental de Vol libre varois – Domaine de la Limatte, 83870 Signes, ☎ 04 94 90 86 13

Fédération française de Vol libre (Drachenfliegen und Paragliding) – 4 Rue de Suisse, 06000 Nice, ☎ 04 93 88 62 89

Fédération française de Planeur Ultra Léger Motorisé (Ultraleichtfliegen) – 96bis Rue Marc-Sangnier, 94700 Maisons-Alfort, ☎ 01 49 81 74 43

Segelflug – Das wichtigste Segelflugzentrum liegt in Fayence, wo außergewöhnlich günstige Luftströmungen herrschen. Dieser von der Association aéronautique Provence-Côte d'Azur geleitete Komplex hat sich europaweit zu einem der führenden Segelflugzentren entwickelt und trug maßgeblich dazu bei, daß die spektakuläre Disziplin des Kunstfliegens mit Segelflugzeugen Furore macht.

Association aéronautique Provence-Côte d'Azur – 83440 Fayence, ☎ 04 94 76 00 68

Wellness

Auf der Karte der Ferienorte sind die Kurorte der in diesem Führer beschriebenen Region ausgewiesen. Im Roten Michelin-Hotel- und Restaurantführer findet man die offiziellen Eröffnungs- und Schlußzeiten der Kursaison.

Thalassotherapie und Bäderheilverfahren

Die ersten Patienten kamen im 18. Jh. auf Anraten ihrer Ärzte, die sich von dem milden Klima Heilerfolge versprachen, an die Côte d'Azur. Diese schwindsüchtigen oder an Tuberkulose leidenden Kranken stellten den ersten Touristenansturm der Küste dar. Seitdem haben sich sowohl der Tourismus als solcher als auch die behandelten Krankheiten ausgeweitet, und nicht selten sind Streß und allgemeine Erschöpfung heute die Ursache für eine Heilbehandlung. Meerwasser und Meerklima sind allgemein anerkannte Behandlungsmittel, und so verwundert es nicht, daß viele Ortschaften an der Küste die Thalassotherapie und Balneotherapie in ihr Angebot aufgenommen haben. Die wichtigsten sind: Bandol (Thalassotherapie), Hyères (Fitneßkuren), St-Raphaël (Thalasso- und Sporttherapie), Ste-Maxime und Fréjus (Erholungskuren), Île des Embiez (Bäderheilverfahren).

Fédération Mer et Santé – 8 Rue de l'Isly, 75008 Paris, ☎ 01 44 70 07 57, www.mer-et-sante.asso.fr

Maison de la Thalassothérapie – 5 Rue Denis-Poisson, 75017 Paris, ☎ 08 25 07 97 07

Kuren

Das Departement Alpes-Maritimes kann hinsichtlich seiner Kurorte eindeutig nicht mit den traditionsreichen Kurstädten der Alpenregion konkurrieren. Dennoch verdient der kleine Kurort Berthemont-les-Bains wegen seiner schwefelhaltigen, radioaktiven Quelle, die bei Infektionen der Atemwege und Gelenkentzündungen schon vielen Erleichterung verschafft hat, Erwähnung. Nähere Informationen unter ☎ 04 93 03 47 00 oder bei folgenden Adressen:

Fédération thermale et climatique française – 16 Rue de l'Estrapade, 75005 Paris, ☎ 01 43 25 11 85, www.thermae.fr

Chaîne thermale du Soleil/Maison du Thermalisme – 32 Avenue de l'Opéra, 75002 Paris, ☎ 01 44 71 37 00 oder ☎ 0 800 05 05 32 (gebührenfrei), www.cts-groupe.com

Mitbringsel

Was bringt man mit von der Côte d'Azur? Die Auswahl ist riesig und stößt wahrscheinlich nur durch den verfügbaren Platz in Ihrem Gepäck oder Wagen auf ihre Grenzen. Die folgenden Anregungen und Adressen sollen Ihnen helfen, echte Erzeugnisse der Region von Produkten zu unterscheiden, die man überall sonst auch erstehen kann. Sie werden bei der Besichtigung der verschiedenen Orte sicher fast zwangsläufig auf die wichtigsten Einkaufsstraßen stoßen. Darüber hinaus geben die Abschnitte „Tips und Adressen" in den einzelnen Kapiteln wertvolle Hinweise. Die Preise auf den Märkten sind i.d.R. günstiger als in den Fachgeschäften.

GAUMENFREUDEN

Feinkostwaren – Natives Olivenöl (aus den Ölmühlen in Opio oder La Cadière), grüne oder schwarze Oliven aus Nizza, mit Gewürzen oder Kräutern versetzt, *Tapenade*, Anchovispaste, *Aïoli* (Knoblauchsauce) etc. findet man in Feinkostläden und auf den Märkten.

Süßspeisen – Eßkastanien mit Zuckerguß, als Crème oder im Naturzustand, erhält man in der Confiserie Azuréenne, Boulevard Koenig, 83610 Collobrières, ☎ 04 94 48 07 20. In Tourettes-sur-Loup, der Hochburg des Veilchenanbaus, kann man Zuckerveilchen kosten. Confiserie des Gorges du Loup, Le Pont-du-Loup, 06140 Tourrettes-sur-Loup, ☎ 04 93 59 32·91.

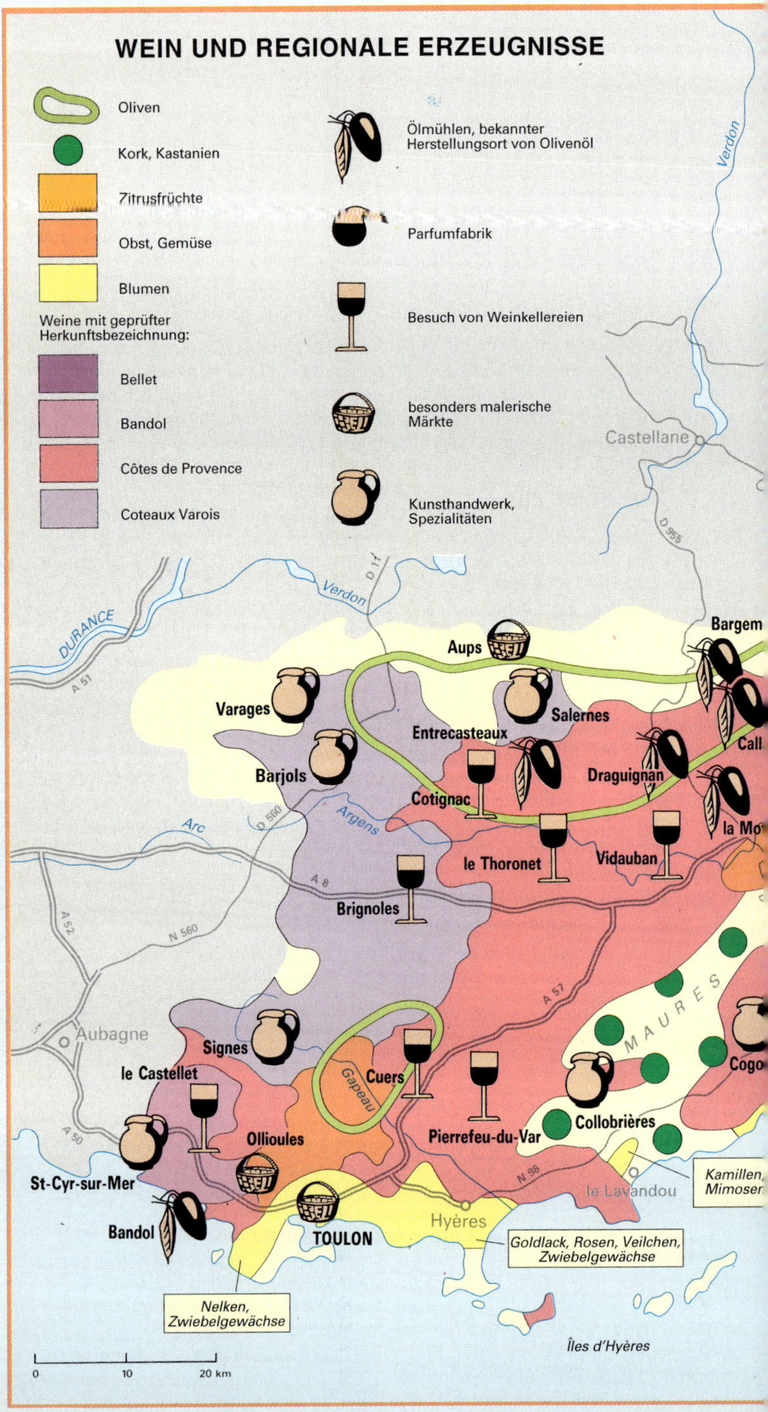

Die berühmte *Socca* aus Nizza *(s. unter NICE, Kasten)* läßt sich schlecht transportieren, die leckeren kandierten Früchte oder Geleefrüchte passen allerdings in jede Tasche. Empfehlenswert sind auch die Ölerzeugnisse der Firma Alziari (14 Rue St-François-de-Paule). Die Confiserie du Vieux Nice, 14 Quai Papacino, 06300 Nice, ☎ 04 93 55 43 50, ist eine Zweigsteille der Confiserie des Gorges du Loup *(s. oben)*.

Die Karte „Wein und regionale Erzeugnisse" zeigt die wichtigsten Ortschaften und die ihnen zugeordneten Produkte auf, die Sie vor Ort erstehen können *(s. auch EINFÜHRUNG, Das Leben an der Côte d'Azur oder Die provenzalische Küche)*.

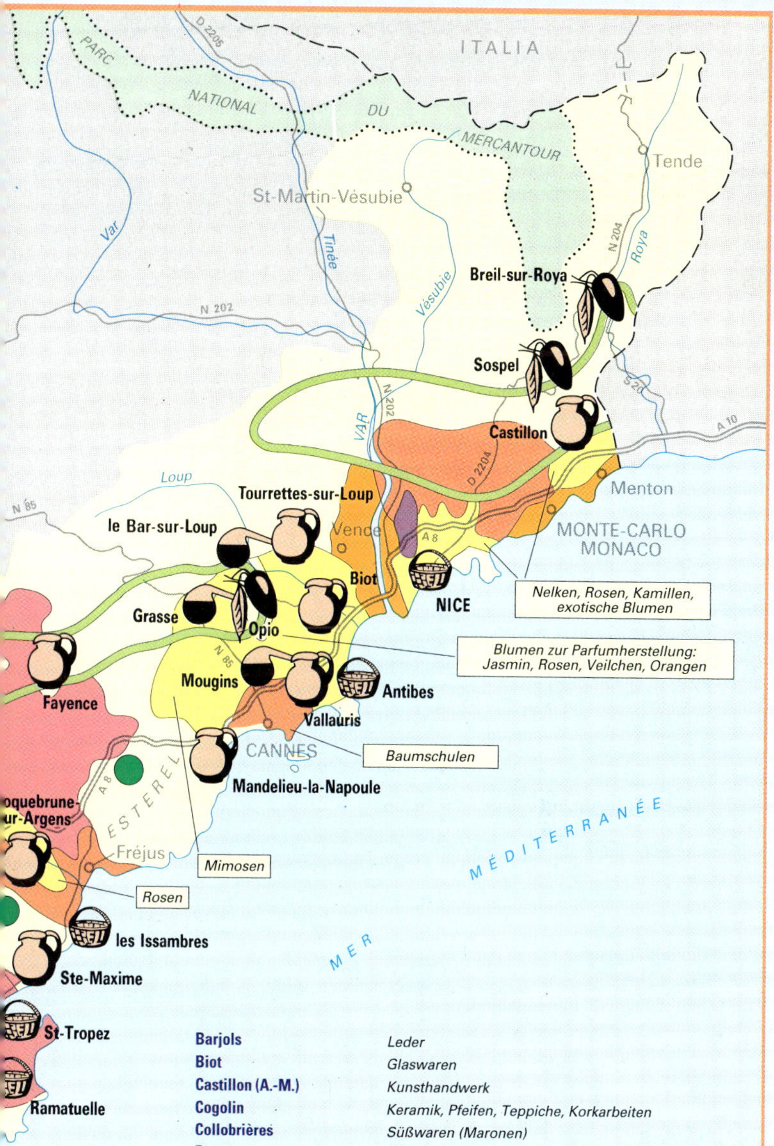

Barjols	*Leder*
Biot	*Glaswaren*
Castillon (A.-M.)	*Kunsthandwerk*
Cogolin	*Keramik, Pfeifen, Teppiche, Korkarbeiten*
Collobrières	*Süßwaren (Maronen)*
Fayence	*Keramik*
Mandelieu-la-Napoule	*Glaswaren*
Roquebrune-sur-Argens	*Süßwaren (Türkischer Honig), Santons (Krippenfiguren)*
Salernes	*Keramik, Terrakottafliesen*
Signes	*Süßwaren (Türkischer Honig)*
St-Cyr-sur-Mer	*Santons (Krippenfiguren)*
Ste-Maxime	*Holzskulpturen*
Tourrettes-sur-Loup	*Süßwaren (kandierte Früchte)*
Vallauris	*Keramik*
Varages	*Keramik*

WEINE UND SPIRITUOSEN

Weine der Region Côtes-de-Provence – In den Weinkellern entlang der provenzalischen Weinstraße, die Sie übrigens oft besichtigen können, haben Sie bei Ihrer Weinprobe die Qual der Wahl. Auf der Île de Porquerolles befinden sich drei Weingüter, die Domaine de l'Île (das älteste), die Domaine Perzinsky und die Domaine Courtade, die einen mit kontrollierter Herkunftsbezeichnung (AOC) versehenen Côtes-de-Provence hervorbringen und Weinproben mit Verkauf anbieten. Die Weinbauern von Cogolin, Gassin, Grimaud, Ramatuelle und St-Tropez haben sich zu der Erzeugergenossenschaft Golfe de St-Tropez zusammengeschlossen. Ihre weitgespannte Produktpalette findet man am Carrefour de La Foux in dem „Les Maîtres Vignerons de St-Tropez" genannten Laden. Auskunft erteilt das Comité interprofessionnel des Vins Côtes-de-Provence, Maison des Vins, N 7, 83460 Les Arcs, ☎ 04 94 99 50 10.

Weine aus Bandol – Auf der Weinstraße von Bandol lernen Sie die verschiedenen Weine der Region kennen. Auskunft beim Weingüterverband Bandol, Syndicat des Domaines en Appellation Bandol Contrôlée, Maison des Vins du Bandol, 22 Allées Vivien, 83150 Bandol, ☎ 04 94 29 45 03.

Weine aus Bellet – Im Nizzaer Hinterland wächst auf nur 50 ha bei St-Roman-de-Bellet ein seltener Wein, der einen ausgezeichneten Ruf genießt. Die dortigen Weinkeller laden zur Weinprobe ein. Näheres beim Syndicat des Vignerons du Bellet, 06200 St-Roman-de-Bellet, ☎ 04 93 37 81 57.

Lérina-Likör – Der berühmte Likör wird von den Mönchen des Klosters St-Honorat auf den Îles de Lérins gebrannt *(s. dort, Tips und Adressen)*.

PARFÜMS UND BLUMEN

Wunderschöne Sträuße einheimischer Blumen kann man entlang der gesamten Côte d'Azur erstehen, die herausragendsten sind die Mimosen (im Februar) und die Nelken. Die wichtigsten Blumenmärkte befinden sich in Ollioules, Antibes und Nizza (auf dem Cours Saleya). Einige der Händler bieten den Versand von Sträußen und Arrangements in entsprechenden Kartons an. Parfüms kauft man natürlich in Grasse, aber auch in Èze und in der Rue Longue in Menton, in der zahlreiche Läden Parfüms und Seifen, Duftsäckchen, Parfümkerzen und Raumdüfte (auch für das Auto) anbieten.

HAUSHALTSWAREN

Tischwäsche – Die große Beliebtheit der provenzalischen Stoffe und Muster schlägt sich in der riesigen Auswahl an Fachgeschäften nieder, die Tischdecken (Wachs oder Stoff), Platzdeckchen, Geschirrtücher und Küchenhandschuhe bereithalten. Bekannt für ihre gute Qualität sind die Marken Soleïado und Mistral.

Keramik und Glaswaren – Sie sind in Biot und Vallauris das unumgängliche Souvenir. Anlaufstellen sind die Verrerie de Biot und die Ateliers Collet in Vallauris.

Pfeifen und Teppiche – In Cogolin.

Artikel aus Holz oder Kork – Die Spezialisten von gedrechselten Gegenständen aus Olivenholz, darunter besonders Bestecke, befinden sich im Nizzaer Hinterland. In Gonfaron herrschen Korkartikel vor.

J.-L. Gallo/MICHELIN

Es gibt viel Leckeres zu entdecken – wie hier auf diesem Marktstand mit kandierten Früchten

FÜR KINDER

An erster Stelle stehen hier wahrscheinlich Süßigkeiten und Kleider; weitere Ideen sind jedoch auch Karnevalsartikel (Masken, während der Karnevalszeit bieten alle Konditoreien Schokolodenmasken an), Lernspiele zum Thema Parfüm sowie Seifen in Obstform oder den Helden der Zeichentrickfilme und Comics nachgebildet (in den Parfümgeschäften).

DIE WICHTIGSTEN MÄRKTE

Märkte gehören zur Provence wie die Zikaden und der Lavendel und sind für den Touristen eine ideale Gelegenheit, so richtig in das Lokalkolorit einzutauchen. Oft bekommt man erst hier das „echte" Erzeugnis der Gegend. Fast jeder Ort besitzt einen eigenen Markt, der das Leben der Dorfgemeinschaft widerspiegelt. Im folgenden nennen wir die größten Märkte im Departement Var.

Provenzalische Märkte

Antibes	Täglich (außer Montag außerhalb der Saison)
Hyères	Dienstag und Donnerstag (Mai bis Sept.), Samstag
Aups	Mittwoch, Donnerstag (Trüffelmarkt von Nov.-Mitte März), Samstag
Le Lavandou	Montag (Juni bis Sept. in Cavalière), Donnerstag
Bargemon	Donnerstag
Lorgues	Dienstag
Le Beausset	Freitag (Jahrmarkt)
Le Luc	Freitag
Bormes-les-Mimosas	Dienstag, Mittwoch, Samstag (während der Saison)
Menton	Täglich
Brignoles	Mittwoch, Samstag
Ramatuelle	Donnerstag, Sonntag
Callas	Samstag
Roquebrune-sur-Argens	Dienstag, Freitag
Cogolin	Mittwoch, Samstag
St-Martin-Vésubie	Dienstag, Samstag, Sonntag
Cotignac	Dienstag
St-Raphaël	Täglich; Fischmarkt am alten Hafen
La Croix-Valmer	Sonntag
St-Tropez	Dienstag, Samstag
Draguignan	Mittwoch, Samstag
Ste-Maxime	Täglich, Freitag (Jahrmarkt)
Entrecasteaux	Freitag
Sanary-sur-Mer	Mittwoch
Fayence	Dienstag, Donnerstag (Jahrmarkt), Samstag
Toulon	Täglich außer Montag (Cours Lafayette)
Fréjus	Mittwoch, Samstag (Jahrmarkt)
Tourtour	Mittwoch, Samstag
La Garde-Freinet	Mittwoch, Sonntag
Villecroze	Donnerstag
Grimaud	Donnerstag in Grimaud, Donnerstag und Sonntag in Port-Grimaud

Die Märkte, die im Sommer fast in jedem Dorf im Hinterland stattfinden, beginnen im allgemeinen gegen 8 Uhr oder 9 Uhr morgens und enden am frühen Nachmittag gegen 13 Uhr. Bis 10 Uhr ist es noch relativ ruhig, während die Händler den Aufbau ihrer Stände abschließen. Der große Ansturm setzt dann gegen 10 Uhr oder 10.30 Uhr ein. Der Kunstgewerbeverband und die Gewerbekammer haben in einem Kalender die verschiedenen Termine der Kunstgewerbemärkte zusammengestellt, den man unter der folgenden Adresse anfordern kann: Association des Métiers d'Art du Var, Hélène Ramos, 83510 St-Antonin-du-Var, ☎/Fax 04 94 04 48 23. Hinweise hierzu liefern auch die Abschnitte „Tips und Adressen" im Hauptteil.

Spezialisierte Märkte im Departement Var

Barjols: Ledermarkt am 11. und 12. August

Brignoles: Landwirtschafts- und Weinmarkt in der 2. Aprilhälfte

Cogolin: Provenzalischer Markt in der 1. Septemberwoche

Draguignan: Olivenmarkt in der 1. Juliwoche

Grimaud: Lichtmeß-Markt im Februar; Wollmarkt an Christi Himmelfahrt

Ramatuelle: St-Andreas-Markt am 30. November

St-Tropez: St-Anna-Markt am 26. Juli

Seillans: Steingutmarkt am 15. August

Signes: Biologischer Markt an Pfingstsonntag

Taradeau: Markt für jungen Wein am 3. Sonntag im November

Le Val: Wurstmarkt am 1. Septemberwochenende

La Verdière: Hundemarkt am 4. Sonntag im Juli

In zahlreichen Dörfern werden außerdem am Michaelstag (29. Sept.) Märkte abgehalten.

Santonmärkte im Departement Var

Auf diesen Märkten verkaufen Kunsthandwerker, die Krippenfiguren *(santons)* herstellen, ihre Erzeugnisse. Diese Figuren wurden in der Provence während der Französischen Revolution beliebt, als viele Kirchen geschlossen wurden. Ein Handwerker aus Marseille kam auf die Idee, Krippenfiguren herzustellen, damit die Gläubigen die Weihnachtsszene bei sich zu Hause nachstellen konnten. Die Bezeichnung Santon rührt vom provenzalischen Wort *santoun* her, das „kleiner Heiliger" bedeutet. Während die Figuren in der Anfangszeit ausschließlich religiösen Charakter besaßen, wurden sie im folgenden auch zur Darstellung regionaltypischer Besonderheiten benutzt (Handwerkskunst, Folklore, Tiere usw.)

Carqueiranne: Dezember

La Celle: Mitte Oktober

Draguignan: Mitte November bis Mitte Dezember in der Chapelle du Bon-Pasteur

Entrecasteaux: Die ersten beiden Dezemberwochen

Fayence: November *(Les Santoniades)*

Fréjus: In der Woche vor Weihnachten

Ollioules: Dezember in der Alten Mühle (mit Weihnachtskrippe)

Puget-Ville: 2. Dezemberwochenende

Signes: November

Solliès-Ville: Vom letzten Novemberwochenende bis Ende Dezember in der Moulin d'Oli

La Valette: Die letzten beiden Dezemberwochen in der Moulin d'Ardouvin

Aïoli-Feste im Departement Var

Die Teilnahme ist gebührenpflichtig und bedarf einer vorherigen Anmeldung beim Fremdenverkehrsamt der entsprechenden Ortschaft.

Ampus: 14. bis 16. August

La Celle-du-Var: 12. bis 15. August

Châteauvieux: 1. und 2. Montag im Juli (Anmeldung: „La Gruppi", ☎ 04 94 76 81 26)

Collobrières: 12. bis 16. August

Entrecasteaux (eines der größten): 1. Augustwochenende

Fayence: Ende August/Anfang September

Mazaugues: 1. Augustwochenende

Solliès-Ville: 20. bis 22. August

Veranstaltungskalender

Lokale Feste und kulturelle Veranstaltungen

Januar

Barjols .... Fest des hl. Marcel (Mitte Januar)

Monaco .... Fest der hl. Devota im Stadtteil La Condamine (am Abend des 26. Januar)

Valbonne .... Fest des hl. Blasius, Weintrauben- und Olivenfest (letztes Januarwochenende)

Februar

Bormes-les-Mimosas .... Mimosenkorso (3. Februarsonntag)

Menton .... Zitronenfest, Korso der „Goldenen Frucht"

Februar-März

Nizza .... Karneval und Blumenschlachten (2 Wochen um Faschingsdienstag)

März

Golfe-Juan .... Historische Nachstellung der Landung Napoleons in Golfe-Juan (1. Märzwochenende)

Nizza .... Cougourdons-Fest (*cougourdons*: getrocknete, bemalte, mit Schnitzerei verzierte Kürbisse), Folklorefest (letzter Märzsonntag)

Ostern

Roquebrune-Cap-Martin ..... Karfreitagsprozession

April

Mouans-Sartoux .... Honigfest (Ende April)

Mai

Fréjus .... „Bravade" zu Ehren des hl. Franziskus (3. Sonntag nach Ostern)

St-Tropez .... „Bravade" (16., 17. und 18. Mai)

Nizza .... Maifest an jedem Wochenende

Grasse .... Rosenfest

Juni

La Garde-Freinet .... „Fête de la Transhumance": Fest zum Almauftrieb (1. Junisonntag)

St-Tropez .... Bravade der Spanier (15. Juni)

St-Tropez .... St. Peter (29. Juni)

Juli

Cap d'Antibes .... Marien-Fischerfest in La Garoupe, 1. und 2. Juli

Villefranche-sur-Mer .... St. Peter (1. Julisonntag)

Tende .... Fest des hl. Eligius, des Schutzheiligen der Eselstreiber (2. Julisonntag)

Hyères .... „Les Vignades": Weinmesse (Mitte Juli)

August

Roquebrune-Cap-Martin ..... Passionsprozession durch Alt-Roquebrune (5. August)

Grasse .... Jasminfest (1. Augustwochenende)

Fréjus .... Traubenfest (Anfang August)

Vallauris .... Töpfereiwarenfest (2. Augustsonntag)

Île de Bendor .... Fischerfest (15. August)

Varages .... Keramikmesse „Erde und Feuer"

J. Sierpinski/SCOPE

Blumenkorso in Nizza

1. Septemberwochenende

Peille .... „Festin des Baguettes": Fest zur Erinnerung an das Ende einer großen Wassernot, die durch einen Hirten mit Hilfe eines Stöckchens aus Olivenholz behoben wurde

Oktober

Ollioules............................ Olivenbaumfest (1. Oktoberwochenende)

Entrecasteaux .... Blumenschau (Mitte Oktober)

Collobrières....................... Kastanienfest (die letzten drei Oktobersonntage)

La Garde-Freinet................ Kastanienfest (3. und 4. Oktobersonntag)

Gonfaron........................... Kastanienfest und Kunsthandwerksmarkt (Ende Oktober)

Roquebrune-sur-Argens ...... Honigfest (Ende Oktober)

19. November

Monaco............................. Veranstaltungen zum monegassischen Nationalfeiertag

Dezember

Bandol.............................. Weinfest (1. Dezembersonntag)

Lucéram............................ Hirtenweihnacht und provenzalische Weihnachtsmette (24. Dezember)

Festivals

April-Mai

Monaco............................. Kunstfrühling (Mitte April bis Mitte Mai), ☎ 00377 93 15 85 15

Mai

Cannes.............................. Internationale Filmfestspiele, ☎ 04 45 61 66 00

Juni-Juli

Toulon .... Musikfestspiele (Mitte Juni bis Mitte Juli), ☎ 04 94 93 55 45

Juni-September

Cagnes-sur-Mer .... Internationales Malereifestival (Mitte Juni bis Mitte September), ☎ 04 93 22 19 25

Juli

Juan-les-Pins .... Internationales Jazzfestival (2. Julihälfte), ☎ 04 92 90 53 00

Brignoles .... Sommernachtsfest bei Pont d'Olive (3 km südöstlich von Brignoles an der Straße nach Camps-la-Source, 2. Julihälfte), ☎ 04 94 72 08 27

Cannes .... Musikabende in Le Suquet (Ende Juli), ☎ 04 92 59 41 20

Nizza .... Nice Jazzfestival (Ende Juli), ☎ 04 92 14 48 00

Juli-August

St-Tropez .... Musikabende (ein Konzert im Juli, ein weiteres im August), ☎ 04 94 97 45 21

Cotignac .... Theaterfestspiele (Festival du Rocher) auf der Freilichtbühne (Mitte Juli bis Mitte August), ☎ 04 94 04 61 87

Juli-Oktober (gerade Jahreszahlen)

Vallauris .... Internationale Keramik-Biennale

August

Brignoles .... Jazzfestival (2. Augustwoche)

Abbaye du Thoronet .... Opernfestspiele (1. Augusthälfte)

Ramatuelle .... Theaterfestspiele (1. Augusthälfte), ☎ 01 40 82 92 12

Menton .... Kammermusikfestspiele auf dem Kirchplatz von St-Michel (ca. 13 Konzerte), ☎ 04 92 41 76 76

September

Entrecasteaux .... Kammermusikfestspiele (Anfang September), ☎ 04 94 72 91 62

Oktober

Vence .... „Fête du Moyen et du Haut Pays": Kunstgewerbe-, Musik- und Tanzfestival der Gegend von Vence (1. Oktoberwochenende)

Oktober-November

Fayence .... Streichquartett-Festspiele

Dezember

Cannes .... Internationales Tanzfestival, ☎ 04 92 59 41 20

Sportwettkämpfe

Januar

Monaco und Hinterland ..... Rallye Monte-Carlo (Mitte Januar)

April

Monaco .... Internationales Tennisturnier (1 Woche lang)

Mai

Monaco .... Großer Preis von Monaco in der Formel 1 (Himmelfahrtswochenende)

Hyères .... 12-Stunden-Rennen von Hyères: Oldtimer-Rennen

Juli

Hyères .... Funboard-Weltmeisterschaften

September

Monaco .... Oldtimer-Rallye (3. Septemberwochenende)

Cannes .... Königliche Regatta (Ende September)

Oktober

Fréjus .... Mountainbike-Rennen Roc'Azur

St-Tropez .... Segelregatta La Nioulargue (1. Oktoberwochenende)

Wörterverzeichnis

Architektonische Begriffe

Siehe Illustrationen zur Baukunst in der Einführung

Geographische und landschaftliche Begriffe, Sehenswürdigkeiten

Abbaye (Abb.)	Abtei
Abîme	Schlund, Abgrund
Aven	Höhle, Kluft
Barrage (B^{ge})	Staudamm, Talsperre
beffroi	Belfried, Bergfried
Belvédère (Belv^{re})	Aussichtspunkt
Butte	Anhöhe, Hügel
Calanque	Bucht
Cap	Kap
Carrefour (Carref^{r})	Kreuzung
Cascade (C^{de})	Wasserfall
Chapelle (Ch^{elle})	Kapelle
Château (Ch^{au})	Schloß, Burg
Cime	Gipfel
Cimetière	Friedhof
Cirque	Talkessel
Cloître	Kreuzgang
Cluse	Kluse
Col	Paß
Combe	Erosionstal
Corniche	Höhenstraße, Küstenstraße
Côte	Küste, Berghang
Cour (C^{r})	Hof
Couvent	Kloster
Crique	Bucht
Défilé	enge Schlucht, Klamm
Digue	Deich
Dune	Düne
Écluse	Schleuse
Église	Kirche
Étang (Ét^{g})	Teich, See
Falaise	Felsen, Klippe
Fontaine (F^{ne})	Brunnen
Forêt (F^{t})	Wald
Fort	Festung
Fouilles	Ausgrabungsstätte
Glacier (Gl^{er})	Gletscher
Gorges (G^{ges})	Schlucht
Gouffre	Kluft
Grotte	Höhle
Halle	Markthalle
Hôtel	Stadtpalais; Hotel
Île	Insel
Jardin	Garten, Park
Lac	See
Mairie	Rathaus
Maison	Haus
Manoir	Herrenhaus
Marché	Markt
Massif	Gebirgsmassiv
Monastère	Kloster
Mont (M^{t})	Berg
Montagne (M^{gne})	Gebirge
Monument (Mon^{t})	Denkmal
Moulin	Mühle
Musée (M^{ée})	Museum
N.-D.	Notre-Dame
Parc	Park, Garten
Perte	Schwinde
Phare	Leuchtturm
Pic	Bergspitze
Place (Pl.)	Platz
Plage	Strand
Plateau (Pl^{au})	Plateau, Hochebene
Pointe (P^{te})	(Berg-) Spitze; Landzunge
Pont (P^{t})	Brücke
Port	Hafen
Porte (P^{te})	Tor, Tür
Prieuré	Priorat
Quai	Uferstraße, Kaimauer
Remparts	Stadtmauer, Burgmauer
Réserve naturelle	Naturschutzgebiet
Rivière	Fluß
Roche, rocher	Felsen
Route (R^{te})	Landstraße
Rue (R.)	Straße
Ruisseau	Bach
Salin	Saline
Saut	Wasserfall
Sentier	Weg
Signal (S^{al})	Zeugen-, Auslieger-berg
Source	Quelle
Statue	Statue
Tour	Turm
Val, Vallée (V^{ée}), Vallon	Tal

Auf der Straße, in der Stadt

Ampel	feu (tricolore)
Autobahn	autoroute
Benzin	essence
Führerschein	permis de conduire
links	gauche
Mautstelle	péage
Norden	nord
Osten	est
Parkplatz	parking
Parkscheinautomat	horodateur
rechts	droite
Reifen	pneu
Reparaturwerkstätte	garage
Süden	sud
Tankstelle	station-service
Zebrastreifen	passage clouté

Zeitangaben

Frühjahr	**printemps**
gestern	**hier**
Herbst	**automne**
heute	**aujourd'hui**
morgen	**demain**

Sommer	**été**
Winter	**hiver**
Woche	**semaine**
Montag	**lundi**
Dienstag	**mardi**
Mittwoch	**mercredi**
Donnerstag	**jeudi**
Freitag	**vendredi**
Samstag	**samedi**
Sonntag	**dimanche**

Zahlen

0	**zéro**
1	**un**
2	**deux**
3	**trois**
4	**quatre**
5	**cinq**
6	**six**
7	**sept**
8	**huit**
9	**neuf**
10	**dix**
11	**onze**
12	**douze**
13	**treize**
14	**quatorze**
15	**quinze**
16	**seize**
17	**dix-sept**
18	**dix-huit**
19	**dix-neuf**
20	**vingt**
30	**trente**
40	**quarante**
50	**cinquante**
60	**soixante**
70	**soixante-dix**
80	**quatre-vingt**
90	**quatre-vingt-dix**
100	**cent**
1 000	**mille**

Einkaufen

Apotheke	**pharmacie**
Ausgang	**sortie**
Bäckerei	**boulangerie**
Bank	**banque**
Briefmarken	**timbres**
Buchhandlung	**librairie**
drücken	**pousser**
Eingang	**entrée**
Fischhändler	**poissonnerie**
geschlossen	**fermé**
groß	**grand**
Halsschmerz-tabletten	**cachets pour la gorge**
Hustensaft	**sirop contre la toux**
klein	**petit**
Laden	**magasin**
Lebensmittel-geschäft	**épicerie**
Metzgerei	**boucherie**
offen	**ouvert**
Postamt	**bureau de poste**
ziehen	**tirer**

Essen und Trinken

Abendessen	**dîner**
Bier	**bière**
Brot	**pain**
Butter	**beurre**
Eiscreme	**glace**
Eiswürfel	**glaçons**
Fisch	**poisson**
Fleisch	**viande**
Frühstück	**petit déjeuner**
Gabel	**fourchette**
Gaststätte	**restaurant**
gemischter Salat	**salade mixte**
Gemüse	**légumes**
Glas	**verre**
Hähnchen	**poulet**
Joghurt	**yaourt**
Käse	**fromage**
Lamm	**agneau**
Löffel	**cuillère**
Messer	**couteau**
Mineralwasser	**eau minérale**
Mittagessen	**déjeuner**
Nachtisch	**dessert**
Obst	**fruits**
Orangensaft	**jus d'orange**
Rindfleisch	**bœuf**
Rotwein	**vin rouge**
Salat	**salade**
Salz	**sel**
Schinken	**jambon**
Schweinefleisch	**porc**
Teller	**assiette**
Wasser	**eau**
Weißwein	**vin blanc**
Zucker	**sucre**

Ausweispapiere, Reise

Bahngleis	**voie**
Bahnhof	**gare**
Flughafen	**aéroport**
Geldbeutel	**portemonnaie**
Koffer	**valise**
Kreditkarte	**carte de crédit**
Paß	**passeport**
Pendelbus	**navette**
Zoll	**douane**
Zugfahrkarte, Flugticket	**billet de train, billet d'avion**

Kleidung

Anzug	**costume**
Hemd	**chemise**
Hose	**pantalon**
Mantel	**manteau**
Pullover	**pull**
Regenmantel	**imperméable**
Schuhe	**chaussures**
Socken	**chaussettes**
Strümpfe	**bas**
Strumpfhose	**collant**

Nützliche Ausdrücke

Auf Wiedersehen	**au revoir**
Guten Tag, guten Morgen	**bonjour**
Wie?	**comment?**
Entschuldigen Sie	**excusez-moi**
Danke	**merci**
Ja/nein	**oui/non**
Warum?	**pourquoi?**
Wann?	**quand?**
Bitte	**s'il vous plaît**
Sprechen Sie Deutsch?	**Parlez-vous allemand?**
Ich verstehe Sie nicht	**Je ne vous comprends pas**
Sprechen Sie bitte langsam	**Parlez lentement, s'il vous plaît**
Wo ist ...?	**Où est...?**
Um welche Zeit fährt der Zug/Bus/das Schiff ab?	**A quelle heure part le train/le bus/le bâteau?**
Um welche Zeit kommt der Zug/Bus an?	**A quelle heure arrive le train/le bus?**
Wann öffnet das Museum?	**A quelle heure ouvre le musée?**
Wann beginnt die Vorstellung?	**A quelle heure commence la représentation?**
Wann wird das Frühstück serviert?	**A quelle heure sert-on le petit déjeuner?**
Wieviel kostet das?	**Combien cela coûte?**
Wo kann ich eine deutsche Zeitung kaufen?	**Où puis-je acheter un journal allemand?**
Wo ist die nächste Tankstelle?	**Où se trouve la station-service la plus proche?**
Wo kann ich Travellerschecks umtauschen?	**Où est-ce que je peux échanger des traveller's chèques?**
Wo sind die Toiletten?	**Où sont les toilettes?**
Kann ich mit Kreditkarte/Euroscheck zahlen?	**Prenez-vous des cartes de crédit/eurochèques?**

Sie lieben moderne Malerei? Besuchen Sie in

Antibes: Picasso-Museum

Biot: Fernand-Léger-Museum

Cagnes-sur-Mer: Renoir-Museum, Museum moderner Kunst des Mittelmeerraums

Menton: Museum des Palais Carnolès, Hochzeitssaal im Rathaus, Cocteau-Museum

Nizza: Marc-Chagall-Museum, Kunstmuseum, Matisse-Museum, Museum für moderne und zeitgenössische Kunst

St-Paul: Stiftung Maeght

St-Tropez: Annunziaten-Museum

Vallauris: Nationalmuseum „Krieg und Frieden", Stiftung Magnelli

Vence: Rosenkranzkapelle (gestaltet von Matisse)

Villefranche-sur-Mer: Peterskapelle (gestaltet von Cocteau)

Hier finden Sie die Werke der großen Meister der Moderne:

Chagall: Nationalmuseum der „Biblischen Botschaft" in Nizza

Cocteau: Peterskapelle in Villefranche-sur-Mer, Hochzeitssaal im Rathaus und Cocteau-Museum in Menton, Notre-Dame-de-Jérusalem-Kapelle in Fréjus

Dufy: Sammlung Raoul-Dufy im Raoul-Dufy-Museum in Nizza

Léger: Fernand-Léger-Museum in Biot

Matisse: Matisse-Museum in Nizza und Rosenkranzkapelle in Vence

Picasso: Picasso-Museum in Antibes und Nationalmuseum „Krieg und Frieden" in Vallauris

Renoir: Renoir-Museum in Cagnes-sur-Mer

Pointe de Maubois bei Le Trayas, im Hintergrund die noch schneebedeckten Alpengipfel

Einführung

Ansichten von der Französischen Riviera

Die Côte d'Azur ist ein Stück Provence mit italienischem Anstrich. Der schmale Küstenstreifen zwischen Bergketten und Meer ist dank seines außergewöhnlich milden Klimas seit dem 19. Jh. zum „Wintergarten" des europäischen Hochadels aufgestiegen. Heute sind Berühmtheiten aus dem Modegeschäft, der Filmbranche und der Politik an ihre Stelle getreten sowie Hunderttausende von „normalsterblichen" Touristen, die in der Vielfalt der mondänen oder malerischen Orte der Küste gleichermaßen auf ihre Kosten kommen.
Zum Träumen laden nicht nur die zahlreichen luxuriösen Paläste in allen möglichen Stilrichtungen mit ihren üppigen exotischen Gartenanlagen, die prachtvollen Jachten und die eleganten Hotels und Restaurants ein, sondern vor allem die abwechslungsreiche Küste selbst, die wärmende Sonne, der klare Himmel und das tiefblaue Meer. Dichter und Maler haben die besondere Atmosphäre der Côte d'Azur in ihren Werken eingefangen. Will man in diesem „Reich der Sonne" (Frédéric Mistral) die Vielfalt der Eindrücke auf einen Nenner bringen, findet man diesen wohl am ehesten im Mittelmeerklima. In Nizza zählt man jährlich 2 725 Stunden Sonnenschein gegenüber 1 465 in London. Außer im dunstigen Hochsommer läßt die reine Luft die Konturen klar hervortreten und gibt den Silhouetten der Gipfel zuweilen den Anschein von Bauwerken (Burgruinen, Türme usw.). Die Farben flimmern: das Blau von Meer und Himmel, das Grün der Wälder, das Graugrün der Olivenhaine, das Rot des Porphyrs und das Weiß des Kalksteins.

Eine Region der Gegensätze

Vielfältig und voller Kontraste sind die Reize dieser Gegend

... an der Küste – Das Küstenrelief ist durchaus nicht überall gleich. Hier wechseln enge Felsbuchten mit weiten Golfen ab, steile Klippen mit flachen Sandstränden. Manchmal fällt das Gebirge als Steilküste zum Meer ab wie beim Cap Sicié.

... im Relief der Landschaft – Der vielgestaltigen Küste entspricht ein abwechslungsreiches Hinterland. Im provenzalischen Inland gibt es fruchtbare Niederungen mit den charakteristischen Kulturen des Mittelmeerraums, man findet aber auch kurze, schroffe Bergketten, z. B. nördlich von Toulon. Von den relativ niedrigen Gebirgsmassiven Massif des Maures und Massif de l'Esterel (sie erreichen nicht ganz 800 m Höhe) ist das erste von vielen Tälern durchzogen und mit Korkeichen- und Kastanienwäldern bedeckt. Das zweite bietet von den Gipfeln des Mont Vinaigre, des Pic de l'Ours und des Pic du Cap-Roux weite Ausblicke. Wellige Hügel bilden das Hinterland von Cannes und Nizza. Sie setzen sich nach Norden bis an den Fuß der Voralpen von Grasse fort. Hier haben die Wasserläufe wilde Schluchten in die Plateaus gegraben, die sogenannten *Clues*, welche man weiter nördlich noch häufiger findet. Zwischen Nizza und Menton erheben sich die Voralpen (2 000 m) von Nizza; Hochgebirge erstreckt sich im Norden und Nordosten.

... im Klima – An der Küste bei Nizza herrscht im Winter ein außerordentlich mildes Klima. Das durchschnittliche Temperaturmaximum beträgt hier im Januar 13 °C, das Minimum 4 °C. Weniger als zwei Autostunden entfernt liegen Skigebiete. Der Sommerhitze an der Küste steht angenehme Kühle in den hochgelegenen Orten gegenüber, dem kalten Fallwind Mistral der heiße Wüstenwind Schirokko *(sirocco)*. Perioden großer Trockenheit, in denen die Flüsse austrocknen, werden von sintflutartigen Gewitterregen unterbrochen, nach denen die Wildwasser über die Ufer treten.

... in der Vegetation – Nordisch wirkt der Wald von Turini mit seinem Buchen- und Tannenbestand. Typisch sind hingegen die Korkeichen- und Kiefernwälder im Mauren- und im Esterelmassiv, die leider periodisch durch Brände verwüstet werden. Ein riesiger Unterschied besteht auch zwischen dem Dickicht der Macchie und den ordentlichen Reihen der Zitruspflanzungen zwischen Lavendel und Thymian in der vom Zirpen der Grillen erfüllten Garrigue und den ausgedehnten Blumenfeldern zwischen Palmen, Agaven, Kakteen der Küste und Tannen und Lärchen des Hochgebirges.

... im Freizeit- und Unterhaltungsangebot – Die Küste zieht alles Leben der Region magisch an. Hier gibt es die verkehrsreichsten Straßen, die größten Städte, das mondänste Nachtleben, die verschiedensten und bestausgestatteten Seebäder. Wer jedoch ins Landesinnere fährt, trifft oft vollkommene Einsamkeit und Ruhe an; er kommt in etwas verschlafene Städte oder zu teils verlassenen Bergdörfern *(s. weiter unten)*. Es versteht sich fast von selbst, daß in einer Region, die landschaftlich so viel zu bieten hat, das Freizeitangebot ebenso reichhaltig ist. Neben Wanderungen durch wundervolle Wälder und über zerklüftete Bergkämme, Klettern (z. B. auf den zahlreichen Klettersteigen), Golf, Mountainbike-Touren, Reitausflügen und allen möglichen Luftsportarten bieten das Meer, die Flüsse und Seen ausgiebige Möglichkeiten zum

Wassersport. In den Karstgebieten geben tiefe Höhlen dem Neugierigen ihre Geheimnisse preis. Im äußersten Norden und Nordosten des in diesem Führer beschriebenen Gebietes beginnen die Ausläufer der Alpen. Im Sommer genießen Sie hier die erfrischende Kühle der Höhenlagen, im Winter können Sie sich nur 200 km von Nizza entfernt die Skier anschnallen.

... in der Wirtschaft – Nizza ist die Touristenhochburg der Region, Monte-Carlo die europäische Hauptstadt des Glücksspiels. Ohne Übergang findet man die traditionsreichen Erwerbszweige Parfümindustrie und Blumenhandel neben modernsten Forschungszentren für Datenverarbeitung und Ozeanographie.

Azurblaues Meer

Sein tiefes Blau – „Kobalt-Blau", präzisieren die Maler – kommt von der Klarheit des Wassers und hat der gesamten Gegend den Namen *Côte d'Azur* verliehen. Es ist jedoch sehr veränderlich und wird von der Farbe des Himmels, dem Licht, der Tiefe und der Art des Grundes beeinflußt; manchmal zeigt das Mittelmeer auch opalisierende oder warme Grautöne.

Wassertemperatur – Je nach Sonneneinstrahlung ist sie an der Oberfläche veränderlich, in Tiefen von 200 m bis 4 000 m jedoch konstant (13 °C). Zum Vergleich dazu sei vermerkt, daß die Temperatur im Atlantik in dieser Tiefe von 14 °C auf 2 °C absinkt. Die riesige Wassermasse des Mittelmeers ist ein Faktor, der sich mildernd auf das Klima auswirkt; sie erfrischt die Luft im Sommer und erwärmt sie im Winter. Durch die starke Verdunstung ist der Salzgehalt des Wassers relativ hoch. Die Wellen sind klein und kurz; sie können ganz plötzlich heftig werden, weshalb die Stürme im Mittelmeer besonders gefürchtet sind.

Gezeiten – Die Gezeiten sind kaum bemerkbar. Der durchschnittliche Tidenhub beträgt 0,25 m. Bei starkem Wind können die Veränderungen des Wasserstandes 1 m erreichen, doch ist dies gering, wenn man bedenkt, daß der Tidenhub an der Atlantikküste 13 m bis 15 m betragen kann. Französischer Standard für Höhenangaben ist daher das Mittelmeer.
An der provenzalischen Küste werden schon in geringer Entfernung vom Festland große Tiefen gemessen. Zwischen Nizza und dem Cap Ferrat zeigt die Sonde in 1 km Entfernung eine Tiefe von 1 000 m an.

Die Küste

Die Felsküste ist ausgesprochen vielgestaltig: mehr oder minder steil abfallend, bietet sie enge und weite Buchten – und natürlich auch Badestrände. An der Küste konzentriert sich das gesellschaftliche Leben, denn hier liegen die größten Städte und die am besten ausgestatteten Badeorte. Wer mehr am Lokalkolorit interessiert ist, sollte für seinen Besuch die Monate Mai, Juni oder September wählen, wenn die Orte nicht so sehr überlaufen sind. Die elegantesten Badeorte befinden sich zwischen Cannes und Menton, und oft ist die Küste hier stark verbaut; hingegen ist der übrige Küstenabschnitt natürlicher und ursprünglicher geblieben, auch wenn sich die meisten Ortschaften in gut besuchte Badeorte verwandelt haben. Reizvolle Fischereihäfen gibt es noch in Sanary-sur-Mer, St-Tropez, Le Lavandou, St-Raphaël und Villefranche-sur-Mer.

D'Érouville/PIX

Bei Roquebrune-Cap-Martin fallen die Alpen steil ins Meer ab

Die Küste bei Toulon – Der buchtenreiche Küstenabschnitt besitzt besonders geschützte Häfen bei Bandol, Sanary und Toulon. Wo steile Klippen fehlen, gibt es ausgezeichnete Strände.

Die Küstenzone des Maurenmassivs – Zwischen Hyères und St-Raphaël bieten zahllose Buchten reizvolle Aussichten. Die frühere Insel Giens ist heute durch Sandablagerungen mit dem Festland verbunden. Unweit von ihr liegen die Hyèrischen Inseln, die für ihre besonders schöne Vegetation bekannt sind. Die Ebene von Fréjus ist ein Anschwemmgebiet des Flusses Argens.
Die Küstenlinie ist durch große Halbinseln (Cap Bénat, Halbinsel von St-Tropez) und schmale Landzungen (Cap Nègre, Cap des Sardinaux) geprägt; weite Buchten liegen bei Bormes-les-Mimosas und St-Tropez.

Die Küstenzone des Esterelmassivs – Steil und stark zerklüftet sind die Porphyrklippen des Esterelmassivs, rote Farbflecken im Blau des Meeres. Die Strände liegen in engen, meist schattigen kleinen Buchten, ihnen vorgelagert ragen Inselchen, Felsen und Riffe, die manchmal von Flechten begrünt sind, aus dem Wasser auf. Zahlreiche Badeorte und Aussichtspunkte wechseln einander an der herrlichen Esterel-Küstenstraße (Corniche de l'Esterel) ab.

Die Küste bei Antibes – Von Cannes bis Nizza hat der Küstenstreifen wieder ein anderes Gesicht. Er wird ebener und schwingt in sanften Bögen zu weiten Buchten aus, nur durch die grüne Halbinsel von Antibes geteilt.

Die Französische Riviera – Die ursprünglich vom Dichter Stéphane Liégeard Côte d'Azur benannte Küste reicht von Nizza bis Menton und erhält ihren eigentümlichen Charakter durch die Alpen, die bis nah an das Meeresufer heranreichen und aus großer Höhe steil abfallen.
Höhenstraßen, die sogenannten *Corniches*, sind in den Felsen gebaut und bieten herrliche Blicke auf das Meer, die Villen und Gärten und die beiden größten Vorgebirge Cap Ferrat und Cap Martin.

Gebirge im Hinterland

Der Vielfalt der Küste entspricht eine ebenso vielseitig gestaltete Landschaft im Hintergrund des Küstenstreifens.

Das Maurenmassiv (Massif des Maures) – Sein kristallines Urgestein erstreckt sich zwischen den Tälern von Gapeau und Argens, im Süden ans Meer grenzend, im Norden durch ein langes Tal von den Kalkalpen getrennt. Die länglichen, parallelen Kuppen sind relativ niedrig (höchster Punkt ist der Notre-Dame-des-Anges mit 780 m Höhe) und von herrlichen Wäldern bedeckt, die jedoch nicht von Waldbränden verschont geblieben sind.

Das Esterelmassiv (Massif de l'Esterel) – Das vom unteren Argens vom Maurenmassiv getrennte Massiv ist stark von Erosion geprägt – seine höchste Erhebung, der Mont Vinaigre, erreicht nur 618 m. Tiefe Schluchten und zerklüftete Felsen verleihen ihm jedoch ein markantes, eindrucksvolles Aussehen. Auch hier gab es einst Kiefern- und Korkeichenwälder, die aber durch periodische Brände verwüstet wurden. Heute wächst im Schutz der Bäume niedriges Buschwerk, während sich auf freien Stellen die Macchie ausbreitet: im Frühjahr ein leuchtender, duftender Blütenteppich aus Zistrosen, Mimosen, Ginster, Heidekraut und Myrten.

Die Meeralpen (Alpes maritimes) und das Mercantour-Massiv (Massif du Mercantour) – Im Nordosten türmen sich mächtige, 1 500 m bis 2 900 m hohe Berge auf, die im Mercantour-Argentera-Massiv an der italienischen Grenze über 3 000 m erreichen (Cime du Gélas, 3 143 m). Die Täler von Var, Tinée, Vésubie und Roya führen in dieses Gebiet.

Die Voralpen (Préalpes) – Dieser Führer umfaßt einen Teil der südlichen Voralpen. Zwischen Verdon und Var erstrecken sich in Ost-West-Richtung die **Voralpen von Grasse**, 1 100 m bis 1 600 m hoch und von engen Schluchten, den sogenannten Klusen, durchschnitten.
Die **Voralpen von Nizza** zwischen der Mündung des Esteron und der Roya erheben sich von der Küste auf über 1 000 m Höhe zum kontrastreichen Hinterland von Nizza und Menton. Die alpinen Bergketten verlaufen von Nord nach Süd, um plötzlich, nach einer Kurve, der Küstenlinie zu folgen.

Die Plans de Provence – Zwischen dem Hochplateau Plan de Canjuers und dem Paß von Vence werden die Voralpen von einer Reihe von Kalksteinplateaus gesäumt. Es ist typisches Karstland, wo das Oberflächenwasser versickert, Höhlen schafft und teilweise als Karstquelle wieder zutage tritt, wie z. B. die Siagne. Der Loup ließ hier eine großartige Schlucht entstehen.
An die Hochebenen schließt sich mit den Städten Vence, Grasse und Draguignan eine **Niederung** an, die mit abzweigenden Senken in Richtung Fréjus und Brignoles bis Toulon reicht. Zwischen diesen Bergketten erstrecken sich fruchtbare Täler, in denen man auf die für die Region typischen Oliven-, Wein- und Obstkulturen trifft. Die Gegend um Grasse, der sogenannte „Balkon der Côte d'Azur", ist fast ausschließlich der Blumenzucht zur Parfümherstellung vorbehalten.

Die sonnendurchflutete Landschaft ist überall gesprenkelt mit malerischen Dörfern mit romanischen Kirchen, schmiedeeisernen Kampanilen und schattigen Plätzen, auf denen sich um einen plätschernden Brunnen der größte Teil des Dorflebens abspielt. In der Provence bleibt man nicht zu Hause, sondern trifft sich dort zum Boule-Spiel oder einem gemütlichen Plausch *(s. auch EINFÜHRUNG, Das Leben an der Côte d'Azur)*. Besonders malerisch sind die Bergdörfer, die oft eine jahrhundertealte Kunsthandwerkstradition aufzuweisen haben.

Die Jahreszeiten

Besonders günstige Klimaverhältnisse – Lange kamen fast nur im Winter und Frühjahr Fremde an die Côte d'Azur. Heute herrscht im Sommer Hochbetrieb, und die „Saison" dauert nahezu das ganze Jahr.

Winter – Das milde Klima dieser Küste hat mehrere Ursachen: einen schon recht südlichen Breitengrad, das nahe Meer, das keine extremen Temperaturschwankungen zuläßt, sowie die durch Berge nach Norden vor kaltem Wind geschützte Südlage. In Nizza beträgt das Monatsmittel im Januar 8 °C.
Südost- und Ostwind bringen Regen. Strenge Winter mit Schnee und Eis sind äußerst selten, Dunst tritt fast nur im Hochsommer in Küstennähe auf.
Am Tage kann es in der Sonne schon bis 22 °C warm werden, bei Sonnenuntergang allerdings kommt es zu einer plötzlichen, starken Abkühlung.
Regen gibt es wenig, so daß die Winterblüher und die immergrünen Pflanzen vorwiegend auf den Tau angewiesen sind.
Im Landesinneren nehmen Kälte und Schnee mit größerer Höhe zu. Doch reine Luft und strahlende Sonne machen das Hinterland zum idealen Wintersportgebiet.

Frühling – Typisch für diese Jahreszeit sind kurze, heftige Regengüsse, die überall Blüten hervorzaubern – ein prächtiges Bild, das indes durch den kalten Mistral etwas getrübt wird. Dieser gefürchtete Wind (für die Römer war er ein Gott) weht häufig, hauptsächlich westlich von Toulon, doch erreicht er nicht dieselbe Stärke wie in der westlichen Provence oder im Rhonetal. 3, 6 oder 9 Tage lang stürmt er in eisigen Böen aus Nordwesten und hinterläßt danach einen blauen, reingefegten Himmel.

Sommer – Für Juli/August liegt, bei immer blauem Himmel, die mittlere Temperatur bei 22 °C, doch macht die stetige frische Brise tagsüber die Hitze erträglich. Die Vegetation allerdings hat aufgrund der Trockenheit eine Art „Ruhezeit". Hin und wieder weht ein unangenehm heißer Südwind, der Schirokko, aus der afrikanischen Wüste herüber. Im Hinterland findet man auch zu dieser Zeit in bis zu 1 800 m hoch gelegenen Ferienorten ein erfrischendes Klima.

Herbst – Im Jahresmittel zählt Nizza nur 86 Tage Regen, diese jedoch mit hoher Niederschlagsmenge (862 mm). Trotz manchmal heftiger Gewitterstürme strahlt auch jetzt die Sonne mit soviel Kraft, daß eine neue Blütezeit beginnt. Nachdem sich das Pflanzenreich eine wohlverdiente Ruhepause gegönnt hat, erweckt also der Herbst die Natur zu neuem Leben und neuer Blütenpracht.

Flora und Fauna

Die Tierwelt des Mittelmeerraums

Die Fauna im Mittelmeerraum besteht aus Arten mit ganz besonderen Merkmalen. Interessierte Taucher werden einige der hier beschriebenen Meeresbewohner entdecken.

Brauner Zackenbarsch – Je nach Alter und Größe ist er zunächst weiblichen, dann männlichen Geschlechts. Die Geschlechtsumwandlung erfolgt, wenn der Fisch um die 9 Jahre alt ist und ein Gewicht von 10 kg erreicht hat. Infolge der hohen Lebenserwartung (bis zu 50 Jahren) ist der Zackenbarsch die meiste Zeit seines Lebens männlich. Die weiblichen Jungtiere ziehen felsigen Untergrund in geringer Tiefe (weniger als 10 m) vor und stellen somit für Unterwasserjäger oder Raubfische eine leichte Beute dar. Als ausgewachsene Fische leben sie dann in Felsenhöhlen in einer Meerestiefe von über 50 m als gefürchtete Fleischfresser. Sie können bei einem Gewicht zwischen 30 kg und 40 kg am Ende ihres Lebens bis zu 1,20 m lang werden. Da der Zackenbarsch im Mittelmeer nahezu ausgestorben ist, wurde ein Fangverbot bis 2003 verhängt. Der Naturpark der Insel Port-Cros führt zur Zeit ein Projekt zum Schutz dieser Fischart in den Gewässern um die Insel durch.

S. de Wilde/JACANA

Brauner Zackenbarsch

Quallen – Sie sind während der Sommersaison regelmäßig an den Stränden anzutreffen und bereiten den Urlaubern einige Unannehmlichkeiten. Die meistverbreitete Art, die **Leuchtqualle** *(Pelagia noctiluca)*, verfügt über Nesselzellen an den Tentakeln, der Mundöffnung und auf dem Schirm. Das in diesen Zellen befindliche Gift, das dazu dient, ihre Beute zu lähmen, ist so stark, daß es bei Badenden Hautrötungen und brennenden Juckreiz hervorruft. Die Vermehrung der Quallen geschieht in einem durch klimatische Schwankungen bedingten regelmäßigen Zyklus von etwa 12 Jahren; sie treten insbesondere nach einem sehr trockenen Frühling gehäuft auf. Eine verwandte Art, die **Portugiesische Galeere** *(Physalia physalis)*, besitzt Kapseln mit besonders starker Nesselwirkung an ihren bis zu 10 m langen Fangfäden, die für Badende so gut wie unsichtbar sind. Glücklicherweise kommt sie im Mittelmeer nur selten vor.

Seegraswiesen – Die *Posidonia oceanica*, eine blühende Gattung der Laichkrautgewächse, die Sträußchen mit langen, dunkelgrünen Blättern bildet, ist von größter Bedeutung in den Biotopen des Mittelmeeres. Durch das langsame Wachstum der Wurzelstöcke festigt die grasähnliche Pflanze die Sedimente des Küstenstreifens und schafft auf diese Weise ein sauerstoffreiches Biotop und damit günstige Lebensbedingungen für die Entwicklung vieler Wassertierarten. Wenn die *Posidonia oceanica* zerstört wird, sterben die dort lebenden Tierarten aus oder wandern ab.
Eine Entdeckungsreise durch die vielfarbige Welt über den Seegraswiesen bietet Tauchern die Möglichkeit zu erstaunlichen Begegnungen. Die **Seegurke** oder Röhrenholothurie, ein echter Müllschlucker auf sandigem Meeresboden, pflanzt sich nur in den Pflanzenteppichen fort. Der ständig im Mittelmeerraum lebende **Scheibenbauch** (gefleckter Doris) ist ein weiß-braun geflecktes Weichtier, dessen Farbgebung sich vom Rot der Schwämme abhebt. Der **Gestreifte Petermann** lebt auf sandigem Meeresboden in der Nähe der Seegraswiesen. Er vergräbt sich im Sand, so daß nur der Kopf sichtbar ist. Der Stachel auf seiner Rückenflosse ist äußerst giftig. Ein Stich ist sehr schmerzhaft und kann schwerwiegende gesundheitliche Folgen haben. Zum Abschluß dieses Überblicks verdient noch das **Seepferdchen** Erwähnung. Es lebt vorzugsweise in der Nähe seines Verwandten, der **Seenadel**, deren erstaunliche Morphologie (langgezogen mit röhrenförmigem Mund) für eine ideale Tarnung in ihrem Lebensraum, zwischen den Blättern der Posidonia, sorgt.
Seit mehreren Jahrzehnten sind durch die Bebauung des Küstenstreifens und durch Baumaßnahmen in den Häfen vermehrt Ablagerungen und damit Verunreinigungen entstanden, die diese fragilen Biotope gefährden. Seit 1989 tritt eine der sechs im Mittelmeer vorkommenden tropischen Algenarten, die **Taxifolia** (für den Menschen ungiftig), vermehrt an der gesamten Côte d'Azur auf. Zunächst wurden durch diese schnelle Ausbreitung schwere Umweltschäden befürchtet, doch der übersäuerte und durch die Posidonia auch versteppte Meeresboden erlangt langsam seine ursprüngliche Fauna wieder.

EIN MEDITERRANER GARTEN EDEN

Palmen und Agaven, Aloen und Kaktusfeigen, Oliven-, Orangen- und Zitronenbäume, Mimosen und Jasmin, Rosen und Nelken stehen stellvertretend für die exotische und überschwengliche Vegetation und Blütenpracht, die das einzigartige Klima in dieser Region hervorbringt. Auf den Frühling mit seiner Farbenpracht folgt ein langer heißer und trockener Sommer, während dem die Pflanzen auf Sparflamme schalten. Mit dem Herbstregen beginnt eine neue Wachstums- und Blütezeit, die bis weit in den Winter reicht.
Viele Pflanzen haben einen besonderen Schutz gegen die Sonne entwickelt: lange, tiefgehende Wurzeln, um die letzte Feuchtigkeit zu erreichen; Blätter mit harter, glänzender Oberfläche, die die Verdunstung vermindert; wasserspeichernde Knollen, deren Geruchsstoffe sich als eine Art Schutzgas über die Pflanze legen.

Bäume

Der Olivenbaum – Er wurde vor 2 500 Jahren von den Griechen eingeführt und gedeiht in Höhen bis zu 600 m (Grenze des mediterranen Klimas) auf kalk- oder kieselhaltigem Boden. Man nennt ihn auch den „unsterblichen Baum", da wilde Olivenbäume immer neu aus dem alten Stumpf treiben und so viele hundert Jahre alt werden können.

Sie sind dann bis zu 20 m hoch und haben über der Wurzel einen Umfang von 4 m, an der Krone von 20 m. Es gibt über 60 Arten. Im Alter zwischen 6 und 12 Jahren beginnt der Baum zu tragen, erreicht aber erst mit 20 bis 25 Jahren die volle Reife; geerntet wird alle 2 Jahre. Besonders viele Olivenhaine gibt es in der Gegend von Draguignan und Sospel sowie im Roya-Tal (Breil).

Eichen – Die Eichen des Mittelmeerraums gehören zu den immergrünen Laubbäumen. Die **Flaumeiche** findet man in der Garrigue. Die **Steineiche** wächst auf Kalkböden in Höhenlagen unter 800 m und ist eine typische Pflanze der Garrigue. Der kurze, kräftige, grauschwarze Stamm trägt eine dichte gerundete Krone. Die **Korkeiche** erkennt man an den dicken, schwärzlichen Eicheln und der zerklüfteten Rinde.
Alle 8 bis 12 Jahre wird die Korkschicht entfernt; dann ist das Holz des Stamms rotbraun.

M. Janvier/MICHELIN

Olivenbaum

Kiefern – Die drei an der Côte d'Azur häufigsten Kiefernarten unterscheiden sich deutlich durch ihre Silhouette.
Die **Sternkiefer** wächst nur auf kalkfreien Böden, hat eine rötliche Rinde und dunkle Nadeln. Die **Pinie** steht häufig einzeln und ist mit ihrer auffälligen, schirmförmigen Krone einer der typischsten Bäume des Mittelmeerraums.
Die **Aleppokiefer** kommt auf dem Kalkboden der Küstengegend vor. Ihre Nadeln sind hell und fein, der Stamm ist oft krumm und die Rinde grau.

Andere Bäume des französischen Südens – **Platanen** und **Zürgelbäume** beschatten Dorfplätze und Straßen.
Charakteristisch für das Mittelmeergebiet ist die dunkle, kegelförmige **Zypresse**; in dichten Reihen gepflanzt, dient sie als Windschutz. Eine Zypressenart mit ausgebreiteter Krone wird gern zur Aufforstung benutzt.
Zur Familie der Rosengewächse gehört der in der Provence stark verbreitete **Mandelbaum**. Seine frühe Blüte ist wunderschön. Im Maurenmassiv trifft man mächtige **Kastanien** an, in den Alpen hingegen die für das Hochgebirge typischen **Tannen- und Lärchenwälder**. So steht der Wald von Turini den Tannenwäldern nördlicherer Breiten in nichts nach.

Exotische Bäume – An Alleen, in Parks und Gärten wächst der **Eukalyptus**, ein hoher, robuster Baum aus Australien, der sich ausgezeichnet an das südfranzösische Klima angepaßt hat. Die Hänge des Tanneron-Massivs sind im Winter mit dem Gelb der blühenden **Mimosen** betupft. **Palmen** kommen hauptsächlich in der Gegend von Hyères vor: die Dattelpalme mit schlankem, glattem Stamm und die gedrungenere, knorrige Kanarische Palme. **Orangen- und Zitronenbäume** gibt es vor allem zwischen Cannes und Antibes.

Blumen

Schnittblumen – Alphonse Karr *(s. unter ST-RAPHAËL, Hintergrundinfos)*, der vor dem Anschluß Nizzas an Frankreich dort als politischer Flüchtling lebte, soll den Handel mit Blumen ins Leben gerufen haben, die zuvor nur die Gärten der Riviera zierten. Zu Beginn wurden Veilchensträuße und Samentütchen nach Paris geschickt. Seit den bescheidenen Anfängen im Jahre 1855 und vor allem ab 1900 hat dann die Schnittblumen- und Mimosenkultur an der Côte d'Azur einen außerordentlichen Aufschwung erlebt, besonders seit man dazu künstliche Bewässerung und beheizte Treibhäuser einsetzt.

M. Janvier/MICHELIN

Pinie

M. Janvier/MICHELIN

Aleppokiefer

M. Janvier/MICHELIN

Mandelbaum

Blüten und aromatische Pflanzen aus der Gegend um Grasse – Dominierend ist hier der Anbau von Rosen und Jasmin. Die einfache Mairose, die als einzige intensiv duftet, wächst auch im Orient, ergibt in der Gegend um Grasse aber eine bessere Qualität. Die Arzneipflanze Jasmin wird mit einer großblütigen Art veredelt – ein kostspieliges und kompliziertes Verfahren. Aus den Blüten der Bitterorange destilliert man Orangenblütenwasser; aus Kirschlorbeer, Eukalyptus und Zypresse gewinnt man nach demselben Verfahren ätherische Öle oder Duftwässer; aus Mimosen extrahiert man die Essenz.
Basilikum, Scharlachsalbei, Estragon, Melisse, Eisenkraut, Reseda, Pfefferminze und Geranie liefern Grundstoffe für die Herstellung von Parfüm, Süßwaren oder Heilmitteln; auch Lavendel, Thymian, Rosmarin, Salbei u. a. finden Verwendung. Le Bar-sur-Loup, Golfe-Juan, Le Cannet, Vallauris und Seillans (Var) sind bedeutende Zentren der Fabrikation natürlicher Duftstoffe, doch hält Grasse bei weitem die Spitze *(s. unter GRASSE, Hintergrundinfos)*. Diese Luxus-Industrie, ergänzt durch ihren synthetischen Zweig, exportiert einen großen Teil ihrer Produktion; Waren für über eine Milliarde Francs gehen in die USA und die Bundesrepublik, nach Japan und Großbritannien.

Sträucher

Die **Kermeseiche** ist ein strauchartiges Bäumchen mit immergrünen Blättern, das selten über 1 m hoch wird. An ihren Ästen lebt eine Art Schildlaus *(kermès)*, die früher zur Herstellung von rotem Farbstoff verwendet wurde.
Der **Mastixstrauch** ist immergrün mit kleinen paarigen Blättern, ohne Endblatt; die kleinen, roten Beeren werden bei der Reife schwarz. Der Strauch der **Pistazie** kann 4 m bis 5 m hoch werden; die Zweige tragen 5 bis 11 Blättchen, die im Herbst abfallen. Die roten, später braunen Früchte bleiben winzig klein.
Die mediterrane **Kugeldistel** ist eine bis zu 1 m hohe, ausdauernde Pflanze. Ihre unregelmäßig gelappten und sehr spitzen Blätter sind auf der Oberseite grün und glänzend, unterseits weißwollig. Zahlreiche einblütige Köpfchen vereinen sich zu den blauen, kugeligen Blütenständen.

M. Janvier/MICHELIN

Mediterrane Kugeldistel

Garrigue – Diese durch Kahlschlag und Brand stark vom Menschen beeinflußte Pflanzengemeinschaft ist häufig auf felsigem Kalkboden anzutreffen (Straße zum Paß von Vence D 955 von Draguignan nach Montferrat). Ihre niedrigen Sträucher (selten über 0,5 m) sind oft dornenbesetzt (Distel, Kermeseiche, Stechginster) oder aromatisch (Thymian, Lavendel, Rosmarin).

Macchie – Auf kieselhaltigen Böden gedeiht ein oft undurchdringliches Dickicht verhältnismäßig hoher Sträucher (z. B. im Esterelmassiv). Am schönsten ist es hier zur Zeit der Zistrosenblüte, also im Mai und im Juni.

Sukkulenten

Einige Arten stammen aus Afrika und der Neuen Welt: Kaktus, Aloe, Feigenkaktus, **Agave**. Sogenannte Lebende Steine mit großen, rosa-weißen Blüten wuchern an altem Gemäuer. Die **Aloe** hat fleischige, dornige Blätter. Aus ihnen wird ein bitterer Saft für die Medizin gewonnen. Die Blüten sind grünlichgelb oder dunkelrot, häufig auch dreifarbig.
Der **Feigenkaktus** oder die **Opuntie** stammt aus dem tropischen Amerika und wächst an sehr trockenen, felsigen Orten. Seine dicken, breiten Blätter sind dicht mit Stacheln besetzt.

M. Janvier/MICHELIN

Feigenkaktus

M. Janvier/MICHELIN

Aloe

Aus der Geschichte

VOR CHR.

1000 Ligurer siedeln an einem breiten Streifen der Mittelmeerküste.

600 Die griechischen Phokäer aus Kleinasien gründen Marseille. Die Kulturpflanzen Olivenbaum, Feige, Nußbaum, Kirsche und Weintraube werden eingeführt, ebenso wie das Geldwesen, das nun an die Stelle des Tauschhandels tritt.

5., 4. Jh. Die griechischen Siedler von Marseille errichten Handelskontore in Hyères, St-Tropez, Antibes, Nizza und Monaco. Kelten siedeln im südfranzösischen Raum und vermischen sich mit den Ligurern.

Die römische Provence

122 Die Kelten werden von den Römern geschlagen.

102 Niederlage der Teutonen bei *Aquae Sextiae* (Aix-en-Provence) durch den römischen Feldherrn Marius.

58-51 Cäsar erobert ganz Gallien.

49 Cäsar gründet Fréjus.

6 Das Siegesdenkmal in La Turbie erinnert an die Unterwerfung der Alpenvölker durch die Römer.

NACH CHR.

1., 2., 3. Jh. Die römische Kultur breitet sich in der Provence aus. Zentren sind u. a. die Orte Fréjus, Cimiez, Antibes. Die bedeutendste Verkehrsader des Landes ist die *Via Aurelia (s. unter Massif de l'ESTEREL, [2])*, die von Ventimiglia über Brignoles und Aix nach Spanien führt.

9 Arminius besiegt die Römer in der Schlacht im Teutoburger Wald.

313 Mailänder Edikt; Kaiser Konstantin gewährt den Christen Glaubensfreiheit.

4., 5. Jh. Das Christentum breitet sich zunächst an der Küste, dann auch im Binnenland aus.

5., 6. Jh. Wandalen, Westgoten, Burgunder, Ostgoten und Franken durchziehen Gallien und sind eine Zeitlang in Südfrankreich seßhaft.

496 Der Frankenkönig Chlodwig schlägt die Alemannen bei Tolbiac.

8. Jh. Mauren plündern in der ersten Hälfte des Jh.s die Küste. Die Provence ist eine Randprovinz des Karolingerreiches.

800 Krönung Karls des Großen zum Kaiser des christlichen Abendlandes.

Die Provence vor dem Anschluß an Frankreich

843 Im Teilungsvertrag von Verdun wird das Frankenreich unter den drei Enkeln Karls aufgeteilt. Dadurch fällt das Mittelreich mit den heutigen Benelux-Staaten, Lothringen, Burgund und der Provence an Lothar I.

855 Die Provence wird von Lothar I. für seinen Sohn Karl zum Königreich erklärt.

883 Die Mauren setzen sich im Maurenmassiv fest und werden ein Jahrhundert lang zum Schrecken der Region.

962 Kaiserkrönung Ottos I. in Rom. Beginn des Heiligen Römischen Reiches.

10., 11. Jh. Die Provence geht durch verschiedene Hände und gelangt schließlich an das Heilige Römische Reich. Tatsächlich ist diese Verbindung jedoch locker. Die Städte behaupten ihre Unabhängigkeit.

12. Jh. Die Grafschaft Provence fällt an den Grafen von Toulouse, danach an den Grafen von Barcelona; in Aix entfaltet sich ein verfeinertes Hofleben.

1226 Beginn der Regentschaft Ludwigs des Heiligen.

1246 Beatrix, Gräfin der Provence, heiratet Karl I. von Anjou, einen Bruder des französischen Königs. Die Provence kommt an das Haus Anjou.

1254 Ludwig der Heilige landet in Hyères; Ende des 7. Kreuzzuges.

1260-1265 Mit der Besetzung eines Teils von Piemont und Ventimiglia verleiht Karl seinen italienischen Ambitionen Ausdruck. 1265 wird er König von Sizilien. Die Hinwendung zu Italien geht zu Lasten der Provence.

1308 Ein Mitglied der Familie Grimaldi kauft Monaco von Genua.

1343-1382 Die Grafschaft Provence untersteht Johanna, der Königin von Sizilien *(s. unter NICE, Hintergrundinfos)*. Pestepidemie.

1388 Nizza geht in den Besitz der Grafen von Savoyen über.

1434 René von Anjou, der König von Neapel, wird Graf der Provence. Er geht als König René der Gute in die französische Geschichte ein.

1481 Der Neffe des Königs René, Karl von Maine, vermacht die Provence dem französischen König Ludwig XI.

1486 Die Stände (Vertreter von Adel, Geistlichkeit und Bürgertum) der Provence bestätigen den Anschluß der Provence an Frankreich.

Die Provence bis zur Revolution

1501 Ludwig XII. ruft das sogenannte Parlament der Provence ins Leben, einen Gerichtshof mit Sitz in Aix, der später auch gewisse politische Rechte beansprucht.

1521-1544 In vier Kriegen Auseinandersetzungen Kaiser Karls V. mit Franz I. Dabei kämpfen die kaiserlichen Söldner auch auf dem Gebiet der Provence (1524, 1536).

1539 Edikt von Villers-Cotterêts; Französisch wird Verwaltungssprache in der Provence.

1543 Nizza wird von Franzosen und Türken belagert. Catherine Ségurane zwingt die Türken zum Abzug.

1562-1598 Hugenottenkriege. Edikt von Nantes. Heinrich IV. sichert den Hugenotten Gewissensfreiheit zu.

1618-1648 Dreißigjähriger Krieg.

1643-1715 Regentschaft Ludwigs XIV. Ende der relativen Eigenständigkeit der Provence.

1691 Ludwig XIV. nimmt Nizza ein, das sich der Augsburger Liga angeschlossen hatte.

1696 Nizza wird wieder an Savoyen zurückgegeben.

1707 Im Rahmen des Spanischen Erbfolgekrieges (1701-1713/14) besetzt Prinz Eugen von Savoyen die Provence.

1718 Gründung des Königreiches Sardinien, unter dessen Herrschaft Nizza gerät.

1720 Eine von Marseille ausgehende Pestepidemie dezimiert die Bevölkerung der Provence.

1746 Das im Österreichischen Erbfolgekrieg mit Österreich verbündete Savoyen wird von Ludwig XV. vor Antibes geschlagen.

1787 Die Ständeversammlung der Provence tritt zusammen.

Revolution – Kaiserreich

14. Juli 1789 Mit der Erstürmung der Bastille beginnt die Französische Revolution.

1790 Die Provence wird verwaltungsmäßig in die Departements Bouches-du-Rhône, Var und Basses-Alpes aufgeteilt.

1793 Napoleon Bonaparte zeichnet sich bei Kämpfen gegen das königstreue Toulon aus. Nizza wird besetzt und an Frankreich angeschlossen.

1799 Bonaparte landet nach dem Ägyptenfeldzug in St-Raphaël.

1813 Völkerschlacht bei Leipzig.

1814 Napoleon dankt ab und schifft sich am 28. April in St-Raphaël nach Elba ein. Der Wiener Kongreß gibt Savoyen die Grafschaft Nizza zurück.

1815 Napoleon landet am 1. März in Golfe-Juan, Beginn seiner Herrschaft der Hundert Tage.

18. Juni 1815 Schlacht von Waterloo.

19. Jahrhundert

1830 Beginn der Herrschaft des „Bürgerkönigs" Louis-Philippe I.

1851-1852 Bauernunruhen im Var als Folge des Staatsstreichs von Louis Napoleon (2. Dezember 1851). Das republikanische Ideal besteht auch während des 2. Kaiserreichs fort.

1852-1870 Regierung Napoleons III. als Kaiser der Franzosen.

1860 Durch den Vertrag von Turin und einen Volksentscheid wird die Grafschaft Nizza an Frankreich angeschlossen.

1878 Das Kasino von Monte-Carlo wird eröffnet. Beginn des winterlichen Fremdenverkehrs an der Côte d'Azur.

Ende 19. Jh. St-Tropez wird durch Paul Signac zu einem Zentrum der Malerei.

20. Jahrhundert

1940 Die Italiener besetzen Menton.

1942 Einmarsch deutscher Truppen in das bis dahin unbesetzte Südfrankreich. Ein Teil der französischen Flotte versenkt sich im Hafen von Toulon.

1944 Die alliierten Truppen (Amerikaner, Engländer und Franzosen) befreien die Provence.

1946 Beginn des sommerlichen Fremdenverkehrs an der Côte d'Azur.

1947 Anschluß des Hochtals der Roya an Frankreich.

1960-1963 Die Côte d'Azur wird zur internationalen Hochburg der modernen Kunst mit Vertretern wie Arman, César, Raysse, Klein und der sogenannten Nizzaer Schule (Ben, Viallat).

1980 Durch den Bau der Autobahn A 8, „La Provençale", wird die Region an die Rhone-Autobahn und das italienische Verkehrsnetz angeschlossen.

1989 Die Côte d'Azur wird an das Streckennetz des Hochgeschwindigkeitszugs TGV angeschlossen.

1991-1998 Nizza behauptet seine kulturelle Vorrangstellung mit der Eröffnung des Museums für moderne und zeitgenössische Kunst und des Museums für asiatische Kunst.

Architektur und Kunst

ILLUSTRATIONEN ZUR BAUKUNST

Römische Antike

LA TURBIE – Trophée des Alpes (1. Jh. v. Chr.)

Das Siegesdenkmal wurde zu Ehren des Kaisers Augustus in Erinnerung an seine siegreichen Alpenfeldzüge errichtet. Es erlebte ein wechselhaftes Schicksal, bevor es durch den Architekten Formigé in den 1930er Jahren restauriert wurde.

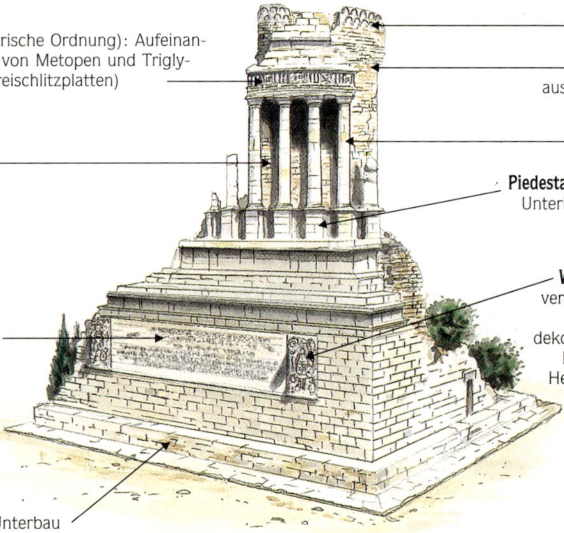

Frühchristentum

FRÉJUS – Innenraum der Taufkapelle (5. Jh.)

Es handelt sich um eines der wenigen noch sichtbaren, frühchristlichen Bauwerke an der Côte d'Azur. Einige antike Elemente stammen von römischen Gebäuden. Eine Restaurierung zu Beginn des 20. Jh.s hat der Taufkapelle ihren ursprünglichen Charakter zurückgegeben.

R. Corbel/MICHELIN

Sakralbauten

LE THORONET – Grundriß der Abteikirche (11. Jh.)

Die Kirche von Le Thoronet war nie Pfarrkirche und hat daher kein Mittelportal. Sie besitzt nach provenzalischem Vorbild ein halbrundes Chorhaupt anstelle eines abgeflachten, das ansonsten häufig von den Zisterzienserbaumeistern bevorzugt wurde.

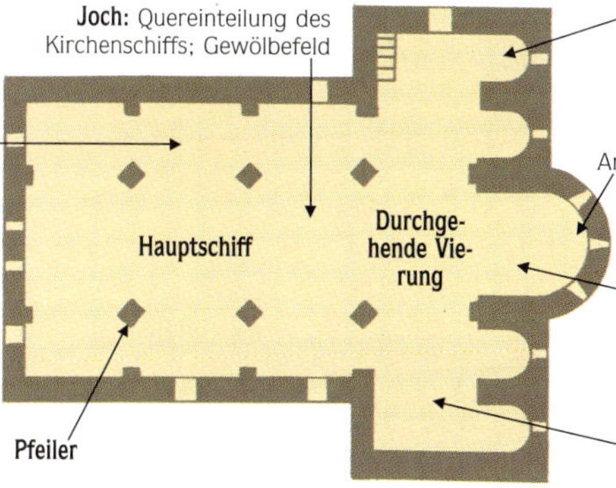

Provenzalische Romanik – Querschnitt einer Kirche

Die Abbildung zeigt die beiden in der provenzalischen Romanik häufigsten Bauschemas.

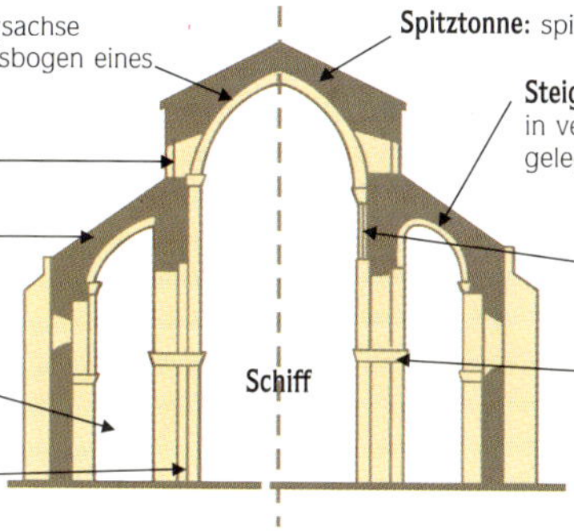

GRASSE – Portal der Chapelle de l'Oratoire (14. Jh.)

Die Tür und das Fenster der Kapelle sind gotisch und stammen aus der ehemaligen Franziskanerkirche. Sie wurden 1851 in die Fassade integriert.

NIZZA – Cathédrale Sainte-Réparate (17. Jh.)

Die Kathedrale geht auf eine Kapelle aus dem 13. Jh. zurück. Die Fassade und der heutige Grundriß im Barockstil sind das Werk des aus Nizza stammenden Architekten Jean-André Guibert.

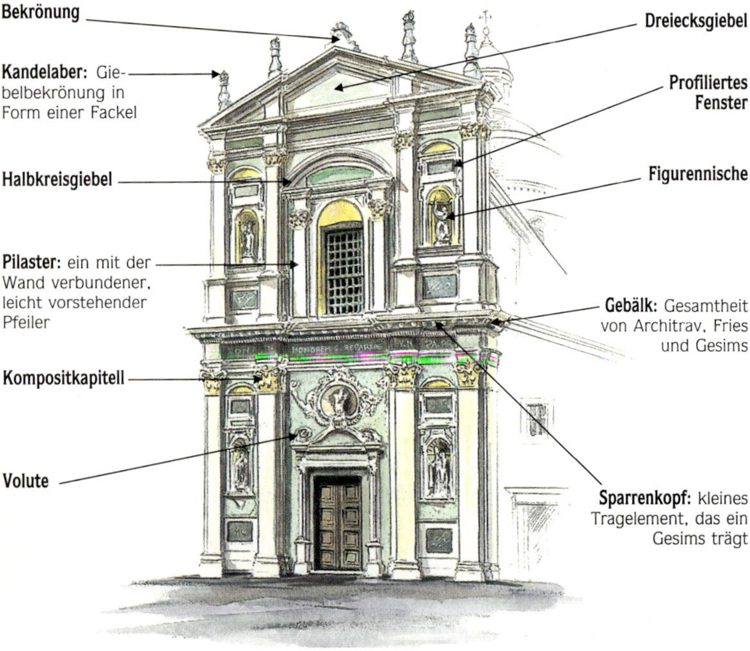

LES ARCS – Altaraufsatz der Chapelle Sainte-Roseline (Anfang 16. Jh.)

Für barocke Altäre waren in Nizza und Umgebung farbiger Marmor und Stuck die bevorzugten Materialien, während jenseits des Var hauptsächlich vergoldetes Holz verwendet wurde.

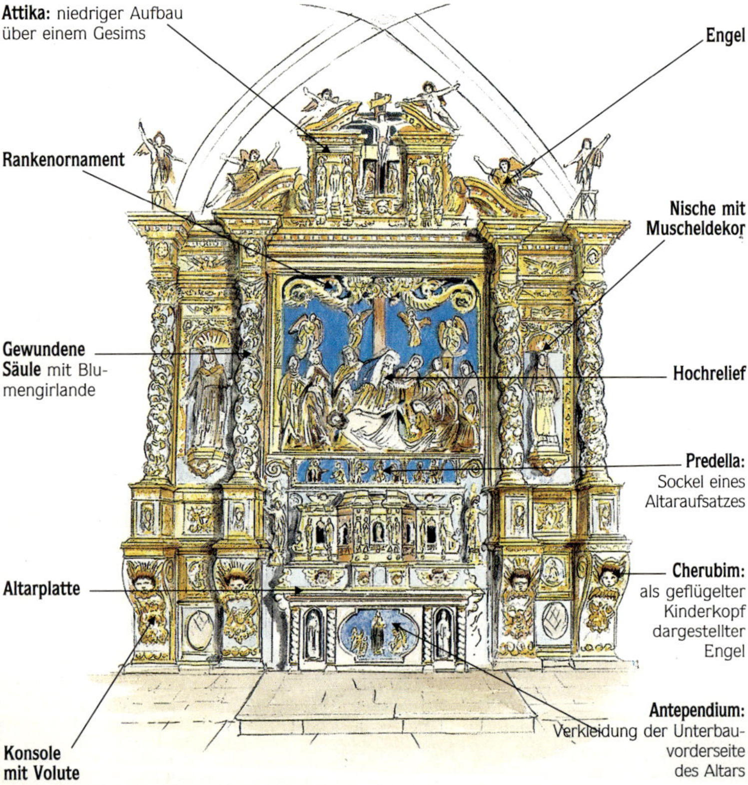

R. Corbel/MICHELIN

Traditionelle Architektur

SAINT-TROPEZ – Häuser am Hafen

Dicht aneinander gedrängte, mehrstöckige Häuser mit schmalen Fassaden, die das Hafenbecken säumen oder sich in den verwinkelten Gassen eines Bergdorfes aneinanderreihen: Das ist die typische Ansicht eines Dorfes an der Côte d'Azur, dessen Häuserfassaden in kräftigen Farben leuchten.

LE VIEUX-CANNET – Kampanile

Die Kampanile entstanden im 16. Jh. in der Blütezeit der Glockentürme und Belfriede. Sie sind von sehr unterschiedlicher Bauweise und Größe.

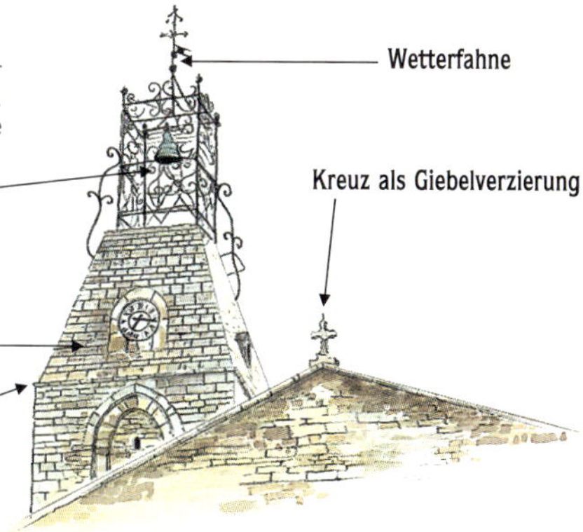

LORGUES – Fontaine de la Noix (1771)

Jede Stadt und jedes Dorf besitzt einen oder mehrere Brunnen, vom einfachen Wasserstrahl bis hin zu aufwendig mit Figuren verzierten und häufig mit Jahreszahl versehenen Bauwerken.

R. Corbel/MICHELIN

HYÈRES – Villa Tunisienne (1884)

Die Architektur der Seebäder des 19. Jh.s ist von orientalischen Einflüssen geprägt. Der Architekt Chapoulart, der in Hyères auch eine „maurische Villa" erbaute, ließ diese Variante mit Patio für sich selbst errichten. Sie wurde zunächst „algerische", später dann „tunesische Villa" genannt.

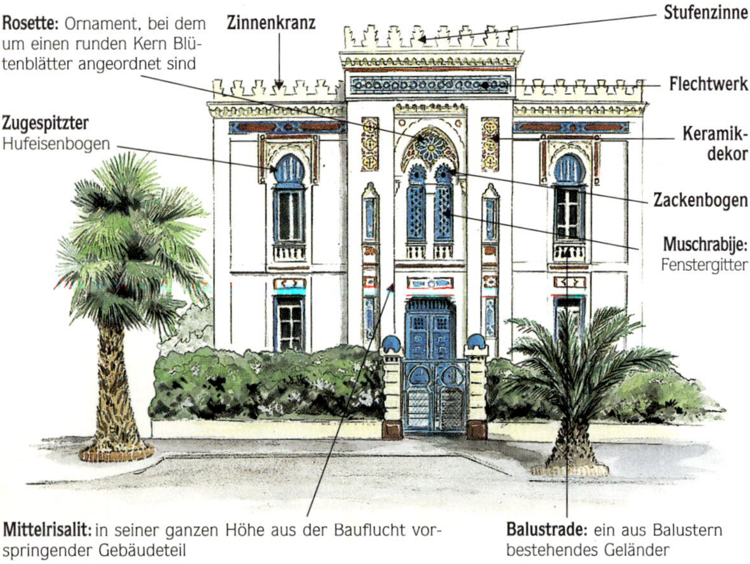

MONTE-CARLO – Kasinosaal (2. Hälfte des 19. Jh.s)

Der Ort Monte-Carlo entstand um das Kasino herum, das ein typisches Beispiel für den Ende des 19. Jh.s entlang der Küste so beliebten Stil des Eklektizismus ist. Die prunkvolle Inneneinrichtung spiegelt das prachtvolle Äußere wider.

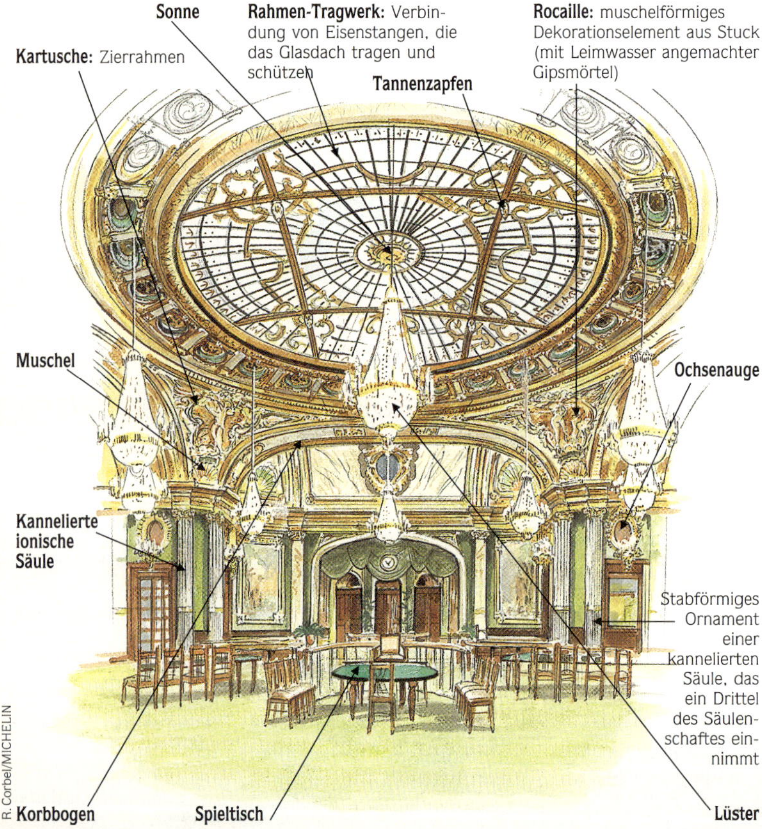

Wehrbauten

ANTIBES – Fort Carré (16. Jh.)

Die Befestigungsanlagen von Antibes wurden 1895 abgerissen. Als einziges ist heute das sog. Viereckige Fort erhalten, das 1585 vollendet wurde und dessen Grundriß bereits das von Vauban im darauffolgenden Jahrhundert entwickelte, sternförmige Verteidigungssystem andeutet.

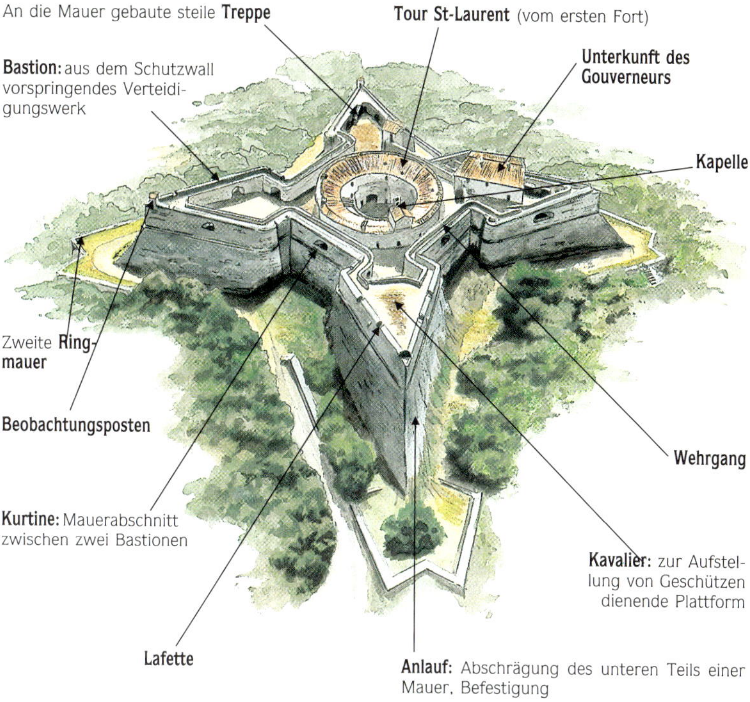

Zeitgenössische Bauten

SOPHIA ANTIPOLIS – Wirtschaftsarchitektur

Die Gebäude im Zentrum für Technologie und Wissenschaft in Valbonne wurden ab Mitte der 70er Jahre errichtet. Ihre Silhouetten fügen sich gut in die sie umgebende Landschaft ein. Einige Bauten nutzen Solarenergie.

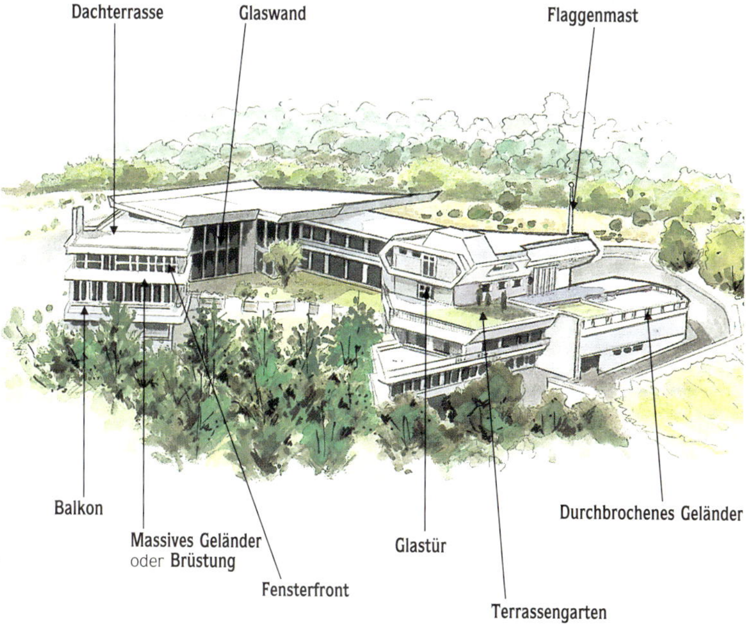

In diesem Führer verwendete Fachbegriffe aus Architektur und Kunst

Amphore: antikes zweihenkliges Gefäß. In der fußlosen, unten spitz zulaufenden Ausführung konnte es in den Sand gesteckt werden.

Antiphonar: Sammlung von kirchlichen Wechselgesängen.

Apsidiole: Chorkapelle.

Aquädukt: unterirdischer oder von Bogenstellungen überirdisch getragener Kanal, der mittels Gefälle Wasser von einem Ort an einen anderen bringt.

Arabeske: Dekorationsmotiv, das wie in der islamischen Kunst aus arabischen Buchstaben, Linien und verschlungenen Pflanzenornamenten gebildet wird.

Architrav: waagerechter Balken, der das Gesims trägt.

Arkatur: Reihe von Bogenstellungen; Gesamtheit der Arkaden eines Gebäudes. Sind die Bogen einer geschlossenen Wand vorgelegt, spricht man von Blendarkaden.

Atlant: männliche Figur als Gebälkstütze.

Atrium: großer, rechteckiger Raum des römischen Wohnhauses. Sein zur Mitte geneigtes Dach besaß dort eine Öffnung, durch die das Regenwasser in das darunterliegende Becken *(impluvium)* floß.

Auskragung: Vorspringen eines Bauteils.

Baldachin: von Säulen getragener Prunkhimmel über dem Altar, Thron u. a. m.

Baluster: verdicktes Säulchen als Träger eines Geländers oder einer Platte.

Baptisterium: Taufkirche bzw. -kapelle. Sie enthielt im Boden das Wasserbecken für die Taufe und stand einst in unmittelbarer Nähe der Kathedrale.

Biskuitporzellan: weißes, gebranntes Weichporzellan ohne Glasur, dessen matte Oberfläche an Marmor erinnert.

Blendbögen: wenig vortretende, der geschlossenen Wand vorgelegte Bögen, die ebensolche vertikalen Mauerverstärkungen, sogenannte Lisenen, verbinden. Sie wurden hauptsächlich in der Romanik (besonders in der Lombardei) dekorativ als Wandgliederung verwendet.

Bosse: buckelig vorspringende, nur grob zugehauene Vorderseite eines Werksteins; besonders in der Renaissance beliebt.

Buchmalerei: s. Miniaturmalerei.

Chimäre: Fabeltier mit Löwenkopf, Ziegenkörper und Schlangenschwanz.

Dolmen: Megalithbau in Tischform aus unbehauenen, aufrecht stehenden Felsblöcken mit einem Deckstein darauf.

dorische Ordnung: griechisches Säulen- und Gebälksystem, bei dem die Säule ein schmuckloses Kapitell besitzt.

Feston: Schmuck in Form einer Girlande aus Blättern, Früchten oder Blumen.

Flachrelief: Skulptur, die sich nur schwach von einem Hintergrund abhebt.

Flamboyant: spätgotischer Baustil (15. Jh.) in Frankreich und England, der besonders häufig die Fischblase oder Flamme als Maßwerkform verwendet.

Flügel: Baukörper. Auch die beweglichen Teile von Türen, Fenstern, Altären werden Flügel genannt.

Forum: in römischen Städten großer, oft mit Säulengängen umgebener Platz, an dem die öffentlichen Gebäude lagen und Markt gehalten wurde.

Fresko: Wandmalerei auf dem frischen, noch feuchten Kalkputz.

Frontispiz, Fronton: Giebeldreieck über dem Haupteingang eines Gebäudes, auch über Türen und Fenstern. Wenn das Dreieck oben in der Mitte ausgespart ist, spricht man von einem gesprengten Giebel.

gewundene Säule: Säule mit spiralförmigem Schaft.

gekuppelt: paarweise angeordnete Bauelemente (Zwillingsbogen, gekuppelte Säulen).

Gesims: waagerecht aus der Mauer hervortretender Streifen, oft am Dachansatz als Abschluß eines Baus.

Glockengiebel: Wandabschluß in Form eines Aufbaus mit einer bzw. mehreren Öffnungen, in denen Glocken hängen. Er befindet sich meist an der Fassade.

guillochieren: vielfach verschlungene Linien auf Metall gravieren, oft in symmetrischen Mustern.

Hochaltar: am Choreingang befindlicher Hauptaltar einer Kirche.

Hochrelief: mit dem Hintergrund verbundene, aber fast vollplastische Figur.

Hypokaustum: römische Fußbodenheizung durch zirkulierende Warmluft.

illusionistische Malerei: auch Trompe-l'œil genannt. Malerei, die mit verschiedenen Kunstmitteln, besonders der Perspektive, die Illusion eines körperhaften, wirklichen Gegenstands erzielt.

Inkunabel: Wiegendruck. Vor 1500 entstandenes Werk der Buchdruckerkunst.

ionische Ordnung: griechisches Säulen- und Gebälksystem, das hauptsächlich durch Voluten am Säulenkapitell gekennzeichnet ist.

Kannelierung: senkrechte konkave Rillen (Hohlkehlen).

Kappe: Teil eines Gewölbes, das von Graten bzw. Rippen begrenzt wird.

Kämpfer: Zone, an der die Krümmung eines Bogens (Kämpferstein) bzw. eines Gewölbes beginnt. Querholz eines Fensters, einer Tür.

Kapitelsaal: Versammlungsraum der Domherren oder der stimmberechtigten Mitglieder eines Klosters.

Kassette: als Schmuckmotiv ausgestaltetes, vertieftes Feld in einer Decke oder einem Gewölbe.

Konsole: vorspringendes Tragelement für Gesimse, Balkone u. ä.

Korbbogen: in Spätmittelalter und Renaissance häufiger flacher Rundbogen.

korinthische Ordnung: griechisches Säulen- und Gebälksystem, bei dem das Volutenkapitell der Säule fast gänzlich mit Akanthusblättern bedeckt ist.

Kragstein: vorspringender Stein in einer Wand, der eine Last tragen kann.

Kreuzstock: Fensterstock aus Stein oder Holz mit Kämpfer und Pfosten, die zusammen ein Kreuz (Fensterkreuz) bilden.

Laterne: in der Architektur ein Aufbau über der Öffnung im Scheitel einer Kuppel.

Laube: s. Loggia.

Lisene: s. Blendbögen.

Loggia: offener Gang (Arkaden), meist an der Straßenfront eines Gebäudes.

Meilenstein: am Rand der Römerstraßen in Abständen von 1 000 Doppelschritten (etwa 1,5 km) aufgestelltes Wegmal.

Miniaturmalerei: Illustrierung durch ein Bild oder eine Zeichnung in den mittelalterlichen Handschriften.

Miserikordie: Verbreiterung unter dem Klappsitz von Chorgestühlen, die aus „Barmherzigkeit" (lat. *misericordia*) als Gesäßstütze beim Stehen dient.

Monolith: Gegenstand oder Bauwerk aus einem einzigen Steinblock.

Monstranz: auch Ostensorium genannt; kunstvoll gearbeitetes Reliquienschaugefäß aus Edelmetall, dessen wichtigster Teil der halbmondförmige Glasträger (Lunula) ist, in dem sich die geweihte Hostie befindet. Bei der sogenannten. Sonnenmonstranz umgibt ein Strahlenkranz den Hostienbehälter.

Mosaik: aus kleinen bunten Würfeln (meist Stein oder Glas) zusammengesetztes Bild oder Muster, das durch ein Mörtelbett zusammengehalten ist.

Narthex: Vorraum in frühchristlichen Basiliken.

Ochsenauge: Rundfenster.

Palästra: in der Antike öffentliche Übungsstätte für Leichtathletik.

Patio: Innenhof des spanischen Wohnhauses.

Pergola: in Gartenanlagen vorkommendes Gerüst aus Stützen und Gebälk, das von Pflanzen umrankt ist.

Peristyl: einen Hof umgebende Säulenhalle.

Pfefferbüchse: auch Wartturm genannt.

Pietà: Vesperbild; Darstellung der Muttergottes mit dem toten Sohn.

Pilaster: Wandpfeiler.

Polychromie: Vielfarbigkeit, Buntheit.

Polyptichon: Flügelaltar mit mehr als zwei Flügeln.

Radierung: auch Kupferstich genannt; Druckverfahren, bei dem die Zeichnung durch Säure in eine Kupferplatte geätzt wird.

Retabel: Altaraufsatz auf der Mensa, oftmals mit festem Altarschrein und beweglichen Flügeln.

Rocaille: Muschelwerk; der Muschelform ähnliches Dekorationselement im Spätbarock.

Rötelzeichnung: mit Rötelstift, einem Gemisch aus Eisenocker und Ton, ausgeführte Zeichnung.

Sarkophag: im Altertum gebräuchlicher, aus Stein gearbeiteter Sarg.

Satteldach: aus zwei zu einem First aufsteigenden Flächen gebildetes Dach mit zwei Giebeln.

Spitzbogen: Bogen mit spitzer Kontur, gebildet aus zwei Kreisbogenstücken, die sich in einem bestimmten Winkel schneiden. Liegen die Bogenmittelpunkte in den Kämpferpunkten, spricht man von einem gleichseitigen Spitzbogen.

Stele: aufrecht stehende Grabplatte.

Stuck: mit Leimwasser angerührte Mischung aus Marmor (oder Kalk) und Gips. Der Stuck läßt sich leicht formen, erhärtet jedoch rasch. Man kann ihn bemalen und z. B. Marmorsorten imitieren. Stuck wird noch heute insbesondere zur plastischen Verzierung von Decken verwendet.

Triptychon: Dreiflügelaltar; gemaltes oder geschnitztes dreiteiliges Bild.

Tympanon: Bogenfeld.

Votivtafel: auf Grund eines Gelübdes zum Dank gestiftetes Bild.

Zahnschnitt: Bauornament in Form einer Zahnreihe mit regelmäßigen Zwischenräumen.

Ziborium: Überbau aus Stein oder Edelmetall über einem Altar. Auch das Weihbrotgefäß wird Ziborium genannt.

Zippus: kleiner, eiförmiger Denkstein, häufig in römischen Nekropolen.

KUNST AN DER CÔTE D'AZUR – EIN ÜBERBLICK

Die Côte d'Azur kann sich damit rühmen, die ältesten und jüngsten Beispiele künstlerischen Schaffens zu besitzen, angefangen von den Höhlenmalereien der Bronzezeit im Vallée des Merveilles bis zu zeitgenössischen Kunstwerken.

Architektur

Antike – In der Provence und vor allem an der Küste wurde zur Zeit der Römer viel gebaut, doch haben uns die folgenden Generationen, die das von ihnen benötigte Material aus eben diesen Bauten bezogen, nur höchst unvollständige Spuren von dem einstigen Glanz hinterlassen. Immerhin werden in den Landkreisen Fayence, Fréjus und St-Raphaël die römischen Wasserleitungen noch heute benutzt.
Cimiez *(s. unter NICE, Besondere Highlights)* besitzt bedeutende römische Ruinen. In Fréjus sind außer dem Amphitheater Reste der Hafenanlagen erhalten. Das teilweise restaurierte Siegesdenkmal von La Turbie zu Ehren des Augustus hat als eines der wenigen heute noch existierenden römischen Monumente dieser Art besondere Bedeutung.

Romanik – Aus merowingischer und karolingischer Zeit überdauerten bemerkenswerte Bauten: das Baptisterium in Fréjus mit vier- bzw. achteckigem Grundriß und Kapellenkranz, die Chapelle Notre-Dame-de-Pépiole *(s. unter SIX-FOURS-LES-PLAGES, Umgebung)* oder die Dreifaltigkeitskapelle auf St-Honorat *(s. unter Îles de LÉRINS, Auf Entdeckungstour)*.
Im 12. Jh. brachte die allgemeine Glaubenserneuerung der Provence neben Ordensgründungen und der Kreuzzugsidee einen Aufschwung des Bauwesens, insbesondere des Kirchenbaus. Dabei bewahrte die provenzalische Romanik weitgehend die

Die Amphoren

Schon in der frühen Antike wurden die provenzalischen Küsten von zahlreichen Handelsschiffen mit manchmal imposanten Ausmaßen (über 30 m Länge) und schwerer Ladung (bis zu 8 000 Amphoren) angelaufen. Da sich diese Schiffe beim Rudern und Segeln nur schwer manövrieren ließen oder die Seefahrer gefährliche Klippen nicht erkannten, erlitten sie vor der Küste häufig Schiffbruch.
Man fuhr von April bis September zur See, wenn die Wetterbedingungen am günstigsten waren. Es wurden Nahrungsmittel wie Wein, Öl und Fisch transportiert. Die Ladung an Bord der Schiffe wurde quer zum Rumpf gelagert, die Spitze der Amphoren mit Zweigen abgestützt. In den Freiraum am Amphorenhals legte man die zweite Reihe, wodurch alles zusätzlich stabilisiert wurde. Manche Kielräume enthielten bis zu vier Amphorenreihen übereinander.

Weinamphore aus Ibiza
(Ende 1. Jh. v. Chr. - Mitte 1. Jh. n. Chr.)

Amphore für Salzlake
aus den Werkstätten von Fréjus oder Cannes
(1. Jh. n. Chr.)

Weinamphore
aus der Provence
(2. Hälfte des 1. Jh.s - Ende des 2. Jh.s n. Chr.)

Weinamphore
von der italienischen
Westküste
(3.-2. Jh. v. Chr.)

Ölamphore
aus Südspanien
(1.-3. Jh. n. Chr.)

CNRS/CCJ

Querschnitt durch die Architektur

Villa Mauresque, Hyères
F. Rozet

Ste-Jeanne d'Arc, 1934, Nizza
P. Ricou

Château Smith, Nizza
P. Ricou

Neubarocke Fassade 1890, Nizza
P. Ricou

Japanischer Garten, Monte-Carlo
J.-L. Gallo/MICHELIN

Hôtel de l'Ermitage, Monte-Carlo
J. Guillard/SCOPE

Russisch-orthodoxe Kathedrale, Nizza
J.-L. Gallo/MICHELIN

ursprünglichen Formen, ohne wesentliche Neuerungen. So findet man hier keine außergewöhnlichen Schöpfungen wie z. B. in Burgund, sondern bescheidene Kirchen mit Mauern aus gleichmäßig behauenen Quadern, die nur eine dünne Mörtelschicht verbindet. Das Äußere ist sehr schlicht, die Fassade häufig schmucklos, nur an den Seiten durchbrechen mächtige Strebepfeiler die Monotonie der Flächen. Viereckturm und Chorhaupt sind oft mit Rundbogenfriesen und Lisenen verziert, die norditalienischen Einfluß verraten.
Auch innen wirken diese Gotteshäuser einfach und streng. Meist bestehen sie aus einem einzigen Schiff und einem kaum hervortretenden Querhaus; sind Seitenschiffe vorhanden, so werden sie von einer halbrunden Apsis mit zwei Nebenapsiden abgeschlossen. Die interessante Abtei Le Thoronet besitzt eine für die Zisterzienser typische Kirche von großer Schlichtheit mit breitem Querschiff; dagegen erkennt man in Spitztonne und halbrunder Apsis die Hand heimischer Baumeister.

Von der Gotik zum Barock – Die Gotik hat in dieser Gegend wenig hinterlassen, denn sie spielte die Rolle eines Übergangsstils, der sich nur schwer von der romanischen Tradition lösen konnte, wie die mächtigen Gewölbe mit den Bandrippen in Fréjus oder Grasse zeigen; interessant ist auch der Kreuzgang in Fréjus.
Ende des 15. Jh.s zog König René zahlreiche italienische Künstler in die Provence. Doch seltsamerweise wirkte sich der Einfluß der Renaissance zwar auf die provenzalische Malerei, jedoch kaum auf die Architektur aus.
Hingegen findet man viele klassizistische Gebäude aus dem 17. und 18. Jh. Der Stil wird strenger und erhabener und verliert seine Ursprünglichkeit; in den Städten lassen sich die Honoratioren vornehme Wohnhäuser, sogenannte Hôtels, errichten.
Der Barock prägte überwiegend die Sakralbauten der Grafschaft Nizza: Sospel, Menton, Monaco, La Turbie, Nizza. Giebel, Nischen und Statuen zieren die Kirchenfassaden und Kapellen, während das Innere prächtig mit Altären, Wandverkleidungen und Baldachinen ausgestattet ist.

Moderne – Das 19. Jh. ist geprägt von einer Hinwendung zu althergebrachten Kunststilen sowie von dem sogenannten Eklektizismus, d.h. der Verwendung mehrerer Stile an ein und demselben Bauwerk. In St-Raphaël entstand außerdem ein byzantinisch-romanischer Bau, die Kirche von Cimiez erhielt eine neugotische Fassade, und die Kathedrale von Monaco wurde der Romanik nachempfunden. Etwas später wurden das Kasino von Monte-Carlo und das Hôtel Negresco in Nizza errichtet. Sie verkörpern den prunkvollen Stil der Belle Époque. Besonders verbreitet war die Vorliebe der Romantiker für die orientalische Bauweise, die durch die starke Verwendung von Kacheln, Hufeisenbögen und Minaretten in der Errichtung „maurischer" Villen zum Ausdruck kam. Mittelalterliche Elemente finden sich in Zinnen und Schießscharten wieder. Die an die Côte d'Azur eingewanderten Russen bauten herrschaftliche Anwesen, die mediterrane Baumaterialien mit slawischen Baustilen verbanden. Die Architektur des 20. Jh.s findet man in Nizza (Jeanne-d'Arc-Kirche), St-Martin-de-Peille und vor allem in Vence (Rosenkranzkapelle von Matisse), bei Profanbauten wie der Stiftung Maeght in St-Paul, dem Marc-Chagall-Museum in Nizza, der Marina-Baie-des-Anges in Villeneuve oder in Port-Grimaud.

Bildhauerei

Pierre Puget (1620-1694) – Der Marseiller Künstler war einer der bedeutendsten französischen Bildhauer des 17. Jh.s. Zunächst versah er Schiffe mit geschnitzten Verzierungen, später schmückte er das ganze Heck mit Skulpturen. Anläßlich einer Italienreise arbeitete er als Schüler bei einem der großen Barockmeister, Pietro da Cortona. Nach seiner Rückkehr wurde Puget mit der Ausstattung des Hafens von Toulon betraut. Neid und Intrigen ließen ihn jedoch in Ungnade fallen, und so widmete er sich der Verschönerung von Toulon. Seine bekanntesten Werke sind die Atlanten unter dem Ehrenbalkon des alten Touloner Rathauses und *Milon von Kroton* (im Louvre, Paris).

Malerei

Die Nizzaer Schule – Ihre Blütezeit dauerte von der Mitte des 15. Jh.s bis zur Mitte des 16. Jh.s. Während sie zuerst noch ganz der Gotik verhaftet blieb, war sie später von der italienischen Renaissance beeinflußt. Die bekanntesten Künstler dieser Epoche waren die Brüder **Bréa** sowie **Jacques Durandi**. Man nannte Louis Bréa den „provenzalischen Fra Angelico" wegen der naiven Aufrichtigkeit und Schlichtheit, die seine Gestalten so menschlich macht. Dennoch erreicht er nicht den Mystizismus Fra Angelicos, und seine stumpfen Farbtöne zeigen nicht die klare Transparenz des Meisters von San Marco in Florenz. Da jene Maler vorwiegend für die Orden der Büßermönche arbeiteten, findet man ihre Werke in zahlreichen Wallfahrtskirchen und -kapellen, so z. B. in Nizza (wo Louis' Bruder Antoine und sein Neffe François vertreten sind), Gréolières, Antibes, Fréjus, Grasse, Monaco usw.
Zur selben Zeit wurden in der Umgebung von Nizza auch die bescheidensten Gotteshäuser mit lebendig gestalteten Wandmalereien ausgeschmückt, z. B. in Venanson, Lucéram, Coaraze, Saorge und vor allem Notre-Dame-des-Fontaines (bei La Brigue), wo **Jean Canavesio** neben **Jean Baleison** außergewöhnliche Fresken hinterlassen hat. Ein häufiges Motiv ist der hl. Sebastian, der die Pest ebenso mühelos abwandte, wie er sich der Pfeile entledigte, die seinen Körper durchbohrten.

Klassizismus – Aus dem 17. und 18. Jh. stammen Arbeiten von Parrocel, Van Loo, Joseph Vernet, Hubert Robert und vor allem von **Jean-Honoré Fragonard**(1732-1806), dem bedeutendsten Maler der Côte d'Azur. Er ist ein Meister der galanten Schäfer- und Boudoirszenen im Rahmen lichtdurchfluteter Landschaften oder blühender Gärten, wie er sie vor allem in oder um seine Heimatstadt Grasse antraf.

P. et G. Leclerc, Nice

Louis Bréa: St. Martin (Ausschnitt aus dem Vesperbild der Mariä-Himmelfahrtskirche, Nizza-Cimiez)

Moderne Malerei – Seit dem Ende des 19. Jh.s fühlten sich zahlreiche Künstler, die die verschiedenen Strömungen zeitgenössischer Malerei vertraten, von der südlichen Sonne angezogen, die die Farben leuchten läßt. Klima, Atmosphäre und Lebensart der Provence wurden zu einer neuen Inspirationsquelle zahlreicher Künstler *(s. weiter unten)*.

Impressionismus – Die Rückkehr Cézannes in die Provence (1881) war wegbereitend für den Impressionismus, der das Malen im Freien propagierte. Die Impressionisten versuchten, die Mittelmeerlandschaft mit ihren zarten Lichteffekten darzustellen. Berthe Morisot zog nach Nizza, Monet nach Antibes, und **Renoir** verbrachte seine letzten Jahre in Cagnes, wo er unermüdlich Blumen und Früchte, Landschaften und Menschen des Südens malte.
Der Impressionismus entwickelte auch eine neue Schule, den **Pointillismus** oder **Divisionismus**, der auf eine Technik Seurats zurückgeht: Ungemischte Farben werden in kleinen Punkten nebeneinandergesetzt. **Signac** griff diese Idee auf und freundete sich in St-Tropez, wo er sich 1892 niederließ, mit Manguin, Bonnard und Matisse an.

Fauvismus – Als Reaktion gegen den Impressionismus wollten **Matisse** und **Dufy** in Nizza nicht nur den flüchtigen optischen Eindruck, sondern auch die durch das Erlebnis geweckten Gedanken und Gefühle ausdrücken. Dazu verwendeten sie ungebrochene Farben, die sie teilweise in harten Kontrasten nebeneinander setzten.

Malerei nach dem Zweiten Weltkrieg – **Picasso** gilt zusammen mit Braque als Schöpfer des Kubismus, einer Kunstrichtung, die den Körper in seine einzelnen Flächen zerlegt. Während Picasso 1946 nach Vallauris zog und später in Cannes und Mougins lebte, malte **Braque** in Le Cannet seine letzten Bilder. **Fernand Léger**, ein weiterer Kubist, arbeitete in Biot. **Dunoyer de Ségonzac** wählte seine Motive aus der Umgebung von St-Tropez, während Licht und Blumen von Vence **Chagall** zu seinen bunten Träumen inspirierten.
Andere Künstler wie **Kandinsky** in La Napoule, **Cocteau** in Menton, **Kees Van Dongen** in Cannes, **Alberto Magnelli** in Grasse und **Nicolas de Staël** in Antibes hielten sich zwar nur vorübergehend an der Côte d'Azur auf, doch hinterließen auch sie unauslöschliche Spuren. Während der Kriegsjahre fanden Jean Arp, Sophie Taeuber und Sonia Delaunay Zuflucht in der Villa Magnellis in Grasse. Sie trafen Max Ernst, der aus dem Lager, in dem er interniert war, entflohen war. Nach dem Krieg kehrten viele Künstler aus ihrem amerikanischen Exil zurück und trugen zu einer Internationalisierung der Kunst bei. Gleichzeitig befruchteten sich die verschiedenen künstlerischen Richtungen. So ist Picassos Werk *Krieg und Frieden* von der Chapelle du Rosaire in Vence von Matisse (1951) inspiriert. Marc Chagall, der seit 1950 in Vence lebte, widmete sein künstlerisches Schaffen sowohl der Lithographie als auch der Glasmalerei, der Bildhauerei, der Töpferkunst usw.
1960 entstand in Nizza der **Neue Realismus**, eine Bewegung, die sich u. a. aus **Arman**, **César**, Dufrêne, Hains, **Klein**, Raysse, Rotella, Spoerri, Tinguely und Villeglé bildete, und der sich Niki de Saint-Phalle, Deschamps und Christo anschlossen. Als Antwort auf die vorherrschende Abstraktion der Nachkriegsjahre arbeiteten diese Künstler an dem „Wahrnehmen des Reellen an sich" in der modernen Welt, der Industrie und den Medien. Daneben sieht man, wie sich aus der Nizzaer Schule sehr unterschiedliche Ansätze von Ben, Bernard Venet, Sacha Sosno, **Bernard Pagès** und **Claude Viallat** entfalten. Ihre Arbeiten an der Konzeptkunst führten in den 70er Jahren zur Gründung der Gruppe **Supports/Surfaces**.

Musée de l'Annonciade, St-Tropez. © ADAGP, Paris 2001

L'Estaque von Georges Braque

Kunstgewerbe

In den Bergdörfern haben sich viele Handwerker niedergelassen, die sie oft geschmackvoll restauriert haben; in ihren Werkstätten stellen sie entweder Gebrauchsgegenstände oder eigene künstlerische Schöpfungen her. Folgende Dörfer seien stellvertretend genannt:

Biot – Die Herstellung von Krügen reicht in Biot bis in die Zeit der Phokäer zurück. Im Mittelalter war die Stadt ein bedeutendes Zentrum der Keramikproduktion, und erst im 19. Jh. blieb sie hinter Vallauris zurück. Heute fertigen mehrere Werkstätten traditionelle Krüge, Töpferwaren und Gartenschmuck an. Einen gewissen Stellenwert besitzt auch die Goldschmiedekunst. Seit den 60er Jahren macht die Glaskunst Biots von sich reden. Beim Besuch der Glasbläserei kann man noch die alten Verfahren beobachten; dabei findet man unter Karaffen, Flaschen, Trinkgläsern und kleinen Öllampen die typischen provenzalischen Krüge mit lang ausgezogener Schnauze, aus denen man trinken kann, ohne sie an den Mund zu setzen.

Vallauris – Dort begann Picasso 1947 in einer Werkstatt zu arbeiten; er zog viele Freunde an und machte die Keramik von Vallauris weltweit bekannt. Heute ist es für Fremde schwierig, in den Auslagen zwischen künstlerischem Original und Serienprodukt zu unterscheiden, obwohl viele Werkstätten – sei es nach alten (Brennen in Holzöfen) oder neuen Methoden – recht geschmackvolle Gegenstände herstellen, so z. B. glasierte Gebrauchswaren (Suppenschüsseln, Krüge, Schalen), schönes Steingut, verschiedene, teilweise höchst originelle Keramik und Tonpfeifen. Außerdem werden in Vallauris auch Marionetten, Schnitzereien und Möbel aus Olivenholz hergestellt, Möbelstücke werden bemalt sowie Möbel- und Leinenstoffe gewebt.

Tourrettes-sur-Loup – Das Dorf, das im Mittelalter bedeutende Webereien besaß, erlebte nach dem Zweiten Weltkrieg durch das Kunstgewerbe einen neuen Aufschwung. Es ist heute ein Zentrum der Handweberei, wo geringe Mengen hochwertiger Stoffe entstehen (viele findet man in den Gassen des Ortes ausgestellt). Alte provenzalische Muster, schillernde Farben für die Haute Couture oder für Möbelbezüge sowie gewebte Krawatten ziehen die Blicke auf sich. In Tourrettes gibt es auch Töpfereien (Terrakottaschafe, nach einer mexikanischen Technik hergestellte bunte Emaildekorationen), Maler sowie Schnitzer, die Olivenholz verarbeiten.

Einen Überblick über verschiedene Mitbringsel gibt auch die Karte „Wein und regionale Erzeugnisse" auf S. 53.

Filmkunst

Die Côte d'Azur ist seit Jahrzehnten nicht nur Wahlheimat und Tummelplatz internationaler Vertreter der bildenden Kunst, sondern auch Dreh- und Angelscheibe der europäischen Filmkunst und ihrer Darsteller. Denn wer in Frankreich auf der Bühne Erfolg haben will, kommt um einen Besuch in den mondänen Orten der Küste nicht herum.

Die ersten „Bilder" von der französischen Riviera lieferten neben den Malern berühmte Schriftsteller wie Maupassant, Leroux und Apollinaire. Den Franzosen folgten die anglophonen Romanciers Katherine Mansfield, Edith Warthon, Aldous Huxley, D.-H. Lawrence sowie die Amerikaner der „Lost Generation", darunter Miller, Fitzgerald und Hemingway, die sich von der Sonne und den Stränden angezogen fühlten.

Eben die fast immerwährende Präsenz der Sonne, die für die frühen Kinofilme unerläßlich war, verhalf der Côte d'Azur zu einem besonderen Stellenwert. Daher ist es nicht verwunderlich, daß zahlreiche französische und ausländische Filmemacher die sonnige Provence zu ihrer Kulisse wählten. Herausragende Regisseure, die hier drehten, waren Claude Berri, Marcel Carné, François Truffaut, Jean-Luc Godard und Jean-Yves Cocteau. Der erste französische Tonfilm (1932) spielt in der Provence, Toulon gibt den Hintergrund für Marcel Pagnols *César* (1936) ab, Roger Vadims Film *Und immer lockt das Weib* (1956) legte nicht nur den Grundstein für die Berühmtheit Brigitte Bardots, sondern auch für die St-Tropez'. Grace Kelly und Alain Delon, der zusammen mit Jean Gabin in mehreren Thrillern auftrat, verdanken ihre Karriere Filmen von der Côte d'Azur. Seitdem Max Linder in *Max in Monaco* (1913) brillierte, fasziniert das Fürstentum Regisseure und Drehbuchautoren. Selbst James Bond ist in der Episode *Sag niemals nie* in der Umgebung von Monte-Carlo aktiv. Auch in Deutschland ist die Filmreihe um den *Gendarm von St-Tropez* bekannt, in der Louis de Funès mit seinem komischen Talent überzeugte.

Die Anziehungskraft der Provence ist derart, daß viele Schauspieler und andere Künstler dort ihre Zelte aufgeschlagen haben, zumindest für eine gewisse Zeit. Von den hier heimischen Malern war im vorigen Kapitel schon die Rede. Unter den Schauspielern seien Gérard Philippe, Jean Marais, Yves Montand und Jean-Paul Belmondo genannt. Die Schriftstellerin Colette wohnte in St-Tropez, während das Kasino von Monte-Carlo Romanstoff lieferte für Sacha Guitry und Stefan Zweig. Während der Naziherrschaft wurde Sanary-sur-Mer zum Zufluchtsort für die geflüchteten Schriftsteller Klaus Mann, der sich 1949 in Cannes das Leben nahm, und Heinrich Mann, der in Nizza heiratete.

Bergdörfer

Der Reisende wird sie immer wieder beobachten – die *Villages perchés*, zuweilen einem Adlernest gleich in kühner Höhe oder auch an den Hang gebaut – manchmal verlassen, häufig restauriert. Viele Jahrhunderte lang errichteten die Bauern aus Sicherheitsgründen solche Siedlungen, von Feldern und Wasser entfernt, und befestigten sie mit Mauern.
Zur Zeit der großen Einfälle der Germanen, freibeuterischer Mauren und marodierender Soldaten, die bis ins 16. Jh. hinein ihr Unwesen trieben, war solche Vorsicht wohl angebracht. Erst als das Leben im 19. Jh. sicherer wurde und man allgemein über bessere Straßen und landwirtschaftliche Methoden verfügte, gab man die isolierte Lage auf. Nun konnte man sich im Tal niederlassen – zuweilen am Fuß der Bergdörfer. Der Bauer lebte seitdem inmitten seiner Felder. In Gourdon, Èze, Utelle, Peille u. a. m. *(s. Karte)* erhält man noch einen Eindruck von der alten Form provenzalischer Landwirtschaft.
Diese Orte sind besonders malerisch, und oft haben sich hier Kunsthandwerker niedergelassen. Da die Häuser aus dem Stein ihres Untergrundes gebaut sind, heben sie sich kaum von ihrer Umgebung ab. Die gewundenen, steilen, durch Treppen verbundenen und kieselgepflasterten Gäßchen *(calades)* kann man nur zu Fuß durchstreifen, durch Passagen, unter Bögen und Arkaden hindurch, die vor Sonne und Regen schützen. Schmale, hohe Häuser mit Klosterziegeldächern, mit der Patina von Jahrhunderten, drängen sich, aneinandergelehnt, um die Kirche oder unterhalb der Burg zusammen. Alte Türen mit geschmiedeten Nägeln, schmiedeeisernen Beschlägen und Bronzeklopfern verraten das Domizil wohlhabender Bürger. Manche Orte sind noch von einer Wehrmauer umgeben.

Das Leben an der Côte d'Azur

In der Lebensweise an der Côte d'Azur zeigen sich starke Gegensätze: Scheint die Küste mit ihren Städten, Seebädern und Villen ganz vom Tourismus und oft auch vom Jet Set geprägt, so wirkt das Hinterland dagegen fast abgeschlossen, wodurch es vielerorts seine provenzalische Eigenart bewahren konnte.

AN DER KÜSTE

Schon früh hat die Côte d'Azur Menschen angezogen, die auf isolierten Anhöhen Burgen bauten. Das beste Beispiel dafür ist das sehenswerte Dorf Èze. Doch vor allem die erstaunliche Entwicklung des Fremdenverkehrs prägte das Gesicht der Küste, so daß die überfüllten Seebäder mit ihrem Strandleben immer mehr das normale Alltagsleben verdrängen.

Ferienorte – Wer das Mondäne liebt, hat die Wahl zwischen der ständigen Festtagsstimmung in Cannes und Monte-Carlo oder der zurückhaltenderen Eleganz von Hyères, Beaulieu, Menton, Cap Ferrat oder Cap-Martin. Wer großstädtische Betriebsamkeit und Zerstreuungen sucht, wird Nizza vorziehen, während sich viele vom pulsierenden Leben von St-Tropez angezogen fühlen. Doch auch der Einzelgänger wird ruhige Buchten und Hotels finden, und für den anspruchsloseren Gast gibt es in den meisten großen Ferienorten angemessene Unterkünfte.
Schlicht und anmutig wirken die dem provenzalischen Gehöft nachgebauten Häuser mit rosa- oder ockerfarbenen Mauern, großen, roten Dächern und glyzinienbewachsenen Lauben; entzückend sind die Gärten, in denen man zuweilen riesige Krüge entdeckt, die früher Öl oder Wein enthalten mochten; von den Terrassen prächtiger Parkanlagen schweift der Blick über eine Landschaft, deren Farben in der Sonne glühen und in der die Atmosphäre gleichermaßen bezaubert und entspannt.
So kommt es jedes Jahr im Sommer zu einem enormen Zustrom von Touristen, der die Aufnahmekapazität der Küstenstädte vor echte Probleme stellt. Bauten aller Art schießen in die Höhe oder werden aufs Wasser verlegt wie die Lagunenstädte Port-Grimaud, Les Marines-de-Cogolin oder Port-La-Galère.

Häfen und Fischerei – Toulon, die Stadt der Matrosen, ist eine Ausnahme. Cannes, Monaco und Menton sind seit jeher Jachthäfen, wo schöne, chromglänzende Schiffe ankern oder an der Kaimauer vertäut liegen.
An der Côte d'Azur wird reiner Küstenfischfang betrieben, der durch Erträge der Atlantik-Hochseefischerei ergänzt werden muß, um die regionale Nachfrage zu befriedigen. Hier gibt es keine großen Dampfer mit Schleppnetzen, sondern nur kleinere Fischerboote. Ebenso findet man hier anstelle großer Fischereihäfen über die Küste verstreut kleine Häfen – Bandol, St-Tropez, St-Raphaël, Villefranche-sur-Mer –, die sich inzwischen den Erfordernissen des Fremdenverkehrs angepaßt haben und auch Sportboote und Jachten aufnehmen können.
Im Raum Nizza wurden die Fangmethoden verbessert (z. B. durch Verwendung größerer, sich drehender Netze) und damit die Erträge erhöht; Konservenfabriken siedelten sich an, in denen der Fisch an Ort und Stelle verarbeitet wird.

DAS HINTERLAND

Im Binnenland findet man noch Spuren eines kargen und harten Lebens. An den Hängen wurden mit Hilfe kleiner Mauern aus Feldstein schmale Terrassen angelegt, auf denen Getreide, zwei oder drei Reihen Rebstöcke und einige Oliven- und Mandelbäume wachsen; bescheidene Schaf- und Ziegenherden ernähren sich von dem spärlichen Garrigue-Bewuchs. Daher überrascht es nicht, daß sich die Kontraste verschärfen und sich das Leben immer mehr in die fruchtbaren Täler und Ebenen verlagert, wo Weizen, Frühobst und -gemüse, Blumen und Wein gedeihen.
Besonders deutlich wird dieser Gegensatz an Häusern und Siedlungen im Bergland: Dörfer auf isolierten Hügelkuppen und verlassene kleine Höfe inmitten ihrer Terrassenfelder – dagegen die Straßendörfer der Ebene und die zwischen weitläufigen Ländereien verstreuten typischen Bauernhöfe der Provence *(mas)*.
Seit dem 16. Jh. hat es sich bei den Städtern eingebürgert, den Sonntag und nach Möglichkeit die heiße Jahreszeit in einem häufig sehr einfachen Landhaus zu verbringen.
Das Herz des Dorfes bildet der kleine Platz oder der platanenbestandene und von einem Brunnen geschmückte Korso *(cours)*. Auf diesem Platz finden in der Regel die bunten Märkte statt und hier liegen auch die Cafés, die in dieser Gegend eine große Rolle spielen, in denen man einen Großteil des Tages außer Haus verbringt und wo man Gesellschaft, Geplauder und politische Diskussionen liebt. Drinnen ist es meist recht dunkel, um Hitze und Insekten fernzuhalten.

D. Pazery/MICHELIN

Pétanque in St-Tropez

DAS BOULE-SPIEL

Das populärste Spiel Südfrankreichs ist das Boule-Spiel; es ist dem italienischen Boccia ähnlich und wird mit Metallkugeln gespielt. Die Partien können entweder zwischen drei oder vier Spielern ausgetragen werden. Zahlreiche Zuschauer umstehen das Feld und nehmen durch Zurufe und Bemerkungen leidenschaftlich Anteil. Die Angreifer müssen ihre Kugeln möglichst nah bei der zuerst ausgeworfenen kleinen Kugel plazieren, die am Ende des Spielfeldes liegt. Die Verteidiger versuchen, die gegnerischen Kugeln mit den eigenen wegzuschlagen. Geübte Spieler plazieren dabei ihre Kugel genau an der Stelle der gegnerischen Kugel.
Man unterscheidet beim Boule-Spiel zwei Hauptarten:
– Das **Pétanque-Spiel** (vom Provenzalischen *pieds tanqués* – „aus dem Stand mit geschlossenen Beinen"), das über eine Strecke zwischen 6 m und 10 m gespielt wird. Die Spieler befinden sich in einem auf den Boden gezeichneten Kreis, den sie nicht übertreten dürfen.
– Das **Longue-Spiel**, das auf einem mindestens 25 m langen Feld gespielt wird; das Ziel ist zwischen 15 m und 21 m entfernt. Diejenigen, die die Zielkugel anspielen, treten aus dem Kreis heraus, bleiben auf dem linken Bein (bei Rechtshändern) stehen und heben das Stützbein in dem Moment, wo sie die Kugel werfen; die Spieler, die mit ihrer Kugel die der Mitspieler treffen wollen, vollführen drei Sprünge aus dem Kreis heraus und werfen ihre Kugel aus dem Schwung am Ende des letzten Sprungs.

MUNDARTEN DER GRAFSCHAFT NIZZA

Bei einem Bummel durch die alten Stadtviertel sieht man zu seiner Verwunderung Straßenschilder und Gedenktafeln, die sowohl in Französisch als auch in Provenzalisch abgefaßt sind, und zwar teilweise sehr abweichend von der akademischen Ausdrucksweise der provenzalischen Dichter. Sie zeugen von der Lebendigkeit der mündlichen Überlieferung und der sprachlichen Vielfalt dieser Grafschaft.
Die Gebiete auf dem rechten Ufer des Var verfügen über eine gemeinsame provenzalische Sprache mit nur schwach ausgebildeten Unterschieden. Anders ist es in der Grafschaft Nizza, wo trotz der dominierenden Stellung des Niçois die außergewöhnliche Komplexität der Mundarten noch deutlich erkennbar ist.

Das Niçois – Es erstreckt sich von Nizza ausgehend über die Seitentäler des Var bis hinter die Tinée und St-Martin-Vésubie, wo es auf das Provenzalische trifft. Der Nizzaer Dialekt, das **Nissart**, dessen älteste Schriften aus dem 16. Jh. stammen, ist ein Zweig des Provenzalischen, was von Frédéric Mistral anerkannt wurde. Dennoch zeigen einige Unterschiede seine Eigenständigkeit, nicht nur der Gebrauch spezifischer Nizzaer Ausdrücke: der Betonungsakzent auf der drittletzten Silbe, das gesprochene *t* am Wortende und das Vorhandensein zweier bestimmter Artikel im Plural, eines weiblichen und eines männlichen. Seit Anfang des 20. Jh.s erlebt das Niçois eine Renaissance: durch Pierre Isnard, der die Rechtschreibung des Nissart festlegte, durch André Compan, der den Satzbau untersuchte und kodifizierte, und durch Schauspieler wie Francis Gag (mit der legendären Figur *Tanta Viturina*), der dem Volkstheater und der Folklore zu einem lebhaften Aufschwung verholfen hat. In der Nizzaer Mundartpresse *(Lou Sourgentin, Mesclun)* lebt diese Erneuerung fort.

Das Monegassische – Es fällt ein wenig heraus aus dem bunten Mosaik der Sprachen im Küstengebiet zwischen Nizza und Menton. Die ursprüngliche Schreibweise, die durch örtliche Gelehrte wie Louis Notari 1927 offziell eingeführt wurde, ist etwas irreführend. Während es einem Provenzalen leichtfällt, sich mit jemandem aus Nizza oder Menton zu unterhalten, so wird für ihn eine Unterhaltung zwischen zwei echten Monegassen wahrscheinlich unverständlich sein.
So gibt es im Monegassischen, im Unterschied zu den Nachbarsprachen, keine langen Vokale. Die engen Bindungen dieses Dialekts an ligurische und insbesondere genuesische Wurzeln unterstreichen seine Eigenständigkeit. Dies zeigt sich in Wörtern aus dem maritimen Bereich (Fischnamen und Navigationsausdrücke) sowie bei den Redensarten. In den Überlieferungen leben Ausdrücke aus dem Bereich der Gastronomie fort: **Turta de ge** (Blätterteigpastete mit süßem Mangold), **Fenuglieti** (rot-weiße Anisbonbons zum Garnieren des *Fougasse*-Kuchens); wie auch im Zusammenhang mit dem Karneval in Monaco: **Sciaratu** (Rabatz machen). Ferner sind die **Duzairi** die ersten 12 Tage des Jahres, die Aufschluß über das Wetter der kommenden 12 Monate geben.
Heute geht die Sprachdynamik des Monegassischen vom Unterrichtswesen aus, da in allen Schulen des Fürstentums die Landessprache gelehrt wird.

Die provenzalische Küche

Knoblauch und Olivenöl sind typische Zutaten der provenzalischen Küche. Sogar Dichter sangen ein Loblied auf den Knoblauch; sie bezeichneten ihn als „Trüffel der Provence", als „göttliches Gewürz", als „Freund des Menschen". Olivenöl wird im Süden bei allen möglichen Zubereitungsarten statt Butter verwendet. Ein provenzalisches Sprichwort besagt: „Ein Fisch lebt im Wasser und stirbt im Öl."

Bouillabaisse – Diese Fischsuppe ist die berühmteste Spezialität der Provence. Sie muß die drei Fische Drachenkopf *(rascasse)*, Knurrhahn *(grondin)* und Seeaal *(congre)* enthalten; beliebig können weitere kleine Fische oder Krebstiere (Garnelen, Seespinnen) hinzukommen, Langusten gibt es jedoch nur in der Luxus-Bouillabaisse. Fast ebenso wichtig sind die Gewürze: Pfeffer, Salz, Zwiebeln, Safran, Knoblauch, Thymian, Lorbeer, Salbei, Fenchel, Orangenschale und Tomaten, manchmal auch ein Glas Weißwein oder Cognac. Sie verleihen der Brühe, die man zuletzt über geröstete Weißbrotscheiben gießt, einen kräftigen Geschmack, der durch die rote Rouille-Soße noch verstärkt wird. Ganz frischer Fisch sowie Olivenöl und Safran von bester Qualität entscheiden über die Güte der Bouillabaisse.

Aïoli – Als nächste große Spezialität gibt es die mit Knoblauch abgeschmeckte Mayonnaise. Sie wird mit Olivenöl zubereitet und gehört zu kalten Vorspeisen oder zur *Bourride*, einer Fischsuppe aus Seeteufel *(baudroie)*, Wolfsbarsch *(loup, bar)* und Seehecht *(merlan)*; von manchen Feinschmeckern wird letztere der Bouillabaisse vorgezogen.

Woran erkennt man ein gutes Olivenöl?

Das grundlegende Merkmal eines naturreinen Olivenöls ist seine Gewinnung durch ein mechanisches Verfahren und ohne chemische Behandlung aus der ersten Kaltpressung. Bis zum fertigen Jungfernöl sind noch sechs weitere Arbeitsschritte notwendig. Die Oliven werden zunächst sortiert und gewaschen und anschließend in einer herkömmlichen Mühle zerkleinert. Der daraus entstandene Fruchtfleischbrei wird auf Preßmatten ausgepreßt. Das so gewonnene Olivenöl wird durch eine Zentrifuge gefiltert. Die traditionelle Methode besteht allerdings darin, daß man die Trübstoffe sich von selbst absetzen läßt und das geklärte Öl hinterher abschöpft.
Die verschiedenen Olivenölsorten sind durch strenge Vorschriften geregelt. Die entsprechende Kategorie muß auf dem Verpackungsetikett angegeben sein.

– **Natives Olivenöl extra**, das leicht verdaulich ist, den intensivsten Geschmack aufweist und einen geringen Gehalt an freien Fettsäuren enthält (weniger als 1 %).

– **Natives Olivenöl**, das ebenfalls über einen guten Geschmack verfügt, dafür aber bis zu 2 % Säuregehalt haben darf.

– **Gewöhnliches Olivenöl**, das sich für die warme Küche eignet, aber einen recht hohen Säuregehalt besitzt.

– **Raffiniertes Olivenöl**, das aus einer Mischung aus Lampantöl und nativem Olivenöl besteht, da der Höchstgehalt an freien Fettsäuren im Lampantöl überschritten wird und es daher so nicht zum Verzehr geeignet ist.

Ch. Sappa/CEDRI

Für eine *Ratatouille* braucht man viele Zutaten

Fisch – Einer der schmackhaftesten Mittelmeerfische ist die Rote Meerbarbe *(rouget barbet)*; mit Fenchel oder jungen Weinranken gegrillter Wolfsbarsch *(loup au fenouil)* ist ebenfalls ein Leckerbissen. *Brandade de Morue* ist ein sämiges Gericht aus zerkleinertem Stockfisch, das mit Milch, Olivenöl, Knoblauch und Trüffeln zubereitet wird.

Gewürzpflanzen – Man kennt sie als Düfte in den Gärten, als Wohlgerüche auf den Märkten und als Würze der Speisen: die auf sonnigen Hängen wild wachsenden oder kultivierten Gewürze, die genau wie Knoblauch und Olivenöl zu den Grundlagen der südländischen Küche zählen. Unter der allgemeinen Bezeichnung *Herbes de Provence* (Kräuter der Provence) faßt man folgende Würzpflanzen zusammen: **Bohnenkraut**, das dem Ziegen- oder Schafskäse seinen würzigen Duft verleiht; **Thymian**, der in den meisten Gemüsegerichten verwendet und auch zu Grillspezialitäten genommen wird; außerdem **Basilikum**, **Salbei**, **Feldthymian**, **Rosmarin** (der verdauungsfördernde Wirkung besitzt), **Estragon**, **Wacholder** (zu Wildgerichten), **Majoran** und **Dill**. Je nach Geschmack und Zubereitung kann diese ausgewogene Mischung als kräftige Würze oder als gerade noch erkennbare feine Geschmacksnote verwendet werden.

Die dreizehn Nachspeisen – Nach einem provenzalischen Weihnachtsbrauch reicht man seinen Gästen dreizehn Nachspeisen (als Sinnbild für Christus und die 12 Apostel): Rosinen, getrocknete Feigen, Walnüsse, Haselnüsse, Mandeln, Rosinen an Zweigen, Äpfel, Birnen, schwarzen türkischen Honig *(nougat)*, *Fougasse* (Kuchen), mit Marzipan gefüllte Backpflaumen, in Stroh konservierte Melonen, Plätzchen mit Orangenblütenaroma.
Der traditionelle Königskuchen *(galette des rois)* zum Dreikönigsfest ist ein mit grobem Zucker und kandierten Früchten garnierter Hefekranz, in den ein kleines Porzellanfigürchen eingebacken ist. Wer dieses findet, darf sich die Krone aufsetzen.

Weine – Die Provence ist für ihren **Rosé** bekannt, der mengenmäßig den größten Teil der Produktion ausmacht. Er erfreut sich heute immer größerer Beliebtheit, denn er paßt gut zu allen Speisen.
Die **Weißweine** sind im allgemeinen herb, besitzen jedoch ein zartes Bukett; sie harmonieren mit Fischgerichten, Muscheln und Krustentieren.
Groß ist die Auswahl an **Rotweinen** – je nach Herkunft vollmundig-herzhaft (Bandol, Nordseite des Maurenmassivs) oder elegant und fein (Argens-Tal, St-Tropez).
Die beliebtesten Weine stammen aus den Gebieten Bandol, Ollioules, Pierrefeu, Cuers, Taradeau, La Croix-Valmer, aus der Umgebung von Nizza (Bellet, La Gaude, St-Jeannet) und aus Menton *(s. auch PRAKTISCHE HINWEISE, Mitbringsel)*.

SPEZIALITÄTEN DER GRAFSCHAFT NIZZA

Die Nizzaer Küche, ein lebendiger Ausdruck der Eigenständigkeit der Grafschaft, wird beeinflußt durch die kulinarischen Traditionen der Provence und des italienischen Ligurien, zwischen denen sie den Übergang bildet. In den Gassen der Altstadt von Nizza, die ein enges Netz am Fuß des Schloßhügels bilden, bietet sich reichlich Gelegenheit, die bekanntesten Gerichte und auch die jahreszeitlich bedingten Variationen kennenzulernen.
Ehre wem Ehre gebührt, beginnen wir mit zwei berühmten gastronomischen Spezialitäten der Nizzaer Küche: der **Pissaladière**, einem Zwiebelkuchen mit *Pissala* (Sardellenpüree) und schwarzen Nizzaer Oliven, und dem **Salade niçoise**, der köstli-

chen Zusammenstellung von kleinen geviertelten Tomaten, Artischocken, Thunfisch, Paprikaschoten, hartgekochten Eiern und Nizzaer Oliven, das ganze mit Olivenöl angemacht, mit Sardellenfilets belegt und mit gehacktem Basilikum bestreut.
Die **Socca**, ein großer Pfannkuchen aus Kichererbsenmehl, wird im Stehen gegessen, in den Straßen um den Place St-François portionsweise angeboten und mit einem *Pointu* (kleines Glas Landwein) begossen.
Mittags hilft ein **Pan Bagnat** (getränktes Brot), um gestärkt die Entdeckungsreise durch die Altstadtgäßchen fortzusetzen.
Die *Merenda* (kleiner Nachmittagshunger) wird mit fritierten Scheiben von **Panisses** (Kichererbsenbrot) gestillt.
Die **Poutina** (Fischbrut, die mit örtlicher Genehmigung im Februar zwischen Antibes und Menton gefangen wird) wird als Salat, Omelette oder Suppe gegessen. Außerhalb dieser Zeit muß sich der Feinschmecker mit der **Suppe aus Felsenfischen** mit kleinen Krebsen *(favouilles)* begnügen.
Die Krönung des Abendessens ist eine Scheibe **Porchetta**, ein mit Kräutern und den eigenen Innereien gefülltes Spanferkel. Dazu wird **Salade de Mesclun** (Nizzaer Mischung) gereicht, eine Zusammenstellung von vierzehn verschiedenen jungen Salatpflanzen, die im Hinterland von Nizza geerntet werden.
Folgende Gerichte sollte man unbedingt in einem der winzigen Restaurants in den Dörfern des Hinterlands probieren: **Fleurs de Courgette farcies** (gefüllte Zucchiniblüten), **Ratatouille** (Ragout aus Tomaten, Auberginen, Paprikaschoten und Zucchini, bei schwacher Hitze in Öl geschmort), **Gnocchi** (Teigmuscheln aus Weizenmehl und Kartoffeln, die mit einer Bratensoße gereicht werden), **Barbajouan** („Onkel Hans", Teigkrapfen mit einer Füllung aus Reis, Kürbis, Knoblauch, Zwiebeln und Käse) und die **Estocaficada** *(s. unten)*.
Der **Pistou**, ein beliebtes Gericht bei Familienfeiern, ist eine Gemüsesuppe, verfeinert durch die dickflüssige Mischung aus Basilikum, Knoblauch und Tomaten, die mit Olivenöl angerührt wird.
Zum Nachtisch empfiehlt sich die **Tourta de blea**, ein süßer Kuchen, garniert mit zerkleinerten Mangoldblättern, Pinienkernen und Korinthen.
Zu Karneval beherrschen die **Ganses**, süße Krapfen, die Auslagen der Konditoreien. Die **Fougasse**, ein flacher kleiner, mit Orangenblüten aromatisierter Kuchen, wird das ganze Jahr über verkauft; in Monaco wird sie mit weißen und roten Aniskörnern, den Nationalfarben, dekoriert.

Ein typisches Gericht

Die Estocaficada – Nizzaer Version des Marseiller Stockfisches, der bei den alten Nizzaern *Estocafi* heißt. Die lange Zubereitungszeit erfordert einen ganzen Tag das volle Engagement eines guten Kochs und ist daher ein Gericht für besondere Anlässe. Zu den mit der Gabel zerkleinerten und goldbraun angebratenen Stockfischfilets fügt man geschälte, entkernte Tomaten und die in dünne Streifen geschnittenen Därme des Stockfisches hinzu. Dazu gibt man Kräutersträußchen aus Fenchel, Majoran, Petersilie, Thymian, Lorbeer und Bohnenkraut sowie kleine schwarze Nizzaer Oliven. Das ganze läßt man 3 bis 4 Stunden schmoren, nachdem man es vorher mit einem guten Schuß Branntwein übergossen hat. Die aufmerksame Köchin wird sehen, ob sich die Sauce zu sehr reduziert, und in diesem Fall ein Glas konzentrierte Fischbrühe zugeben, damit das Gericht gelingt. Bei Familienfeiern wird zu diesem besonderen Gericht ein vollmundiger Bellet-Wein kredenzt.

Peillon – eines der Villages perchés

Sehenswürdigkeiten

ANTIBES★★

72 412 Einwohner

Michelin-Karte Nr. 341, D 6, Nr. 115 Falten 35 und 40 oder Nr. 245 Falte 37

Die Stadt mit dem gut ausgebauten Jachthafen (Port Vauban) liegt zwischen den Buchten Anse de la Salis und Anse St-Roch am Südwestufer der Baie des Anges („Engelsbucht"). Ein beliebtes Ausflugsziel in ihrer Nähe ist das Cap d'Antibes *(s. unten unter Ausflug)*. Die Stadt und ihre schöne Umgebung haben auf viele Maler eine besondere Anziehungskraft ausgeübt. Die Gegend von Antibes gehört außerdem zu den größten Blumenlieferanten Europas. Etwa 800 Großgärtnereien ziehen auf nahezu 300 ha unter Glas bzw. in Treibhäusern in erster Linie Rosen, dann Nelken, Anemonen und Tulpen, darüber hinaus aber auch Zierpflanzen und Frühgemüse.

HINTERGRUNDINFOS

Das griechische Antipolis – Ab dem 4. Jh. v. Chr. gründeten Griechen aus *Massalia*, dem heutigen Marseille, auf ligurischem Gebiet an der Küste eine Reihe von Handelsniederlassungen. Auch gegenüber von Nizza entstand ein neuer Ort, dessen Bezeichnung *Antipolis* („gegenüberliegende Stadt") eventuell auf die Lage anspielt. Diese Etymologie ist jedoch umstritten.

Antibes, die Grenzfestung – Ende des 14. Jh.s gewann die Stadt aufgrund ihrer Lage an der französisch-savoyischen Grenze für die französischen Könige an strategischer Bedeutung. Heinrich IV. erwarb sie von den Grimaldi, deren Eigentum sie seit 1386 gewesen war. Ihre Befestigungsanlage wurde unter jedem folgenden Herrscher verbessert. Als letzter Festungsbaumeister versah Vauban (1633-1707) die Stadt mit einem kompletten Verteidigungssystem. Von dieser Anlage sind heute nur noch das im Norden der Stadt vorgelagerte sogenannte Viereckige Fort (Fort Carré; Ende 16. Jh.) und die Uferbefestigung erhalten.

Bonaparte in Antibes – 1794 war Napoleon Bonaparte mit der Sicherung der Küste betraut und wohnte in Antibes. Seine finanzielle Lage war schlecht, da der Generalssold nur unregelmäßig ankam und er noch seine ganze Familie, die ihm gefolgt war, zu ernähren hatte. So kam es vor, daß seine Schwestern, die zukünftigen Prinzessinnen, mit zum Lebensunterhalt beitrugen, indem sie auf den nahen Feldern Obst und Gemüse stahlen. Nach dem Sturz Robespierres wurde Napoleon einige Zeit im Fort Carré gefangengehalten.

Persönlichkeiten – **Nikos Kazantzakis** *(s. unten unter Place du Safranier)*. Der Dichter, Roman- und Theaterschriftsteller **Jacques Audiberti** (1899-1965) erblickte in Antibes das Licht der Welt. **Nicolas de Staël** (1914-1955) malte hier die letzten Bilder vor seinem Freitod.

AUF ENTDECKUNGSTOUR

★Altstadt *Besichtigung: 1 3/4 Std.*

Avenue de Verdun – Von dieser an der Anse St-Roch entlangführenden Straße aus eröffnet sich ein schöner **Ausblick** über den Jachthafen und das Fort Carré, hinter dem in einiger Entfernung Cagnes und, etwas weiter rechts, die Nizza umgebenden Höhen zu erkennen sind.

Port Vauban – In dem ausgedehnten Jachthafen, einem der größten im Mittelmeerraum, legen auch luxuriöse Kreuzfahrtschiffe an. Bereits im 19. Jh. ging Maupassant an dieser Stelle mit der *Bel Ami* vor Anker.

Gehen Sie durch das alte Hafentor und über die Montée des Saleurs zur Promenade Amiral-de-Grasse.

Promenade Amiral-de-Grasse – Die Straße verläuft auf dem einzigen noch bestehenden, dem Meer zugewandten Teil der Stadtbefestigung aus dem 17. Jh. Sie führt unterhalb der ehemaligen Kathedrale und der Burg (Picasso-Museum) entlang und bietet eine schöne **Aussicht★** auf die Küste gen Nizza und die Alpen.

Place du Safranier – Der Platz ist das Herz der nach dem Zweiten Weltkrieg gegründeten freien Gemeinde Le Safranier. In der Nr. 8 der Rue du Bas-Castellet lebte der griechische Schriftsteller Nikos Kazantzakis (*Alexis Sorbas*, entstanden in Antibes). Eine Tafel an der Wand gibt seinen Wahlspruch wieder: „Ich fürchte nichts. Ich erhoffe nichts. Ich bin frei."

Kehren Sie um und gehen Sie geradeaus in die Rue de la Tourraque.

Alte Gassen – Nur einige Schritte vom Meer entfernt zweigen von dieser Straße nach rechts und links malerische Gassen ab.

Gehen Sie zum Cours Masséna und biegen Sie dort rechts in die Rue de l'Orme und anschließend in die Rue du Bateau ein.

Église de l'Immaculée-Conception – Von der einstigen romanischen Kathedrale blieb lediglich die Apsis erhalten. Ihr viereckiger Glockenturm ist ein ehemaliger Wachtturm aus dem 12. Jh. Die heutige Kirche hat eine klassizistische Fassade

Antibes – Blick auf den Jachthafen und die Festung

(geschnitzte Flügel am **Holzportal** aus dem Jahr 1710). Zu den Kunstschätzen des Gotteshauses zählen: im Chor ein Holzkruzifix von 1447; in der rechten Chorkapelle ein aus einem einzigen Stein gehauener Altar, der wahrscheinlich ein heidnischer Opfertisch war; in der Kapelle des rechten Querschiffs ein **Altarbild** des aus Nizza stammenden Malers Louis Bréa von 1515; seine zentrale Darstellung, eine Rosenkranzmadonna, wurde zum großen Teil überarbeitet, während die 13 wie Miniaturen behandelten Bildteile, die sie umgeben, und die Malerei auf der Predella im Original erhalten sind; rechts vom Altar eine im 16. Jh. aus Lindenholz geschnitzte **Liegefigur Christi**.

Der Weg über die beiden typischen Altstadtstraßen Rue de l'Horloge und Rue du Revely führt zur Rue d'Aubernon und zum Hafen zurück.

BESICHTIGUNGEN

Château Grimaldi (Musée Picasso) ⓘ – Im 12. Jh. wurde die Burg an erhöhter Stelle über dem Meer auf den Fundamenten eines römischen Kastells angelegt. Lediglich der viereckige Turm, der mit Zinnen versehene Wehrgang und mehrere paarweise angeordnete Fensteröffnungen haben die Jahrhunderte überdauert. Die restlichen Teile der Anlage wurden im 16. Jh. wiederaufgebaut. Die Burg, die im Mittelalter Bischofssitz war, wurde bis zum 17. Jh. von der Familie Grimaldi bewohnt.

★ **Donation Picasso** (Schenkung) – *In der ersten Etage des Museums.* Kurz nach seiner Ankunft an der Französischen Riviera stellte man Pablo Picasso (1881-1973) 1946 einen Teil der Grimaldi-Burg als Atelier zur Verfügung, wo er riesige Gemälde schuf. In einer einzigen Saison entstanden die meisten hier gezeigten Gemälde, Lithographien, Zeichnungen und Keramiken, was einen Eindruck von der enormen Schaffenskraft dieses Künstlers vermittelt. Die von ihm verwendeten Malflächen (Asbestzement, Sperrholz) veranschaulichen die entbehrungsreiche Nachkriegszeit.

Das großformatige Werk aus Asbestzement mit dem Titel *Joie de vivre* („Lebensfreude") ist eine heitere Idylle. Es zeigt eine als Pflanze gestaltete Frau inmitten ausgelassener Satyrn und Zicklein. Außerdem sind dazu viele vorbereitende Zeichnungen und Skizzen ausgestellt.

Die anderen **Gemälde** sind größtenteils heiter und von Phantasie geprägt. Ihre Themen entstammen häufig der mediterranen Welt und ihren Sagenkreisen. Neben den zahlreichen Darstellungen von Fischen, Seeigeln, Fischern und Kentauren sind folgende Werke besonders beachtenswert: *Odysseus und die Sirenen, Die Eiche,* das aus drei Tafeln zusammengesetzte riesige Gemälde *Satyr, Faun und Kentaur,* das strenge *Stilleben mit Fisch* und das großartige *Stilleben mit Wassermelone.*

Eine ansehnliche Sammlung von **Keramiken** wird in Vitrinen ausgestellt. Die harmonischen, originellen und oft humorvollen Formen sind zusammen mit den vielfältigen Verzierungen Ausdruck einer unerschöpflichen künstlerischen Phantasie. Oft verbinden sich Form und Dekor zu Gegenständen, die an Frauen, Eulen, Stiere, Zicklein usw. erinnern. Sie entstanden 1948 und 1949 in Vallauris.

TIPS UND ADRESSEN

Gastronomie

Gut und preiswert

La Croustille – *4 Cours Masséna – ☎ 04 93 34 84 83 – In den Allerheiligenferien, 20.-26. Dez. und Di geschl. – 7,62/15,24 €.* Von der hübschen Terrasse dieses Crêpes- und Salatrestaurants im alten Antibes kann man wunderbar das Marktgeschehen beobachten. Der kleine, gemütliche Gastraum ist mit alten Photos und Segelschiffmodellen dekoriert. Zuvorkommende Bedienung und zivile Preise.

Le Troppo – *2 Boulevard du Maréchal-Leclerc – ☎ 04 93 34 00 21 – 15. Nov.-15. Dez., außerhalb der Saison Mo-abend und Di geschl. – 12,20/20,58 €.* Der Dekor dieses Restaurants, das nur zwei Schritte vom Archäologischen Museum entfernt ist, ist in den warmen Farben der Provence gehalten. Die qualitätvolle Küche (u. a. Crêpes) wird auch auf der Straßenterrasse serviert. Hervorragende Bedienung.

L'Oursin – *16 Rue de la République – ☎ 04 93 34 13 40 – 10. Febr.-1. März, 17.-31. Mai, 18.-29. Nov., So-abend und Mo geschl. – 16,01 €.* Die Terrasse und die Austernstellage dieses Restaurants am Platz der Post laden ein, sich niederzulassen und die tagesfrischen Fische zu kosten. Die Innenausstattung ist einfach und sympathisch altmodisch. Hier essen auch Einheimische.

Unsere Empfehlung

Restaurant Chez Olive – *2 Boulevard du Maréchal-Leclerc – ☎ 04 93 34 42 32 – 15.-30. Okt., So-abend und Mo im Winter geschl. – 21/25 €.* Apparter Dekor mit provenzalischem Flair – hübsche geblümte Tischdecken, Gemälde einheimischer Künstler –, typische Gerichte der Region und die freundliche Bedienung machen den Erfolg dieses Restaurants ganz in der Nähe des Archäologischen Museums aus.

Chez les Poissonniers – *16 Cours Masséna (Marché provençal) – ☎ 04 93 34 23 10 – Mo geschl. – 21,02/52,55 €.* Gegenüber dem Markt befindet sich dieses alte Haus. Hier ist die Frische des Produkts wichtiger als der Komfort in den wirklich sehr kleinen Gasträumen. Die Tagesgerichte sind auf einer Schiefertafel über der Theke angeschlagen, der Fisch ist in einer Auslage zu sehen. Aufmerksame Bedienung.

Unterkunft

Unsere Empfehlung

Relais du Postillon – *8 Rue Championnet – ☎ 04 93 34 20 77 – 15 Z: 41,92/72,87 € – ☕ 6,56 € – Restaurant 30/48 €.* Ein sauberes Hotel mit kleinen, geschmackvoll eingerichteten Zimmern, idealer Ausgangspunkt für die Erkundung der Fußgängerzone in der Altstadt. Terrasse und Speiseraum mit provenzalischen Tischdecken.

Le Ponteil – *11 Impasse Jean-Mensier – ☎ 04 93 34 67 92 – 8. Jan.-6. Febr. und 15. Nov.-27. Dez. geschl. – 14 Z: 47,26/77,75 € – ☕ 6,86 €.* Ein Haus, nur wenige Schritte vom Strand entfernt, dessen einfache, familiäre Atmosphäre den Gast einnimmt. Die Zimmer sind gemütlich und ruhig. Garten mit Bäumen und Blumen. Das Restaurant ist den Pensionsgästen vorbehalten.

Bleu Marine – *Chemin des 4-Chemins – 2,5 km vom Stadtzentrum (beim Krankenhaus) – ☎ 04 93 74 84 84 – 18 Z: 50,31/57,93 € – ☕ 5,79 €.* Die Zimmer dieses Hotels im Krankenhausviertel sind mittelgroß, praktisch und gepflegt. Von den oberen Etagen hat man einen schönen Blick aufs Meer.

Chambre d'hôte La Bastide du Bosquet – *14 Chemin des Sables (Domaine des Muriers) – 06160 Cap-d'Antibes – ☎ 04 93 67 32 29 – sylvie.aussel@wanadoo.fr – Mitte Nov.-20. Dez. geschl. – ▭̸ – 3 Z: 62/84 €.* Hübsche Bastide aus dem 18. Jh., mitten in einem ruhigen Wohnviertel gelegen (mind. 3 Nächte). Die im provenzalischen Stil eingerichteten Zimmer sind angenehm, kühl, von unterschiedlicher Größe und Farbgebung. Genießen Sie die Terrasse und den Garten.

Cafés, Kneipen und Bars

The Hop Store Irish Pub – *38 Boulevard d'Aguillon – 06160 Cap-d'Antibes – ☎ 04 93 34 15 33 – So-Do 15-1.30 Uhr, Fr-Sa bis 2 Uhr.* Der schöne und geräumige Gewölbekeller des Irischen Pubs diente lange als Salzlager. Der Pub liegt gegenüber einer der größten Marinas der Côte-d'Azur und zieht angelsächsische Gäste in großer Zahl an.

Verkehrsmittel

Bus – **Sillager-STGA** – *Place Guynemer* – *☎ 04 93 34 37 60.* Es gibt 15 Buslinien. Die wichtigsten sind: 1A und 3A (Richtung Juan-les-Pins), 2A (Richtung Cap d'Antibes), 10A (Richtung Biot), 2VB (Richtung Sophia-Antipolis und Valbonne) und 5V (Richtung Vallauris).

Shopping

Markt – Täglich außer montags außerhalb der Saison auf dem Cours Masséna.

Sport und Freizeit

Schwimmbad – Das prächtige Schwimmbad des Hotels Cap Éden-Roc ist auch Nicht-Hotelgästen zugänglich. Eintritt: 30,49 €; Bademattenverleih: 22,87 €.

Strand – Der große Strand von Antibes erstreckt sich über das Fort Carré hinaus. Die vier kleineren Strände La Gravette (südlich des alten Hafens), L'Îlette, La Salis und La Garoupe sind Sandstrände.

Marineland – *306 Avenue Mozart-La Brague* – *☎ 04 93 33 49 49* – *www.marineland.fr* – *Tgl. 10-18 Uhr, Juli und Aug. auch abends geöffnet.* Kinder und Erwachsene lassen sich vom Schauspiel der Delphine, Schwertwale und Robben (von denen die Hälfte in diesem Meereszoo geboren sind) begeistern. Durch einen transparenten Tunnel kann man im Becken der Haie, Rochen und anderer Fische gefahrlos in die Meereswelt eintauchen. Zum Meereszoo gehört ein schönes Museum.

Die Zeichnungen und Stiche der Suite Vollard stammen aus den 30er Jahren. Das einstige Atelier Picassos im zweiten Stock enthält Werke von Nicolas de Staël. Beachtenswert sind das *Stilleben mit Kerzenleuchter*, das *Fort Carré* und das riesige Gemälde *Das große Konzert*. Die Arbeiten des Malers zeugen von seinem Winteraufenthalt in Antibes.
Im Treppenhaus wird ein Teil der Werke der Sammlung moderner Kunst gezeigt: Hans Arp, Alberto Magnelli, Max Ernst.

Innenhof – Er enthält eine Skulptur von Arman, die Gitarren in Anlehnung an das Gemälde *A ma jolie* von Picasso darstellt. In der Kapelle befindet sich das 1539 von Antoine Aundi geschaffene Gemälde der **Kreuzabnahme★**. Im Hintergrund des Bildes ist die erste bekannte Darstellung der Stadt Antibes zu erkennen.

Terrasse – Sieben Skulpturen der aus der Nähe von Arles stammenden, vom Surrealismus beeinflußten Bildhauerin Germaine Richier (1904-1959) sowie Werke von Miró, Bernard Pagès, Amado, Daniel Spoerri und Poirier sind zwischen Gewürzpflanzen auf der zum Meer hin gelegenen Gartenterrasse aufgestellt.

Archäologische Abteilung – Grabstelen und Urnen, Friese und römische Inschriften sind über verschiedene Räume des Museums und die Terrasse verteilt.

★ **Musée Peynet et du dessin humoristique** ⓥ – Das in einer früheren Schule aus dem 19. Jh. untergebrachte Museum zeigt Hunderte von Werken des berühmten Zeichners der Verliebten *(Les Amoureux)*: Lithographien, Federzeichnungen, Aquarelle, Guaschen, Plastiken, Puppen. **Raymond Peynet** (1908-1999), der 1950 nach Antibes übersiedelte, ließ sich auch von weniger bekannten Themen anregen sowie von Museen, Jahreszeiten, von der Stadt, der Musik; daneben wirkte er als Buchillustrator und Bühnenbildner.

Fort Carré ⓥ – Der Kern der Anlage ist der 1550 auf einem einsamen Felsen erbaute Tour St-Laurent, dem 15 Jahre später 4 Bastionen (namens Antibes, Nice, France und Corse) hinzugefügt wurden. Das von Vauban ausgeklügelte Verteidigungssystem hielt fast allen Angreifern stand außer dem Herzog von Épernon und den Gegnern Napoleons.

Musée archéologique ⓥ – Das Archäologische Museum ist in der von Vauban erbauten St-André-Bastion untergebracht. Es besitzt zu Wasser und zu Land gemachte Funde aus Antibes und Umgebung. Die Keramiken (massaliotische, griechische sowie römische Amphoren) und die in Wracks entdeckten Gegenstände aus der Zeit vom Mittelalter bis zum 18. Jh. veranschaulichen 4 000 Jahre Geschichte. In einem großen, gewölbten Saal, der über einer Zisterne gebaut wurde, stehen im Hintergrund ein Brotofen und rechts ein nachgebautes römisches Schiff, das Amphoren transportierte.
Auffallend sind die Kopie des Silenkopfes aus Bronze (Henkel einer Vase, deren Original im Archäologischen Museum Nizza steht) und ein dekorierter Blei-Sarkophag.

Musée de la tour des Arts et Traditions populaires ⓥ – *Cours Masséna.* Dieses im Tour de l'Orme befindliche Museum zeigt eine schöne Zusammenstellung traditioneller Trachten, Gebrauchsgegenstände und Möbel der Region, von denen die meisten Stücke aus dem 18. und 19. Jh. stammen. Zu sehen sind ebenfalls Wasserski von Léon Roman, der diesen Sport 1921 in Juan-les-Pins einführte.

ANTIBES

UMGEBUNG

★ **Marineland** ⓥ – *In Richtung Nizza, 4 km nördlich.* Der Meereszoo, einer der größten Europas, umfaßt einige sehr große Bassins, in denen sich riesige, gefräßige **Schwertwale**, die sogar Artgenossen angreifen, Delphine, See-Elefanten, Seehunde, Mähnenrobben und Kalifornische Seelöwen tummeln. Regelmäßig finden Vorführungen statt, bei denen dressierte Delphine und Schwertwale akrobatische Kunststücke zeigen. In einem abgeschlossenen Pinguingehege ist die Aufzucht von etwa 20 jungen Königspinguinen gelungen. Die Animation **„Sharks"** bietet die Gelegenheit, von einem 30 m langen Tunnel aus etwa zehn Grau- und Tigerhaie in einem großen Becken zu beobachten.

Der Meereszoo kann sich der erfolgreichen Nachzucht von Jungtieren mehrerer Arten rühmen, die sich in Gefangenschaft nur selten fortpflanzen, darunter Schwertwale, Mähnenrobben und Königspinguine. Außerdem leisten die Spezialisten von Marineland im Rahmen der Aktivitäten zum Schutz der Meere medizinische Hilfe für Meeressäuger des gesamten Mittelmeerraums.

Ein kleines Meeresmuseum mit einer schönen Sammlung von Schiffsmodellen, Seefahrtsinstrumenten und -geräten rundet den Besuch ab.

Parc Aqua-Splash ⓥ – *Derselbe Eingang wie Marineland.* Das Erlebnisbad bietet verschiedene Attraktionen: Wellenbad, Wasserrutschbahnen, riesiges Schwimmbecken.

Biot .... AU
Église de l'Immaculée-Conception .... DX
Fort Carré .... BU
Jardin Thuret .... BV
Marineland .... AU
Musée archéologique .... DY
Musée de la Tour des arts et traditions populaires .... DX M1
Musée napoléonien .... ABV
Musée Peynet et de la Caricature .... DX M2
Musée Picasso .... DX
Pointe Bacon .... BV
Port de l'Olivette .... ABV
Porte marine .... DX
Port Vauban .... DX
Sanctuaire de la Garoupe .... BV

Jungle des Papillons ⓥ – *Eingang vom Parkplatz von Marineland. Wir empfehlen, farbenfrohe Kleidungsstücke zu tragen, die die Schmetterlinge anziehen, und den Besuch bei sonnigem Wetter zu unternehmen.* In diesem exotischen Treibhaus tummeln sich 15 Arten von Tagfaltern aus der ganzen Welt, dazu kommen zahlreiche Puppen, da die durchschnittliche Lebenserwartung eines Schmetterlings drei Wochen beträgt. Für ein bißchen Nervenkitzel sorgen Krokodile, Leguane und große Insekten. Außerdem werden regelmäßig Sonderausstellungen zu wechselnden Tierthemen organisiert.

AUSFLUG

Cap d'Antibes *Rundfahrt von 10 km – etwa 2 Std.*

Cap d'Antibes – Die südlich von Antibes und Juan-les-Pins ins Meer ragende **Halbinsel** ist nach ihrem äußersten Punkt, dem Kap von Antibes, benannt. Ihre von blumenreichen Parks umgebenen Luxushotels und Villen sind sommers wie winters bei Feriengästen beliebt.

Eine Rundfahrt auf der Halbinsel vermittelt einen bleibenden Eindruck von der herrlichen Landschaft.

Das ÉDEN-ROC, ein Paradies der Belle Époque

Das majestätische, mitten in einem 8 ha großen Park gelegene Luxushotel thront auf einem Felsvorsprung des Cap d'Antibes. Es ist berühmt für seinen Privatstrand mit den luxuriösen Umkleidekabinen und ist nach wie vor ein beliebter Treffpunkt für Filmstars während ihres Aufenthaltes an der Côte d'Azur. Ein Jahrhundert lang logierten hier gekrönte Häupter aus der ganzen Welt.
Am Ende des 2. Kaiserreichs, im Frühjahr 1870, wurde das Grandhotel am Cap mit einer prunkvollen, von russischen Prinzen gegebenen Feier eingeweiht. Nach einer sehr ruhigen Phase, in der Stephen Liégeard das Hotel mit dem Dornröschenschloß verglich, erlebte es durch die Unterstützung des Amerikaners Gordon Bennett einen neuen Aufschwung. 1914 wurde in Erwartung der zunehmenden Badegäste während des Sommers der Anbau Eden-Roc mit seinem Privatstrand hinzugefügt. Seitdem hat der Zustrom der unterschiedlichen, kosmopolitischen Gäste nie nachgelassen, unter ihnen General Eisenhower, der hier den Winter verbrachte, die Maler Picasso und Chagall, die ihre Staffeleien hier aufstellten, sowie etliche reiche Exzentriker wie der Erdölmagnat Gulbenkian, „Mr. 5 %". Zu erwähnen bleibt, daß das kostenpflichtige Schwimmbad auch für Nicht-Hotelgäste zugänglich ist.

Pointe Bacon – Von diesem Kap eröffnet sich ein weiter **Blick**★ auf Antibes und das Fort Carré, die gesamte Baie des Anges, die Stadt Nizza mit ihrem Hinterland, die Halbinseln Cap Ferrat und Cap Martin.

Sanctuaire de la Garoupe ⓥ – Zwei schmiedeeiserne Tore (17. Jh.) im Stil der französischen Klassik sind der äußere Schmuck dieser Wallfahrtskirche, die aus zwei durch große Arkaden verbundenen Kapellen mit je einem Schiff besteht. Im größeren der beiden Schiffe befinden sich ein Fresko des zeitgenössischen Malers Jacques Clergues und eine sehr interessante **Sammlung von Votivtafeln**, deren älteste auf 1779 zurückgeht.
Links neben der Hauptaltartafel ist eine herrliche **russische Ikone** im byzantinischen Stil zu sehen, als deren Entstehungszeit das 14. Jh. angenommen wird; auf der rechten Seite fand eine kunstvolle Seidenmalerei, die sogenannte *Plachzanitza* der Familie Woronzoff, ihren Platz. Beide Kunstwerke wurden nach dem Krimkrieg (1853-1856) aus Sewastopol nach Antibes gebracht.
In dem anderen Schiff sind Fresken von E. Colin, Votivbilder, welche die geglückte Errettung aus Seenot u. ä. bezeugen, sowie eine vergoldete Holzstatue **Notre-Dame-de-Bon-Port** („Unsere Liebe Frau vom sicheren Hafen"), der Patronin der Seeleute, zu bewundern. Jährlich findet am ersten oder zweiten Sonntag im Juli eine Prozession der Seeleute von der ehemaligen Kathedrale in Antibes zu der Kirche in La Garoupe statt, um die Statue der Beschützerin, die am vorausgegangenen Donnerstag in die Stadt geholt wurde, wieder zurückzubringen. Bei der Kirche befindet sich eine ungewöhnliche Betkapelle, in der bis zum 5. Jh. einer heidnischen Gottheit gehuldigt worden war und heute die hl. Helena verehrt wird.

Phare de la Garoupe ⓥ – Das Leuchtfeuer des **Leuchtturms** ist mit einer Lichtintensität von 2 300 000 cd eines der stärksten der Mittelmeerküste; es hat bei klarem Himmel eine Nennreichweite von 52 km für die Schiffahrt und über 100 km für die Luftfahrt. Seine Funkpeilung hat eine Reichweite von 185 km.

★ **Jardin Thuret** ⓥ – Der 4 ha große **botanische Garten** ist nach dem Gelehrten Gustave Thuret benannt, der ihn 1857 anlegte, um Pflanzen und Bäume aus heißen Ländern zu akklimatisieren. Er trug dazu bei, daß diese Pflanzen in der Region bekannt wurden; die ersten Eukalyptusbäume aus Australien wurden hier gepflanzt. Der dem Staat vererbte Garten mit herrlichen Beständen an exotischen Pflanzen und Bäumen wird heute vom Staatlichen Institut für Landwirtschaftliche Forschung geleitet. Folgende Pflanzenarten sind besonders stark vertreten: Palmen, Mimosen, Eukalyptus und Zypressen. Insgesamt gibt es 3 000 Arten.
Die Villa Thuret, in der die botanische Abteilung und mehrere wissenschaftliche Forschungslabors untergebracht sind, bildet das Zentralgebäude des Komplexes.

Musée napoléonien ⓥ – Das Museum, das dem Kaiser der Franzosen gewidmet ist, entstand durch den Umbau der alten Batterie du Grillon. An seine einstige Funktion erinnern die zwei Bronzekanonen am Eingang, Kopien einer Kanone aus der Zeit Ludwigs XIV. Im Museum werden Erinnerungsstücke an Napoleon gezeigt, unter denen sich die 1810 von Antonio Canova geschaffene **Büste des Kaisers**, zahlreiche Soldaten und Offiziere der Großen Armee darstellende Figuren und Schriftstücke Bonapartes befinden sowie Bekanntmachungen aus der Zeit, als Napoleon Kaiser war; außerdem sind Beispiele volkstümlicher Bildkunst zu sehen. Von der Plattform auf der Bastion hat man eine schöne **Aussicht**★ auf die bewaldete Südspitze des Kaps, die Küste bis zu den Îles de Lérins und landeinwärts auf die Alpen.

Port de l'Olivette – Hier im Hafen lohnt es sich, den **Blick** über die Bucht von Juan, die Berge von Super-Cannes, die Croisette-Landspitze und die Îles de Lérins schweifen zu lassen. Der Boulevard du Maréchal-Juin führt am Meer entlang bis Juan-les-Pins. Er verläuft oberhalb der Häfen **Port du Crouton** und **Port Gallice**.

Les ARCS

5 334 Einwohner

Michelin Karte Nr. 340 N 5, Nr. 114 Falte 23 oder Nr. 245 S der Falte 35

Das inmitten des Anbaugebiets der Côtes-de-Provence-Weine gelegene Städtchen streitet sich mit Brignoles um den ersten Rang unter den Winzerstädten der Region. Über der Stadt erhebt sich die Ruine der Burg derer von Villeneuve, des Geburtsorts der hl. Roselina. Die Burgruine stellt den Ausgangspunkt der Côtes-de-Provence-Weinstraße dar.

AUF ENTDECKUNGSTOUR

Le Parage – *Gehen Sie auf der vom Kirchplatz ausgehenden Rue de la Paix zum Burgturm hinauf.* Die verwinkelten Gäßchen, Treppen und Bogengänge dieses alten, sehr gut restaurierten Viertels laden zum Bummeln ein. Das am Berg um die Ruinen der mittelalterlichen Burg herum angelegte Viertel wurde Le Parage („Abwehr") genannt, weil vom Burgturm aus Späher das Tal überwachten, um rechtzeitig Sarazenenüberfälle abzuwenden.

Kirche – In eine sehenswerte **Krippe** *(links vom Eingang)* mit beweglichen Figuren ist die Darstellung des alten Dorfs Les Arcs einbezogen. Die Wände der Seitenkapellen sind mit Fresken verziert; eines davon, von Baboulaine, zeigt in der linken Kapelle das Rosenwunder der hl. Roselina, das sich folgendermaßen zugetragen haben soll: Als Roselina wieder einmal entgegen dem Verbot ihres reichen, hartherzigen Vaters mit einem Korb voller Lebensmittel für die Armen unterwegs war, begegnete sie ihm. Er befahl ihr, den Korb zu öffnen, konnte seiner Tochter aber keinen Ungehorsam nachweisen, denn er fand nur einen Strauß Rosen. Auf der rechten Seite befindet sich ein 16teiliger **Wandelaltar**★ aus dem 15. Jh. sowie ein barockes Retabel von Louis Bréa (1501), auf dem Maria mit dem Kind, umgeben von in der Provence verehrten Heiligen, dargestellt ist.

Unterkunft und Gastronomie

Spitzenkategorie

Logis du Guetteur – *Im mittelalterlichen Dorf* – ☎ *04 94 99 51 10* – *15. Jan.-2. März geschl.* – *13 Z: 103,67/190,56 €* – ☕ *10,37 €* – *Restaurant 27/59 €.* Die Salons und Speiseräume dieses in einem Fort aus dem 11. Jh. eingerichteten Hotel-Restaurants befinden sich in herrlichen überwölbten Räumen mit schönen Steinmauern im Untergeschoß. Die klimatisierten Zimmer sind auf mehrere Gebäude verteilt. Swimmingpool.

Wein- und Kostproben

Château Ste-Roseline – *Quartier Sauteirane (neben der Chapelle Ste-Roseline)* – ☎ *04 94 99 50 30.* Weinprobe und Verkauf. Ab einer Mindestzahl von 15 Personen wird eine Führung durch die Weinberge und die Weinkeller angeboten.

UMGEBUNG

Chapelle Ste-Roseline Ⓥ – *4 km östlich von Les Arcs auf der D 91.* In der friedlichen Weinbaulandschaft bei Les Arcs liegt die Roselina-Kapelle der ehemaligen Abtei La Celle-Roubaud, die im 11. Jh. gegründet wurde und ab dem 13. Jh. dem Kartäuserorden gehörte. Unter der Priorin **Roselina von Villeneuve**, d. h. von 1300 bis 1328, erlebte das Kloster seine Blütezeit. Heute stehen nur noch der Kreuzgang aus dem 12. Jh. und die Kapelle im provenzalisch-romanischen Stil.

★ **Innenraum** – Der Schrein der hl. Roselina rechts im Langhaus (ihr Leichnam ist erstaunlich gut erhalten) ist fünfmal im Jahr Ziel einer Wallfahrt; die bekanntesten Pilgerfahrten finden am Sonntag nach Pfingsten und am ersten Sonntag im August statt. Ein Renaissancelettner mit einer Statue der hl. Katharina von Alexandria trennt den Chor vom Langhaus. Am Hochaltar umrahmt ein prächtiges Barockretabel die Kreuzabnahme, ein Relief aus dem frühen 16. Jh.; zu beiden Seiten erhebt sich das Chorgestühl mit feiner Schnitzerei (17. Jh.). Weiter unten zeigt ein Renaissancealtar Christi Geburt, links im Chor befindet sich eine wertvolle Predella aus dem 15. Jh. Unter den modernen Ausstattungsstücken finden sich die Werke mehrerer bekannter Künstler: z. B. ein großes Mosaik von Chagall, *Die Mahlzeit der Engel* (ein Motiv aus der Roselina-Legende), unter einem Spitzbogen des rechten Seitenschiffes; vom Bruder des berühmten Alberto Giacometti stammen ein Bronzerelief *(Rosenwunder der hl. Roselina)* und ein Chorpult in Form eines kleinen Baumes. Ein in warmen Farbtönen schimmerndes Fenster von Jean Bazaine *(Rosenblätter)*, und solche von Raoul Ubac erhellen die Kapelle.

AUPS

1 903 Einwohner
Michelin-Karte Nr. 340 M 4, Nr. 114 Falte 21 oder Nr. 245 Falte 34

Das Städtchen am Fuß der Montagne des Espiguières beherrscht das fruchtbare, leicht hügelige, im Nordwesten vom Steilrand der Hochebenen der Haute-Provence begrenzte Uchane-Tal. Am südlichen Horizont liegt das Maurenmassiv.
Die Reste der Stadtmauer, die Ruine der Festung, malerische Sträßchen wie die Rue de l'Horloge, in der ein alter Uhrturm mit schmiedeeisernem Glockenkäfig aufragt, erinnern noch an die Vergangenheit des Ortes, der für seinen Honig berühmt ist. Zahlreiche Brunnen spenden Erfrischung, und mächtige Platanen säumen die Hauptstraße.

Das schwarze Gold des Haut-Var

Die **Trüffel** (auf provenzalisch *rabasse*) ist eine Pilzart, die sich auf den Absonderungen kranker Eichen entwickelt. Bekannt sind die Weiße Trüffel, die sich nicht so gut für den Verzehr eignet, und die Schwarze Trüffel, die im Herbst reift und an ihrem besonderen Geruch zu erkennen ist. Die Ernte findet von November bis Februar mit Hilfe von Hunden oder Schweinen statt, die zwei Jahre lang dafür abgerichtet werden. Der größte Trüffelmarkt des Departements Var wird während der Erntezeit jeden Donnerstag in Aups abgehalten. Für den Laien ist es sicherlich nicht uninteressant, das geschäftige Treiben beim Verkauf einmal mitzuerleben. Außerdem findet am vierten Sonntag im Januar in Aups eine Trüffelmesse statt. In dieser Trüffelregion haben viele Küchenchefs Trüffeln in allen Zubereitungsvariationen auf ihrer Speisekarte: Spinat, Salat oder Eier mit Trüffeln.

BESICHTIGUNGEN

Collégiale St-Pancrace ⓥ – Die im Stil der provenzalischen Gotik erbaute Stiftskirche besitzt ein Renaissanceportal. Sehenswerte Goldschmiedearbeiten aus dem 15. bis 18. Jh. enthält der Kirchenschatz.

Musée Simon-Ségal ⓥ – *Rue du Maréchal-Joffre*. In der ehemaligen Ursulinenkapelle ist dieses Museum moderner Kunst untergebracht. Von seinen insgesamt 280 Gemälden gehören 175 zur Kunstrichtung der Pariser Schule.

J.-L. Gallo/MICHELIN

Altstadtgasse in Aups

AUSFLUG

★**Haut-Var** *Rundfahrt von 53 km – etwa 5 Std.*

Verlassen Sie Aups in östlicher Richtung auf der D 77. Die Straße verläuft in Windungen an den Steilhängen der Montagne des Espiguières entlang. Biegen Sie hinter dem Château de la Beaume links in die D 51 in Richtung Tourtour ein.

★**Tourtour** – *Siehe dort*

Villecroze – *Siehe dort*

Salernes – *5 km südwestlich von Villecroze.* Der Ferienort lebt von der Landwirtschaft und der Keramikproduktion. Hier werden die sechseckigen, in Frankreich als Bodenbelag verwendeten Fliesen, die sogenannten **Tomettes**, hergestellt. Man fertigt sie seit dem 18. Jh. aus eisenhaltigem Ton, dessen rostrote Farbtöne wunder-

Shopping

Moulin à huile Gervasoni – *Montée des Moulins – ☎ 04 94 70 04 66 – Juli und Aug.: 9.30-12.30 Uhr und 14-19 Uhr; Apr. bis Sept.: 10-12 Uhr und 14.30-19 Uhr.* Die aus dem 18. Jh. stammende Ölmühle produziert und verkauft erstklassiges Olivenöl sowie sonstige regionale Produkte.

Mamie Martin – *10 Rue de l'Hôpital-Vieux – ☎ 04 94 70 10 78.* Hier können Sie die berühmten handgeschnitzten *Santons* erstehen, die sich zu Sammlerstücken entwickelt haben.

Markt – Mittwochs und samstags am Place Frédéric-Mistral; Trüffelmarkt donnerstags (November bis Mitte März).

Sport und Freizeit

Office du Tourisme de Sillans – *☎ 04 94 04 78 05.* Canyoning auf dem Wasserfall, Wanderungen und Reitausflüge in die grüne Landschaft um Sillans.

voll mit den roten Dächern der Häuser im Süden harmonieren. Die Besonderheit der Kirche ist ein Glockenturm an jedem Ende. Die Gassen um die Kirche sind von Häusern aus dem 17. Jh. gesäumt. Salernes besitzt einen breiten, schattigen Korso und zahlreiche Brunnen.

Folgen Sie südlich des Ortes der D 31, die das Bresque-Tal hinunterführt.

Entrecasteaux – *Siehe dort*

Verlassen Sie Entrecasteaux auf der D 31 in südlicher Richtung und biegen Sie rechts auf die D 50 ab.

Cotignac – *Siehe dort*

Die D 22 zurück in Richtung Aups bietet einen schönen Blick auf Cotignac; etwas weiter schimmert durch die Bäume zur Rechten in der Ferne der Wasserfall von Sillans.

★ **Cascade de Sillans** – *1/2 Std. zu Fuß hin und zurück. Folgen Sie vor dem Dorfeingang rechts dem ausgeschilderten Weg.* Die Bresque stürzt hier in herrlich grüner Umgebung 42 m tief hinab in einen grünen See. Außerhalb der trockenen Sommerzeit zeigt sich der Wasserfall in vollem Ausmaß und eignet sich für Canyoning-Aktivitäten. In der schönen Landschaft um Sillans gibt es zahlreiche Wander- und Reitwanderwege *(Auskunft beim Fremdenverkehrsamt).*

Sillans-la-Cascade – Das hübsche Dorf mit Resten der einstigen Befestigung liegt am Hang oberhalb der Bresque. Um die Post, die einen Glockenturm trägt, winden sich malerische Gassen.

Fahren Sie weiter auf der D 22, die nach Aups zurückführt.

BANDOL

7 905 Einwohner

Michelin-Karte Nr. 340 J 7, Nr. 114 Falte 44 oder Nr. 245 Falten 45 und 46

Bandol liegt in einer hübschen Bucht im Schutz bewaldeter Höhen, die den kalten Nordwind abhalten. Von seiner langjährigen Beliebtheit zeugen so illustre Gäste wie Thomas Mann und Katherine Mansfield sowie die französischen Schauspieler Raimu und Fernandel.

BANDOL IM ÜBERBLICK

Jachthafen – Die kiefern-, palmen- und blumenreichen am Hafen entlangführenden Straßen **Allée Jean Moulin★** und Allée Alfred Vivien bilden angenehme Promenaden. Auch der um die kleine Halbinsel herumführende Weg **Chemin de la Corniche** mit reizvoller Sicht auf die vorgelagerte Insel Bendor und die weite Küste vom Cap de l'Aigle („Adler-Kap") bis zum Cap Sicié lädt zu Spaziergängen ein.
Es gibt drei Sandstrände: den Casino-Strand im Süden, den Lido-Strand im Osten und den windgeschützten Renecros-Strand im Westen. Ansonsten wechseln sich kleine Strände mit felsigen Küstenabschnitten ab.
Hinter der Uferstraße liegen schöne Villen zwischen Kiefern und Mimosen verstreut; dann beginnt die Ackerbauzone mit Blumenfeldern und den Weinbergen der bekanntesten Lage der Côtes-de-Provence-Weine.

Jardin exotique, Zoo de Sanary-Bandol – *3 km nordöstlich in Richtung Autobahn A 50. Am Kreisel mit dem Autobahnzubringer lassen Sie den Zubringer rechts liegen und biegen 500 m weiter in die mit „Zoo-jardin exotique" ausgeschilderte*

TIPS UND ADRESSEN

Gastronomie

Gut und preiswert

L'Oulivo – *19 Rue des Tonneliers – ☎ 04 94 29 81 79 – Während der Februarferien, vom 15.-31. Okt., Weihnachten-1. Jan., Do-abend, Fr-abend, Sa-abend, Mi, in der Saison abends sowie Sa und So geschl. – 11,43 € Mittagessen – 15,24/18,29 €.* Ein nettes Restaurant mit provenzalischer Atmosphäre, einfachem Dekor mit alten Plakaten von Filmen mit Raimu und Fernandel, Straßenterrasse und leckeren Gerichten, die nach Olivenöl, Knoblauch und Kräutern der Provence duften.

Unsere Empfehlung

L'Oasis – *15 Rue des Écoles – ☎ 04 94 29 41 69 – Dez. und außerhalb der Saison So-abend geschl. – 17,53/40,40 €.* Sehr schöner, in den warmen Farben des französischen Südens gehaltener Gastraum. Im Sommer gibt es eine zum Garten gelegene Außenterrasse. Das Hotel renoviert nach und nach seine nicht sehr großen, aber peinlich sauberen Zimmer.

Réserve – *Rte de Sanary – ☎ 04 94 29 30 00 – 6. Jan.-22. Febr., 28. Okt.-29. Nov., So-abend und Mo von Okt. bis Ostern geschl. – 30,49/62,50 €.* Großes, ockerfarbenes Haus zwischen Straße und Meer, am Ortsausgang von Bandol. Terrasse und Holzponton am Wasser sind vor allem am Abend sehr angenehm. Auch der Gastraum zeigt mit großen Fenstern zum Meer. Regionale und klassische Küche. Einige Gästezimmer vorhanden.

Restaurant La Farigoule – *2 Place du Jeu-de-Paume – 83330 Le Castellet – ☎ 04 94 32 64 58 – 20. Nov.-10. Dez., außerhalb der Saison Di und Mi geschl. – Im Sommer Reserv. – 17/29 €.* Die Tische des in provenzalischen Farben gestalteten Gastraums mit seinen zahllosen Nippessachen stehen rund um das Grillfeuer, auf dem die Grillgerichte zubereitet werden. Das Restaurant befindet sich im Zentrum dieses zauberhaften Dorfes oberhalb einer einladenden Terrasse, die von einer Platane beschattet wird.

Castel Lumière – *1 Rue Portail – 83330 Le Castellet – ☎ 04 94 32 62 20 – 7. Jan.-9. Febr., So-abend und Mo außer feiertags geschl. – 28,20/42,69 €.* Das Restaurant wurde im ehemaligen Haus der Gebrüder Lumière eingerichtet. Vom langgezogenen Gastraum genießt man einen weiten Blick auf die Weinberge. Die Gästezimmer im Obergeschoß sind behaglich und hell.

Unterkunft

Unsere Empfehlung

Golf Hôtel – *Am Rénecros-Strand über den Boulevard L.-Lumière – ☎ 04 94 29 45 83 – Ende Okt.-7. Apr. geschl. – 23 Z: 64,03/99,09 € – ☕ 6,86 € – Rest. 16 €.* Dieses direkt am Wasser gelegene Hotel dehnt sein Restaurant und seine Liegeflächen in der Saison auf den Strand aus. Die meisten – sehr einfachen – Zimmer haben Blick aufs Meer; einige besitzen einen Balkon. Abendessen nur in den Monaten Juli und August. Kindermenü.

Chambre d'hôte Les Cancades – *1195 Chemin de la Fontaine de Cinq-Sous – 83330 Le Beausset – 3 km östlich von Le Castellet, gegenüber dem Supermarkt Casino im Chemin de la Fontaine de Cinq-Sous – ☎ 04 94 98 76 93 – charlotte.zerbib@wanadoo.fr – 💳̸ – 4 Z: 53,36/60,98 €.* Ein schmaler und steiler Weg führt zu dem bewaldeten Wohnviertel, in dem ein pensionierter Architekt sein provenzalisches Haus *(mas)* errichtet hat. Die schönen, liebevoll eingerichteten Zimmer, die Wohnung, der Park, der Swimmingpool und die Küche erfreuen sich erholsamer Ruhe.

Spitzenkategorie

Hôtel La Ker-Mocotte – *103 Rue Raimu – ☎ 04 94 29 46 53 – www.ker-mocotte.com – 15. Nov.-März geschl. – 🅿 – 20 Z: 50/146 € – Rest. 23 €.* Diese große Villa, die einst dem Schauspieler Raimu gehörte, liegt über der Rénecros-Bucht und hat direkten Zugang zum Strand. An den Star des frühen französischen Films erinnern Filmplakate. Restaurant am Meer; ruhige Zimmer mit schlichtem provenzalischen Dekor.

Hôtel Delos – *Île de Bendor – Anfahrt per Boot – ☎ 04 94 29 11 60 – Jan. und Febr. geschl. – 55 Z: 91,47/205,81 € – ☕ 11,43 € – Rest. 29/53 €.* Auf der Île de Bendor, zwischen Meer und Hafen, liegt dieses Hotel. Seine Zimmer verteilen sich auf zwei Gebäude aus dem typischen Stein der Region. Alle haben einen schönen Blick. Die Zimmer im Hauptgebäude sind mit Stilmöbeln eingerichtet. Schöner Swimmingpool.

Cafés, Kneipen und Bars

Tchin Tchin – *11 Allée Jean-Moulin – ☎ 04 94 29 41 04 – Tgl. 10-13.30 Uhr und 18-4 Uhr.* In den 70er Jahren war dieses Lokal besonders bekannt, unter anderem weil so berühmte Persönlichkeiten wie die Sänger Jacques Brel und Richard Antony (auf ihn geht der Name „Tchin Tchin" zurück) es sich hier gut gehen ließen. Besonders verwöhnt werden „einsame Herzen": Die Damen erhalten eine Rose, die Herren einen Zigarillo.

Wein- und Kostproben

Le Tonneau de Bacchus – *296 Avenue du 11-Novembre – ☎ 04 94 29 01 01 – www.letonneaubacchus.com – Juli und Aug.: tgl. 9.30-12.30 Uhr und 16-20 Uhr; in den übrigen Monaten: tgl. außer Mo und So-nachmittag.* Das „Faß des Bacchus" ist ein Weinkeller, der eine große Auswahl an Weinen aus Bandol und ganz Frankreich bereithält. Der Kellermeister kennt seinen Beruf und führt Sie mit Vergnügen an seine Produkte heran. Das ganze Jahr über organisiert das Haus Weinkurse und Themenabende. Spezialitäten aus der Provence gibt es hier ebenfalls.

Domaine de Souviou – *83330 Le Beausset – ☎ 04 94 90 57 63.* Verkauf von Olivenöl und Wein.

Sport und Freizeit

Var Voltige – *3250 Route des Hauts-du-Camp – 83330 Le Castellet – ☎ 04 94 90 62 44 – Mi-So ab 9 Uhr (tagsüber).* Für Nervenkitzel sorgen die Einführungskurse im Kunstfliegen, die von diesem Club für 45,73 € pro Person veranstaltet werden. Ganz in der Nähe kann man sich im Fliegen eines Flugzeugs oder eines Hubschraubers unterweisen lassen.

Bootsanlegestelle – *☎ 04 94 32 51 41.* Bootsausflüge zu den Îles des Embiez, nach Toulon über das Cap Sicié, nach Cassis mit seinen Felsbuchten sowie zu den Îles du Frioul.

Straße rechts ein. In dem schattigen Tier- und Tropengarten wachsen Kakteen und tropische Pflanzen, die hier eine stattliche Größe erreichen. Zwischen Hunderten von seltenen Pflanzen tummeln sich die unterschiedlichsten Tierarten: Affen (Pinseläffchen, Totenkopf-Kapuzineräffchen und Gibbons mit ihren Jungen), Nasenbären, Makis (Halbaffen), Erdmännchen, Wüstenfüchse, Wickelbären, Pekaris, Damwild, Ponys, Zwergziegen, Lamas neben der buntgefiederten und geschwätzigen Welt der Papageien, Flamingos und Kraniche.

Île de Bendor

Schiffsverbindung ⓥ – Die kleine Insel ist ein reizvolles Ausflugsziel, das mit seinem Freizeitangebot aber auch auf länger verweilende Gäste eingestellt ist. Die Strände, der moderne Jachthafen, das provenzalische Dorf mit Kunstgewerbegeschäften und einem Kongreßzentrum für Tagungen bieten genügend Abwechslung. Das **Espace culturel Paul-Ricard** bietet jungen Malern und Bildhauern Unterrichtskurse an.

Exposition universelle des Vins et Spiritueux ⓥ – Die interessante Wein- und Spirituosenausstellung ist in einer großen, mit Fresken geschmückten Halle untergebracht. Hier werden nicht weniger als 8 000 Flaschen verschiedener, aus 51 Ländern zusammengetragener Weine, Liköre, Aperitifs sowie eine ansehnliche Sammlung von Kristallgläsern und -karaffen gezeigt.

AUSFLUG

★ Bergdörfer in der Umgebung von Bandol

Rundfahrt von 55 km – etwa 3 Std.

Verlassen Sie Bandol auf der D 559 in nordöstlicher Richtung, dann biegen Sie nach links auf die nach Le Beausset führende D 559^B ab und fahren unter einer Eisenbahnbrücke durch. In Le Beausset geht es rechts auf die N 8 in Richtung Toulon. 1 km hinter dem Ortsausgang von Le Beausset biegen Sie rechts auf eine kleine Straße ab.

Sie schlängelt sich durch eine heitere Landschaft zwischen Olivenbäumen, Zypressen, Ginster, Obstbäumen und Weinbergen dahin.

Chapelle Notre-Dame-du-Beausset-Vieux ⓥ – *Parken Sie den Wagen unterhalb der Kapelle.* Das schlichte Gebäude im Stil der provenzalischen Romanik wurde von einer Gruppe Freiwilliger hervorragend restauriert. Es umfaßt ein Schiff mit Tonnengewölbe, an das sich eine halbrunde Apsis anschließt. Eine Madonna aus der

B. Kaufmann/MICHELIN

Im Hafen von Bandol geht es eher beschaulich zu

Werkstatt Pierre Pugets (1620-1694) schmückt den Chor. In einer Nische links stehen 400 Jahre alte, die Flucht nach Ägypten darstellende **Santons** (Krippenfiguren). Im Seitenschiff befinden sich Votivtäfelchen, von denen einige auf das 18. Jh. zurückgehen.
Von der Terrasse oberhalb der Kirche schweift der **Blick★** über das benachbarte Dorf Le Castellet, das Ste-Baume-Massiv, den Gros Cerveau und die Küste von Bandol bis La Ciotat.

Kehren Sie zur N 8 zurück und fahren Sie nördlich in Richtung Aubagne weiter.

Circuit du Castellet Paul-Ricard – *8 km nördlich von Le Beausset auf der N 8.* Die 1970 in der kargen Garriguelandschaft auf einer Fläche von 1 000 ha angelegte Rennstrecke ist eine unumgängliche Etappe im Leben eines jeden Formel-1- oder Formel-3-Fahrers. Beim ersten Rennen auf dieser 3,8 km langen Strecke gewann Jackie Stewart den Grand Prix von Frankreich. Seitdem haben viele internationale Rennfahrer wie beispielsweise 1976 Alain Prost im Rennfahrerausbildungszentrum hier an der Strecke ihre Grundausbildung absolviert. Da man die Rennstrecke ständig ausbaute, um den neuen Motorsportbedingungen gerecht zu werden, und der Flugplatz von Le Castellet angelegt wurde, hat sich die Zahl der Wettkämpfe auf der Rennstrecke vergrößert und durch Flugschauen Konkurrenz bekommen. Zu den Veranstaltungen, die auch viele Laien interessieren, gehören der **Grand Prix historique de Provence** und die **Deux Tours d'Horloge** (Ausstellung und Rennen historischer Fahrzeuge). Jedes Jahr im Mai findet der **Internationale Grand Prix der Lastwagen** statt, wo Stunts, die Vorstellung von Oldtimern und ein Concours d'Élégance der ausgesprochen kreativ gestalteten Brummis auf dem Programm stehen.

Beim Verlassen der Rennstrecke biegen Sie rechts in die N 8 in Richtung Aubagne ein und fahren bis zur Kreuzung von Le Camp-du-Castellet. Anschließend biegen Sie noch zwei Mal links auf die D 26 nach Le Beausset ab. 3 km vor der Auffahrt

Wein aus der Region Côtes-de-Provence

Die Weine aus der Provence erfreuen sich in ganz Frankreich seit jeher großer Beliebtheit. Das Anbaugebiet ist unterteilt in eine Vielzahl von unterschiedlichen Böden und Klimazonen und hat fünf herausragende Lagen mit kontrollierter Herkunftsbezeichnung *(AOC, Appellation d'Origine contrôlée)* hervorgebracht. Die AOC-Lage von Bandol besteht seit 1941 und erstreckt sich mehr oder weniger über St-Cyr-sur-Mer, Le Castellet und Ollioules. Die trockenen und aromatischen Weine von der Küste und die leichten Roséweine sollten jung getrunken werden. Dagegen sind die vollmundigen Roten, und besonders diejenigen aus den sonnenverwöhnten Lagen um Bandol, am besten nach einer dreijährigen Reifezeit. Sie werden aus der Mouvèdre-Traube hergestellt und haben einen hohen Tanningehalt. Ihr Bukett zeichnet sich durch eine feine Mischung aus Pfeffer, Zimt, Vanille und Schwarzkirschen aus und eignet sich hervorragend zu Wild und Rind- oder Hammelfleisch. Auf manchen Weingütern wird noch viel der provenzalische Dialekt gesprochen, der kuriose Bezeichnungen für die Trauben entwickelt hat wie z. B. *Ginou d'Agasso* („Elsterknie") oder *Pecoui-Touar* („Ringelschwanz").

nach Le Beausset geht es rechts weiter auf der D 226 in Richtung Le Castellet.

★ **Le Castellet** – Das auf einem bewaldeten Berg gelegene, von Weinbergen umgebene Dorf besitzt eine gut erhaltene Stadtmauer, eine sorgfältig restaurierte Kirche (12. Jh.) und eine Burg, deren älteste Teile bis ins 11. Jh. zurückreichen. Wenn Sie am Ende des Rathausplatzes einen Durchgang in der Stadtmauer passieren, können Sie den schönen **Blick** auf das Hinterland in Richtung Ste-Baume-Massiv genießen.
Die aus dem 17. und 18. Jh. stammenden Häuser dienten manchem Film als Kulisse. Die alten Gassen sind von Malerateliers, Werkstätten und Läden mit künstlerischen und kunsthandwerklichen Erzeugnissen gesäumt.

Fahren Sie zur D 66 hinunter und weiter nach La Cadière-d'Azur.

La Cadière-d'Azur – Bei dem sehr alten befestigten Winzerdorf, das während der Französischen Revolution 4 000 Seelen zählte, wächst der sogenannte Wein von Bandol. Durch die Porte du Peï (13. Jh.) vor dem Rathaus gelangt man zu den reizvollen alten Gassen. Am östlichen Ortsrand eröffnet sich ein schöner **Ausblick**★ auf das Hinterland mit Le Castellet im Vorder- und dem Ste-Baume-Massiv im Hintergrund.

Folgen Sie der D 66 bis Les Lecques.

St-Cyr-sur-Mer *(s. dort)* – In Les Lecques, südlich des Ortsteils La Madrague, nehmen Sie ein Sträßchen, das land- wie meerwärts schöne **Ausblicke** bietet. Es mündet in die D 559 ein, welche nach Bandol zurückführt.

BARJOLS

2 414 Einwohner
Michelin-Karte Nr. 340 L 4, Nr. 114 Falte 19 oder Nr. 245 Falte 33

Die Häuser des Ortes stehen im Halbrund gestaffelt in einer wunderbar grünen, an Bächen und Quellen reichen Landschaft. Die Einwohner von Barjols tragen durch die handwerkliche Herstellung von Tamburinen und Hirtenflöten *(galoubets)* sowie ein regelmäßig abgehaltenes traditionelles Fest zur Erhaltung provenzalischer Bräuche bei.

HINTERGRUNDINFOS

Das Fest des hl. Marcellus – Seit Urzeiten schlachteten die Einwohner von Barjols jedes Jahr einen Ochsen zur Erinnerung an die Rettung vor dem Hungertod während einer Belagerung. Am 17. Januar 1350 wurden die Reliquien des hl. Marcellus (eines Bischofs aus dem 5. Jh.) aus einer verfallenden Abtei bei Montmeyan feierlich nach Barjols überführt. Der Zug mit den Reliquien tat sich mit einer Gruppe Fleischer zusammen, die gerade einen Ochsen zerlegten, wodurch sich weltliche und religiöse Feierlichkeiten miteinander verbanden. Seitdem ist der hl. Marcellus der Schutzpatron von Barjols. Seine Porträtbüste wird alljährlich um den 17. Januar in einer Prozession durch die Stadt getragen. Manchmal feiert man auch die Ochsen-Episode, und zwar auf folgende Weise: Ein geschmückter Ochse wird am Tag vor dem Fest vor der Statue des Heiligen gesegnet und in feierlichem Zug durch die Stadt ins Schlachthaus geführt, während die Menge dem Vespergottesdienst beiwohnt, nach dem man ein Freudenfeuer entzündet.

Unterkunft und Gastronomie

Gut und preiswert

L'Auberge de l'Eau Salée – *606 Chemin de l'Eau-Salée – ☎ 04 94 77 26 30 – Mo-abend und Di außerhalb der Saison geschl. – 10,37 € Mittagessen – 14,94/21,34 €.* Dieses Gasthaus, das erst kürzlich vor den Toren des Dorfes eröffnet wurde, ist besonders bei Familien beliebt, denn es besitzt einen schönen Spielplatz. Durch große Fenster flutet das Licht in das in sanften Farben gehaltene Restaurant. Unterkunft im Motel-Stil.

Le Val d'Argens – *83570 Correns – 13 km südöstlich von Barjols – ☎ 04 94 59 57 02 – argens83@club-internet.fr – Nov. bis Febr. und Mi außerhalb der Saison geschl. – 15,24/19,06 €.* Eine sympathische Adresse, die nach dem Bach benannt ist, der zu Füßen des Gasthauses dahinfließt. Am Bach erstreckt sich unter Platanen eine entzückende Terrasse. Origineller Dekor mit Postern, Straßenschildern, Glocken und anderen Nippessachen. Schmackhafte kleine Gerichte nach provenzalischer Art.

Shopping

Markt – Dienstags, donnerstags und samstags auf dem Place de la Mairie.

Foire aux Cuirs – Ledermarkt am 11. und 12. August.

Am nächsten Tag bildet sich nach der Morgenmesse erneut eine Marcellus-Prozession, an der auch die Geistlichkeit, Musketenschützen, der städtische Musikzug usw. teilnehmen. Der Festwagen mit dem geschlachteten, am Spieß steckenden Ochsen wird zum Stadtplatz geleitet, wo eine riesige Grillvorrichtung wartet. Während der Ochse brät, findet das große Volksfest statt, die provenzalischen Hirtenflöten und Tamburine erklingen, und Volkstänze werden aufgeführt. Am folgenden Tag wird der gebratene Ochse zerlegt und unter der Bevölkerung verteilt.

E. Baret

Barjols – „Le Champignon"

AUF ENTDECKUNGSTOUR

Altstadt

Es gibt in diesem Viertel nicht weniger als 12 Waschhäuser und 30 **Brunnen**. Der eindrucksvollste, nahe dem Rathaus gelegen, wird wegen seiner eigenartigen Form, die durch auffallende, mit Moos bewachsene Kalkablagerungen noch unterstrichen wird, auch *Champignon* („Pilz") genannt. Auf dem Rathausplatz erhebt sich majestätisch eine Platane mit einem Umfang von 12 m, die als die dickste der Provence gilt. Im Unterdorf befindet sich das Palais Pontevès (Hôtel des Pontevès) mit schönem Renaissanceportal, das im Besitz einer alteingesessenen provenzalischen Familie aus einem Nachbarort war.

Das älteste Viertel von Barjols, das **Réal★**, liegt auf dem Abhang unmittelbar nördlich der Kirche und ist seit dem 12. Jh. besiedelt. Es ließen sich dort hauptsächlich Gerber nieder, deren wichtigstes Hilfsmittel das Wasser war. Es gibt drei unterschiedlich hohe Spül- und Waschbecken, die teilweise unterirdisch angelegt wurden (16.-17. Jh.). Sie wurden in den 80er Jahren freigelegt. Unweit davon befindet sich unter einem Gewölbe auf glasierten Stelen der vollständige Wortlaut der Menschen- und Bürgerrechtserklärung aus der Französischen Revolution.

Kirche – Von dem ursprünglich romanischen Gebäude sind rechts vom Eingang das Taufbecken aus dem 12. Jh. und dahinter das Tympanon des Portals erhalten. Letzteres zeigt Christus als Weltenherrscher, von Engeln und den Evangelistensymbolen umgeben. Im 16. Jh. bekam die Kirche beim Wiederaufbau ein gotisches Schiff; der Chorraum wurde mit Holz getäfelt und im 17. Jh. mit einem Gestühl, dessen Miserikordien fein bearbeitet sind, ausgestattet; zur gleichen Zeit wurde das Orgelgehäuse angefertigt.

AUSFLÜGE

Source d'Argens *15 km südwestlich*

Verlassen Sie Barjols auf der D 560.

Vallon de Font-Taillade – Die Straße folgt dem Bach im Grund des von Wiesen und Feldern durchzogenen Tals; an den nahen Hängen wachsen Weinstöcke, Steineichen und Kiefern.

500 m hinter Brue-Auriac führt ein Weg nach links zu einer Kapelle.

Chapelle Notre-Dame – Die heute nicht mehr benutzte Kapelle wurde aus dem roten Naturstein dieser Gegend erbaut. Im Laufe der Zeit haben Pflanzen die Mauern überwuchert. Die interessante **Fassade★**, die ein kleines Rundfenster und eine weitere Fensteröffnung zeigt, setzt sich nach oben in einer Glockenwand fort.

Kehren Sie zur D 560 zurück und fahren Sie nach links weiter. Nach 3 km können Sie den Wagen kurz vor einer Brücke abstellen.

Source d'Argens – Von der Straße geht ein Fußweg durch dichtes Grün rechts ab zu einer der Argens-Quellen.

Die Hochplateaus des Var *Rundfahrt von 52 km – etwa 1/2 Tag*

Varages – Das Dorf mit von Platanen beschatteten Plätzen konkurrierte einst mit Moustiers-Ste-Marie, da das Dekor der hier gefertigten Fayencen – heute arbeiten noch zwei Manufakturen – dem von Moustiers ähnlich war, weil die Künstler mitunter in mehreren Keramikfabriken tätig waren. Ein Großteil der Fayencen ist für den Export bestimmt. In jedem Sommer findet die Keramikmesse „Erde und Feuer" statt, bei der die neuesten Kreationen ausgestellt werden.

Kirche – Die im 17. Jh. im Stil der provenzalischen Gotik erbaute Kirche besitzt einen schönen Glockenturm, der mit bunten glasierten Ziegeln bedeckt ist. Im Inneren ist der Altar des hl. Claudius (Schutzpatron der Fayence-Hersteller) mit Fayence-Medaillons und -Kreuzen geschmückt, die von einheimischen Künstlern geschaffen wurden.

Musée des Faïences – *Place de la Libération.* Das im Maison Gassendi untergebrachte Museum gibt einen Gesamtüberblick über die Fayencen-Manufaktur in Varages seit Ende des 17. Jh. In zahlreichen Vitrinen sind die verschiedenen Techniken dargestellt, die von den Fayence-Dynastien wie Armand, Clérissy und Niel angewandt wurden: Verzierung von Hand, aufgetupftes Dekor, Emailtechniken usw. Im Obergeschoß steht ein bemerkenswerter **Fayence-Brunnen** aus dem 19. Jh., ein Werk des Malers Mazières.
In der **Manufacture des Lauriers** lebt die Tradition der Fayence-Herstellung fort, ein Großteil der provenzalischen Produktion stammt von hier.
In einer nahegelegenen **Fayence-Werkstatt** werden die dort hergestellten Produkte ausgestellt, und man kann den Dekorateuren bei der Arbeit zuschauen.

Nördlich von Varages führt die D 554 über einige Hügel, vorbei an Weinstöcken, Olivenhainen, Steineichen und Kiefern.

La Verdière – Die Kirche und die Burg ragen aus dem Häuserverband heraus. Das Burggebäude geht auf eine im 10. Jh. vom Adelsgeschlecht der Castellane erbaute und im 17. Jh. durch Heirat in den Besitz der wohlhabenden Familie Forbin d'Oppède übergegangene Festung zurück, die Louis-Roch de Forbin im 18. Jh. umbauen ließ.

Nehmen Sie östlich des Ortes die D 30 in Richtung Montmeyan.

Die Straße führt über ein ödes Kalkplateau mit der für die Causses typischen, kargen Vegetation. Neben Wacholder, Steineichen und Weißdornbüschen trifft man hier häufiger auf Föhren, ein Kennzeichen dafür, daß man den Norden des

Departements erreicht hat. In den kümmerlichen Wäldern sieht man überall große Steinhaufen; es handelt sich um Überreste der im 19. Jh. anläßlich der Ausbreitung der Landwirtschaft unternommenen Versuche, das Land urbar zu machen.

Montmeyan – Der mittelalterliche Marktflecken liegt auf einer Anhöhe am Eingang zur Verdon-Schlucht. Auf der Südseite genießt man vom Dorfrand aus einen schönen **Blick★** auf die im Osten gelegene Felskette der Voralpen von Castellane. Hinter dem Tour Charlemagne, einem Überrest der aus dem 14. Jh. stammenden Burg, gelangt man zu einem Aussichtspunkt, der einen weiten Rundblick auf das gesamte Plateau bietet.

Fahren Sie von Montmeyan in südlicher Richtung auf der D 13 und der D 71 nach Tavernes.

Tavernes – Das hübsche, von Hügeln umgebene Dorf liegt in einem grünen Talkessel, wo Olivenbäume und Weinreben gedeihen. Ein viereckiger Belfried mit schmiedeeisernem Glockenaufsatz aus dem 18. Jh. und Reste der mittelalterlichen Umfassungsmauer geben Tavernes ein besonderes Gepräge. An der höchsten Stelle erhebt sich die Chapelle Notre-Dame-de-Bellevue.

Die D 554 führt, nachdem sie den Ruisseau des Écrevisses („Krebsbach") überquert hat, ein Stück weit an ihm entlang nach Barjols zurück.

Le BAR-SUR-LOUP

2 465 Einwohner
Michelin-Karte Nr. 341 C 5, Nr. 115 Falte 24 oder Nr. 245 Falte 37

Der Loup und seine Nebenflüsse umschließen ein Gebiet, in dessen Mitte Le Bar in reizvoller **Hanglage★** angesiedelt ist. Terrassen mit Orangenbäumen, Jasmin- und Veilchengärten umgeben den Ort, der am Ortseingang eine Parfümfabrik besitzt. Vom Kirchplatz hat man eine schöne **Aussicht★** auf die Schlucht des Loup und die Hügel um Vence.

AUF ENTDECKUNGSTOUR

Inmitten der engen Gassen des alten Dorfteils erhebt sich die im 16. Jh. errichtete Burg der Grafen von Grasse. Der mächtige Bau ist mit Rundtürmen besetzt; vom Bergfried sind nur noch Reste vorhanden.

Église St-Jacques ⓥ – Am Fuß des Glockenturms ist ein an zwei junge Römerinnen erinnernder Grabstein eingemauert. Beim Betreten der Kirche verdienen die Flügel des gotischen **Portals** Beachtung. Sie wurden von Jacques Bellot gearbeitet, der auch das Chorgestühl der ehemaligen Kathedrale von Vence *(s. dort, Besichtigungen)* schnitzte. Das große, Louis Bréa zu verdankende **Altarbild** des Hochaltars besteht aus drei Bildstreifen mit insgesamt 14 goldgrundigen Bildern. Diese zeigen 12 um die Zentralgestalten des Apostels Jakobus d. Ä. und der Jungfrau mit dem Kind angeordnete Heilige. Im Giebelfeld darüber sind die Hl. Dreifaltigkeit und die Symbole der Evangelisten zu erkennen.

Unter der Empore befindet sich ein interessanter **Totentanz★** auf Holz (15. Jh.) mit einem provenzalischen Gedicht. Der Legende nach soll die Entstehung des Gemäldes auf folgendes Ereignis zurückgehen: Als ein Graf von Bar trotz der Fastenzeit einen Ball veranstaltete, wurden seine ausgelassenen Gäste vom Tod überrascht. Dies wurde als Bestrafung des Himmels für das in der Fastenzeit verbotene vergnügliche Treiben erachtet und von einem unbekannten Maler zur mahnenden Erinnerung festgehalten. Auf dem Bild ist zu erkennen, wie der mit Pfeil und Bogen bewaffnete Tod die Tanzenden erschießt. Die Seelen verlassen als kleine, nackte Gestalten die toten Körper durch den Mund und werden von dem zu Füßen Christi stehenden hl. Michael sogleich gewogen. Daraufhin werden sie von teuflischen Gestalten in den riesigen, den Eingang zur Hölle symbolisierenden Schlund eines Ungeheuers gezerrt.

Tip

Unsere Empfehlung

Jarrerie – *8 Avenue Amiral-de-Grasse – ☏ 04 93 42 92 92 – 2.-31. Jan., Mo von Okt. bis Apr., Mi-mittag von Mai bis Sept. und Di geschl. – 22,11/38,11 €.* Dieser Teil des Klosters aus dem 17. Jh. hat noch seinen alten Zauber bewahrt; es hat einen großen Kamin, Steinmauern, sichtbare Balken. Entspannen Sie sich im Gastraum oder auf der schattigen Terrasse. Großer Saal vorhanden.

BEAULIEU-SUR-MER☼☼

3 675 Einwohner
Michelin-Karte Nr. 341 F 5, Nr. 115 Falte 27 oder Nr. 245 Falte 38
Kartenskizze Corniche de la RIVIERA, S. 286

Das Städtchen ist sommers als Badeort und winters als Oase der Ruhe bei wohlhabenden Gästen beliebt. Es liegt am Fuß einer Hügelkette, welche die Nordwinde abhält, so daß es zu den wärmsten Fleckchen der Französischen Riviera zählt. Besonders reizvoll sind die mit Bäumen und Blumen verschönten Anlagen an der **Baie des Fourmis**★ („Ameisenbucht") und am Boulevard Alsace-Lorraine.
Der amerikanische Pressemagnat **Gordon Bennett** kam 1891 zum ersten Mal nach Beaulieu, das ihm so gut gefiel, daß er den Bewohnern anbot, auf seine Kosten einen Landungssteg zu bauen. Die stolzen Fischer lehnten dankend ab, und der reiche Amerikaner mußte sich mit dem Bau der Küstenstraße nach Villefranche begnügen, die noch heute seinen Namen trägt.

AUF ENTDECKUNGSTOUR

★★ **Sentier du Plateau St-Michel** – *Hin- und Rückweg mit großen Höhenunterschieden: 1 3/4 Std.* Der Weg zweigt vom nördlichen Teil des Boulevard Edouard-VII nach Norden ab und führt steil auf das Plateau hinauf zu einer Orientierungstafel, wo das weite Gebiet vom Cap d'Ail bis zum Esterelmassiv zu überschauen ist.

★ **Promenade Maurice-Rouvier** – *Hin- und Rückweg: 1 Std.* Die Promenade zieht sich am Ufer entlang von Beaulieu bis St-Jean-Cap-Ferrat. Sie bietet auf der Meerseite Ausblicke auf die Küste und die Pointe St-Hospice; auf der Landseite ist sie von Villen mit herrlichen Gärten gesäumt.

BESICHTIGUNG

★★ **Villa grecque „Kérylos"** – Die Villa ist die getreue Nachbildung eines prunkvollen griechisch-antiken Hauses; ihre **Lage**★ läßt an die Ufer der Ägäis denken. Bauherr war der Archäologe **Théodore Reinach**; er ließ das Gebäude unter Verwendung kostbarster Materialien wie Marmor aus Carrara, Alabaster, Zitronenbaumholz und anderer exotischer Hölzer 1902 von dem Architekten Emmanuel Pontremoli errichten und vermachte es 1928 dem Institut de France.

TIPS UND ADRESSEN

Gastronomie

Gut und preiswert

Le Petit Paris – *Boulevard Marinoni – ☎ 04 93 01 69 91 – 14,64/19,82 €.* Weiße Tischtücher, Rattanstühle und Plakate von Kunstgalerien aus der Region verleihen diesem Restaurant mit Empore ein gewisses Bistro-Ambiente. Einfache Küche, wie sie in französischen Brasserien üblich ist.

Unsere Empfehlung

Le Marco Polo – *Am Jachthafen – ☎ 04 93 01 06 50 – 25. Nov.-16. Dez., Di-abend und Mi außer Juli und Aug. geschl. – 22,11 €.* Pasta und Fisch – die Küche dieses Restaurants ist mediterran. Man kann sie auf der hellen Veranda oder auf der Terrasse gegenüber dem Jachthafen genießen. Gutes Tagesmenü zu einem für die Region zivilen Preis.

Unterkunft

Unsere Empfehlung

Le Havre Bleu – *Boulevard du Maréchal-Joffre – ☎ 04 93 01 01 40 – 22 Z: 45,73/53,36 € – ☕ 6,10 €.* Vom Boulevard zurückgesetzt steht dieses blau-weiße Hotel, dessen einfache Zimmer nach und nach renoviert werden. Wählen Sie ein nach hinten gelegenes, dort ist es ruhiger. Für den Ferienort eher mäßige Preise.

Le Sélect – *1 Rue André-Cane – ☎ 04 93 01 05 42 – 15. Nov.-15. Dez. geschl. – ▭ – 19 Z: 48,78/53,36 € – ☕ 4,27 €.* Dieses in provenzalischen Farben dekorierte Hotel ist in einem schönen Altbau untergebracht. Die renovierten Zimmer haben französische Betten und gut ausgestattete Bäder. Im Sommer nehmen die Gäste gerne das Frühstück auf dem gegenüberliegenden Platz ein.

Sport und Freizeit

Der Plage de la Baie des Fourmis und der Plage de la Petite Afrique im Norden sind die beiden vor den Nordwinden geschützten, sonnenverwöhnten Kiesstrände zu beiden Seiten des riesigen Jachthafens.

Die das Innere schmückenden Fresken sind Kopien antiker Vorbilder oder Variationen zu deren Themen; die Möbelstücke aus Holz mit Elfenbein-, Bronze- und Ledereinlegearbeiten wurden nach Abbildungen auf griechisch-antiken Vasen und Mosaiken angefertigt, während einige der in den verschiedenen Räumen gezeigten Gebrauchs- und Dekorationsgegenstände (Amphoren, Gefäße, Öllampen, Mosaiken, Terrakottafigürchen aus Tanagra) Originale sind. Alles wurde so eingerichtet, daß der moderne Komfort, mit dem die Villa dennoch ausgerüstet ist, auch wenn er zeitlich nicht in diese Epoche paßt, nicht auffällt. Die Fenster bieten herrliche Ausblicke auf das Meer, die Baie des Fourmis, das Cap Ferrat, Èze und das Cap d'Ail. Ein schöner Park umgibt die Villa an den Meerseiten.

BIOT★

5 575 Einwohner
Michelin-Karte Nr. 341 D 6, Nr. 115 Falte 25 oder Nr. 245 Falte 37

Das idyllische Dorf hat sich auf einer kleinen Anhöhe 4 km vom Meer entfernt ausgebreitet. Die Bewohner widmen sich der Blumenzucht, deren Erzeugnisse – Rosen, Nelken, Mimosen, Anemonen – als Schnittblumen auf die Märkte kommen. Der Name dieses hübschen Ortes ist seit 1960 untrennbar mit dem Fernand Légers verbunden.

HINTERGRUNDINFOS

2 500 Jahre Geschichte – Durch zahlreiche in der Gegend von Biot und der Ebene des Flüßchens Brague gemachte Funde ist erwiesen, daß schon Ligurer und Kelten in diesem Gebiet siedelten. Ihnen folgten die Griechen und Römer. Der eigentliche Ort wurde 1209 durch Zusammenlegung von mehreren Gütern einer Templer-Komturei geschaffen; 1312 kam er in den Besitz der Johanniter, die hier Frieden und Ordnung walten ließen. Im 14. Jh. rafften die Pest und Familienzwist die Bevölkerung dahin. 1470 bot ein Dekret des Königs René die Möglichkeit zu einem neuen Aufschwung: Der König gab darin 40 Familien aus dem heutigen Imperia an der ligurischen Küste die Siedlungserlaubnis in dem verlassenen Ort.

Kunsthandwerk in Biot – Der tonige Boden von Biot, der viel Sand, Mangan und vulkanische Asche enthält, ist seit langem die Grundlage für eine blühende Keramikfabrikation. Waren bis Mitte des 18. Jh.s vor allem die hohen Tonvasen berühmt, die sogar über die Häfen Marseille und Antibes ausgeführt wurden, so stellt man heute auch andere Produkte aus Ton her. Neben den Töpfern haben sich zahlreiche andere Handwerksbetriebe im Ort angesiedelt, so daß er zu einem bedeutenden kunstgewerblichen Zentrum geworden ist.

Gastronomie

Gut und preiswert

Le Café de la Poste – *24 Rue St-Sébastien - ☎ 04 93 65 19 32 – 15. Jan. bis 15. Feb. geschl. – 12,20/25,92 €.* Ein gewaltiges Fayence-Fresko, eine hübsche Holztheke und lustige Gemälde, das ist der neue, sympathische Dekor dieses bistroartigen Restaurants. Die Atmosphäre ist jung, die Bedienung flott, die Küche traditionell.

Shopping

Verrerie de Biot – *Chemin des Combes, am Fuß des Dorfes an der D 4. ☎ 04 93 65 03 00. ♿ Apr.-Okt.: 9-19 Uhr (Jul.-Aug.: 9-20 Uhr), So und Feiertage 10-13 Uhr, 15-19 Uhr; Nov.-März: 9-18 Uhr, So und Feiertage 10.30-13 Uhr, 14.30-18.30 Uhr. 25. Dez. geschl. Eintritt frei. Fünftägiger Kurs zum Glasblasen: 228,67 €.* Diese Glasbläserei nahm 1956 in Biot ihre Produktion auf. Bei dem Besichtigungsgang durch die Werkstatt läßt sich beobachten, wie hier nach traditionellen Techniken das typische Glas mit Bläscheneinschlüssen verarbeitet wird. In den diversen Geschäften im Ort selbst wird eine große Auswahl an Glaswaren (Karaffen, Flaschen, Gläser, Öllämpchen, Krüge etc.) angeboten.

AUF ENTDECKUNGSTOUR

Das alte Dorf

Es hat überwiegend seine Ursprünglichkeit bewahrt, deren Reiz besonders in der Abendruhe, wenn der Besucherstrom abgeebbt ist, spürbar wird.
Ein ausgeschilderter Weg, der beim Fremdenverkehrsamt (Syndicat d'initiative) beginnt, führt durch die aus dem 16. Jh. stammenden Tore, Porte des Migraniers und Porte des Tines, und durch malerische Gassen zum hübschen **Place des Arcades** mit Rund- und Spitzbogenarkaden.

Kirche – Sie öffnet sich zu einem hübsch gepflasterten Teil des Arkadenplatzes. Malereien schmückten die Wände des im 15. Jh. errichteten Gebäudes, bis sie der Bischof von Grasse 1699 entfernen ließ, da er sie „schamlos" fand. Zum heutigen Schmuck der Kirche trägt an der Fassadenrückseite das in Rot und Gold gehaltene Altarbild **Maria mit dem Rosenkranz★** bei. Es wird Louis Bréa zugeschrieben. Auf dem mittleren Bildteil hebt sich die Darstellung einer Schutzmantelmadonna vor blaugrünem Himmel ab. Wie das Jesuskind und alle Geistlichen und Laien, über die sie schützend ihren Mantel breitet, hält sie einen Rosenkranz in den Händen. Einer der sieben anderen Bildteile zeigt die anmutig eine Strähne ihres goldenen Haares zwischen den Fingern haltende Maria Magdalena.
Canavesio – er hatte eine Frau aus Biot geheiratet – gilt als der Autor der Passionsdarstellung. Sie zeigt **Christus mit den Wundmalen**, zwei Engel und die Passionswerkzeuge; darüber die Geißelung, Schmähung und Auferstehung Christi.

BESICHTIGUNGEN

★★ **Musée National Fernand-Léger** ⓥ – *Das Museum südöstlich des Dorfs ist über die D 4 und einen ausgeschilderten Zufahrtsweg erreichbar.*
A. Swetschin, ein Architekt aus Nizza, konzipierte 1960 das von einem Park umschlossene Museumsgebäude. Es enthält 348 Werke Fernand Légers (1881-1955); diese wurden von Légers Frau Nadja und Georges Bauquier dem französischen Staat vermacht.
Ein etwa 500 m² großes **Keramikmosaik** mit Sportmotiven, einst für das Stadion von Hannover vorgesehen, bedeckt zwei Drittel der Hauptfassade. Links davon befinden sich die großformatige Keramik *Der Kindergarten* (Le Jardin d'enfants) und zwei große Bronzeplastiken, *Frauen mit Papagei* (Les Femmes au perroquet) und *Die wandelnde Blume* (La Fleur qui marche).

Vögel auf gelbem Hintergrund
(Musée National Fernand-Léger, Biot)

J. Mer/EDIMEDIA/© SPADEM

In der Eingangshalle, wo der in Grau und Beige gehaltene Bildteppich *Die Badenden* (Les Baigneuses) die Aufmerksamkeit auf sich lenkt, bringt das einfallende Licht ein großes buntes Glasfliesenfenster zur Geltung.
Im Erdgeschoß befinden sich Originalkeramiken, die zwischen 1950 und 1955 im Atelier Brice in Biot geschaffen wurden.
Gemeinsam mit den zahlreichen **Gemälden** bieten sie einen Überblick über die Entwicklung der Kunst F. Légers von 1905 bis zu seinem Tode. Léger schloß sich zunächst, wie *Der Garten meiner Mutter* und das 1905 entstandene *Porträt des Onkels* erkennen lassen, dem Impressionismus an. Der Einfluß von Cézanne prägte die *Studie zur Frau in Blau* (1912). In der Zeit zwischen den beiden Weltkriegen begann Léger, sich unter Verwendung reiner Farben mehr auf die Herausarbeitung von Kontrasten (*Mona Lisa mit dem Schlüsselbund*, 1930) und auf die Wiedergabe geometrischer Formen (*Großer Schleppkahn*, 1923) zu konzentrieren. In der um 1934 angefertigten *Studie zu Adam und Eva* manifestiert sich die in künftigen Werken zur Regel gewordene Vernachlässigung der Ausarbeitung individueller menschlicher Gesichtszüge und Anatomie; die Darstellung des Menschen war nun einzig der Bildkomposition unterworfen. In einer neuen Entwicklungsphase, ab 1942, befreite Léger die Farbe von der sie bis dahin eingrenzenden Kontur, so daß beide zu eigenständigen Bildelementen wurden. Die Farbgrenzen stimmten nicht einmal mehr mit den Konturen überein, trugen aber zur strengen Komposition des Bildes bei *(Die bunten Taucher)*.
Nach 1945 arbeitete Léger an großflächigen Gemälden. Er behandelt darauf die industrielle Arbeit, den Krieg, die Moderne und den in das Triebwerk der Technik eingespannten Menschen (*Die Mechaniker*, von 1950, ist eines der bezeichnendsten Werke) sowie das Ausruhen und die Lebensfreude. Die *Große Zirkusparade auf rotem Grund* (1954) führt in den dritten Themenkreis, nämlich die phantastische Welt des Zirkus.

Die Außenfassaden zeigen großformatige Mosaiken (darunter ein 300 m^2 großes), die 1990 nach Originalzeichnungen des Künstlers gefertigt wurden. Die Westfassade weist einen für die Mailänder Trienale geplanten Entwurf und die Ostfassade die *Vögel auf gelbem Hintergrund* auf.

Das große Talent des Architekten Andrej Swetschin, Sohn eines russischen Generals und Schüler an der Akademie für Angewandte Kunst in Nizza, zeigt sich in vielen renommierten, von ihm entworfenen Bauwerken an der Côte d'Azur: das Hotel „La Colombe d'Or" in St-Paul-de-Vence, die Villa Marc Chagalls, das Musée Fernand-Léger in Biot. Am Ende seiner Karriere leitete er 1984 die umfangreichen Restaurierungsarbeiten der orthodoxen Kathedrale St-Nicolas in Nizza.

Musée de Biot ⓥ – *Zugang durch das Fremdenverkehrsamt.* Die ehem. Kapelle der Weißen Bußbrüder, von der noch der Turm erhalten ist, bildet den Rahmen für Sammlungen zur lokalen Geschichte. Besondere Aufmerksamkeit verdienen die gelbgrundigen Wandbrunnen mit grünen und grauen Marmorierungen (19. Jh.), die Tonvasen, auf denen man Marken von Bioter Meistern erkennt, sowie die alte Kücheneinrichtung.

Bonsaï Arboretum ⓥ – *Chemin du Val de Pôme, 100 m südlich des Fernand-Léger-Museums.* Dieser 3 000 m^2 umfassende, abschüssige Garten nach japanischem Vorbild bietet eine umfangreiche Bonsaisammlung. Nach einer Teepause kann man weitere exotische Pflanzen in den angrenzenden Gewächshäusern sehen oder auch kaufen.

BORMES-LES-MIMOSAS★

6 324 Einwohner
Michelin-Karte Nr. 340 N 7, Nr. 114 Falte 48 oder Nr. 245 Falte 48
Kartenskizze Massif des MAURES, S. 216

Bormes hat eine reizvolle **Lage★** an einem steilen Hang am Rande des Forêt du Dom zwischen Eukalyptusbäumen, Zypressen, Oleander, Kamille und herrlichen Mimosenwäldern. Nähert man sich Bormes von Le Lavandou her, so gewinnt man einen guten Überblick über seine Anlage und Umgebung.
17 km Strand, die zur Gemeinde gehören und bis an die Bucht (Anse) von Brégançon reichen, und der moderne, 850 Schiffe fassende Jachthafen bei La Favière in der Bucht von Bormes machen das Städtchen zu einem beliebten Ferienort.
Zwei aus Bormes stammende Männer spielten eine bedeutende Rolle bei den lateinamerikanischen Unabhängigkeitskämpfen des 19. Jh.s. **Hippolyte Mourdeille** (1785-1807) trug unter Einsatz seines Lebens dazu bei, die Spanier aus Montevideo zu vertreiben, und **Hippolyte Bouchard** (1780-1837) war Kommandant der Marine im argentinischen Krieg. Zu Ehren der Heldentaten dieser Männer wird in Bormes jedes Jahr am 9. Juli der argentinische Nationalfeiertag begangen. **Jean Aicard** (1848-1921) hat die Stadt oft als Schauplatz seiner Romane gewählt.

AUF ENTDECKUNGSTOUR

★**Alte Gassen** – Unterhalb der Kirche liegt die Altstadt von Bormes, das seinen typisch provenzalischen Charakter bewahrt hat. Mehrere überdachte Passagen, in denen sich früher häufig die Nachbarn, vor der Sonne geschützt, zu einem Schwätzchen trafen, verbinden die Straßen miteinander. Vom Schloß aus führen zahlreiche abschüssige Gassen hinunter. Eine davon ist besonders steil und besitzt ein rutschiges Pflaster mit einer Rinne in der Mitte. Daher erhielt sie den Namen **Rompi-Cuou** („Halsbrecher").

Place St-François – Eine Statue hält das Andenken an den hl. Franz von Paula aufrecht, der Bormes 1481 von der Pest erlöst haben soll. Demselben Heiligen ist die gegenüberliegende, von dunklen Zypressen umstandene Kapelle geweiht; das gedrungene Gebäude wurde im 16. Jh. erbaut. Rechts davon liegt ein alter, von Tropenpflanzen überwucherter Friedhof, auf dem neben Gräbern aus dem 18. Jh. auch ein Denkmal für den Maler Jean-Charles Cazin zu finden ist, der diesen Ort besonders liebte.

Terrasse – Von hier bietet sich ein hübscher **Blick** auf die Bucht von Bormes und das Cap Bénat. Der Turmstumpf am anderen Ende des Platzes war der Unterbau einer Mühle.

Église St-Trophyme ⓥ – *200 m vom Rathaus entfernt.* Das romanisch beeinflußte Gebäude aus dem 18. Jh. ist dreischiffig. Die Fassade zeigt eine Sonnenuhr mit dem Sinnspruch *Ab hora diei ad horam Dei* („Von der Stunde des Tages zur Stunde Gottes"). Die Pfeiler im Inneren der Kirche tragen sechs vergoldete hölzerne Büstenreliquiare, die aus der Entstehungszeit der Kirche stammen. Die 14 Ölgemälde des Kreuzwegs (1980) sind das Werk Alain Nonns.

TIPS UND ADRESSEN

Gastronomie

Gut und preiswert

La Ferme des Janets – *378 Chemin des Janets – Route d'Hyères – ☎ 04 94 71 45 11 – 2. Jan.-11. Febr., Mo-abend, Di-abend, Do-abend und Mi von Nov.-Ende März geschl. – 12,20 € Mittagessen – 18,29/33,54 €.* Ein kleiner Weg führt an Weingärten entlang, wird von Korkeichen, Zypressen und Lorbeerbäumen beschattet und geleitet Sie schließlich zu diesem Hof, auf dem Enten und Hühner gezüchtet werden. Genießen Sie nach einem ländlichen Mahl die schöne begrünte Terrasse und das Boule-Spiel.

Unsere Empfehlung

Lou Portaou – *Rue Cubert-des-Poètes – ☎ 04 94 64 86 37 – 15. Nov.-20. Dez., So-mittag, Mi-mittag vom 1. Juli-12. Sept. und Di außerhalb der Saison geschl. – Reserv. – 27,44 €.* Das in einem Wachtturm aus dem 11. Jh. eingerichtete Restaurant ist mit alten Möbeln und Antiquitäten ausgestattet, die zu dem alten Mauerwerk passen. Man serviert regional geprägte Speisen.

Unterkunft

Unsere Empfehlung

Le Grand Hôtel – *167 Route du Baguier – Nordausfahrt von Bormes, Richtung Collobrières – ☎ 04 94 71 23 72 – www.augrandhotel.com – 15. Nov.-15. Dez. geschl. – P – 50 Z: 42,69/60,98 € – ☕ 6,10 € – Rest. 15 €.* In diesem großen Hotel, das 1903 oberhalb der Stadt errichtet wurde, herrscht eine herrlich altmodische Atmosphäre. Die meisten der geräumigen und sehr gut geräuschisolierten Zimmer besitzen einen Balkon mit Blick aufs Meer.

Hôtel Les Palmiers – *Chemin du Petit-Fort – 8 km südlich von Bormes – ☎ 04 94 64 81 94 – 15. Nov.-31. Jan. geschl. – 22 Z: 76,22/121,96 € – ☕ 9,15 € – Rest. 24/37 €.* In einem ruhigen Wohngebiet unweit vom Strand und vom Fort de Brégançon liegt dieses Hotel, dessen Zimmer meist einen großen Balkon besitzen. Das Restaurant öffnet sich auf eine begrünte Terrasse, auf der man im Sommer speisen kann. In der Saison nur Halbpension.

Shopping

Märkte – Dienstags in Pin-de-Bormes, mittwochs in der Altstadt, samstags während der Saison in La Favière.

Besondere Termine

Blumenkorsos – Zwischen Ende Januar und Anfang März finden an der Côte d'Azur, und zwar in Cannes, Menton, Nizza, Tourettes-sur-Loup und natürlich in Bormes-les-Mimosas, eine Vielzahl von Wagenumzügen statt. Der Corso du Mimosa wird am dritten Sonntag im Februar abgehalten.

Château – In der Nähe der Kirche führt der als „Parcours fleuri" ausgeschilderte Weg mit wunderschönen Blumenbeeten an den teilweise restaurierten bewohnten Resten des alten Schlosses (13.-14. Jh.) derer von Fos vorbei. Kurz nachdem man das Gebäude hinter sich gelassen hat, ergibt sich von einer Terrasse aus ein schöner **Blick★** auf Bormes, seine Bucht, das Cap Bénat sowie die Inseln Port-Cros und Le Levant.

BESICHTIGUNG

Musée „Arts et Histoire" ⏲ – *65 Rue Carnot.* Die Sammlungen geben Aufschluß über die Geschichte von Bormes, Fort Brégançon und der Kartause La Verne. Maler aus der Gegend sind mit ihren Werken aus dem 19. Jh. vertreten, darunter besonders der Landschaftsmaler **Jean-Charles Cazin** (1841-1901). Außerdem erfährt man Näheres über das Leben von Bouchard und Mourdeille.

UMGEBUNG

Cap de Brégançon – Am östlichen Ende der Bucht von Hyères befindet sich auf einem Felsvorsprung eine Festung. Das **Fort de Brégançon**, seit 1968 Sommerresidenz des französischen Staatspräsidenten *(keine Besichtigung)*, wurde auf einer kleinen Insel erbaut, die über eine schmale Brücke mit der Küste des Cap Bénat verbunden ist. Georges Pompidou hing sehr an dem Gebäude, Jacques Chirac ließ sich auch einige Male hier blicken. Der junge General Bonaparte leitete die

Pioniere der Unterwasserwelt

Im August 1937 wollten zwei junge Taucher mit nur behelfsmäßiger Ausrüstung beim Fort de Brégançon, das damals noch keinen Präsidenten zur Sommerfrische beherbergte, einen neuen Rekord in der Unterwasserjagd aufstellen. **Jacques-Yves Cousteau** und Philippe Taillez machten jedoch keine reiche Beute, sondern entdeckten stattdessen auf ihrer Unterwasserreise inmitten von Fischschwärmen (darunter Zackenbarsche und andere Barsche, die zu jener Zeit noch viel zutraulicher waren) ihr Interesse an der Erforschung der Wunder des Meeres. Bald schloß sich ihnen Frédéric Dumas, ein weiterer, ehemaliger Champion der Unterwasserjagd an, und schnell wurde die Jagd auf Fische zur Jagd nach Fotos. Im Herbst 1943 tauchte Dumas bei der Erprobung eines Tauchgerätes mindestens 62 m tief und entdeckte dabei das Phänomen des Tiefenrausches. Nach dem Krieg begannen die Meeresforscher, ihre Expeditionen zu filmen und damit für die Nachwelt zu erhalten. Die Bilder der *Calypso* gingen um die ganze Welt.

Restaurierungsmaßnahmen an dem seit Anfang des 19. Jh. verlassenen Fort ein, das erst zwischen den Weltkriegen wieder vollständig hergestellt wurde. Die ältesten Teile des Baus stammen aus dem 16. Jh. Von dem an die Umfassungsmauer angrenzenden Strand aus sieht man die Zugbrücke und die beiden zinnenbekrönten Türme.

BREIL-SUR-ROYA

2 058 Einwohner
Michelin-Karte Nr. 341 G 4, Nr. 115 Falte 18 oder Nr. 245 Falte 26
Kartenskizze NICE, S. 275

Das an den Berg geschmiegte Dorf liegt an der Straße, die von Ventimiglia über den Col de Tende nach Turin führt. Es erstreckt sich an beiden Ufern der hier gestauten, zum Fischen und Wassersport (Kanu- und Kajakrennen, Wildwassersport in Maglia) geeigneten Roya nahe der italienischen Grenze, von welcher es durch das Arpette-Bergmassiv (1 610 m) getrennt ist. Seine Bewohner leben von der Viehzucht (Käseherstellung, Milch) und vom Olivenanbau; es gibt auch einige kleine Lederfabriken.

M. Braun

Breil-sur-Roya – Alter Dorfteil

TIPS UND ADRESSEN

Gastronomie

Unsere Empfehlung

Le Roya – *Place Brancion – ☎ 04 93 04 47 38 – Mo geschl. – ⌧ – 19,51/33,54 €.* Sind Sie hungrig geworden bei der Erkundung dieses reizenden alten Dörfchens? Dann besuchen Sie doch den kleinen überwölbten Gastraum dieses rustikalen Restaurants, das mit alten Keltern dekoriert ist. Man serviert eine traditionelle Küche; die Atmosphäre ist freundlich.

Unterkunft

Gut und preiswert

Le Roya – *Place Brancion – ☎ 04 93 04 48 10 – 13 Z: 41,16/48,78 € – ☕ 5,34 € – Rest. 20 €.* Hinter der farbigen Fassade des auf dem linken Roya-Ufer gelegenen Hotels verbergen sich einfache, aber gepflegte Zimmer mit großen Bädern. Die schönsten Zimmer sind die mit Blick auf die Berge und den Fluß.

Unsere Empfehlung

Castel du Roy – *Route de Tende, 1 km – ☎ 04 93 04 43 66 – 2. Nov.-31. März geschl. – 19 Z: 64,03/68,60 € – ☕ 6,10 € – Rest. 20/35 €.* In diesem gepflegten Park am Ufer der Roya kommt man zur Ruhe. Das einfache Hotel ist ein idealer Ausgangspunkt für Bergwanderungen und Naturerkundungen im Vallée des Merveilles und im Parc du Mercantour. Swimmingpool.

Sport und Freizeit

Mme Carduner – *☎ 04 93 04 43 65.* Kurse im Klöppeln.

Roya-Évasion – *1 Rue Pasteur – ☎ 04 93 04 91 46 – www.royaevasion.com.* Roya-Évasion organisiert und stellt die Begleitpersonen für alle Arten sportlicher Betätigung: Kayakfahrten, Canyoning, Rafting, Wanderungen, Mountainbike-Fahrten etc. Auch Verleih der Ausrüstungen.

Besondere Termine

A Stacada – Die außergewöhnliche, farbenfrohe Veranstaltung findet alle vier Jahre statt *(nächste Stacadas 2002 bzw. 2006)*, um der Abschaffung des *Jus primae noctis* (Recht des Grundherrn auf die erste Nacht mit der Neuvermählten eines Untertanen) zu gedenken, das nach einem Aufbegehren der Einwohner Breils gegen einen lokalen Tyrannen aufgehoben wurde. Ein Teil der in reich geschmückten mittelalterlichen Trachten gekleideten Dorfbewohner zieht durch den Ort und führt an bestimmten Stellen kleine Inszenierungen des damaligen historischen Ereignisses auf. Dabei erscheint plötzlich der vermeintliche Grundherr, von dem die Dorfbewohner Wiedergutmachung fordern. Nach mehreren Verfolgungsjagden zwischen der türkischen Garde des Grundherrn und den Notabeln werden letztere schließlich gefangengenommen und in Ketten gelegt *(a stacada)*.

AUF ENTDECKUNGSTOUR

Alter Dorfteil

Er liegt zusammengedrängt am linken Ufer der Roya. Die Hauptstraße und die von ihr abgehenden Gassen mit den alten Häusern sind malerisch. Hier und da sieht man Reste der Befestigungsmauer und der Stadttore. Südlich der Pfarrkirche steht die Katharinenkapelle (Chapelle Ste-Catherine) mit sehenswerter Renaissancefassade und einem von je zwei korinthischen Pilastern flankierten Portal.

Église Sancta-Maria-in-Albis – Der große Zentralbau aus dem 18. Jh. ist von einem dreigeschossigen Glockenturm mit buntem Ziegeldach überragt. Die 1719 skulptierten Flügel des Portals gewähren Zutritt zu dem barocken Kirchenraum. Auf der Empore befindet sich das prachtvoll mit vergoldeter Schnitzerei verzierte **Orgelgehäuse** aus dem 17. Jh. Auf der linken Seite des Chors ist das **Altarbild** (1500) eines alten Meisters sehenswert, auf dem Petrus als Papst, erkennbar an seiner Tiara, zwischen Paulus und Hieronymus erscheint; darüber ist die Verklärung Christi dargestellt, der die hl. Katharina und der hl. Bartholomäus beiwohnen.

BESICHTIGUNG

Écomusée du Haut Pays ⓥ – *Wegen Renovierung geschlossen.* Das Museum ist in einem alten Lokschuppen auf dem Gelände des ehemaligen Grenzbahnhofs von Breil untergebracht. Darin werden die wichtigsten Etappen der Entwicklung der öffentlichen Verkehrsmittel im Nizzaer Hochland seit Anfang dieses Jahrhunderts interessant geschildert. Zu besichtigen sind u. a. eine Kleinbahn von 1900, die mit den Modellen identisch ist, die zwischen Menton und Sospel fuhren, sowie eine 141 R-Dampflokomotive. Andere Exponate veranschaulichen die landwirtschaftliche Tätigkeit in der Region.

BRIGNOLES

12 487 Einwohner
Michelin-Karte Nr. 340 L 5, Nr. 114 Falten 20, 32, 33 und 34
oder Nr. 245 Falte 47

Während sich die engen, gewundenen Gassen der reizvollen Altstadt an die Nordseite einer Anhöhe schmiegen, welche auf ihrem Gipfel die ehemalige zinnenbekrönte Burg der Grafen von Provence trägt, breitet sich der neuere Teil der Stadt im grünen, weiten Caramy-Becken aus.
Die reine Marktstadt ist alljährlich in der ersten Aprilhälfte besonders betriebsam, wenn sich die Erzeuger der Var- und Provence-Weine zur Messe einfinden. Zu den Erzeugnissen von Brignoles gehören außerdem Wein Pfirsiche, Honig, Oliven und Öle.

Die „Pflaumen von Brignoles“ – Diese Art Trockenfrüchte waren eine bis zum 16. Jh. im ganzen französischen Königreich beliebte Spezialität, die in keiner Konfektdose fehlte. Die Pflaumengärten mit einem Bestand von 180 000 Bäumen gehörten einem Adligen der Gegend und wurden während der Religionskriege verwüstet. Seitdem kommen die sogenannten „Pflaumen von Brignoles“ aus Digne in der Haute-Provence.

AUF ENTDECKUNGSTOUR

Altstadt

Südlich des Place Carami liegen malerische Straßen, die zur Erlöserkirche und zur Burg führen. Es sind insbesondere die teilweise überwölbte Rue du Grand-Escalier, die steile Rue du St-Esprit und die Rue des Lanciers, wo ein **romanisches Haus** mit Zwillingsfenstern steht.

Église St-Sauveur ⓥ – Die Erlöserkirche mit ihrem aus dem 12. Jh. stammenden, von ionischen Säulen umgebenen romanischen Portal besteht aus einem im Stil der provenzalischen Gotik schlicht gehaltenen Schiff. Zu ihren Kunstschätzen gehören die im 16. Jh. angefertigte Sakristeitür und die vergoldeten Flachreliefs aus Holz (15. Jh.) mit den Darstellungen der Opferung des Isaak durch seinen Vater Abraham auf der einen, der Verteilung des Manna auf der anderen Seite des Hochaltars. Außerdem ist eine **Kreuzabnahme** zu erwähnen. Sie befindet sich in der rechten Kapelle und stammt von Barthélemy Parrocel, dem 1660 in Brignoles verstorbenen ältesten Vertreter dieses berühmten südfranzösischen Malergeschlechts.

E. Baret

St-Sauveur – Detail vom Portal

Musée du Pays brignolais ⓥ – Das Museum befindet sich in den zum Teil bis auf das 12. Jh. zurückreichenden Mauern der ehemaligen Sommerresidenz der Grafen von Provence. Sein bedeutendstes Kunstwerk ist der **Sarkophag von La Gayole★**, dessen Entstehungszeit auf das ausgehende 2. oder beginnende 3. Jh. datiert wird, eine Zeit, in der sich die christliche Ikonographie noch nicht von heidnischen Symbolen freigemacht hatte, wie es links die Büste Apollos als Sonnengott erkennen läßt. Im Erdgeschoß vermittelt außerdem eine typisch provenzalisch eingerichtete Küche einen Eindruck vom Leben im 18. Jh. Die Nachbildung eines Bergwerkstollens gewährt einen Rückblick auf den Bauxitabbau in der Region. Beachtenswert ist auch das Zementboot von Joseph Lambot, dem Erfinder des Stahlbetons.

TIPS UND ADRESSEN

Gastronomie

Gut und preiswert

La Remise – *4 Avenue de la Libération – 83890 Besse-sur-Issole – 15 km südöstlich von Brignoles über die N 7 in Richtung Le Luc und rechts über die D 13 – ☎ 04 94 59 66 93 – So-abend und Mo geschl. – 11,89/19,06 €.* Einfaches Lokal am Ortseingang, das sich hinter einer unscheinbaren Fassade verbirgt. Schlichter Dekor: weiße Wände mit Fotos und Gemälden. In der Küche, die man vom Gastraum einsehen kann, bereitet man einfache, eher regionaltypische Speisen zu.

Unsere Empfehlung

Le Bistrot du Boucher – *5 Rue Louis-Maître – ☎ 04 94 69 17 22 – Mo-abend, Di-abend und So geschl. – ⊄ – 9,91 € Mittagessen – 18,29/27,44 €.* Amüsantes kleines Restaurant, das in einer alten Fleischerei eingerichtet wurde. Der Gastraum hat provenzalische Farben angenommen, der ursprüngliche Dekor wurde jedoch beibehalten. Wie es sich an einem solchen Ort gehört, bietet man vor allem auf Holzfeuer gegrillte Fleischgerichte an.

Unterkunft

Unsere Empfehlung

La Cordeline – *14 Rue des Cordeliers – ☎ 04 94 59 18 66 – lacordeline@ifrance.com – Jan. und Febr. geschl. – 5 Z: 60,98/91,47 € – Mahlzeit 23 €.* Eine Oase des Wohlbefindens mitten in der Stadt ist dieses schöne Herrenhaus, das aus dem 17. Jh. stammt. In den mit neuen Bädern und einem kleinen Salon ausgestatteten Zimmern stehen schöne alte Möbel. Von ganz besonderem Zauber ist die Terrasse mit Weinspalier.

Chambre d'hôte Château de Vins – *83170 Vins-sur-Caramy – 9 km von Brignoles über die D 24, Route du Thoronet – ☎ 04 94 72 50 40 – chateau.de.vins@free.fr – Nov. bis Apr. geschl. – ⊄ – 5 Z: 61/68,60 €.* Das viertürmige Schloß von Vins stammt aus dem 16. Jh. und steht unter Denkmalschutz. Es birgt schlichte, klassische Zimmer und steht ganz im Zeichen der Musik. Kulturelle Aktivitäten, Musikakademie und Konzerte im Sommer, Ausstellungen u. v. m. gehören zu diesem Schloß, das von seinem dynamischen Besitzer mit Begeisterung und Leidenschaft renoviert wurde.

Shopping

Landwirtschaftsausstellung – Die 1921 ins Leben gerufene Messe findet ca. 10 Tage lang im April statt und stellt die heimischen Produkte wie die Weine des Var und der Provence sowie Honig, Oliven und Olivenöl etc. in den Vordergrund.

Sport und Freizeit

Hippodrome de la Côte d'Azur – *☎ 04 92 02 44 44.* Die Reitsportsaison erstreckt sich von Dezember bis März und gibt von Juli bis August ein Zwischenspiel.

In der im 17. Jh. mit hübschen Holztäfelungen versehenen Hofkapelle sieht man eine schöne holzgeschnitzte **Schwarze Madonna** aus dem 11. Jh.
Im ersten Stockwerk liegen die Räume, in denen religiöse und profane Malerei, u. a. von Barthélemy und Joseph Parrocel sowie Montenard (1849-1926) zu sehen ist; außerdem eine 1952 nach alten Vorbildern angefertigte **mechanische Weihnachtskrippe**.

UMGEBUNG

Abbaye de la Celle ⊙

Ausfahrt aus Brignoles in südlicher Richtung auf der D 554, dann rechts auf die D 405.

Im 13. Jh. genoß dieses Benediktinerinnenkloster einen sehr guten Ruf, so daß der provenzalische Hochadel seine Töchter hierher schickte. Vom 16. Jh. an wurden jedoch die Ordensregeln immer lockerer ausgelegt, und die Nonnen unterschieden sich, gemäß einem Zitat, von anderen Frauen nur noch durch die Farbe ihres Unterrocks und die Anzahl ihrer Liebhaber. Alle Versuche, das Kloster zu reformieren, schlugen fehl, sogar das persönliche Eingreifen des Pfründners und Abts Mazarin blieb erfolglos, so daß das Kloster 1660 seine Pforten für immer schließen mußte.

BRIGNOLES

Carami (Pl.) 3
Cavaillon (Traverse) 4
Comtes de Provence (Pl. des) ...6
Dr-Barbaroux (R. du) 8
Dréo (Av.) 9
Ferry (R. Jules) 12
Foch (Av. Mar.) 14
Grand Escalier (R. du) 15
Lanciers (R. des) 19
Liberté (Cours de la) 21
Mistral (Av. Frédéric) 22
Ottaviani (R. Louis) 25
Parrocel (Pl.) 26
République (R. de la) 28
St-Esprit (R.) 30
St-Louis (Bd) 32
St-Pierre (Pl.) 34
8 Mai 1945 (R. du) 38

Maison romane ....E
Musée du Pays brignolais .....M

Das im 17. Jh. erbaute Haus der Oberin wurde zu einem Hotel umgebaut; die Ruine des alten Kreuzgangs, der Kapitelsaal und das Refektorium können besichtigt werden. Die nüchterne, festungsartige romanische Kapelle ist einschiffig und endet in einer halbrunden Apsis. Sie ist heute Pfarrkirche und enthält ein faszinierend realistisches, außergewöhnlich ausdrucksstarkes Kruzifix aus dem 15. Jh.

AUSFLÜGE

★1 Durch das Pays Brignolais

Rundfahrt von 56 km – etwa 3 Std. – s. Kartenskizze

Ausfahrt aus Brignoles auf der D 554.

Man fährt durch eine hügelige, vom dunklen Grün der Kiefern, vom Rot der bauxithaltigen Erde – der Bauxitabbau war bis Anfang der 70er Jahre der wichtigste Industriezweig der Region – und den verschiedenen Farben der Mischkultur, unter denen das Grün der Reben dominiert, visuell bestimmte Landschaft.

Le Val – Die schmalen Häuser dieses früher umfriedeten Dorfs am Rande der antiken *Via Aurelia* umgeben einen Kirchturm mit schmiedeeisernem Glockenaufsatz aus dem 18. Jh. Der provenzalische Charakter dieses einheitlichen Gefüges wurde durch Restaurierung geschickt zur Geltung gebracht. Die Fassade des **Hôtel des Vins** am Ortseingang wird mit der von einem Dalí-Schüler gemalten Freske zu einem Blickfang. Die romanische Kirche enthält schöne Fresken aus dem 18. Jh. und bemalte Statuen aus dem 16. Jh.
Im ehemaligen Zwangsbackofen (12. Jh.) ist das **Musée du Santon** ⓥ mit einer sehr vielseitigen Sammlung von Krippenfiguren *(santons)* aus der Provence, aber auch aus Venedig, Israel, Lateinamerika und Schwarzafrika untergebracht. Im Ofen steht eine sehr große Krippe aus Neapel.
Die Chapelle des Pénitents (16. Jh.) beherbergt das kleine **Musée d'Art sacré** ⓥ mit einer umfassenden Sammlung von Exvotos aus dem 17. Jh., Statuen und reich bestickten Priestergewändern.
Am östlichen Dorfausgang fällt ein altes malerisches Waschhaus ins Auge, das mit schönen Säulen verziert ist. Unweit davon befindet sich das **Musée de la Figurine historique** ⓥ. Im Erdgeschoß ist antikes Spielzeug, mitunter von 1850, ausgestellt, im ersten Stock kleine historische Figuren und alte Militäruniformen. Sehenswert sind außerdem die Dioramen über die napoleonische Zeit und alte Papierschnitte von Soldaten.

Fahren Sie über die D 562 nach Carcès, 17 km nordöstlich.

Die Straße führt an Weinbergen zwischen Kiefernwäldern und Lavendelfeldern entlang.

Carcès – Das mit seinen schmalen, hohen Häusern auf einer Anhöhe gelegene Dorf hebt sich von dem in der Ferne aufragenden Gros Bessillon ab. Olivenöl und Honig sind seine Haupterzeugnisse; daneben gibt es große Weinkellereien.
Am Ortsausgang von Carcès verläuft die D 13 *(in Richtung Cabasse)* am Ufer des unter Bäumen dahinfließenden Carami entlang; 2 km hinter Carcès bilden die über mehrere Stufen 7 m in die Tiefe stürzenden Fluten dieses Flusses einen rauschenden **Wasserfall** *(ausgeschilderter Weg).*

Lac de Carcès – Der bei Anglern beliebte, fischreiche See liegt in einem überwiegend aus Kiefern bestehenden Wald. Er ist durch einen Erddamm gestaut, kann bis zu 8 Mio. m³ Wasser fassen und versorgt Toulon sowie andere Orte an der Küste mit Trinkwasser. Vom südlichen Teil des Sees aus bietet sich eine weite **Aussicht** über die spiegelnde Wasserfläche und die angrenzenden Hügel.

Fahren Sie auf der D 13 weiter und biegen Sie nach links auf die D 79 zum Kloster Le Thoronet ab.

★★ Abbaye du Thoronet – *Siehe dort*

Kehren Sie um zur D 13, der Sie nach links durch das Tal der Issole folgen.

Cabasse – Cabasse liegt an der provenzalischen Weinstraße im grünen Tal der Issole. Daß das Gebiet hier schon sehr früh besiedelt gewesen sein muß, beweisen die in der Nähe zu findenden Menhire und Dolmen sowie die Zeugnisse aus galloromischer Zeit an und in der interessanten Kirche. Sehr reizvoll ist der schattige Dorfplatz mit dem bemoosten Schalenbrunnen. Die heutige zweischiffige **Église St-Pons** stammt aus dem 16. Jh.; das Bogenfeld des Portals wurde jedoch erst 1900 skulptiert. In die Außenwand des Chorhaupts sind eine Grabplatte mit Inschrift aus dem 2. Jh. und Meilensteine eingelassen. Im Inneren sieht man im fünften Joch ein aus kleinen Gemälden zusammengefügtes Rosenkranzbild. Besondere Beachtung verdient jedoch der **Hochaltar★**. Das 1543 aus Holz geschnitzte und vergoldete Tabernakel harmoniert mit der Altartafel und ist wie diese dem Stil der spanischen Renaissance verhaftet. Darüber steht eine auf der einen Seite vom hl. Michael, auf der anderen vom hl. Pontius flankierte Madonnenstatue unter einem zierlichen Baldachin. Die Rippen des Seitenschiffsgewölbes stützen sich auf behauene Konsolen mit Fratzen oder lieblichen Gesichtern. Die galloromische Vergangenheit hat in einem Zippus (eiförmiger Stein), Resten von Sarkophagen und in Kapitellen ihre Spuren hinterlassen.

Bleiben Sie ein Stück auf der D 13 und biegen Sie dann rechts in N 7 ein, die nach Brignoles zurückführt.

2 Vallon Sourn *Rundfahrt von 39 km – etwa 1 Std. – s. Kartenskizze*

Verlassen Sie Brignoles auf der D 554 in nördlicher Richtung. Biegen Sie in Le Val nach rechts auf die D 562 und dann nach links auf die über den Argens führende D 22 ab.

Montfort-sur-Argens – In dem noch heute von Mauern umgebenen, mit den Resten seiner trutzigen Burg an die Ritterzeit erinnernden Dorf befand sich einst eine Komturei des Templerordens. Von den ursprünglichen Bauten stehen noch zwei von Kreuzstockfenstern durchbrochene Vierecktürme. Eine schöne Wendeltreppe aus dem 15. Jh. führt in die oberen Stockwerke. Die Gegend bringt köstliche Pfirsiche und Trauben hervor.

Kehren Sie um und fahren Sie bis zur Kreuzung mit der D 45 zurück, der Sie nach rechts folgen.

Die Straße führt das Argens-Tal aufwärts.

Correns – Das Dörfchen, auf dessen Gemarkung ein guter Weißwein wächst, liegt vor der Bergkulisse des Gros Bessillon an beiden Ufern des Argens. Es besitzt viele Brunnen und eine alte Burg mit einem Turm, der noch heute die ursprünglichen Wasserspeier trägt.

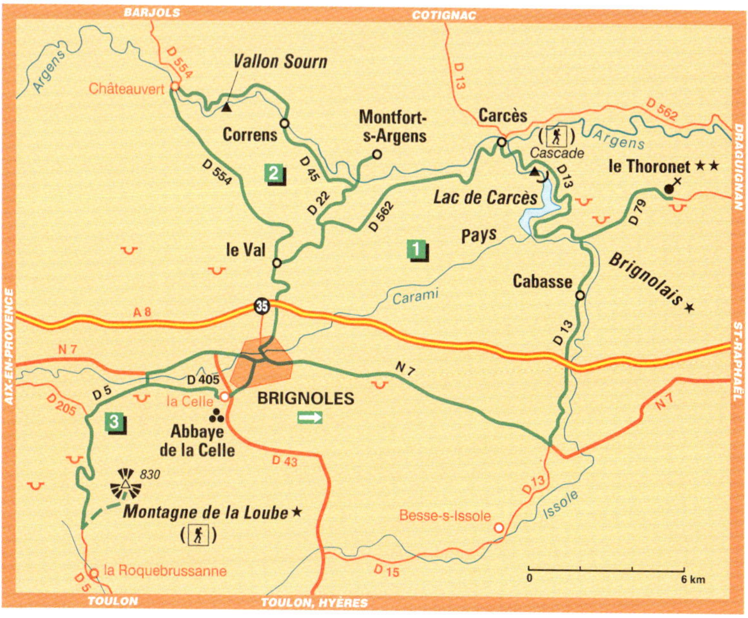

Vallon Sourn – Das Hochtal des Argens ist hier schattig und kühl. Es beeindruckt durch Steilwände mit Höhlen, die während der Religionskriege im 16. Jh. Unterschlupf gewährten. Sein Name kommt aus dem Provenzalischen und bedeutet „dunkles Tal".

Biegen Sie in Châteauvert nach links auf die D 554 ab, die nach Brignoles zurückführt.

★3 Montagne de la Loube

14 km südwestlich – etwa 3 Std. – s. Kartenskizze

Verlassen Sie Brignoles in südlicher Richtung auf der D 554, dann biegen Sie nach rechts auf die D 405 ab, anschließend weiter auf der D 5 in südlicher Richtung. 1 km vor La Roquebrussanne zweigt links eine schmale, für den Autoverkehr gesperrte Straße ab; an ihrem Anfang befindet sich eine Parkmöglichkeit.

★**Montagne de la Loube** – *2 Std. zu Fuß hin und zurück über die gesperrte Straße.* Der Weg führt durch dichte, im Frühjahr üppig blühende Vegetation an trümmerhaft wirkenden, manchmal an die Umrisse von Tieren oder Menschen erinnernden Dolomitfelsen vorbei oder über diese hinweg.

Klettern Sie am Ende des Wegs, bei der Relaisstation, über die Felsen, was jedoch weder Gefahr noch größere Anstrengung bedeutet.

Wenn der 830 m hohe Gipfel erklommen ist, bietet sich ein schönes **Panorama**★: In den Tälern bilden die bestellten Felder Rechtecke von unterschiedlichen Farben, die sich von den kargen Bergketten gut absetzen; an den Hängen kontrastiert das Grün der Kiefern und Eichen mit dem Rot des bauxithaltigen Gesteins. Im Norden, jenseits des Caramy-Tals, tauchen die Berge der inneren Provence, im Osten die Alpen, im Süden die Berge um Toulon und im Westen die lange Bergkette des Ste-Baume-Massivs auf.

Die Rückfahrt nach Brignoles erfolgt auf der D 5 und der N 7.

La BRIGUE

595 Einwohner
Michelin-Karte Nr. 341 G 3, Nr. 115 Falte 9 oder Nr. 245 Falte 26
Kartenskizze NICE, S. 275

Dieser reizende Ort ist von Obstgärten umgeben und liegt in dem schönen kleinen Tal der Levense, eines Nebenflusses der Roya, der von einer romanischen Brücke überspannt wird.
Die alten Häuser aus grünem Schiefer geben Zeugnis vom langen Bestehen dieser Siedlung. Sie stehen unterhalb der Ruinen der Burg und des Turms der Lascaris, die hier vom 14. bis zum 18. Jh. die Herren waren.

AUF ENTDECKUNGSTOUR

Das alte Dorf – Die Tür- und Fensterstürze vieler Häuser sind mit Wappen oder sonstigen Verzierungen versehen, die Mauern durch Lauben aufgelockert. Vom Dorfplatz aus bietet sich eine schöne **Aussicht** auf den Mont Bégo. Die rechts von der Pfarrkirche auffallende Barockfassade und der schlanke Glockenturm gehören zur Büßerkapelle **Chapelle de l'Assomption** ⓥ. Links erhebt sich eine weitere barocke Kapelle, die auf sechseckigem Grundriß errichtete **Chapelle de l'Annonciation** ⓥ. In ihr sind der Kirchenschatz und eine Sammlung liturgischer Gewänder untergebracht.

★**Collégiale St-Martin** ⓥ – Die Pfarrkirche, deren Giebel und Außenwände mit Lisenen verziert sind, besitzt einen schönen quadratischen Glockenturm vom Ende des 15. Jh.s.
Das Portal, dessen antikisierende Einrahmung (1576) einen Querbalken aus grünem Schiefer (1501) enthält, gewährt Einlaß in das im italienischen Stil reich mit Gold verzierte Langhaus. Auf der Empore das Orgelgehäuse aus dem 17. Jh., das Mitte des 19. Jh.s von den italienischen Orgelbauern der Saorge-Orgel wiedereingesetzt wurde. Über dem Taufbecken aus weißem Marmor ist ein kegelförmiger vergoldeter und bemalter Baldachin errichtet.
Die Kirche beherbergt eine bemerkenswerte **Sammlung alter Nizzaer Meister**★ *(primitifs niçois)*. Im rechten Seitenschiff vom Eingang aus

Tip

Gut und preiswert

Le Pra-Réound – *D 43, am Ortsausgang nach dem Haus Adapeï – ☎ 04 93 04 65 67 – 20. Nov.-1. März geschl. – 6 Z: 25,92/33,54 € – 4,57 €.* Wanderer lieben den kleinen Gasthof dieses zauberhaften Bergdorfes. Die Zimmer im Motel-Stil besitzen alle eine Terrasse mit Blick auf die verschneiten Gipfel der Umgebung. Für die Zubereitung des Frühstücks oder kleiner Gerichte steht eine Küche zur Verfügung.

D. Faure-SCOPE

Jesus vor Pilatus, Ausschnitt aus der Passionsgeschichte von Jean Canavesio

gesehen: eine Kreuzigung Christi mit verschiedenen Heiligen und Stiftern, die an jene von Louis Bréa in Cimiez erinnert; das Retabel der hl. Martha mit der Predella, die die provenzalische Legende ihrer Lebensgeschichte erzählt (der kleine Nachen, in dem sie in Marseille ankam, wurde hier zu einem großen Schiff); das Martyrium des hl. Erasmus ist in realistischer Grausamkeit dargestellt, was im Werk Bréas überraschen mag.

Es folgen das schöne Retabel mit der **Anbetung der Könige** von demselben Künstler und die Mitteltafel eines Triptychons mit der Darstellung der Himmelfahrt Mariä aus derselben Malerschule.

Die erste Kapelle links zeigt das Triptychon **Notre-Dame-des-Neiges**, das von dem Italiener Sebastiano Fuseri geschaffen wurde und auf 1507 datiert ist. Es wurde im 18. Jh. mit einer barocken Umrahmung versehen.

UMGEBUNG

Chapelle Notre-Dame-des-Fontaines Ⓥ – *4 km östlich von La Brigue über die D 43.* Völlig einsam im Mont-Noir-Tal unweit des beeindruckenden Mont Bégo und an einem der zahlreichen Wildbäche der Region steht die Kapelle Notre-Dame-des-Fontaines an der Stelle einer heidnischen Wasserkultstätte. Sie ist ein vielbesuchter Wallfahrtsort dieser Gegend.

Die Kapelle ist in zwei Bauphasen entstanden: der Chor im 12. Jh. und das Langhaus im 14. Jh. (im 18. Jh. wurde dieses erhöht, um sieben Obergadenfenster anzubringen). Im Gegensatz zum bescheidenen Außenbau überrascht das reich dekorierte, mit **Wandmalereien★★★** ausgeschmückte Innere.

Kapellen mit Fresken in der Umgebung von Nizza

In den Tälern der Roya, des Paillon und des Unterlaufs der Tinée stehen zahlreiche mittelalterliche Kapellen mit herrlichen Wandmalereien, die der damals meist analphabetischen Bevölkerung als Bibelunterweisung dienten. Folgende seien besonders hervorgehoben:

Coaraze, St-Sébastien
Lucéram, Notre-Dame-de-Bon-Cœur und St-Grat
Peillon, Chapelle des Pénitents-Blancs
St-Dalmas-de-Valdeblore, Kirche
Saorge, Notre-Dame-del-Poggio *(Privatbesitz)*
Venanson, St-Sébastien

Mehrere moderne Künstler sind in die Fußstapfen ihrer gotischen Vorgänger getreten und haben ihrerseits zu der Verschönerung der Gotteshäuser beigetragen. Unter ihnen befinden sich Matisse (in Vence), Cocteau (in Villfranche) und Tobiasse (in Le Cannet). Eine Beschreibung der Fresken in den Kapellen und Pfarrkirchen des Tinée-Tals finden Sie im Grünen Reiseführer Französische Alpen.

Die Wandmalereien dienten zur Glaubensunterweisung eines einfachen Volkes, das oft weder lesen noch schreiben konnte und in einem abgeschiedenen Landstrich lebte. Daher ist ihr Stil burlesk, makaber und ausmalend. Die Chorgewölbe *(stark beschädigt)* zeigen die vier Evangelisten, an den Wänden eine Darstellung der Auferstehung Christi und der Himmelfahrt Mariä. Diese um 1451 entstandenen Fresken mit geschmeidigen, tanzenden Figuren *(1950 unter Tünche wiederentdeckt)* sind das Meisterwerk von **Jean Baleison**, des herausragendsten Vertreters der gotischen Malerei dieser alpinen Region. Das Langhaus wurde im Stil der Frührenaissance von **Jean Canavesio** (1420-Anf. 16. Jh.) gestaltet. Die Fresken auf der Rückseite der Fassade und den Seitenwänden sind mit dem 12. Oktober 1492 datiert. Sie zeigen das Jüngste Gericht und die Passionsgeschichte. Die meist sehr komplexen Bildgeschichten scheinen durch Detaildarstellung verschiedene Lesarten, d. h. eine bestimmte Bibeltextauslegung zu verfolgen. So zeigt etwa Petrus beim Abendmahl bedrohend das große Messer und bei der Gefangennahme Jesu ein Krummschwert; er schläft liegend (nicht sitzend) im Ölgarten und wird bei der Verleugnung dabei überrascht, wie er sich die Füße wärmt. In der Fußwaschszene schweben seine Füße über dem Wasser, obwohl Jesus erscheint, um sie ihm zu waschen. Diese ungewöhnliche Ikonographie ist als vorreformatorische Kritik am Papsttum deutbar, die, gierig nach politischer und weltlicher Macht (das Messer), auf das leibliche Glück bedacht ist und weniger auf das Seelenheil (durch das Wasser symbolisiert).
In derselben Szene der Fußwaschung hingegen ist es allein Judas, der seine Sandalen auszuziehen wagt, um von seinen Sünden reingewaschen zu werden. Von Schuldgefühlen ergriffen, geht er barfuß weiter. Sein erhängter und aufgeschlitzter Körper – beide Versionen sind in einem Bild vereint – zeigt seine doppelt vorhandenen Eingeweide (zwei Herzen, Lebern und Därme), die sein zweifaches Schicksal als Verräter, notwendig zur Erfüllung der Schriften, und als reuiger Sünder bildlich übertragen.

CABRIS★

1 472 Einwohner
Michelin-Karte Nr. 341 C 6, Nr. 114 Falte 12, Nr. 115 SW der Falte 24
oder Nr. 245 Falte 36

In der Gegend von Grasse, in herrlicher **Lage★** nur 20 km vom Meer entfernt, schaut dieses reizende Dorf vom Rand der Provenzalischen Hochebenen (Plans de Provence) auf das blaue Wasser des Sees von St-Cassien herab. Sein Name erinnert an die Marquise de Carbris, die Schwester Mirabeaus, die sich bei den Einwohnern keiner besonderen Sympathie erfreute. Seit langer Zeit ist der Ort bei Schriftstellern und Künstlern sehr beliebt.

AUF ENTDECKUNGSTOUR

Kirche – Aus dem 17. Jh., der Entstehungszeit des Gebäudes, stammen die mit bemalter Holzschnitzerei verschönte Kanzel und, unter der Empore, ein einfaches Retabel. Das Gemälde hinter dem Altar ist eine Kopie eines Werks von Murillo.

Burgruine – Nur eine Mauer und eine Plattform deuten auf die Existenz der einstigen Burg hin; der Aufstieg ist wegen der wunderschönen **Aussicht★★** lohnend. Links erkennt man Mougins und seine umliegenden Hügel, die sich bis Le Cannet erstrecken, den Golfe de la Napoule und die Îles de Lérins, gegenüber Peymeinade und die Gipfel des Tanneron- und des Esterelmassivs, rechter Hand den Lac de St-Cassien mit dem Massif des Maures dahinter.

UMGEBUNG

Grotte des Audides ⌚ – *Fahren Sie am Ausgang von Cabris 4 km auf der D 4 in Richtung St-Vallier-de-Thiey. Der Eingang befindet sich links unterhalb der Straße, wenn man aus Cabris kommt. Ratsam ist*

Unterkunft

Gut und preiswert

Chambre d'hôte Mme Faraut – *14 Rue de l'Agachon – ☎ 04 93 60 52 36 – 15. Okt.-1. Apr. geschl. – ⊭ – 5 Z: 46/52 €.* Schlendern Sie durch die Gassen des Dorfes zu diesem alten Haus mit seiner gelben Fassade. Die Zimmer sind hell, schlicht und ruhig. Einige bieten, wie der Salon, einen schönen Blick auf das Esterelmassiv und den Lac de St-Cassien.

Unsere Empfehlung

Chambre d'hôte Villa Loubéa – *970 Chemin Daou-Riba – 06530 Spéracèdes – 3 km südlich von Cabris – ☎ 04 93 60 63 80 – Okt. bis Apr. geschl. – ⊭ – 5 Z: 76,22 € – Mahlzeit 38 €.* Man kann sich kein schöneres Panorama an der Côte d'Azur vom Cap Martin bis St-Tropez vorstellen als das, welches man von dieser Villa genießt, die an einer Hügelflanke inmitten von Pinien gelegen ist. Die geschmackvoll eingerichteten Zimmer haben alle Teil an diesem Blick. Hübscher Terrassengarten.

wasserdichtes Schuhwerk. Die 1988 entdeckte und bis zu 186 m Tiefe erschlossene Höhle ist eine Kluft, die sich mitten in einer Konkretionsphase befindet, wodurch ein kleiner unterirdischer Wasserlauf entstanden ist. Man steigt auf einer schmalen, 275-stufigen Treppe in 60 m Tiefe hinab, wo ein ständiger Luftstrom für eine angenehme Temperatur sorgt. Beim Abstieg kann man schöne Konkretionen, „Riesenquallen" und Tropfsteinformationen bewundern. Insgesamt gibt es hier sechs Höhlen, die in der Vorzeit bewohnt waren.
Außen präsentiert ein kleiner Park nachgebildete Szenen aus der Urgeschichte und stellt die Ergebnisse der Ausgrabungen und der höhlenkundlichen Nachforschungen vor: bearbeitete Werkzeuge, Fossilien und verschiedene Knochen sowie weitere geologische Sehenswürdigkeiten wie Riesenkarren, durch Verwitterung entstandener, in bizarren Formen abgetragener Kalk.

CAGNES-SUR-MER★

43 942 Einwohner
Michelin-Karte Nr. 341 D 6, Nr. 115 Falten 25 und 26
oder Nr. 245 Falte 37

Eingebettet in eine Hügellandschaft, in der Olivenbäume, Palmen, Zitrusfrüchte und Zuchtblumen (Nelken, Rosen und Mimosen) in Hülle und Fülle wachsen, liegt die Stadt Cagnes-sur-Mer. Sie umfaßt die unterhalb einer mittelalterlichen Burg liegende Oberstadt Le Haut-de-Cagnes, den modernen Teil Cagnes-Ville, in dem hauptsächlich der Handel konzentriert ist, sowie den Bade- und Fischerort Cros-de-Cagnes. Die malerische Oberstadt zieht ihrer reizvollen Lage und der günstigen Lichtverhältnisse wegen zahlreiche Maler an.
Auf der großen Pferderennbahn (Hippodrome de la Côte d'Azur) werden die regionalen Pferderennen ausgetragen; besonders interessant ist das Programm in der Zeit von Dezember bis März sowie im August und September.

HINTERGRUNDINFOS

Die Grimaldi von Cagnes – Die Geschichte der Stadt war bis zur Französischen Revolution eng mit dem Schicksal der Grimaldi verbunden. 1310 ließ Rainier Grimaldi, der Fürst von Monaco, Admiral von Frankreich und Herr von Cagnes, in seiner Stadt eine Burg erbauen. Diese ließ Henri Grimaldi 1620 zu einem Wohnschloß umbauen und großartig ausstatten. Henri war dem französischen König so ergeben, daß er seinen Vetter Honoré II. von Monaco dazu brachte, auf den Schutz des spanischen Königs zu verzichten und sich 1641 im Vertrag von Péronne dem des französischen Königs Ludwig XIII. zu unterstellen. Ludwig und sein Minister Richelieu überschütteten Heinrich mit Ehren und Reichtümern, welche ihm in Cagnes eine Zeit besten Wohlergehens und Ansehens sowie der Dynastie ihre Glanzzeit bescherten. Als die Revolution ausbrach, hatte dieses Leben jedoch ein Ende; die Bewohner von Cagnes vertrieben Grimaldi aus der Stadt, und dieser suchte in Nizza Zuflucht.

AUF ENTDECKUNGSTOUR

★Le Haut-de-Cagnes

Zugang zur Oberstadt zu Fuß über die Montée de la Bourgade.

Die spitzbogige, im 13. Jh. errichtete **Porte de Nice** beim Kirchturm gibt Zutritt zur befestigten Stadt.

★**Altstadt** – Dieser besonders malerische Teil der Stadt mit seinen kieselgepflasterten Gassen, Treppen, überwölbten Passagen, Häusern aus dem 15. bis 17. Jh. lädt zum Bummeln ein.

Église St-Pierre ⓥ – Merkwürdigerweise betritt man die Kirche über die Empore. Im kleinen frühgotischen Schiff befinden sich noch heute die Gräber der Grimaldi von Cagnes. Im 18. Jh. erhielt das Gebäude ein zweites, größeres Schiff. Der Hochaltar trägt ein aus derselben Zeit stammendes Retabel der spanischen Schule, auf dem die Übergabe des Paradiesschlüssels an Petrus dargestellt ist. Die Statue Mariens mit dem Kind rechts des Chors wurde ebenfalls im 18. Jh. geschaffen.

BESICHTIGUNGEN

★**Château-Musée** ⓥ – Am Ende einer zweiläufigen Treppe findet der Besucher durch ein Tor aus der Zeit Ludwigs XIII. Einlaß zum stolzen, zinnenbekrönten Schloß.

Erdgeschoß – Die strengen Fassaden der ehemaligen Burg lassen kaum die Existenz des schönen **Renaissanceinnenhofes**★★ ahnen, dem die beiden übereinanderliegenden, mit Arabesken verzierten und von Marmorsäulen getragenen Arkaden sowie frisches Grün eine bezaubernde Atmosphäre verleihen. Hinter den Laubengängen liegen acht niedrige, im Mittelalter erbaute Räume mit gewölbten Decken. Saal 1 und der einen riesigen Renaissancekamin enthaltende Saal 2 dienen einer Rück-

TIPS UND ADRESSEN

Gastronomie

Gut und preiswert

Le Vertigo – *12 Place du Château – Le Haut-de-Cagnes – ☎ 04 92 02 00 00 – Nov. bis Jan. geschl. – 12,50/26 €.* Wenn Sie einfach eine Pause einlegen wollen, sollten Sie diesen Pub am Place du Château besuchen. Im Schatten von Akazienbäumen können Sie Bier aus aller Welt kosten, schöne Salate und hausgemachtes Eis essen. Auch der Gastraum mit seinen ockerfarbenen Wänden ist sehr einladend.

La Goutte d'Eau – *108 Montée de la Bourgade – Le Haut-de-Cagnes – ☎ 04 93 20 81 23 – 10 Tage im Okt. und Mo geschl. – 13,42/19,06 €.* Eine Einkehr ist nach dem Aufstieg durch die steilen Gäßchen der Altstadt wohlverdient. Der Wirt dieses Lokals ist in Personalunion Koch und Kellner; er bereitet vor Ihren Augen einfache Speisen zu. Terrasse.

Unsere Empfehlung

La Table d'Yves – *85 Montée de la Bourgade – ☎ 04 93 20 33 33 – Während der Februar- und der Allerheiligenferien sowie Di-mittag, Do-mittag, Mi und mittags von Juni bis Aug. geschl. – 20,58/38,11 €.* Dieses ansprechende provenzalische Bistro wird Sie bei der Besichtigung der Oberstadt von Cagnes durch seine Ockertöne und die Terrakottafliesen bezaubern, vor allem aber durch seine an die Jahreszeit angepaßten Menüs und ihr gutes Preis-Leistungs-Verhältnis.

Unterkunft

Gut und preiswert

Hôtel Chantilly – *31 Rue Minoterie – ☎ 04 93 20 25 50 – 20 Z: 39,64/54,88 € – ☕ 5,34 €.* Der eigentliche Pluspunkt dieses Hotels, das in einer Villa direkt hinter der Pferderennbahn eingerichtet ist, sind seine Übernachtungspreise. Das Hotel ist zwar nicht luxuriös; die grüne Umgebung aber, die Sauberkeit der Zimmer und die familiäre Atmosphäre sind für zahlreiche Stammgäste Grund genug, hierher zu kommen.

Hôtel Le Mas d'Azur – *42 Avenue de Nice – ☎ 04 93 20 19 19 – 15. Nov.-15. Dez. geschl.– P – 15 Z: 44,21/53,36 € – ☕ 5,34 €.* Am Rand einer recht belebten Straße befindet sich dieses im 18. Jh. errichtete Gebäude mit hübschem Blumenschmuck. Die Zimmer sind nicht sehr groß, aber zweckmäßig und mit Doppelfenstern versehen. Terrasse unter Sonnenschirmen für das Frühstück.

Unsere Empfehlung

Les Jardins Fragonard – *12 Rue Fragonard – ☎ 04 93 20 97 12 – ⊭ – 3 Z: 68,60 € – Mahlzeit 17 €.* Eine friedvolle Ruhe herrscht in dieser schönen Villa aus dem Jahre 1925, die inmitten eines duftenden Gartens mit mediterranen Pflanzen steht. Die geräumigen Zimmer sind im Dekor provenzalisch inspiriert, mit Rattanmöbeln eingerichtet und mit neuen Bädern versehen. Angenehm das Frühstück auf der Terrasse.

Spitzenkategorie

Villa Estelle – *5 Montée de la Bourgade – – ☎ 04 92 02 89 83 – ⊭ – 7 Z: 144,83/182,94 € – ☕ 15,24 € – Mahlzeit 30 €.* Dies ist ein magischer Ort. Von der herrlichen Terrasse aus Terracottaplatten übersieht man die ganze Stadt und in der Ferne das Mittelmeer. Im Inneren ist alles vom Feinsten: Die Zimmer sind hinreißend eingerichtet, die Bäder luxuriös, und überall verstreut sind Kunstgegenstände und Gemälde zu sehen.

schau ins Mittelalter; Saal 6 vermittelt anhand von in Cagnes entdeckten Skulpturen einen Eindruck von der römischen Bildhauerkunst des 2. Jh.s. Das **Musée de l'Olivier** in den Sälen 3, 4 und 5 informiert über die Geschichte und Kultur des Olivenbaums.

Donation Suzy Solidor – Im früheren Zimmer der Marquise von Grimaldi spiegelt sich in den 40 von den bedeutendsten Malern des 20. Jh.s signierten Porträts die faszinierende Ausstrahlungskraft der in Frankreich berühmten Sängerin Solidor wieder. In der benachbarten Betkapelle gebührt die Aufmerksamkeit der im Stil Ludwigs XIII. mit Stuckverzierung ausgestatteten Decke und einem Antiphonar, d. h. einem Buch mit liturgischen Wechselgesängen, von 1757. In den Sälen der im 17. Jh. hinzugefügten Etage wurden die Feste und Empfänge gegeben. Der Genueser Carlone malte 1621-1624 überwiegend in Gelb- und Ockertönen das

Deckengemälde des Festsaals; ihm gelang die Darstellung des **Sturzes des Phaeton★** so naturalistisch, daß dem Auge des Betrachters Pferde, Sonnenwagen und der Sohn Apollos gegenständlich erscheinen. Der Künstler konnte sich, als er dieses Werk vollendet hatte, nicht von ihm trennen und soll tief seufzend gesagt haben: „Mein schönes Gemälde, ich werde dich nie mehr wiedersehen" – und tatsächlich starb Carlone sechs Wochen nach seiner Abreise aus Cagnes.

Musée d'Art moderne méditerranéen – Das Museum moderner Kunst des Mittelmeerraums umfaßt den Festsaal in der ersten und die ehemaligen Privaträume in der zweiten Etage. Hier werden, falls keine Sonderausstellung Räume beansprucht, aus dem reichen Fundus des Museums im Wechsel Werke ausgestellt, die von Malern des 20. Jh.s stammen, welche am Mittelmeer geboren wurden oder zeitweise dort wohnten, angefangen bei Dufy bis hin zu Vasarely.

Turm – Den Aufstieg auf den Turm macht der schöne **Rundblick★** über die Dächer der Altstadt, das Meer – vom Cap Ferrat bis zum Cap d'Antibes – und die Alpen lohnend.

Musée Renoir ⓥ – Das in Collettes gelegene Haus, in dem Renoir (1841-1919) die letzten 12 Jahre seines Lebens verbrachte, ist heute ein Gedenkmuseum. Die Wohnräume des Malers und seiner Familie sowie die zwei Ateliers im ersten Stock wurden mit ihrem Originalmobiliar belassen. Zehn seiner **Gemälde** sind im Erdgeschoß ausgestellt und gehören seiner letzten Schaffensperiode an.
In Cagnes versuchte er sich in der Bildhauerei und schuf ein Werk, von dem einige Stücke hier zu sehen sind.
Unmittelbar vor dem Haus steht seine **Venus Victrix★**, eine große Bronzestatue, die den herrlichen, mit Oliven-, Orangen-, Zitronen- und Lorbeerbäumen bepflanzten Garten des Künstlers überblickt.

Chapelle Notre-Dame-de-Protection ⓥ – *Man erreicht sie über die Montée du Château.* Ihr Glockenturm und die Vorhalle zeigen Anlehnung an die italienische Architektur. Die Apsis ist mit etwas ungelenk gemalten **Fresken** aus dem 16. Jh. versehen; am Gewölbe sind die Evangelisten, Jesaja und die Sibylle, an den Seitenwänden Begebenheiten aus der Kindheit Jesu und dem Leben Mariens, an der Stirnwand die Kirchenpatronin in Gestalt der Barmherzigen Mutter zu erkennen. Die linke Seitenkapelle enthält ein Altarbild der Jungfrau mit dem Rosenkranz aus dem 17. Jh.

Pierre-Auguste Renoir in Les Collettes

Der ursprünglich aus Limoges stammende Maler Renoir ging bereits in jungen Jahren nach Paris, wo er durch Kontakte zur Kunstszene und zu Gruppen von Impressionisten rasch sein Talent entfaltete. Ab 1882 lernte er durch mehrere Aufenthalte in der Provence (vor allem bei Cézanne), das Licht und die Landschaften des Mittelmeerraumes zu schätzen.
Auf Rat seines Arztes zog Renoir im Jahre 1900 mit seiner Ehefrau und seinem jüngsten Sohn Jean (dem späteren Filmemacher) in die Nähe von Grasse, um seinen Rheumatismus zu lindern.
Während seine Werke allgemeine Anerkennung erfuhren, ließ er sich endgültig in Südfrankreich nieder und kaufte 1907 das Anwesen Les Collettes in Cagnes-sur-Mer; er war begeistert von der Aussicht auf das Meer und dem alten Dorf. Die Landschaft der Umgebung inspirierte ihn zu vier Gemälden.
Im Jahre 1913 begann er auf Anraten seines Freundes Vollard, sich mit Bildhauerei zu beschäftigen. Zu diesem Zweck arbeitete er mit einem Schüler Maillols, Guino, zusammen und ließ im Garten seines Anwesens ein Atelier mit verglasten Wänden bauen, wo er die Arbeit an seinen Skulpturen fortsetzte. Auf Anweisungen Renoirs schuf Guino zunächst eine kleine Venusfigur, danach die berühmte *Venus Victrix*, die im Garten des Museums ausgestellt ist.
Die letzten Lebensjahre des Künstlers wurden durch den Tod seiner Ehefrau, die Verwundungen seiner Söhne im Ersten Weltkrieg und das unaufhaltsame Fortschreiten seiner Krankheit verdüstert. Bereits an den Rollstuhl gefesselt, zwang er sich, trotz seiner Arthrose, durch die seine rechte Hand gelähmt war, weiter zu malen.
Je mehr ihn seine Kräfte verließen, desto stärker war er davon überzeugt, daß er „begann, richtig malen zu können". Nachdem er bereits mit Ehrungen überhäuft worden war und in den großen Museen der Welt präsentiert wurde, nahm man sein Werk im August 1919 endlich auch offiziell im Louvre auf, einige Gemälde wurden ausgestellt. Am 2. Dezember 1919 starb Renoir, nachdem er noch den Entwurf für das Bild eines Anemonenstraußes angefertigt hatte.

CAGNES-VILLE

Béranger (R. Gén.) . . . . BZ 3
Chevalier-Martin (R.) . . . . . BZ 6
Gaulle (Pl. Gén. de) . . . . . . BZ 15
Giacosa (R. J.-R.) . . . . BZ 17
Hôtel-des-Postes (Av. de l') BZ 19
Hôtel-de-Ville (Av. de l') . . BZ 20
Mistral (Av. F.) . . . . BZ 24
Renoir (Av. A.) . . . . BZ

CROS-DE-CAGNES

Jaurès (Av. Jean) . . . . BX 22
Leclerc (Av. Gén.) . . . . BX 23
Nice (Av. de) . . . . BX 25
Oliviers (Av. des) . . . . BX 26
Serre (Av. de la) . . . . BX 36

HAUT-DE-CAGNES

Château (Montée du) . AZ 4
Clergue (R. Denis J.) . . AZ 7
Dr-Maurel (Pl. du) . . . . AZ 8
Dr-Provencal (R. du) . . AZ 10
Geniaux (R. Ch.) . . . . . AZ 16
Grimaldi (Pl.) . . . . AZ 18
Paissoubran (R.) . . . . . AZ 27
Piolet (R. du) . . . . AZ 28
Planastel (R. du) . . . . . AZ 29
Pontis-Long (R. du) . . . AZ 30
St-Sébastian (R.) . . . . . AZ 33
Sous-Baous (Montée) . AZ 37

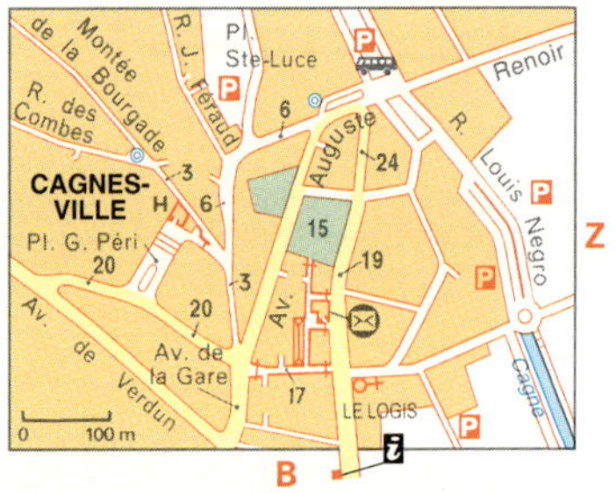

Chapelle N.-D. de-Protection AZ **E**
Musée de l'Art culinaire . . . . AX **M²**
Musée d'Histoire et d'Art . AX **M³**

AUSFLUG

★Die „Baous" und die Corniche du Var

Rundfahrt von 32 km – etwa 1 1/4 Std. (ohne Aufstieg zum Baou von St-Jeannet)

Ausfahrt aus Cagnes auf der Avenue Auguste-Renoir und der D 18 in Richtung La Gaude.

S. Sauvignier/MICHELIN

Der „*Baou*" von St-Jeannet

Das Hügelland um Cagnes sieht mit seinen Olivenhainen, Blumen- und Frühgemüsefeldern sowie den hübschen Gütern reizvoll aus. Von der Straße aus bieten sich **Blicke** auf Vence, die *Baous* und auf La Gaude.

La Gaude – Das Dorf liegt reizvoll auf dem Kamm einer zur Cagne hin abfallenden Höhe. In dem einstigen Winzerort, in dem man auch Blumenzucht betrieb, haben sich heute Forschungszentren für Datenverarbeitung *(s. unten)*, Agronomie und Gartenbau niedergelassen.
Die auf dem Gebiet der Gemeinde St-Jeannet liegende Burg aus dem 14. Jh. soll den Templern gehört haben. Die Sicht umfaßt das Tal und die Engelsbucht.

Die D 18 ab Le Peyron führt bergan an Obstbäumen und Weinbergterrassen vorbei.

St-Jeannet – Der hübsche Ort ist auf einer durch Geröllablagerung gebildeten Terrasse in ungewöhnlicher **Lage★** am gleichnamigen *Baou* angesiedelt. Er ist von Weinbergen, Orangenhainen und Blumenfeldern umgeben; die örtlichen Weine sind für ihre Qualität bekannt. Hinter der Kirche links weist ein Schild mit der Aufschrift „Panorama" den Weg zu einer Aussichtsfläche, von der aus der **Blick★** die *Baous*, die Halbinsel von Antibes, das Var-Tal und dessen umliegende Berge umfaßt.

★★ **Baou von St-Jeannet** – 🚶 *2 Std. zu Fuß hin und zurück. Der am Place Ste-Barbe an der Ecke des Gasthauses „Auberge de St-Jeannet" abgehende Weg auf den Baou ist ausgeschildert.* Die Silhouette des 400 m über St-Jeannet steil aufragenden Baous wirkt sehr mächtig. Hat man den höchsten Punkt des Berges erreicht, eröffnet sich ein herrlicher **Blick★★** *(Orientierungstafel)* auf die Landschaft zwischen dem Esterelmassiv und den französischen sowie den italienischen Alpen.

Kehren Sie zur D 18 zurück und fahren Sie weiter in Richtung La Gaude; dann biegen Sie links auf die D 118 ab.

Centre d'Études et de Recherches IBM – Links der Straße erhebt sich das in Form zweier sich gegenüberliegender Ypsilons angeordnete, wegen des unebenen Untergrunds auf Betonsäulen ruhende IBM-Forschungszentrum, das nach den Plänen des amerikanischen Architekten Marcel Breuer erbaut wurde.
Der Komplex ist ein Beispiel moderner, gut in die Landschaft eingepaßter Architektur.

★ **Corniche du Var** – Die stellenweise auf Bergkämmen über dem Var-Ufer sich entlangziehende Höhenstraße bietet schöne Blicke in das Tal und auf die Hügel des Hinterlandes von Nizza. Kurz vor Sonnenuntergang kommt die der Landschaft eigene Schönheit am wirkungsvollsten zur Geltung: Die jäh zum Flußtal abfallenden Hänge schimmern in den Farben der Blumenfelder und Olivenhaine.

St-Laurent-du-Var – Bis 1860, als die Grafschaft Nizza Frankreich zufiel, stellte der Var die Grenze zum sardischen Königreich dar, und dem Städtchen oblag die Kontrolle des Flußübergangs. Meist erfolgte die Flußüberquerung an der Furt auf den Schultern starker Männer, bis 1864 flußabwärts, unterhalb des Dorfs, die erste feste Brücke errichtet wurde.
Die große, eingedeichte Wasserfläche vor der Var-Mündung wurde zu einem Jachthafen mit mehr als 1 000 Liegeplätzen ausgebaut.

Auf der N 7 zurück nach Cagnes.

CANNES☼☼☼

67 304 Einwohner
Michelin-Karte Nr. 341 D 6, Nr. 115 Falten 38 und 39 oder Nr. 245 Falte 37
Kartenskizze Massif de l'ESTEREL, S. 157

Das milde Klima zwischen Esterelmassiv und Meer sowie seine wunderschöne **Lage★★** an der Bucht von La Napoule haben Cannes zu seiner heutigen Berühmtheit verholfen. Die Stadt zählt im Sommer zu den international bekanntesten Urlaubsorten, im Winter ist sie Treffpunkt des Adels und des Jet-Sets aus aller Welt. Schließlich ist Cannes das ganze Jahr über eine der beliebtesten Kongreßstädte Frankreichs.

HINTERGRUNDINFOS

Cannes, die Küstenwacht – Das Gebiet, in dem sich die Stadt ausgebreitet hat, unterstand zunächst ligurischer *(Oppidum Ægitna)*, dann römischer Herrschaft (42 v. Chr.). Noch im 10. Jh. gab es am Fuß des Mont Chevalier („Ritterberg"), der auch Le Suquet genannt wird, eine kleine schutzbietende Anlage, in der Familien aus Genua lebten. Sie wurde *Canoïs*, d. h. „Schilfhafen", genannt, da die Umgegend aus einem dicht mit Schilf bewachsenen Sumpf bestand.

Als die Äbte von Lérins diesen Landstrich 1131 zum Lehen bekamen, errichteten sie auf dem Berg einen Turm und umgaben ihn mit einer Mauer, um den Fischern bei Sarazenenüberfällen Schutz zu bieten. Auf dem Turm waren Späher postiert, die, sobald am Horizont des Meeres verdächtige feindliche Segel auftauchten, Alarm

D. Faure/SCOPE

„Man sieht sich ..." – z. B. abends auf dem Boulevard de La Croisette

TIPS UND ADRESSEN

Wohin in Cannes?

Man kann z. B. auf den Spuren der Stars wandeln und ein Glas auf der Terrasse des Carlton oder am Strand des Majestic trinken bzw. dem Pianisten des Martinez lauschen. Wenn Sie Aktivurlaub machen möchten, bieten sich die zahlreichen Wassersportarten an, denen man hier frönen kann: Segeln, Tauchen, Wasserski usw. Sollte Ihnen mehr nach Ruhe zumute sein, empfehlen wir Ihnen einen Trip auf die Îles de Lérins. Dort erwarten Sie Stille und schattige Wege mit Pinien und Eukalyptusbäumen.

Gastronomie

Gut und preiswert

Côte d'Azur – *3 Rue J.-Daumos – ☎ 04 93 38 60 02 – Abends und So geschl. – 13 €.* Dieses alteingesessene Lokal lädt in seinen mit Postern und Plakaten dekorierten und mit altem Mobiliar ausgestatteten Gastraum ein. Die Bedienung ist freundlich, die Küche traditionell, die Preise sind konkurrenzlos günstig.

Aux Bons Enfants – *80 Rue Meynadier – 4. Aug.-3. Sept., 22. Dez.-2. Jan., Sa-abend von Okt. bis Apr. und So geschl. – ⊭ – 14,79 €.* Dieses Restaurant pflegt seine einfache, familiäre und gastfreundliche Atmosphäre. Die Küche ist eine Küche des Südens. Besonderheiten des Hauses: Es gibt kein Telefon, und man zahlt – für Frankreich recht unüblich – nur cash.

Le Comptoir des Vins – *13 Boulevard de la République – ☎ 04 93 68 13 26 – www.comptoirdesvins.com – Febr., Mo-abend, Di-abend, Mi-abend, So und feiertags geschl. – 16,77 €.* Auf den ersten Blick scheint es sich hier nur um einen reich bestückten Weinkeller zu handeln. Wenn man aber tief ins Innere des Geschäfts eindringt, entdeckt man einen hübschen Raum, in dem sich hervorragend landestypische Produkte, Speisen und ein gutes Glas Wein genießen lassen.

Unsere Empfehlung

Le Caveau 30 – *45 Rue F.-Faure – ☎ 04 93 39 06 33 – 18,60/26,22 €.* Weiträumiges Restaurant aus zwei Gasträumen im Brasserie-Stil der 30er Jahre. Die Terrasse öffnet sich auf einen großen schattigen Platz, auf dem Boule-Spieler aktiv sind. Die Karte bietet v. a. Spezialitäten des Mittelmeers.

Au Poisson Grillé – *8 Quai St-Pierre – Am alten Hafen (vieux port) – ☎ 04 93 39 44 68 – 18,75 €.* Das direkt am alten Hafen gelegene Fischlokal erfreut seit 1949 seine Gäste mit gegrilltem Fisch und anderen mediterranen Speisen. Warmer Holzdekor nach Art einer Schiffskajüte. Aufmerksame, flotte Bedienung und zivile Preise.

Fred L'Écailler – *7 Place de l'Étang – ☎ 04 93 43 15 85 – www.fredle cailler/voila.fr – 14,48 € Mittagessen – 23,63 €.* Die große Leuchtreklame an dem kleinen, dörflich anmutenden Platz ist nicht zu übersehen. Rustikales Interieur mit Fischernetzen. Von der Terrasse kann man den Petanque-Spielern zusehen. Schöne Auswahl an Speisen der Mittelmeerküche.

Bistrot des Artisans – *67 Boulevard de la République – ☎ 04 93 68 33 88 – 15. Juli-15. Aug. und So geschl. – 25,15 €. A boire et à manger,* „Essen und trinken", steht auf dem zweiten Schild dieses Restaurants mit seinem ungewöhnlichem Dekor. Altes Handwerkszeug, Schutzhelme von Baustellen, naive Wandmalereien und rudimentäres Mobiliar gehören zu der bizarren Mischung. Kulinarisch wird gepflegte Bistro-Küche geboten.

Unterkunft

Gut und preiswert

Le Chanteclair – *12 Rue Forville – ☎ 04 93 39 68 88 – Nov.-15. Dez. geschl. – ⊭ – 15 Z: 36,59/41,16 € – ☕ 3,81 €.* Um zu diesem Hotel mit seinem angenehmen Hof zu gelangen, muß man zunächst ein anderes Gebäude durchqueren. Zimmer unterschiedlichen Komforts und Preises. Sympathische Atmosphäre; bei schönem Wetter wird das Frühstück im Hof serviert.

Beverly – *14 Rue Hoche – ☎ 04 93 39 10 66 – 15.-31. Dez. geschl. – 19 Z: 36,59/56,41 € – ☕ 6,86 €.* In einer Geschäftsstraße von Cannes erhebt sich die hohe Fassade dieses Hotels, dessen kleine, vor allem praktische Zimmer nach und nach renoviert werden. Die Preise sind gemessen am lokalen Niveau zivil.

Hôtel National – *9 Rue du Maréchal-Joffre – ☎ 04 93 39 91 92 – hotelna tionalcannes@wanadoo.fr – 17 Z: 38,11/53,36 €.* Der Vorteil dieses bescheidenen Hotels liegt in seiner Nähe zu Festspielpalast und Meer. Die Zimmer sind grau-weiß gehalten, die Bäder ein wenig schmal, aber sauber.

Unsere Empfehlung

Hôtel Lutetia – *6 Rue Michel-Ange – ☎ 04 93 39 35 74 – 8 Z: 49,55/53,36 € – ☕ 5,34 €*. Dieses angenehm schlichte Haus liegt in einer nachts ruhigen Gasse. Die Zimmer sind einfach eingerichtet.

Hôtel Albert 1er – *68 Avenue de Grasse – ☎ 04 93 39 24 04 – 20. Nov.-20. Dez. geschl. – 11 Z: 50,31/56,41 € – ☕ 5,49 €*. Der Empfang in diesem Hotel, das in einem Wohngebiet ein wenig außerhalb des Stadtzentrums liegt, ist herzlich. Man kann auf der Terrasse im Schatten von Oleanderbäumen frühstücken.

Hôtel Appia – *6 Rue Marceau – ☎ 04 93 06 59 59 – 30 Z: 50,31/68,60 € – ☕ 5,79 €*. Ein funktionelles Hotel in einer Sackgasse des Stadtzentrums, dessen vielleicht etwas enge Zimmer gut eingerichtet, klimatisiert und geräuschisoliert sind; die Badezimmer sind einwandfrei.

Les Charmettes – *17 Avenue de Grasse – ☎ 04 93 39 17 13 – hotelcharmcan@aol.com – 11 Z: 54,88/64,03 € – ☕ 5,79 €*. Alle Zimmer dieses Hotels, das im oberen Teil der Stadt liegt, besitzen einen Balkon oder eine Terrasse, auf der man im Sommer sein Frühstück einnehmen kann. Einfacher Dekor: Pastelltöne und weiße Rattanmöbel.

Spitzenkategorie

Villa L'Églantier – *14 Rue Campestra – ☎ 04 93 68 22 43 – www.bnbnet.com – – 4 Z: 94,52 €*. Auf den Hügeln von Cannes steht diese große weiße Villa aus dem Jahre 1920 inmitten eines Gartens mit Palmen und anderen exotischen Pflanzen. Die geräumigen und ruhigen Zimmer haben alle einen Balkon oder eine Terrasse.

Cafés, Kneipen und Bars

Cat Corner – *22 Rue Macé – ☎ 04 93 39 31 31 – Tgl. ab 22 Uhr*. In dieser hippen Diskothek herrscht immer *full house*, und bei elektrisierenden Klängen kann man sich hier richtig austoben.

L'Amiral – *73 Boulevard de la Croisette – ☎ 04 92 98 73 00 – hotel.martinez.com – Tgl. 10-2 Uhr*. Die stark besuchte Bar des Hôtel Martinez ist die Hotelbar mit dem bedeutendsten Umsatz an der ganzen Côte d'Azur. Ihr Ruf beruht zum einen auf dem Know-how des Chef-Barkeepers und zum anderen auf der Beliebtheit ihres amerikanischen Pianisten Jimmy. Livemusik jeden Abend ab 20 Uhr.

Pavillon Croisette – *42 Boulevard de la Croisette – ☎ 04 92 59 06 90 / ☎ 04 93 38 58 68 – Mai bis Nov.: tgl. 9-2 Uhr; Dez. bis Apr.: 12-0 Uhr*. Diese Bar braucht den Vergleich mit den besten Londoner Bars nicht zu scheuen. Auf ihrer Karte sind 300 Alkoholika verzeichnet, und sie besitzt einen der schönsten Zigarrenkeller von ganz Frankreich; es gibt 150 Zigarrengrößen zur Auswahl. Jeden Abend musikalische Unterhaltung.

Taverne Lucullus – *4 Place du Marché-Forville – ☎ 04 93 39 32 74 – Di-So 5-15 Uhr (sic!)*. In der am Marktplatz gelegenen Taverne trifft man auf das volkstümliche Cannes. Hier wird Fußball ganz groß geschrieben. Man sieht es an den vielen Schals und Wimpeln, die die Wände zieren.

Unterhaltung

Casino Carlton Club – *58 Boulevard de la Croisette – ☎ 04 92 99 51 00 – Tgl. 11-4 Uhr (Spielautomaten); 20-4 Uhr (klassische Spiele)*. Das Kasino befindet sich im siebten Stock des Hôtel Carlton. Es ist mit Spielautomaten ausgestattet, bietet aber auch traditionelle Spielmöglichkeiten. Restaurant und Terrasse mit Blick aufs Meer.

Palais des Festivals et des Congrès – *Esplanade Georges-Pompidou – La Croisette – ☎ 04 93 39 01 01 – www.cannes-on-line.com – Tgl. 9-19 Uhr*. Der 1982 eröffnete Festspiel- und Kongreßpalast umfaßt eine Fläche von 60 000 m^2. Das **Grand Auditorium** (2 300 Plätze) und das **Théâtre Debussy** (1 000 Plätze mit hervorragender Akustik) sind mit Vorrichtungen zum Simultandolmetschen ausgestattet. Zu den übrigen 26 Sälen, Tagungs- und Presseräumen gehört der Salon des Ambassadeurs (1 200 m^2, 3 000 Stehplätze), ein Empfangssaal mit herrlichem Blick auf Cannes.

Sport und Freizeit

Strände – Nicht an allen Stränden am Boulevard de la Croisette wird Eintritt verlangt (Preise und Leistungen sind an den Treppenabgängen angeschlagen). Manche gehören den Hotels gegenüber. Von den drei öffentlichen Stränden befindet sich einer hinter dem Festspielgebäude, die beiden anderen liegen westlich des Hafens am Boulevard Jean-Hibert und am Boulevard du Midi, am Port Canto und hinter dem Zipfel der Pointe de la Croisette am Boulevard Gazagnaire.

Ponton Majestic Ski Nautique – *Boulevard de la Croisette – ☎ 04 92 98 77 47 / ☎ 06 11 50 77 53 – Apr. bis Okt.: tgl. 8 Uhr bis Einbruch der Dunkelheit.* Wenn Sie von Strand und Sand genug haben, versuchen Sie es doch mit einer Partie Wasserski oder Paragliding.

Trans Côte d'Azur – *Quai Laubeuf – ☎ 04 92 98 71 30 – Febr. bis Okt.: tgl. 8.30-12 Uhr und 13.30-18 Uhr (Juli und Aug.: 8-19 Uhr). Nov., Dez. und Jan. geschl. – 8,38 € (Kinder 5,34 €).* Ausflüge auf dem Meer.

Shopping

Vilfeu Père & Fils – *19 Rue des États-Unis – Apr. bis Okt. 12-24 Uhr.* Seit drei Generationen geben sich hier die Fans von eiskalten Leckereien ein Stelldichein. 130 verschiedene Eissorten.

Märkte – Marché Forville: täglich außer montags außerhalb der Saison. Große Auswahl an Frühgemüse und ersten frischen Früchten. Allées de la Liberté: jeden Morgen Blumenmarkt; samstags: gut besuchter Trödelmarkt.

Cannolive – *16 et 20 Rue Vénizelos – ☎ 04 93 39 08 19 – Mo-Sa 8-12 Uhr und 14.15-19 Uhr.* Der Laden verfügt über eines der größten Sortimente an regionalen Produkten wie Stoffe, Geschirr, *Santons* usw. sowie die einheimische Likörspezialität Lérina.

Boutique du Festival – *Erdgeschoß des Palais du Festival.* Ein Eldorado für Kinofans.

Besondere Termine

Festival international du Film – *Mai.* Das Internationale Filmfestival dauert 10 Tage. Nur einige wenige Filmvorführungen sind der Öffentlichkeit zugänglich. *Siehe Kasten weiter unten.*

MIDEM – *Jan.* Schallplatten- und Musikalienmarkt.

MIPTV – *Apr. bis Mai.* Internationaler Fernsehprogramm-Markt.

Nuits musicales du Suquet – *Ende Juli.* Konzerte klassischer Musik auf dem Vorplatz der Kirche in Le Suquet, ☎ 04 92 59 41 20.

schlugen, worauf zum Widerstand gerüstet wurde. Zur damaligen Zeit waren für diese Art von Verteidigung die kirchlichen Orden, zuerst die Templer, dann die Malteserritter, verantwortlich, während es sich die Barmherzigen Väter zur Aufgabe gemacht hatten, die in Gefangenschaft der Sarazenen geratenen Christen zurückzukaufen. Unter den weit entfernten Oberherren aus Burgund, dem Hl. Römischen Reich und später Katalonien genoß der Graf von Provence de facto eine weitgehende Unabhängigkeit, welcher König Ludwig XI. von Frankreich ab dem 15. Jh. ein Ende setzte, als die Provence an Frankreich fiel.

Lord Brougham und die Anfänge des Seebads (1834) – Dem englischen Politiker Lord Brougham gereichte kurze Zeit zum Leid, was sich der Stadt Cannes lange zur Freud' auswirkte; 1834 war der reiche Lord mit seiner kränkelnden Tochter unterwegs nach Nizza, wurde aber aufgehalten, da in der Provence gerade eine Choleraepidemie wütete, derentwegen der Gouverneur von Nizza am Var entlang eine Sicherheitssperre ziehen und die Grenzen zum Schutz des sardischen Gebiets schließen ließ.
Also entschloß sich der Lord, im nahen Cannes die Aufhebung der Schutzmaßnahmen abzuwarten. Das Fischerdorf gefiel ihm so gut, daß er sich hier ein Haus bauen ließ, wohin er sich 34 Jahre lang jeden Winter aus dem nebligen London zurückzog, um sich im Sonnenschein zu erholen. Sein Beispiel machte in der englischen Aristokratie Schule und begründete den Aufstieg Cannes' zum Seebad von Weltruf.
Es gibt kaum einen großen französischen Künstler oder Schriftsteller der neueren Zeit, der sich nicht für einige Zeit in Cannes aufgehalten hat.
Guy de Maupassant kreuzte zwischen 1884 und 1888 häufig mit seiner Jacht in der Bucht. Seine Begeisterung fand ihren Niederschlag in der Erzählung *Sur l'eau*. Auch Frédéric Mistral, der provenzalische Dichter und Nobelpreisträger von 1904, besang die Stadt.

AUF ENTDECKUNGSTOUR

★★ 1 Die Meerseite der Stadt *Besichtigungsfahrt: 1 1/2 Std.*

★★ **Boulevard de la Croisette** – Hohe Palmen und schöne Parkanlagen schmücken die großartige Uferpromenade, im Winter Treffpunkt der Schönen und Reichen. Prächtige Hotelpaläste und exklusive Geschäfte, Galerien, Antiquitätengeschäfte, Kinos und Nachtlokale haben sich hier und in den Nachbarstraßen bis zur Rue d'Antibes niedergelassen.

Die Filmfestspiele

1939 rief der damalige Volksfront-Minister Jean Zay die Internationalen Filmfestspiele in Cannes ins Leben. Der Zweite Weltkrieg verschob jedoch die für den 1. September geplante Eröffnung, und die Filmfestspiele begannen somit erst richtig am 20. September 1946.
Trotz der finanziell bedingten Unterbrechung zwischen 1948 und 1950 sowie während der Unruhen im Mai 1968 machten sich die Filmfestspiele mit ihrer namhaften Jury, der berühmte Persönlichkeiten wie Jules Romains, Marcel Pagnol, Jean Cocteau und Jean Giono vorstanden, im Laufe der Zeit einen großen Namen, und alljährlich finden sich zahllose Ein- und Verkäufer aus der Filmbranche zu diesem weltberühmten Filmforum ein.
Die zu prämierenden Filme werden in mehrere Auswahlkategorien eingeteilt (nur die der offiziellen Auswahl können die begehrte *Goldene Palme* erhalten). Durch die massive Medienberichterstattung über die verschiedenen Zeremonien der Internationalen Filmfestspiele wird Cannes für die Macher der preisgekrönten oder auch nur vorgeführten Filme zu einem wertvollen Karrieresprungbrett, und es spielt eine entscheidende Rolle bei der Entdeckung von neuen Talenten der Filmkunst.

Benainous-Duclos/GAMMA

Internationale Filmfestspiele – Carole Bouquet und Michel Blanc

Am Anfang der Croisette, an der Ostseite des Hafens, steht das von den Architekten Pierre Braslawsky, François Druet und Sir Hubert Bennet erbaute neue **Palais des Festivals et des Congrès** mit dem städtischen Kasino *(s. oben unter Tips und Adressen)*. Die von großzügigen Gärten gesäumte Esplanade Georges-Pompidou, östlich des Palais, bietet einen schönen Blick auf die Bucht von La Napoule.
Die **Allée des Stars** zwischen dem Palais und den Gärten ist mit Betonplatten bedeckt, auf denen sich berühmte Filmstars mit einem Handabdruck und ihrer Unterschrift verewigen. Weiter östlich auf der anderen Seite der Straße steht hinter dem prächtigen Majestic ein Stadtpalais aus dem 19. Jh., das **Malmaison** ⓥ, das vormals zum Grandhotel gehörte. Es beherbergt heute das städtische Kulturzentrum und Kunstausstellungen. Das nahe Hotel Noga-Hilton steht an der Stelle des ehemaligen Palais des Festivals, das 1988 abgerissen wurde, nachdem es 40 Jahre lang als Austragungsort der Fimfestspiele gedient hatte. Nur die Fassade ist stehengeblieben.
Herrliche Grünflächen mit einem Rosengarten befinden sich am anderen Ende des Boulevards, am Rand des modernen Sport- und Kulturzentrums Port-Canto. Im gleichnamigen Jachthafen ist für 650 Schiffe Platz.
Während der ganzen Fahrt auf der Prachtstraße genießt man die schöne Aussicht auf die Bucht von La Napoule und das Esterelmassiv.

★ **Pointe de la Croisette** – Über die gleichnamige Uferstraße gelangt man zu der südöstlich ins Meer hinausragenden Landspitze, die nach einem einst hier stehenden kleinen Kreuz *(croisette)* benannt wurde. Von dem mit Parkanlagen verschönerten, belebten Boulevard aus schaut man auf Cannes, die Bucht von La Napoule und das Esterelmassiv (die untergehende Sonne bietet oft ein unvergeßliches Naturschauspiel). Für die vielen Besucher wurden künstliche Strände sowie die Jachthäfen Palm Beach und Le Mouré Rouge angelegt.

Jenseits vom Palm-Beach-Hafen mit seinem nur im Sommer geöffneten Kasino beginnt der Boulevard Gazagnaire, von dem aus man eine schöne **Aussicht★** auf die Bucht von Juan, das Cap d'Antibes und die Voralpen hat. Über die Avenue du Maréchal-Juin kehrt man in die Innenstadt zurück.

Quartier de la Californie – Das Viertel östlich der Altstadt besteht aus luxuriösen Villen, umgeben von wunderschönen Gärten mit üppiger Vegetation. Diese zumeist im Laufe des letzten Jahrhunderts errichteten Villen sind bemerkenswerte Beispiele für eine eklektische, stark vom Exotismus beeinflußte Architektur mit Pagoden und maurischen Minaretten, Fassaden, über denen sich Türmchen erheben, Villen im Kolonialstil, Erkern und verzierten Fensterläden aus Holz etc. Der Blick auf die Fassaden dieser Privatanwesen ist häufig durch dichtes Laubwerk erschwert.

2 Altstadt und Hafen *Besichtigung: 1 1/2 Std.*

Port – Am Plage du Midi („Südstrand") entlang führt der Boulevard Jean-Hibert zum immer sehr belebten Hafen, in dem dicht aneinandergereiht Fischerboote und Luxusjachten auf die Ausfahrt warten und den – weiter draußen – Frachter und Kreuzfahrtschiffe anlaufen.
Im Nordosten der Becken liegt am Beginn der Mole Jetée Albert-Edouard der zum Hafen gehörige **Gare maritime**. Der Überseebahnhof ist oben mit einem breiten Streifen emaillierter Lava verziert.

Allées de la Liberté – Auf dem Blumenmarkt dieser Straßen bieten Händler allmorgendlich im Schatten schöner Platanen ihre duftenden Waren feil. Es bietet sich ein reizvoller Blick auf den Fischerei- und den Jachthafen.

Zurück auf die Rue Meynadier, nördlich der Allées de la Liberté, über die Rue Félix-Faure und die Rue Rouguière.

Rue Meynadier – Die Straße verbindet den neuen mit dem ältesten Stadtteil, dem Le Suquet-Viertel. Früher, als die Markthallen noch ganz in ihrer Nähe standen, war sie die Hauptverkehrsader der Stadt. Heute ist sie noch immer sehr belebt, da eine Vielzahl von Geschäften jeglicher Art Kunden anziehen. Sie ist gesäumt von Häusern aus dem 18. Jh., die schöne Türen besitzen.

Nach Le Suquet über die Rue Louis-Blanc, die Rue Félix-Faure und die Rue du Mont-Chevalier.

Le Suquet – Aus dem ehemaligen römischen Kastell von Canoïs entwickelte sich an den Hängen des Mont Chevalier die Siedlung Le Suquet. Die ansteigende Rue du Mont-Chevalier bietet Ausblicke auf den Hafen. Über die Rue Perrissol kommt man zu dem von einer alten Mauer umgebenen Place de la Castre, auf dem sich die im 16. und 17. Jh. in provenzalischer Gotik erbaute Kirche Notre-Dame-d'Espérance erhebt. Durch die Passage im alten Glockenturm erreicht man einen schattigen, terrassenartigen Platz mit **Aussicht** auf die Stadt, den Hafen und die Insel Ste-Marguerite.

BESICHTIGUNGEN

★**Musée de la Castre** ⓥ – Das alte Schloß von Cannes wurde im 11. und 12. Jh. von den Mönchen von Lérins erbaut, um den Heimathafen zu überwachen. Es enthält bedeutende, aus den fünf Kontinenten zusammengetragene archäologische und völkerkundliche Sammlungen, die ihm von zwei gelehrten Reisenden vermacht wurden. Im Eingangsbereich steht die Chapelle Ste-Anne, eine kleine Zisterzienserkirche, in der Wechselausstellungen gezeigt werden. Weitere Räume sind der Religion und der Mythologie (Werke der Schule von Fontainebleau) sowie verschiedenen Ansichten der Provence und Cannes' von Malern des 19. und 20. Jh.s gewidmet.

Traumvillen

Einige in der Vergangenheit berühmt gewordene Residenzen in Cannes *(alle sind in Privatbesitz und können nicht besichtigt werden)*:
in der Avenue Roi-Albert-1er: die **Villa Kazbeck**, berühmt für die Feste, die der russische Großfürst dort abhielt, und die **Villa Champfleuri**, bekannt durch ihre exotischen Gärten, die man in dem Film *Die Spielhölle von Macao* von Jean Delannoy sieht.
An der östlichen Ausfahrt der Stadt in der Avenue du Maréchal-Juin: das **Château Scott**, eine verblüffende Mischung aus verschiedenen Stilrichtungen mit spätgotischem Hauptakzent; *Das Geheimnis des gelben Zimmers* von Marcel L'Herbier wurde 1930 dort gedreht.
In Le Cannet, in der Avenue Victoria: die **Villa Yakimour** *(s. unten unter Ausflüge, Le Cannet)*.

CANNES

Albert-Édouart (Jetée) . . . . .BZ
Alexandre-III (Bd) . . . . .X 2
Alsace (Bd) . . . . .BDY
Anc. Combattants d'Afrique
du Nord (Av.) . . . . .AYZ 4
André (R. du Cdt) . . . . .CZ
Antibes (R. d') . . . . .BCY
Bachaga Saïd Boualam (Av.) AY 5
Beauséjour (Av.) . . . . .DYZ
Beau-Soleil (Bd) . . . . .X 10
Belges (R. des) . . . . .BZ 12
Blanc (R. Louis) . . . . .AYZ
Broussailles (Av. des) . . . . . .V 16
Buttura (R.) . . . . .BZ 17
Canada (R du) . . . . .DZ
Carnot (Bd.) X
Carnot (Square) . . . . .V 20
Castre (Pl. de la) . . . . .AZ 21
Chabaud (R.) . . . . .CY 22
Clemenceau (R. G.) . . . . . . .AZ
[illegible] (Av. des) V
Croisette (Bd de la) . . . . . . [illegible]
Croix-des-Gardes (Bd) . . . . .VX 29
Delaup (Bd) . . . . .AY 30
Dollfus (R. Jean) . . . . .AZ 33
Dr-Pierre Gazagnaire (R.) . . .AZ 32
Dr-R. Picaud (Av.) X
du Nord (Av.) . . . . .AYZ 4
du Nord (Av.) . . . . .AYZ 4
États-Unis (R. des) . . . . . . .CZ 35
Faure (R. Félix) . . . . .ABZ
Favorite (Av. de la) . . . . .X 38
Félix-Faure (R.) . . . . .ABZ
Ferrage (Bd de la) . . . . . .ABY 40
Fiesole (Av.) . . . . .X 43
Foch (R. du Mar.) . . . . .BY 44
Gallieni (R. du Mar.) . . . . . .BY 48
Gaulle (Pl. Gén.-de) . . . . . . .BZ 51
Gazagnaire (Bd Eugène) X
Grasse (Av. de) . . . . .VX 53
Guynemer (Bd) . . . . .AY
Hespérides (Av. des) . . . . . .X 55
Hibert (Bd Jean) . . . . .AZ
Hibert (R.) . . . . .AZ
Isola-Bella (Av. d') X
Jaurès (R. Jean) . . . . .BCY
Joffre (R. du Mar.) . . . . .BY 60
Juin (Av. Mar.) . . . . .DZ
Koenig (Av. Gén.) . . . . .DY
Lacour (Bd Alexandre) . . . . .X 62
Latour-Maubourg (R.) . . . . . .DZ
Lattre-de-T. (Av. de) . . . . . .AY
Leader (Bd) . . . . .VX 64
Lérins (Av. de) . . . . .X 65
Lorraine (Bd de) . . . . .CDY
Macé (R.) . . . . .CZ 66
Madrid (Av. de) . . . . .DZ
Meynadier (R.) . . . . .ABY
Midi (Bd du) X
Mimont (R. de) . . . . .BY
Mont-Chevalier (R. du) . . . .AZ 72
Montfleury (Bd) . . . . .CDY 74
Monti (R. Marius) . . . . .AY 75
Noailles (Av. J.-de) X
Observatoire (Bd de l') . . . . .X 84
Oxford (Bd d') . . . . .V 87
Pantiero (la) . . . . .ABZ
Paradis-Terrestre
(Corniches du) . . . . .V 88
Pasteur (R.) . . . . [illegible]
Pastour (R. Louis) . . . . .AY 90
Perier (Bd du) . . . . .V 91
Perrissol (R. Louis) . . . . . . .AZ 92
Petit-Juas (Av. du) VX
Pins (Bd des) . . . . .X 95
Pompidou (Espl. G.) . . . . . . .BZ
Prince-de-Galles (Av. du) . . . .X 97
République (Bd de la) X
Riou (Bd du) VX
Riouffe (R. Jean de) . . . . . . .BY 98
Roi-Albert Ier (Av.) . . . . .X 99
Rouguière (R.) . . . . .BY 100
St-Antoine (R.) . . . . .AZ 102
St-Nicolas (Av.) . . . . .BY 105
St-Pierre (Quai) . . . . .AZ
Sardou (R. Léandre) . . . . .X 108
Serbes (R. des) . . . . .BZ 110
Source (Bd de la) . . . . .X 112
Stanislas (Pl.) . . . . .AY
Strasbourg (Bd de) . . . . . .CDY
Teisseire (R.) . . . . .CY 114
Tuby (Bd Victor) . . . . .AYZ 115
Vallauris (Av. de) . . . . .VX 116
Vallombrosa (Bd) . . . . .AY 118
Vautrin (Bd Gén.) . . . . .DZ
Vidal (R. du Cdt) . . . . .CY 120
Wemyss (Av. Amiral
Wester) . . . . .CY 122

LE CANNET

Aubarède (Ch. de l') . . . . . . .V 8
Bellevue (Pl.) . . . . .V 13
Bréguière (Ch. des) . . . . . . .V 14
Cannes (R. de) . . . . .V 19
Carnot (R. de) V
Cheval (Av. Maurice) . . . . . .V 23
Collines (Ch. des) V
Doumer (Bd Paul) V
Écoles (R. des) . . . . .V 34
Four-à-Chaux (Bd du) . . . . . .V 45
Gambetta (Bd) . . . . .V 50
Gaulle (Av. Gén.-de) V
Jeanpierre (Av. Maurice) . . . .V 58
Mermoz (Av. Jean) . . . . .V 67
Monod (Bd Jacques) . . . . . . .V 68
Mont-Joli (Av. du) . . . . .V 73
N.-D.- des Anges (Av.) . . . . . .V 79
Olivet (Ch. de l') . . . . .V 85
Olivetum (Av. d') . . . . .V 86
Paris (R. de) . . . . .V 89
Pinède (Av. de la) . . . . .V 94
Pompidou (A. Georges) . . . . .V 96
République (Bd de la) V
Roosevelt (Av. Franklin) . . . .V 99
St-Sauveur (R.) . . . . .V 106
Victor-Hugo (R.) . . . . .V 119
Victoria (Av.) V

VALLAURIS

Cannes (Av. de) . . . . .V 18
Clemenceau (Av. G.) . . . . . . .V 25
Golfe (Av. du) . . . . .V 52
Isnard (Pl. Paul) . . . . .V 56
Picasso (Av. P.) . . . . .V 93
Rouvier (Bd Maurice) . . . . . .V 102
Tapis-Vert (Av. du) . . . . .V 113

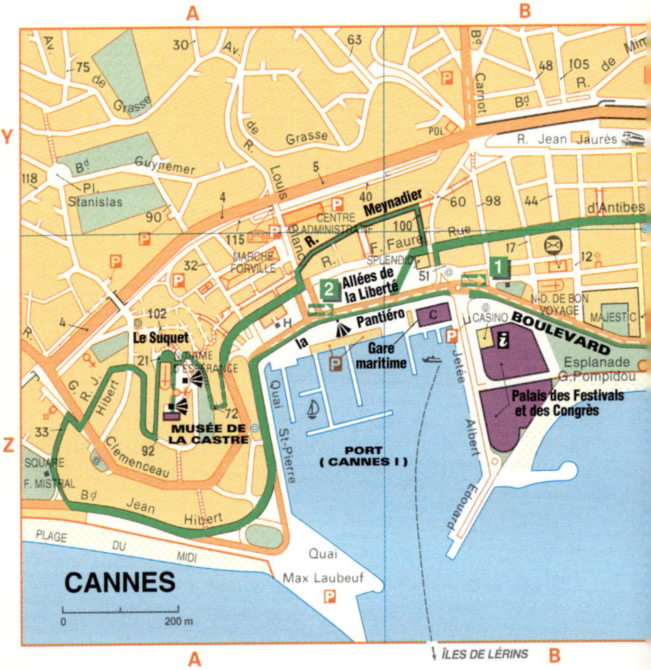

Chapelle Bellini . . . . .X B
Chapelle St-Sauveur (Musée Tobiasse) . . . . . .V B1
Château (Musée National «La Guerre et la Paix»
Musée Magnelli et musée de la Céramique)V D

Croix des Gardes X
Église orthodoxe St-Michel-Archange . . . . .X E
Gare maritime . . . . .BZ
Musée de la Castre .AZ

Musée de l'Automobiliste V
Musée de la Poterie . . . . V M1
Palais des Festivals et des Congrès . . . . BZ
Pointe de la Croisette X

Port (Cannes 1) . . . . ABZ
Suquet (Le) . . . . AZ

Saal 4 führt in den Innenhof, wo sich der **Tour du Suquet** erhebt, ein 22 m hoher alter Wachtturm aus dem 12. Jh. (Wechselausstellungen über Fotografie). Von seiner Plattform aus umfaßt der **Blick★** die Croisette, die Bucht von La Napoule, die Îles de Lérins, das Esterelmassiv und die im Norden der Stadt sich erhebenden Höhen.
In den übrigen Sälen des Museums sind umfassende Sammlungen von Altertümern aus dem Mittelmeerraum und dem Nahen Osten (Iran, Libanon, Syrien, Zypern, Ägypten, Etrurien, Rom) und der alten Volkskunst Afrikas, Ozeaniens, Nord- und Südamerikas sowie der Eskimos und Asiaten ausgestellt. Zeitgenössische Malerei bildet den Abschluß des Rundgangs.
Durch die Rue Jean-Hibert und die Rue Jean-Dollfus erreicht man die nach Frédéric Mistral benannte Grünanlage, in der dem „unsterblichen Sänger der Provence" ein Standbild errichtet wurde.

Chapelle Bellini – *Von der Schnellstraße Cannes-Nizza nehmen Sie die erste Ausfahrt links nach Vallauris, dann rechts die Avenue de Vallauris. In Höhe der Nr. 67 biegen Sie rechtwinklig in die Avenue Poralto ab, dann links in die Allee de la Villa Fiorentina.* Die Kapelle war Bestandteil des Parks des prächtigen toskanischen Palazzos „Villa Fiorentina", der Ende des letzten Jahrhunderts für den Adel des Balkans erbaut wurde. Der in ausgeprägtem Barock errichtete Sakralbau zeigt auf der Westseite das Wappen des Grafen Vitali. Im Inneren bleibt mit einigen seiner Werke das Andenken an den letzten Besitzer lebendig, den Maler Emmanuel Bellini aus Cannes (1904-1989), der aus dem Gebäude sein Atelier machte.

Église orthodoxe St-Michel-Archange – *30 Boulevard Alexandre III.* Durch die regelmäßigen Winteraufenthalte der Kaiserin Maria Alexandrowna, der Gattin des Zaren Alexander III., in Cannes wurde die Errichtung einer geräumigen Kirche für ihren Hofstaat notwendig. In dem reich ausgestatteten Inneren der 1894 vollendeten Kirche befinden sich bemerkenswerte Ikonen (darunter eine Darstellung des **Erzengels Michael**) und Kirchenbanner, gestiftet von der russischen Zarenfamilie. Der Zwiebelturm wurde später als das Hauptgebäude errichtet.
Der Kirchenchor ist für seine liturgischen Interpretationen berühmt. Die Krypta *(keine Besichtigung)* birgt die sterblichen Überreste der im Exil verstorbenen Mitglieder der Zarenfamilie und die des weißrussischen Generals Judenitsch, der an der Belagerung von Petrograd im Jahre 1919 teilgenommen hatte.
Der Kirche gegenüber auf der rechten Seite steht ein neobyzantinisches Gebäude, die **Chapelle Tripet-Skryptine**, der erste orthodoxe Sakralbau in Cannes.

AUSFLÜGE

3 Le Cannet *Siehe Stadtplan*

Verlassen Sie Cannes über den Boulevard Carnot.

Der Boulevard führt direkt nach Le Cannet, das sich übergangslos an Cannes anschließt.
Das durch bewaldete Höhen ringsum gut vor den Winden geschützte, in einer Höhe von 110 m gelegene Le Cannet bildet die klimatische Ergänzung zu Cannes. Der beliebte Luftkurort wurde von zahlreichen Künstlern geschätzt: von der Schauspielerin Rachel, dem Maler Renoir, dem Schauspieler Victorien Sardou. Der Maler **Pierre Bonnard** (1867-1947) verbrachte nach mehreren vorangegangenen Aufenthalten seine letzten Lebensjahre damit, von der Villa **Le Bosquet** in der Avenue Victoria aus Ansichten von Le Cannet zu malen.

Altstadt – Man erreicht sie über die Rue St-Sauveur *(größtenteils Fußgängerzone)* und entdeckt dort interessante Häuserfassaden aus dem 18. Jh. und hübsche kleine, mit Platanen bestandene Plätze. An der Kreuzung mit einer links ansteigenden Straße steht das Haus Nr. 19, dessen Blendfassade eine Wandmalerei von Raymond Peynet mit der Darstellung der *Verliebten* zeigt.
Etwas weiter links steht hinter einer großen Linde die kleine **Chapelle St-Sauveur** aus dem 15. Jh. mit einem bunten Mosaik am Giebel. Der Raum erhält Licht durch fünf lebhaft gestaltete, von Théo Tobiasse geschaffene Glasfenster. Außerdem sind Mosaiken, illustrierte Holztafeln und Objekte des Künstlers zu sehen.
Vom Place Bellevue hat man eine schöne Aussicht auf den Viereckturm der Église Ste-Philomène und außerdem einen wunderbaren Panoramablick auf Cannes und die Îles de Lérins. Ganz in der Nähe steht der Tour des Calvys aus dem 12. Jh. und nicht weit davon entfernt der noch höhere Tour des Danys aus dem 14. Jh. Beide besitzen schöne, mit Pechnasen bekrönte Fassaden. Bemerkenswert ist das lustige Fresko an einer Wand, das den Gründerfamilien von Le Cannet gewidmet ist. Vom Rathaus aus gelangt man durch die Rue Cavasse *(Fußgängerzone)* zu den Jardins de Tivoli. Dort sind prunkvolle Villen aus der Zeit um die Jahrhundertwende zu sehen.

★ **Chemin des Collines** – Die besonders reizvolle Höhenstraße zieht sich an den Hängen der Berge von Cannes entlang. Die vielfältigen, wunderbaren Ausblicke auf Cannes und Umgebung, den Golf von La Napoule und die Îles de Lérins entschädigen den Autofahrer für die kurvenreiche Strecke.
Fährt man weiter in Richtung Osten, so gelangt man zum Col de St-Antoine.

Auf der Avenue Victoria kehrt man nach Cannes zurück.

Auf der linken Seite der Avenue Victoria, am höchsten Punkt einer wunderschönen Pappelallee, thront die **Villa Yakimour** *(Privatbesitz, keine Besichtigung)*. Diesen orientalischen Wohnsitz schenkte Aga Khan seiner Ehefrau Yvette Labrousse.

Zur Weiterfahrt nach Vallauris nehmen Sie beim Col de St-Antoine links die D 803.

Vallauris – *Siehe dort*

Golfe-Juan – *2 km südöstlich von Vallauris auf der D 135 (s. unter JUAN-LES-PINS, Umgebung).*

Auf der Rückfahrt nach Cannes umgeht die N 7 die Höhen von Super-Cannes. Der **Blick★** auf die am Horizont liegenden Îles de Lérins und die rötliche Silhouette des Esterelmassivs ist bei Sonnenuntergang am schönsten.

Kehren Sie auf der Küstenstraße nach Cannes zurück.

★4 La Croix des Gardes

Rundfahrt (8 km) auf steil ansteigender Straße, zusätzlich 1/4 Std. zu Fuß hin und zurück

Verlassen Sie Cannes auf der Avenue du Dr-Picaud und biegen Sie an der Ampel in der Nähe des Hotels Solhôtel nach rechts in den Boulevard Leader ab; dann, 100 m hinter dem Eingang des Pavillon de la Croix des Gardes, geht es wieder nach rechts in die Avenue J.-de-Noailles. Nach weiteren 100 m lassen Sie den Wagen auf dem Parkplatz.

Der Fußweg rechts führt auf den 164 m hohen Berggipfel, auf dem ein 12 m hohes Kreuz steht. Dieser strategische Ort war seit dem 16. Jh. ein ständiger Beobachtungsposten, der der Anhöhe ihren Namen („Wachtkreuz") gab. Vom Fuße des Kreuzes aus hat man einen herrlichen **Rundblick★** auf Cannes, die Îles de Lérins, das Esterelmassiv und bei klarem Wetter auch auf die Halbinsel von St-Tropez.

Die Avenue J.-de-Noailles führt nach Cannes zurück.

★★★Rundfahrt im Esterelmassiv – *Siehe unter Massif de l'ESTEREL*

★★Îles de Lérins – *Ausflug mit dem Schiff: 1/2 Tag; s. dort*

CAP FERRAT★★

Michelin-Karte Nr. 341 E 5, Nr. 115 Falte 27 oder Nr. 245 Falte 38
Kartenskizze Corniche de la RIVIERA, S. 286

Die weit ins Meer hinausreichende Halbinsel ist die eleganteste der Küste. Sie erhielt ihren Namen nach ihrem südlichsten Punkt. Die dicht belaubten Bäume in den gepflegten Parks der prächtigen Villen verwehren oft den freien Blick auf die Küste. Ein Spaziergang durch die Straßen von St-Jean-Cap-Ferrat zum Leuchtturm oder zur Landspitze St-Hospice hingegen bietet eine gute Aussicht auf die Küste, im Westen auf die Ufer von Villefranche-sur-Mer, im Osten auf die Baie des Fourmis.

B. Kaufmann/MICHELIN

Eines der am schönsten gelegenen Museen der Côte d'Azur
die Villa Ephrussi-de-Rothschild auf Cap Ferrat

TIPS UND ADRESSEN

Gastronomie

Unsere Empfehlung

Capitaine Cook – *Avenue Jean-Mermoz – 06230 St-Jean-Cap-Ferrat – ☎ 04 93 76 02 66 – 15. Nov.-26. Dez., Do-mittag und Mi geschl. – 19,82/24,39 €.* Das familiäre, nette Restaurant liegt zwischen dem Jachthafen und dem Paloma-Strand. Hier sitzt man dicht beieinander und erhält traditionelle Mittelmeergerichte.

Plage de Passable – *Chemin de Passable – 06230 St-Jean-Cap-Ferrat – ☎ 04 93 76 06 17 – jcv7@wanadoo.fr – Mitte Okt.-März geschl. – 20/50 €.* Das Strandrestaurant liegt an der Bucht von Villefranche-sur-Mer, am Anfang der Halbinsel von St-Jean-Cap-Ferrat. Auf der Karte stehen Fischgerichte, Salate, Pasta und Pizza, und essen kann man in zauberhafter Umgebung unter Pinien und Palmen.

Unterkunft

Gut und preiswert

Hôtel Frégate – *Avenue Denis-Séméria – 06230 St-Jean-Cap-Ferrat – ☎ 04 93 76 04 51 – 15. Dez.-5. Jan. geschl. – 10 Z: 38,11/68,60 € – ☕ 5,34 € – Rest. 18/21 €.* Eine einfache Adresse in einer Geschäftsstraße des Dorfes. Das Hotel wurde von seinen jetzigen Besitzern renoviert; es liegt günstig zwischen dem 100 m entfernten öffentlichen Strand und dem Ortszentrum. Einige der kleinen, aber gepflegten Zimmer besitzen einen Balkon.

Unsere Empfehlung

Hôtel La Bastide – *3 Avenue Albert-1er – 06230 St-Jean-Cap-Ferrat – ☎ 04 93 76 06 78 – P – 14 Z: 45,73/60,98 € – ☕ 4,57 € – Rest. 26 €.* Dieses kleine Hotel ist nicht brandneu. Es hat aber eine sehr interessante Lage, denn alle Zimmer haben Blick auf die Bucht und, in der Ferne, auf das Cap d'Ail. Nur eines besitzt eine Terrasse. Im Restaurant Hausmannskost.

Spitzenkategorie

Hôtel Brise Marine – *Avenue Jean-Mermoz – 06230 St-Jean-Cap-Ferrat – ☎ 04 93 76 04 36 – Nov. bis Jan. geschl. – 16 Z: 123,48 € – ☕ 9,15 €.* Dieses schöne Hotel mit der ansprechenden Fassade hat Blick auf Golf und Kap. Es liegt in einer wenig befahrenen Straße, man erreicht es durch einen schönen Garten. Wählen Sie ein Zimmer in der Villa selbst; die des Nebengebäudes sind einfacher.

Sport und Freizeit

Strände – Die Kiesstrände der Halbinsel sind der Plage de Passable im Westen gegenüber von Villefranche, der Plage Paloma im Osten gegenüber von Beaulieu, in der Nähe des Hafens liegt der Plage du Cro des Pins. An der Pointe St-Hospice befindet sich ebenfalls ein Strand. Guten Schwimmern seien auch die kleinen Buchten entlang der Küste empfohlen.

EIN BESONDERES HIGHLIGHT

★★ Villa Ephrussi-de-Rothschild

Die Baronin Ephrussi de Rothschild vermachte 1934 dem Institut de France ihre Villa zur Nutzung für die Akademie der Schönen Künste. Das Gebäude ist in wunderschöner **Lage★★★** an einer Engstelle der Halbinsel, mit Blick auf die Buchten von Villefranche und von Beaulieu, in einen herrlichen Park eingebettet. In der Villa ist ein Museum mit mehr als 5 000 Kunstwerken eingerichtet.

★★ **Musée Île-de-France** ⓥ – Zu Beginn des 20. Jh.s ließ die Kunstsammlerin Béatrice Ephrussi de Rothschild das heutige Museumsgebäude im Stil eines italienischen Palastes erbauen, um ihre bis dahin zusammengetragenen Kostbarkeiten in würdigem Rahmen unterzubringen.

Man betritt das Museum von dem überdachten Innenhof aus, der mit Säulen aus rotem Marmor aus einem Palast in Verona umgeben ist. Der Blick fällt hier zuerst auf einen im 18. Jh. in der Savonnerie-Manufaktur gewirkten Teppich; einige im ausgehenden Mittelalter und in der Renaissance gefertigte Möbelstücke kommen auf dem Mosaikfußboden gut zur Geltung; an den Wänden beachte man die aus dem 15. und dem 17. Jh. stammenden flämischen Wandteppiche. Zu den Kunstwerken aus dem Mittelalter und der Renaissance gehören ein Retabel (Ende 15. Jh.) mit einer Darstellung der hl. Brigid von Irland und ein Gemälde von Carpaccio, auf dem ein venezianischer Condottiere abgebildet ist.

Um den Innenhof herum liegen die Räume und Galerien mit Kunstschätzen verschiedener Epochen; dennoch lassen die wunderschönen Möbel im Louis-quinze- und Louis-seize-Stil – einige, wie der Spieltisch, stammen aus Marie-Antoinettes Besitz –, die Savonnerie-Teppiche, die Arbeiten der Tapisserie-Manufakturen von Beauvais, Aubusson und die Gobelins, die Gemälde von Boucher, Coypel, Fragonard, Lancret, Robert, die Terrakotten von Clodion und die Kandelaber von Thomire die Vorliebe der Baronin für das 18. Jh. erkennen. Bei der Besichtigung der Privatgemächer der Baronin kann man das Zimmer von Madame Ephrussi, ihr Bad, ihr Boudoir und das Eßzimmer aus Sèvres sehen.
Die herrlichen Sammlungen in der ersten Etage mit Porzellan aus Vincennes, Sèvres und Meißen sind eine Augenweide. Der eigenwillige „Affensalon" (Salon des Singes) ist einem bevorzugten Tierthema der Baronin gewidmet. Erstaunlich ist das Affenorchester aus Meißner Porzellan. Durch eine mit chinesischer Lackarbeit verzierte Flügeltür gelangt man in den gotisch gestalteten Salon, in dem Wandschirme mit Koromandel-Lackarbeit, chinesische Vasen, Teppiche und Mandarin-Kostüme *(Nebenzimmer)* zu besichtigen sind. In der Galerie der Impressionisten hängen Landschaften von Monet, Renoir und Sisley.

** **Park** – Die Villa ist von einer 7 ha großen, in Gärten verschiedenster Stilrichtungen aufgeteilten Parkanlage umgeben. Der mittlere Teil wurde als französischer Garten mit größtenteils am Mittelmeer heimischen Blumen und Gewächsen angelegt. Er hat die Form eines Schiffs zur Erinnerung an das Kreuzfahrtschiff Île-de-France, auf dem die Baronin eine wundervolle Reise unternommen hatte und dessen Name sie für ihre Villa entlehnte. Vom französischen Garten aus fällt der Blick auf stufenweise herabplätscherndes Wasser und auf ein kleines, dem Liebestempel des Trianon von Versailles nachgebildetes Tempelchen. Im spanischen Garten wachsen Aronstäbe, Papyrusstauden, Granat- und Stechapfelbäume. Der angrenzende florentinische Garten enthält die Marmorstatue eines Jünglings. Der Garten mit den Steindenkmälern ist mit Brunnen, Kapitellen, Wasserspeiern und Flachreliefs aus dem Mittelalter und der Renaissance geschmückt. Neben dem bezaubernden japanischen Garten entfaltet der Tropengarten seine exotische Vegetation. Der Rosengarten umfaßt eine Vielzahl unterschiedlicher Rosensorten, der Lieblingsblume der Baronin Ephrussi.

AUSFLUG

** Rundfahrt um das Cap Ferrat

10 km – etwa 3 Std.

Plage de Passable – Dieser sanft zum Meer hin abfallende Kiesstrand liegt dem Ufer von Villefranche gegenüber.

ST-JEAN-CAP-FERRAT

Albert-Ier (Av.) 2
Centrale (Av.) 3
États-Unis (Av. des) 5
Gaulle (Bd Gén.-de) 6
Grasseuil (Av.) 7
Libération (Bd de la) 9
Mermoz (Av. Jean) 12
Passable (Chemin de) 13
Phare (Av. du) 14
St-Jean (Pont) 16
Sauvan (Bd Honoré) 17
Semeria (Av. Denis) 18
Verdun (Av. de) 20
Vignon (Av. Claude) 21

Villa Ephrussi-de-Rotschild ...... M

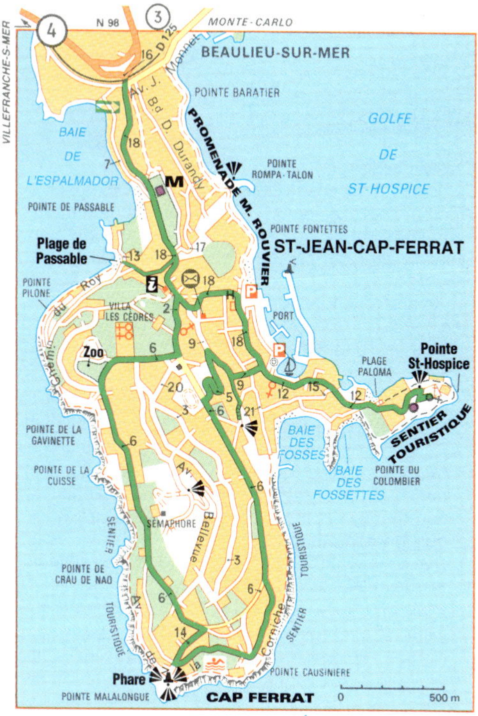

Zoo - Parc d'Acclimatation ⓥ ⓞ – Das Becken eines trockengelegten, ehemals zum Anwesen des belgischen Königs Leopold II. gehörenden Sees dient seit 1950 der **Akklimatisierung tropischer Gewächse**. Diese bieten auf 3 ha Fläche den etwa 350 verschiedenen Tierarten, darunter auch vielen Vogelarten der Tropen, ein artgerechtes Umfeld. Mehrmals am Tag unterhält eine „Schimpansenschule" die Zoobesucher.

Phare – Die Reichweite des Leuchtfeuers beträgt 46 km. Vom Leuchtturm bietet sich ein ausgedehntes **Panorama**★★, das von der Landspitze beim italienischen Bordighera über die Voralpen und Alpen bis zum Esterelmassiv reicht. Ganz in der Nähe wurde zwischen den Felsen das Sun-Beach-Schwimmbad angelegt.

★ **St-Jean-Cap-Ferrat** – Das Fischerdorf von einst hat sich zu einem beliebten Bade- und Wintererholungsort entwickelt. Der Hafen wurde weitgehend zum Jachthafen umgebaut. Ein Spaziergang auf der nach Süden vom Boulevard de la Libération abzweigenden, über eine Treppe führenden Straße beschert einen **Blick**★ auf Èze, die Berge Tête de Chien („Hundskopf") und Mont Agel sowie die Alpen.

Pointe St-Hospice – Der ansteigende Weg bis zur Landspitze führt an einem im 18. Jh. als Gefängnis erbauten Turm vorbei und bietet einen schönen Blick auf Beaulieu und die Küste bis zum Cap d'Ail. Am Ende des Wegs erhebt sich eine kleine Kirche aus dem 19. Jh., die an der Stelle einer einstigen Betkapelle steht, die dem hl. Hospice, einem Einsiedler aus Nizza, geweiht war. Von hier umfaßt der **Blick**★ die Küste von Beaulieu bis zum Cap Martin und das Hinterland.

WANDERUNGEN

Von St-Jean aus bieten sich mehrere Spaziergänge auf größtenteils schattigen Wegen an, die angenehm und reizvoll sind.

Rundwanderung um das Cap – Wer eine Wanderung zu Fuß der Rundfahrt mit dem Auto vorzieht, bekommt auf dem 11 km langen Rundweg an der wundervollen Küste romantische kleine Buchten, wilde Steilfelsen und eine wahre Pracht an schönen Pflanzen sozusagen als Zugabe.

★ **Promenade Maurice-Rouvier** – *1 Std. zu Fuß hin und zurück ab dem Hafen von St-Jean.* Der Spaziergang beginnt nördlich des Strandes von St-Jean und führt, mit reizvollen Ausblicken auf Beaulieu, Èze und den Tête-de-Chien, am Meer entlang.

★ **Sentier touristique de la Pointe St-Hospice** – *Rundweg, 1 Std. zu Fuß hin und zurück. Folgen Sie der Avenue Jean-Mermoz und gehen Sie beim Restaurant Paloma Beach links die Treppe hinunter.* Der Weg führt mit Blick auf Èze, Monaco und das Cap Martin am Paloma-Strand vorbei, um die Pointe St-Hospice, dann um die südliche Landspitze, die Pointe du Colombier, herum und an der Baie des Fossettes entlang auf die Ausgangsstraße zurück.

COARAZE★

654 Einwohner

Michelin-Karte Nr. 341 E 4, Nr. 115 Falten 16 und 17 oder Nr. 245 Süden der Falte 25

Kartenskizze NICE, S. 274

Coaraze liegt in 640 m Höhe an der Straße zum **Col St-Roch** (990 m), die als die Route du Soleil („Sonnenstraße") bekannt ist. Der Name des Ortes leitet sich von den beiden Wörtern *coa* („Schwanz") und *raza* („abgeschnitten") ab, womit einer Legende zufolge auf den Teufel Bezug genommen wird, den die Einwohner des Ortes eine Zeitlang am Schwanz angebunden hatten. Er konnte sich jedoch befreien, indem er ihn kurzerhand abschnitt.

Die lebensfrohen Bewohner des Ortes lassen sich kaum eine Gelegenheit entgehen, ein Fest zu feiern. Die wichtigsten sind der Johannistag Ende Juni, das Olivenfest am 15. August, Sankt Katharinen Ende August und das Kastanienfest Ende Oktober.

AUF ENTDECKUNGSTOUR

Das mittelalterliche Dorf – Seit den 1950er Jahren haben sich eine Reihe von Künstlern und Kunsthandwerkern hier niedergelassen und so dem reizenden Ort mit seinen **alten Gassen**★, langen überwölbten Passagen und kleinen Plätzen, auf denen Brunnen plätschern, zu neuem Leben verholfen. Von dem von Zypressen gesäumten Terrassengarten hat man eine schöne Aussicht hinunter auf das Tal und gen Norden auf die Cime de Rocca Seira.

Die Anwesenheit der Künstler macht sich an den Keramiksonnenuhren bemerkbar, die das Rathaus und den Kirchplatz schmücken und von Cocteau, Goetz, Ponce de Léon und anderen Künstlern entworfen wurden.

Église – Zur Kirche gelangt man über den Friedhof, auf dem statt herkömmlicher Gräber Zementsärge stehen, da man in den Fels kein Grab hauen kann. Aus dem Barockdekor im Inneren der Kirche sticht ein hl. Sebastian hervor, dessen Körper von Pfeilen durchbohrt ist.

Fahren Sie auf die D 15 in nördlicher Richtung und biegen Sie gleich darauf links in eine kleine Straße ein.

Chapelle Notre-Dame-de-la-Pitié ⓥ – Die Kapelle wird auch „Blaue Kapelle" genannt, weil Ponce de Léon sie 1962 mit Szenen aus dem Leben Jesu in blauer Farbe ausgemalt hat. Von der Terrasse hat man einen sehr schönen Blick auf das Dorf.

Tip

Unsere Empfehlung

L'Auberge du Soleil – *Im Dorfzentrum – ☎ 04 93 79 08 11 – Nov.-15. Feb. geschl. – 8 Z: 53,36/80,80 € – ☕ 7,62 € – Rest. 22 €.* Eine gelassene Heiterkeit herrscht in diesem Herrenhaus aus dem Jahre 1863, zu dem man nur zu Fuß gelangt. In den Zimmern wurde Altes mit Modernem hübsch kombiniert, der freundliche Gastraum setzt sich in einer Terrasse fort, die sich weit auf das Tal hin öffnet.

Kehren Sie auf die D 15 in südlicher Richtung zurück und biegen Sie nach 2 km rechts ab in Richtung La Gardiola.

Chapelle St-Sébastien ⓥ – Die mitten in einer einsamen Landschaft stehende Kapelle ist dem Beschützer vor der Pest geweiht. Die anmutigen Fresken im Inneren stammen von 1530 (Übermalungen im 19. Jh.) und zeigen den von Pfeilen durchbohrten hl. Sebastian und die Bogenschützen um ihn herum in einer manieristischen Art, die an Perugino erinnert. Die sanften Farbtöne und die weichen Konturen spiegeln die Eleganz der Renaissance wider.

Für wunderschöne **Wanderungen** in die Umgebung liegt im Fremdenverkehrsamt ein Prospekt bereit.

COGOLIN

9 079 Einwohner

Michelin-Karte Nr. 340 O 6, Nr. 114 Falte 36 oder Nr. 245 Falte 48

Kartenskizze Massif des MAURES, S. 217

Am Hang und am Fuß einer Anhöhe erstreckt sich das Industrie- und Handelsstädtchen Cogolin; an der höchsten Stelle erhebt sich bei einer verfallenen Mühle ein alter Turm. Der Ort verstand es, seinen typisch provenzalischen Kleinstadtcharakter zu bewahren. Der Weinbau, die Herstellung von Teppichen, Pfeifen, Flaschenkorken sowie Klarinettenblättern, Angelruten, Möbeln und Schiffswappen aus Schilfrohr sind die Haupterwerbsquellen der Einwohner. Mittwochs und Samstag morgens findet ein bunter Markt statt.

AUF ENTDECKUNGSTOUR

Das alte Dorf

Im Oberdorf hinter dem Rathaus hat sich in den zahlreichen Gassen, die durch überdachte Passagen miteinander verbunden sind, der mittelalterliche Charakter des Dorfes erhalten. Bemerkenswert ist ein interessanter Brunnen auf dem Place Dolet sowie in der **Rue Nationale** die Türeinfassungen aus Serpentin, von denen einige aus dem 12. Jh. stammen; Haus Nr. 46 wird Château Sellier genannt und ist ein sehenswertes vornehmes Bürgerhaus.

Auf der Hügelkuppe erhebt sich der **Uhrturm** aus dem 14. Jh., der einzige Überrest der alten Burg *(Zugang am Ende der Rue Nationale über die Montée de l'Horloge)*. Geht man auf der linken Seite wieder hinab, so gelangt man zum Place Bellevue, wo die mit modernen Kunstwerken geschmückte **Chapelle Ste-Croix** steht.

Église St-Sauveur – Die Kirche enthält bauliche Überreste aus dem 11. Jh. und weist ein schönes Renaissance-Serpentinportal auf. In einer Seitenkapelle im Inneren sind ein interessanter Altaraufsatz von Hurlupin (1540), der den hl. Antonius in Begleitung des hl. Eligius und des hl. Pontianus zeigt, sowie eine schöne Barockbüste aus dem 17. Jh. sehenswert.

D. Pazery/MICHELIN

Wer gern Pfeife schmaucht, wird in Cogolin sicherlich sein Glück finden

TIPS UND ADRESSEN

Unterkunft und Gastronomie

Unsere Empfehlung

Le Coq'Hôtel – *Place de la Mairie – ☎ 04 94 54 63 14 – 1.-15. Jan. geschl. – P – 25 Z: 57,93/73,18 € – ☕ 6,40 € – Rest. 21 €.* Den namengebenden Hahn *(coq)* findet man auf der hübschen Fassade mit den blauen Fensterläden und als Figur im Salon. Heiterer Dekor in den unterschiedlich möblierten Zimmern, deren Bäder oft an die 70er Jahre erinnern.

Kunsthandwerk

Die Pfeifen von Cogolin – ♿ *42/58 Avenue Georges-Clemenceau – ☎ 04 94 54 63 82 – Atelier: 9-12 Uhr und 14-18 Uhr, Sa 9-12 Uhr und 14-17 Uhr, So und feiertags auf Anfrage. Geschäft: 9-19 Uhr.* Im naheliegenden Forêt des Maures findet man die Heidekrautwurzeln für die Herstellung der Bruyèrepfeifen. Diese jahrhundertealte Tradition (das Haus Courrieu besteht seit über 200 Jahren) ist heute noch lebendig. In der Avenue Georges-Clemenceau kann man in mehreren Werkstätten die Fabrikationstechniken kennenlernen und schöne Sammlungen aus einheimischer Produktion bewundern.

Espace Raimu ⓥ – *Avenue Georges-Clemenceau.* Im Erdgeschoß des städtischen Kinos ist das Museum untergebracht, das der Karriere des Schauspielers und Komikers Jules-Auguste César Muraire, genannt Raimu (1883-1946), aus Toulon gewidmet ist: Plakate und Fotos seiner Theaterrollen *(Weiß und Schwarz)*, seiner Kinofilme (*Die Frau des Bäckers, Die Tochter des Brunnenmachers, César, Fanny* usw.), persönliche Gegenstände, Briefe.

Manufacture de tapis de Cogolin – *10 Boulevard Louis-Blanc (mündet in die Avenue Georges-Clemenceau ein) – ☎ 04 94 55 70 65 – Tgl. außer am Wochenende 8-12 Uhr und 14-18 Uhr (Fr bis 17 Uhr). 25. Dez., 1. Jan. sowie 15 Tage im Aug. geschl.* Anfang der 20er Jahre ließen sich in Cogolin aus Armenien geflohene Weber nieder und eröffneten 1928 diese Teppichwirkerei. Heutzutage werden hier Teppiche nach zwei unterschiedlichen Methoden gefertigt: auf Anfrage handgeknüpfte Niedrigflorteppiche und handgearbeitete Nadelflorteppiche, die in allen möglichen Mustern zu haben sind.

Établissements Rigotti – *5 Rue François-Arago – ☎ 04 94 54 62 05 – 8-12 Uhr und 13.30-17.30 Uhr.* Die Firma *(Besichtigung möglich)* fertigt und vertreibt Rohrblätter und Einzelteile für Blasinstrumente.

UMGEBUNG

Les Marines-de-Cogolin – *Zufahrt auf der N 98, dann auf der D 98A.* 5 km nordöstlich von Cogolin wurden ein hübscher Sandstrand und ein 22 ha großer Jachthafen mit über 1 500 Liegeplätzen angelegt. Die vier Hafenbecken sind von einer architektonisch interessanten Feriensiedlung umgeben. Es bestehen regelmäßige Fährverbindungen zu den anderen Häfen des Golfs.

COTIGNAC

2 026 Einwohner
Michelin-Karte Nr. 340 L 4, Nr. 114 Falte 21 oder Nr. 245 Falte 34

Herausragendes Merkmal dieses friedlichen Dorfes ist seine außergewöhnliche **Lage**★ auf einem langen, 80 m hohen Steilhang aus verschiedenfarbigem Tuffstein, der vom Flüßchen Cassole geformt und von zahlreichen Höhlen durchzogen ist, von denen einige bis zu 50 m tief sind. Auf der Spitze des Steilhangs erheben sich zwei Türme aus dem 14. Jh., Überreste der Burg derer von Castellane. Von Sillans kommend hat man von der D 22 aus einen schönen Blick auf den Ort.
Coignac ist bekannt für seinen Wein, sein Olivenöl und seinen Honig, die man auf dem bunten Wochenmarkt *(Dienstag morgens)* auf dem Cours Gambetta erstehen kann. Besonders köstlich sind die hier mit Piniennüssen gefüllten Croissants.

AUF ENTDECKUNGSTOUR

Das Dorf – Schöne Haustüren aus dem 16. und 17. Jh. öffnen sich zu den alten Straßen und den mit Brunnen, Platanen und Ulmen bestandenen Plätzen. Auf dem hübschen Rathausplatz erhebt sich ein Turm, den man durchquert, wenn man zur Naturbühne hinaufgehen will. Die Kirche wurde im 16. Jh. im romanischen Stil errichtet, ihre Fassade im 18. Jh. erneuert.

Pinienkerne

Pinienkerne oder Pignolen sind die eßbaren Samen der Pinie, deren Verwendung in der provenzalischen Küche auf die Römer zurückgeht, die sie zur Wein- und Senferzeugung verwendeten. Heutzutage sind sie ein häufig anzutreffendes Element der mediterranen Kochkultur. Sie geben grünem Gemüse eine kräftige Geschmacksnote und verleihen Füllungen einen knackigen Biß. Auch in Backwaren sind sie vertreten, hauptsächlich in den köstlichen *Amandines* genannten Mandeltörtchen.

Von der Kirche aus führt ein Weg zum Felsen mit einer zweistöckigen Höhle, von wo aus der **Blick** über das Dorf und seine Umgebung schweift. Am Fuß des Felsens liegt die Naturbühne, auf der jeden Sommer Aufführungen stattfinden *(s. PRAKTISCHE HINWEISE, Veranstaltungskalender)*.

Chapelle Notre-Dame-des-Grâces – *1 km südlich über die D 13, dann rechts.* Die Kapelle liegt auf dem Mont Verdaille. Ihr Ursprung geht auf eine Marienerscheinung im 16. Jh. zurück, die durch ein Gemälde über dem Altar dargestellt wird. Bekannt wurde sie jedoch erst, als 1660 der junge König Ludwig XIV. in Begleitung seiner Mutter, Anna von Österreich, in Erfüllung eines Gelübdes, welches seine Eltern vor seiner Geburt abgelegt hatten, hierher eine Wallfahrt machte. Eine an einem Pfeiler im Inneren der Kirche angebrachte Marmortafel erinnert an jenes Ereignis. Die Kapelle wurde während der Französischen Revolution zerstört und 1810 wieder aufgebaut. Die **Aussicht** vom Platz vor der Kirche reicht im Süden zum Argens-Tal, nach Carcès und bis in die Gegend um Brignoles.

Gastronomie

Unsere Empfehlung

Restaurant Le Clos des Vignes – *5 km südlich von Cotignac, Richtung Brignoles – ☏ 04 94 04 72 19 – 15. Nov.-8. Dez., So-abend und Mo von Okt.-15. Juni, Di und Fr-mittag geschl. – Reserv. empf. – 16,77 € Mittagessen – 25,15/34,30 €.* Aus einer alten Schäferei wurde ein von Weinstöcken umgebenes Veranda-Restaurant mit einer hübschen Terrasse. Die Lage des Lokals, seine Küche, die mit frischen Zutaten arbeitet, und nicht zuletzt der ausgeprägte Charakter des Inhabers erklären den Erfolg, den es auch bei Einheimischen hat.

Unterkunft

Unsere Empfehlung

Chambre d'hôte Domaine de Nestuby – *5 km südlich von Cotignac, Richtung Brignoles – ☏ 04 94 04 60 02 – www.sejour-en-provence.com – 15. Nov.-1. März geschl. – ⌧ – 4 Z: 54/61 € – Mahlzeit 18 €.* Im Herzen eines Weinguts bietet diese ansprechende provenzalische Bastide schöne renovierte Zimmer, die mit Möbeln vom Trödelmarkt möbliert sind. Im ehemaligen Pferdestall können Sie den Wein des Guts kosten.

Shopping

Les Ruchers du Bessillon – *5 Rue de la Victoire – ☏ 04 94 04 60 39 – Sommer: 10-12.30 Uhr und 15.30-19 Uhr; Winter: tgl. außer Mo 10-12 Uhr.* Diverse Naturprodukte, insbesondere Honig auf der Basis von Akazien-, Kastanien-, Tannen- und Lindenblüten sowie von Rosmarin, Lavendel und Heidekraut.

DRAGUIGNAN

32 829 Einwohner

Michelin-Karte Nr. 340 N 4, Nr. 114 Falte 23 oder Nr. 245 Falte 35

Die Stadt liegt günstig zwischen dem Haut-Var und den provenzalischen Hochebenen. Sie ging aus einem römischen Kastell hervor, das auf dem Hügel lag, wo sich heute der Uhrturm erhebt.
Besonders an den Markttagen *(mittwochs und samstags)* erwacht Draguignan zu regem Treiben, wenn sich die Bauern der fruchtbaren Weingegend hier einfinden.
Am 8. September findet alljährlich eine Wallfahrt zur Kirche Notre-Dame-du-Peuple (16. Jh.) statt, zum Gedenken daran, daß die Muttergottes die Stadt vor der Pest bewahrt hat.

HINTERGRUNDINFOS

Vom Mittelalter bis heute – Im 13. Jh. entstand am Fuß der Anhöhe ein Ort, der mit einer starken Mauer umgeben wurde. Von ihren ursprünglich drei Toren sind noch die Porte de Portaiguières und die Porte Romaine erhalten. Außerdem errichtete man auf dem Felsen zum Schutz einen Donjon. Ludwig XIV. ließ den Wehrturm dann allerdings schleifen. 1797 erhob Napoleon Bonaparte den Ort zur Hauptstadt des neu geschaffenen Departements Var; den Titel mußte Draguignan jedoch 1974 an Toulon abgeben. Im 19. Jh. legten die Barone Azémar und Haussmann, beide Präfekten des Var-Gebiets, im Westen und Süden der Altstadt breite Alleen und schnurgerade Boulevards an.

Der hl. Hermentaire und der Drache – Der Ortsname Draguignan soll von „Draconio" kommen, einer Ableitung von dem lateinischen Wort *draco* („Drache"). Die Legende dazu erzählt, daß im 5. Jh. Pilger auf ihrem Weg zum Kloster Lérins einem riesigen Drachen begegneten, der in dem sumpfigen Gebiet hauste, wo heute der Nartuby fließt. In ihrer Angst riefen sie Hermentaire herbei, einen Heiligen und Einsiedler der Gegend. Hermentaire – er wurde später der erste Bischof von Antibes – soll das Untier dann getötet haben.

AUF ENTDECKUNGSTOUR

Altstadt ⓥ

Östlich vom Boulevard de la Liberté liegt die zum Teil den Fußgängern vorbehaltene Altstadt. Diesen Teil der Stadt zwischen den alten Toren (**Porte de Portaiguières** in einem Viereckturm aus dem 15. Jh. und Porte Romaine aus dem 14. Jh.) durchzieht ein Netz malerischer Straßen, die zum Uhrturm führen. Die dicht aneinander gedrängten, schiefen Häuser mit den verzierten Haustüren verleihen ihm besonderen Charme. Malerisch ist auch der Marktplatz, auf dem Brunnen und Platanen Erfrischung spenden. In der Rue de la Juiverie („Judengasse") ist noch die aus dem 13. Jh. stammende Fassade einer ehem. Synagoge zu sehen; Haus Nr. 42 der Grande Rue ist ein altes Adelspalais.

Tour de l'Horloge ⓥ – Der Uhrturm wurde an der Stelle des 1660 zerstörten Wehrturms erbaut und trägt vier kleine Türmchen sowie einen typisch provenzalischen schmiedeeisernen Glockenaufsatz.
Von oben schöner **Blick** auf die Stadt, das Nartuby-Tal und das Maurenmassiv in der Ferne.

Cimetière américain et Mémorial du Rhône ⓥ – *Ausfahrt auf dem Boulevard John-F.-Kennedy.* Der fast 5 ha große, amerikanische Soldatenfriedhof ist im Stil eines Landschaftsparks gestaltet. Hier ruhen 861 im August 1944 gefallene Soldaten der Armee von General Patch. Die Mosaiken in der Friedhofskapelle sind das Werk des Amerikaners Austin Purves. Am Fuß des Rhone-Denkmals zeigt eine Bronzetafel die Truppenbewegungen.

Église Notre-Dame-du-Peuple – Sie wurde im 16. Jh. im Flamboyantstil erbaut, später erweitert und erhielt ihre Fassade im 19. Jh. Innen links ist die zentrale Tafel eines Altarbilds aus der Werkstatt Louis Bréas (16. Jh.) mit der Darstellung einer Jungfrau mit dem Rosenkranz angebracht.

BESICHTIGUNGEN

Musée municipal ⓥ – Der Bischof von Fréjus, Mgr. du Bellay, erwarb im 18. Jh. das aus dem 17. Jh. stammende Gebäude eines früheren Ursulinenklosters und ließ es zu seiner Sommerresidenz umbauen. Die Sammlungen beinhalten seltene und interessante Gegenstände und sind in einem Stockwerk gut zur Geltung gebracht. So sind zwischen alten Möbeln Skulpturen und Keramik aus Frankreich (Vallauris, Moustiers, Sèvres) und dem Fernen Osten ausgestellt. Sie stammen größtenteils aus dem alten Schloß Valbelle in Tourves.
Man beachte in den beiden ersten Sälen drei Gemälde von Félix Ziem (1821-1911); zwei davon haben Venedig zum Thema. Von Jean-Baptiste van Loo sieht man *Die Befreiung des Petrus*; außerdem eine sehr schöne Prunkrüstung (Le Luc), die zwischen 1570 und 1575 für François de Montmorency angefertigt wurde, sowie eine anmutige Skulpturengruppe von Camille Claudel (1903).

TIPS UND ADRESSEN

Verkehrsmittel

Bus – Draguignan besitzt 4 Buslinien (Draguibus). Einzelfahrkarten kann man beim Busfahrer erstehen; Fahrkartenhefte sind im Bureau des Bus am Place Claude-Gay *(Mo-Sa 8-12 Uhr und 14-18 Uhr)* erhältlich.

Reisebus – *Busbahnhof (Gare routière) – ☎ 04 94 68 15 34.* Es bestehen Busverbindungen nach St-Raphaël und zum Bahnhof von Les Arcs-Draguignan *(Dauer ca. 25 Min.).*

Gastronomie

Gut und preiswert

L'Accomedia – *13 Rue des Endronnes – 83300 Draguignan – ☎ 04 94 50 72 72 – Febr., 14 Tage im Aug., Mo-abend und So geschl. – 12,96/25,15 €.* Das italienische Restaurant befindet sich direkt gegenüber dem Theater, zum hellen Dekor gehört eine Wandmalerei zum Thema Karneval, und der Pizzaofen ist eine weitere Attraktion. Die Speisen werden hübsch präsentiert; die Atmosphäre ist freundlich.

Unsere Empfehlung

Restaurant du Parc – *21 Boulevard de la Liberté – 83300 Draguignan – ☎ 04 94 50 66 44 – 15,50 € Mittagessen – 16,50/30,50 €.* In der schönen Jahreszeit verwöhnt eine hundertjährige Platane die Gäste auf der Terrasse mit ihrem Schatten. Frisch ist auch die auf provenzalischen Erzeugnissen beruhende Küche. Der Gastraum ist einfach und rustikal.

Unterkunft

Unsere Empfehlung

Hôtel Les Oliviers – *83300 Draguignan – 4 km westlich von Draguignan über die D 557 in Richtung Flaysoc – ☎ 04 94 68 25 74 – 5.-20. Jan. geschl. – 12 Z: 42,69/53,36 € – ☕ 5,34 €.* An der Straße nach Flayosc liegt dieses Hotel, das man ohne Schwierigkeiten findet. Nachts herrscht glücklicherweise weniger Verkehr. Die Zimmer – alle liegen im Erdgeschoß – sind hell und kühl. Einfache, nützliche Adresse.

Chambre d'hôte St-Amour – *986 Route de la Motte – 83720 Trans-en-Provence – 5 km südlich von Draguignan in Richtung Le Muy – ☎ 04 94 70 88 92 – ⊭ – 3 Z: 64 €.* In einem 2 ha großen Park mit ungewöhnlichem Swimmingpool birgt dieser alte Bau hinter seinen Steinmauern eine Wohnung und ganz individuell eingerichtete Zimmer (Provence, Afrika usw.). In einem zweiten Haus gibt es ein hübsches Mini-Zimmer.

Der folgende Saal ist der niederländischen und französischen Malerei des 17. Jh.s gewidmet und zeigt einen Rembrandt *(Kind mit Seifenblase)*, ein kleinformatiges Werk von Frans Hals *(Küchen-Interieur)* und einen *Christuskopf* von Philippe de Champaigne. In der archäologischen Abteilung daneben beachte man die Sammlung etruskischer Gefäße und eine hübsche römische Lampe (Fund aus Vidauban).
Der vorletzte Saal enthält Jean-Antoine Houdons Marmorbüste des Grafen von Valbelle und Bilder aus dem 17. und 18. Jh., darunter Pastelle der Boucher-Schule. Man sieht auch zwei Genreszenen des Flamen David Teniers d. J., einen reizenden *Mädchenkopf* von Jean-Baptiste Greuze und ein Gemälde des *Petersdoms* von Giovanni Paolo Panini.
Im letzten Saal der archäologischen Abteilung sind gallorömische Altertümer aus der Fundstelle St-Hermentaire und aus dem Mittelalter stammende Funde ausgestellt, die in der Stadt geborgen wurden.

★ **Musée des Arts et Traditions populaires de moyenne Provence** 🕓 – Das Volkskundemuseum zeigt die traditionellen Tätigkeiten der mittleren Provence, einer Region, die aus dem Haut-Pays Varois, den Plans de Provence und den Küstenzonen Massif des Maures und Massif de l'Esterel besteht.
Da das Gebiet früher hauptsächlich von der Landwirtschaft lebte, gehören dazu Ackerbau (Getreide), Weinbau (in der Provence seit der Antike bekannt), Olivenöl und Korkgewinnung (Werkstatt eines Stopfenmachers).
Hinzu kommen Bienenzucht, Schafzucht, Jagd, Handwerk (Terrakotta in Salernes und Fayence-Glasbläserei in Fréjus) und Seidenraupenzucht. An das tägliche Leben wird durch religiöse Gegenstände, häusliche Einrichtung und Trachten erinnert.
An der Ecke der Allées d'Azémar, die sechs Reihen hundertjähriger Platanen beschatten, und des Boulevard Clemenceau steht ein Denkmal mit einer Bronzebüste Clemenceaus von Rodin.

Musée de l'Artillerie ⓥ – *Ausfahrt auf dem Boulevard John-F.-Kennedy. Folgen Sie der D 59 3 km nach Osten. Haupteingang an der Artillerieschule.* Das Museum, eine pädagogische Einrichtung der Schule, zeigt die technische und taktische Entwicklung der Artillerie. Im Erdgeschoß ist eine Sammlung von schwerem Geschütz zu sehen. Küsten-, Schiffs-, Festungs-, Belagerungs- und Feldgeschütze sowie Kriegsraketen repräsentieren die Artillerie vergangener Zeiten. Die moderne Artillerie ist durch Feld-, Schützen-, Feldabwehr- und Luftabwehrgeschütze vertreten. Ein Diorama in Naturgröße stellt den Einsatz der 75 mm-Kanone in der Marneschlacht im Ersten Weltkrieg dar und zeigt die entscheidende Rolle der Artillerie 1944 bei der Schlacht am Garigliano in Italien. Sieben Zelte im Zwischengeschoß veranschaulichen ein Militärlager aus dem 2. Kaiserreich. Eine Illustration gibt einen Überblick über die Entwicklung der Artillerie seit der Entstehung der Kanone.

UMGEBUNG

★ **Orientierungstafel auf dem Malmont** – *6 km nördlich, etwa 3/4 Std. Ausfahrt aus Draguignan über den Boulevard Joseph-Collomp in nördlicher Richtung. Nach 6 km erreicht man einen Paß, wo eine schmale Straße links abbiegt und 300 m weiter zu einer Orientierungstafel führt.* Der weite **Blick**★ umfaßt den Mont Vinaigre im Esterelmassiv, die Bucht von Agay, die Argens-Niederung, das Maurenmassiv und die Umgebung von Toulon.

Trans-en-Provence – *5 km südlich von Draguignan. Verlassen Sie die Stadt über ② des Plans und nehmen Sie dann die N 555.* Das betriebsame Dorf im Umland von Draguignan war früher für seine Seidenspinnereien berühmt; 20 Mühlen am Nartuby erzeugten die dafür erforderliche Energie. Das 1779 errichtete Rathaus mit einer schönen **Trompe-l'oeil-Fassade**★ ist ein seltenes Beispiel der bürgerlichen Architektur des 18. Jh.s. Die Église St-Victor aus dem 14. Jh. birgt einen hübschen Altaraufsatz.

Gorges und Cascades du Nartuby – Vom Place de la Mairie führt ein Weg zu den Brücken. Die bemerkenswerte **Lage**★ der Nartuby-Schlucht und der Wasserfälle kann man zwischen den Brücken Pont Vieux und Pont Bertrand bewundern.

Puits aérien – *Chemin du Cassivet.* Der originelle oberirdische Brunnen ist das Werk des belgischen Ingenieurs Knapper, der ihn 1930 für ein Experiment baute. Man wollte die Luftfeuchtigkeit in der Nacht durch Kondensation auffangen, um damit die Felder zu bewässern. Der für Afrika entwickelte Brunnen hat aber in Trans nie funktioniert.

D. Pazery/MICHELIN

Der Tour de l'Horloge ist von einem für die Provence charakteristischen schmiedeeisernen Glockenstuhl bekrönt

Flayosc – *7 km westlich, etwa 3/4 Std. Ausfahrt aus Draguignan über ③ des Plans, südwestlich auf die D 557.* Über Weinbergen, Obstgärten und Feldern liegt das für das Departement Var typische Dorf mit Toren aus dem 14. Jh., einer Kirche romanischen Ursprungs mit wuchtigem Glockenturm und Aufsatz und einem typisch provenzalischen Dorfplatz mit Platanen, einem moosbewachsenen Brunnen und einem kleinen Waschhaus.

★ **Chapelle Ste-Roseline** – *10 km von Draguignan in südlicher Richtung über die N 555 und anschließend rechts in die D 91. Siehe unter Les ARCS, Umgebung.*

DRAGUIGNAN

Cisson (R.) . . . . YZ 3
Clemenceau . . . . Z
Clément (R. P.) . . . . Z 4
Droits de l'Homme (Parvis des) . . . . Z 5
Gay (Pl. C.) . . . . Y 6
Grasse (Av. de) . . . . Y 8
Joffre (Bd Mar.) . . . . Z 9
Juiverie (R. de la) . . . . Y 12
Kennedy (Bd John) . . . . Z 13
Leclerc (Bd Gén.) . . . . Z 14
Marchands (R. des) . . . . Y 15
Marché (Pl. du) . . . . Y 16
Martyrs-de-la-R. (Bd des) . . . . Z 17
Marx-Dormoy (Bd) . . . . Z 18
Mireur (R. F.) . . . . Y 19
Observance (R. de l') . . . . Y 20
République (R. de la) . . . . Z 23
Rosso (Av. P.) . . . . Z 24

Façade d'une ancienne synagogue . . . . Y B
Musée municipal . . . . Z M1
Musée des Arts et Traditions populaires de moyenne Provence . . . . Z M2

AUSFLUG

★Gorges de Châteaudouble *Rundfahrt von 41 km – etwa 1 Std.*

Ausfahrt aus Draguignan über ③ des Plans, die D 955.

Die tiefe, kurvenreiche und schattig grüne Schlucht hat der Nartuby, ein Nebenfluß des Argens, gegraben.

Kehren Sie vor Erreichen des Dorfs Montferrat um und fahren Sie in Richtung Draguignan, dann biegen Sie nach rechts auf die D 51 ab.

Die Straße führt zum anderen Ufer des Nartuby in das Dorf Châteaudouble.

★**Châteaudouble** – Das Dorf besticht durch seine außergewöhnliche Lage auf einem Steilfelsen, der die Nartuby-Schlucht einige 100 m überragt. Bei einem Bummel durch die zahlreichen Gäßchen, die mitunter in kleine, mit Springbrunnen geschmückte Plätze münden, nimmt man den mittelalterlichen Reiz dieses Marktfleckens wahr. Die Église Notre-Dame-de-l'Assomption aus dem 16. Jh., die von einem romanischen Glockenturm flankiert ist, weist ein sehenswertes, mit Nägeln verziertes Portal auf. Vom Sarazenenturm aus eröffnet sich ein herrlicher **Blick**★ auf das ganze Dorf und das zerklüftete Relief der Schlucht.
Von der Schlucht aus führen mehrere ziemlich steile Pfade zu den **prähistorischen Höhlen** Le Mouret, Les Chèvres und Les Chauves-Souris.

Verlassen Sie Châteaudouble nördlich in Richtung Ampus.

Die D 51 durchquert ein Plateau, auf dem sich der Wald Bois des Prannes erstreckt.

Ampus – Das Dorf besitzt eine kleine, sehr gut restaurierte romanische Kirche. Hinter dieser beginnt ein Weg hinauf zu einem Felsen. Er ist von Kreuzwegstationen aus Keramik (1968) gesäumt.

Bei der Rückkehr nach Draguignan über die D 49 eröffnen sich schöne **Ausblicke** auf die Stadt und ihre Umgebung.

Îles des EMBIEZ

Michelin-Karte Nr. 340 J 7, Nr. 114 Falte 44 oder Nr. 245 Falte 16
Kartenskizze SANARY-SUR-MER, S. 319

Eine Lagune trennt diese **Inselgruppe** ⓥ aus fünf Inseln, die nach ihrer größten Insel benannt ist, vom Festland. Ihre reichen, nicht sehr tiefen Fischgründe sind bei Amateurfischern sehr beliebt. Die größte Insel heißt offiziell **Île de la Tour Fondue**, wird aber gemeinhin als Île des Embiez bezeichnet. Die zweitgrößte Insel, **Le Grand Gaou**, ist durch eine Fußgängerbrücke mit dem Festland verbunden. Auf der **Île du Grand Rouveau** befindet sich ein automatischer Leuchtturm. Die **Île du Petit Rouveau** ist ein Brutplatz für viele Vogelarten, darunter Seemöwen. Die kleinste, **Le Petit Gaou**, fungiert als Parkplatz an der Straße von Le Brusc.

Sport und Freizeit

Aquascope – ♿ ☏ *04 94 34 17 85 – Juli und Aug.: 9-18.30 Uhr; Apr. bis Juni und Sept.: 14-17 Uhr; Jan. und März: an Wochenenden und Feiertagen. Dauer 1/2 Std. 11,43 € (Kinder: 7,62 €).* Die Fahrt mit einem Boot mit gläsernem Rumpf ist eine originelle Art und Weise, die Unterwasserwelt kennenzulernen.

Centre de Plongée des Embiez – ☏ *04 94 34 12 78 / 06 07 58 65 96.* Liebhaber des Tauchsports können anhand von Einführungs- und sonstigen Kursen die außergewöhnlich reiche Fauna des Meeresgrundes entdecken.

Besondere Termine

Les Voix du Gaou – Salsa oder Raggamuffin gefällig? Das Festival Les Voix du Gaou, das in der zweiten Julihälfte auf der Insel gleichen Namens stattfindet *(zu Fuß erreichbar)* hat allerdings auch Soul, Reggae, Rock, regionaltypische (z. B. korsische) Musik, Raï und Schlagermusik zu bieten.

AUF ENTDECKUNGSTOUR

Die 95 ha große **Île des Embiez** besitzt eine erstaunlich abwechslungsreiche Landschaft. Es gibt hier Strände mit feinen Kieseln, wilde, ursprünglich gebliebene Küstenstriche mit kleinen Buchten, Salzgärten, Strandkiefernwälder und einen Weinberg. Letzterer bringt einen sehr guten Roséwein hervor.
In dem von der mittelalterlichen Ruine des Château de Sabran überragten, groß angelegten **Jachthafen** ankern immer zahlreiche Boote. Zum Hauptort gehört eine Siedlung im provenzalischen Stil. Die verschiedensten Wassersportmöglichkeiten sind gegeben. Tauchsportler haben die Möglichkeit, die Meeresgründe mit ihrer ungemein reichen Fauna zu erforschen; im **Tauchsportzentrum Centre de Plongée des Embiez** *(s. unten)* werden Tauchkurse angeboten. Besucher, welche die Insel auf herkömmliche Art besichtigen wollen, haben die Wahl zwischen einem kleinen Zug, der um die Insel fährt, und dem **Aquascope**, mit dem man die Unterwasserwelt kennenlernen kann.

Y. Arthus-Bertrand/ALTITUDE

Die „Île des Embiez" genannte Hauptinsel

★ **Institut océanographique Paul-Ricard** ⓥ – Das **Observatorium** ist am Standort der ehemaligen Küstenbatterie auf der Landzunge St-Pierre untergebracht. In Laboratorien arbeiten Forscher auf dem Gebiet der Meeresbiologie und der Fisch- und Muschelzucht; sie beschäftigen sich auch mit dem Problem der Meeresverschmutzung in Zusammenarbeit mit Elf-Aquitaine und dem staatlichen Meeresforschungsinstitut **IFREMER**.
Im Erdgeschoß ist ein **Museum** untergebracht. In seinen beiden Sälen sind die wichtigsten Mittelmeerbiotope und die dort lebenden Arten, verschiedenste Weichtiere (darunter riesige Muscheln) und Fossilien ausgestellt.
Im ersten Stockwerk sind in rund 30 großen **Meerwasseraquarien** etwa 100 Arten im Mittelmeer heimischer, oft prächtig gefärbter Wassertiere zu bewundern. Man sieht u. a. Hornkorallen, Einsiedlerkrebse, Zackenbarsche, Langusten, Seespinnen, Tintenfische, die stacheligen Drachenköpfe, die ihre Farbe der Umgebung anpassen, sowie kleine Muränen und Meerjunker, deren Färbung fast so schön ist wie die der Tropenfische.

ENTRECASTEAUX

863 Einwohner
Michelin-Karte Nr. 340 M 4, Nr. 114 Falte 21 und Nr. 245 Falte 34

Das Dorf liegt auf halber Höhe an einem Hang am Bresque-Ufer. Es ist besonders stolz auf seine Parkanlage, die Le Nôtre, dem Architekten des Schloßparks von Versailles, zugeschrieben wird. Bei einem Spaziergang durch die alten provenzalischen Gassen kommt man an der Wehrkirche vorbei, von der ein Stützpfeiler die Straße überspannt. Die große, von hundertjährigen Platanen beschattete Hauptstraße ist sehr belebt. Kunstvolle Teppiche und Olivenöl gehören zu den wichtigsten Erzeugnissen von Entrecasteaux.

BESICHTIGUNG

Château ⓥ – Der schlichte Bau aus dem 17. Jh. überragt das Tal der Bresque, eines Nebenflusses des Argens. Die hohe Fassade schließt mit einer doppelten Ziegelreihe nach Genueser Art ab und ist mit schmiedeeisernen Balustraden geschmückt. Das Schloß war das Lehnsgut der Herren von Castellane, dann der Familie Grignan (in die die Tochter von Madame de Sévigné einheiratete), bevor es in den Besitz der Familie Bruni überging. Ihr entstammte **Admiral Bruni d'Entrecasteaux**, der 1793 die Suchaktion nach dem fünf Jahre vorher verschollenen Seefahrer La Pérouse leitete und bei dieser Expedition starb. Eine Inselgruppe in Papua-Neuguinea trägt seinen Namen.
Nachdem das Gebäude über einen langen Zeitraum leer stand, wurde es schließlich von dem britischen Maler Ian McGarvie-Munn restauriert, der es vor seinem Tod 1981 teilweise in ein Museum umwandelte. Zu besichtigen sind derzeit im Untergeschoß die alte, gewaltige Küche und die Nebengebäude des Schlosses sowie die Wachstuben, anschließend die Räume im Erdgeschoß.

TIPS UND ADRESSEN

Gastronomie

Gut und preiswert

Lou Picatéou – *Place du Souvenir – ☎ 04 94 04 47 97 – 15. Dez.-15. Febr., Mi-abend von Okt. bis Dez. und Do außer Juli und Aug. geschl. – 11,90 € Mittagessen – 14,96/22,13 €.* Zu Füßen des Schlosses empfängt dieses kleine Restaurant mit seinen farbigen Wänden und den alten Balken seine Gäste. Es bietet zwei einfache Menüs zur Auswahl an, die man an Tischen mit provenzalischen Tischdecken einnehmen kann. Im Sommer gibt es unter den Bäumen auf dem kleinen Platz eine Terrasse.

Besondere Termine

Markt – Freitags morgens.

Fêtes Patronales – Feste der Namenspatrone (Ste-Anne am 26. Juli und Fête de la St-Sauveur am ersten Augustwochenende).

Trödelmarkt – Am dritten Sonntag im Juli (bis Mitternacht).

Grande Soupe au Pistou – *Mitte Aug.* Fest zu Ehren dieser südfranzösischen Spezialität.

Floralies – *Mitte Okt.* Trockenblumenmarkt.

Festival de Musique de Chambre – *Anfang Sept.* Kammermusikfestival, ☎ 04 94 72 91 62.

Massif de L'ESTEREL★★★

Michelin-Karte Nr. 340 P 5-Q 5, Nr. 115 Falten 33 und 34
oder Nr. 245 Falten 36 und 37

Zwischen St-Raphaël und La Napoule erstreckt sich eines der herrlichsten Gebiete des französischen Südens, das seit 1903 für Reisende erschlossen ist, nachdem auf Initiative des französischen Touring-Club de la route de Corniche die **Corniche d'Or** („Gold-Corniche") genannte Küstenstraße gebaut wurde.

Der Gegensatz zwischen dem turbulenten Leben und Treiben an der Küste und dem stillen und menschenleeren Inneren des Berglandes ist frappierend. Die einsamen Gebirgsstraßen dieser ursprünglich gebliebenen Landschaft bieten Gelegenheit, die ausgetretenen Pfade des Tourismus zu verlassen und auf eigene Faust Neues zu entdecken.

HINTERGRUNDINFOS

Das Massiv – Das Esterelmassiv, das gleichzeitig mit dem Maurenmassiv entstand, ist von letzterem durch das Argens-Tal getrennt. Das zerklüftete Esterelmassiv wurde mit der Zeit durch die Erosion so weit abgetragen, daß es keine besonderen Höhen mehr aufweist. Höchster Punkt ist der 618 m hohe Mont Vinaigre.

Im Gegensatz zum Maurenmassiv besteht das Esterelmassiv aus erdgeschichtlich sehr altem Vulkangestein. Die harten Porphyre prägen die verschiedenen Aspekte des Massivs: sein gezacktes Relief, die starke Färbung des Gesteins, die besonders beim Cap Roux, dem Roten Kap, herrlich vom indigoblauen Meer absticht; blaugrauer Porphyr überwiegt in der Umgebung von Agay, er wurde von den Römern für die Säulen ihrer südfranzösischen Bauwerke verwendet; grünes, gelbes, violettes oder graues Gestein gibt es vielerorts.

Tiefe Schluchten spalten das Gebirge und setzen sich bis ins Meer fort. Dieses dringt weit ins Massiv ein; seine Wellen brechen sich an steil aufragenden Klippen. Die Küste weist bald schmale, ausgezackte Kaps, bald senkrechte Felswände auf, wie z. B. bei den *Calanques*, den typischen fjordartigen Felsbuchten. Mal bildet das Ufer winzige Buchten, mal schmale steinige oder feinsandige Strandstreifen. Vor der Küste liegen Felsen und Inselchen, die von grünen Flechten bedeckt sind und vom Meer umspült werden; unter Wasser ragen Riffe auf, die nur bei ruhiger See zu erkennen sind.

Bedrohte Vegetation – Wie das Maurenmassiv war das Esterelmassiv bis zum Ersten Weltkrieg ganz mit dichtem Kiefern- und Korkeichenwald bedeckt. Den großen Waldbränden 1943, 1964, 1985 und 1986 fiel jedoch nahezu der gesamte Baumbestand zum Opfer, und die Wiederaufforstung der feueranfälligen Macchia geht nur mühsam voran. Das französische Forstwirtschaftsministerium hat große Aufforstungsmaßnahmen in die Wege geleitet, wobei auch neue Baumarten (Laub- und Nadelhölzer) gepflanzt und junge Korkeichen nachgezogen werden. Der Staatsforst setzte sich 1993 zu mehr als der Hälfte aus Buschwald, zu 18 % aus Korkeichen und zu 13 % aus Strandkiefern zusammen. Die anderen, in erkennbar geringerem Ausmaße vertretenen Baumarten sind die Aleppokiefer, die Pinie und die Steineiche. Im Esterelmassiv findet man ferner eine interessante Buschvegetation, die den Boden festigt und die Erosion aufhält. Dazu zählen Heidekraut, Erdbeerbäume, Mastixsträucher, Zistrosen, Stechginster und Lavendel. Wenn sie im Frühjahr und im Herbst ihre farbenfrohe und duftende Blütenpracht entfalten, sind sie eine wahre Augenweide.

Kiefernarten an der Côte d'Azur

Seestrand- oder Sternkiefer – Es handelt sich hierbei um den an der Mittelmeerküste ursprünglichen Baumbestand, der früher sehr dicht war. Obwohl diese Kiefernart bei Waldbränden rasch abbrannte, hatte sie stets den Vorzug, sich danach schnell wieder zu regenerieren. Seit 20 Jahren wird sie von einer anderen Plage heimgesucht, dem Parasiten Matsucocus Feytaudi, der den Reifeprozeß abblockt und so eine Degenerierung auslöst. Deshalb sehen diese Bäume häufig so kahl aus. Die Seestrandkiefer stellt an der Mittelmeerküste noch 60 % des Baumbestandes dar.

Pinie – Aufgrund ihres Erscheinungsbildes als typischer Baum des Mittelmeerraums greift man bei der Wiederaufforstung der Macchien bevorzugt auf sie zurück. Ihre schirmförmige Krone spendet viel Schatten.

Aleppokiefer – Diese Kiefernart kommt häufiger im Hinterland vor; sie wächst auf trockenen Böden bis in 500 m Höhe. Man erkennt sie an ihrer bräunlichroten Rinde und ihrem gebogenen Stamm. Sie ist vor allem auf den brachliegenden Terrassenfeldern und an einsamen Südhängen anzutreffen.

Föhre – Sie liebt das Höhenklima der Hochflächen des Haut-Var und das Nordrelief der Meeralpen. Sie ähnelt der Tanne und bildet herrliche Wälder.

TIPS UND ADRESSEN

Gastronomie

Unsere Empfehlung

Le Marco Polo – *Avenue de Lérins – 06590 Théoule-sur-Mer – ☎ 04 93 49 96 59 – Mitte Nov.-Mitte Dez. sowie mittags von Mitte Dez.-Mitte Apr. geschl. – 24,39 €.* Ideal am Strand gelegenes Restaurant, dessen mit Rattanmöbeln eingerichteter Gastraum mit einem Aquarium aufwartet. Von der Terrasse Blick bis zur Bucht von Cannes. Mittags gibt es Salate, abends eine reichhaltigere Karte. Entspannte Atmosphäre.

Sport und Freizeit

Les Trois Fers – *6001 Domaine des lacs du Dramont – 83700 St-Raphaël – ☎ 06 85 42 51 50 – www.saintraphael.com/cheval – Ganzjährig auf Reserv.* Ausritte im Esterelmassiv sind die Spezialität dieses Clubs. Es geht zu den schönsten Plätzen, darunter das Cap du Dramont, von dem man einen herrlichen Blick aufs Meer und die Île d'Or hat.

Gemeinschaftsaktionen – Mehrere Organisationen und Vereine haben sich mit der Forstbehörde (Office national des Forêts, ONF) zusammengetan und veranstalten das ganze Jahr über mit dem Naturschutz vereinbare Freizeitaktivitäten. Es handelt sich im einzelnen um: JDC Loisirs (Streifzüge durch das Esterelmassiv mit dem Planwagen, Kostproben lokaler Erzeugnisse), ☎ 06 09 09 73 90; L'Esterel à Cheval (Reitkurse, Ausflüge), ☎ 06 15 16 49 48; Ranch de l'Esterel (Halbtages- oder Tagesausflüge), ☎ 04 94 82 89 47; Évolution 2 (Bogenschießen, Klettern, Lehrpfade), ☎ 04 94 82 79 02; Sport Loisirs Découverte (Kletterschule, Wanderungen), ☎ 06 86 38 00 69; Esterel VTT (Mountainbike-Kurse und -Verleih), ☎ 06 09 09 73 80; Esterel Pêche (Angelsport), ☎ 06 07 14 51 14.

Wanderkarte der ONF – Die Forstbehörde ONF gibt kleine praktische Wanderkarten heraus, die bei der Erkundung des Massivs sehr hilfreich sein können. Sie enthalten acht verschiedene Wanderwege und Mountainbike-Strecken sowie eine Einführung in die im Massiv vorkommenden Baumarten.

Wanderungen

In Zusammenarbeit mit den Fremdenverkehrsämtern *(Auskunft erhältlich)* von St-Raphaël-Agay, Mandelieu und Le Muy bietet die Forstbehörde das ganze Jahr über von Naturschützern geführte Wanderungen durch das Waldgebiet an.

Hinweise zum Umweltschutz

Respektieren Sie bei Ihrem Spaziergang die Pflanzenwelt, bleiben Sie auf den Waldwegen und pflücken oder sammeln Sie keine geschützten Pflanzen. Werfen Sie Ihren Abfall nicht in den Wald, sondern in die dafür vorgesehenen Abfallbehälter, oder nehmen Sie ihn mit. Mountainbike-Fahrer sind angehalten, die markierten Routen nicht zu verlassen.

Verkehr – Das Befahren der Wege des Forstdienstes (RF auf der Karte weiter unten) mit motorisierten Fahrzeugen unterliegt für die Öffentlichkeit gewissen Bestimmungen. Die Fahrgeschwindigkeit ist auf 40 km/h und auf die Tageszeit zwischen 9 und 18 Uhr beschränkt. Fahrzeuge über 3,5 t sind nicht zugelassen. Die auf der Karte als rot gestrichelte Linien gekennzeichneten Straßen sind für den Verkehr gesperrt. Zuwiderhandlungen werden mit hohen Bußgeldern geahndet.

Brandgefahr – Vom 15. März bis 15. Oktober ist es strikt untersagt, zu rauchen oder Feuer zu machen. Bei großer Brandgefahr tritt ein Notfallplan in Kraft, und einige öffentliche Straßen (auf denen das Risiko besonders groß ist) können für den Autoverkehr gesperrt werden. In diesen Fällen wird aus Sicherheitsgründen dringend empfohlen, die betroffenen Gebiete auch als Spaziergänger zu meiden.

Tiere – Hunde müssen an der Leine geführt werden. Fassen Sie keine Tiere in freier Wildbahn an.

Campen – Zelten in freier Natur ist innerhalb des Massivs und bis 200 m vom Waldrand entfernt verboten.

Über Sperrungen im Massiv kann man sich unter ☎ 04 98 10 55 41 erkundigen.

Der Pas de l'Esterel, eine gefährliche Passage – Die Esterel-Straße, die lange der einzige Handelsweg nach und von Italien war, wurde von Räubern unsicher gemacht. *Passer le pas de l'Esterel*, d. h. „die Esterel-Straße passieren", war der sprichwörtliche Ausdruck für „einer großen Gefahr entronnen sein". Von Überfällen besonders bedroht waren die Postkutschen in der Nähe des Mont Vinaigre, auf dem Weg, der an der Kreuzung Carrefour du Logis-de-Paris von der heutigen N 7 abging und am Forsthaus Malpey („schlimmer Berg"), einer Art „Wirtshaus im Spessart", vorbeiführte.
Noch 1787 kostete es den Naturwissenschaftler Horace Bénédict de Saussure (1740-1799), dem die in der Geschichte zweite Besteigung des Montblanc gelungen war, einigen Mut, diese Gegend zu durchwandern. Hier fanden nämlich – noch bis zum ausgehenden 19. Jh. – aus dem Straflager von Toulon entflohene Sträflinge Unterschlupf.

DAS ESTEREL-MASSIV IM ÜBERBLICK

Boulouris – *Siehe unter ST-RAPHAEL, Umgebung*

Agay – *Siehe unter ST-RAPHAEL, Umgebung*

Anthéor – *Siehe unter ST-RAPHAEL, Umgebung*

★ **Le Trayas** – *Siehe unter ST-RAPHAEL, Umgebung*

Miramar – Der exklusive Ort hat in der Bucht von La Figueirette einen Jachthafen.

La Galère – Ferienort in waldreicher Umgebung, der in Hanglage über der Bucht von La Napoule liegt. Unterhalb der Straße gehen die am Meer gebaute Siedlung **Port-la-Galère** *(Privathafen)* und die Felsenlandschaft scheinbar ineinander über. Die Häuser, die nach einem erstaunlichen Konzept des Architekten Jacques Couelle gebaut wurden, weisen seltsame, von Hohlräumen durchsetzte Fassaden auf.

G. Simeone/FIGARO MAGAZINE

Corniche de l'Esterel – Le Dramont und der seltsame Turm auf der Île d'Or

Théoule-sur-Mer – Im Schutz des Rocher de Théoule liegt der Ferienort mit seinen drei kleinen Stränden. Das mit Zinnen und Türmchen verzierte Gebäude am Meer ist eine umgebaute ehemalige Seifensiederei aus dem 18. Jh.

Das Königreich von Auguste I.

Die **Île d'Or** („Goldinsel") vor der Küste von Le Dramont kann auf eine nicht alltägliche Geschichte zurückblicken. Zu sehen ist die rote Porphyrinsel mit ihrem ungewöhnlichen Turm, der aus dem Felsen emporzusteigen scheint, schon von weitem. Ein Pariser Arzt namens Auguste Lutaud erwarb 1879 die Insel bei einer Versteigerung und machte sie zum Abklatsch eines Königreichs. Der exzentrische Besitzer ernannte sich selbst kurzerhand unter dem Namen Auguste I. zum König der Goldinsel. Er wurde durch seine glanzvollen Empfänge zum Liebling der mondänen Gesellschaft an der Côte d'Azur. Angesehene Persönlichkeiten der Belle Époque waren bei ihm zu Gast. Der „Monarch" starb im Jahre 1925 und liegt nun in seinem Königreich begraben. Seitdem hat die Insel, die sich immer noch in Privatbesitz befindet, mehrmals den Eigentümer gewechselt. Sie inspirierte den Zeichner Hergé, den Vater von *Tim und Struppi*, zu seinem Buch *Die schwarze Insel*.

AUSFLÜGE

★★★ 1 Corniche de l'Esterel

40 km ab St-Raphaël – etwa 5 Std. – s. Kartenskizze

Ausfahrt aus St-Raphaël (s. dort) über ① des Plans, die N 98.

Die Straße führt am Jachthafen von St-Raphaël und in der Nähe eines zum Andenken an die Afrika-Feldzüge der französischen Armee errichteten hohen Denkmals vorbei.

Durchqueren Sie Boulouris und folgen Sie der N 98.

Plage du Dramont – Bis zu diesem Strand reicht der Staatswald, der das Cap du Dramont bedeckt. Die Stele am rechten Straßenrand erinnert an die Landung der Amerikaner im August 1944.
Die Straße führt am schönen Strand von Camp-Long vorbei und erreicht Agay und Anthéor, die sich zu je einer Seite der Rade d'Agay erstrecken. Kurz vor der Pointe de l'Observatoire hat man einen schönen **Blick** auf die roten Felsen des Rocher de St-Barthélemy und des Pic du Cap Roux.

★ **Pointe de l'Observatoire** – Die Reste einer ehemaligen Flakstellung dienen als Aussichtsterrasse; von dieser aus schweift der **Blick**★ über die roten Felsen, das blaue Meer, Anthéor, die beiden Landspitzen Pointe du Cap Roux und Pointe de l'Esquillon sowie die Bucht von La Napoule.

Durchqueren Sie Le Trayas. In der Kurve, in Höhe des Hotels Tour de l'Esquillon, fahren Sie von der Straße ab zu einem Parkplatz; hier beginnt der ausgeschilderte Fußweg zur Pointe de l'Esquillon.

★★ **Pointe de l'Esquillon** – *1/4 Std. zu Fuß hin und zurück.* Der wunderschöne **Blick**★★ von dieser Landspitze *(Orientierungstafel)* umfaßt das Esterelmassiv, die Küste vom Cap Roux bis zum Cap d'Antibes und die Îles de Lérins.
Hinter La Galère führt die Straße mit schöner **Aussicht**★ auf die Bucht von La Napoule, Cannes und Umgebung, die Îles de Lérins und die Halbinsel von Antibes um die Aiguille-Landzunge herum. In La Napoule *(s. unter MANDELIEU-LA-NAPOULE)* überquert die N 98 die Siagne und folgt der Biegung der Bucht bis nach Cannes *(s. dort)*.

★ 2 Via Aurelia

Von Cannes bis St-Raphaël; 46 km – etwa 6 Std. – s. Kartenskizze

Die antike Via Aurelia – Die große Römerstraße wurde in Italien zur republikanischen Zeit begonnen und in Gallien zur Kaiserzeit weitergebaut. Sie verband Rom über Genua, Cimiez, Antibes, Fréjus und Aix mit Arles. Von ihren provenzalischen Anliegern wird sie noch heute *lou camin aurélian*, d. h. Aurelius-Straße, genannt. Die *Via Aurelia* war eine der bedeutendsten Straßen des Römischen Reichs. Ihre 2,50 m breite Trasse hatte, wie die N 7, die ihr später annähernd folgte, einen erhöhten, befestigten Unterbau. Sie war mit Steinplatten belegt und zu den Seiten hin leicht abfallend; in den Städten säumten sie erhöhte Gehsteige, die den Reitern als Fußstütze beim Aufsitzen dienten. Die Trasse wurde, um Umwege zu vermeiden, über zahlreiche Brücken geführt. Alle 1 478 m zeigten Meilensteine die Entfernung an. Ein solcher Wegstein ist im Museum von St-Raphaël zu sehen. Am Straßenrand gab es in regelmäßigen Abständen Herbergen, wo die Kuriere, ohne viel Zeit zu verlieren, ihre müden Pferde gegen ausgeruhte austauschten, wo sie übernachten, Schäden reparieren lassen und sich mit Proviant versorgen konnten.

Verlassen Sie Cannes (s. dort) über ③ des Plans, die N 7.

Die Strecke führt größtenteils durch Waldgebiet. Sobald die Straße das Industriegebiet La Bocca passiert hat, durchquert sie das Schwemmland der Siagne.

Biegen Sie nach links auf die Zufahrtsstraße zum Flugplatz Cannes-Mandelieu ab, dann fahren Sie nach rechts weiter.

Ermitage de St-Cassien – Die im 14. Jh. auf einer kleinen Anhöhe, inmitten eines prächtigen, von Zypressen durchsetzten Eichenhains erbaute Kapelle nimmt sich sehr hübsch aus; ein römischer Tempel soll früher an der Stelle der heutigen Wallfahrtskirche gestanden haben.

Kehren Sie zur N 7 zurück.

Mandelieu-la-Napoule – *Siehe dort*

Die N 7 führt durch die Niederung, die das Esterel- vom Tanneron-Massiv scheidet.

Auberge des Adrets – Das ehemalige Wirtshaus war die einstige Zufluchtsstätte von **Gaspard de Besse**, dem Anführer einer Räuberbande, die im 18. Jh. ihr Unwesen trieb. Gaspard und seine Bande sollen in einer Höhle des Mont Vinaigre gehaust haben, wohin sie sich mit ihrer Beute zurückzogen. Gaspard achtete stets auf ein elegantes Äußeres. Er trug einen mit Brillanten verzierten, mit Knöpfen und Spangen aus Silber ausgestatteten roten Anzug. Nachdem ihm die Gendarmen jahrelang auf den Fersen gewesen waren, gelang es im Jahre 1781, den 25 Jahre alten Räuberhauptmann in einem Gasthaus bei Toulon zu überwältigen. Er wurde verurteilt und gerädert; seinen Kopf nagelte man als abschreckendes Beispiel an der Esterel-Straße, dem Schauplatz seiner Schandtaten, an einen Baum.

B. Kaufmann/MICHELIN

Frühnebel über den Dörfern im Esterelmassiv

Nach der Kreuzung Carrefour du Logis-de-Paris führt die Straße nah am Mont Vinaigre, dem mit 618 m höchsten Berg des Esterelmassivs, entlang.

Biegen Sie an der Kreuzung Carrefour du Testannier nach links in die durch das Hinweisschild „Forêt domaniale de l'Esterel" angezeigte Straße ab. Beim Forsthaus Malpey fahren Sie in Richtung Mont Vinaigre weiter.

★★ **Mont Vinaigre** – *1/2 Std. zu Fuß hin und zurück.* Ein Weg führt zum Gipfel, wo sich ein herrliches **Panorama**★★ bietet, das mit Blickrichtung zum Meer von links nach rechts das Cap d'Antibes, die Pointe de la Croisette, Cannes und einen Teil der Bucht von La Napoule umfaßt; vor dem Betrachter liegen der Pic de l'Ours mit Turm und Fernsehsendestation, der Pic du Cap-Roux, die Bucht von Fréjus; landeinwärts sieht man das Maurenmassiv, die Ebene im Unterlauf des Argens, die Kalksteinberge der inneren Provence; bei klarer Sicht sind sogar die italienischen Alpen und auf der anderen Seite das Massif de la Ste-Baume zu erkennen.

Kehren Sie zur N 7 zurück.

In einer Kurve eröffnet sich dann rechts ein **Ausblick** auf die Ketten der Plans de Provence bei Fayence, während man durch das Moure-Tal fährt. In dieser Gegend, jedoch auf der anderen Seite des Flüßchens, verlief die römische *Via Aurelia*, deren Trasse heute annähernd von der Waldstraße (Route forestière) nachgezeichnet wird.

★ **Fréjus** – *Siehe dort*

Über den Boulevard S.-Decuers geht es nach St-Raphaël.

★ **St-Raphaël** – *Siehe dort*

★★ 3 Route du Pic de l'Ours

57 km – etwa 2 Std. (Wanderungen nicht inbegriffen) – s. Kartenskizze

Die Straßen sind eng und nicht überall befestigt.

Verlassen Sie das Stadtzentrum von St-Raphaël über ① des Plans in südöstlicher Richtung. Am Ortsausgang von Agay nehmen Sie die Straße nach Valescure, dann geht es nach rechts in Richtung des Pic de l'Ours weiter. Hinter dem Forsthaus (Maison forestière du Gratadis) halten Sie sich rechts, und nachdem Sie die Furt des Agay-Flusses passiert haben, lassen Sie das Plateau von Anthéor rechts liegen, indem Sie links in die Straße zum Pic de l'Ours einbiegen (Kreuzung: Carrefour de Mourrefrey).

Die Straße führt ansteigend durch eine abwechslungsreiche Landschaft. Schönen Steineichenhainen (die dem Waldbrand bei La Ste-Baume 1927 nicht zum Opfer fielen) folgen Ödland oder Felslandschaften mit starker Färbung. Mehrmals hat man eine weite Sicht bis hin zur Schlucht des Mal Infernet, während die Straße sich um die Nordhänge der Berge St-Pilon und Pic du Cap-Roux schlängelt. Schließlich

erreicht sie den Col de l'Évêque und den Col des Lentisques *(die Strecke zwischen den Pässen ist eine Einbahnstraße: Hin benutzt man die Straße östlich des Pic und zurück die von der Küste abgewandte Straße, die Route Intérieure).*
Bei der Weiterfahrt bieten sich schöne **Ausblicke** zum Meer hin.

★★ **Pic d'Aurelle** – *Ab dem Col des Lentisques 1 Std. zu Fuß hin und zurück; der Weg ist markiert.* Vom 323 m hohen Gipfel schweift der **Blick**★★ vom Cap d'Antibes bis zur Observatoire-Landspitze.
Der Streckenabschnitt zwischen dem Col des Lentisques und dem Col Notre-Dame ist eine der schönsten Höhenstraßen des Esterelmassivs. Von hier aus eröffnen sich eindrucksvolle **Blicke**★ hinunter auf die Esterel-Küstenstraße und eine herrliche Aussicht auf den Küstenstreifen beim Cap d'Antibes.
Von dem 324 m hohen Col Notre-Dame umfaßt die **Aussicht** Cannes, die Îles de Lérins und die Bucht von La Napoule.

★★★ **Pic de l'Ours** – *Ab dem Parkplatz auf dem Col Notre-Dame 1 1/2 Std. zu Fuß hin und zurück.* Auf der in Haarnadelkurven ansteigenden Straße *(für Privatfahrzeuge gesperrt)* bieten sich mehrere wunderschöne Ausblicke auf das bewaldete Esterelmassiv und die buchtenreiche Küste; die Straße führt mehrere hundert Meter über dem Meer hin, das hier mächtige Felsen umspült.
Auf dem 492 m hohen Gipfel mit seinem Fernseh turm, ergibt sich ein herrliches, außerordentlich weites **Panorama**★★★, das den Küstenabschnitt zwischen dem Maurenmassiv und den Alpen, das Esterelmassiv mit dem Mont Vinaigre und einen Teil der Var-Region umfaßt.

Fahren Sie vom Col Notre-Dame zum Col des Trois-Termes.

Die Straße *(auf einer Strecke von 5 km befestigt)* führt nah an den Gipfeln der Petites Grues und der Grosses Grues vorbei, ehe sie den Col de la Cadière erreicht und einen freien **Ausblick**★ nach Norden in Richtung La Napoule und Tanneron-Massiv gewährt.

Auf dem Col des Trois-Termes biegen Sie rechts in die zur N 7 führende Straße ein. Über die N 7 fahren Sie nach St-Raphaël zurück, oder Sie benutzen dieselbe Strecke wie auf dem Hinweg.

★4 Route du Perthus *20 km – etwa 3 Std. – s. Kartenskizze*

Verlassen Sie St-Raphaël über ① des Plans auf der N 98 in südöstlicher Richtung (bis hierher siehe Route 3); beim Maison forestière du Gratadis biegen Sie links ab und fahren in Richtung Col Belle-Barbe (Parkplatz am Paß; dahinter ist die Straße für Privatfahrzeuge gesperrt).

★ **Ravin du Mal Infernet** – *2 Std. zu Fuß hin und zurück.* Auf dem Col Belle-Barbe zweigt links ein Weg zum Parkplatz ab.
Gehen Sie zu Fuß auf dem Weg weiter, der zur bewaldeten Schlucht des Mal Infernet führt, die, umgeben von aufragenden Felsen, einen großartigen Anblick bietet. Auf dem Pfad gelangt man zum kleinem Lac de l'Ecureuil. In diesem See wimmelt es von verschiedenen Fischarten: Rotaugen, Schleie, Karpfen, Barsche und Forellen.
Man kann zu Fuß zum Col Notre-Dame weiterwandern und dabei den Pic und den Dent de l'Ours nördlich umgehen.

Zum Col Belle-Barbe zurück. Fahren Sie entlang der Straße nordwestlich in Richtung Forsthaus Roussivau. Stellen Sie den Wagen auf dem Parkplatz am Col du Mistral ab.

★ **Ravin du Perthus und Pic du Perthus Occidental** – *1 1/2 Std. zu Fuß.* In der Nähe des ersten Parkplatzes geht ein Wanderweg ab, der zu der hübschen Schlucht des Perthus führt. Dort bieten sich leichte Wanderungen in schöner Umgebung. Der Weg führt anschließend weiter zu den Ausläufern des Mont Vinaigre. Unweit des Ortes Pont du Perthus kann man über einen markierten Weg den 266 m hohen Pic du Perthus erreichen, dessen scharlachrotes Porphyrgestein hinter den südlichen Baumwipfeln des Esterel-Staatsforsts hervorschimmert.

Kehren Sie zum Parkplatz am Col du Mistral zurück und setzen Sie die Fahrt auf der Waldstraße von Roussivau nach Valescure fort.

Ganz plötzlich tritt man aus der Einsamkeit des Esterelmassivs mit seiner Felsen- und Waldlandschaft heraus und ist umgeben von Hügeln mit Siedlungen, die von Pinien und Eukalyptusbäumen belebt werden.

Valescure – Dieser Ort, eine Art aristokratisches Anhängsel von St-Raphaël, breitet sich mit seinen in den baumbestandenen Anhöhen verstreuten Villen wie eine Parklandschaft aus.
Seinerzeit haben die Engländer diesen ruhigen, äußerst milden Flecken mit seinem Golfplatz für sich entdeckt und ihm zu Wohlstand verholfen.

WANDERUNGEN

Die im folgenden beschriebenen Wanderungen ermöglichen es, sich nach einer langen Autofahrt die Beine zu vertreten und gleichzeitig wunderschöne Aussichten zu genießen.

★★ 5 Sémaphore du Dramont

Biegen Sie kurz hinter dem Campingplatz Camping international du Dramont rechts ab; 100 m weiter beginnt zur Linken der Fußweg zum Sémaphore du Dramont hinauf. Stellen Sie den Wagen ab. 1 Std. Fußweg hin und zurück. Der Weg ist befestigt und beschildert.

Das wunderschöne **Panorama**★★ von der Aussichtsplattform unterhalb des Semaphors umfaßt das Maurenmassiv, die beiden Porphyrfelsen am Eingang der Bucht von Fréjus (den „Seelöwen" und den „Landlöwen"), die Île d'Or mit ihrem Turm; gegenüber den Mont Vinaigre, leicht rechts, hinter dem Rastel d'Agay, die roten Felsen des Pic du Cap-Roux und den Pic de l'Ours; rechts liegt die Bucht von Agay. Der Abstieg geht über einen markierten Weg rechts, der bei einem kleinen Hafen endet. Hier bieten sich schöne Ausblicke auf kleine Buchten mit klarem Wasser, die bei Naturfreunden und Wassersportlern sehr beliebt sind. Nachdem man am schönen Camp-Long-Strand entlanggefahren ist, erreicht man die Bucht von Agay.

★★★ 6 Pic du Cap-Roux

2 Std. hin und zurück vom Parkplatz in La Ste-Baume. Für die Wegbeschreibung zum Parkplatz ab St-Raphaël s. oben unter 3 *über die N 98 und den Waldweg.*

Der weite **Rundblick**★★★ *(Orientierungstafel)* vom Gipfel (452 m) ist überwältigend. Wenn Sie bis zum Col de l'Evêque weitergehen, können Sie bis zu den Îles de Lérins blicken. Als nächste Station schlagen wir Ihnen La Ste-Baume und seine erfrischende Quelle vor.

★★ 7 La Ste-Baume

5 1/2 Std. Fußweg hin und zurück vom Parkplatz in La Ste-Baume.

Es handelt sich bei dieser Wanderung um eine längere und steilere Variante der vorhergehenden. Sie führt Sie zum Col du St-Pilon und bietet Ihnen einen schönen Blick auf das Cap du Dramont. Auf der Wegstrecke, vorbei an Wiesen mit wildem Rosmarin, schweift der Blick von der Höhe auf den Rocher Cabrier zur Rechten und den Rocher de St-Barthélemy unterhalb herab. Die Route folgt der Küste, zum Teil über einen befestigten Weg und anschließend über einen steil ansteigenden Pfad, der Ihnen ein paar Schweißtropfen abverlangt. Sie erreichen zunächst einen Eisenbahntunnel und dann den Col de la Baisse-Martin und den Col du Cardinal. Der Blick auf die herrliche Landschaft zu Ihren Füßen läßt Sie schnell die Mühen des Aufstiegs vergessen. Am Ende des Abstiegs erwartet den müden Wanderer unten eine kühle Quelle.

ÈZE★★

2 509 Einwohner
Michelin-Karte Nr. 341 F 5, Nr. 115 Falte 27 oder Nr. 245 Falte 38
Kartenskizze Corniches de la RIVIERA, S. 286

427 m über dem Meer erhebt sich in einzigartig schöner **Lage**★★ das in seiner Art typische Bergdorf, das sich wie ein Adlerhorst an einen einsamen Felssporn schmiegt. Der Name des Dorfes soll angeblich auf *Isis*, die ägyptische Gottheit der Phönizier, zurückgehen.
Ein starker Strom von Besuchern und Touristen „erobert" jährlich den von einer mittelalterlichen Burg bewachten Ort und hat den traditionellen Nelken- und Mandarinenanbau als Einnahmequelle weitgehend verdrängt. **Friedrich Nietzsche** gefiel der Ort so gut, daß er mehrmals den Sommer hier verbrachte. Der Weg hinunter zum Strand trägt seinen Namen *(s. umstehend)*.

AUF ENTDECKUNGSTOUR

★ Altes Dorf

Durch ein im 14. Jh. errichtetes, mit Pechnasen und Wehrgang ausgestattetes Tor gelangt man zu den engen, steilen, streckenweise überwölbten oder über Treppen führenden Gäßchen. Diese sind von sorgfältig restaurierten vornehmen Wohnhäusern, Boutiquen und Künstlerateliers gesäumt. Überall gibt es Laubwerk, Blumen, Brunnen und lichterfüllte Aussichten auf die Berge und das Meer.

TIPS UND ADRESSEN

Gastronomie

Unsere Empfehlung

Bistrot Loumiri – *Avenue du Jardin-Exotique – ☎ 04 93 41 16 42 – Während der Februarferien, Mi-abend und Mo geschl. – Reserv. – 19,82/23,63 €.* Am Fuße des alten Dorfes serviert dieses Restaurant einfache provenzalische Speisen. Der Gastraum ist im Bistro-Stil gehalten, die preiswerten Gerichte werden auf einer Schiefertafel aufgeführt.

L'Oliveto – *Place du Général-de-Gaulle – ☎ 04 92 41 50 40 – 19,82/25,92 €.* Im Obergeschoß eines Hauses am Hauptplatz des Ortes bietet Ihnen dieses Restaurant zwei unterschiedliche Gasträume, einen bürgerlichen und einen hellen, frischen, der an einen Wintergarten erinnert. Italienische Küche.

Unterkunft

Gut und preiswert

Hôtel Hermitage du Col d'Èze – *2,5 km über die D 46 und die Grande Corniche – ☎ 04 93 41 00 68 – 1. Dez.-1. Febr., Fr-mittag, Mo und Do geschl. – P – 14 Z: 38,11/51,83 € – ☕ 4,57 € – Rest. 29 €.* Das ruhige Hotel bietet einen schönen Blick, von der einen Seite aufs Meer, von der anderen Seite auf die Berge. Fragen Sie nach einem der neueren Zimmer, die zwar nicht sehr groß, aber freundlicher sind. Wunderbare Terrassen und Swimmigpool.

Unsere Empfehlung

Auberge des Deux Corniches – *Route du Col d'Èze – 1 km auf der D 46 – ☎ 04 93 41 19 54 – 10. Nov.-1. Febr. geschl. – 7 Z: 45,73/51,83 € – ☕ 5,34 €.* Vor diesem ganz einfachen Gasthof, der an der Straße nach Èze liegt, befindet sich eine von Bäumen beschattete, große Terrasse. Die renovierten Zimmer sind einfach, aber gepflegt, und von einigen hat man einen schönen Blick auf das Meer oder den Felsen von Èze.

Besichtigungen

Parfumerie Fragonard – *♿ ☎ 04 93 36 44 65 – Febr. bis Okt.: Führungen (1/2 Std.) 8.30-18.30 Uhr; Nov. bis Jan.: 8.30-12 Uhr und 14-18 Uhr. Eintritt frei.* Die Besichtigung des Zweitwerks der Parfümerie von Grasse gibt einen guten Einblick in die Herstellungsverfahren von ätherischen Ölen und Kosmetikprodukten.

Parfumerie Galimard – *Place du Général-de-Gaulle – ☎ 04 93 41 10 70 – www.galimard.com – Tgl. Besichtigung. Eintritt frei.*

Kirche Ⓥ – Bei ihrem Wiederaufbau im 18. Jh. erhielt sie eine klassizistische Fassade und einen viereckigen, zweistöckigen Glockenturm. Zur barocken Innenausstattung gehört eine Muerto zugeschriebene Statue aus dem 18. Jh., die Mariä Himmelfahrt verkörpert; das wappenverzierte Taufbecken wurde im 15. Jh. geschaffen.

D. Pazery/MICHELIN

Èze – Jardin exotique

ÈZE

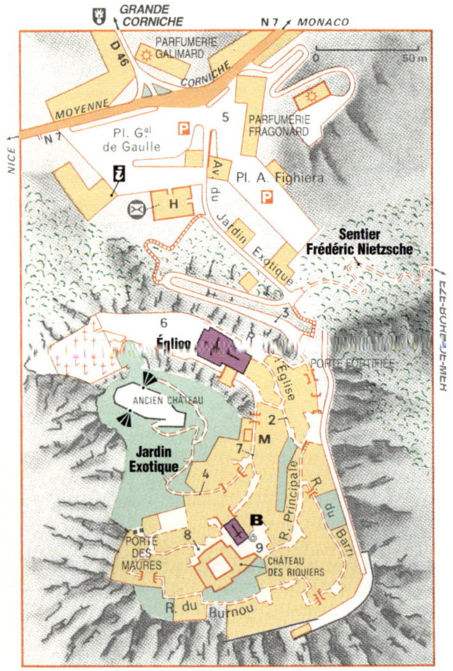

Chapelle des Pénitents-Blancs ⓥ – Emaillebilder mit Szenen vom Leben und Sterben Christi sowie Mariens schmücken die Außenwände des schlichten Bauwerks aus dem 14. Jh. Im Inneren sieht man links vom Eingang eine Kreuzigung, die von einem alten Meister der Nizzaer Schule stammt; am Hauptaltar ein erstaunliches, 1258 in Katalonien geschaffenes Kruzifix mit einem lächelnden Christus, der den Kopf nicht gesenkt hält; rechts ein sechseckiges Hostiengefäß aus dem 16. Jh. aus Mahagoni, links die *Madonna der Wälder*, eine Statue aus dem 14. Jh., bei der das Kind einen Tannenzapfen in der Hand hält; an einem Emporenpilaster sieht man ein im 16. Jh. entstandenes hölzernes Kruzifix.

★**Sentier Friedrich-Nietzsche** – *Etwa 2 Std. zu Fuß hin und zurück.* Auf diesem idyllischen, zwischen Pinien und Olivenbäumen zur Küstenstraße Corniche Inférieure und zum Badeort Èze-Bord-de-Mer hinunterführenden Weg konzipierte Nietzsche den dritten Teil seines Meisterwerks *Also sprach Zarathustra*.

Jardin exotique ⓥ – Der Kakteengarten umgibt die Reste der im 14. Jh. erbauten und 1706 auf Befehl Ludwigs XIV. geschleiften Burg. Von einer Terrasse aus bietet sich ein herrlicher **Blick**★★★ auf die gesamte Riviera; an klaren Morgen kann man sogar Korsika sehen.

FAYENCE

4 253 Einwohner

Michelin-Karte Nr. 340 P 4, Nr. 114 Falten 11 und 24 oder Nr. 245 Falte 36

Von der Straße Draguignan–Grasse aus ergibt sich eine gute Aussicht auf das Städtchen, das mit dem Nachbarort Tourrettes am Rande der Plans de Provence liegt, von wo aus man den Signal de Lachens (1 715 m) erblickt. Es beherrscht die Ebene, in der sich ein bedeutender Segelflugplatz befindet. Die Nähe des Gebirges und des Meers, der nur 10 km entfernte See von St-Cassien sowie die vielen malerischen Orte ringsum machen die Vorzüge dieses Ferienortes aus. Eine große Zahl von Töpfern, Bildhauern, Schnitzern (sie verwenden mit Vorliebe Olivenholz, Stein, Metall), Malern und Webern haben sich hier niedergelassen. Sehr lebhaft geht es an Markttagen dienstags, donnerstags und samstags auf dem Kirchplatz zu.

AUF ENTDECKUNGSTOUR

Altes Viertel – *Unterhalb des Kirchplatzes.* Seine abschüssigen Gäßchen, die hübschen Haustüren, ein schönes Portal aus dem 17. Jh. und die Stadttore (besonders das pechnasenbewehrte Sarazenentor Porte Sarrasine) sind sehenswert.

Église – Die Kirche wurde Mitte des 18. Jh.s erbaut. Das Innere ist klassizistisch mit hohen Pilastern, die bis zur Empore reichen, die sich um das Langhaus zieht. Der Hochaltar mit barockem Einfluß ist das Werk des provenzalischen Marmorschleifers Dominique Fossati (1757).

Im rechten Seitenschiff ein hölzernes, vergoldetes Retabel (16. Jh.), das die Hauptszenen des Osterwunders, Christus als Schmerzensmann in der Mitte und darunter den Riesen, den hl. Christophorus, der das Jesuskind und die Last seiner Mission trägt, darstellt. Von der Terrasse rechts der Kirche hat man einen **Blick**★ auf das Segelfluggelände im Vordergrund und weiter entfernt auf das Mauren- und das Esterelmassiv.

Aussichtspunkt bei der ehemaligen Burg – *Folgen Sie den Richtungspfeilen bei der Kirche.* Der Blick von diesem Aussichtspunkt der ehemaligen Burg geht nach Norden zu den Höhen der Plans de Provence und den Voralpen von Castellane und Grasse.

AUSFLÜGE

Col du Bel-Homme

Rundfahrt von 64 km – etwa 4 Std.

Verlassen Sie Fayence auf der D 563. Biegen Sie kurz darauf rechts ab und fahren dann links (Ausschilderung) in Richtung Notre-Dame-des-Cyprès.

Unterkunft

Spitzenkategorie

Moulin de la Camandoule – *83440 Fayence – 2 km westlich von Fayence über die D 19, Route de Seillans und eine Nebenstraße – ☎ 04 94 76 00 84 – 11 Z: 80,04/151,69 € – ☕ 10,67 € – Rest. 27/49 €.* Diese alte Ölmühle liegt zu Füßen des Dorfes und bietet Ihnen Zimmer, die in den Farben des Südens gehalten sind, einen Park, der von einem römischen Aquädukt durchquert wird, einen Swimmingpool und eine Terrasse – ein wunderschöner Platz. Im Sommer nur Halbpension.

Besondere Termine

Fête Mariale – Das Marienfest findet am 8. September in der Kirche Notre-Dame-des-Cyprès statt. Zu diesem Anlaß wird eine große Prozession mit viel Prunk und Musikbegleitung abgehalten.

Notre-Dame-des-Cyprès ⓥ – Die romanische Kapelle (12. Jh.) ist von Zypressen umgeben. Von ihrem Standort aus bietet sich ein reizvoller Blick auf Fayence und Tourettes. In der halbrunden Apsis befindet sich eine Altartafel aus dem 16. Jh., auf der in naiver Art Szenen des Marienlebens dargestellt sind. Die Malerei umgibt eine hübsche bemalte Holzstatue und ist in einen barocken Rahmen eingefügt.

Kehren Sie zur D 563 zurück, die am Flugplatz von Fayence entlangführt, und biegen Sie dann nach rechts auf die D 562 ab. Die Straße führt kurvenreich durch Wälder und über zahlreiche Bäche.

Rechts sieht man an den Höhen der Plans de Provence die Dörfer Fayence, Tourrettes und Montauroux.

Bei der Kreuzung in Les 4-Chemins fahren Sie nach rechts auf die D 25 in Richtung Callas.

Callas – Das die Ruinen seiner Burg umschließende typische Dorf des Haut-Var hat seinen ursprünglichen Charakter weitgehend bewahrt. Es liegt am Hang eines von Olivenbäumen, Eichen und Kiefern bedeckten Hügels. Der Stadtturm mit Glockenstuhl ist leider durch trichterförmige Sirenen verunziert. Die romanische **Kirche** ⓥ, die im 19. Jh. starke Veränderungen erfuhr, besitzt ein großes Altarbild aus dem 17. Jh., unter dem neun Büßermönche kniend dargestellt sind. Vom Kirchenvorplatz aus bietet sich ein Blick nach Süden auf das Mauren- und das Esterelmassiv.

Die D 25 führt über den Col de Boussague und verläuft dann oberhalb eines lieblichen Tälchens. Man hat nun das Mauren- und das Esterelmassiv im Rücken; vorne eröffnet sich eine reizvolle Aussicht auf Bargemon.

Bargemon – Das alte befestigte Dorf liegt geschützt am Fuß der provenzalischen Hochebenen. In dem sehr milden Klima gedeihen Orangenbäume und Mimosen prächtig. Bargemon hat viele Brunnen und weite schattige Plätze. Die Reste der Burg und der Befestigungsanlage mit den Toren aus dem 12. Jh., von denen das sogenannte Römische Tor am Rathausplatz besonders beachtenswert ist, künden von Bargemons Vergangenheit. Der Markt dienstags, donnerstags und samstags auf dem Place de la Mairie ist für Besucher eine willkommene Gelegenheit, lokale Spezialitäten kennenzulernen. Am 11. und 12. August findet ein Markt für Lederwaren statt. Die **Kirche** ⓥ wurde bei ihrem Bau im 15. Jh. durch den Anschluß an ein Stadttor in die Verteidigungsanlage einbezogen; ihr viereckiger Glockenturm kam erst im 17. Jh. hinzu. Man betritt das Gotteshaus durch ein schönes **spätgotisches Portal**. Dem Marseiller Bildhauer, Maler und Architekten Pierre Puget (1620-1694) werden die Engelsköpfe am Hochaltar zugeschrieben. Sehenswert ist auch der dreiteilige Altaraufsatz, der den Erzengel Raphael, den hl. Honoratius und in der Mitte den hl. Antonius darstellt.

Über die Dächer des Dorfs ragt die Kirchturmspitze der **Chapelle Notre-Dame-de-Montaigu** hinaus. Sie enthält drei schöne Retabel mit gedrehten Säulen. Seit dem 17. Jh., als ein aus Bargemon gebürtiger Mönch eine wunderwirkende Marienstatue aus

Belgien in die Kapelle brachte, ist sie das Ziel vieler Wallfahrer. Zahlreiche Votivtafeln bezeugen die Wunderkraft dieses geschnitzten Olivenholzfigürchens. Es wird nur am Tag der Wallfahrt, dem Ostermontag, gezeigt.

Verlassen Sie Bargemon auf der D 25 in westlicher Richtung.

Die Straße steigt stark an und bietet hübsche Ausblicke zurück auf Bargemon und seine Umgebung. Sie verläuft auf der Trasse, auf der einst die Hirten ihre Herden zur Alm hinauftrieben.

★ **Col du Bel-Homme** – 915 m. Zur Linken führt ein Weg auf den Gipfel des mit Steineichen bestandenen Bergs hinauf. Der weite **Rundblick★** *(Orientierungstafel)* umfaßt die Küste im Süden, die Voralpen von Grasse im Nordosten, das Plateau de Canjuers und die Berge von Castellane im Norden.

Kehren Sie nach Bargemon zurück, wo Sie auf die D 19 nach Fayence fahren.

Die Straße führt eine Zeitlang in der Höhe oberhalb Bargemons hin und schlängelt sich dann durch eine mit Kiefern, Steineichen und Ginster bedeckte Gegend. Am Horizont zeichnen sich das Mauren- und das Esterelmassiv ab.

★ **Seillans** – *Siehe dort*

Notre-Dame-de-l'Ormeau – *Siehe unter SEILLANS, Besichtigungen*

Fahren Sie weiter auf der D 19, die nach Fayence zurückführt und viele schöne Ausblicke bietet.

Lac de St-Cassien *Rundfahrt von 29 km – etwa 2 Std.*

Von Fayence aus geht es in südöstlicher Richtung nach Tourrettes.

Tourrettes – In Sichtweite des Dorfes fällt das außergewöhnliche Schloß *(keine Besichtigung)* auf, das um 1830 für den napoleonischen General Alexandre Fabre der Kadettenschule von St. Petersburg nachgebaut wurde.

Biegen Sie links in die D 19 ein und fahren Sie weiter über die D 562 und die D 56 in Richtung Callian.

Callian – Das malerische Bergdorf rühmt sich einer hübschen **Lage**. Spiralförmig ziehen sich seine von alten Häusern gesäumten Straßen um das Schloß herum. Auf dem Dorfplatz plätschert ein Brunnen; hier kann man die weite **Aussicht** auf das von Blumenfeldern bedeckte Land, das Tanneronmassiv, den See von St-Cassien, das Esterel- und das Maurenmassiv genießen.

Fahren Sie nördlich des Ortes auf die nach Montauroux führende D 37.

Von dieser Straße aus eröffnen sich schöne Ausblicke auf Callian und Montauroux.

Montauroux – Viele kunstgewerbliche Betriebe beleben den Ort. Die Rue de la Rouguière lohnt einen Spaziergang wegen einiger aus dem 17. und 18. Jh. stammender Häuser und der interessanten **Aussicht** vom Dorfplatz auf den Lac de St-Cassien und das Tanneron-, das Esterel- und das Maurenmassiv. Die Dorfkirche enthält Gemälde aus dem 17. Jh.
Etwas außerhalb des Dorfs liegt die romanische **Chapelle St-Barthélemy**. An ihren Wänden hängen zahlreiche Gemälde von Aposteln, Musikinstrumenten und den Geheimnissen des Rosenkranzes. Ihre Restaurierung finanzierte der berühmte Modedesigner Christian Dior.

Kehren Sie auf die D 37 zurück, überqueren Sie die D 562 und fahren Sie weiter in Richtung Lac de St-Cassien.

Lac de St-Cassien – Der See liegt malerisch eingebettet am Fuß des Tanneron-Massivs *(s. unter Massif du TANNERON)*. Von der Brücke Pont de Pré-Claou hat man einen **Überblick** über den hauptsächlich zur Feldbewässerung genutzten Stausee mit seinen bewaldeten, buchtenreichen Ufern. Der fischreiche See faßt 60 Mio. m³ Wasser, und seine Umgebung ist ein Jagdparadies. An einigen Stellen kann man baden, und es ist auch erlaubt, auf dem See Wassersport zu treiben, sofern dies nicht mit Motorbooten geschieht. Im Schilfgebiet im westlichen Teil nisten 150 verschiedene Vogelarten.

Über die D 37, die D 562 (links) und die D 19 (rechts) geht es zurück nach Fayence.

Sport und Freizeit

Aviron St-Cassien-Club Intercommunal du Pays de Fayence – *Lieu-dit Biançon – 83440 Montauroux – ☎/Fax 04 94 39 88 64.* Rudern auf dem Lac de St-Cassien.

FRÉJUS*

83 840 Einwohner
Michelin-Karte Nr. 340 P 5, Nr. 114 Falte 25, Nr. 115 Falte 33
oder Nr. 245 Falte 36
Kartenskizzen Massif de l'ESTEREL, S. 156, und Massif des MAURES, S. 217

Die Stadt Fréjus liegt auf einem sanft zum 1,5 km entfernten Meer hin abfallenden Felsplateau zwischen dem Mauren- und dem Esterelmassiv; sie ist umgeben von der fruchtbaren, Reben und Obstbäume tragenden Tiefebene des Unterlaufs des Argens (die Pfirsiche von Fréjus sind bekannt). Für Archäologen ist die Stadt wegen ihrer römischen Ruinen von Interesse. Diese sind an sich nicht mehr sehr eindrucksvoll, gehören aber zu den vielfältigen Beispielen römischer Baukunst in Frankreich. Das Domviertel bildet architektonisch eine besondere Einheit.

HINTERGRUNDINFOS

Entstehung und Blütezeit (1. Jh. v. Chr.) – Der Name Fréjus leitet sich von dem lateinischen *Forum Julii* ab, der Bezeichnung, die Julius Cäsar dieser Siedlung gab, nachdem er sie 49 v. Chr. gegründet hatte. Die Handelsstadt war Etappe auf der durch Gallien nach Spanien führenden Verlängerung der *Via Aurelia.*
Der Aufstieg der Stadt begann, als Octavian, der künftige Kaiser Augustus, die Flotte des Sextus Pompejus bekämpfen und dazu eine eigene Flotte schaffen mußte. Er machte damals den kleinen Ort zu einem bedeutenden Marinestützpunkt, indem er hier 39 v. Chr. ein Arsenal und eine Werft errichten ließ.

Fréjus vor 2 000 Jahren – *Siehe Plan.* Das antike Fréjus war von einer Stadtmauer mit Toren an den vier Enden der beiden Hauptstraßen umgeben. Ein 40 km langes Aquädukt brachte das bei Mons *(s. dort)* gefaßte Wasser der Siagnole bis zum Wasserturm von Fréjus, wo es zu den Brunnen und anderen öffentlichen Einrichtungen weitergeleitet wurde. Von den römischen Marinestützpunkten boten nur Ostia bei Rom und Fréjus genügend Funde, um rekonstruiert zu werden. Vom südöstlichen Ende der Paul-Vernet-Esplanade aus, wo sich wahrscheinlich das Forum befand, bietet sich ein Blick auf die Ebene, wo vor 2 000 Jahren der Hafen lag. Mit Hilfe der noch vorhandenen Gebäudereste kann man sich verhältnismäßig leicht eine Vorstellung von der Anlage und den Einrichtungen dieses Hafens machen. Das Becken war eine vertiefte Lagune, die in der Regierungszeit des Augustus ausgebaut wurde.
Mit einer Fläche von etwa 22 ha war der Hafen für damalige Verhältnisse groß. Er besaß Kais mit einer Gesamtlänge von 2 km, von denen noch Reste erhalten sind. Ein etwa 30 m breiter und 500 m langer Kanal verband ihn mit dem Meer (die Küstenlinie hat sich seit der Römerzeit weit nach Süden verlagert). Eine Mauer schützte diesen Kanal vor dem Mistral. Der Hafeneingang war durch zwei sich gegenüberstehende Türme gesichert. Der Turm, der das sogenannte Leuchtfeuer des Augustus (Lanterne d'Auguste) trug, erhebt sich noch heute in der Ebene, am Ende des römischen Südkais. Zwischen diesen beiden Türmen wurde nachts eine eiserne Kette gespannt, die tagsüber auf dem Kanalgrund lag. Ein weiterer Turm, eine Werft, Thermen, eine Wäscherei, eine Palästra (Wettkampfplatz, Fechtsaal) und ein Krankenhaus (davon wurden Reste beim Gehöft von Villeneuve, im Südwesten der Stadt, gefunden) vervollständigten die Anlage.

Der Niedergang – Während der langen Friedenszeit der augusteischen *Pax romana* verlagerte sich die Bedeutung von Fréjus vom Kriegs- zum Handelshafen. Bis zum 4. Jh. blieb die Wirtschaft der Stadt blühend. Noch unter Kaiser Konstantin wurden zahlreiche Bauten errichtet, und die Stadt wurde Ende des Jahrhunderts zum Bischofssitz erhoben. Allerdings begannen das Hafenbecken und der Kanal zu versanden.
Anfang des 10. Jh.s wurde Fréjus von den Sarazenen zerstört, aber 990 unter Bischof Riculphe wieder aufgebaut. Die mittelalterliche Stadt war klein im Vergleich zu der römischen Siedlung. Ihre Stadtmauer verlief auf den Trassen der heutigen Rue Jean-Jaurès und Rue Grisolle.
Heinrich II. machte Fréjus zum Marinestützpunkt, doch beklagten sich die Mannschaften über Fieber, das sie sich in der sumpfig gewordenen Gegend zuzogen. Während der Französischen Revolution wurde der Hafen verkauft und das Becken zugeschüttet.

FRÉJUS IM ÜBERBLICK

Port-Fréjus – Anknüpfend an die Seefahrertradition der Stadt wurde 1989 nach zehnjähriger Bauzeit der Jachthafen von Fréjus eingeweiht, das somit wieder mit dem Meer verbunden ist. Die Architektur der Gesamtanlage nach dem Vorbild der Bauten des italienischen Architekten Palladio wirkt wie ein Brückenschlag zurück in die römische Vergangenheit der Stadt. Die einzelnen, während der Saison mit buntem Leben erfüllten Viertel sind durch Fußgängerbrücken miteinander verbunden. Diese Hochburg des Segelsports hat im Schutze ihres 220 m langen Hafendamms aus Wellenbrechern Liegeplätze für mehr als 750 Schiffe.

Fréjus-Plage – Der herrliche feine Sandstrand dieses neuen Stadtviertels erstreckt sich über mehrere Kilometer zwischen der Pont du Pédégal und Port-Fréjus. Noch weiter westlich liegt der **Plage de l'Aviation**. Nach dem Bad lohnt sich ein Blick auf die bemerkenswerte Flora: seltene Meerlilien blühen im Juli, im September der Strandflieder.

TIPS UND ADRESSEN

Verkehrsmittel

Parkplätze – Die Innenstadt umgeben mehrere gebührenpflichtige Parkplätze (Place Agricola, Place Paul-Vernet). Der Parkplatz an der Porte d'Orée ist gebührenfrei (Zufahrt über die Avenue Aristide-Briand).

Bus – *Information und Fahrkartenverkauf: Place Paul-Vernet – ☎ 04 94 53 78 46.* 12 Buslinien namens Esterel Bus verkehren in Fréjus und der Umgebung (St-Tropez, Roquebrune, St-Aygulf etc.).

Stadtbesichtigung

Touristenbähnchen – *☎ 04 93 41 31 09 – Juni bis Sept.: 10-12 Uhr und 14-20 Uhr.* Gönnen Sie sich eine Besichtigungsfahrt durch die Stadt mit diesem kleinen Zug, der an der Esplanade des Arènes abfährt.

Gastronomie

Gut und preiswert

Les Micocouliers – *34 Place Paul-Albert-Février – ☎ 04 94 52 16 52 – 20. Dez.-10. Jan. und von Nov. bis März abends geschl. – 14,50/22,50 €.* Im Sommer gehört zu diesem Restaurant gegenüber dem Kathedralbezirk (Kreuzgang, Kathedrale, ehemaliges bischöfliches Palais, Baptisterium) eine angenehme Terrasse. Im Inneren passen die bunten Tischdecken und der rustikale Dekor gut zu der provenzalischen Küche des Chefs des Hauses.

Unsere Empfehlung

Le Poivrier – *52 Place Paul-Albert-Février – ☎ 04 94 52 28 50 – Mo von Sept. bis Mai und So geschl. – 10,52 € Mittagessen – 19,06/25,15 €.* Die Köchin zaubert kleine provenzalisch inspirierte Gerichte und andere, exotischere Speisen, die man in einem Gewölbekeller aus der Römerzeit genießen kann. Im Sommer gibt es auf dem Platz oder im Innenhof eine schattige Terrasse.

Unterkunft

Unsere Empfehlung

Hôtel L'Aréna – *145 Boulevard du Général-de-Gaulle – ☎ 04 94 17 09 40 – 5.-30. Nov. geschl. – 36 Z: 83,85/114,34 € – ☕ 7,62 € – Rest. 22/40 €.* Das alte Postgebäude mit der farbigen Fassade ist ein sehr angenehmer Aufenthaltsort. Am Swimmingpool oder auf der Terrasse können Sie in aller Ruhe Ihren Cocktail genießen. Im Gastraum und in den Zimmern gepflegter provenzalischer Dekor.

Für zwischendurch

Las Veglaces – Chez Angelo – *493 Boulevard de la Libération – ☎ 04 94 51 29 74 – Juli und Aug.: tgl. 10-4 Uhr; Sept. bis Juni: Mi-Mo 10-23 Uhr.* Die hausgemachte Eiscreme von Angelo kennt viele und auch ungewöhnliche Geschmacksrichtungen: Lakritz, Treets, Joghurt usw. Nach dem Eis sollten Sie zur Nr. 473 am selben Boulevard schlendern. Dort kann man ein weiteres Talent des Eiskonditors kennenlernen, denn Angelo spielt auch Gitarre!

Cafés, Kneipen und Bars

La Maison de la Bière – *Boulevard de la Libération – ☎ 04 94 51 21 86 – Juli und Aug.: tgl. 8-4 Uhr; Okt. und März bis Juni: tgl. 8-1 Uhr; Nov. bis Febr.: Di-Do und So 8-20 Uhr, Fr-Sa bis 1 Uhr.* Das „Haus des Bieres" hat 150 Biersorten anzubieten. Den Whiskyfreunden geht es auch nicht schlecht, sie haben die Wahl zwischen 30 Marken. Große Auswahl an Eis und Cocktails. Man kann sein Getränk auf der Terrasse gegenüber dem Meer zu sich nehmen.

Witches Pub – *93 Boulevard Séverin-Decuers – ☎ 04 94 53 89 58 – Mo-Sa 18-1 Uhr.* Hier herrscht typische Pub-Atmosphäre: Sanftes Licht erhellt den Raum, Bier- oder Cidretrinker plaudern, spielen Billard und Darts. Nur schade, daß das Lokal so weit vom Strand und damit von den lebendigeren Vierteln entfernt ist.

La Playa – *Boulevard de la Libération – ☎ 04 94 52 22 98 – Juli und Aug.: tgl. ab 23 Uhr; Sept bis Juni: Do-Sa ab 23 Uhr.* Das ist *die* Diskothek der Umgebung; das ganze Jahr über ist sie gut besucht. Die Einheimischen mögen besonders den Donnerstag, wenn sich beim „Dînette"-Abend Gaumen- und Tanzfreuden verbinden lassen.

Shopping

Forum Julii – *Place de la Mairie – ☎ 04 94 17 03 00 – Juli und Aug.: Di-Sa 9-12 Uhr und 15-19 Uhr, So-Mo 9-12 Uhr; Sept. bis Juni: So und Mo geschl.* Suchen Sie sich eine provenzalische Krippenfigur *(santon)* als Andenken aus: Die Hl. drei Könige, die Hl. Familie, der Hirte und seine Schafe, die Fischhändlerin und viele andere warten in dieser malerischen Boutique auf Sie.

Cave des Cariatides – *53 Rue Sieyès – ☎ 04 94 53 99 67 – Juli und Aug.: Di-Sa 8-19.30 Uhr, So 8-12.30 Uhr, Mo 14-19 Uhr; Sept. bis Juni: tgl. 8-12.30 Uhr und 14-19 Uhr.* Dieser Weinkeller verdankt seinen Namen den beiden steinernen Karyatiden, die ein Tor aus dem 17. Jh. umrahmen und einen denkmalgeschützten Bau tragen, in dem einst der Revolutionär Abbé Sieyès wohnte.

Cave coopérative La Fréjusienne – *168 Rue Henri-Vadon – ☎ 04 94 51 01 81 – So und zur Mittagszeit geschl.* Weinprobe und Verkauf der Weine des Var und der Region Côtes-de-Provence.

Märkte – Mittwochs und samstags in der Altstadt. Dienstags und freitags am Place de la Poste in St-Aygulf.

Sport und Freizeit

CIP Port Fréjus – *Aire de Carénage – Port (Hafen) Fréjus Est – ☎ 04 94 52 34 99 – Juni bis Sept.: tgl. 9-12 Uhr und 14-19 Uhr; Okt. bis Mai: tgl. 9-12 Uhr und 14-17 Uhr.* Ein packendes Schauspiel! In diesem Tauchzentrum für alle Niveaus können Sie die berühmten Wracks an der Küste des Departements Var aufspüren.

Jachthafen – *Hafenmeisterei – ☎ 04 94 82 63 00.* An dem 220 m langen Hafendamm haben mehr als 750 Boote Platz.

Base Nature – *Boulevard de la Mer – ☎ 04 94 51 91 10 – Mo-Fr 8.30-12.30 Uhr und 13.30-17.15 Uhr; Sa/So 15-19 Uhr (13-17 Uhr außerhalb der Saison).* In dem schönen, großen Naturpark kommen Wanderer, Radfahrer und an einem 2 km langen Strand auch Badegäste voll auf ihre Kosten. Zum Angebot gehören außerdem Strandsegeln, Drachenfliegen, Rollerskaten, Boule-Spiele usw.

Aquatica – *N 98 – Le Capou – ☎ 04 94 51 82 51 – www.parc-aquatica.com – Anf. Juni-Mitte Sept.: tgl. 10-18 Uhr; Juli und Aug.: tgl. 10-19 Uhr.* Ein Eldorado für die Liebhaber von Wasserspielen ist dieser Freizeitpark. Hier gibt es Wasserrutschbahnen („Twin-Twister", „White Hole"), das größte Wellenbad Europas, Reifenfahrten mit Hindernissen. Wer es lieber etwas ruhiger hat, kann Minigolf spielen. Restaurant vor Ort.

Luna Park – *N 98 – ☎ 04 94 51 00 31.* 40 verschiedene Attraktionen (Karussells, Rutschbahnen etc.), und Eintritt und Parkplatz sind frei.

AUF ENTDECKUNGSTOUR

★Das römische Fréjus

Die antiken Ruinen sind über eine weite Fläche verstreut. Stellen Sie Ihren Wagen auf dem Parkplatz am Place Agricola ab und planen Sie mindestens 1 1/2 bis 2 Std. für die Besichtigung ein.

Porte des Gaules – Von dem alten, sichelförmigen Stadttor ist nur noch einer der beiden Seitentürme erhalten. Die römische Stadt erstreckte sich über 40 ha.

★**Amphitheater (Arènes)** ⓥ – Das im 2. Jh. vor der Stadt errichtete Amphitheater hat eine Länge von 114 m und eine Breite von 82 m (Nîmes: 131 m Länge, 100 m Breite; Arles: 136 m Länge, 107 m Breite). Die Ränge boten etwa 10 000 Zuschauern Sitzplätze. Eine Hälfte des ovalen Baus war an den Hang gebaut, über dem die Stadtbefestigung hinwegführte.

Da das Theater vor allem der Unterhaltung der aktiven und altgedienten Soldaten diente, war es unter Gesichtspunkten der Zweckmäßigkeit und Sparsamkeit konzipiert worden und steht damit im Gegensatz zu den Theatern von Nîmes und Arles, die für ein anspruchsvolleres Publikum bestimmt waren. Heute finden hier im Sommer Stierkämpfe und andere Veranstaltungen statt.

Auf der Esplanade befindet sich zum Gedenken an die Katastrophe von Malpasset (Bruch einer Staumauer 1959) eine Liegefigur. Von der das Amphitheater umgebenden Grünfläche aus sind im Südwesten, dort, wo die N 7 über die D 37 hinwegführt, zwei römische Säulen aufgestellt, die auf dem Meeresgrund vor St-Tropez gefunden wurden.

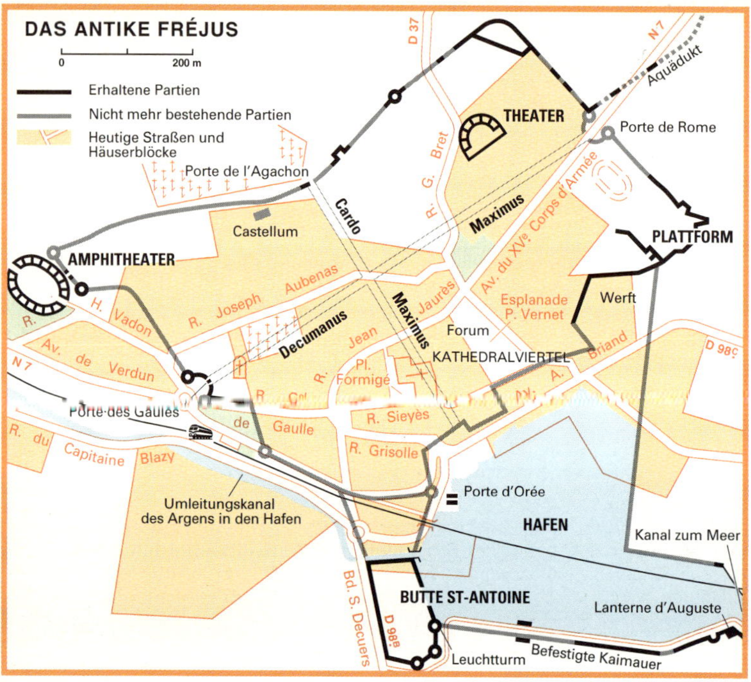

Gehen Sie in die Rue Joseph-Aubenas und anschließend in die Avenue du Théâtre Romain. Auf einem Umweg über die Rue Gustave-Bret gelangen Sie zu der mittelalterlichen Stadtbefestigung.

Theater – Zur selben Zeit wie das Amphitheater wurde das 84 m x 60 m große Theater erbaut. Von ihm haben nur einige Mauern, der Orchesterplatz, der Bühnenunterbau und die Vertiefung, in die der Vorhang heruntergelassen wurde, die Zeiten überdauert.

Aqueduc – *Avenue du XVe-Corps-d'Armée.* Das Wasser für Fréjus kam aus dem 40 km entfernten Mons. Das Aquädukt, von dem heute nur noch einige Pfeiler und verfallene Arkaden stehen, verlief, nachdem es die Stadtmauer erreicht hatte, unter den Fliesen des Wehrgangs um die Stadt herum bis zum Wasserturm, wo die Weiterleitung zu den Brunnen und sonstigen Wasserstellen erfolgte.

Plattform – Die sogenannte Plattform wird auch als östliche Zitadelle bezeichnet. Hier sind Reste des Amtssitzes des Prätors erhalten; außerdem sieht man Spuren von Verwaltungsräumen, Kornkammern, Thermen und Wohnräumen. An diese schloß sich im Süden die Werft an.

Porte d'Orée – Der hübsche Bogen befand sich wahrscheinlich in einer Wand der zum Hafen gehörenden Thermen.

Butte St-Antoine – Das Pendant zur Östlichen Zitadelle war die Westliche Zitadelle auf dem St-Antoine-Hügel. Der Boulevard Séverin-Decuers führt an ihrer Westmauer entlang; die Ostmauer überragte den Hafen. An der Südseite weist die Befestigung noch Reste von drei Türmen auf, von denen einer ein Leuchtturm gewesen sein könnte. In diesem Viertel lag die Wäscherei der Truppe.

Lanterne d'Auguste – *Der im Süden um den St-Antoine-Hügel herumführende Weg ist ausgeschildert.* Auf der Höhe eines Mauerrestes von einem Turm biegt der Weg nach rechts auf den Südkai ab, dessen alte Befestigungsmauer noch teilweise besteht. Dann erreicht man die Hafeneinfahrt, die durch einen Turm markiert war. Dieser heute verfallene Turm erhielt im Mittelalter das sogenannte Leuchtfeuer des Augustus, das den Seefahrern die Einfahrt in das Becken anzeigte. Im Südosten sieht man noch ein Stück Mauer vom Verbindungskanal.

Die Altstadt *Besichtigung: 45 Min. zu Fuß*

Gehen Sie vom Place Formigé nach Norden in Richtung Rue Jean-Jaurès.

Am Ende der Rue de Fleury, die durch das Domviertel führt, ist rechts am Haus Nr. 92 eine schöne Tür aus grünem Serpentin aus dem Maurenmassiv zu sehen. Das ehemalige Rathaus *(Nr. 112)* aus dem 18. Jh. in der Rue Jean-Jaurès *(links)* weist an der Fassade einen schönen geschwungenen Balkon auf, der von einer mit Säulen verzierten Loggia überdacht ist. Die Straße folgt außen der mittelalterlichen Stadtmauer.

In der Rue Sieyès steht das ehemalige Stadtpalais *(Nr. 53)* von Abt Sieyès, dessen Portal von zwei Atlanten aus Stein (17. Jh.) eingerahmt ist.
Beim Gang durch die Rue Grisolle folgt man dem Verlauf der mittelalterlichen Stadtbefestigung. Hier ist an der Nr. 71 ein schöner Rundturm zu sehen. Auf der rechten Straßenseite besitzt das Haus Nr. 84 eine alte mittelalterliche Fassade.
Am Ende der Straße durchqueren Sie die malerische **Passage du Portalet**, wo mehrere kleine alte Plätze aufeinanderfolgen.

Vom Place Paul-Vernet geht es zurück zum Place Formigé.

BESICHTIGUNGEN

★★ Quartier Épiscopal (Kathedralbezirk ⓥ)

Besichtigung: 3/4 Std.

Dieser befestigte Bezirk im Zentrum der mittelalterlichen Stadt umfaßte die Kathedrale, den Kreuzgang *(gegenüber, kein direkter Zugany)*, die Taufkapelle *(links)* und das ehemalige Bischofspalais.
Vom Place Formigé aus führen Stufen in die Vorhalle der Kirche hinunter.

Portal – Unter einem Kielbogen öffnen sich dem Besucher des Doms die im 16. Jh. geschnitzten **Flügel des Portals**★. Sie zeigen Szenen aus dem Leben Mariens und der Apostel Petrus und Paulus. Zu sehen sind außerdem Wappen, Waffen und weltlichen Personen.

★★ **Baptistère** – Die auf das 5. Jh. zurückreichende Taufkapelle ist eines der ältesten kirchlichen Gebäude Frankreichs. Sie ist durch die Vorhalle der Kathedrale mit dieser verbunden. Ihr quadratischer, eine Seitenlänge von etwa 11 m aufweisender Grundriß rahmt ein Achteck mit abwechselnd halbrunden und eckigen Ausbuchtungen ein. Diese Nischen sind durch Säulen aus schwarzem Granit mit Marmorkapitellen, die einst das Forum schmückten, getrennt. Auf ihnen ruht die im 19. Jh. neu errichtete Kuppel. Den Fußboden bedecken weiße Marmorplatten. Diese kamen, wie das in den Boden eingelassene Wasserbecken aus Ton, erst bei Ausgrabungen wieder zutage. Das schmiedeeiserne Gitter beim Haupteingang wurde von Kardinal de Fleury, dem Minister Ludwigs XV. und Bischof von Fréjus, gestiftet. Links dieses Eingangs befindet sich die niedrige Tür, durch welche die meist schon erwachsenen Täuflinge zur Taufe kamen, welche vom Bischof vollzogen wurde. Dieser leitete das Zeremoniell ein, indem er dem Ungetauften die Füße im irdenen Wasserbecken wusch; anschließend tauchte er diesen völlig in das Wasser des zentralen Taufbeckens, welches von einem rundum an den Säulen befestigten Vorhang verhüllt war, und salbte dann das Haupt des Täuflings mit geweihtem Öl. Der frisch getaufte Christ verließ die Taufkapelle durch die hohe Tür, um, mit einem weißen Gewand bekleidet, in der Kathedrale an der Messe teilzunehmen und zum ersten Mal die Kommunion zu empfangen.

★ **Kathedrale** – Der Bau ist ein interessantes Beispiel provenzalischer Frühgotik und besteht aus zwei Schiffen. Die Südseite ist der Jungfrau Maria, die Nordseite dem hl. Stephanus geweiht. Teile des Nordschiffs stammen vielleicht von der Vorgängerkirche.
Ende des 12. Jh.s wurde die Vorhalle errichtet. Sie trägt einen im 16. Jh. vollendeten Glockenturm. Über der Apsis erhebt sich ein zinnenbewehrter Turm, der das Bischofspalais schützte. Im 12. Jh. erbaute man das linke Schiff mit Tonnengewölbe größtenteils neu. Ein Jahrhundert später zog man im Südschiff ein Kreuzrippengewölbe ohne Schlußsteine ein; seine Bandrippen ruhen auf mächtigen Viereckpfeilern. Im 15. Jh. wurde das schöne **Chorgestühl**, im 18. Jh. der

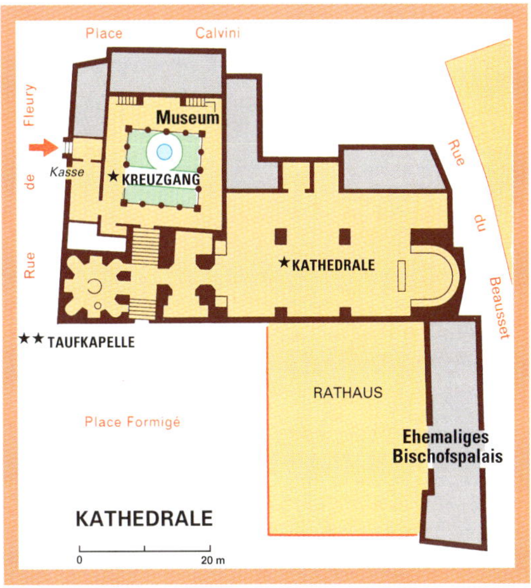

Kreuzgang im Kathedralbezirk

große, weiße Marmoraltar geschaffen. Man beachte auch die zwei Grabmäler aus dem 14. Jh. und über der Sakristeitür ein schönes, die hl. Margarete darstellendes **Altarbild** von Jacques Durandi, einem Maler der Nizzaer Schule. Im hinteren Teil des Seitenschiffes befinden sich ein bemerkenswertes Renaissancekruzifix aus Holz und das Grabmal der Camelins, die im 17. Jh. in Fréjus Bischöfe waren.

★★ **Kreuzgang** – Im 12. und 13. Jh. wurde der an die Kathedrale angrenzende, früher komplett zweigeschossige Kreuzgang für die Kapitulare erbaut. Diese und ihr Vorsitzender hatten im ehemals befestigten Kapitelhaus an der Westseite des Kreuzgangs ihre Wohnräume. Den Kreuzgarten mit seinem Brunnen umschließen Galerien, deren Spitzbogen im Erdgeschoß auf weißen Marmordoppelsäulen mit verschiedenartig gestalteten Kapitellen ruhen. Das einstige Kreuzgratgewölbe wurde durch eine Balkendecke ersetzt, die im 15. Jh. mit **Bildtafeln★** geschmückt wurde, welche Tiere, Ungeheuer, Fratzen und Gestalten der Apokalypse zeigen. In der ersten Etage sind die Säulen schlanker und tragen Rundbögen, im Gegensatz zu den Spitzbögen des Erdgeschosses; solche Unregelmäßigkeiten sind in südfranzösischen Kreuzgängen häufig zu finden.

Musée archéologique – *1. Stock.* Das **Archäologische Museum** umfaßt eine reiche Sammlung römischer, in Fréjus ausgegrabener Ausstellungsstücke. Man beachte insbesondere das römische Mosaik, eines der wenigen, die gänzlich erhalten blieben, und die 1970 entdeckte Marmorbüste des doppelköpfigen Hermes; außerdem eine Büste Jupiters aus dem 1. Jh. v. Chr. sowie mehrere kleine Marmor- und Bronzestatuen.

BESONDERE HIGHLIGHTS

Die Bauten aus der Kolonialzeit

Mit der Schaffung des ersten Stützpunkts der Marineflieger im Jahr 1910, bei der sich Roland Garros hervortat, erlangte Fréjus erneut aktive militärische Bedeutung. Am Anfang des Ersten Weltkriegs wurde es zur Drehscheibe für die Kolonialtruppen aus Afrika und Asien, die dort ihren Nachschubstützpunkt einrichteten. Aus dieser Zeit stammen noch die exotischen Bauten, die von den unterschiedlichen Kulturen innerhalb der Streitkräfte Zeugnis ablegen.
Am 23. September 1913 startete der Pilot **Roland Garros** von diesem Stützpunkt aus mit einem Wasserflugzeug, um als erster das Mittelmeer zu überfliegen. Die Flugzeit von Fréjus nach Bizerte in Tunesien betrug etwas über acht Stunden.

Mosquée Missiri – *Verlassen Sie Fréjus über die Avenue de Verdun und wenden Sie sich auf der D 4 in Richtung Fayence. Nach 3 km biegen Sie links ab. Die Moschee wird zur Zeit restauriert.* Mitten in einem Kiefernwald steht links die massive, dunkelrosafarbene Silhouette einer sudanesischen Moschee. Das in den 20er Jahren für die im Kolonialtruppenlager stationierten senegalesischen Schützen bestimmte Gotteshaus wurde nach dem Vorbild der berühmten Missiri-Moschee von Djenné in Mali aus Beton gebaut. Die Moschee hat einen Innenhof und einen Umgang im ersten Stock. Sie ist heute jedoch in einem verfallenen Zustand. Um das afrikanische Landschaftsbild nachzuempfinden, wurden in der Nähe zwei Attrappen von Termitenhügeln angelegt.

Setzen Sie den Weg in der gleichen Richtung fort. 1 km hinter der Autobahnauffahrt auf die A 8 biegen Sie hinter der Brücke rechts ab.

Musée des troupes de marine – Die in dem modernen Gebäude schön zur Geltung gebrachten Sammlungen sind chronologisch geordnet und verdeutlichen die Geschichte der Kolonialtruppen vom 17. Jh. bis zum Ersten Weltkrieg: Ausrüstung, Waffen, Fahnen, kunstgewerbliche Gegenstände, Aquarelle, Zeichnungen, Fotografien. Beachtung verdienen auch das von General Gallieni von 1900 bis 1905 in Madagaskar benutzte Auto sowie eine Liste mit in Algier freigekauften Sklaven von 1719.

Fahren Sie auf der Avenue du XVe-Corps-d'Armée und der N 7 (Avenue du Général-Callies) in Richtung Nizza; hinter dem Kreisverkehr biegen Sie rechts ab. Stellen Sie den Wagen auf dem Parkplatz ab, der auf halber Strecke zwischen den beiden Bauwerken liegt, und gehen Sie zu Fuß weiter.

Mémorial des Guerres en Indochine – Am Hang eines Hügels liegt diese imposante halbkreisförmige Grabstätte, die sich symbolisch zum Meer hin öffnet und in ihren Ausmaßen recht erdrückend wirkt. Hier sind die sterblichen Überreste von 24 000 Militärs und Zivilisten beigesetzt, die im einstigen Indochina gefallen sind und ab 1987 nach Frankreich überführt wurden. An den Wänden befinden sich Inschriften mit Zitaten aus heiligen Büchern verschiedener Religionen (Christentum, Islam, Buddhismus).

Pagode bouddhique Hông Hiên – Die friedliche Atmosphäre der buddhistischen Pagode erweist sich nach der Gedenkstätte als willkommene Abwechslung. Sie erhebt sich inmitten eines kleinen Parks, der wie ein asiatischer Garten angelegt wurde. Die für Frankreich kämpfenden vietnamesischen Soldaten begannen 1917 mit dem Bau der Pagode, die in den 70er Jahren renoviert und vergrößert wurde. Der Tempelbau entspricht der traditionellen vietnamesischen Architektur, und die Anordnung der Statuen im Garten folgt buddhistischen Regeln. Im Garten um die Gebäude herum, wo eine vorwiegend exotische Flora mit herrlichen Lotusblumen gedeiht, kann man spazierengehen und die eindrucksvollen Darstellungen von heiligen Tieren und Schutzgeistern (Drachen, weiße Elefanten usw.) bewundern.

UMGEBUNG

★ **Parc zoologique** – *5 km. Verlassen Sie Fréjus auf der Avenue de Verdun, der N 7, in westlicher Richtung, dann biegen Sie rechts auf die D 4 ab, der Sie 3 km weit folgen; dann auf einer schmalen Straße rechts weiter, die über die Autobahn führt.* Im dem auf einer Anhöhe am Rand der Ausläufer des Esterelmassivs gelegenen, 20 ha großen Areal leben auf bzw. unter Pinien, Olivenbäumen und Korkeichen Vögel verschiedenster Arten, Raubkatzen, indische Elefanten, Zebras, Lemuren u. v. a. Der Zoo kann mit dem Auto und zu Fuß besichtigt werden. Es besteht die Möglichkeit, bei Tierdressuren zuzusehen.

St-Aygulf – *5 km südlich über die N 98.* Kiefern, Kork- und Steineichen sowie Eukalyptusbäume sorgen bei und in dem Ort für schattiges Grün. Von dem felsumgrenzten Sandstrand aus blickt man auf Les Issambres und die Bucht von Fréjus.

Die Straße führt am Erlebnisbad **Aquatica** *(s. oben unter Tips und Adressen)* vorbei, bevor sie den Ortseingang von Fréjus erreicht.

E. Baret/MICHELIN

Ein Hauch von Fremdenlegion – die Missiri-Moschee in Fréjus

★ **Chapelle Notre-Dame-de-Jérusalem** Ⓥ – Die kleine Kapelle im Viertel Tour de Mare in der Nähe der N 7 ist der letzte Bau, der von Jean Cocteau entworfen wurde. Der Dichter hatte dazu bereits 1961 den Grundriß und das Innendekor entworfen, verstarb aber 1963 vor Vollendung des Bauwerks. Es wurde 1965 von Edouard Dermit fertiggestellt.

Vestiges du Barrage de Malpasset (Überreste der Staumauer von Malpasset) – *Fahren Sie von Fréjus aus in Richtung „Nice par l'autoroute A 8". Am letzten Kreisverkehr vor der Autobahnauffahrt nehmen Sie die D 37 mit der Markierung „Barrage de Malpasset". Nach 5 km parken Sie den Wagen unter dem Viadukt der Autobahn. Zu Fuß 1 Std. hin und zurück.* Hinter der Schranke führt ein Weg am Reyan-Tal (Vallon du Reyan) entlang, das mit einer mageren Garrigue bewachsen ist. Vereinzelt liegen hier Betonblöcke, die aus dem Staudammgefüge herausgerissen wurden.

Der Bogenstaudamm mit einem Fassungsvermögen von 49 Mio. m^3 wurde 1954 gebaut, um die sommerliche Wasserknappheit im Küstengebiet des Var zu lindern. Am Abend des 2. Dezember 1959 ließen die sintflutartigen Regenfälle der vorangegangenen Wochen das Wasser bis an die Hochwassermarke der Staumauer treten. Die Ankerpunkte der Mauer gaben nach, und innerhalb von 20 Min. ergoß sich über Fréjus eine 55 m hohe Woge, der 400 Menschen zum Opfer fielen.

Der Weg führt weiter bis in die Talsohle, wo man am Fuße der Staumauer vom Ausmaß des Mauerdurchbruchs überwältigt ist. In der Mitte liegt noch die Turbine. Auf einem Pfad, der links vom bereits benutzten Weg abgeht, gelangt man zu einer kleinen Aussichtsplattform mit Blick auf die zerstörte Staumauer.

Étangs de Villepey – *5 km. Verlassen Sie Fréjus im Westen auf der N 98 und fahren Sie in Richtung St-Tropez. Gebührenpflichtiger Parkplatz (Beitrag zur Unterhaltung des Naturschutzgebietes).* Die Seen werden sowohl von Meerwasser als auch von den in sie mündenden Flüssen gespeist. Derzeit werden sie vom Küstenschutzamt als Naturschutzgebiet angelegt. Eine große Vegetationsvielfalt ist erkennbar: Schilfgraswiesen im Inneren des Gebietes, Pinienwälder im Süden und ausgedehnte Salzwasserflächen entlang der N 98. In dieser geschützten Natur leben fast 200 verschiedene Vogelarten, darunter hauptsächlich Zugvögel. Der Frühling ist die beste Jahreszeit, um den Flug der rosa Flamingos, der Grau- und der Silberreiher zu beobachten. Unter den hier nistenden Vogelarten befinden sich mehrere Bienenfresser-Pärchen.

Bagnols-en-Forêt – *29 km in nördlicher Richtung. Ausfahrt aus Fréjus auf der D 4 in Richtung Fayence.* Ganz plötzlich taucht bei der Anfahrt hinter einer Kurve jenseits des Pic de la Gardiette das malerische Bergdorf vor Ihren Augen auf. Der mit Platanen bestückte Marktplatz und die steilen, zum Teil überdachten Straßen verleihen dem Ort eine urtümliche Atmosphäre. Das Dorf war im 14. Jh. von seinen Einwohner verlassen worden und stand bis 1447 leer, als sich hier eine Gruppe von ligurischen Auswanderern niederließ. Eine Zeitlang machte die Herstellung von Mühlsteinen für Ölmühlen die Bedeutung des Ortes aus; heute ist er jedoch besser bekannt als Ausgangspunkt für Wanderungen in den Staatswald **Forêt domaniale de St-Paul★**, in dem zahlreiche Wanderwege unter Korkeichen zu schönen Ausflügen einladen. Die an einem von Kastanien gesäumten Platz gelegene Église St-Antonin (18. Jh.) ist eigentlich nur wegen ihrer farbig gefaßten Holzpietà (1659) interessant, von der man meinen könnte, ein Vorläufer von Fernando Botero sei hier am Werk gewesen. Die romanische **Chapelle St-Denis** *(am Fuße des Dorfes über die Route de Draguignan, dann hinter der Weinkelterei rechts auf den Chemin des Combes und wieder rechts auf den Chemin de St-Denis)* sollte man sich aber nicht entgehen lassen. In der zur Zeit in Restaurierung befindlichen Kapelle sind im Chor noch Reste von Fresken aus dem 11. Jh. zu sehen.

La GARDE-FREINET

1 619 Einwohner
Michelin-Karte Nr. 340 N 6, Nr. 114 Falte 36 oder Nr. 245 Falte 48
Kartenskizze Massif des MAURES, S. 217

La Garde-Freinet, früher Fraxinet genannt, liegt tief im Maurenmassiv an einem Übergang zwischen der fruchtbaren Argens-Ebene und der Bucht von St-Tropez. In dem sehr ausgedehnten Ort haben sich heute viele kunstgewerbliche Betriebe angesiedelt. In der **Chapelle St-Éloi** Ⓥ am Dorfeingang, die heute als Ausstellungsraum dient, kann man sich ihre Erzeugnisse ansehen. Das Fremdenverkehrsamt hat hier in der Saison einen Informationsstand. Die großen Korkeichen- und Edelkastanienwälder in der Umgebung liefern den Grundstoff für die gutgehende lokale Industrie, die auf die Herstellung von Flaschenkorken und die Fabrikation der wohlschmeckenden, als *Marrons de Luc* bezeichneten Eßkastanien spezialisiert ist. Im Herbst wird auf **Kastanienfesten** der Erntedank gefeiert. Mittwochs und sonntags findet ein bunter Markt statt.

HINTERGRUNDINFOS

Man sagt, daß die Sarazenen, mit denen im provenzalischen Sprachgebrauch Mauren und Araber, Türken und Maghrebiner gemeint sind, La Garde-Freinet gegründet haben, was Grabungen aber bisher nicht bestätigen konnten. Wenn die Sarazenen in Frühmittelalter auch oft die Provence geplündert haben, so waren sie es, die den Provenzalen medizinisches Wissen vermittelten, ihnen die Nutzung der Korkeichen und das Gewinnen von Kiefernharz lehrten oder Flachziegel und Tamburin einführten.

WANDERUNG

Ruines du Fort Freinet – *1 km zzgl. 3/4 Std. zu Fuß hin und zurück. Nehmen Sie im Süden des Ortes den GR 9 (Wanderweg). Stellen Sie den Wagen auf dem Parkplatz in einer Kurve ab.* Von hier bietet sich ein schöner Blick auf die Ebene bei Le Luc und die ersten Ausläufer der Alpen. *Ein Weg führt zu einem Kreuz (Croix des Maures) und dann steil weiter zur Ruine hinauf.*

Die der Überlieferung zufolge den Sarazenen zugeschriebene Festung unterschied sich lange Zeit nur wenig von dem sie umgebenden Gestein. Bei Ausgrabungen wurden die Grundmauern eines befestigten Dorfes aus dem 15. Jh. freigelegt. Der weite **Blick**★ vom Gipfel zum Meer hin und ins Landesinnere ist bemerkenswert.

Kehren Sie über den Weg entlang dem Burggraben zum Parkplatz zurück und folgen Sie dann dem Waldweg 5 km zu Fuß bis zu dem Schild „Roches Blanches".

★ **Panorama des Roches Blanches** – Bei den sogenannten Roches Blanches („weiße Felsen"; *gehen Sie um die Schranke herum*) eröffnet sich nach allen Seiten eine schöne Aussicht: links auf den Wald von La Garde-Freinet und die Argens-Ebene, rechts auf die von Macchia bedeckten Nordhänge des Maurenmassivs, im Vordergrund auf die Bucht von St-Tropez.

GOURDON★

379 Einwohner

Michelin-Karte Nr. 341 C 5, Nr. 115 Falte 24 oder Nr. 245 Falte 37

Wie ein Adlerhort liegt das „Sarazenendorf" in einer außergewöhnlichen **Lage**★★ in mehr als 500 m Höhe über dem Loup auf einem Felssporn des Hochplateaus von Caussols. Das von weitem etwas herb erscheinende Dörfchen erweist sich bei näherem Kennenlernen als sehr anheimelnd. Die hübsch restaurierten alten Häuser und die interessanten Auslagen und Werkstätten der Kunsthandwerksbetriebe gestalten einen Bummel durch den Ort informativ und abwechslungsreich.

AUF ENTDECKUNGSTOUR

★★ **Aussichtspunkt** – Der kleine Platz am Chorhaupt der Kirche bietet eine großartige Aussicht auf den etwa 50 km langen Küstenstreifen zwischen der Var-Mündung und dem Cap Roux; der Blick ins Landesinnere reicht vom Esterelmassiv mit dem Mont Vinaigre ganz rechts bis zum Pic de Courmettes; links unterhalb sieht man den vom Ausgang seiner Schlucht sich nach Süden schlängelnden Loup.

B. Kaufmann/MICHELIN

Terrasse im Schloßpark von Gourdon

TIPS UND ADRESSEN

Gastronomie

Gut und preiswert

Au Vieux Four – *Rue Basse (im Dorf) – ☎ 04 93 09 68 60 – 5.-19. Juni, 5. Nov.-7. Jan. und Sa geschl. – ~~💳~~ – Reserv. empf. – 14,94/16,46 €.* Den perfekten Abschluß der Besichtigung der Altstadt bietet dieses Restaurant in einem alten Haus, in dem ein junges Paar auf Holzfeuer schmackhafte provenzalische Speisen und gegrillte Fleischgerichte zubereitet. Sympathischer, einfacher Dekor und vernünftige Preise.

Unsere Empfehlung

Taverne Provençale – *Place de l'Église – ☎ 04 93 09 68 22 – 3.-28. Jan., 12. Nov.-17. Dez. und Mi außer Juli bis Sept. geschl. – 16,77/25,15 €.* Nehmen Sie auf der Terrasse Platz. Von dort hat man einen wunderbaren Blick auf die Gipfel des Nizzaer Hinterlandes und auf das Mittelmeer. Die Spezialitäten des Hauses sollte man sich nicht entgehen lassen: Forelle, Hähnchen in Weinsauce, Perlhuhn mit Steinpilzen.

Besichtigung

La Source parfumée – ♿ *☎ 04 93 09 20 00.* Besichtigung der Destillerie und der Blumenfelder nach Voranmeldung.

Shopping

Ste-Catherine – *Rue de l'École – ☎ 04 93 09 68 89.* In dem einem Krämerladen ähnelnden Geschäft, in dem wundervolle Düfte in der Luft schweben, trifft man auf eine vielseitige Auswahl an regionalen Erzeugnissen, darunter Konfitüre in allen möglichen Geschmacksrichtungen, kandierte Früchte, Kräuter, Holzartikel usw., für jeden Geschmack etwas.

BESICHTIGUNGEN

Château 🕐 – Die im 13. Jh. auf den Resten einer Sarazenenfestung errichtete und im 17. Jh. restaurierte Burg trägt Ecktürme, die niedriger sind als das Hauptgebäude selbst. Sie weist Kennzeichen sarazenischer Architektur (überwölbte Räume) und Spuren toskanischer Bauweise des 14. Jh.s auf; aus der Renaissance stammt das Eingangstor hinten im Ehrenhof.

Musée historique – Das Historische Museum liegt im Erdgeschoß der Burg. In der Vorhalle sind Waffen und Rüstungen ausgestellt. Der Speisesaal ist mit einem riesigen offenen Kamin aus dem 14. Jh. und Möbeln des 17. Jh.s ausgestattet. Das Wohngemach enthält Mobiliar aus dem 16. Jh., insbesondere einen Wandteppich aus der Manufaktur von Aubusson, einen Schreibtisch Marie-Antoinettes, ein kleines Selbstporträt Rembrandts und ein schönes, um 1500 entstandenes Bild der Kölner Schule mit der Darstellung der hl. **Ursula**. In der Kapelle sind besonders ein Triptychon aus dem 16. Jh., eine Kreuzabnahme aus der Rubens-Schule, eine Darstellung Golgathas (flämische Schule) und eine bemalte Holzstatue des hl. Sebastian von El Greco zu bewundern. Im Wachensaal sind orientalische Waffen aus dem 16. und 17. Jh. zu sehen.
Der Tour Henri IV dient als Archiv königlicher Dokumente. Durch eine Öffnung im Fußboden kann man in das darunterliegende ehemalige Burgverlies hinuntersehen.

★ **Musée des Arts décoratifs et de la Modernité** – Sieben Räume des zweiten Stockwerks sind einer bemerkenswerten Sammlung internationaler naiver Malerei aus der Zeit von 1925 bis 1970 gewidmet. Neben einem von Henri Rousseau (1844-1910) signierten Porträt sind Werke französischer, amerikanischer, kroatischer und belgischer Maler zu finden (eine weitere bedeutende Sammlung naiver Malerei befindet sich übrigens in der Collection A. Jakovsky in Nizza).

Park – Der Entwurf des auf drei verschiedenen Ebenen angelegten Parks geht auf Le Nôtre, den Gartenbauarchitekten des Schloßparks von Versailles, zurück. In den letzten Jahren wurde er mit typisch südlicher Voralpenflora bepflanzt. Die **Aussicht★★** von der obersten Terrasse entspricht der vom Platz hinter der Kirche.

GRASSE★

43 874 Einwohner

Michelin-Karte Nr. 341 C 6, Nr. 115 Falte 24 oder Nr. 245 Falte 37

Das Paradies zauberhafter Düfte liegt an den Vorbergen der Kalkstein-Plateaus über der Ebene mit den Blumenfeldern, denen die Stadt ihre Berühmtheit verdankt. Ihre verschiedenartigen Aspekte lassen sie äußerst reizvoll erscheinen: Die auf Terrassen angelegten Parks und Gärten bieten weite Ausblicke; malerisch ist die Altstadt, die mit ihren vier- oder fünfstöckigen Häusern und den engen, gewundenen Gassen, welche durch Stiegen oder Treppen miteinander verbunden sind, einen typisch provenzalischen Charakter bewahrt hat.

HINTERGRUNDINFOS

Parfümherstellung hat Tradition – Schon im Mittelalter trug man in Grasse hergestellte Handschuhe aus feinstem Leder, als die Mode aufkam, diese zu parfümieren. So wurde hier im 16. Jh. die erste Parfümdestillerie eingerichtet; im 18. und 19. Jh. siedelten sich in der Stadt mehrere große Parfümfirmen an, und noch heute hat dieser Wirtschaftszweig internationale Bedeutung.

Eine Kunst für sich – Die älteste Art der Parfümgewinnung ist die **Destillation**: Wasser und Blüten oder Pflanzen werden in einem Destillierkolben zum Kochen gebracht. Das Destillat wird in einer Florentiner Flasche aufgefangen, von der die spezifisch leichtere Flüssigkeit (Essenz) und die spezifisch schwerere Flüssigkeit (das Wasser) getrennt ablaufen. Im 18. Jh. ging man zu der Methode der Extraktion der Duftstoffe durch Fette über: Die frischen Blüten werden mehrmals auf eine dünne Fettschicht gestreut. Das Fett entzieht ihnen die Duftstoffe, die mittels Alkohol ausgewaschen werden. Heute arbeiten nur noch wenige Firmen mit der sogenannten **Enfleurage**, da diese sehr arbeits- und kostenintensiv ist.

Das jüngste Verfahren ist die **Extraktion** mit Hilfe flüchtiger Lösungsmittel: Die Blüten oder Pflanzen werden mit einem Lösungsmittel zusammengebracht, wobei nach Verdampfen des Lösungsmittels eine Wachs und Duftstoffe enthaltende Masse entsteht. Aus 1 Tonne Jasminblüten erhält man 3 kg Kondensat (1 kg Kondensat kostete 1992 23-27 000 €). Nachdem mit Alkohol das Wachs ausgewaschen worden ist, bleibt ein 40 % des Kondensats ausmachender Extrakt zurück.

B. Kaufmann/MICHELIN

Wahrhaft eine goldene Nase – wer den richtigen „Riecher" besitzt, wird sehr gut bezahlt

Die Parfümrohstoffe werden an Ort und Stelle verarbeitet und zu den großen Pariser Parfümeuren geschickt, die sie nach geheimen Rezepten verdünnen und zu den verführerischen Duftkompositionen verarbeiten, mit denen sich Frankreich in der ganzen Welt einen Namen gemacht hat.

Seit noch nicht allzu langer Zeit stellt die Industrie in Grasse auch Duftstoffe für die Nahrungsmittelindustrie her.

Die Duftexperten – Lediglich 40 Personen auf der Welt haben derzeit den nötigen Geruchssinn, um ein neues Parfüm zu kreieren. Die meisten von ihnen arbeiten in Grasse oder haben dort gearbeitet. Ihre Auftraggeber bestellen ein Produkt, das entweder für eine bestimmte Käuferschicht oder Altersklasse geeignet ist oder einem Modetrend oder Lebensgefühl entspricht. Dabei ist die Wahl des „richtigen" Parfüms keine einfache Sache, denn ein Parfüm ist lebendig und sein Duft veränderlich. Die Duftnote, die es innerhalb der ersten halben Stunde verbreitet, gibt nur einen ersten Eindruck wieder. In den darauffolgenden Stunden breitet sich ein *Note de Cœur* genannter Duft an dem Träger aus. Der wirkliche Charakter eines Parfüms läßt sich jedoch erst nach ein paar Tagen ermitteln – die Wahl eines Parfüms ist also keine Angelegenheit von fünf Minuten!

Der Duft eines Parfüms hält in der Regel nicht länger als drei Jahre, und auch nur, wenn man es lichtgeschützt und bei konstanter Temperatur aufbewahrt, also keinesfalls im Badezimmer.

EIN BESONDERES HIGHLIGHT

★ **Musée international de la Parfumerie** Ⓥ – Das Internationale Parfümeriemuseum veranschaulicht das berühmteste Gewerbe von Grasse. Es ist in drei Gebäuden aus unterschiedlichen Epochen untergebracht, einem Stadtpalais mit klassizistischer Fassade aus dem 2. Kaiserreich und zwei Häusern aus dem ausgehenden 19. Jh. Die dort ausgestellten Sammlungen bieten einen Rückblick auf die mehr als

TIPS UND ADRESSEN

Verkehrsmittel

Parkplätze – ☎ *04 92 60 91 17.* Fünf gebührenpflichtige Parkplätze (1 Std. 1,22 €) in der Stadtmitte. Auch Dauerparken möglich (3 Tage, eine Woche, einen Monat).

Bus – *Busbahnhof am Parkplatz Notre-Dame-des-Fleurs* – ☎ *04 93 36 37 37.* 12 Buslinien verkehren im ganzen Einzugsgebiet.

Stadtbesichtigung

Touristenbähnchen – ♿ *Apr.-Ende Sept.: Rundfahrt mit Erläuterungen (3/4 Std.) 10-18 Uhr (Apr.-Mitte Juni: tgl. außer So).* Abfahrt: Cours Honoré-Cresp, Zwischenstopp auf der Anhöhe, Ziel: Parc de la Princesse-Pauline. 4,57 €.

Gastronomie

Unsere Empfehlung

Le Gazan – *3 Rue Gazan* – ☎ *04 93 36 22 88 – 15. Dez.-5. Jan., Mo-abend, Di-abend, Mi-abend, Do-abend außerhalb der Saison und So geschl. – 14,48 € Mittagessen – 18,29/44,21 €.* Dieses kleine Lokal in der Altstadt von Grasse lädt seine Gäste in zwei zauberhafte rustikale Gasträume, die durch eine Wendeltreppe miteinander verbunden sind. Die Bedienung ist freundlich und gut, die Speisen duften nur so nach Olivenöl und Kräutern.

Arnaud – *10 Place Foux* – ☎ *04 93 36 44 88 – 7.-15. Jan., während der Allerheiligenferien und So geschl. – 20,58 €.* Die Gnocchi und die Ravioli dieses kleinen Restaurants werden von der Großmutter zubereitet und schmecken nach echter, unverfälschter Küche. Man speist in einem kleinen, überwölbten Raum, in dem es recht laut ist, sobald ein paar Leute da sind. Preiswertes Menü zur Mittagszeit.

Unterkunft

Gut und preiswert

Pension Ste-Thérèse – *39 Avenue Y.-E.-Baudoin* – ☎ *04 93 36 10 29* – 🅿 – *Restaurant nur für Pensionsgäste – 31 Z: 25,92/41,16 € – ☕ 4,57 € – Rest. 12 €.* Bescheidenes Haus hoch über Grasse. Die spartanisch ausgestatteten Zimmer und ihr leicht altmodischer Dekor passen zur Ruhe des Ortes. Einige haben einen herrlichen Blick bis zum Mittelmeer. Der Gastraum mit seinen provenzalischen Tischdecken strahlt eine freundliche Atmosphäre aus.

Unsere Empfehlung

Hôtel Victoria – *7 Avenue Riou-Blanquet* – ☎ *04 93 40 30 30 – hotel.le.victoria@wanadoo.fr – 3. Jan.-6. Febr. geschl.* – 🅿 – *49 Z: 46/75 € – ☕ 6,50 € – Rest. 18/23 €.* Dieses schöne Hotel aus dem Jahre 1900 erfreut sich eines unverbauten Blicks über die Stadt und auf das Mittelmeer. Es besitzt geräumige Salons, große Zimmer, einen in lebendigen Farben gehaltenen Speisesaal, eine schöne Panoramaterrasse und einen Swimmingpool. Manchmal gibt es abends Animationen und besondere Veranstaltungen.

Chambre d'hôte Mas de Clairefontaine – *3196 Route de Draguignan – 06530 Le Tignet – 10 km südöstlich von Grasse über die Route de Draguignan* – ☎ *04 93 66 39 69 – www.masdeclairefontaine.online.fr* – 💳 – *3 Z: 68,60/76,22 €.* Das typisch provenzalische Haus mit seinem Terrassengarten ist zauberhaft. Die geschmackvoll eingerichteten Zimmer werden sorgfältig gepflegt. Im Sommer ist die Kühle der Terrasse unter der hundertjährigen Eiche hoch willkommen.

Besichtigung von Parfümerien

Eine Besichtigung der Parfümfabriken gibt Einblick in die Parfümherstellung. Im Frühling und Sommer kann man bei Fragonard und Molinard die wunderschönen **Blumenfelder** besichtigen. Die Domaine de Manon öffnet im Mai und Juni ihren Rosengarten und von Juli bis November ihre Jasminfelder für die Besucher.

Fragonard – *20 Boulevard Fragonard* – ☎ *04 93 36 44 65. Febr. bis Okt.: Führung (1/2 Std.) 9-18.30 Uhr; Nov. bis Jan.: 9-12 Uhr und 14-18 Uhr. Eintritt frei.* Einführungskurse zur Aromenlehre „Absolus Aromatiques" nach Voranmeldung.

Fragonard-La Fabrique des Fleurs – *Carrefour des Quatre-Chemins – Route de Cannes* – ☎ *04 93 77 94 30.* Besichtigungszeiten wie bei Fragonard.

Parfumerie Molinard – *60 Boulevard Victor-Hugo – ☎ 04 93 36 01 62. Mai bis Sept.: Führung 9-18 Uhr; Okt. bis Apr.: tgl. außer So 9-12.30 Uhr und 14-18 Uhr. Eintritt frei. Kurse über die Entstehung eines Parfüms nach Voranmeldung: 38,11 €.* Einblick in die Fertigungsabläufe bei der Parfümherstellung.

Galimard – *73 Route de Cannes (Richtung Mouans-Sartoux) – ☎ 04 93 09 20 00 – www.galimard.com – Apr. bis Okt.: Führung (1 Std.) 9-18.30 Uhr; Nov. bis März: 9-12 Uhr und 14-18 Uhr. Eintritt frei.*

Galimard-Studio des Fragrances – *5 Route de Pégomas – ☎ 04 93 09 20 00 – www.galimard.com – Tgl. nach Voranmeldung. 33,54 €.* Kurs (2 Std.) über die Kreation eines Parfüms.

3 000 Jahre alte Geschichte der Parfümherstellung in der Welt. Im Erdgeschoß, das wie eine Fabrik eingerichtet ist, werden mit riesigen Maschinen und Bildtafeln die verschiedenen Verarbeitungstechniken der wohlriechenden Grundstoffe und die Abläufe der Parfümherstellung erläutert. Das Zwischengeschoß beherbergt ein Labor, das mit modernen Präzisionsinstrumenten ausgestattet ist. Im ersten Stock befindet sich eine umfangreiche Sammlung von Flacons, Phiolen, Schatullen, Plakaten, Zeugen der Beziehungen des Menschen zum Parfüm, zur Kleidung und zum Schminken im Wandel der Zeit; es erscheinen große Namen wie Guerlain, Patou, Lanvin, Chanel. Beachtung verdient auch das Reisenecessaire von Königin Marie-Antoinette. In einem terrassenförmigen Treibhaus gedeiht eine Vielzahl einheimischer und exotischer Gewächse, die bei der Parfümherstellung verwendet werden.

AUF ENTDECKUNGSTOUR

★Vieille Ville (Altstadt) *Besichtigung: 2 Std.*

Lassen Sie Ihren Wagen auf dem Parkplatz am Cours Honoré-Cresp stehen und gehen Sie in die Rue Jean-Ossola und ihre Verlängerung, die Rue Marcel-Journet. Biegen Sie rechts in die Rue Gazan ein und gehen Sie weiter bis zum Place du Petit-Puy.

Cathédrale Notre-Dame-du-Puy ⌚ – Das Gebäude wurde Ende des 10. und im 11. Jh. erbaut, aber im 17. Jh. erneuert und umgestaltet; im 18. Jh. kamen die Krypten und die doppelläufige Treppe hinzu. Die Fassade ist durch Lisenen gegliedert, wie es dem romanischen Stil entspricht. Die Türflügel stammen von 1721.
Das schmale, hohe Schiff mit mächtigen Pfeilern und Gurtbögen ist ein Beispiel frühgotischer Baukunst in der Provence. Die Orgel wurde 1855 vom Orgelbauer Junk in Toulouse gebaut. Das rechte Seitenschiff enthält insbesondere drei **Ölgemälde★**, 1601 von Rubens in Rom geschaffen *(Die Dornenkrönung, Die hl. Helena bei der Kreuzerhöhung, Die Kreuzigung)*, ein Louis Bréa zugeschriebenes **Triptychon**, auf dem der hl. Honoratius zwischen dem hl. Clemens und dem

B. Kaufmann/MICHELIN

Grasse – die Stadt der vielen Düfte am Fuße der Voralpen

hl. Lambrecht zu erkennen ist; ein Gemälde von Sébastien Bourdon (17. Jh.), das die mystische Hochzeit der hl. Katharina darstellt, sowie eins der seltenen Gemälde Jean-Honoré Fragonards mit religiösem Thema: ***Die Fußwaschung***.

Place du 24-Août – Von diesem Platz aus gewinnt man Abstand zum Chorhaupt und zum Glockenturm der Kathedrale. Auch bietet sich hier ein weiter **Blick** nach Osten auf die ländliche Umgebung von Grasse. Ganz in der Nähe steht der ehemalige Konsulats-Turm, auch Uhrturm genannt.

Kehren Sie zum Place du Petit-Puy zurück.

Tour de Guet – Der im 12. Jh. aus rotem Tuffstein errichtete Wachtturm gehört zum heutigen Rathaus, dem ehemaligen Bischofspalais. Er trägt eine an den Dichter Bellaud de la Bellaudière (1532-1588) erinnernde Inschrift.

Place aux Aires – Alte Häuser mit unregelmäßigen Arkaden säumen den Platz, auf dem ein hübscher **Drei-Schalen-Brunnen** steht und an dessen Nordseite sich die schmucke Fassade des 1781 erbauten **Hôtel Isnard** erhebt. Allmorgendlich findet hier unter den alten Zürgelbäumen (Ulmenart) ein **Gemüse- und Blumenmarkt** statt.

Rue Amiral de Grasse – Das Palais Fontmichel, Nr. 18, stammt aus dem 17. Jh.

GRASSE

Aires (Pl. aux) . . . . . Y
Barri (Pl. du) . . . . . Z 4
Baudoin (Av. Yves-E.) . . . . . YZ
Carnot (Bd) . . . . . Z
Carrières (R. des) . . . . . Y
Charabot (Bd) . . . . . Y 6
Chiris (Av.) . . . . . YZ
Conte (R.D.) . . . . . Y 7
Cours (Pl. du) . . . . . Z
Cresp (Cours H.) . . . . . Z 8
Crouët (Bd Jacques) . . . . . Z
Droite (R.) . . . . . Y 12
Évêché (R. de l') . . . . . Z 15
Fontette (R.de) . . . . . Y 16
Foux (Pl. de la) . . . . . Y 17
Fragonard (Bd) . . . . . Z 18
Gambetta (Bd) . . . . . Y
Gazan (R.) . . . . . Z 22
Goby (R. P.) . . . . . Y
Grasse (R. Amiral de) . . . . . Z
Herbes (Pl. aux) . . . . . Y 23
Jeu-de-Ballon (Bd du) . . . . . YZ
Journet (R. M.) . . . . . YZ 26
Juin (Av. Maréchal) . . . . . Y 27
Martelly (Pl.) . . . . . Y
Mirabeau (R.) . . . . . Z
Morel (Pl.) . . . . . Y
Mougins-Roquefort (R.) . . . . . Z 33
Oratoire (R. de l') . . . . . Y 35
Ossola (Pl. C.) . . . . . Z
Ossola (R. Jean) . . . . . Z 38
Petit-Puy (Pl. du) . . . . . Z 42
Poissonnerie (Pl. de la) . . . . . Z 43
Roque (Pl. de la) . . . . . Y
St-Martin (Traverse) . . . . . Z 50
Thiers (Av.) . . . . . Y
Touts-Petits (Traverse des) . . . Z 55
Tracastel (R.) . . . . . Z 57
Victor-Hugo (Bd) . . . . . XZ 59
11 Novembre (Avenue) . . . . . Y 63
24 Août (Pl. du) . . . . . Z

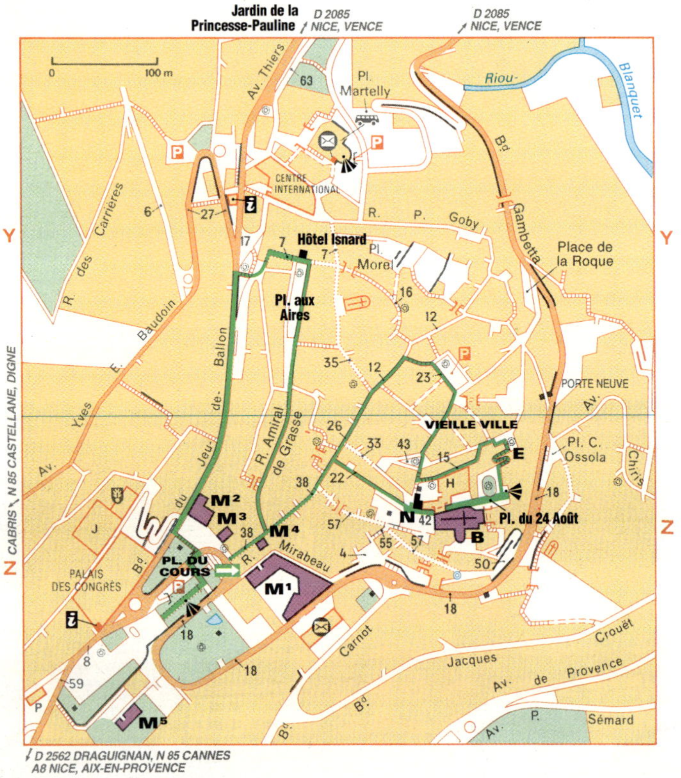

Cathédrale Notre-Dame-du-Puy . . . . . Z B
Fontaine . . . . . Z E
Hôtel Isnard . . . . . Y
Jardin de la Princesse-Pauline . . . . . Y
Musée d'Art et d'Histoire de Provence . . . . . Z M1
Musée de la Marine . . . . . Z M2
Musée international de la Parfumerie . . . . . Z M3
Musée provençal du Costume et du Bijou . . . . . Z M4
Tour de Guet . . . . . Z N
Villa-musée Fragonard . . . . . Z M5

★**Place du Cours** – Der erhöht angelegte Korso bietet einen schönen **Blick**★ auf die bebaute oder bewaldete, von sanften Hügeln durchzogene Umgebung. Seinen Westteil schmückt ein monumentaler, dem Geschmack zur Zeit der Französischen Revolution entsprechender **Brunnen**.
Auf der an den Boulevard du Jeu-de-Ballon angrenzenden Grünfläche erinnert ein Denkmal an Fragonard.

Jardin de la Princesse-Pauline – *Zufahrt über die Avenue Thiers, den Boulevard Alice-de-Rothschild und den Boulevard de la Reine-Jeanne.* Eine Orientierungstafel im Park informiert über das vom **Blick**★ erfaßte Gebiet mit Grasse, dem Tanneron- und dem Esterelmassiv sowie der Küste.

Parc communal de la Corniche – *Zufahrt wie oben; biegen Sie in den scharf links abzweigenden Boulevard Bellevue ab, dann rechts in den Boulevard du Président-Kennedy. 1/2 Std. zu Fuß hin und zurück.* In der engen Kurve beginnt rechts ein ausgeschilderter Fußweg, der beim Aussichtspunkt auf einem Ausläufer der Voralpen von Grasse endet. Der eindrucksvolle Ausblick★★, der vom Baou de St-Jeannet bis zum Tanneron- und zum Esterelmassiv reicht, ferner am Horizont das Mittelmeer mit den Buchten von La Napoule und Juan sowie die Îles de Lérins erkennen läßt, lohnt den kurzen Abstecher.

BESICHTIGUNGEN

★**Musée d'Art et d'Histoire de Provence** – Die Bauherrin des heute als Volkskundemuseum dienenden Gebäudes aus dem 18. Jh. war die ungestüme Schwester des Volksredners Graf Mirabeau. Das Museum besitzt eine ansehnliche Sammlung kulturhistorisch bedeutender Werke aus dem östlichen Teil der Provence, wie die Fayencen des 18. und 19. Jh.s aus Apt und Le Castellet. Einige bemerkenswerte Räume sind mit Möbeln im Louis-quatorze- und im Louis-quinze-Stil ausgestattet. Weitere Räume sind der Malerei und dem Leben in Grasse im 18. und 19. Jh. gewidmet. Im Untergeschoß kann man die Küche des Cabris'schen Palais, eine sehr schöne Sammlung von Fayencen aus Moustiers sowie dekorative Keramik aus Biot und Vallauris sehen. Einen Giebel von einem Grabmal aus dem 4. Jh. sowie Grabbeigaben (Lampen, Flaschen, Krüge) enthält der Saal zur gallorömischen Zeit. In der archäologischen Abteilung wird anhand von Funden aus der Umgebung die Lebensführung der Menschen in dieser Region von der Urgeschichte bis zum Mittelalter nachvollzogen.

Villa-Musée Fragonard – In diesem eleganten Landhaus des Handschuhmachers und Parfümfabrikanten Maubert aus dem 17. Jh. wurde Fragonard zur Zeit der Französischen Revolution aufgenommen. Heute bietet das Gebäude einen würdigen Rahmen für die Ausstellung der Werke der Malerfamilie Fragonard.
Im mittleren Salon des Erdgeschosses sind sehr gute Kopien der 1771-1772 für die Gräfin Du Barry gemalten fünf Bilder Jean-Honoré Fragonards zu finden, welche die Etappen der wachsenden Liebe im Herzen einer Frau verdeutlichen *(Originale in der Frick Collection, New York)*. Das Treppenhaus wurde wahrscheinlich von Fragonards talentiertem Sohn **Alexandre-Evariste** (1780-1850) im Alter von 14 Jahren mit illusionistischer Malerei in Temperatechnik geschmückt. Der jugendliche Maler entnahm seine Motive den Themenkreisen Republik und Freimaurertum.

Musée de la Marine – Das Museum ist in fünf schönen überwölbten Sälen des Palais Pontevès-Morel untergebracht. Es enthält 29 Schiffsmodelle, darunter über die Hälfte Segelschiffe des 18. Jh.s. Ein Saal ist der Familie de Jonquières gewidmet, aus der mehrere bedeutende französische Seeleute hervorgegangen sind. In Vitrinen sind Dokumente ausgestellt, die sich auf die Laufbahn des in Le Bar-sur-Loup *(s. dort)* geborenen **Admirals de Grasse** beziehen, der im Amerikanischen Unabhängigkeitskrieg mitwirkte.

Musée provençal du Costume et du Bijou – Das Trachten- und Schmuckmuseum *(Privatsammlung)* ist in einem Nebengebäude der Parfümfabrik Fragonard untergebracht. Der Schwerpunkt der ausgestellten Stücke liegt auf Damenbekleidung aus dem 18. Jh. Neben Bauernkleidern und der Kleidung von Handwerkerfrauen und der Mittelklasse sieht man eine stattliche Anzahl von Kreuzen und anderen Schmuckgegenständen, die aus Meeresfossilien hergestellt wurden („Étoiles de Digne"). Alle Exponate, abgesehen von den Schürzen, sind Originale und in sehr gutem Zustand. Am Ende der Besichtigung erwartet Sie der Souvenirladen, der einige unwiderstehliche Mitbringsel im Angebot hat.

AUSFLÜGE

★★Die Voralpen von Grasse *Rundfahrt von 104 km – etwa 5 Std.*

Verlassen Sie Grasse auf dem Boulevard Georges-Clemenceau und biegen Sie links in die D 11 ein.

Die Straße führt über das Plateau Napoléon nach Cabris; schöne **Ausblicke** auf die ländliche Umgebung.

★**Cabris** – *Siehe dort*

Umfahren Sie Spéracèdes, indem Sie am Ortseingang rechts auf die D 513 abbiegen.

Man erreicht Le Tignet, wo sich ein schöner **Blick** auf die Orte Cabris und Grasse bietet. Die D 13 führt durch eine Hügellandschaft mit Olivenhainen; links erhebt sich der aus der Frühzeit stammende Grabhügel von La Graou.

St-Cézaire-sur-Siagne – Am Rand eines Plateaus oberhalb der Siagne-Schlucht erfreut sich das mit seinen Mauerresten und Türmen vom Mittelalter kündende Dorf einer eindrucksvollen Lage. Auf dem Friedhof steht eine romanische Kapelle, die den aus gallorömischer Zeit stammenden Sarkophag der Julia Sempronia birgt. Bei der Kirche beginnt ein ausgeschilderter Weg zu einem **Aussichtspunkt** *(Orientierungstafel).*

Kehren Sie zum Ort zurück und gehen Sie dort auf einem Weg weiter, der eine Schleife macht.

Puits de la Vierge – Es handelt sich um eine Gruppe von neun wahrscheinlich aus der Römerzeit stammenden Zisternen.

Fahren Sie zur D 5, dann rechts auf die D 613 zu den Höhlen von St-Cézaire.

★**Grottes de St-Cézaire** ⓥ – Die Temperatur in der Tropfsteinhöhle beträgt konstant 14 °C. Ihr Kalkstein ist durch Eisenoxyd rostrot gefärbt. Die (stehenden) Stalagmiten und (hängenden) Stalaktiten nehmen hier erstaunlich verschiedenartige Formen an (Pilze, Blumen, Tiere). Enge Gänge verbinden die geräumigen Grotten und ihre Säle mit dem Rand eines sich hier 40 m unter der Erde auftuenden jähen Abgrunds.

Kehren Sie zur D 5 zurück.

Col de la Lèque – *5 km, etwa 1/4 Std.* Bei Les Puades sind zur Rechten Hügelgräber (Tumuli) zu erkennen. Die Fahrt auf den Paß und wieder zurück bietet mehrere **Ausblicke★** auf die Siagne-Schlucht und das auf einem Steilhang zusammengedrängte St-Cézaire.

Fahren Sie zurück in Richtung St-Cézaire-sur-Siagne und biegen Sie nach rechts auf die D 105 ab.

Gorges de la Siagne – Die Straße folgt dem Verlauf der tiefen grünen Schlucht. Man überquert die Siagne auf einer Brücke (von dieser bietet sich ein weiter **Blick** in das Engtal) und biegt dann rechts auf die schmale und steile D 656 ab. Diese führt oberhalb der Schlucht entlang; nach der zweiten Haarnadelkurve tritt sie in einen von Kalksteinschichten in verschiedenen Farben durchzogenen Kessel ein, durchquert ein bewaldetes Tal und erreicht schließlich ein Plateau.

An der Kreuzung können Sie direkt nach Mons fahren oder nach links auf die D 56 abbiegen. Überqueren Sie die Siagnole.

Die Straße verläuft an einem mit Feigen-, Olivenbäumen und Steineichen bewachsenen Hang entlang, dessen Terrassen von grauen Mäuerchen gestützt werden.

Sources de la Siagnole – *1/2 Std. zu Fuß hin und zurück.* Hinter der Brücke geht rechts ein Weg ab, der zu der reizvollen Stelle führt, an der die Siagnole in einer Karstquelle entspringt.

Roche Taillée – Links der Straße weist ein Schild auf die Überreste eines römischen Aquädukts hin, welches das bei Mons gefaßte Wasser nach Fréjus leitete. Der Bau wird heute noch benutzt. Ganz in der Nähe ergibt sich ein schöner **Blick★** bis zum Esterelmassiv.

Biegen Sie nach rechts auf die D 37 ab, dann auf die D 563, auf der man Mons erreicht.

Von der hoch über dem Engtal der Siagnole angelegten Straße reicht der herrliche **Blick★★** vom Col d'Avaye bis zum Esterelmassiv.

★**Mons** – *Siehe dort*

Zu beiden Seiten der D 563 wechseln sich das Grün des Waldes und das Weiß kahler Kalkfelsen ab. Beim 1 109 m hohen Col de Valferrière trifft die Straße auf die N 85, die Route Napoléon *(s. dort)*, der man nach rechts folgt.

★★ Plateau de Grasse *Rundfahrt von 38 km – etwa 2 Std.*

Verlassen Sie Grasse über ① des Plans auf der D 2085 in nordöstlicher Richtung.

Magagnosc – *900 m nach dem Ortseingang und hinter dem Restaurant La Petite Auberge biegen Sie nach rechts in die mit „Église St-Laurent" beschilderte Straße ein.* Die Kirche St-Laurent entspricht in ihrem Baustil einer toskanischen Kirche. Das Tageslicht dringt durch schöne Fenster in das Innere; dieses enthält die Kopie eines byzantinischen Freskos, das der zeitgenössische Maler Robert Savary angefertigt hat. Von demselben Künstler sind auch die frischen Malereien auf den Wänden und Gewölben der gegenüberliegenden romanischen Chapelle St-Michel (auch Kapelle der Weißen Büßer genannt). Vom Friedhof hinter der Kirche hat man einen schönen **Blick★** auf das Meer bei Cannes und das Esterelmassiv.

Kehren Sie zur D 2085 zurück und fahren Sie in Pré-du-Lac auf die erste Straße rechts (D 203) in Richtung Châteauneuf-Grasse.

Châteauneuf-Grasse – Das reizvoll auf einem Felsvorsprung gelegene Dorf mit seiner alten, vorgelagerten Häusergruppe hat seinen provenzalischen Charakter bewahrt. Die schmalen Gassen mit ihren Treppen und die überwölbten Passagen werden von einer Kirche mit schmiedeeisernem Glockenaufsatz überragt, welche ein schönes Retabel aus dem 18. Jh. birgt.
An der östlichen Ortsausfahrt bietet sich ein schöner Blick auf die Ebene.

An der Kreuzung biegen Sie links zur D 3 ab und fahren bis nach Pré-du-Lac, wo Sie die D 2210 nehmen.

In Fahrtrichtung zeichnet sich in malerischer **Lage★** die Silhouette von Le Bar-sur-Loup ab.

Le Bar-sur-Loup – *Siehe dort*

Rückfahrt nach Grasse über Opio und die D 7.

GRIMAUD★

3 780 Einwohner

Michelin-Karte Nr. 340 O 6, Nr. 114 Falte 50 oder Nr. 245 Falte 48

Der Ortsname hält die Erinnerung an die Grimaldi aufrecht, die hier Lehnsherren waren. Im 10. Jh. erhielt Gibelin de Grimaldi das Lehnsrecht vom Grafen von Provence in Anerkennung seiner Verdienste um die Vertreibung der Sarazenen.
Der abseits des allsommerlichen hektischen Treibens an der Küste gelegene Ort ist ein typisch provenzalisches Dorf geblieben. Hier findet man kleine schattige, mit Brunnen geschmückte Plätze und alte, gewundene Gäßchen, in denen sich viele Kunsthandwerker niedergelassen haben. Symbol des Dorfes ist die Moulin de Grimaud genannte Mühle.

Stellen Sie im Sommer Ihren Wagen auf dem Parkplatz in der Nähe des Friedhofs ab.

TIPS UND ADRESSEN

Stadtbesichtigung

Coches d'Eau de Port-Grimaud (Wasserkutschen) – *12 Place du Marché – ☎ 04 94 56 21 13 – Mitte Juni-Mitte Sept.: 9-22 Uhr; Mitte Sept.-Mitte Nov. und Mitte Dez.-Mitte Juni: 10-12 Uhr und 14-18 Uhr (telefonische Voranmeldung).* Führung auf den Kanälen von Port-Grimaud (20 Min.).

Touristenbähnchen – *Apr. bis Okt.* Das Bähnchen verkehrt in beiden Richtungen zwischen Grimaud (ab Place Neuve) und Port-Grimaud (ab der Landeinfahrt).

Gastronomie

Gut und preiswert

„Lou Faitou" – *Camping la Pinède D 14 – ☎ 04 94 56 50 27 – Um Allerheiligen 14 Tage, 15.-31. Dez. und außerhalb der Saison abends geschl. – 12,20/19,82 €.* Das Restaurant an der Einfahrt zum Camping de la Pinède steht ganz im Zeichen der Provence: Gastraum in freundlichen Farben, schattige Terrasse, auf der man sich einen Pastis zu Gemüte führen kann, bevor man eine einfache regionaltypische Mahlzeit zu sich nimmt. Zivile Preise.

Unsere Empfehlung

Jardin des Cabris – *1 km südlich – Kreuzung D 552/D 14 – ☎ 04 94 43 26 48 – Nov. bis Jan., Sa-mittag und Mo geschl. – 29,73/60,22 €.* Was gibt es Schöneres als eine schattige und blumengeschmückte Terrasse, wenn man die provenzalische Küche genießen möchte? Unter den Bäumen oder in dem einfachen Gastraum kommen Sie in den Genuß reichhaltiger Gerichte.

Port Diffa – *83310 Cogolin – 2 km südlich von Grimaud über die N 98 – ☎ 04 94 56 29 07 – 5. Nov.-24. Dez., Mo vom 8. Jan.-30. Juni und vom 1.-29. Okt. geschl. – 26,37 €.* Der Süden erinnert an den Orient, und vielleicht möchten Sie einmal ein Couscous oder andere nordafrikanische Gerichte essen. Da sind Sie in diesem (zwischen der Straße und dem Fluß gelegenen) marokkanischen Restaurant mit seinen Sitzkissen, Teppichen und großen Kupferplatten genau richtig.

Shopping

Märkte – Donnerstags Place Vieille in Grimaud; donnerstags und sonntags in Port-Grimaud.

S. Sauvignier/MICHELIN

Den verspielt wirkenden Häusern am Hafen von Port-Grimaud sieht man kaum mehr an, daß sie eigentlich erst aus den 1960er Jahren stammen

AUF ENTDECKUNGSTOUR

Das alte Dorf – Geht man vom Parkplatz zum Zentrum des Ortes, so gelangt man durch die schmalen Gassen zum Place Neuve. Mitten auf diesem Platz steht ein bemerkenswerter monumentaler Brunnen. Besonders reizvoll sind die Basaltarkaden und Serpentinportale in der Rue des Templiers, insbesondere bei dem Gebäude, das Maison des Templiers genannt wird. Die Straße führt zur Église St-Michel, einer interessanten romanischen Kirche aus dem 11. Jh. mit einem Grundriß in Form eines lateinischen Kreuzes.

Château – Die Anfang des 11. Jh.s errichtete Burg besaß ursprünglich drei Befestigungsmauern, die von vier dreistöckigen Ecktürmen eingerahmt wurden. Heute sind nur noch die imposanten Ruinen des mächtigen Bauwerks erhalten, da Kardinal Mazarin 1655 den Auftrag gab, die Festung zu schleifen. Vom oberen Wehrgang aus genießt man schöne **Ausblicke★** auf das Maurenmassiv und den Golf von St-Tropez.

UMGEBUNG

Notre-Dame-de-la-Queste – *3 km in Richtung Port-Grimaud.* In der von den Mönchen der Abtei St-Victor in Marseille errichteten Kapelle befindet sich ein sehenswerter barocker Altaraufsatz (1677). Er ist aus Holz geschnitzt und vergoldet und zeigt Szenen aus dem Leben der Jungfrau Maria. Am 15. August jeden Jahres findet eine Wallfahrt zu dieser Kapelle statt.

Port-Grimaud – 5 km. Zufahrt: Port-Grimaud (Nord), Besucherparkplatz. Pkw-Verkehr nur für Anlieger. Dieses Werk des Architekten François Spoerry stellt architektonisch gesehen das Gegenteil der Siedlung Marina-Baie-des-Anges (s. unter Villeneuve-Loubet) dar und war ebenso umstritten. Auf den ersten Blick ist der Lagunenort Port-Grimaud ein reizendes provenzalisches Fischerdorf; tatsächlich handelt es sich jedoch um eine neuzeitliche Wohnsiedlung mit modernem Jachthafen und gepflegtem Strand.

Bunt getünchte Häuser mit Trompe-l'œil-Fassaden und mit Klosterziegeln gedeckten Dächern säumen die Straßen; schattige Plätzchen laden zum Verweilen ein. Kleine Brücken überspannen die Kanäle, auf denen die sogenannten Wasserkutschen *(coches d'eau)* das öffentliche Verkehrsmittel darstellen.

Die moderne und schlichte **Église St-François-d'Assise** ist durch das freiliegende Gebälk des Dachstuhls sowie die Fenster von Vasarely interessant. Man kann den Kirchturm besteigen, von wo man eine herrliche **Aussicht★** hat.

HYÈRES★

51 417 Einwohner
Michelin-Karte Nr. 340 L 7, Nr. 114 Falten 46 und 47 oder Nr. 245 Falte 47
Kartenskizze Massif des MAURES, S. 216

Hyères ist das älteste und südlichste Seebad der Französischen Riviera. Bereits um die Mitte des 19. Jh.s verhalfen ihm wohlhabende Adlige zu internationaler Beliebtheit. Eine geschützte Lage sowie zahlreiche Parks und Anlagen zeichnen die Stadt aus. Die am Fuß einer Burgruine liegende Altstadt ist an den Südhang des Castéou gebaut und überragt die neueren Viertel wie auch die vom Cap Bénat und der Halbinsel Giens geschützte Bucht. Den Hafen suchen Jachten und die Fähren zu den Hyèrischen Inseln auf. Der moderne Stadtteil besitzt breite palmengesäumte Alleen.

HINTERGRUNDINFOS

French Riviera – Der Tourismus brachte der Stadt neuen Aufschwung. Sie hatte schon im 18. Jh. den Ruf eines angenehmen Erholungsorts und dehnte sich im 19. Jh. als solcher stark aus. Anders als in Nizza, das durch das Meer und die Wintermilde zu Ruhm gekommen war, suchten vor allem Engländer, Iren und Amerikaner, die im Winter ein Viertel der Feriengäste ausmachten, in dem vom Meer abgewandten Ort auch im Sommer Erholung. Unter ihnen waren viele Berühmtheiten: Königin Victoria, der Schriftsteller Robert Louis Stevenson und ebenso die großen französischen Autoren Victor Hugo, Jules Michelet und Guy de Maupassant. Es entstanden luxuriöse Hotels für die anspruchsvollen Gäste: das Hôtel des Palmiers, das Grand Hôtel des Îles d'Or. Eine Persönlichkeit des 2. Kaiserreichs, **Alexis Godillot**, dem ein Viertel der Stadt gehörte, entschied sich dazu, „seinem" Seebad zum Aufschwung zu verhelfen. Er taufte den Ort in „Hyères-les-Palmiers" um und beauftragte den Architekten Chapoulard mit dem Bau mehrerer „Lustschlößchen" im Stil des Historismus, die man heute noch, insbesondere in der Avenue Riondet, bewundern kann. Erst im 20. Jh. wurden die Strände angelegt.

Palmen – fast wie in Beverly Hills

Hyères ist für seine Palmen berühmt, die hier schon seit dem 19. Jh. angepflanzt werden. Heute zählen nicht weniger als zehn Palmenarten zu den sogenannten Hyères-Palmen, die einen so guten Ruf genießen, daß sie sogar bis nach Saudi-Arabien exportiert werden. In der Stadt selbst kann man bei einem Spaziergang den exotischen Charme dieser Bäume bewundern; vor allem in der Avenue Godillot, einer der schönsten von Palmen gesäumten Verkehrsadern Frankreichs, sowie in den drei öffentlichen Parkanlagen Jardin du Casino, Jardin du Roy und Jardin Denis. Außerdem findet man in dem herrlichen Olbius-Riquier-Park ein komplettes Sortiment aller Palmenarten.

HYÈRES IM ÜBERBLICK

L'Almanarre – Langer Sandstrand, in dessen Nähe die antike Stadt Olbia liegt. *Fahren Sie die Route du Sel („Salzstraße", nur im Sommer befahrbar) auf der westlichen Landzunge der Halbinsel entlang.*

Die malerische Strecke führt über ein 400 ha großes Gebiet, das aus Sumpfland besteht, am Étang des Pesquiers mit seinen zahlreichen Wasservögeln vorbei.

H. Le Gac/MICHELIN

Altstadt von Hyères

TIPS UND ADRESSEN

Verkehrsmittel

Parkplätze – Gebührenfrei am Hafen und am Place Louis-Versin. Die gebührenpflichtigen, darunter einige Tiefgaragen, befinden sich vor dem Kasino, im Einkaufszentrum Olbia, an den Jardins Denis und am Place du Maréchal-Joffre.

Bus – *Busbahnhof am Place du Maréchal-Joffre – ☎ 04 94 12 55 00.* Die Linie 39 fährt über Carqueiranne und Le Pradet nach Toulon. Eine weitere Verbindung besteht bis zur Spitze der Halbinsel Giens; die Fahrtzeiten richten sich nach denen der Schiffe zu den Îles d'Or.

Gastronomie

Gut und preiswert

Les Santonniers – *18 Rue J.-Jaurès (Stadtzentrum) – 83320 Carqueiranne – ☎ 04 94 58 02 33 – 5.-19. Jan., Mi außer Juli und Aug. und Do von Sept. bis Mai geschl. – 14,48 €.* Es gibt zwei gute Gründe, dieses bescheidene Restaurant im Stadtzentrum zu besuchen. Das in einem typischen Haus untergebrachte, in den Farben der Provence gehaltene Lokal besitzt eine hübsche, von einer Platane beschattete Terrasse, und die Preise sind zivil.

Unsere Empfehlung

Colombe – *83400 Hyères – 2,5 km westlich von Hyères über die Route de Toulon – ☎ 04 94 35 35 16 – So-abend von Sept. bis Juni und Mo geschl. – 22,11/29,73 €.* Hinter seiner noblen Fassade verbirgt dieses Restaurant eine recht geräumige Terrasse, auf der es sich in der schönen Jahreszeit gut aushalten läßt. Dort oder in dem im provenzalischen Stil dekorierten Gastraum können Sie gepflegte regionale Küche genießen.

Unterkunft

Unsere Empfehlung

Hôtel Port Hélène – *D 559 – L'Almanarre – 83400 Hyères – ☎ 04 94 57 72 01 – www.hotel-port-helene.fr – 12 Z: 51,07 € – ☕ 5,34 €.* Inmitten von Pinien und Palmen steht dieses kleine Hotel mit der rosafarbenen Fassade, in dem die gepflegten, mit einem Balkon ausgestatteten Zimmer alle einen Blick aufs Meer bieten. Gastfreundliche Atmosphäre und für die Region gutes Preis-Leistungs-Verhältnis.

Chambre d'hôte L'Aumônerie – *620 Avenue de Fontbrun – 83320 Carqueiranne – ☎ 04 94 58 53 56 – www.bbfrance.com/menard.html – ⊭ – Reserv. empf. – 4 Z: 53,35/91,46 €.* Hier hat man die Füße nahezu im Wasser, denn das rosafarbene Haus unter den Pinien des Gartens besitzt einen eigenen Zugang zum Strand. Die Zimmer des einstigen Wohnsitzes eines Marinegeistlichen sind schlicht. Es gibt kein Hinweisschild, keinen Wegweiser, der zur Störung der himmlischen Ruhe des Ortes führen würde. Wunderbar ...

Hôtel La Rose des Mers – *3 Allée E.-Gérard – 83400 Hyères – 5 km südöstlich von Hyères – ☎ 04 94 58 02 73 – 5. Nov.-14. März geschl. – 20 Z: 54,88/74,70 € – ☕ 6,86 €.* Das am Strand gelegene kleine Hotel mit der ansprechenden Fassade begnügt sich nicht damit, seine hübschen Fenster mit den weißen Läden direkt aufs Meer hin zu öffnen; nein, man stellt Ihnen auch eine Strandliege zur Verfügung. Einfache, zweckmäßige Zimmer.

Shopping

Märkte – Dienstags und donnerstags (Mai bis Sept.) am Place de la République; samstags in der Avenue Gambetta.

Sport und Freizeit

Karting – *Speedkart Hyères – 1714 Avenue de l'Aéroport – ☎ 04 94 38 76 99.*

Hyères-Port St-Pierre – *Hafenmeisterei: ☎ 04 94 12 54 40 (Hyères), ☎ 04 94 58 02 30 (La Capte, 125 Anlegeplätze), ☎ 04 94 66 33 98 (L'Ayguade, 500 Anlegeplätze).* Vier Hafenbecken und 1 350 Anlegeplätze am Kai, davon 120 für Durchreisende.

L'Almanarre, ein Fest für Funboarder

Der am Golf von Giens gelegene Strand von L'Almanarre erstreckt sich auf einer Länge von 6 km entlang der Salzgärten des Étang des Pesquiers. An windstillen Tagen wird er gerne von Familienurlaubern aufgesucht; wenn der Mistral jedoch seine Kraft entfaltet, verwandelt er sich in ein beliebtes Funboard-Zentrum.
Die ersten Windsurfer entdeckten diesen Strand aufgrund seiner besonders günstigen Lage für sich. Mit der Festlandsverbindung im Osten, jedoch offen nach Westen hin, und dem Schutz vor zu starkem Seegang des offenen Meeres durch das Cap de Carqueiranne herrschen hier optimale Bedingungen, so daß der Strand von L'Almanarre für Surfer ein absolutes Muß geworden ist – 1996 wurde hier auch der Funboard-Weltcup ausgetragen. Doch auch für Nicht-Surfer lohnt sich das Kommen, denn allein das Zuschauen macht Spaß, wenn die Sportler ihre „Jibes" genannten spektakulären Wendemanöver ausüben. Wenn man dann doch Lust auf mehr haben sollte, bieten entlang des Strandes zahlreiche Surfschulen Kurse für Anfänger und Fortgeschrittene an.

Hyères-Plage – Der Ort liegt am Rande eines Pinienwäldchens. Im Jachthafen kann man sich zu den Hyèrischen Inseln einschiffen.

Ayguade-Ceinturon – Der ehemalige Hafen von Hyères, den Ludwig der Heilige auf dem Rückweg vom siebten Kreuzzug anlief, ist heute ein hübscher Badeort. Fahren Sie über **Berriau-Plage** zum malerischen Fischerort **Port-Pothuau**.

★ **Jardins Olbius-Riquier** – Die 6,5 ha große Parkanlage bietet dem Liebhaber exotischer Flora eine außergewöhnliche Vielfalt und Menge an Pflanzen aus dem Bereich der Tropen, insbesondere Palmen- und Kakteenarten. In einem **Gewächs- und Tierhaus** sind die empfindlichsten Pflanzen und auch einige Tiere dieser Gebiete untergebracht. Freigehege und ein See mit verschiedenen Arten von Wasservögeln sind weitere Anziehungspunkte.

Parc St-Bernard (Jardin de Noailles) – *Fahren Sie vom Cours de Strasbourg aus in nördlicher Richtung, nehmen Sie die Avenue Paul-Long und folgen Sie links der Beschilderung „Montée de Noailles".* Der Park, der neben der Villa de Noailles *(s. unten unter Besichtigungen)* liegt, erstreckt sich terrassenförmig am Fuß des von der Burgruine gekrönten Hügels. Die mit zahlreichen Blumen des Mittelmeerraums geschmückte Anlage bietet einen malerischen **Ausblick★**; geradeaus auf die Berge Pic des Oiseaux und Costebelle, die Altstadt und die Stiftskirche Collégiale St-Paul, die Halbinsel Giens, die Hyèrischen Inseln und zur Linken auf das Maurenmassiv.

Parc du Château Ste-Claire – In dem mit exotischen Pflanzenarten bewachsenen Park erhebt sich eine herrliche, 1850 von Oberst Voutier, dem Entdecker der *Venus von Milo*, erbaute Villa. Heute sind hier Verwaltungsstellen des Nationalparks Port-Cros untergebracht.

AUF ENTDECKUNGSTOUR

★ 1 Vieille Ville (Altstadt) *Besichtigung: 1 1/4 Std.*

Ausgangspunkt ist der Place Georges-Clemenceau.

Porte Massillon – Das Tor markiert den Anfang der gleichnamigen alten Hauptstraße der Altstadt. Zahlreiche Häuser dieser belebten Geschäftsstraße sind mit Renaissancetoren geschmückt.

Place Massillon – Der Platz ist besonders malerisch am Morgen, wenn ihn das lebhafte Treiben und die bunten Farben des Marktes erfüllen. Der im 12. Jh. erbaute, von der einstigen Existenz einer Komturei des Templerordens zeugende befestigte **Tour St-Blaise** hält noch immer Wacht.

Place St-Paul – Dieser auf einer Terrasse an der Stelle des früheren Kreuzgangs der Stiftskirche St-Paul angelegte kleine Platz bietet eine reizvolle **Aussicht★** *(Orientierungstafel)*.

Alte Gassen – Das in ein schönes, mit einem Ecktürmchen versehenes **Renaissancehaus** eingefügte Paulustor (Porte St-Paul) gewährt Zugang zur Rue St-Paul; gehen Sie zur Rue Ste-Claire weiter, wo sich das Prinzentor (Porte des Princes) erhebt. Durch seinen Spitzbogen blickt man auf das mächtige Chorhaupt und den Glockenturm von St-Paul.

Machen Sie kehrt und gehen Sie auf demselben Weg bis zur Rue de Paradis. Hier weist das schön restaurierte Haus Nr. 6 romanische Stilelemente, insbesondere hübsche Zwillingsfenster mit schlanken Säulchen, auf. Nachdem Sie erneut das Paulustor passiert haben, geht es durch die malerische Rue Barbacane und an deren Ende in die Rue St-Esprit, die in die Rue Bourgneuf einmündet. Setzen Sie Ihren Weg bis zum von Platanen beschatteten Place de la République fort.

Ruines du Château des Aires – *Über den oben angegebenen Weg zum Parc St-Bernhard, jedoch fahren Sie dann rechts an diesem vorbei bis zu einem Parkplatz, an dem ein bequemer Fußweg – 3/4 Std. hin und zurück – seinen Anfang nimmt.* Die alte Burg derer von Fos wurde, nachdem sie den Grafen von Provence zugefallen war, im 13. Jh. wiederaufgebaut. Heute überragen noch eindrucksvolle Reste dieser Anlage die Stadt. Der weite **Rundblick★** vom Gipfel des Bergs umfaßt die Küste und das Landesinnere *(Orientierungstafel).*

Église St-Louis – Die schlichte, aber schmucke Fassade der früher zu einem Franziskanerkloster gehörenden Kirche ist mit drei Rundbogenportalen, einer Fensterrose und einem Kranzgesims geschmückt. Sie zeigt Ähnlichkeit mit dem in Italien üblichen romanischen Baustil.
Das Hauptschiff ist von einem durch breite Gurte gestützten Spitztonnengewölbe abgeschlossen. Es endet wie die Seitenschiffe in einer niedrigeren Apsis mit plattem Chorschluß und ist ein Beispiel für den provenzalischen Übergangsstil von der Romanik zur Gotik.

2 Stadtviertel aus dem 19. Jh.

Die meisten der luxuriösen Palais und Villen für die reichen Wintergäste entstanden zwischen 1850 und 1880. Seit den 30er Jahren des 20. Jh.s kam jedoch der Massentourismus auf, und die Herrenhäuser wurden aufgegeben. Einige von ihnen können besichtigt werden. Das Fremdenverkehrsamt gibt alljährlich ab März-April eine Broschüre mit den Besichtigungsterminen für das ganze Jahr heraus.

Quartier „Godillot" – Dies ist der inoffizielle Name für den Westteil der Innenstadt, den Alexis Godillot, der Auftraggeber des **Maison St-Hubert** *(70 Avenue des Îles-d'Or)* und der **Villa mauresque** *(Avenue Jean-Natte)*, baulich stark geprägt hat.

Gehen Sie die Avenue Godillot hinunter und biegen Sie links in die Avenue de Beauregard ein.

In dieser Straße stehen einerseits die anglikanische St-Paul's Church und am anderen Ende die **Villa tunisienne**, die dem Architekten Alexis Godillots, Chapoulart *(s. EINFÜHRUNG, Kunst und Architektur)*, gehörte.

In den Straßenzügen um die Rue Gambetta und die Rue Joseph-Clotis, in denen viele Behörden ansässig sind, stehen bescheidenere Villen, Mietshäuser und ehemalige Palais. Sehenswert sind besonders das ehemalige Hôtel des Palmiers (1884) in der Rue Galliéni und das **Hôtel des Ambassadeurs** in der Avenue des Îles-d'Or.

Quartier Chateaubriand – Ab 1850 setzte im östlichen Teil der Stadt das große Baufieber ein. Die schönsten Villen wurden in einem klassizistischen Stil errichtet, aber mit einigen phantasievollen Akzenten versehen. Entlang dem Boulevard d'Orient und dem Boulevard Chateaubriand kommen Sie an den Villen Léon-Antoinette, **Tholozan**, La Favorite, Ker-André u. a. vorbei.

BESICHTIGUNGEN

Villa de Noailles ⏲ – *Anfahrt über die Rue St-Bernard oder die Montée de Noailles.* 1923 beauftragte das reiche Mäzenenehepaar Noailles den belgischen Architekten Mallet-Stevens, eine äußerst moderne, sonnendurchflutete Winterresidenz mit großen Fenstern zu entwerfen. Diese 1 600 m^2 große Villa mit überdachtem Schwimmbad und rund 60 Zimmern war eines der ersten modernen Häuser an der Côte d'Azur. Bei extravaganten Festen waren hier viele renommierte Künstler der wilden Zwanziger (Picasso, Dalí usw.) zu Gast. Der amerikanische Fotograf Man Ray drehte hier Szenen seines surrealistischen Films, und Buñuel verfaßte hier das Drehbuch zu *Das goldene Zeitalter*.
Nachdem die Villa lange Zeit unbewohnt gewesen war, wurden 1986 erste Renovierungsarbeiten eingeleitet und anschließend im ersten Stock Ausstellungen organisiert. Bis die Renovierung endgültig abgeschlossen ist, wird das Projekt zur Einrichtung eines Kulturzentrums geprüft. Sehen Sie sich auch den von Gabriel Guévrékian entworfenen kubistischen Garten an.

Musée municipal ⏲ – Archäologische Funde geben Aufschluß über die vorgeschichtliche, griechische und römische Besiedlung Hyères'. Die Naturkundeabteilung präsentiert Mineralien, Fossilien, Muscheln, Fische und Vögel. Kunstliebhaber finden hier eine Galerie mit Gemälden einheimischer Künstler sowie Stilmöbel aus der Epoche Ludwigs XV. und Ludwigs XVI.

Ancienne Collégiale St-Paul ⏲ – Über eine monumentale Treppe und durch ein Renaissancetor kommt man zur ehemaligen Stiftskirche, deren älteste Teile, insbesondere der Glockenturm, im 12. Jh. im reinsten romanischen Stil erbaut wurden.

HYÈRES GIENS

Aéroport (Av. de l') VX
Aicard (Av. J.) . . . . Z
Almanarre (Route de l') . . . . X 2
Arène (Av. F.) . . . . Z
Barbacane (R.) . . . . Y 3
Barruc (R.) . . . . Y 4
Basch (R.Victor) . . . . Y
Beauregard (Av. de D.) . . . . Z
Belgique (Av. de) . . . . Y 5
Bourgneuf (R.) . . . . Y 6
Chateaubriand (Bd) . . . . . . Y 7
Clemenceau (Pl.) . . . . Y 9
Clotis (Av. J.) . . . . Z 10
Costebelle (Montée) . . . . . V 12
Decugis (Av. A.) V
Degioanni (Rue R.) . . . . X 13
Denis (Av. A.) . . . . Y
Dr. Perron (Av.) . . . . Z 14
Foch (Av. Mar.) . . . . Z 15
Galliéni (R.) . . . . Z
Gambetta (Av.) . . . . Z
Gaulle (Av. de) . . . . Y 16
Geoffroy St-Hilaire (Av.) . . . . V 17
Giens (Rte de) X
Godillot (Av. A.) . . . . V 18
Herriot (Bd E.) . . . . X 20
Iles d'Or (Av. des) . . . . Z
Jean-Jaurès (Av.) . . . . Z
Lattre-de-Tassigny (Av. de) . . V 22
Lefebvre (Pl. Th.) . . . . Z 23
Long (Av. Paul) . . . . Y
Macri (Ch. Soldat) . . . . V 25
Madrague (Route de la) . . . . X 26
Mangin (Av. Gén.) . . . . Y 28
Marais (Rte des) X
Marine (Bd de la) V
Massillon (Pl. et R.) . . . . Y 29
Matignon (Bd) . . . . Y
Millet (Av. E.) . . . . Z 32
Moulin-Premier
(Chemin du) . . . . V 33
Noailles (Montée de) . . . . . . Y 34
Nocard (Bd) . . . . Y 35
Olbia (Voie) V
Orient (Bd d') . . . . Y
Paix (Av. de la) . . . . Z
Palyvestre (Ch. du) . . . . V 36
Paradis (R. de) . . . . Y 37
Pasteur (Bd) . . . . Z
Plaine-de-Bouisson (Ch.) . . . X 38
Porte St-Jean (Ch. de la) . . . Y
Provence (R. de) . . . . Z 40
Rabaton (R.) . . . . Y 41
République
(Pl.et R.de la) . . . . Y 42
Riondet (Av.) . . . . YZ 43
Riquier (Av. O.) . . . . V 44
Roubaud (Ch.) . . . . V 45
Sel (Rte du) X

St-Bernard (R.) . . . . Y 46
St-Esprit (R.) . . . . Y 47
St-Paul (Pl. et R.) . . . . Y 49
Ste-Catherine (R.) . . . . Y 50
Ste-Claire (R.) . . . . Y 51
Soldat-Ferrari (R.) . . . . Z
Strasbourg (Cours) . . . . Y 52

Thomas (Av. A.) . . . . Z
Toulon (Rte de) V
Versin (Pl. L) . . . . Z 53
Victoria (Av.) . . . . Z 54
Wharton (R. Édith) . . . . YZ
11-Novembre (Pl.) . . . . V 56
15e-corps-d'Armée (Av. du) . . . V 57

Almanarre X
Aygade-Le Ceinturon V
Chapelle
N.-D.-de-Consolation . . . . V B
Château des Aires . . . . Y
Collégiale St-Paul . . . . Y
Église St-Louis . . . . Y
Étand des Pesquiers X
Hôtel des Ambassadeurs . . YZ D

Hyères-Plage X
Les Salins X
Maison Renaissance . . . . . . Y E
Maison romane . . . . Y F
Maison St-Hubert . . . . Z G
Musée municipal . . . . Z
Jardins Olbius-Riquier V
Parc du château Ste-Claire . . Y
Parc St-Bernard . . . . Y

Porte Massillon . . . . Y K
Porte des Princes . . . . Y
Tour Fondue X
Villa mauresque . . . . Z
Villa de Noailles . . . . Y L
Villa Tholozan . . . . Y S
Villa tunisienne . . . . Z

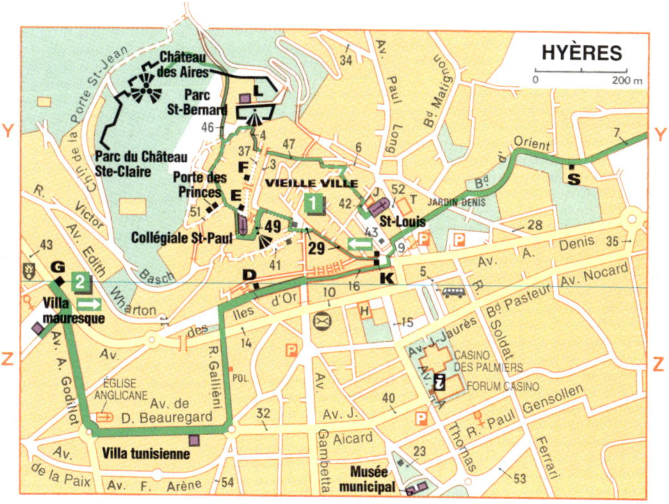

Die Vorhalle ist wahrscheinlich das Schiff des früheren Gebäudes, in das eine Decke eingezogen wurde; ihre Wände sind mit Votivtafeln bedeckt, von denen einige bis auf das 17. Jh. zurückgehen.
Im Inneren ist links des Eingangs eine typisch provenzalische **Weihnachtskrippe** aufgestellt. Quer zur alten Kirche erhebt sich das gotische Schiff mit den spätgotischen Kapellen. Beachtenswert sind einige Altäre mit gewundenen Säulen, Reliquienschreine und vergoldete Holzstatuen aus dem 17. Jh.

EIN BESONDERES HIGHLIGHT

★★ Presqu'Île de Giens

Die doppelte Festlandverbindung – Die **Halbinsel Giens** ist ein äußerst seltenes Naturphänomen. Die frühere Insel Giens ist durch zwei jeweils 4 km lange Sandstreifen mit dem Festland verbunden. In den meisten Fällen, wie beispielsweise bei der Halbinsel Quiberon in der Bretagne, entsteht durch Anschwemmung lediglich eine einfache Verbindung zwischen Insel und Festland. Bei Giens sind mehrere besondere Bedingungen gegeben: Durch die Mündungstrichter der beiden Flüsse Gapeau und Roubaud, die jeweils auf einer Seite von Giens ins Meer fließen, entstand hier auf einer Felsbank des Meeresbodens diese doppelte Festlandverbindung.
Die zwischen den beiden parallelen Sandstreifen liegende Lagune ist ein optimaler Lebensraum für die Vogelwelt. Man sieht dort Flamingos und Säbelschnäbler. Mitte September ist der beste Zeitpunkt, um die Flamingos zu beobachten, da in der Balzzeit bis zu 1 500 dieser Vögel hierher kommen. Eine ungewöhnliche und einzigartige Vegetation ist außerdem hier anzutreffen: Queller, weiße Reseda und Stechginster.
Seit drei Jahrzehnten schwindet der westliche Sandstreifen stetig durch die Winderosion und die Äquinoktialstürme, welche die Deiche zerstören, den Strand verschlingen und die Straße meterhoch mit Sand überschütten. Das Conservatoire du Littoral (Küstenschutzamt) führt gegenwärtig ein Projekt zur Erhaltung der Landzunge zum Abschluß.

Giens – Das Dorf, das mitten auf der früheren Insel liegt, ist ein einfaches Seebad. Die Burgruine bildet eine Anhöhe, von der man ein herrliches **Panorama★★** *(Orientierungstafel)* genießen kann. Der Dichter St-John Perse verweilte hier und hat auf dem Friedhof seine letzte Ruhestätte gefunden.
Im Süden befindet sich, umgeben von einem herrlichen Kiefernwald, der kleine Hafen von Niel.

Verlassen Sie das Dorf in östlicher Richtung und fahren Sie nach La Tour-Fondue.

Halbinsel Giens – vom Tour Fondue aus geht es nach Porquerolles

Die Salzgärten

Im Gebiet von Hyères liegen zwei bis 1996 der Salzgewinnung dienende Salzgärten: die **Salins des Pesquiers** auf der Festlandverbindung von Giens und die **Vieux Salins** mit einer Jahresproduktion von bis zu 30 000 Tonnen pro Jahr. In den viereckigen **Salzbecken** setzte sich das im Meer enthaltene Salz ab. Bedingt durch einen ständigen trockenen Wind wurde die Verdunstung beschleunigt und durch mechanische Drehbewegungen die Salzkonzentration verstärkt. Die Hauptarbeit, die Ernte, fiel in der letzten Augustwoche an (traditionsgemäß zwischen der Getreide- und der Weinernte). Zunächst einmal mußte die Salzkruste, die sich in den Becken gebildet hat, abgetragen werden. Diese Salzkruste, das sogenannte **graue Salz**, wurde getrennt gelagert und später als Streusalz auf verschneiten Straßen verwendet. Das gewaschene weiße Salz für den Verzehr wurde eingesammelt und auf großen Haufen, **Salzaufschüttungen**, deponiert. Diese weißen Berge ließen aus der Ferne schon die Salzgärten erahnen. Heute ist noch nicht sicher, ob die ehemaligen Salzgärten als Bauland verkauft werden oder ob nicht doch das dort vorhandene empfindliche Ökosystem bewahrt werden kann.

La Tour-Fondue – Hier laufen Schiffe zur Insel Porquerolles aus. Der Name geht auf eine unter Richelieu erbaute Festung zurück, welche die enge Hafenzufahrt Petite Passe kontrollieren sollte. Zusätzlichen Schutz gewährten die auf den kleinen Inseln Le Grand und Le Petit Ribaud *(Privatbesitz)* errichteten Festungen. Reizvoller Blick auf die Inseln und die Halbinsel Giens.

Wanderung um die Halbinsel – *18 km, etwa 5 Std.* Die teilweise gekennzeichnete Strecke führt vom Hafen von La Madrague zum Strand Plage de la Badine.
Die D 97 durch den östlichen Teil eröffnet herrliche Blicke auf die Ebene von Hyères und das Maurenmassiv. Über La Bergerie und La Capte, die von einem Kiefernwald umgeben sind, kommen Sie nach Hyères-Plage.

UMGEBUNG

★ **Chapelle Notre-Dame-de-Consolation** – Auf dem Costebelle wurden seit dem 11. Jh. nacheinander mehrere Wallfahrtskapellen erbaut. Das heutige Gebäude wurde 1955 errichtet. Die hohe bemalte Statue der Schutzpatronin, Unserer lieben trostreichen Frau, ist – an das Kreuz in der Achse des Glockenturms gelehnt – von weitem sichtbar. Für die Fassade wurden Beton und Haustein verwendet; zwischen den Fenstern aus Glasfliesen sind mehrere Skulpturengruppen eingefügt, die die wichtigsten Ereignisse des Marienlebens darstellen. Im Inneren werden die klaren Linien der Architektur durch die Apostelfiguren in der Apsis und die warmen Farben der riesigen **Buntglasfenster**★ unterstrichen. Letztere sind Werke Gabriel Loires, der darauf Themen der Marienverehrung und der Geschichte der Wallfahrtskirche gestaltet hat.
Vom Platz neben der Kirche aus bietet sich ein schöner, die Küste von Hyères bis Toulon umfassender **Blick**★ *(Orientierungstafel)*.

Sommet du Fenouillet – *4 km, zusätzlich 1/2 Std. zu Fuß hin und zurück. Verlassen Sie Hyères auf der Avenue de Toulon; die rechts abzweigende Zufahrt zum Fenouillet ist ausgeschildert.* Bei einer neugotischen **Kapelle** beginnt der ausgeschilderte Aufstieg zum höchsten Punkt des kleinen Bergmassivs Les Maurettes. Vom Gipfel des 291 m hohen Fenouillet hat man eine herrliche **Rundsicht**★ auf das Maurenmassiv, die Bucht von Hyères, die Bucht von Toulon und die umliegenden Berge.

Jardin d'Oiseaux tropicaux (Vogelpark) – *La Londe-les-Maures. Links auf der N 98 in Richtung St-Raphaël. Rauchenist im Park nicht gestattet.* In diesem vorwiegend von Eukalyptusbäumen und Pinien bewachsenen Vogelpark kann man auf einem markierten Weg nacheinander in den verschiedenen großen Vogelkäfigen viele exotische Papageienarten, Tukane, Nashornvögel, größere Arten wie den Helmkasuar und einige australische Emus bewundern. Auch verschiedene Stelzvogelarten gehören zu den Bewohnern dieses interessanten Parks.

Îles d'HYÈRES***

Michelin-Karte Nr. 340 M 7-N 7, Nr. 114 Falten 47, 48, 49 oder Nr. 245 Falten 47, 48
Kartenskizze Massif des MAURES, S. 238

Den berühmten **Hyèrischen Inseln** ⓥ wurde während der Renaissance der Beiname Îles d'Or, „Goldinseln", verliehen, wohl nach den Glimmerschieferfelsen, die bei bestimmtem Lichteinfall golden schimmern. Die kurze Überfahrt zu den Inseln vor der Bucht von Hyères sowie die nahezu unberührten Landschaften machen einen Ausflug unvergeßlich.

HINTERGRUNDINFOS

Ligurer, Mauren, Mönche und Banditen – Geologisch gesehen gehören die Inseln zum Maurenmassiv, von dem sie erdgeschichtlich auch erst seit kurzer Zeit getrennt sind. Die Inseln lockten zunächst die Ligurer, dann die Griechen und Römer an, hier Fuß zu fassen. Diesen folgten im 5. Jh. die Mönche von Lérins, die aus den Inseln einen Garten Eden und die nicht versiegende Nahrungsquelle zum Füllen ihrer Speicher machten. Ihr Kloster war immer ein begehrtes Ziel von Piraten. Franz I. glaubte, durch folgenden Plan Ruhe auf den Inseln Port-Cros und Le Levant einziehen lassen zu können: Räubern und anderen Delinquenten wurde Straffreiheit gewährt, sofern sie sich verpflichteten, die Insel nicht zu verlassen, dort durch Ackerbau ihr Brot zu verdienen und Piraten abzuwehren. Natürlich nutzten die Banditen im Umkreis diese Gelegenheit, Straffreiheit zu erlangen, doch statt sich um Nahrung und die Urbarmachung der Zufluchtsstätte zu kümmern, wurden sie selbst Piraten und versuchten einmal sogar, in Toulon ein Schiff des Königs zu kapern. Erst Ludwig XIV. konnte die Inseln von den Seeräubern befreien.

Teuer bezahlter Whisky – Empörung über die Hinrichtung Ludwigs XVI. und wachsende Besorgnis wegen der um sich greifenden Revolutionsideen sowie der folgenden Schreckensherrschaft veranlaßten die Engländer und Spanier 1793, in Frankreich einzugreifen. Nachdem die französischen Revolutionäre Toulon *(s. dort)* eingenommen und die Engländer in die Flucht geschlagen hatten, gingen letztere im Hafen von Porquerolles vor Anker. Sie luden den Kommandanten des dortigen Forts auf eines ihrer Schiffe ein. Der Franzose, nicht auf dem laufenden über die jüngsten Ereignisse auf dem Festland, nahm diese Einladung arglos an, und während die Whiskyflasche kreiste, konnten die englischen Matrosen das Fort überfallen und versuchten, es zu sprengen. Dann wurden die Anker gelichtet, und die englischen Schiffe fuhren mit dem gefangenen Franzosen an Bord, der nicht wußte, wie ihm geschah, ungehindert davon.

Die Landung der Alliierten (August 1944) – Die Inseln Port-Cros und Le Levant waren nach der Zerstörung der deutschen Stellungen wie bereits in den vergangenen Jahrhunderten strategische Punkte, diesmal jedoch bei der Landung der Alliierten in Südfrankreich.

AUF ENTDECKUNGSTOUR

***Porquerolles ⓥ

Porquerolles ist wenig besiedelt. Kiefernwälder, Eukalyptus, Weinberge und die typische Flora des Mittelmeerraums machen sie zu einem wunderschönen Fleckchen Erde. Mit einer Länge von 7 km und einer Breite von 3 km ist die westlichste der Hyèrischen Inseln zugleich die größte (1 250 ha); sie wurde einst

R. Kaufmann/MICHELIN

Auf Port-Cros findet sich noch paradiesische mediterrane Wildnis

TIPS UND ADRESSEN

Verkehrsmittel

Fährverbindungen zu den Îles d'Hyères bestehen von mehreren Häfen aus. Die meisten Reedereien bieten Tages- oder Halbtagespauschalen an, die auch Ausflüge, Strandwanderungen und Rundfahrten umfassen. Behalten Sie immer die Uhr im Auge, damit Sie die Rückfähre nicht verpassen.

Ab Cavalaire – Vedettes Îles d'Or – *Quai d'embarquement – 83240 Cavalaire – ☎ 04 94 71 01 02. Juli und Aug.: Abfahrt 11 Uhr (Rückfahrt 18.50 Uhr).* Dauer etwa 3/4 Std. Direkte Anfahrt auf Port-Cros. Weitere Abfahrtsmöglichkeit ab La Croix-Valmer. 22,87 € hin und zurück (Kinder 15,85 €).

Ab Hyères – TLV – *Port St-Pierre – 83400 Hyères – ☎ 04 94 57 44 07 – Juli und Aug.: Abfahrt 9.30 Uhr, 10.30 Uhr, 11.30 Uhr, 14.15 Uhr; außerhalb der Saison: Abfahrt 9.30 Uhr. 19,06 €.* Dauer der Überfahrt nach Port-Cros: 1 Std.; nach Le Levant: 1 1/2 Std. Rundfahrt zu den beiden Inseln (Port-Cros und Le Levant): Mitte Juli-Ende Aug.: tgl.; 22,11 €.

Ab der Halbinsel Giens – TLV – *Port de la Tour-Fondue – 83400 Giens – ☎ 04 94 58 21 81 – 13,26 €.* Regelmäßige Überfahrten ganzjährig nach Porquerolles. Rundfahrt zu den beiden Inseln (Porquerolles und Port-Cros) Anfang Juli-Ende Aug.: tgl.; 23,63 €.

Gastronomie

Gut und preiswert

Ste-Anne – *Place d'Armes – 83400 Port-Cros (Île) – ☎ 04 98 04 63 00 – 4. Jan.-10. Febr. und 4. Nov.-26. Dez. geschl. – 15/43 €.* Es macht Spaß, auf dieser schattigen Terrasse in der Nähe der Kirche die lokale Küche zu probieren und dabei dem Treiben auf dem Dorfplatz zuzusehen. Zimmer im provenzalischen Stil (nur Halbpension).

Unterkunft

Spitzenkategorie

Hôtel Manoir – *83400 Port-Cros (Île) – ☎ 04 94 05 90 52 – 1. Okt.-13. Apr. geschl. – 19 Z: Halbpension 137/167,45 € – ☕ 11,43 € – Rest. 41/50 €.* Eine zauberhafte Adresse: Die schöne Villa aus dem Jahre 1830 steht inmitten eines großen Parks nur wenige hundert Meter vom Hafen entfernt und erfreut sich herrlicher Ruhe. Schlichte Zimmer mit verputzten Wänden. Sehr angenehmer Garten und Swimmingpool. Nur Halbpension.

Mas du Langoustier – *3,5 km westlich vom Hafen – 83540 Porquerolles (Île) – ☎ 04 94 58 30 09 – Anf. Okt.-Ende Apr. geschl. – 44 Z: Halbpension 172/216,14 € – ☕ 18,29 € – Rest. 52/81 €.* Wenn das Paradies wirklich existiert, so haben Sie hier einen Vorgeschmack davon. Dieses provenzalische Haus *(mas)* mit seinen geräumigen Zimmern empfängt sie am Ende der Île de Porquerolles in einem herrlichen, 40 ha großen Park, zu dem zwei Privatstrände und zwei Restaurants gehören.

L'Auberge des Glycines – *22 Place d'Armes – 83540 Porquerolles (Île) – ☎ 04 94 58 30 36 – www.porquerolles.net – 1. Jan. mittags geschl. – 11 Z: Halbpension 179,89/304,90 – Rest. 26 €.* Dieser entzückende Gasthof mit seinen lavendelblauen Läden ist allein schon den Ausflug auf die Insel Porquerolles wert. Die Zimmer sind sehr angenehm und zeigen auf den Innenhof, der von einem Feigenbaum beschattet wird, oder auf den Dorfplatz. Im Restaurant stehen Dekor und Küche im Zeichen der Provence.

Weitere Hinweise

Bei erhöhter Waldbrandgefahr muß man im Rahmen der Aktion **ALARME** (der Plan hängt an den Schiffsanlegestellen aus) im Dorf bleiben; die Strände sind nur auf dem Küstenweg erreichbar. Auf die Insel Port-Cros dürfen keine Fahrräder mitgenommen werden.
Der Verkehr von motorisierten Fahrzeugen auf Porquerolles und Port-Cros sowie das Benutzen von Fahrrädern auf Port-Cros sind untersagt.
Das Rauchen außerhalb der Ortschaft und das Abpflücken von Blumen oder Pflanzen sind nicht gestattet.
Es darf kein Feuer gemacht werden.
Campen ist verboten.
Bleiben Sie unbedingt auf den angelegten Wegen.
Werfen Sie keine Abfälle weg.
Tiere müssen an der Leine geführt werden.
Unterwasserjagd ist im ganzen Naturpark Port-Cros, Angeln und Fischen im Umkreis von 50 m um die Inselküsten verboten.

Île de Porquerolles – Die Insel lernt man am besten mit dem Fahrrad kennen. Fahrradverleiher befinden sich in der Nähe des Hafens oder beim Bürgermeisteramt. Eine große Auswahl an Restaurants bietet sich in der Straße beim Bürgermeisteramt, wo sich Restaurantterrassen nebeneinanderreihen. Ruhiger ist es dagegen am Fuß der Festung Ste-Agathe.
In der Hochsaison findet man nur wenige Wasserstellen; deshalb sollte man sich spätestens am Brunnen auf dem Place d'Armes mit Trinkwasser versorgen, bevor man zur Inselrundfahrt aufbricht.

Île de Port-Cros (Parc national) – Die gesamte Insel und ein 600 m breiter Streifen Küstengewässer bilden einen Nationalpark, in dem strenge Vorschriften gelten *(s. oben)*. Man muß seine Getränke mitbringen, denn Trinkwasser ist auf der Insel knapp; im Dorf gibt es mehrere Möglichkeiten, Getränke zu kaufen. In der Saison gibt es im ersten Gebäude links neben den Anlegestellen ein Informationszentrum; ☎ 04 94 05 90 17. Bei einer Fahrt mit der *Marabel Seascope* kann man die Tier- und Pflanzenwelt des Mittelmeeres beobachten.

Île du Levant – Die zugänglichen Bereiche der Insel liegen im Westen und im Norden, im letzteren gibt es ein ausgewiesenes Gebiet für Wassersport und eines für Windsurfing. Abgesehen von den Lokalen an den Anlegestellen gibt es nur in Héliopolis, oberhalb des Hafens, weitere Verpflegungsmöglichkeiten. Über den Küstenweg gelangt man zu den Hauptstränden zu beiden Seiten der Anlegestelle; es handelt sich um FKK-Strände, an denen Freikörperkultur vorgeschrieben ist.

Sport und Freizeit

Bateau à Vision sous-marine Aquascope – *83400 Port-Cros – ☎ 04 94 05 92 22. Dauer 1/2 Std. Abfahrt alle 40 Min. 11,43 € (2-10 Jahre: 7,62 €)*. 10 Sitzplätze in diesem Unterwasserboot.

Bateau à Vision sous-marine TMV – *Port de la Tour-Fondue - 83400 Giens – ☎ 04 94 58 95 14 – Juli und Aug.: Abfahrt 10 Uhr. 15,55 €*. Besichtigung des Meeresgrundes bis vor Porquerolles im Unterwasserboot.

Tauchsport – Um die Inseln herum und in der Bucht von Carqueiranne herrschen aufgrund der schwachen Meeresströmung gute Bedingungen für den Tauchsport. Auch das Fotografieren von gesunkenen Schiffswracks ist möglich. Es existieren mehrere Tauchklubs in Hyères und in La Londe, in Port-Cros („Sun Plongée") und in Porquerolles („Porquerolles Plongée"). Auf Le Levant bieten lokale Vereine während der Saison Tauchkurse für jedermann an.

Segeln – An Pfingstsonntag findet vor Porquerolles eine Segelregatta *(Ausgangspunkt im Hafen)* statt.

von ihren griechischen Bewohnern *Prote*, die Erste, genannt. Ihre Nordseite ist von Sandstränden mit Kiefernwäldern, Farn und Myrtensträuchern gesäumt; die felsige Südküste fällt jäh zum Meer hin ab, so daß die Insel von dieser Seite her nur über einige kleine Buchten leicht zugänglich ist.
Porquerolles befindet sich fast ganz im Besitz des französischen Staates, der sie 1979 zum Naturschutzgebiet erklärt hat. Zu diesem Zweck wurden 1972 der größtenteils bewaldete **Staatspark** und 1979 das **Conservatoire botanique national méditerranéen** (Hochschule der Botanik ⓥ) von Porquerolles eingerichtet.

Ein außergewöhnliches Schicksal – Die Insel war 60 Jahre lang im Besitz einer einzigen Familie. Der belgische Ingenieur **F.-Joseph Fournier**, der es in Mexiko zu Vermögen gebracht hatte, kaufte die Insel Porquerolles 1911 als Hochzeitsgeschenk für seine junge Gemahlin. Er lebte mit seiner Familie und einem Heer von Gärtnern auf der Insel, wo er versuchte, das Landschaftsbild einer südamerikanischen Hazienda nachzubilden, und deshalb exotische Pflanzenarten einführte. Er erwies sich als Wegbereiter für den Anbau von in Frankreich völlig unbekannten exotischen Früchten wie Pampelmusen und Goldorangen. Bei Spaziergängen entdeckt man südamerikanische Pflanzen wie die Bellombra mit gewaltigen Wurzeln. Der 180 ha große Weinberg aus der damaligen Zeit wurde um die Hälfte verringert, bringt aber noch immer einen namhaften Roséwein hervor, der als erster die kontrollierte Herkunftsbezeichnung (AOC) Côtes-de-Provence erhielt.

Das Dorf Porquerolles – Das Mitte des 19. Jh.s auf Initiative der Militärverwaltung erbaute Dorf, nach dem die ganze Insel benannt wurde, liegt in einer winzigen Bucht (Jachthafen). Es ähnelt eher einer kleinen nordafrikanischen Kolonie als einem provenzalischen Dorf. Fischerhäuser umgeben den ehemaligen Exerzierplatz (Place d'Armes); hier erhebt sich auch ein bescheidenes Kirchlein mit einem von einem Soldaten geschnitzten Kreuzweg im Inneren. Um diesen dörflichen Kern herum liegen Hotels, kleine Villen und einige Appartementhäuser.

Fort Ste-Agathe – Die Festung zeichnet sich als erstes am Horizont ab, wenn man sich der Insel nähert. Sie erhebt sich auf einem Hügel über dem Hafen, in einer äußerst wichtigen strategischen Position. Die Festung ist von einer trapezförmigen Mauer umgeben, die von einem dicken Eckturm überragt wird, der noch aus der ersten Bauphase unter Franz I. um 1532 stammt. Die Gebäude, die 1793 von den Engländern verwüstet und niedergebrannt wurden, hat man ab 1810 wieder aufgebaut und den neuen militärischen Mitteln angepaßt. Zunächst einmal sollte man sich die erstaunlichen Maße des runden Turms ansehen: Die Mauern sind 4 m dick, er hat einen Durchmesser von 20 m und ist 15 m hoch. In den verschiedenen Räumen wurde vom Parc de Port-Cros eine Ausstellung eingerichtet, die der unterseeischen Archäologie, Ausgrabungsfunden, der Inselgeschichte und der Bucht von Hyères gewidmet ist. Man beachte die 6 m hohe Decke des großen Rundsaals und das schöne Dachgestühl. Die Terrasse auf der Turmspitze, die von fünf Schießscharten für großkalibrige Kanonen durchbrochen ist, bietet einen bezaubernden **Blick★** auf einen großen Teil der Insel, auf die Strände von Courtade und Notre-Dame, auf das Semaphor (der höchste Punkt ist 142 m hoch) und im Osten und im Westen die bewaldeten Massive, hinter denen sich Strände verbergen.

★★ **Spaziergang zum Leuchtturm** – *1 1/2 Std. zu Fuß hin und zurück.* Ein Muß auch für Besucher, die nur wenig Zeit auf der Insel verbringen. Der Spaziergang wird gekrönt von dem einzigartigen **Blick★★** über fast die ganze Insel. Vom Standort des Leuchtturms **(Phare** **)** (Reichweite 54 km) auf der Südspitze der Insel umfaßt der Blick die Höhen der Pointe du Grand Langoustier, das Fort Ste-Agathe, das Semaphor und die Klippen der Südküste sowie die Bucht von Hyères und das Maurenmassiv.

★★ **Wanderung zu den Stränden** – *2 Std. zu Fuß hin und zurück.* Auf sandigen Wegen läßt es sich angenehm im Halbschatten des Kiefernwaldes spazieren. Man geht vor dem Fort Ste-Agathe vorbei, dann nach links weiter. Der Weg führt in einiger Entfernung am Plage de la Courtade entlang. Nachdem man an der Pointe du Lequin vorbeigegangen ist, nähert man sich dem Meer und hat den weiten, herrlichen, **Plage Notre-Dame** genannten Strand vor Augen. Dieser wird von einem Kiefernwäldchen gesäumt.

Weitere schöne Wanderziele – Die Wege zum **Semaphor**, zum Plage d'Argent, zur **Pointe du Grand Langoustier** und zum **Cap des Mèdes** helfen, den bislang von der Insel gewonnenen Eindruck zu ergänzen.

★★★ Parc national du Port-Cros

Wie die Nachbarinseln Île de Bagaud, Rocher du Rascas und Rocher de la Gabinière ist das paradiesische Fleckchen Erde, samt einer Meereszone von 600 m ringsherum, ein einzigartiges Naturschutzgebiet für die mittelmeerische Fauna und Flora **(Parc national)**. Es umfaßt eine Landfläche von 700 ha und Meeresgebiete von insgesamt 1800 ha.
Die von den Griechen als „Mittlere" *(mese)* bezeichnete Insel verdankt ihren jetzigen Namen der ausgehöhlt *(creux)* erscheinenden Hafenbucht an der Westseite, an welcher der Ort Port-Cros liegt. Um diese vom Fort du Moulin (*Château*, „Burg", genannt) bewachte Bucht gruppieren sich Fischerhäuser, Läden

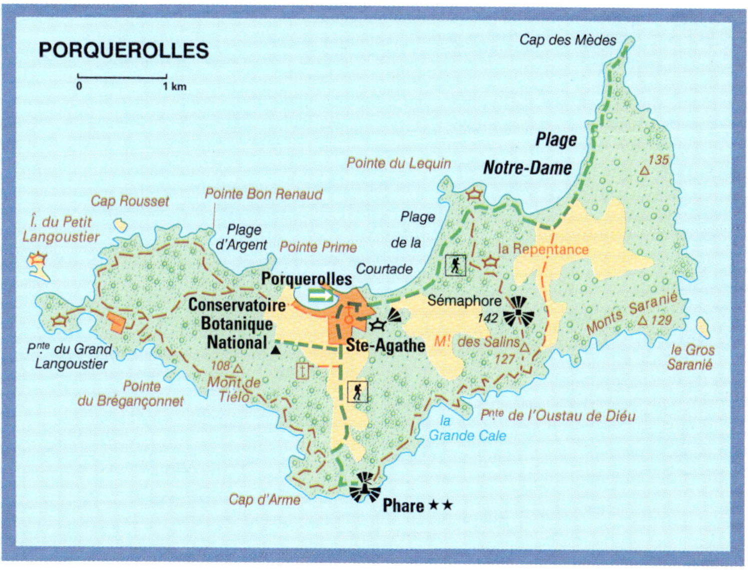

und ein Kirchlein. Im Vergleich zu den Nachbarinseln ragt Port-Cros am höchsten aus dem Meer auf und ist am klippenreichsten. Es ist 4 km lang und 2,5 km breit; sein höchster Punkt, der Mont Vinaigre, erreicht 194 m.

Gegenüber der Schiffsanlegestelle im Hafen nehmen die folgenden Spazier- und Wanderwege bei den entsprechenden Schildern ihren Anfang; mögliche Varianten sind gestrichelt in Rot auf der Kartenskizze markiert.

★**Plage de la Palud** – *1 1/4 Std. zu Fuß hin und zurück; Markierung. Zuerst steigen Sie auf den Burgberg hinauf, von wo man auf die benachbarte Insel Bagaud hinabsehen kann.* Ein **Pflanzenlehrpfad** (Sentier botanique) umläuft das unter Richelieu erbaute **Fort de l'Estissac** ⓥ, in dem Ausstellungen über die Meeresumwelt und über die Beziehungen des Menschen zum Meer gezeigt werden. Der Weg führt dann in einiger Höhe an der La Palud-Bucht entlang, bis er an ihrem Strand endet.

★**Sentier sous-marin** ⓥ – *Man sollte sich vorher unbedingt im Hafen an die Dienststelle des Parks wenden. Wer sich allein mit seiner eigenen Schnorchelausrüstung zum Unterwasserlehrpfad begibt, sollte den Unterwasserführer „Aquaguide" erwerben und am Handgelenk befestigen.* In der Saison werden Führungen angeboten und das erforderliche Material verliehen.
In einem mit gelben Bojen begrenzten Bereich mit einer Tiefe von weniger als 10 m ist zwischen dem kleinen Rocher du Rascas und dem Plage de la Palud eine Unterwasser-Beobachtungswarte eingerichtet.
Dank dieser originellen Initiative kann jeder Schwimmer, auch wenn er keine Taucherfahrung hat, die große Vielfalt an Biotopen kennenlernen, die in dieser Meerestiefe vorkommen und für das Mittelmeer kennzeichnend sind. Die numerierten Bojen weisen auf die interessanten Beobachtungspositionen hin; je höher die Kennzeichnung, desto mehr Aufmerksamkeit ist geboten. Man sieht vor allem die unterschiedlichen Entwicklungsphasen der grasähnlichen Pflanzen *Posidonia oceanica* und die darin lebenden Tiere.

Kehren Sie zwischen dem Fort de l'Éminence und dem Fort de l'Estissac zum Dorf zurück.

★**Vallon de la Solitude** – *2 Std. zu Fuß hin und zurück; Markierung.* Am Eingang des „Tals der Einsamkeit" geht man um das Hotel Manoir d'Hélène herum. Dichtstehende Bäume beschatten einen Großteil des Wegs. In Sichtweite des Fort de la Vigie nehmen Sie die Kammstraße Route des Crêtes, welche schöne Ausblicke hinunter auf das Meer bietet, zur Rückkehr ins Dorf. Man geht bis zum Mont Vinaigre und biegt dann auf den Weg durch das Vallon de la Fausse-Monnaie ab.

★**Port-Man** – *Rundweg von 10 km, 4 Std. zu Fuß; Markierung.* Auf schattigen, fast ebenen Wegen gelangt man zum Col de Port-Man, von dem aus der Blick über die Insel Le Levant und die Küste am Fuß des Maurenmassivs schweift. Weiter geht es zur herrlich grünen Bucht Baie de Port-Man; von dort führt der Weg über die Landspitze Pointe de la Galère, die Ausläufer des La Marma-Plateaus und den Plage de la Palud zum Ausgangspunkt zurück.

Seegraswiesen, die grüne Lunge des Mittelmeers

Die *Posidonia oceanica*, eine blühende Gattung der Laichkrautgewächse, die Sträußchen mit langen, dunkelgrünen Blättern bildet, ist von größter Bedeutung in den Biotopen des Mittelmeers. Durch das langsame Wachstum der Wurzelstöcke festigt die grasähnliche Pflanze die Sedimente des Küstenstreifens und schafft auf diese Weise ein sauerstoffreiches Biotop und damit günstige Lebensbedingungen für die Entwicklung vieler Wassertierarten. Wenn die *Posidonia oceanica* zerstört wird, sterben die dort lebenden Tierarten aus oder wandern ab.
Seit mehreren Jahrzehnten sind durch die Bebauung des Küstenstreifens und durch Baumaßnahmen in den Häfen vermehrt Ablagerungen und damit Verunreinigungen entstanden, die diese fragilen Biotope gefährden. Auch ein zu dichter Verkehr von Booten und die Invasion von anderen Pflanzen bedeuten eine Gefahr für die Seegraswiesen.

Weitere schöne Wanderziele – Unter den anderen Spazierwegen sind folgende besonders empfehlenswert: Plage de la Palud über die Route des Forts und das Vallon Noir; Strand und Klippen der Südküste südlich der Pointe de Port-Man.

Île du Levant *Siehe Kartenskizze Massif des MAURES, S. 217*

Nur zwei Buchten, die Calanque de l'Avis und die Calanque de l'Estable, bieten Zugang zu diesem 8 km Langen und 1,2 km breiten Felsband. Die Schiffe laufen gewöhnlich die Anlegestelle L'Ayguade unterhalb des Wegs nach Héliopolis an. Der größte Teil (90 %) der Insel ist militärisches Sperrgebiet.

Héliopolis – Die Strände im Westen der Insel, das Dorf Héliopolis sowie die Höhlen werden in der Sommersaison zum Treffpunkt vieler FKK-Anhänger. Dieser Teil der Insel *(Privatbesitz)* war einer der ersten Orte, wo ab 1931 von den Ärzten Durville die Grundsätze der Freikörperkultur in die Tat umgesetzt wurden.

JUAN-LES-PINS☼☼☼

Michelin-Karte Nr. 341 D 6, Nr. 115 Falten 39 und 40 oder Nr. 245 Falte 37

In der wunderschönen geschützten Bucht zwischen der Halbinsel von Antibes und der Pointe de la Croisette liegt dieses sommers wie winters beliebte Seebad. Tagsüber locken der herrliche, 3 km lange, windgeschützte Sandstrand und das vom Jachthafen **Port-Gallice** zu Ausfahrten einladende Meer; am Abend erwacht das Leben in den Straßencafés, Restaurants und Nachtclubs beim Kasino.

D. Pazery/MICHELIN

Strand von Juan-les-Pins

TIPS UND ADRESSEN

Gastronomie

Gut und preiswert

Le Capitole – *26 Avenue de l'Amiral-Courbet – ☎ 04 93 61 22 44 – alainfont@free.com – 15. Nov.-15. Dez., Mo-abend und Di außerhalb der Saison geschl. – 16,01 €.* Das große Schaufenster gehörte einst zu einem Lebensmittelgeschäft. Heute befindet sich dahinter ein schöner geräumiger Restaurantraum, in dem nur die Regale noch an die ursprüngliche Bestimmung des Ortes erinnern. Traditionelle Karte.

L'Amiral – *7 Avenue de l'Amiral-Courbet – ☎ 04 93 67 34 61 – Nov. und Mo geschl. – 15,24 € Mittagessen – 21,34/29,73 €.* Sympathischer kleiner Familienbetrieb. Moderner, sonnengelber Dekor, hübsch gedeckte Tische, freundliche Bedienung und vor allem eine gute traditionelle Küche zeichnen dieses Lokal aus. Donnerstags gibt es Couscous; unbedingt reservieren.

Unsere Empfehlung

Bijou Plage – *Boulevard Guillaumont – ☎ 04 93 61 39 07 – 25,15/42,69 €.* Dieses Strandrestaurant an der Straße nach Golfe-Juan läuft im Sommer auf vollen Touren. Seine Preise sind zivil, und die Küche (v. a. Bouillabaisse, Produkte des Meeres) ist vielfältig. Privatstrand, Wassersportmöglichkeiten.

Nounou – *Am Strand – 06220 Golfe-Juan – ☎ 04 93 63 71 73 – 10. Nov.-25. Dez., So-abend und Mo außer Juli und Aug. geschl. – 29,73/53,36 €.* Wenn Sie Fisch und regionaltypische Speisen essen und dabei Strand und Meer vor Augen haben möchten, sollten Sie sich in diesem Familienrestaurant mit mehreren Räumen und einer Terrasse zu Tisch begeben. Nehmen Sie eines der Menüs; sie sind interessanter als die Karte.

Unterkunft

Gut und preiswert

Hôtel Les Charmettes – *25 Vieux Chemin de la Colle – ☎ 04 93 61 47 41 – Während der Allerheiligenferien geschl. – P – 17 Z: 43,45/52,59 € – ☕ 5,03 €.* Dieses kleine Hotel wendet sich an Urlauber, die der fiebrigen Hektik des Badeorts entfliehen möchten. Ein wenig enge, schlichte, aber peinlich saubere Zimmer. Angenehme, von Strohmatten und Mimosensträuchern umgebene Terrasse.

Hôtel Cécil – *Rue Jonnard – ☎ 04 93 61 05 12 – http://sites.netscape.net/hotelcecilfrance – 3. Nov.-15. Jan. geschl. – 21 Z: Halbpension 47,26 €.* Dieses schöne, typische Gebäude wurde 1920 in ein Hotel umgewandelt. Es liegt im Herzen der Stadt und küstennah. Die nicht sehr großen Zimmer sind auf drei Etagen verteilt. Im Sommer Abendessen auf der Terrasse.

Unsere Empfehlung

Hôtel La Marjolaine – *15 Avenue du Dr-Fabre – ☎ 04 93 61 06 60 – 14 Tage im März und Nov. geschl. – P – 17 Z: 51,83/60,98 € – ☕ 5,34 €.* Schönes Haus aus dem frühen 20. Jh. in blumengeschmückter Umgebung. Die Zimmer, einige davon mit Deckenbalken, sind in warmen Farben gehalten; das „Manoir" getaufte mit seinem alten provenzalischen Mobiliar ist am besten gelungen.

Spitzenkategorie

Hôtel Ste-Valérie – *Rue de l'Oratoire – ☎ 04 93 61 07 15 – 1. Okt.-8. Apr. geschl. – 30 Z: 91,47/146,35 € – ☕ 9,15 € – Rest. 21/60,88 €.* Über eine ruhige Straße gelangt man zu diesem Hotel, das in einem hübschen Garten steht. Seine gepflegten Zimmer besitzen einen Balkon oder eine Terrasse mit Blick ins Grüne. Im Sommer nimmt man das Frühstück im Garten ein. Swimmingpool zusammen mit dem Nebengebäude „Christie".

Cafés, Kneipen und Bars

Pam Pam – *137 Boulevard du Président-Wilson – ☎ 04 93 61 11 05 – Apr.-Mitte Nov.: 14-5 Uhr.* Man kommt von weit her, um im Pam Pam die mittlerweile berühmten *Accras* (Fettgebackenes mit Fisch, 18-21 Uhr) zu essen, einen Punsch zu trinken oder attraktiven Brasilianerinnen beim Tanzen zuzuschauen. Das Lokal mit seinem polynesischen Dekor ist aus Juan-Les-Pins nicht wegzudenken.

Le Crystal – *Avenue Gallice – 06160 Juan-les-Pins – ☎ 04 93 61 02 51 – Juli und Aug.: tgl. 8.15-4 Uhr; Sept. bis Juni: So-Do 8.15-0 Uhr, Fr-Sa bis 2 Uhr.* 1936 wurde diese Brasserie gegründet, damals ein Häuschen inmitten von Palmen, vor dem täglich Schafherden vorbeizogen. Der Chef des Hauses kann sich noch an diese Zeit erinnern. Heute ist das Lokal, ein Klassiker von Juan-les-Pins, von Diskotheken, dem Kasino und anderen Kneipen umgeben.

Sport und Freizeit

Parc Exflora – *An der N 7 zwischen Juan-les-Pins und Golfe-Juan. Eintritt frei. Parkplatz.* Der Park kombiniert mehrere Arten von Landschaftsgärten, darunter mediterrane, antike, provenzalische und orientalische.

HINTERGRUNDINFOS

Der Swing macht Furore – Die Zeit der langen musikalischen Nächte in Juan-les-Pins begann in den 20er Jahren, als die ersten amerikanischen Touristen hier ihren Urlaub verbrachten. Durch ihr überschwengliches Temperament entwickelten sie eine völlig neue Form von Badeurlaub: Sie bräunten sich am Strand, fuhren Wasserski und hörten eine fremdartige Musik, die von den schwarzen Amerikanern komponiert wurde, den **Jazz**. Der Großindustrielle Frank Gould gründete das erste Kasino, und die sonnengebräunte Jugend tanzte fortan zu den heißen Rhythmen von Cole Porter, Douglas Fairbanks, Mary Pickford und Mistinguett die Nächte durch.

Nach dem Zweiten Weltkrieg wurde diese Tradition durch die Amerikaner des U.S.-Navy-Stützpunktes an der Côte d'Azur wiederbelebt. **Sydney Bechet** wählte den Badeort, um 1951 hier im Stil des Karnevals von New Orleans seine Hochzeit zu feiern. Anschließend machte er Juan-les-Pins jeden Sommer zusammen mit Claude Luter zur europäischen Hauptstadt des Jazz. Nach seinem Tode 1959 wurde das erste Jazzfestival veranstaltet. Gastspiele von Louis Armstrong, Count Basie, Duke Ellington, Dizzy Gillespie und Miles Davis trugen zum weltweiten Renommee dieses Festivals bei. Heutzutage ist Juan-les-Pins untrennbar mit dem Jazz verbunden.

JUAN-LES-PINS IM ÜBERBLICK

Um das Kasino und das Palais des Congrès steht noch ein Teil des riesigen Pinienwaldes, der dem Ort seinen Namen verlieh. Die Promenade au Soleil zwischen dem Landungssteg und dem Kasino kann ihre Ähnlichkeit mit dem Boulevard de la Croisette in Cannes nicht verleugnen. Entlang der langen Sandstrände machte Léo Ramon 1925 Wasserski als Sport populär.

Alljährlich im Sommer steht die Stadt im Zeichen zahlreicher Veranstaltungen wie des berühmten **Welt-Jazzfestivals, „Jazz in Juan“** genannt, das den Pinienhain im Osten der Stadt oder den Kongreßpalast mit seinen Klängen erfüllt.

Strände – Bis kurz vor den sanft abschüssigen Sandstrand reicht ein Pinienwald heran. An mehreren öffentlichen oder privaten Stränden können verschiedene Wassersportarten betrieben werden *(Auskunft beim Fremdenverkehrsamt)*.

UMGEBUNG

⛭⛭ **Golfe-Juan** – Die sanften, von den Blüten der Orangenbäume und Mimosen überzogenen Höhen bei Vallauris, die Halbinsel von Antibes und die Îles de Lérins umrahmen beschützend die Bucht von Juan, an der sich der vielbesuchte Badeort mit seinem Fischerei- und Jachthafen sowie dem 1 km langen Strand entlangzieht.

Hier ging **Napoleon** nach dem Exil auf der Insel Elba am 1. März 1815 mit seiner 1 100 Mann starken Garde und einigen Pferden an Land *(s. unter Route NAPOLÉON)*. Das nahe Antibes verweigerte Napoleon jedoch die Unterstützung, und er ließ nach Cannes weitermarschieren. Am ersten Märzwochenende jeden Jahres wird das Ereignis in einem Historienschauspiel nachgestellt.

⛭ **Cap d'Antibes** – *10 km – etwa 2 Std. – s. unter ANTIBES, Ausflüge*

*** **Rundfahrt durch das Esterelmassiv** – *96 km – 1/2 Tag – Beschreibung s. unter Massif de l'ESTEREL*

* **Tanneron-Massiv** – *56 km – etwa 1 1/2 Std. – Beschreibung s. unter Massif du TANNERON*

Le LAVANDOU

5 449 Einwohner
Michelin-Karte Nr. 340 N 7, Nr. 114 Falte 48 oder Nr. 245 Falte 48
Kartenskizze Massif des MAURES, S. 216

Im Windschatten des Cap Bénat breitet sich der hübsche Badeort aus, dem es gelungen ist, etwas von seinem provenzalischen Charakter zu bewahren. Sein Name erinnert an die Wäscherinnen am Ufer des Batailler.
Im kleinen, gleichzeitig Jachten und Fischerbooten dienenden **Hafen** herrscht stets geschäftiges Treiben. Er ist auch Ausgangspunkt der Schiffe zu den Hyèrischen Inseln.

B. Kaufmann/MICHELIN

Die Côte d'Azur ist ein El Dorado für Freizeitschiffer, wie hier im Hafen von Le Lavandou

Der **Place Ernest-Reyer** zeichnet sich durch gepflegte Anlagen und einen schönen **Blick** auf das Meer sowie die Inseln Le Levant und Port-Cros aus. Rechts davon beginnt der sich im Bogen bis zum Hafen von Bormes-les-Mimosas erstreckende breite Strand. Die bewaldeten Hänge des Cap Bénat bilden eine bezaubernde Kulisse. Der dem Verlauf des Strandes folgende **Boulevard de-Lattre-de-Tassigny** gewährt einen **Ausblick** auf den Hafen und die Ostküste bis zum Cap Lardier.

Die Königin des Sommers

Der Gesang der Zikaden bildet zusammen mit dem Boule-Spiel und der mittäglichen Siesta im Schatten der Kiefern eine unauflösbare Trilogie, die charakteristisch für das Leben in Südfrankreich ist.
Nur beim Zusammentreffen besonderer Umstände kann man das Zirpen der Zikaden vernehmen: Die Temperatur muß mindestens 25 °C im Schatten betragen, und es dürfen keine störenden Geräusche in der Umgebung vorhanden sein, die das Wohlbefinden der Insekten beeinträchtigen. Die geringsten Veränderungen können dazu führen, daß der Gesang unterbrochen wird, wie z. B. eine Wolke, die sich vor die Sonne schiebt, oder ein zu starker Windstoß. Nur die männlichen Zikaden singen, um damit die Weibchen anzulocken; es handelt sich also um eine Brautwerbung. Das Zirpen entsteht durch Muskelkontraktion zweier am Hinterleib sitzender Schallmembranen, die sehr rasch (500 Mal pro Sekunde) vibrieren. Der Ton wird durch eine Tracheenblase im Bauch, die als Resonanzboden dient, verstärkt. Sobald das Weibchen mit seinen ebenfalls am Hinterleib sitzenden Ohren den Gesang vernimmt und lokalisiert, folgt es seinem Verehrer auf den Baum.
In Frankreich leben etwa 15 verschiedene Arten von Zikaden; die bekannteste ist die *Cicada orni*, das Wappentier der Provence.

J.-Ch. Gérard/PHOTONONSTOP

TIPS UND ADRESSEN

Gastronomie

Gut und preiswert

Chez Zète – *41 Avenue du Général-de-Gaulle – ☎ 04 94 71 09 11 – Dez. und Mo geschl. – 13,57/19,67 €.* Das in einer Geschäftsstraße von Le Lavandou gelegene Restaurant mit seiner familiären Atmosphäre zieht das ganze Jahr über seine Stammgäste an, die die Schlichtheit des Ortes, die provenzalische Küche und die schattige Terrasse hinter dem Haus zu schätzen wissen.

Hélios Plage – *In Aiguebelle – Avenue du Général-Bouvet, anschließend Fußweg über einen Steg – ☎ 04 94 71 49 79 – Mitte Nov.-1. Apr. und abends geschl. – 13,72/22,87 €.* Wenn Sie das Strandleben genießen und den Blick auf das Mittelmeer und die Île du Levant auskosten wollen, lassen Sie sich hier im Sand nieder oder in dem hübschen Strandlokal mit dem weißen Holzdekor. Hier gibt es, wenn Sie zwischen Sonnenbad und Siesta der Hunger packt, Salate, Pasta und ein Tagesgericht.

Unsere Empfehlung

L'Auberge Provençale – *11 Rue Patron-Ravello – ☎ 04 94 71 00 44 – provençale.auberge@wanadoo.fr – 10. Jan.-1. Febr., 15. Nov.-15. Dez. geschl. – 17,99/27,44 €.* Dieses in einer Fußgängerstraße gelegene Gasthaus steht ganz im Zeichen der Provence, d. h. die Küche wie der Dekor – mit Teilen einer Ölmühle und bunten Tischdecken – atmen die Farben des Südens.

Krill – *Rue Patron-Ravello – ☎ 04 94 71 06 43 – 1. Nov.-20. Dez. und Mo geschl. – 22,11/25,15 €.* Vor dem Restaurant, das in einer der Fußgängerstraßen des Zentrums liegt, befindet sich eine nette Terrasse. Im klimatisierten Gastraum oder draußen kann man die einfachen, mit frischen Zutaten zubereiteten Speisen zu sich nehmen. Kindermenü.

Unterkunft

Unsere Empfehlung

Roc Hôtel – *In St-Clair – 2 km von Le Lavandou – ☎ 04 94 01 33 66 – 21. Okt.-29. März geschl. – 25 Z: 77,75/120,43 € – ☕ 6,86 €.* Am Sandstrand von St-Clair hat dieses ockerfarbene Hotel praktisch schon die Füße im Wasser. Seine Zimmer sind hell und modern, die meisten liegen zum Meer hin, alle besitzen einen Balkon. Im Sommer Frühstück auf der Terrasse.

Hôtel Les Alcyons – *In Aiguebelle – 4,5 km von Le Lavandou – ☎ 04 94 05 84 18 – 16. Okt.-7. Apr. geschl. – 24 Z: 79,27/88,42 € – ☕ 5,79 €.* Am Fuße des Maurenmassivs und nur 20 m vom Strand entfernt steht dieses sympathische Hotel, ein idealer Aufenthaltsort, wenn man Badevergnügen mit Wanderfreuden kombinieren will. Angenehme, mit Rattanmöbeln eingerichtete Zimmer mit Terrasse und Klimaanlage.

Wein- und Kostproben

Domaine de l'Anglade – *Avenue Vincent-Auriol – ☎ 04 94 71 10 89 – Juli und Aug.: tgl. 9-12.30 Uhr und 16.30-19 Uhr, Sept. bis Juni: Di-Sa 9-12 Uhr und 17-19 Uhr.* Dieses schöne Weingut liegt mitten im Städtchen Le Lavandou. Man erzeugt hier Rot-, Weiß- und Roséwein, Aperitifweine (Orange und Zitrone) und Essig. Verkauf und Weinprobe vor Ort.

Cafés, Kneipen und Bars

Le Bora Bora – *Boulevard de-Lattre-de-Tassigny – ☎ 04 94 71 05 54 – Okt. bis März: tgl. 7.30-21 Uhr; Apr. bis Sept.: tgl. 7.30-3 Uhr.* In dieser Bar können Sie Ihren Drink aus ca. 100 angebotenen Cocktails auswählen, die in Kokosnußschalen oder in großen thailändischen Muscheln serviert werden. Im Sommer spielt eine Band Musik aus Lateinamerika und von den Antillen. Die „Muschel-Gläser" kann man käuflich erwerben und als Souvenir nach Hause tragen.

Unterhaltung

Théâtre de Verdure-Cinéma Plein Air – *Avenue du Grand-Jardin – ☎ 04 94 00 41 71 – Juli und Aug.: Öffnungszeiten s. Veranstaltungskalender vor Ort.* In dem etwas außerhalb gelegenen Freilichttheater gibt es Shows, Konzerte, Theaterstücke und Filme zu sehen.

Sport und Freizeit

Ecole de Voile de Cavalière – *Avenue du Cap-Nègre – ☎ 04 94 05 86 78 – Apr. bis Okt.: tgl. 9-18 Uhr.* In dieser Schule wird man in die Geheimnisse des Segelsports eingewiesen, und man kann hier Boote (Optimist, Katamaran, Schwertboot usw.) und Surfbretter mieten. Am selben Strand gibt es die Möglichkeit, Wasserski, Surfing, Paragliding zu betreiben oder sich auf „Donuts" zu vergnügen *(bouée tamponneuse)*.

Hoëdic – *Port du Lavandou – ☎ 04 94 71 69 89 / 06 09 37 30 62 – bateauhœdic@clubinternet.fr – Juni bis Sept.* Ein Tagesausflug auf der Hoëdic, einem schönen, 50 Jahre alten Segelschiff, ist ein wahres Vergnügen. Baden, Kanufahren, Tauchen gehören zum Programm; für Magen und Gaumen sorgt ein kaltes Büffet an Bord.

Seascope – *Gare Maritime – ☎ 04 94 71 01 02 – Ganzjährig.* Dank des transparenten Schiffsbauchs der *Seascope* können Sie die Tiefen des Meeres entdecken und seine Tierwelt – Goldbrassen, Meeräschen, Seewölfe und andere Mittelmeerfische – aus der Nähe betrachten.

Vedettes Iles d'Or – *Gare Maritime – ☎ 04 94 71 01 02 – Tgl.* Hier fahren die Schiffe zu den Inseln – Île du Levant, Île de Port-Cros und Île de Porquerolles – ab. Die Île du Levant ist größtenteils militärisches Sperrgebiet, aber auch ein Paradies für Liebhaber des Nacktbadens.

Hafenmeisterei des Port international du Lavandou – *☎ 04 94 00 41 10.* Jacht- und Fischereihafen mit 1 100 Liegeplätzen; drei Viertel davon sind auf Dauer vermietet.

Stadtführung

Petit Train des Plages – *☎ 04 94 12 55 12 – Juni bis Sept.* Rundfahrt (50 Min.) mit dem Bähnchen vom Hafen in Le Lavandou nach Pramousquier mit Haltestellen an den 12 Stränden des Ortes: erste Fahrt 9.40 Uhr, letzte Fahrt 19.30 Uhr. Nachtfahrt (1/2 Std.) innerhalb des Ortes.

Shopping

Märkte – Donnerstags auf dem Place du Marché und in der Avenue du Président-Vincent-Auriol; montags (Juni bis September) in Cavalière.

Alle **Strände** sind Sandstrände, deren sanitäre Anlagen, deren Sportangebot und Komfort zwar variieren, die aber alle Notrufsignale besitzen und ständig bewacht werden. In St-Clair wird Windsurfen angeboten, in La Fossette kann man Kanufahren. FKK-Anhängern sind die Strände Le Rossignol und Le Layet vorbehalten.

AUSFLÜGE

★★★**Îles d'Hyères** – *1 Tag – Kartenskizzen und Beschreibung s. dort.*

Îles de LÉRINS★★

Michelin-Karte Nr. 341 D 6, Nr. 115 Falte 39 oder Nr. 245 Falte 37

Der Reiz der Fahrt über das Meer, die angenehmen Spaziergänge auf den idyllischen **Îles de Lérins** und der schöne Ausblick auf die Küste zwischen dem Cap Roux und dem Cap d'Antibes rechtfertigen den Ausflug; zusätzliche Höhepunkte sind die Festung auf der Insel Ste-Marguerite und der Bergfried des befestigten ehemaligen Klosters auf St-Honorat. In der Saison werden sogenannte **„Son et Lumière"-Vorführungen** (Ton- und Lichtschauen) veranstaltet *(Auskunft im Fremdenverkehrsbüro in Cannes)*.

HINTERGRUNDINFOS

Rätsel um die Identität des Mannes mit der Eisernen Maske – 1687 wurde ein Unbekannter in dem damals als Staatsgefängnis dienenden Fort auf der Insel Ste-Marguerite eingekerkert. Nach Voltaire trug er eine Maske, deren Kinnband mit Stahlfedern befestigt war. Man vermutet, daß sich hinter der „eisernen" Maske ein unehelicher Bruder Ludwigs XIV. oder eine berüchtigte Persönlichkeit, die in der französischen Geschichte von sich reden gemacht hatte, verbarg. Eine andere Version besagt, daß der Leibarzt Annas von Österreich, der bei der Autopsie Ludwigs XIII. dessen Zeugungsfähigkeit in Zweifel gezogen hatte, die schriftlichen Unterlagen darüber seinem Schwiegersohn vermacht habe; dieser soll das Staatsgeheimnis ausgeplaudert haben und darauf ins Gefängnis der Insel verbannt worden sein. Doch nicht genug der Deutungen! Eine weitere stößt auf den Ursprung der Familie Bonaparte: Zu dem mysteriösen Mann wurden hin und wieder weibliche Besucher zugelassen, so daß er eines Tages Vater eines Sohnes wurde, den man, kaum geboren, nach Korsika

brachte. Dort soll das Kind „von guter Abstammung" (it. *di buona parte*) vertrauenswürdigen Leuten in Obhut gegeben und Buonaparte genannt worden sein. Ein Vorfahr Napoleons also ...
Eine der jüngsten Hypothesen will wissen, daß es sich um einen schwarzen Pagen der Königin Maria Theresia gehandelt haben soll. Dieser war ein Geschenk des Herzogs von Beaufort (1661) und soll ihr Liebhaber geworden sein. Daraufhin hatte die Gemahlin Ludwigs XIV. ein dunkelhäutiges Mädchen zur Welt gebracht, das 1695 die Klosterschwester Louis-Marie-Thérèse wurde, bekannter unter dem Namen „Moresse de Moret".
Als der ständige Bewacher des Mannes mit der Eisernen Maske, Monsieur de St-Mars, zum Direktor der Bastille ernannt und nach Paris berufen wurde, verlegte man den Unbekannten in jenes Gefängnis, wo er 1703 starb.

AUF ENTDECKUNGSTOUR

★★Île Ste-Marguerite *Besichtigung: 2 Std.*

In 1 100 m Entfernung vom Festland erstreckt sich die mit 3 km Länge und etwa 900 m Breite größte der beiden bebauten Inseln.
Sie ist fast vollständig im Besitz des französischen Staates. Durch die wunderschönen Eukalyptus- und Kiefernwäldchen schlängeln sich malerische Wege.

Circuit botanique et naturaliste (Botanischer Lehrpfad ⓥ) – Die Insel ist zum größten Teil bewaldet: Im Schutz kräftiger Eukalyptusbäume und verschiedener Kiefernarten wächst dichtes Unterholz aus Baumheide, Erdbeer- und Mastixbäumen, Zistrosen, Thymian und Rosmarin. Im Sommer kann man bei Spaziergängen unter sachkundiger Führung die Pflanzenwelt der Insel kennenlernen. Auf breiten Wegen wie der im Südosten des Forts zur Domaine du Grand-Jardin leitenden Allée des Eucalyptus und der von dort zur Schiffsanlegestelle zurückführenden Allée Ste-Marguerite lassen sich wunderschöne Waldspaziergänge machen. Wer Klettern über steile Felsen nicht scheut, kann auch einen Abstecher zum Meer machen. Der Ringweg (Chemin de Ceinture) ermöglicht es, die Insel zu Fuß *(etwa 2 Std.)* zu umrunden.
Die faserigen Kügelchen, die über die Sandstrände rollen oder in den Dünen an den Pflanzen sitzen, sind übrigens getrocknete Überreste von Seegras, das am Meeresboden ganze Wiesen bildet und hier außerdem Hauptproduzent von Sauerstoff ist.

Fort Royal ⓥ – Das unter Richelieu erbaute Fort wurde 1712 von Vauban, dem Festungsbaumeister Ludwigs XIV., verstärkt. Man betritt es durch ein großes Tor auf der Westseite. In dem Pavillon zur Linken befindet sich ein kleines **Aquarium** mit Fischen des Mittelmeers. Geht man links um dieses Gebäude herum, so gelangt man zu dem Trakt, in dem einst der Ex-Marschall Bazaine (1811-1888) einsaß. Er war als Hauptverantwortlicher der Kapitulation von Metz im Deutsch-Französischen Krieg von 1870-1871 zu lebenslänglicher Haft verurteilt worden und konnte – wohl durch Bestechung – ins Ausland fliehen. Neben diesem Gebäude befindet sich eine Terrasse, von der aus der **Blick★** weit über die nahe Küste schweift.
Hinter dem Wohnhaus von Bazaine gelangt man zu den Gebäuden, die die Gefängniszellen und das alte Schloß, in dem zur Zeit das Meeresmuseum untergebracht ist, miteinander verbinden.

Gefängniszellen – Bis zum 19. Jh. führte der Gang, von dem man in die Zellen kommt, direkt in den Hof. Jetzt gelangt man durch eine Tür in der Eingangshalle des alten Schlosses dorthin. Rechts davon befindet sich die Zelle des Mannes mit der Eisernen Maske sowie eine hugenottische Denkschrift, die daran erinnert, daß sechs protestantische Pfarrer, die nach der Aufhebung des Edikts von Nantes (1685) zu Einzelhaft verurteilt wurden, hier eingekerkert waren *(linke Zellen)*.
Im Gedächtnissaal findet man verschiedene Dokumente über die Reformation, die Religionskriege, das Edikt von Nantes und seine Aufhebung.

Musée de la Mer – Im Erdgeschoß des Meeresmuseums, das auf erhaltenen überwölbten Räumen aus der Römerzeit errichtet wurde, sind archäologische Funde ausgestellt, die bei Ausgrabungen im Fort und auf dem Meeresboden rund um die Insel entdeckt wurden (Wrack eines römischen Schiffes aus dem 1. Jh. v. Chr. und eines sarazenisches Schiffes aus dem 10. Jh.). Ein Teil der in den gestrandeten Schiffen gefundenen Ladung ist anschaulich ausgestellt: schöne Sammlung von Amphoren, römische Keramik und Glas sowie arabische Keramik mit elegantem Dekor. Die folgenden Säle sind der Schiffahrt und der Regatta gewidmet.

★★Île St-Honorat *Besichtigung: 2 Std.*

Die Passage Plateau du Milieu scheidet die 1 500 m lange und 400 m breite Insel St-Honorat von der Insel Ste-Marguerite. Erstere ist zwar Privatbesitz des gleichnamigen Klosters, doch hat jeder die Möglichkeit, hier spazierenzugehen und am Strand zu baden. Der Baumbestand aus Pinien, Strandkiefern, Eukalyptusbäumen

TIPS UND ADRESSEN

Verkehrsmittel

Zur Île Ste-Marguerite – *Compagnie Esterel Chanteclair* – ☎ *04 93 39 11 82.* Regelmäßige Überfahrten vom Hafen in Cannes. 8,38 €.

Zur Île St-Honorat – *Société Planaria* – *Île St-Honorat* – ☎ *04 92 98 71 38.* Abfahrt stündlich ab Cannes (Quai Laubeuf): 8-12 Uhr und 14-16.30 Uhr (17.30 Uhr Mai bis Sept.). 7,62 € hin und zurück (Kinder 4,57 €).

Gastronomie

Unsere Empfehlung

L'Escale – *06400 Ste-Marguerite (Île)* – ☎ *04 93 43 49 25* – *Dez. und von Sept. bis Juni abends geschl.* – *25,92 €.* Vor dem Hintergrund der Bucht von Cannes, dem Kap von Antibes und den Gipfeln der Alpen erstreckt sich eine lange Terrasse am Wasser, ein zauberhafter Ort, wenn man sich beim Besuch der Insel stärken möchte. Büffet und Fischkarte.

Shopping

Boutique de l'Abbaye de Lérins – *Île St-Honorat* – *06400 St-Honorat (île)* – ☎ *04 92 99 54 00* – *Tgl. 10.10-12.15 Uhr und 14-17 Uhr.* Im Klosterladen der Zisterzienserabtei gibt es manche Spezialität zu kaufen: Wein, Lavandin, Honig und den berühmten, aus 45 Kräutern gebrauten Lérina-Likör.

Weitere Hinweise

Île Ste-Marguerite – Auf der Insel gibt es für die Bewohner einige Geschäfte und mehrere Gaststätten. Man findet zahlreiche Wasserstellen, jedoch ist es in der Saison empfehlenswert, für einen Tagesaufenthalt seinen eigenen Proviant und Getränke mitzubringen.

Île St-Honorat – Das Zisterzienserkloster bedeckt die ganze Insel, die daher nur ein Speiselokal und keine Kneipe besitzt. Es gibt nur wenige Wasserstellen, und die Wasserversorgung unterliegt im Sommer besonderen Bestimmungen. Man muß unbedingt seine eigene Verpflegung für ein Picknick mitbringen und auf angemessene Kleidung achten.

und vereinzelten Zypressen bedeckt einen Teil der Insel; der andere Teil ist Ackerland und wird von den Mönchen bestellt, die nach eigenen Rezepten einen „Lerina" genannten Likör herstellen.

★★ **Rundgang auf der Insel** – Bei der Anlegestelle beginnt ein hübscher, schattiger Weg, auf dem man die Insel umrunden kann. Er führt teilweise am Meer entlang und vermittelt einen guten Eindruck von den verschiedenen Aspekten der Insel.

★ **Ancien Monastère fortifié (Alte befestigte Klosteranlage)** – Auf einer Landspitze an der Südseite der Insel erhebt sich das auf drei Seiten vom Meer umspülte imposante Gebäude. Es wurde 1073 zum Schutz vor den Piraten auf gallorömischen Fundamenten errichtet.
Einst führte eine Leiter, die heute durch eine Steintreppe ersetzt ist, zu der 4 m über dem Erdboden gelegenen Eingangstür hinauf. Dem Eingang gegenüber befindet sich die Treppe zum überwölbten Vorratsraum. Links ist über einige Stufen der im ersten Stockwerk gelegene, doppelgeschossige **Kreuzgang** zu erreichen. Er trägt aus dem 14. und 17. Jh. stammende Spitztonnengewölbe (eine Säule ist ein früherer römischer Meilenstein) und umschließt einen quadratischen Hof, unter dem sich eine mit Marmorplatten ausgelegte römische Zisterne befindet. Am oberen, zum Kreuzgarten hin Säulen aus weißem Marmor aufweisenden Gang liegt die Heilig-Kreuz-Kapelle (Chapelle Ste-Croix), die ein hohes gotisches Kreuzrippengewölbe aufweist; in ihr wurden einst zahlreiche Reliquien aufbewahrt. Von der Plattform des mit Zinnen und Pechnasen bestückten Wehrturms aus dem 15. Jh. reicht der **Blick**★★ weit über Land und Meer; zu sehen sind die Îles de Lérins, die Küste vom Esterelmassiv bis zur Halbinsel von Antibes und dahinter die Alpen.

Monastère moderne (Neue Klosteranlage ⌚**)** – *Nur Museum und Kirche stehen zur Besichtigung frei.* Sie wurde im 19. Jh. um die bis auf das 11. und 12. Jh. zurückgehenden Wohnräume der alten Anlage herum errichtet.

Museum – *Links des Kreuzgangs.* Fragmente römischer Steinmetzarbeiten und solche aus christlicher Zeit, die auf der Insel gefunden wurden, Dokumente zur Geschichte des Klosters und seiner Bedeutung, die Tafeln (Johannes der Täufer, Petrus, der hl. Benedikt) eines Louis Bréa zugeschriebenen Retabels zählen zu den Ausstellungsstücken des Museums.

Église ⓥ – Die neuromanische Klosterkirche stammt aus dem 19. Jh. Im linken Arm des Querschiffs ist noch eine Totenkapelle aus dem 11. Jh. erhalten.

Kapellen – Über die ganze Insel waren sieben für Einsiedler bestimmte Kapellen verteilt, die dem Kloster angeschlossen waren. Zwei von ihnen sind noch original erhalten.

Chapelle de la Trinité – Die Dreifaltigkeitskapelle liegt auf der Ostspitze der Insel und ist eine restaurierte Dreikonchenanlage mit einer ovalen Hängekuppel, welche sicher vor dem 11. Jh. erbaut wurde (einige Archäologen datieren sie wegen des offensichtlich byzantinischen Einflusses sogar auf das 5. Jh.).

Chapelle St-Sauveur – Die Erlöserkapelle steht unter Bäumen im Nordwestteil der Insel. Sie ist genauso alt wie die Dreifaltigkeitskapelle, besitzt jedoch einen achteckigen Grundriß. Im 17. Jh. und in unseren Tagen wurden Restaurierungsarbeiten vorgenommen.

LEVENS

3 700 Einwohner
Michelin-Karte Nr. 341 E 4, Nr. 115 Falte 16 oder Nr. 245 Falte 25
Kartenskizze NICE, S. 274

Das mittelalterliche Dorf in fast 600 m Höhe hat in der Vergangenheit den Küstenbewohnern oft Zuflucht geboten. Mit seinen modernen Hotels und Freizeitanlagen ist es heute ein besonders angenehmer Ferienort.

AUF ENTDECKUNGSTOUR

Bei einem Gang durch die Gassen trifft man in der Rue Masséna auf das Wohnhaus (1722) der Familie André Massénas (1758-1817), eines Marschalls unter Napoleon. Der Rathausplatz (Place de la Mairie) grenzt an einen hübschen Park, von dessen schattigen Terrassen man das Tal überblickt. Daneben erhebt sich die Kapelle der Weißen Büßer **(Chapelle des Pénitents-Blancs)** mit einer Barockfassade. Die **Chapelle des Pénitents-Noirs** in der Rue du Dr-Faraud ist wegen der schönen Kunstwerke darin, besonders in der Krypta, sehenswert.
Im **Bürgermeisteramt** (Mairie ⓥ) schuf der Maler Dussour 1958 amüsante Fresken mit Szenen aus dem Leben Massénas (im Stil der Bilderbögen von Épinal). Am Ende der Straße kommt man an Resten der Stadtmauer und am Maison du Portal (Wechselausstellungen) vorbei und erreicht den Place de la Liberté. Eine überwölbte Passage führt zu der innen und außen stark restaurierten Kirche.

Von der Kirche aus gehen Sie in Richtung „Piscine" (Schwimmbad) hinauf.

★ **Aussichtspunkt** – Beim Kriegerdenkmal sowie ein Stück weiter, in einer Kurve des äußeren Boulevards, erblickt man den Zusammenfluß von Vésubie und Var und die Kulisse von der Montagne du Cheiron bis zum Mercantour.

UMGEBUNG

Duranus – *8,5 km; 1/2 Std. Ausfahrt aus Levens auf der D 19, links.* Die Straße verläuft hoch über der tief eingeschnittenen Vésubie-Schlucht *(s. unter Vallée de la VÉSUBIE)*. Links erkennt man in der Höhe La Madone d'Utelle.
Das hübsche Dorf zwischen Weinbergen und Obstgärten wurde im 17. Jh. von Rocca-Sparviéro aus gegründet, von dem heute nur noch Ruinen beim Col St-Michel erhalten sind.

★★ **Saut des Français** – Am nördlichen Ortsausgang befindet sich ein beschilderter Aussichtspunkt. Der Name „Franzosensprung" soll an die republikanischen Soldaten erinnern, die hier während der Revolution 1793 von Royalisten aus dem Vésubie-Tal in den Abgrund gestürzt wurden. Der Blick verliert sich in schwindelnder Tiefe; im Hintergrund sind der Ort Utelle und die Kapelle zu sehen.

Tip

Unsere Empfehlung

Les Santons – *Im Dorf – ☎ 04 93 79 72 47 – 3. Jan.-9. Febr., 25. Juni-4. Juli, 1.-10. Okt., Mi und abends außer Sa geschl. – Reserv. – 16,77/29,73 €.* Die entzückende Terrasse dieses Lokals ist ein wahrer Traumplatz, wenn man sich in diesem hoch gelegenen Dorf stärken möchte. Nehmen Sie sich Zeit, denn hier gibt es vom Chef des Hauses selbst sorgfältig zubereitete Spezialitäten der Region.

LORGUES

7 319 Einwohner
Michelin-Karte Nr. 340 N 5 oder Nr. 245 Falte 35

Das Dorf liegt an einem Berghang in einem hügeligen, waldreichen Gebiet inmitten von Weinbergen und Olivenhainen. Zu Anfang dieses Jahrhunderts war Lorgues in Frankreich die Gemeinde mit den meisten Olivenbäumen. Noch heute wird hier viel Öl erzeugt; bedeutend ist auch die Traubenproduktion. Der mit prächtigen Platanen bestandene Korso wurde 1835 angelegt und gilt als einer der schönsten der Gegend.

AUF ENTDECKUNGSTOUR

Alt-Lorgues – Die Altstadt liegt zu beiden Seiten des Korsos. Ihre Häuser zeichnen sich zum Teil durch die Schönheit der Fassade oder wegen interessanter Einzelheiten wie Fensterstürzen, schmiedeeisernem Schmuckwerk, Treppenhäusern aus; hier und da plätschert ein hübscher Brunnen. Die Existenz einer Verteidigungsanlage bezeugen nur noch die Stadttore aus dem 14. Jh.

Collégiale St-Martin – Die Stiftskirche verdankt ihre Entstehung Fleury (1653-1743), dem Bischof von Fréjus, der später Kardinal und Minister Ludwigs XV. wurde. Sehenswert sind der mit Engelsköpfen an den Ecken geschmückte Hauptaltar, die Pierre Puget (1620-1694) zugeschriebene Madonnenstatue, die schöne Orgel und die geschnitzte Kanzel.

UMGEBUNG

Ermitage de St-Ferréol – *1 km. Zufahrt über eine ausgeschilderte Straße im Nordosten des Orts.* Auf einem Hügel in einem schönen Wald liegt die Kapelle, bei der noch Reste einer antiken Siedlung zu sehen sind.

Chapelle Notre-Dame-de-Benva ⌚ – *3 km nordwestlich an der Straße nach Entrecasteaux.* Die Kapelle „Unsere Liebe Frau der Guten Reise" (Benva leitet sich vom provenzalischen, „gute Reise" bedeutenden *ben vaï* ab) liegt an einem schattigen Hang mit Eichen- und Kiefernbestand. Sie war unübersehbar mit ihrer über die frühere Straße nach Entrecasteaux gebauten Vorhalle. Diese und das Innere des Kirchleins sind mit naiven Fresken aus dem 15. Jh. verziert.

Monastère orthodoxe St-Michel – *8 km auf der D 10 in nördlicher Richtung.* In dem Kloster ist eine Ordensgemeinschaft ansässig, die unter der Autorität der französischen orthodoxen Kirche steht. Das in byzantinischem Stil gehaltene Catholikon und die hölzerne Kapelle, die in Miniaturformat eine Replik der Kathedrale von Suzdal in Rußland darstellt, können besichtigt werden. In der Kirche, der Krypta und dem Refektorium sind die Wände mit Fresken im romanischen und byzantinischen Stil bedeckt.

Taradeau – *9 km auf der D 10 in südöstlicher Richtung.* Auf dem Berg über dem Winzerdorf erheben sich der „Sarazenenturm" Tour sarrasine de Taradel und die Ruine einer romanischen Kapelle.

Fahren Sie auf der D 73 weiter bergauf.

Gastronomie

Gut und preiswert

Sucrés-Salés – *7 Avenue Allongue – ☎ 04 94 67 63 80 – So-mittag und Mo geschl. – ▭̸ – 9,15/15,24 €.* Drei Bistrotische im Geschäft, drei auf der Terrasse – mehr hat dieser Chocolatier und Traiteur, dessen Hausfassade mit einfachen Kinderzeichnungen geschmückt ist, nicht anzubieten. Macht aber nichts, denn die leckeren hausgemachten Produkte sind hier die wirklichen Stars.

Le Chrissandier – *18 Cours de la République – ☎ 04 94 67 67 15 – Jan. und Mi außerhalb der Saison geschl. – 10,67 € Mittagessen – 14,48/38,11 €.* Im Zentrum des hübschen mittelalterlichen Ortes liegt dieses Restaurant, das mittags von den Leuten des Viertels und abends eher von Touristen besucht wird. Brandneuer rustikaler Dekor. Die Speisekarte ändert sich dem Marktangebot entsprechend täglich.

Shopping

Markt – Jede Woche dienstags.

Sport und Freizeit

Appaloosa Ranch – *28 Hameau de Châteaurenard – ☎ 04 94 73 74 92.* Reitausflüge.

Das Schicksal der Platanen

Dieser aus Kleinasien stammende Baum, der seit Jahrhunderten an Esplanaden, Alleen und Plätzen das Stadtbild südlich der Loire prägt, ist oft Zeuge so mancher Unterhaltung beim Boule-Spiel, das bei den Südfranzosen sehr beliebt ist. Seit einigen Jahrzehnten allerdings mußten immer mehr ältere Platanen gefällt werden, da sie vom Baumkrebs, einer von den amerikanischen Streitkräften mit ihren aus Platanenholz gebauten Munitionskisten in die Provence eingeschleppten Epidemie, befallen sind. Da sich der Pilz im Boden festgesetzt hat, ist es ausgeschlossen, an derselben Stelle eine neue Platane zu pflanzen. Aus diesem Grunde werden im Zuge einer langfristig angelegten Neubepflanzung der Verkehrsadern in den Ballungsräumen Südfrankreichs Baumarten eingeführt, die unter den in der Stadt gegebenen Umweltbedingungen besser gedeihen, wie Zürgelbäume, Akazien, Judasbäume und Kastanien.

Rechts zweigt dann ein steiniger Weg ab, an dem ein Schild mit der Aufschrift „Table d'orientation 800 m" auf den Aussichtspunkt mit Orientierungstafel hinweist; stellen Sie den Wagen bei dem Schild ab und gehen Sie zu Fuß weiter. Der **Rundblick★** umfaßt Lorgues, das Durchbruchstal bei Les Arcs, die Plans de Provence, die Voralpen von Grasse, das Esterel- und das Maurenmassiv.

★★ **Abbaye du Thoronet** – *13 km südwestlich. Verlassen Sie Lorgues auf der Straße nach Carcès, der D 562, und biegen Sie dann links auf die D 17 ab. Letztere mündet in die D 79, der Sie nach rechts bis zum Kloster Le Thoronet folgen. Beschreibung s. dort.*

Vallée du LOUP★★

Michelin-Karte Nr. 341 C 5-D 5, Nr. 115 Falten 24 und 25 oder Nr. 245 Falte 37

Der Fluß entspringt in etwa 1 300 m Höhe in der zu den Voralpen von Grasse gehörenden Montagne de l'Audibergue. Auf seinen kurzen Lauf zum Mittelmeer hat er fast auf ganzer Länge einen tiefen Gebirgseinschnitt gegraben. Diese Schlucht gehört zum Schönsten, was die Natur in der Haute-Provence bietet; die Zufahrtsstraßen zu ihr führen an reizvollen Bergdörfern vorbei durch eine malerische Landschaft.

AUSFLÜGE

★★Gorges du Loup *Rundfahrt von 56 km ab Vence – 1 Tag*

★ **Vence** – *Siehe dort*

Fahren Sie von Vence aus auf der D 2210 nordwestwärts. Nach 2 km biegen Sie rechts auf die mit „Galerie Beaubourg-Château Notre-Dame-des-Fleurs" ausgeschilderte Straße ab.

Château Notre-Dame-des-Fleurs – *Siehe unter VENCE, Umgebung*

Hinter sich die sogenannten *Baous*, vor sich Tourette-sur-Loup, kommt man an hübschen Häusern auf Bergterrassen mit Olivenhainen vorbei.

★ **Tourrettes-sur-Loup** – *Siehe dort*

Die Straße umgeht Tourettes, während sie Ausblicke auf diesen erstaunlichen Ort beschert. Danach führt sie hoch über dem Loup an zerklüfteten Kalkfelswänden entlang; nacheinander kommen die Bergdörfer Le Bar-sur-Loup und Gourdon in Sicht.

Pont-du-Loup – Der Viadukt, auf dem einst die Eisenbahnlinie Draguignan–Nizza über den Ausgang der Schlucht hinwegführte, wurde 1944 bis auf wenige Reste zerstört. Der Ort ist für die Herstellung von Geleefrüchten bekannt.
Biegen Sie am Ortseingang nach rechts auf die D 6 ab.

Die Straße führt zum beeindruckendsten Abschnitt der **Loup-Schlucht★★** (Gorges du Loup). Ihre senkrechten Wände sind in die Berge bei Grasse gegraben und mit riesigen Strudellöchern durchsetzt.
Vor dem zweiten Tunnel sieht man den aus 40 m Höhe in eine bemooste Mulde herabsprudelnden **Wasserfall von Courmes★** (Cascade).

Nur wenn die Stätte für den Besucherverkehr geöffnet ist, stellen Sie den Wagen hinter dem dritten Tunnel ab.

Inmitten üppigen Grüns stürzen der durch einen Menhir am Eingang dieses Privatgrundstücks angezeigte Wasserfall **Saut du Loup** und der mit dem Namen „Kaskade der jungen Damen" **(Cascade des Demoiselles)** bedachte Wasserfall in die

Unterkunft und Gastronomie

Gut und preiswert

Auberge de Courmes – *3 Rue des Platanes – 06620 Courmes – ☎ 04 93 77 64 70 – 5.-29. Jan., So-abend und Mo geschl. – 5 Z: 41 € – ☕ 6 € – Rest. 17,53/20,58 €.* Der Gemeindegasthof am Eingang dieses reizenden Dorfs, das hoch über der Loup-Schlucht liegt, verfügt über fünf kleine renovierte Zimmer und einen gemütlichen Gastraum. Die große Ruhe, der herrliche Blick und die Möglichkeit zu ausgedehnten Wanderungen versprechen schöne Urlaubserinnerungen.

Chambre d'hôte La Cascade – *635 Chemin de la Cascade – 06620 Courmes – ☎ 04 93 09 65 85 – lacascade@wanadoo.fr – 6 Z: 41,16/44,21 € – Mahlzeit 12 €.* Das Aushängeschild bezieht sich auf den Wasserfall von Courmes, der sich direkt neben diesem alten, ausgebauten und restaurierten Haus in die Tiefe stürzt. Einfache, saubere Zimmer, die alle nach demselben Muster eingerichtet sind. Wer die Ruhe und die Natur liebt, wird sich an diesem Ort wohl fühlen.

Tiefe. Seine stark kalkhaltigen Nebel lagern sich auf den Moosen und der übrigen Vegetation der unmittelbaren Umgebung ab. Der Loup rauscht hier im Frühling durch eine Vertiefung, die im Tertiär und Quartär durch Brandungs- und Gletschererosion gebildet wurde.
Biegen Sie kurz vor der Brücke von Bramafan scharf links in die D 3 ab, die fast bis Gourdon schöne **Ausblicke★** in die Schlucht hinunter bietet; mit zunehmender Höhe nähert man sich dem Hochplateau von Caussols; die Vegetation wird spärlicher.
Auf der rechten Straßenseite in einer Serpentine befindet sich eine Aussichtsterrasse *(sie ist durch ein Hinweisschild markiert)*, wo man nochmals eine sehr eindrucksvolle **Aussicht★★** auf die tiefe Schlucht hat. Etwas später weitet sich der Horizont, und der Blick reicht bis zum Meer.

★ **Gourdon** – *Siehe dort*

Die Abfahrt auf der D 3 in Richtung Le Pré-du-Lac führt den Hang des Hochplateaus von Caussols hinunter; es ist ein interessanter Streckenabschnitt.

In Le Pré-du-Lac biegen Sie nach links auf die D 2085 ab.

St-Pons – Olivenhaine, Weinberge und Jasmin umrahmen den Ort.

Hinter Le Collet biegen Sie nach links auf die D 7 ab. Diese führt in ein allmählich enger werdendes Tal und erreicht den unteren Teil der Schlucht des Loup, wo der **Blick** einen Mäander des Flusses und im Hintergrund die steil abfallenden Voralpen von Grasse erfaßt.
Nachdem die Straße ein Stück weit in felsiger Höhe dem Flußlauf gefolgt ist, führt sie auf den Talgrund hinunter und über den Fluß.

La Colle-sur-Loup – Reizvoller Urlaubsort am Fuß der Hügel von St-Paul in einer von Blumen-, Gemüse- und Obstfeldern belebten Ebene. Der Name des Ortes ist eine Ableitung des lateinischen *collis*, das Hügel bedeutet. Die Dorfkirche besitzt ein Renaissanceportal und einen viereckigen Turm mit schmiedeeisernem Glockenaufsatz. In der Hauptstraße befinden sich eine Reihe von Antiquitätenläden.

★★ **St-Paul** – *Siehe dort*

Zwischen St-Paul und Vence umfaßt der Blick die *Baous* genannten Berge und die Voralpen von Grasse.

Die Rückfahrt nach Vence erfolgt über die D 2 und die D 236.

★ Haute Vallée du Loup

Rundfahrt von 47 km ab Vence – etwa 1 1/2 Std.

Ausfahrt aus Vence in nordwestlicher Richtung auf der D 2. Die Strecke bietet sich im Anschluß an die oben beschriebene Rundfahrt an.

Nach einer sanften grünen Senke erreicht man unvermittelt das herrliche **Hochtal des Loup★**. Die Straße bietet vor und hinter Gréolières wunderschöne weite Ausblicke.

Gréolières – Das Bergdorf liegt am Fuß der Cime du Cheiron. Im Norden erheben sich die Ruinen der früheren Oberstadt, im Süden Mauerreste der ehemals bedeutenden Festung. Die **Kirche** mit romanischer Fassade und gedrungenem Glockenturm besitzt nur ein Seitenschiff. Links vom Eingang befinden sich ein vergoldetes und versilbertes Prozessionskreuz aus dem 15. Jh. sowie ein Retabelfragment aus dem 16. Jh., auf dem man Johannes den Täufer erkennt; geradeaus sieht man eine Madonnenstatue aus Holz (14. Jh.). Rechts oben sollte man nicht das **Altarbild des hl. Stephanus★** übersehen, schließlich ist es das schönste Werk der Kirche. Die Predella aus dem 15. Jh. zeigt Christus und seine Jünger.

Hinter Gréolières führt die Straße eine kurze Zeit lang über dem Dorf hin, dann, in den Felsen gehauen, talaufwärts; nachdem sie einige Tunnels durch bizarr geformte Felsen passiert hat, verläuft sie in einer Höhe von mehr als 400 m über dem Loup.

★**Clue de Gréolières** – Diese Klause entstand durch die Erosionstätigkeit eines reißenden Nebenflusses des Loup. Dieser hat auch in den Wänden der Schlucht große kesselförmige Vertiefungen, sogenannte Riesentöpfe, ausgewaschen. Dazwischen heben sich bizarr geformte Dolomit-Felsgebilde ab.
Die Straße verläßt dann die Klause und erreicht das Plateau von Le Plan-du-Peyron.

In Le Plan-du-Peyron biegen Sie nach rechts auf die D 802 ab.

Die Straße führt an den Hängen der Montagne du Cheiron bergauf; dabei ergeben sich viele interessante **Ausblicke** nach Westen und Norden.

Gréolières-les-Neiges – An den Nordhängen der Montagne du Cheiron liegt in einem sehr gut ausgestatteten Skigebiet (14 Skilifte, davon 8 Pisten mit Schneekanonen) in 1 450 m Höhe der südlichste Wintersportort der Alpen.

Rückfahrt über den Col de Vence (s. unter VENCE, Ausflug) oder die Gorges du Loup.

J.-P. Hervy/EXPLORER

Wasserfall von Courmes

Le LUC

7 282 Einwohner
Michelin-Karte Nr. 340 M 5, Nr. 114 Falte 35 oder Nr. 245 Falte 47
Kartenskizze Massif des MAURES, S. 216

Dieser an der antiken *Via Aurelia* gelegene Ort von großer landwirtschaftlicher Bedeutung ist ein Umschlagplatz für die Erzeugnisse, die in den umliegenden Weinbergen und Olivenhainen der Var-Ebene geerntet werden.

Unterkunft

Gut und preiswert

La Haute Verrerie – *Route de St-Tropez – 83340 Le Cannet-des-Maures – 6 km östlich von Le Luc über die D 558 in Richtung St-Tropez – ☎ 04 94 47 95 51 – ⊠ – 4 Z: 33,54/44,21 €.* Ein Bach fließt zu Füßen dieses provenzalischen Hauses aus dem Jahre 1839 (einer ehemaligen Glaserei). Die individuell eingerichteten Zimmer befinden sich in den verschiedenen Nebengebäuden; das schönste wurde in der ehemaligen Scheune als Mansarde eingebaut und besitzt sogar ein eigenes Solarium.

Unsere Empfehlung

La Gîthomière – *Route de St-Tropez – 7 km östlich von Le Luc über die D 558 in Richtung St-Tropez – ☎ 04 94 60 81 50 – Jan. geschl. – ⊠ – 4 Z: 53,36/60,98 €.* Der Duft von Pinien, Zypressen und Eukalyptusbäumen umhüllt diese zauberhafte Bastide aus Esterel-Stein. Die gut möblierten Zimmer bieten alle einen herrlichen Blick auf das Mauren-Massiv. Im Sommer Frühstück auf der Terrasse gegenüber dem Park.

AUF ENTDECKUNGSTOUR

Das Dorf wird überragt von einem sechseckigen, 27 m hohen Turm aus dem 16. Jh. Er wurde nach dem Vorbild der italienischen *Campanile* erbaut und diente einst als Glockenturm.

Aussichtspunkt Oppidum de Fouirette – 🚶 *45 Min. zu Fuß (einfach) in Richtung des Viertels Le Vergeiras, dort ist der Weg ausgeschildert.* Man erreicht schließlich eine Hügelkuppe *(300 m Höhe)*. Von dort hat man eine schöne **Aussicht**★ auf die Mauren-Ebene von Gonfaron bis zum Felsen von Roquebrune.

Die provenzalischen Kampanile des Var

Les Arcs	Uhrturm (18. Jh.)
Aups	Uhrturm
Carcès	Kampanile über einem Stadttor (18. Jh.)
Carnoules	Belfried (17. Jh.)
Cotignac	Kampanile (16. Jh.)
Draguignan	Turm (17. Jh.)
Flassans	Glockenturm (18. Jh.)
Le Luc	Turm (16. Jh.)
St-Tropez	Kampanile (19. Jh.)
Salernes	Glockenturm (18. Jh.)
Tavernes	reich verzierter Kampanile (18. Jh.)
Toulon	Turm des Marine arsenals (18. Jh.)

Uhrturm des Marinearsenals in Toulon

J.-L. Gallo/MICHELIN

BESICHTIGUNGEN

Musée historique du Centre-Var ⓥ – Das Historische Museum des Mittleren Var ist in der einstigen, im 17. Jh. erbauten Chapelle Ste-Anne untergebracht und bietet historische Funde aus lokalen Ausgrabungen: Fossilien (Dinosauriereier), einen skulptierten Sarkophag der Römerzeit, mittelalterliche Skulpturen, Mineralien des Maurenmassivs und alte Waffen, dazu einen Überblick über die Ortsgeschichte. Außerdem wird das Leben des Marineingenieurs **Jean-Baptiste Lebas** (1797-1873) beschrieben, der den großen Obelisken aus Luxor zum Place de la Concorde in Paris transportierte.

Musée régional du Timbre ⓥ – Das Philatelie-Museum im Schloß Vintimille, einem imposanten Bau aus dem 18. Jh., ist der Geschichte der Briefmarke gewidmet. In hellen, luftigen Räumen werden die verschiedenen Etappen bei der traditionellen Briefmarkenherstellung durch Kupferstich beschrieben. Eine Rekonstruktion der Werkstatt des Kupferstechers Albert Decaris, der viele französische und ausländische Briefmarken schuf, vermittelt eine gute Vorstellung von der Arbeitsweise. Außerdem sind zahlreiche Fälschungen und ausländische Marken zu sehen. Eine Dokumentationsstelle hält für den Besucher zusätzliche Informationen bereit.

LUCÉRAM*

1 035 Einwohner
Michelin-Karte Nr. 341 F 4, Nr. 115 Falte 17 oder Nr. 245 Falte 25
Kartenskizze NICE, S. 274

Auf einem Fels zwischen zwei Schluchten erhebt sich im Schutz der Cime de Gros-Braus das einst befestigte Dorf. Lediglich ein aus dem 13. Jh. stammender Turm der Befestigungsanlage hat unversehrt die Jahrhunderte überdauert. Der **Lage**** des Orts und seiner sehenswerten Kunstschätze wegen wird der Besuch zu einem besonderen Erlebnis.

AUF ENTDECKUNGSTOUR

*Alter Dorfkern

Folgen Sie vom Place Adrien-Barralis aus den Hinweisschildern zur Kirche („Église“).

Ein Labyrinth von steilen Gassen mit Treppen und Passagen durchzieht das mittelalterliche Dorf, das einst eine von Konsuln regierte kleine Republik war. Während des Besichtigungsrundgangs kommt man an einer von ionischen Säulen flankierten Tür *(rechts)* aus dem 14. Jh. und zahlreichen gotischen Häusern vorbei. Vom Kirchenvorplatz aus fällt der **Blick** auf Lucéram mit den Resten der zinnenbekrönten Mauern und dem Turm, auf die Hügel des Nizzaer Hinterlandes und in der Ferne die Küste.

Église Ste-Marguerite ⓥ – Das Gotteshaus entstand in der Übergangszeit von der Romanik zur Gotik, erhielt jedoch im 18. Jh. bei der dem Stilempfinden des Rokokos entsprechenden Umgestaltung einen reich mit Stuck verzierten sehenswerten Innenraum.

** **Altaraufsätze** – Die Kirche enthält die im Raum Nizza bedeutendste und bestzusammengestellte Retabelsammlung der Nizzaer Malerschule. Die einzelnen Tafeln haben Goldgrund, oder es sind Landschaftshintergründe dargestellt. Im rechten Querhausarm befindet sich das in einen spätgotischen, fein ausgearbeiteten geschnitzten Rahmen gefaßte **Antonius-Retabel** Jean Canavesios. Über dem Hochaltar präsentiert sich die zehnteilige, meisterhaft gearbeitete Altartafel Louis Bréas, das **Margareten-Retabel**; unter den Personen, welche die Hauptgestalt begleiten, sind unten links die hl. Magdalena und oben links der hl. Michael zu erkennen.

Tip

Gut und preiswert

Chambre d'hôte La Villa St-Benoît – *61 Chemin de la Roche-Argent – 06390 Berre-les-Alpes – 14 km südlich von Lucéram über die D 2566 und die D 215 – ☎ 04 93 91 81 07 – villastbenoit@wanadoo.fr – 41,16/51,83 € – Mahlzeit 17 €.* Ein ungewöhnlicher Ort ist diese Villa, in der sich einst eines der wichtigsten französischen Aufnahmestudios für Musik befand. Heute gibt es hier drei angenehme, mit alten Möbeln eingerichtete Zimmer und einen mit unzähligen, von überallher zusammengetragen Gegenständen dekorierten Speiseraum.

E. Baret/MICHELIN

In Lucéram sind die Häuser dicht neben- und teilweise gar übereinander gebaut

Drei weitere Tafelbilder aus der Bréa-Schule schmücken das Schiff.

★**Kirchenschatz** – Er umfaßt eine sehr schöne, um 1500 gearbeitete Silberfigur, welche die hl. Margarete mit dem Drachen zeigt; ein Reliquiar mit feiner Ziselierung aus dem 14. Jh.; ein sizilianisches Statuenreliquiar der hl. Rosalia, zwei Silberleuchter und eine alabasterne Marienstatue aus dem 16. Jh.

Sonstige Kunstwerke – Das Augenmerk gebührt links vom Eingang einer erstaunlichen bemalten Holzpietà aus der Barockzeit und auf der linken Seite des Chors einer der Volkskunst des 13. Jh.s entsprechenden Pietà aus Gips auf Stoff. Darüber hinaus kann man im Chor alte schmiedeeiserne Prozessionslaternen besichtigen.

★**Hirtenweihnacht** – Nach uraltem Brauch kommen jährlich am Christfest die Hirten der Umgebung zur Kirche von Lucéram, um unter Pfeifen- und Tamburinklängen Lämmer und Früchte Gott zu weihen.

UMGEBUNG

Chapelle St-Grat – *1 km südlich an der D 2566.* Sie enthält Jean Baleison zugeschriebene Fresken. Die Gewölbekappen zeigen die vier schreibenden Evangelisten. An der Wand hinten erkennt man unter einem dreifachen Baldachin folgende Darstellungen: die Jungfrau Maria mit dem Jesuskind, das eine Taube in der Hand hält; den hl. Gratus, welcher den abgeschlagenen Kopf Johannes' des Täufers trägt; den hl. Sebastian, der als Patron der Bogenschützen einen Pfeil hält.

Chapelle Notre-Dame-de-Bon-Cœur – *2 km auf der D 2566 in nordwestlicher Richtung, dann 1/4 Std. zu Fuß hin und zurück. Vom Parkplatz, wo man den Wagen abstellt, geht links der Weg an einem verfallenen Haus vorbei zur Kapelle.* Die Kapelle birgt Fresken, als deren Schöpfer ebenfalls Baleison gilt. Sie sind trotz stellenweiser Übermalung sehenswert. Im Schutz der Vorhalle befinden sich Darstellungen zum Thema „Das richtige und das falsche Beten", das durch die lateinische Inschrift im Sinne „Wenn man nicht mit dem Herzen betet, spricht die Zunge vergebens" erläutert wird; auch sieht man den hl. Sebastian als Märtyrer. Den Kirchenraum schmücken Fresken, die insbesondere die Anbetung der Hirten, die Anbetung der Hl. Drei Könige aus dem Morgenland und Szenen aus dem Marienleben darstellen.

MANDELIEU-LA-NAPOULE

Michelin-Karte Nr. 341 C 6, Nr. 114 Falte 26, Nr. 115 Falte 34, 35 oder Nr. 245 Falte 37
Kartenskizze Massif de l'ESTEREL, S. 157

Zu Füßen des Esterel- und des Tanneron-Massivs dehnt sich der Ort zur Mittelmeerküste aus. Im Mittelalter war die Fischerei in diesem kleinen Hafen namens Epulia die Haupteinnahmequelle, an deren Stelle heute Mimosenpflanzungen getreten sind, die den Ort zu einem wichtigen Anbaugebiet gemacht haben. Die herrliche Bucht und die Grünanlagen und Strände an der Mündung der Siagne tragen zur ganzjährigen Beliebtheit von Mandelieu bei.

Im 19. Jh. gaben sich zahlreiche wohlhabende Ausländer in Mandelieu ein Stelldichein. Der Großherzog von Rußland ließ die Bucht erschließen, der amerikanische Bildhauer Henry Clews verwandelte die Burg in eine Künstlerkolonie, und englische Aristokraten führten das Golfspiel und das Rudern auf der Siagne ein.

MANDELIEU-LA-NAPOULE IM ÜBERBLICK

La Napoule – An der Bucht liegen drei wundervolle Sandstrände, von denen man ein herrliches Panorama genießt *(Victoria und Sweet sind Privatstrände).* Der große Jachthafen verfügt über 1 300 Liegeplätze.

Spaziergang zum Aussichtspunkt – *Vom Postamt aus über die Rue des Hautes-Roches, anschließend 3/4 Std. zu Fuß hin und zurück über einen beschilderten Weg.* Ziel des Spaziergangs ist der Hügel San Peyré, von dem aus sich die großartige **Aussicht**★ auf das Tanneron-Massiv, den Golf von La Napoule, Cannes und das Cap d'Antibes erstreckt.

TIPS UND ADRESSEN

Gastronomie

Unsere Empfehlung

Bistrot du Port – *Am Hafen – ☏ 04 93 49 80 60 – Mitte Nov.-Mitte Dez. und Mi von Sept. bis Juni geschl. – 19,82/25,61 €.* Sehr entspannend ist der Besuch dieses Bistros mit Terrasse und Veranda an den Fußgängerkais des Freizeithafens. Der Gastraum mit seinen warmen Holzvertäfelungen erinnert an eine Schiffskajüte. Pasta und Pizza sind sehr gut; am Nachmittag sollte man hier ein Eis essen oder einen Cocktail trinken.

Restaurant de Plage la Voile d'Azur – *Avenue du Général-de-Gaulle – 2 km über die N 98 am Meer entlang, Richtung Cannes – ☏ 04 93 49 20 44 – 22,87 €.* Man wird kaum einen weiteren Panoramablick über das Meer finden als hier in diesem Restaurant, das direkt am Strand liegt. Hübsche Terrasse, die mit den ersten Sonnenstrahlen schon stark besucht ist. Auf der Speisekarte: schöne Auswahl an Salaten und gegrillter Fisch.

Unterkunft

Gut und preiswert

Corniche d'Or – *Place de la Fontaine – 06210 La Napoule – ☏ 04 93 49 92 51 – 16. Okt.-24. Apr. geschl. – ⊭ – 12 Z: 28,20/46,50 € – ☕ 4,88 €.* Dieses Hotel an einem kleinen Platz in der Nähe des Bahnhofs bietet einfache Zimmer, die meisten mit Balkon; zwei Zimmer besitzen eine große Terrasse.

Unsere Empfehlung

Hôtel Villa Parisiana – *Rue Argentière – ☏ 04 93 49 93 02 – 19. Nov.-3. Dez. geschl. – 13 Z: 41,16/59,46 € – ☕ 5,34 €.* Die aus dem frühen 20. Jh. stammende Villa liegt in einem Wohnviertel und ist heute ein kleines Hotel mit familiärer Atmosphäre. Die Geräuschisolierung ist nicht optimal, die Eisenbahn ein wenig nah. Aber die Balkons und die laubgeschmückte Terrasse sind angenehm.

Cafés, Kneipen und Bars

Royal Hôtel Casino – *605 Avenue du Général-de-Gaulle – ☏ 04 92 97 70 00 – www.royal.hotel.casino.com – Bar Blue-wave: 9-2 Uhr. Pianist: 19.30-22.30 Uhr. Tanzbar: 22.30-3 Uhr; So außerhalb der Saison geschl.* Zu diesem Luxushotel, dessen Terrasse und Swimmingpool zur Bucht von Cannes weisen, gehören ein Casino, zwei Restaurants, eine Pianobar, in der Abend für Abend Musik gemacht wird, sowie ein neuer Nachtclub.

Sport und Freizeit

Guy Durante Organisation – *Avenue du Général-de-Gaulle-Plage de Robinson – ☏ 04 93 49 44 19 / 06 80 64 03 50 – Mitte Mai-Mitte Okt. tgl.* – An diesem Anlegeponton starten die Abenteuer der Fans von Wasserski, *Wake-board* und Paragliding.

Sant'Estello Country Club – *3300 Avenue Paul-Ricard – ☏ 04 93 49 44 00 – tgl., Juli und Aug auch bei Dunkelheit.* Ein Tennisclub, der in dem herrlichen Anwesen Sant'Estello (Eigentümer: Paul Ricard) liegt. Er besitzt zehn Courts, darunter vier Sandplätze, die das ganze Jahr über bespielbar sind.

Domaine de Barbossi – *3300 Avenue Paul-Ricard – ☏ 04 93 49 64 74 – Während der Schulferien: tgl. 10-12 Uhr und 14-20.30 Uhr; in den übrigen Monaten: Mi, Sa, So 10-12 Uhr und 13.30-19 Uhr.* Neben dem Tennisclub stehen Kinderspielplätze, ein Pony-Club, Mountainbikes, ein Trampolin und ein Minigolfplatz zu Ihrer Verfügung. Die Domäne ist ein ideales Ausflugsziel für Familien. Den Rot- und Roséwein des Gutes kann man vor Ort kaufen.

Shopping

Märkte – In Mandelieu mittwochs auf dem Place de la Casinca, in La Napoule donnerstags auf dem Place St-Fainéant und samstags auf dem Place Jeanne-d'Arc.

BESICHTIGUNG

Château-Musée ⓥ – *In La Napoule.* Lediglich zwei Türme stehen noch von der Burg aus dem 14. Jh., die von dem amerikanischen Bildhauer **Henry Clews** und seiner Frau, einer Architektin, umgebaut wurde. Sie liegt ganz **malerisch★** über dem Meer am Beginn der Höhenstraße zu Füßen des Esterelmassivs und ist eine wundersame Mischung aus romanischen, gotischen und orientalischen Elementen. Zu besichtigen sind die Gärten, die Wohnräume, der Kreuzgang und das Atelier des Bildhauers. Die von dem Künstler geschaffenen phantasievollen Personen und Fabeltiere, die sich durch Eleganz, Witz, Realismus und Ironie auszeichnen, runden die Architektur des Bauwerks ab. In der Burg finden Konzerte sowie Ausstellungen der amerikanischen Künstler statt, die der von der Ehefrau Clews' 1951 gegründeten Stiftung angehören.

Massif des MAURES★★★

Michelin-Karte Nr. 340 M 6/N 5 bis O 6, Nr. 114 Falten 34 bis 37
oder Nr. 245 Falten 47 bis 49

Das bewaldete Maurenmassiv wird im Süden und Osten begrenzt von dem Küstenabschnitt zwischen Hyères und St-Raphaël, im Norden und Westen von den Flüssen Argens und Gapeau. An der buchtenreichen Küste und entlang der wegen ihrer einzigartigen Ausblicke attraktiven Höhenstraße **Corniche des Maures** zwischen Le Lavandou und La Croix-Valmer, reiht sich ein schön gelegenes Seebad an das andere. Das Innere des Gebirges ist vom Touristenboom lange unberührt geblieben; seine tiefen Schluchten und die schattigen Täler haben ihre ursprüngliche, wilde Natur bewahrt.

HINTERGRUNDINFOS

Das hauptsächlich aus kristallinem Gestein, d. h. Gneis und Glimmerschiefer, bestehende Maurenmassiv zählt mit dem Esterelmassiv zu den ältesten, in derselben Zeit wie die Auvergne entstandenen provenzalischen Gebirgsformationen. Diese ergaben sich schon im Erdaltertum aus dem großen, auch Korsika und Sardinien umfassenden Tyrrhenischen Massiv.

Corniche des Maures

Mehrere aufeinanderfolgende Schübe von den Pyrenäen und den Alpen ließen vier parallel verlaufende Höhenzüge entstehen: Der erste wird deutlich in den Hyèrischen Inseln, die sozusagen die Richtpunkte der zum Großteil unter Wasser verborgenen, südlichsten Kammlinie darstellen; der zweite schwingt sich in der Chaîne des Pradels bis zu 528 m auf; der dritte, die Chaîne de la Verne, hat seine Nordgrenze in den Beckenlandschaften von Grimaud und Collobrières; der vierte, die Sauvette-Kette, weist mit dem 780 m hohen Notre-Dame-des-Anges sowie dem 779 m hohen Sauvette die höchsten Gipfel des ganzen Massivs auf und endet im Osten bei der sich hoch über dem Argens erhebenden Montagne de Roquebrune.
Die Mauren-Küste ist gekennzeichnet durch die weit ins Meer hinausragenden Vorgebirge des Cap Bénat und die Halbinsel von St-Tropez, die sich stark verjüngenden Landspitzen Cap Nègre und Cap des Sardinaux, ferner die ins Land eindringenden Buchten von Bormes, Cavalaire und St-Tropez.
Die Vegetation des Gebirges beschränkt sich auf die harzig duftenden Kiefernwälder am Meeresrand und die Steineichen-, Kastanien- und Korkeichenhaine, Erdbeerbäume und Zistrosen im Inneren des Massivs, die allesamt häufig ein Opfer rasch um sich greifender Waldbrände werden.
Einige kleine Betriebe nutzen die Korkeichenbestände zur Herstellung von Flaschenkorken.

DAS MAUREN-MASSIV IM ÜBERBLICK

★★ Ferienorte auf der Corniche des Maures

Entlang der Höhen- und Küstenstraße zwischen **Le Lavandou** *und* **St-Tropez★★** *auf der D 559.*

Le Lavandou – *Siehe dort*

Ab Le Lavandou folgt die Straße direkt dem Verlauf der blühenden und bewaldeten Küste.

St-Clair – Etwas abseits der Straße liegt dieser über einen schönen und weiten Strand verfügende Urlaubsort.

J. Guillard/SCOPE

TIPS UND ADRESSEN

Gastronomie

Gut und preiswert

Maures – *19 Boulevard Lazare-Carnot – 83610 Collobrières – ☎ 04 94 48 07 10 – 8,38 € Mittagessen – 15,24 €.* Dieser Gasthof ist das ganze Jahr über gut besucht. Verständlich, denn das Preis-/Leistungsverhältnis der Küche und die freundliche Bedienung ziehen an. Im Sommer Terrasse unter Platanen.

Unsere Empfehlung

Alizés – *Promenade de la Mer – 83240 Cavalaire-sur-Mer – ☎ 04 94 64 09 32 – 16,77/28,97 €.* Die lebendige Atmosphäre und der Humor der Chefinnen des Hauses erinnern an die Romane Marcel Pagnols oder den Schauspieler Raimu. In zeitgenössischem Dekor serviert man Familienküche mit besonderer Vorliebe für Fischgerichte und hausgemachte Desserts. Meeresblick. Renovierte Zimmer, davon einige mit Balkon.

Chante-Mer – *Im Dorf – 83380 Les Issambres – ☎ 04 94 96 93 23 – 15. Dez.-31. Jan., So-abend von Sept. bis Ostern, Di-mittag von Ostern bis Sept. und Mo geschl. – 19,51/32,78 €.* Hier arbeitet die ganze Familie: der Chef des Hauses in der Küche, die Chefin und die beiden Töchter im Service. Und da das Lokal sympathisch, die Küche lecker und die Preise zivil sind, werden Sie die Mahlzeit im hübschen Gastraum oder auf der Terrasse wirklich genießen.

Unterkunft

Gut und preiswert

Chambre d'hôte Le Mas des Oliviers – *83390 Puget-Ville – 2,5 km über die N 97 in Richtung Cuers – ☎ 04 94 48 30 89 – sapori@club-internet.fr – Ende Okt.-Ende März geschl. – ⊭ – 3 Z: 48,78/56,41 € – Mahlzeit 18 €.* Dieses hübsche provenzalische Haus in einem 3 ha großen Anwesen aus Wein- und Olivengärten ist ein angenehmer Übernachtungsort. Die gepflegten Zimmer sind geräumig und in den Farben des Südens gehalten. Reiten oder Fahrradfahren möglich.

Unsere Empfehlung

Chambre d'hôte L'Amandari – *Vallat d'Emponse – 83120 Plan-de-la-Tour – ☎ 04 94 43 79 20 – ⊭ – 6 Z: 60,88/91,32 € – ☕ 6,86 € – Mahlzeit 21,31 €.* Gastfreundschaft und Ruhe strahlt diese alte, an einem Bach gelegene Schäferei aus. Die kleinen, individuell gestalteten Zimmer sind rund um einen Innenhof angeordnet. Swimmingpool, Garten und Terrassen laden zum wohligen Faulenzen ein.

Golfe Bleu – *Route de La Croix-Valmer – 83240 Cavalaire-sur-Mer – 1 km von Cavalaire auf der D 559 in Richtung La Croix-Valmer – ☎ 04 94 64 07 56 – 2. Nov.-31. Jan. geschl. – 15 Z: 60,98/68,60 € – ☕ 5,95 € – Rest. 14 €.* Am Straßenrand, etwas außerhalb des Ortes, steht dieses einfache und saubere Hotel. Seine an der Fassade schallisolierten Zimmer sind klimatisiert. Auch das Restaurant ist schlicht; es besitzt eine kleine Terrasse.

Sport und Freizeit

Smash Club – *Avenue du Golf – 83980 Cavalière – ☎ 04 95 05 84 31 – www.smashclub.fr.st – Juli und Aug.: tgl. 8-2 Uhr, Apr. bis Juni sowie Sept. und Okt.: tgl. 9-21 Uhr, Nov. bis März: tgl. 14.30-19 Uhr.* In diesem Sportzentrum findet jeder etwas nach seinem Geschmack. Es gibt sechs Tennisplätze, einen Golfplatz, ein Fitness-Studio und eine Sauna. Man kann sich im Bogenschießen üben oder ein Mountainbike mieten. Im Sommer führt man Tennis-, Badminton-, Beach-Volleyball-, Fußball- und Pétanque-Turniere durch. Eine Neuigkeit ist der „Indiana River"-Parcours.

Shopping

Confiserie Azuréenne – *Boulevard Koenig – 83610 Collobrières – ☎ 04 94 48 07 20.* Herstellung und Verkauf von allen möglichen Variationen von Eßkastanien sowie Besichtigung des Betriebes.

Hinweise zum Umweltschutz

Verkehr – Die DFCI-Wege (Brandschutzzonen) sind für den öffentlichen motorisierten Verkehr gesperrt. Es handelt sich sozusagen um Privatwege. Eine offene Schranke bedeutet nicht, daß man den Weg befahren darf. Nicht vor diesen Zufahrtsschranken und auf engen Fahrbahnen parken; den Wagen am

Randstreifen abstellen, um die Einsatzfahrzeuge nicht zu behindern. Zu Fuß allerdings darf man diese Wege benutzen. Bleiben Sie mit Ihrem Mountainbike auf den dafür vorgesehenen Wegen.

Tiere – Respektieren Sie beim Spaziergang die Pflanzenwelt, fassen Sie keine Tiere in freier Wildbahn an, bleiben Sie auf den Waldwegen und lassen Sie Ihren Hund nicht frei herumlaufen.

Campen – Zelten in freier Natur ist innerhalb des Massivs und bis 200 m vom Waldrand entfernt nicht gestattet.

Sammeln und Pflücken von Früchten und Pflanzen – Das unerlaubte Einsammeln von Kastanien ist strafbar. Die Höhe des Bußgeldes richtet sich nach der Sammelmenge (die Kastanienhaine sind ein Anbaugebiet, deshalb wird das Einsammeln als Diebstahl betrachtet). Generell dürfen geschützte Pflanzen nicht mitgenommen werden.

Naturschutz – Werfen Sie keine Abfälle in den Wald, sondern benutzen Sie die dafür vorgesehenen Abfallbehälter, oder nehmen Sie ihre Abfälle mit nach Hause.

Waldbrand – Zwischen Mitte März und Mitte Oktober ist das Rauchen und Feuermachen im Massiv strikt untersagt. Bei großer Brandgefahr tritt ein Notfallplan in Kraft, und einige öffentliche Straßen (auf denen das Risiko besonders groß ist) können für den Autoverkehr gesperrt werden. Zuwiderhandlungen werden mit hohen Bußgeldstrafen geahndet. Es wird aus Gründen der Sicherheit auch nachdrücklich davon abgeraten, diese Bereiche zu Fuß zu durchstreifen.

Aiguebelle – Der ruhige Badeort breitet sich an einer kleinen Bucht aus.

Cavalière – Ein herrlicher, vor dem heftigen Mistral geschützter Sandstrand mit Blick auf das Cap Nègre und die Bucht von Bormes bis zu den beiden östlichen Hyèrischen Inseln Le Levant und Port-Cros gehört zu Cavalière.

Pramousquier – Kleiner Ort, der einen geschützten Strand besitzt.

Die Straße gewinnt wieder etwas Abstand zur Küste, während sie sich durch Kiefernwäldchen und Gärten windet.

Le Rayol-Canadel-sur-Mer – An den Ausläufern der Chaîne des Pradels liegt bei Canadel einer der windgeschütztesten Strände der Mauren-Küste. Er ist von schönem Kiefernwald gesäumt.

Cavalaire-sur-Mer – Das Familienseebad besitzt einen großartigen, 4 km langen Sandstrand. Im Sommer ist der Jachthafen mit 1 000 Liegeplätzen ein beliebter Treffpunkt von Segel- und Motorbootfreunden.

La Croix-Valmer – Der Luftkurort auf der Paßhöhe umfängt seinen Gast mit angenehmer Ruhe. In der Umgebung wächst ein guter Côtes-de-Provence-Wein.
Der Name des Ortes La Croix, „das Kreuz", soll durch folgende Begebenheit entstanden sein: Der römische Kaiser Konstantin war auf der Reise nach Italien, als er auf eben diesem Paß eine Vision hatte. Er sah am Himmel ein Kreuz und die Worte *In hoc signo vinces*. Die Voraussage „In diesem Zeichen wirst du siegen" sollte sich bewahrheiten, als Konstantin 312 Maxentius besiegte, sich taufen ließ und den Siegeszug des Christentums einleitete. Ein auf dem Paß von La Croix errichtetes Steinkreuz hält die Erinnerung an jenes Ereignis aufrecht. Bekannter ist allerdings die Überlieferung, die die Vision an den Vorabend der Schlacht bei der Milvischen Brücke verlegt.

Col de Collebasse – 129 m. *8 km östlich von La Croix-Valmer, an der sehr kurvenreichen D 93*. Die Paßhöhe bietet einen wunderschönen **Ausblick**★ auf die Buchten von Pampelonne und Cavalaire sowie die Hyèrischen Inseln.

Nach St-Tropez auf der D 93.

★★ **St-Tropez** – *Siehe dort*

★★ Ferienorte zwischen St-Tropez und Fréjus

Auf der anderen Seite der Halbinsel von St-Tropez fallen die Hänge des Massif des Maures sanft zum Meer hin ab. Auf der N 98 folgt man der sonnigen Küste durch nette Badeorte mit zahllosen Stränden, an denen hier und da Felsen bis ins Meer reichen.

Beauvallon – Kiefern- und Korkeichenwälder spenden dem schön gelegenen Ort angenehmen Schatten.

Ste-Maxime – *Siehe dort*

Die Straße folgt nun, auch am Cap des Sardinaux, dem Verlauf der Küste.

La Nartelle – Kleiner Ferienort mit Sandstrand.

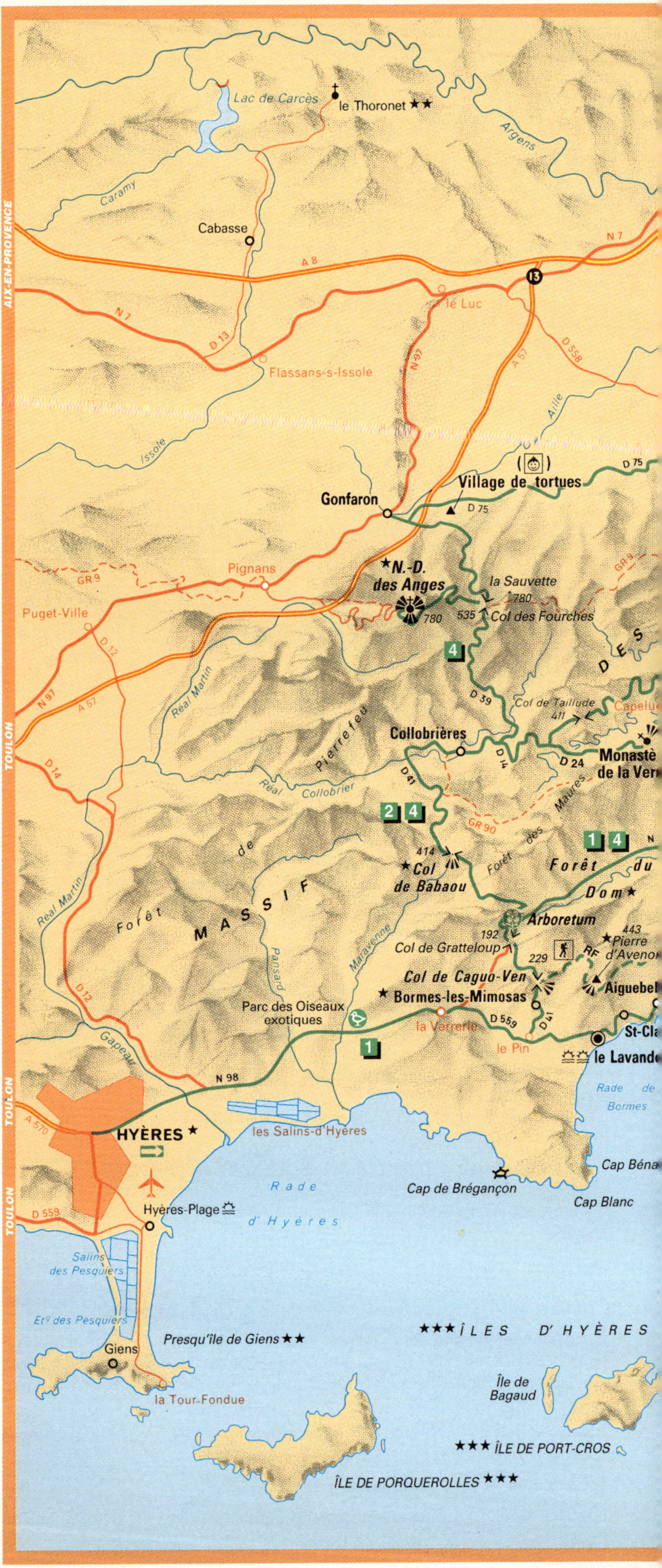

Lac de Carcès
le Thoronet ★★
Argens
Caramy
Cabasse
AIX-EN-PROVENCE
A 8
N 7
13
le Luc
D 13
N 97
A 57
D 558
Flassans-s-Issole
Aille
Issole
Village de tortues
D 75
Gonfaron
Pignans
GR 9
★ N.-D. des Anges
la Sauvette 780
535 Col des Fourches
Puget-Ville
D 12
Réal Martin
N 97
A 57
D 39
Col de Taillude 411
Capelude
DES
TOULON
Collobrières
Pierrefeu
D 14
D 24
Monastère de la Verne
D 41
D 14
Réal Collobrier
GR 90
Maures
414
★ Col de Babaou
Forêt des
Forêt du Dom ★
de
MASSIF
Forêt
Réal Martin
Arboretum
192
Col de Gratteloup
443 ★ Pierre d'Avenon
229
RF
Pansard
Maravenne
Col de Caguo-Ven
★ Bormes-les-Mimosas
Aiguebelle
D 12
Parc des Oiseaux exotiques
la Verrerie
D 559
D 41
le Pin
St-Clair
le Lavandou
Gapeau
N 98
Rade de Bormes
TOULON
A 570
HYÈRES ★
les Salins-d'Hyères
Cap Bénat
Rade d'Hyères
Cap de Brégançon
Cap Blanc
TOULON
D 559
Hyères-Plage
Salins des Pesquiers
Etg des Pesquiers
Presqu'île de Giens ★★
★★★ ÎLES D'HYÈRES
Giens
la Tour-Fondue
Île de Bagaud
★★★ ÎLE DE PORT-CROS
ÎLE DE PORQUEROLLES ★★★

DRAGUIGNAN
DRAGUIGNAN
CANNES
CANNES
les Arcs
D 555
N 555
le Muy
36
37
A 8
Missiri
N 7
FREJUS
St-Raphaël
CANNES
Roquebrune-s-Argens
Argens
Aquatica
Fréjus-Plage
Étangs de Villepey
Golfe de Fréjus
Couloubrier
Parc St-Donat
St-Aygulf
N 98
MAURES
Garde-Freinet
les Issambres
les Calanques
D 25
Val d'Esquières
San-Peïre-s-Mer
la Nartelle
Préconil
4
3
la Garde-Freinet
GR 9
Ste-Maxime
Cap des Sardinaux
D 558
N 98
636
Les Roches Blanches
Garde
Beauvallon
Golfe de St-Tropez
ST-TROPEZ
N.-D.-de-la-Queste
Port Grimaud
Cap de St-Tropez
Grimaud
D 14
la Foux
D 98A
Littoral
Giscle
les Marines de Cogolin
2
D 14
Cogolin
4
D 559
Perier
Môle
D 93
Anse de Pampelonne
Moulins de Paillas
Gassin
Verne
N 98
Ramatuelle
248
Col de Paillas
la Môle
la Croix-Valmer
Phare de Camarat
les Pradels
528
129
D 93
Col de Collebasse
D 27
372
Col de Barral
Col du Canadel
Sentier du
Baie de Cavalaire
Cap Taillat
269
RF
D 559
Cavalaire-s-Mer
Canadel-s-Mer
le Rayol
Cap Lardier
2
Domaine du Rayol
Pramousquier
Cap Nègre
MAURES
DES
Cavalière
CORNICHE
Île du Levant
MASSIF DES MAURES
0
5 km

Zwischen La Nartelle und St-Aygulf ist die Küste stark gegliedert. Felsstrände, von steilen Felswänden begrenzte Buchten, der Küste vorgelagerte, aus dem Wasser aufragende Klippen prägen die Uferzone.

Les Issambres – Dieser hübsche Ferienort bildet zusammen mit Val d'Esquières, San-Peïre und Les Calanques ein aufstrebendes Ferienzentrum, dessen Neubauten gut in die Landschaft eingepaßt sind. Der Name „Les Issambres" leitet sich wahrscheinlich von der Lage des Orts am Eingang der Bucht von St-Tropez ab, die von den Römern *Sinus sambracitanus* genannt wurde.

AUSFLÜGE

1 Erster Einblick in das Massif des Maures

Rundfahrt von 70 km ab Hyères – 1 Tag

Ausfahrt aus Hyères über ① des Plans, die N 98.

Nachdem die Straße den Gapeau überquert hat, verläuft sie durch die Ebene von Hyères entlang den Salzmarschen und bietet schöne **Ausblicke** auf das Cap Bénat und die Île de Port-Cros.

Hinter der Glasfabrik biegen Sie rechts auf die D 559 ein, die ab Le Lavandou und bis Canadel-sur-Mer dem Verlauf der Küste folgt. Biegen Sie dann links auf die D 27 ein.

★★ **Col du Canadel** – 267 m. Auf dem Paß überrascht eine wunderbare **Aussicht**★★ auf das Meer, auf Canadel, den Strand von Pramousquier, das Cap Nègre, die Bucht von Bormes und das Cap Bénat, hinter dem sich am Horizont die Insel Porquerolles abzeichnet.

Lassen Sie den Wagen auf dem Parkplatz am Paß stehen. Nehmen Sie die nach Westen gehende Waldstraße (Route forestière, RF – für Fahrzeuge gesperrt) zum Col de Caguo-Ven. Nach einer Stunde Fußmarsch erreicht man eine Vieux-Sauvaire genannte Stelle *(in der Saison Restaurant geöffnet)*, dann geht man zum Col de Barral (372 m) hinunter. Wer dann noch gut zu Fuß ist, kann noch weitere zwei Stunden in Richtung Col de Caguo-Ven wandern.

Folgen Sie der D 27 bis zur Kreuzung mit der N 98, auf die Sie links in Richtung La Môle einbiegen. Fahren Sie geradeaus weiter bis zum Staatsforst.

★ **Forêt domaniale du Dom** – In diesem Staatsforst aus Kiefern, Korkeichen und Kastanien spielt Jean Aicards (1848-1921) Roman *Maurin des Maures.*

Halten Sie 1 km vor dem Paß in Höhe des Forsthauses von Gratteloup an.

Arboretum de Gratteloup ⓥ – *Stellen Sie den Wagen auf dem Parkplatz an der N 98 ab.* Es wurde 1935 angelegt und umfaßt mehrere Abteilungen, die sich über knapp 3 ha erstrecken. Der erste und älteste Teil besteht hauptsächlich aus Baumarten des Mittelmeerraums (Zypressen, Kiefern, Wacholder, Weißbuchen). In den anderen Teilen wachsen verschiedenartige Baumarten wie Zedern, Eukalyptus, Ahorn, Erlen und Birken. Ein besonderer Bereich ist schließlich der Entwicklung der Kastanie vorbehalten.

Auf dem Col de Gratteloup biegen Sie rechts auf die D 41 in Richtung Bormes-les-Mimosas ab.

Col de Caguo-Ven – Der 239 m hohe Paß gestattet einen **Blick** auf die Bucht von Hyères, Porquerolles und die Bucht von Bormes.

Von hier kommt man nach 45 Min. Fußmarsch zu einer Anhäufung seltsamer Felsblöcke.

★ **Pierre-d'Avenon** – Die Felsblöcke erreichen bis zu 443 m Höhe. Hat man sie erst erklommen, bietet sich eine herrliche **Aussicht**★ auf die gesamte Mauren-Küste zwischen dem Cap Lardier und Hyères sowie, im Vordergrund, die Hafenanlagen von Le Lavandou und Bormes.

Gehen Sie vom Paß aus nach Osten den Waldweg in Richtung Col de Barral und Col du Canadel entlang. Die Rückfahrt nach Hyères erfolgt über Le Pin und anschließend auf der D 559.

★★ 2 Fünf-Pässe-Route *Rundfahrt von 109 km ab Le Lavandou – 1 Tag*

Auf streckenweise wenig befahrenen und sehr steilen Straßen führt diese Tour über nicht weniger als fünf Pässe tief in das Innere des Maurenmassivs.

Le Lavandou – *Siehe dort*

Verlassen Sie Le Lavandou auf der D 559 in westlicher Richtung, bei Le Pin biegen Sie nach rechts auf die D 41 ab.

Zypressen, Eukalyptusbäume, Mimosen, Lorbeerbäume und Oleander begleiten die sich aufwärts windende Straße, von der aus man einen schönen Blick auf Bormes und sein Schloß hat.

★ **Bormes-les-Mimosas** – *Siehe dort*

Die D 41 überquert den Col de Caguo-Ven. Nach kurvenreicher Abfahrt erreicht man den 199 m hohen Col de Gratteloup.

Jenseits geht die Fahrt über Hügel mit Korkeichen- und Kastanienwald; rechts und links bieten sich Ausblicke in tiefe Täler, auf die Berge bei Toulon und das Meer.

Folgen Sie der D 41.

★ **Col de Babaou** – 415 m. Die Paßhöhe gibt einen schönen **Blick★** frei auf die Salzgärten von Hyères, die Halbinsel Giens und die Hyèrischen Inseln.

Auf der Weiterfahrt kommen die höchsten Gipfel des Maurenmassivs in Sicht. Die Hänge sind mit herrlichen Kastanien- und Korkeichenwäldern bedeckt. Bald erreicht die Straße das Tal des Réal Collobrier, das sich bei Collobrières zu einem fruchtbaren Becken weitet, und trifft auf die D 14, der man nach rechts folgt.

Collobrières – Malerische Häuser säumen den reißenden, von einer alten, einbogigen Brücke überspannten Réal Collobrier. Die Bewohner des Orts beschäftigen sich mit der Verarbeitung der Korkeichenrinde, dem Weinbau (Rosé-Wein) und vor allem mit der Herstellung von Kastanienmus und kandierten, *Marrons glacés* genannten Eßkastanien, der Spezialität dieser Gegend.

6 km hinter Collobrières führt rechts der kurvenreiche, aber befahrbare Weg durch den Wald zu dem wundervoll gelegenen Kartäuserkloster Monastère/Chartreuse de la Verne.

E. Baret/MICHELIN

Friedhof in der Chartreuse de la Verne

Chartreuse de la Verne ⓥ – Die Klosterruine liegt fern der großen Verkehrswege am Hang einer bewaldeten Höhe des Maurenmassivs in einsamer, unberührter **Landschaft★** in der Nähe einer Quelle. Die Gebäude (überwiegend 17. und 18. Jh.) bestehen aus braunem Mauren-Schiefer, mit dem der blaugrüne Serpentinstein an Türrahmen, Arkaden, Gewölben und verschiedenen Schmuckformen lebhaft kontrastiert.

Auffallend ist das **Haupttor**, das sich in einem mächtigen Portalbau aus Serpentin öffnet. Zwei Ringsäulen flankieren die Tür unter dem Dreiecksgiebel, der auf zwei Wandpfeilern ruht. Im **Gästehaus** wurde das Korn aufbewahrt; eine Bäckerei ist ebenfalls zu besichtigen. Über eine Treppe erreicht man eine der restaurierten kargen Mönchszellen. Die Mönchswohnungen gehen auf den sehenswerten **großen Kreuzgang** hinaus, dessen Korbbogengewölbe mit Serpentin verziert ist. Nach dem einsamen Friedhof kommt man in den **kleinen Kreuzgang** mit seinen sechs Rundbögen aus Serpentin. Daneben stehen noch die Ruinen der romanischen Kapelle, die z. Zt. restauriert wird, wie überhaupt das gesamte Kloster möglichst wieder in seinen ursprünglichen Zustand versetzt werden soll. Auch die Ölpresse, der Keller mit einem großen spanischen Holzkruzifix und die schöne Töpferwerkstatt zeugen vom Alltag der Mönche.

Kehren Sie zur D 14 zurück.

Hinter dem Col de Taillude verläuft die Straße zunächst am Hang eines Tals entlang, von dem aus man das den gegenüberliegenden Hang krönende, oben erwähnte Kloster erblickt.

Hinter dem etwas unterhalb liegenden Weiler Capelude erreicht sie das Tal des Périer. Von hier ergibt sich ein weiter **Ausblick** auf die Grimaud-Ebene und die Bucht von St-Tropez.

Sobald das Tal des Bachs Grimaud (der auch Giscle genannt wird) erreicht ist, taucht in der Ferne das von seiner eindrucksvollen Burgruine überragte alte Bergdorf Grimaud auf.

★ **Grimaud** – *Siehe dort*

Auf der D 558 nach Süden durchquert man die Ebene von Grimaud.

Cogolin – *Siehe dort*

Die N 98 führt das Môle-Tal aufwärts. 8 km hinter Cogolin verläßt man auf der nach links abzweigenden D 27 dieses Tal, um über den Col du Canadel quer zum Verlauf des Massivs nach Süden vorzustoßen. Rückfahrt nach Le Lavandou über die Küstenstraße.

3 Von St-Tropez nach St-Raphaël

39 km – 1/2 Tag, Besichtigung von St-Tropez und St-Raphaël nicht inbegriffen

★★ **St-Tropez** – *Siehe dort*

Verlassen Sie St-Tropez über ① des Plans und fahren Sie zur D 98^{A}.

Die Straße verläuft am Südrand der Bucht von St-Tropez, welche in ihrer ganzen Schönheit bis zum anderen Ufer überschaubar ist.

Nach 4 km biegen Sie rechts ab.

★ **Port-Grimaud** – *Siehe unter GRIMAUD, Umgebung*

Kehren Sie zur N 98 zurück.

Die Straße führt am Nordufer der Bucht entlang und bietet einen schönen Blick auf St-Tropez.

St-Aygulf – *Siehe unter FRÉJUS, Umgebung*

Die Straße führt am Erlebnisbad **Aquatica** *(s. unter FRÉJUS, Tips und Adressen)* vorbei, bevor sie den Ortseingang von Fréjus erreicht. Hinter St-Aygulf umfaßt der **Blick** die Ebene am Unterlauf des Argens, die am Rande des Maurenmassivs sich erhebende Montagne de Roquebrune sowie den im Esterel-Massiv hinter dem Semaphor von Le Dramont aufragenden Pic du Cap-Roux.

★ **Fréjus** – *Siehe dort*

Verlassen Sie Fréjus auf dem Boulevard S.-Decuers in südlicher Richtung.

Fréjus-Plage – *Siehe unter FRÉJUS, Fréjus im Überblick*

Die Straße führt am Meer entlang nach St-Raphaël

★ 4 Über die Gipfel des Maurenmassivs

Rundfahrt von 120 km ab St-Tropez – 1/2 Tag, Besichtigung von St-Tropez nicht inbegriffen

Auf wenig befahrenen Straßen passiert man Waldgebiete, genießt schöne Ausblicke und erreicht schließlich die beiden höchsten Berge des Massivs, Notre-Dame-des-Anges und Sauvette.

Ausfahrt aus St-Tropez über ① des Plans und weiter auf der D 98A.

Die Strecke führt am Südufer der Bucht von St-Tropez entlang.

In La Foux biegen Sie auf die N 98 in Richtung Cogolin ab.

Cogolin – *Siehe dort*

Die Straße führt das Môle-Tal aufwärts. Kurz vor dem gleichnamigen Ort kommt rechts das Schloß in Sicht, in dem der in Lyon geborene Flieger und Schriftsteller **Antoine de St-Exupéry** (1900-1944) einen Teil seiner Jugendjahre verbrachte. Ein weites Weinbaugebiet schließt sich an, dann erreicht man den Staatsforst **Forêt domaniale du Dom**★.

Die Korkindustrie

Korkeichen brauchen viel Wärme und Feuchtigkeit. Der immergrüne Baum gedeiht von Meereshöhe bis in 500 m Höhe, ist ausgesprochen feuerbeständig und leicht an den großen, schwärzlichen Eicheln und der rissigen Rinde zu erkennen.

Wenn der Baum das Alter von 25 Jahren erreicht hat, wird mit der Schälung des „männlichen" Korks begonnen, der jedoch sehr spröde ist. Nur alle neun bis zehn Jahre wird der sich anschließend bildende, glatte „weibliche" Kork, der von Industrie (Herstellung von gepreßtem Kork in Le Muy) und Handwerk (Untersetzer, Dekorationsmaterial und Artikel für Töpfer) besonders geschätzt wird, im Juli und August geschält, wenn der Baum Saft absondert. Der lange Zeitraum ist erforderlich, damit sich der Kork erneuern kann. Ein Großteil der Ernte wird exportiert, vor allem nach Sardinien.

S. Sauvignier/MICHELIN

Korkeichenrinde im Rohzustand

Mitte der 60er Jahre wurden im Maurenmassiv, wo es damals bis zu 100 Korkenfabrikanten gab, jährlich 5 000 Tonnen Rinde gewonnen; 1994 waren es im Departement Var nur noch 500 Tonnen Kork, und den Beruf des Korkenmachers gibt es auch nicht mehr. Das Korkmuseum (Écomusée du Liège) in Gonfaron erinnert an die Traditionen der Korkenherstellung im Departement Var.

Die Griechische Landschildkröte

Diese als einzige in Frankreich vorkommende Landschildkrötenart tauchte vor 1 Mio. Jahren im europäischen Mittelmeerraum auf. Die Schildkröte lebt in den Macchien (Gebüschform in feuchten, küstennahen Hügellagen des Mittelmeerraumes), wo sie ihre Nahrung findet: Eichenlaub, Früchte und Weichtiere. Im allgemeinen überwintern die Tiere in Baumstümpfen bis zum Juni. In diesem Monat legen die Weibchen ihre Eier in einem Nest ab, das sie gleich anschließend verlassen. Zwei Monate später schlüpfen die Jungen; diejenigen, die den gefräßigen Dachsen entgehen, können 60 bis 100 Jahre alt werden.
Durch ihre natürlichen Feinde und insbesondere durch Waldbrände (ihre größte Bedrohung) sind diese Schildkröten auf dem spanischen Festland, den Balearen und in einigen Gebieten des Balkans bereits ausgestorben. In den anderen Gebieten wird die Griechische Landschildkröte durch die von Menschen vorgenommenen Veränderungen ihres Lebensraumes sowie durch unbedachtes Fangen der Tiere zu einer bedrohten Tierart. Derzeit gibt es nur auf Korsika und im Maurenmassiv Überlebende dieser Art, die durch Schutzmaßnahmen in Form von Schildkrötendörfern erhalten werden.

Bleiben Sie auf der N 98 bis zum Col de Gratteloup, bei dem Sie rechts auf die D 41 einbiegen. Hinter La Rivière folgen Sie rechter Hand der D 14. 3 km östlich von Collobrières geht es links auf die D 39.

Die kurvenreiche Straße führt in der Höhe durch das Engtal eines Baches. Hier und da gewährt eine Waldlichtung am rechten Fahrbahnrand Ausblicke auf den Sauvette-Gipfel. Kurz vor dem nächsten Paß, dem Col des Fourches, geht es links auf dem nach Notre-Dame-des-Anges führenden Sträßchen weiter. Der Gipfel kündigt sich bald durch seine Relaisstation an.

★ **Ermitage Notre-Dame-des-Anges** – Nahe beim 780 m hohen Gipfel liegt in wunderschöner **Lage★** eine zur Merowingerzeit gegründete **Einsiedelei.**
Auf dem hier vorherrschenden Schiefergestein gedeihen nur Laubbäume, insbesondere Kastanien, die wohltuenden Schatten spenden.
Hinter den die Kapelle umgebenden Bäumen bieten sich schöne **Ausblicke★**. Die Aussicht reicht bis zu den hinter der Argens-Ebene aufsteigenden Alpen; jenseits des Maurenmassivs sieht man das Meer, die Hyèrischen Inseln, die Halbinsel Giens und die Hafenstadt Toulon; im Westen liegt das Ste-Baume-Massiv. An klaren Tagen kann man bis nach Korsika sehen.

Kehren Sie zum Col des Fourches zurück und biegen Sie links in Richtung Gonfaron ab.

Die Straße führt nahe dem Sauvette (779 m), dem zweithöchsten Gipfel des Maurenmassivs, vorbei in die Ebene von Le Luc.

Gonfaron – Das sich an das Maurenmassiv schmiegende Dorf ist ein geschäftiges Zentrum der Korkenindustrie. An der Nordausfahrt steht auf einer einsam liegenden Anhöhe eine dem hl. Quintinus geweihte Kapelle.

Écomusée du Liège Ⓥ – Das dem Kork gewidmete Museum macht durch Nachbildungen und Arbeitsgeräte mit der Korkenherstellung bekannt.

Village des Tortues de Gonfaron Ⓥ – ☺ *In der Ortschaft Gonfaron biegen Sie rechts auf die D 75 ab und folgen ihr etwa 2 km. Die günstigste Zeit für den Besuch der Anlage ist der späte Vormittag (gegen 11 Uhr) und gegen 16 Uhr.* Das Schildkrötendorf ist ein Gelände zur Aufzucht von Griechischen Landschildkröten aus dem Mauren-Massiv, eine vom Aussterben bedrohte Tierart, die sich von Eichenblättern, Früchten und Weichtieren ernährt. In dem Dorf gibt es ebenfalls Sumpfschildkröten, eine Art der Französischen Wasserschildkröte (Fleischfresser) und Maurische Landschildkröten, jene Art, die man noch als Haustiere halten darf. Zur Besichtigung führt ein

D. Pazery/MICHELIN

Im Schildkrötendorf von Gonfaron

Weg um die Aufzuchtstation, das Terrarium für den Winterschlaf der Jungschildkröten, verschiedene Becken je nach Alter der Tiere und die Pflegestation. Die Paarung der Tiere findet im April, Mai und September statt, die Eiablage von Mitte Mai bis Mitte Juni, das Ausschlüpfen Anfang September.

Folgen Sie der D 75 nach Osten bis zur Kreuzung mit der D 558. Biegen Sie rechts in Richtung La Garde-Freinet ab.

Die Straße führt bergauf nach La Garde-Freinet, über dem die Burg aufragt.

La Garde-Freinet – *Siehe dort*

Verlassen Sie den Ort im Süden auf der D 558.

Die Talfahrt eröffnet zwischen Korkeichen und Kastanienhainen schöne Ausblicke auf die Bucht und die Halbinsel von St-Tropez.

★ **Grimaud** – *Siehe dort*

Über die D 14 und die D 98A erreicht man wieder St-Tropez.

MENTON★★

28 812 Einwohner

Michelin-Karte Nr. 341 F 5, Nr. 115 Falte 28 oder Nr. 245 Falte 39

Kartenskizzen weiter unten S. 230, NICE, S. 275, und Corniche de la RIVIERA, S. 287

Menton steht im Ruf, das wärmste Seebad der Côte d'Azur zu sein. Die Sonne läßt selbst in den Wintermonaten die Kälte vergessen, so daß hier das ganze Jahr über Feriensaison herrscht. Im Sommer bieten lange Sandstrände, zwei Jachthäfen, viele Feste sowie kulturelle Veranstaltungen den Gästen Entspannung und Abwechslung. Die Stadt liegt geschützt an bewaldeten oder mit Zitrusfrüchten und Olivenhainen bedeckten Gebirgsterrassen. Besonders malerisch ist die **Lage★★** der Altstadt. Blumen, eine tropische Vegetation, Orangenbäume und die kälteempfindlichen, das ganze Jahr über Blüten und Früchte tragenden Zitronenbäume (sie erfrieren bei -3 °C) finden hier sehr gute klimatische Bedingungen.

HINTERGRUNDINFOS

Stadtgeschichte – Während die Entstehung der Stadt im Dunkeln liegt, bezeugen Funde an der italienischen Grenze bei den Rochers Rouges de Grimaldi die Existenz einer seit dem Paläolithikum nachweisbaren Urbevölkerung in dieser Gegend. Diese Funde sind im Anthropologischen Museum von Monaco und im Städtischen Museum von Menton ausgestellt. Schriftlich erwähnt wurde Menton jedoch erst 1261. Bis 1346, als es Eigentum der Grimaldi von Monaco wurde, wechselte die Stadt oft den Besitzer, doch gehörte es kirchlich weiterhin zum Bistum Ventimiglia. Unter monegassischer Herrschaft war es der wechselvollen Geschichte jenes Fürstentums unterworfen; bald unterstand es sardischer Hoheit, bald französischem Protektorat. 1860 kam es zu Frankreich.

E. Baret/MICHELIN

Abendstimmung am Hafen von Menton

Die heutige Stadt – Um die Jahrhundertwende profitierte auch Menton von der um sich greifenden Begeisterung der europäischen Aristokratie für Aufenthalte an der Französischen Riviera. Begüterte Leute und bekannte Größen dieser Zeit wie die neuseeländische Schriftstellerin Katherine Mansfield (1888-1923) zog es nach Menton. Mit dem später einsetzenden Zulauf von Sommergästen erlebte die Stadt einen erneuten Aufschwung. Trotz der vielen Bauten, die überall aus dem Boden schossen, wurden genügend Grünzonen eingerichtet.

Das Zitronenfest

Infolge des milden Klimas und der üppigen Zitronengärten wurde in Menton das Zitronenfest aus der Taufe gehoben. Seit 1929 dient der Biovès-Park als Rahmen für das Fest. Dafür sind mehr als 100 Tonnen Zitrusfrüchte (neben Zitronen auch Orangen, Pampelmusen und Zwergorangen) erforderlich. Jedes Jahr steht das Fest unter einem anderen Motto, und dementsprechend werden die Früchte auf Metallgestellen im Park dekoriert. Zum Abschluß der Feierlichkeiten findet ein Umzug von mit Obst geschmückten Wagen statt.

AUF ENTDECKUNGSTOUR

★★ Altstadt *Besichtigung: 2 Std.*

Rue St-Michel – Vor den bunten Auslagen von Geschäften setzen Orangenbäume dieser zur Fußgängerzone gehörenden Straße zwischen Alt- und Neustadt zusätzliche Farbakzente. Links unterhalb liegt der mit bunten Kieseln gepflasterte **Place aux Herbes**, der „Kräuterplatz". Mit seinem Platanenschatten, der Kolonnade, dem Brunnen und der Aussicht aufs Meer lädt er zum Verweilen ein. Unweit davon befinden sich die allmorgendlich zu farbenfrohem Leben erwachenden Markthallen. Schöne Belle-Époque-Gebäude sind das ehemalige Hôtel Orient *(1 Rue de la République)*, das Winter-Palace *(20 Avenue Riviera)*, das Riviera-Palace *(28 Avenue Riviera)* und die Markthalle *(Quai de Monléon)*.

Rue Longue – Die malerische, die Treppe zur Michaelskirche kreuzende „Lange Straße" verläuft auf der Trasse der antiken *Via Julia Augusta* und war früher die Hauptverkehrsader der Stadt. Sie führt in die Rue des Logettes, die ihrerseits in die Rue St-Michel einmündet.

★★ **Parvis St-Michel** – *Über die Rampes du Chanoine-Gouget.* Der Kirchplatz ist mit grauen und weißen, zum Grimaldi-Wappen zusammengefügten Steinen gepflastert. Die auf ihn schauenden barocken Fassaden zweier Kirchen und die alten Wohnhäuser an seinem Rand lassen an eine italienische Piazza denken. Hier finden vor der Kulisse des Meeres, der Stadt und der Küste an Augustabenden die Konzerte der Kammermusikfestspiele statt.

★ **Façade de la Chapelle de la Conception** – *Vom Ausgang der Michaelskirche steigen Sie nach links einige Stufen hinauf.* Diese 1689 erbaute und im 19. Jh. stark restaurierte Kapelle der Weißen Büßer hat eine harmonische Fassade mit Stuck-Blumengirlanden und einem die Allegorien der drei Göttlichen Tugenden tragenden Segmentgiebel.

★ **Basilique St-Michel-Archange** ⏲ – Die schönste und größte Barockkirche der Gegend zeigt eine zweistöckige **Fassade** in Gelb und Hellgrün; diese ist durch Doppelsäulen, Architrave, Friese, Giebel und Pinakel gegliedert. Das Gebäude hat zwei Türme; der linke, der von einer früheren Kirche aus dem 15. Jh. stammt, erhielt erst im 17. Jh. seinen achteckigen Glockenaufsatz; der rechte, ein 53 m hoher Glockenturm im Genueser Stil, wurde im frühen 18. Jh. errichtet. Über allen drei Eingängen befindet sich eine Nische mit einer Statue, wobei die mittlere den Kirchenpatron zeigt: zu seiner Linken der hl. Moritz und zu seiner Rechten der hl. Rochus.

Die Annunziatenkirche in Genua war Vorbild für die prächtige Innenausstattung und die Architektur des Gotteshauses mit basilikalem Grundriß, plattem Chorabschluß und Tonnengewölben; Ähnlichkeit besteht ebenfalls zu der Kirche von Utelle. Einheimische Künstler (Puppo, Vento) haben an der barocken Ausgestaltung der Seitenkapellen mitgewirkt; hier sind namhafte Persönlichkeiten aus Menton und Monaco bestattet.

Die erste Kapelle links enthält das barocke, von gewundenen Säulen und Weinranken gerahmte **Retabel** Puppos, *Papst Urban VIII. hält Fürbitte beim Jesuskind für die Seelen im Fegefeuer*; davor ein Marmoraltar mit einem kronenförmigen Baldachin darüber. Eine weitere Kapelle birgt eine ergreifende Kreuzigung von Ferrari, dem Hauptmeister der piemontesischen Malerschule, und eine wohl im 17. Jh. von unbekannter Hand geschaffene, eigenartig hoheitsvolle Madonnenstatue. In der dritten Kapelle bezeugen die bewegten Linien der Engelscharen, der Faltenwürfe und Voluten auf dem ebenfalls von Puppo stammenden Gemälde *Mariä Himmel-*

TIPS UND ADRESSEN

Verkehrsmittel

Bus – *Busbahnhof – Avenue de Sospel – ☎ 04 93 35 93 60.* Neun Buslinien verkehren in Menton und Umgebung. Einzel- wie auch Tageskarten kann man beim Fahrer erstehen. Mit der Pauschalfahrkarte *3 Villages* kann man Gorbio, Ste-Agnès und Castellar zu einem ermäßigten Preis besichtigen; die Karte ist einen Monat lang gültig *(Autocars Breuleux, Rue Masséna, ☎ 04 93 35 73 51).*

Bähnchen – Abfahrt: Promenade du Soleil (in der Nähe des Jean-Cocteau-Museums). Stadtrundfahrt mit Erläuterungen (1/2 Std., 10-12 Uhr und 14.15-19 Uhr (17 Uhr Weihnachten bis Ostern). Im Juli und Aug. Nachtfahrten 20.30-23 Uhr durch das abendlich beleuchtete Menton.

Gastronomie

Gut und preiswert

Oh ! Matelot – *Rue Loredan-Larchey – ☎ 04 93 28 45 40 – Jan., Nov., So und abends außer von Juni bis Sept. geschl. – 9,15/15,24 €.* Kinder lieben dieses Restaurant: Modelle, Leuchttürme und Nippessachen lassen an ein Schiff denken. Eltern wissen das Büffet und die kleinen Gerichte zu erschwinglichen Preisen zu schätzen. Clowns, Marionnettenspiele oder Zauberer können gebucht werden; Gesellschaftsspiele stehen zur Verfügung. Terrasse im Schatten eines Orangenbaums.

Au Pistou – *9 Quai Gordon-Bennett – ☎ 04 93 57 45 89 – 20. Nov.-18. Dez. und Mo geschl. – 13,42 €.* Ein Familienbetrieb unter den Hafenarkaden; der Älteste des Hauses sorgt für den frischen Fisch! Terrasse aus Holzlatten (Gräting).

Le Darkoum – *23 Rue St-Michel – ☎ 04 93 35 44 88 – Mitte Mai-Mitte Juni, Di außerhalb der Saison und Mo geschl. – 15/21 €.* Ein marokkanisches Lokal in der Nähe des Hafens. Hier werden Sie wie ein Freund des Hauses behandelt. Im Dekor aus marokkanischen Fayencen serviert man Couscous und andere nordafrikanische Speisen. Kleine Straßenterrasse.

Unsere Empfehlung

A Braijade Méridiounale – *66 Rue Longue – ☎ 04 93 35 65 65 – 10. Nov.-10. Dez. und Mi von Sept. bis Juni geschl. – 20,12/43,45 €.* In einer der malerischen Straßen der Stadt befindet sich dieses einfache Restaurant mit seinem Kamin, dem alten Balken- und Steinmauerwerk. Man serviert – zu sehr zivilen Preisen – eine regionaltypische Küche und gegrilltes Fleisch.

Unterkunft

Unsere Empfehlung

Le Globe – *21 Avenue de Verdun – ☎ 04 92 10 59 70 – 15. Nov.-15. Dez. geschl. – P – 23 Z: 45,73/60,98 € – Rest. 46 €.* Familienbetrieb in strategisch günstiger Lage in einer breiten Allee gegenüber dem Palais de l'Europe und nur wenige Schritte vom Kasino entfernt. Einfache, funktionelle Zimmer. Die Terrasse der Bar wurde neugestaltet.

Hôtel de Londres – *15 Avenue Carnot – ☎ 04 93 35 74 62 – hotel-de-londres@wanadoo.fr – 20. Okt.-27. Dez. geschl. – 27 Z: 53,36/76,22 € – Rest. 21 €.* Die Renovierung dieses freundlichen Hotels ganz in der Nähe des Meeres ist gelungen. Unterschiedlich große, gut geräuschisolierte Zimmer, die rustikal oder modern eingerichtet sind. Die von der Straße zurückgesetzte Terrasse ist sehr angenehm.

Dauphin – *28 Avenue du Général-de-Gaulle – ☎ 04 93 35 76 37 – 20. Okt.-20. Dez. geschl. – 28 Z: 57,17/77,75 € – ☕ 6,10 € – Rest. 13/17 €.* Das Hotel der Musiker: Der Chef des Hauses hat alles vorbereitet, damit sie und natürlich auch andere Gäste sich hier wohl fühlen. Zwei Tonstudios stehen zur Verfügung, klimatisierte Zimmer mit Aussicht und Programme wie „Musik und Entspannung" *(musique et détente)*, die Spaß machen. Blick auf das Mittelmeer.

Orly – *27 Porte de France – ☎ 04 93 35 60 81 – 15. Nov.-27. Dez. geschl. – 29 Z: 58,69/96,04 € – ☕ 6,10 € – Restaurant 17/28 €.* Hotel am Meer, das nur durch die Straße vom Strand von Garavan getrennt ist. Zweckmäßig eingerichtete Zimmer, die nach hinten gelegenen sind ruhiger. Traditionelle Küche, die auf der Terrasse oder in dem schlichten, durch große Fenster erhellten Speisesaal serviert wird.

Cafés, Kneipen und Bars

Mini Pub (American Bar) – *51 Quai Bonaparte – ☎ 04 93 35 79 86 – minipub@librertysurf.fr – Mi, Do, So, Mo 18-3 Uhr, Fr-Sa bis 4 Uhr.* Ein schicker Ort, an dem sich Junge und weniger Junge, Einheimische und Touristen bei einem Cocktail oder einem Eis treffen.

Ausgehtips

Palais de l'Europe – *8 Avenue Boyer, BP 239 – ☎ 04 92 41 76 50 – villedementon.com – Kunstgalerie: tgl. außer Di 10-12 Uhr und 14-18 Uhr. Kartenverkauf des Touristenbüros: Mo-Fr 10-12 Uhr und 14-17 Uhr.* Schöne Veranstaltungshalle mit 730 Plätzen, in der Opern, Operetten, Theaterstücke und Konzerte klassischer Musik aufgeführt werden. Das Gebäude besitzt ebenfalls eine Galerie moderner Kunst, in der das ganze Jahr über wechselnde Ausstellungen gezeigt werden; der Eintritt ist frei.

Sport und Freizeit

ULM Club – *Promenade de la Mer – ☎ 06 15 96 35 04 – Mai bis Sept.: tgl. 8-21 Uhr; Okt. bis Apr.: tgl. 9-17 Uhr (auf Anfrage).* Lufttaufen (ca. 23-45 €) und Erstflüge mit dem Wasserflugzeug (ca. 30,50-53 €) werden von diesem Club angeboten.

Koaland – *Avenue de la Madone – ☎ 04 92 10 00 40 – Tgl. außer Di 10-12 Uhr und 15-0 Uhr (14-19 Uhr im Winter).* Freizeitpark für die ganz Kleinen. Minigolf.

Compagnie Navigation et Tourisme – *Quai Napoléon III – ☎ 04 93 35 51 72 – Mitte Apr.-Mitte Okt.* Schiffsausflüge mit Erläuterungen direkt nach Monaco Di, Mi und Fr 10 Uhr (10,67 €); an die französische Riviera (1 3/4 Std.) Mo und Sa 14.30 Uhr (13,72 €); an die italienische Riviera (1 3/4 Std.) Di, Do und So 14.30 Uhr (13,72 €).

Shopping

L'Arche des Confitures – *2 Rue du Vieux-Collège – ☎ 04 93 57 20 29 – Mo-Sa 9.30-12 Uhr und 15-19 Uhr, So 10-12 Uhr und 15-18 Uhr.* Wie soll man den Versuchungen dieses Familienbetriebes widerstehen, der Konfitüren herstellt und auch Confits (Schmalzkonserven), Senf, Essig und Honig in mehreren Geschmacksrichtungen anbietet? Die Manufaktur kann besichtigt werden.

Märkte – Jeden Morgen. Markthallen am Quai de Monléon. Marché du Careï oberhalb der Jardins Biovès, unter der Eisenbahnbrücke.

Besondere Termine

Stadt der Künste – *Artium Civitas*, diese lateinische Inschrift am Rathaus gilt den Stadtvätern Mentons als Devise, Bürgern wie Gästen das künstlerische Erbe zu erhalten und ihnen ein vielfältiges kulturelles Angebot zu bieten. Die Verleihung des Katherine-Mansfield-Preises für die beste Novelle ist ebenfalls ein wichtiges Ereignis. Es gibt in Menton sogar einen Dichterkreis.

Festival de Musique de Chambre (Kammermusik-Festspiele) – *Aug.* Auf dem Kirchvorplatz von St-Michel werden etwa 13 Konzerte gegeben. Herausragende Solisten und Dirigenten haben zum internationalen Renommee des Kammermusikfestivals beigetragen. ☎ 04 92 41 76 76.

Außer den kulturellen Veranstaltungen feiert man eine Reihe von Festen:

Fête du Citron – Zitronenfest. Zwei Wochen zwischen Februar und März. Mindestens zwei Monate im voraus reservieren, da die Nachfrage sehr groß ist.

Salon des Orchidées – Während des Zitronenfestes.

Blumenfeste im Sommer mit prächtigen Umzügen, festliche Abende im Oliveraie du Pian genannten Park *(Zufahrt über die Promenade de la Mer)* u. a. m.

fahrt barockes Schönheitsempfinden. Die gewaltige **Orgel** auf der Empore an der Chorwand stammt aus dem 17. Jh. An beiden Seiten des Chors ist Gestühl aus dem 18. Jh. aufgereiht. Über dem Chorgestühl der rechten Seite ist ein **Michaelsretabel** (1569) von Manchello zu finden. Die Darstellungen des an den Insignien des Papsttums erkennbaren Petrus sowie Johannes' des Täufers umrahmen die Zentralfigur des Kirchenheiligen; im oberen Teil des Retabels sieht man eine schöne Pietà. Der überreich verzierte barocke Hochaltar ist von einer beeindruckenden Darstellung des Kampfes des hl. Michael mit Luzifer bekrönt.

Rechts des Chors befindet sich die Kapelle der Fürsten von Monaco; sie enthält ein Gemälde aus dem späten 17. Jh., das die hl. Devota, die Schutzpatronin des Fürstentums, bei dem Felsen von Monaco darstellt. Die erste Kapelle des rechten Seitenschiffs birgt eine *Anbetung der Hirten* von Ferrari, die letzte Kapelle eine die Rast auf der Flucht nach Ägypten darstellende Altartafel Ventos; illusionistische Malerei täuscht über der Taufkapelle ein Gewölbe vor (1806).

Alle fünf Jahre werden dunkelrote Wandbehänge aus Genueser Damast in Chor und Hauptschiff aufgehängt. Sie wurden von Fürst Honoré III. von Monaco anläßlich seiner Trauung 1757 in dieser Kirche gestiftet.

Eine Treppe führt in die Rue du Vieux-Château, auf der man zum Friedhof gelangt.

Cimetière du Vieux-Château – Der im letzten Jahrhundert am Standort der alten mittelalterlichen Burg angelegte internationale Friedhof liegt auf Terrassen, die man schon vom Hafen aus klar erkennen kann. Jede Ebene entspricht den Gräbern einer bestimmten Religion oder Nationalität. Der Friedhof legt ein beredtes Zeugnis über die Zeit ab, als reiche Sommerfrischler aus aller Herren Länder die Stadt bevölkerten. Darunter befinden sich berühmte Persönlichkeiten von einst, deren Ruhm bis in die heutige Zeit fortdauert. Man sieht dort die Gräber großer russischer Fürsten (wie Trubezkoy, Volkonsky und Urussow), des Onkels und der Tante (Delano) des amerikanischen Präsidenten Roosevelt, des Reverends Webb Ellis, des Erfinders des Rugby, und des dänischen Architekten Georg Tersling, der Anfang des Jahrhunderts zahlreiche Paläste und Villen an der Riviera entwarf.

An der Südspitze des englischen Friedhofsteils hat man eine schöne **Aussicht★** auf die Altstadt, das Meer und die Küste von der Landzunge Cabo Mortola in Italien bis zum Cap Martin.

Die Montée du Souvenir führt wieder zum Kirchplatz von St-Michel.

BESONDERE HIGHLIGHTS

Meerseite und Strände

Ausgangspunkt ist das Casino municipal.

★★ **Promenade du Soleil** – Die „Sonnenpromenade" trennt den Strand von der sich vor dem Hintergrund der Alpen malerisch ausnehmenden Altstadt.

Plage des Sablettes – *Jet-Ski-Fahren und Windsurfen verboten.* Der Kiesstrand liegt unterhalb der Promenade de la Mer und des **Quai Bonaparte**. Von dort oben erblickt man die Altstadt. Eine Prunktreppe führt zum Vorplatz der Michaelskirche.

Vieux Port – Der alte Hafen dient Fischerbooten, Jachten und Ausflugsschiffen gleichermaßen als Anlegestelle und wird begrenzt vom Quai Napoléon III auf der Mole, an deren Ende sich der Leuchtturm befindet, und der Jetée Impératrice-Eugénie. Am Ende der letztgenannten, beim Standbild des hl. Michael von Volti, bietet sich ein schöner **Blick★** auf das über Arkaden aufsteigende alte Menton, die Berge des Hinterlands und die Küste vom Cap Martin bis Bordighera.

Garavan – Der früher von Menton getrennte, damals nur aus einigen Prachtvillen bestehende Stadtteil hat vor allem seit der Eröffnung des neuen Jachthafens (Boote bis 40 m Länge) viele Leute angezogen, die an diesem zwischen der Promenade de la Mer und dem Boulevard de Garavan eingeschlossenen, wunderschön gelegenen Fleckchen Erde exklusive Häuser bauen ließen. In der hübschen Barockkapelle **Chapelle St-Jacques** aus dem 17. Jh. werden von der Stadt Ausstellungen zeitgenössischer Kunst organisiert.

★ Die Gärten von Menton

Die tropischen Pflanzen sowie die ungewöhnliche Gestaltung dieser Gartenanlagen spiegelt die überaus produktive Phantasie der reichen Besitzer wider, die sich im Verlauf des letzten Jahrhunderts hier niedergelassen haben. Die günstigste Zeit zur Besichtigung ist der Monat Juni, wenn die Bäume, Sträucher und Blumen in voller Blüte stehen.

★ **Jardin du Val Rameh** ⓥ – *Die Zufahrt ab der Promenade de la Mer erfolgt über den Chemin de St-Jacques.* Die Anlage des Parks der Villa Val Rameh geht auf die 30er Jahre zurück, als zunächst die Engländer und anschließend Wissenschaftler des Naturkundemuseums von Paris die Initiative übernahmen. Über 700 Pflanzenarten wachsen hier, darunter viele aus dem Mittelmeerraum, aber auch solche, die in Australien, Asien und den tropischen und subtropischen Gebieten Amerikas beheimatet sind. Dank des günstigen Klimas Mentons konnten sie hier akklimatisiert werden. Von den Terrassen des Gartens genießt man einen weiten Blick auf die Altstadt und das Meer. Zwischen die Zitrusbäume wurden exotische Obstbäume gesetzt: Passionsblumen- und Lorbeergewächse (Avocados), Breiapfel- und Guajavenbäume. Indischer Lotos bedeckt ein großes Becken. All diese Vegetation gedeiht hier in einer paradiesischen Fülle und Vielfalt.

Jardin des Colombières – *Die Zufahrt erfolgt über die Promenade de la Mer und die Avenue Blasco-Ibañez. Privatbesitz, Besichtigung nur bei Führungen.* Nach Plänen des geistreichen Zeichners und Landschaftsarchitekten **Ferdinand Bac** (1859-1952) wurde dieser sich harmonisch in die Umgebung einfügende Park bei einer Villa angelegt.

Jardin des Romanciers (Villa Fontana Rosa) ⓥ – Das einzigartige Haus zieht beim Vorbeigehen den Blick auf den keramikverzierten Portalvorbau, der an große Namen der spanischen Literatur erinnert. Die Villa wurde 1924 von dem spanischen Romanschriftsteller **Blasco Ibañez** errichtet. Man kann nur den Garten besichtigen. Er setzt sich aus einer harmonisch angelegten Abfolge von Pergolen und Räumlichkeiten zusammen, die durch Wasserbecken unterbrochen und mit Keramiken im spanischen Stil verziert sind.

J.-L. Gallo/MICHELIN

Jardin des Romanciers: ein Stück Spanien an der Côte d'Azur

Jardin Biovès – Der Stadtpark mit seinen hohen Palmen, Zitronenbäumen, Blumenbeeten, Brunnen, Statuen (*Göttin mit Goldfrüchten* von Volti) erstreckt sich in der Achse des Carei-Tals vor der herrlichen **Kulisse** der Berge des Hinterlands.

Jardin de Maria Serena ⓥ – *Promenade Reine Astrid.* Es soll sich um den Park mit dem mildesten Klima in Frankreich handeln, denn die Temperatur sinkt nie unter 5 °C. Er ist für seine einzigartige Auswahl an Palmen berühmt.

Oliveraie du Pian – *Boulevard de Garavan.* Hier stehen mehr als 500 Olivenbäume, die über 100 Jahre alt sind.

Serre de la Madone und Clos du Peyronnet ⓥ – Beide Parks sind heute in Privatbesitz und können nur im Rahmen von Veranstaltungen des **Maison du Patrimoine** besichtigt werden. Im Serre de la Madone wachsen seltene Pflanzen- und Baumarten, von denen manche Einzelexemplare sind. Der Clos du Peyronnet enthält die Flora Südafrikas, die im Klima Mentons gut gedeiht.

BESICHTIGUNGEN

★ **Musée des Beaux-Arts (Palais Carnolès)** ⓥ – *Man erreicht es auf der Avenue Carnot.* Das Palais Carnolès, ehemals Residenz der Fürsten von Monaco, wurde im 17. Jh. nach Plänen von Robert de Cotte und von Jacques Gabriel erbaut. In dem im 19. Jh. grundlegend umgebauten Palais waren berühmte Persönlichkeiten zu Gast: Elisabeth-Louise, die Königin von Preußen, sowie Fürst Metternich. Danach gelangte es in den Besitz des berühmten amerikanischen Ichthyologen (Fischkundlers) Allis. In seinem Auftrag wurde das Gebäude von dem dänischen Architekten Tersling restauriert. Der deutsche Künstler Mathiessen schuf die Fresken mit antiken Motiven. Im Großen Musiksalon von Fürst Antoine I. und im Blauen Saal sind noch die alten Vergoldungen und Stuckverzierungen erhalten.
In der Abteilung **Alte Kunst** im ersten Stockwerk ist ein anmutiges, toskanisches Madonnenbild aus dem 13. Jh. besonders bemerkenswert (Meister der Maddalena). Schön sind auch eine *Maria mit dem Kind* und der *hl. Franz* von Louis Bréa, *Maria mit dem Kind* von Leonardo da Vinci, eine Darstellung der Hl. Familie von Bernardino Luini und ein herrliches Porträt Urbans von Bologna von Bernardino Orsi. Unter den Gemälden der anderen europäischen Malschulen des 16., 17. und 18. Jh.s seien der bemerkenswerte *hl. Benedikt mit den Heiligen Maurus und Plazidus als Kinder* von Philippe de Champaigne sowie Werke von Manasco, Weenix,

Bruyn d. Ä. und Verbugh erwähnt. Ein Raum enthält Gemälde von Künstlern des 20. Jh.s: Valadon, Kisling und Camoin.
Im Erdgeschoß sind **modernere oder zeitgenössische Maler** vertreten. Die verschiedenen Sammlungen des Museums werden turnusweise gezeigt. Sie umfassen die Kollektion Wakefield Mori (Picabia, Forain, Dufy), preisgekrönte Werke der Kunst-Biennalen (bis 1980) und Schenkungen von Künstlern (Gleizes, Desnoyers, Delvaux, Sutherland).

Garten der Zitrusfrüchte – In dem sehr weiträumigen Park, in dem Zitrusfrüchte (Pampelmusen-, Mandarinen-, Goldorangen-, Orangen- und Zitronenbäume) wachsen, sind Plastiken ausgestellt.

Musée Jean-Cocteau Ⓥ – Das Museum befindet sich in einem Fort, das im 17. Jh. von Honoré II. von Monaco in Auftrag gegeben wurde. Es wurde ab 1957 Ort des künstlerischen Schaffens des „Dichterfürsten". Auf seine Initiative hin wurde das Fort zunächst restauriert und anschließend in ein Museum umgewandelt. Vom ursprünglichen Bau blieben ein großer Gewölbesaal und zwei kleine angrenzende Säle erhalten; in einem befindet sich noch der alte Backofen. Die ehemalige Wachstube und das Munitionsdepot sind heute Ausstellungsräume.
Der Außenbereich ist mit Mosaiken in Mentoner Tradition dekoriert, deren Steine mit der Schmalseite nach unten aufgesetzt wurden. Dargestellt sind u. a. Orpheus und der Faun der Jugend. Der Eingang ist mit einem Fußbodenmosaik ausgelegt, das aus kleinen grauen und weißen Steinen zusammengesetzt ist und das Wappentier der Provence, die Eidechse, zeigt. Der Wandteppich *Judith und Holofernes* aus der Manufaktur von Aubusson wurde von Matisse als „der einzig wahre zeitgenössische Wandteppich" bezeichnet. Cocteau entwarf eigens für sein Museum schmiedeeiserne Vitrinen, in denen Keramikvasen in Tiergestalt ausgestellt sind. Im Treppenhaus hängt der Wandteppich *Das Zeitalter des Wassermanns*, der in den Werkstätten der Familie Gobelin gewebt wurde. Im ersten Stock ist eine Serie von Pastellen mit dem Titel *Die Innamorati* (1961) zu sehen. Bemerkenswert ist auch das große, von Marc Avoy geschaffene Porträt, das den Dichter darstellt, der seinen Faunkörper verläßt.

Hôtel de Ville Ⓥ – Das im italienischen Baustil des 17. Jh.s errichtete Rathaus hat einen prächtigen, von Jean Cocteau ausgemalten **Hochzeitssaal★**. Die Wände zeigen einen Fischer mit der früher in Menton üblichen Kopfbedeckung und ein Mädchen, das einen typischen Nizzaer Hut trägt; die Geschichte von Orpheus und Eurydike sowie eine Phantasiehochzeit. An der Decke sind die auf dem geflügelten Pferd

MENTON

Bosano (R. Lt) . . . . . . Y 5
Boyer (Av.) . . . . . . Z 6
Carnot (Av.) . . . . . . Z 10
Ciapetta (R.) . . . . . . Z 12
Félix-Faure (Av.) . . . . . . Z
Gallieni (R. Gén.) . . . . . . Z 18
Guyau (R.) . . . . . . Y 19
Herbes (Pl. aux) . . . . . . Z 20
Laurenti (Av.) . . . . . . Y 21
Logettes (R. des) . . . . . . Z 22
Longue (R.) . . . . . . Y 24
Monléon (Q. de) . . . . . . Z 27
Partouneaux (R.) . . . . . . Z 30
République (R. de la) . . . . . . Z 33
St-Michel (R.) . . . . . . Z
St-Roch (Pl. R.) . . . . . . Z 35
Trenca (R.) . . . . . . Z 37
Verdun (Av. de) . . . . . . Z 40
Vieux-Château (R. du) . . . . . . Y 42
Villarey (R.) . . . . . . Z 44

Basilique St-Michel-Archange Y B
Chapelle de la Conception . Y D
Cimetière du Vieux-Château . Y F
Hôtel de Ville . . . . . . Z H
Musée de préhistoire régionale Y M[1]
Sculpture de Volti . . . . . . Y V

Katherine Mansfield

Die neuseeländische Schriftstellerin Katherine Mansfield (1888-1923) verbrachte vom Frühjahr 1920 an ein ganzes Jahr in Menton. Ihre zarte Gesundheit veranlaßte sie, sich in Garavan in der Villa Isola-Bella *(heute Avenue Katherine-Mansfield)* niederzulassen. An diesem friedlichen Ort schrieb sie fünf ihrer schönsten Erzählungen (u. a. *Der Fremde, Das junge Mädchen*). In ihrem Tagebuch beschrieb sie Garavan als lieblichen Ort: „Das Haus liegt zum Meer hin; rechts sieht man die Altstadt mit dem kleinen Hafen und der winzigen Uferpromenade, die mit Pfefferbäumen bepflanzt ist (...). Diese Altstadt (...) ist das Schönste, was ich jemals gesehen habe."

Pegasus reitende Muse der Dichtkunst und die mit den Planeten jonglierende Wissenschaft dargestellt. Ein weiteres Bild zeigt die nicht mehr blinde Liebe. Am Eingang sind zwei von Cocteau gezeichnete Mariannen (Frauengestalt mit der Jakobinermütze, Personifikation der französischen Republik) in zwei große Spiegel eingraviert. Das Mobiliar hat Cocteau selbst ausgewählt: die palmenförmigen Kandelaber, die im spanischen Stil gestalteten Stühle und das Pantherfell, hinter dem der Hochzeitstisch steht.

Musée de Préhistoire régionale ⓥ – Das Museum wurde Anfang des 20. Jh.s eröffnet. Es ist in einem eigens für diese Sammlungen zur regionalen Vor- und Frühgeschichte errichteten Bau von Adrien Rey untergebracht. Die ältesten Stücke stammen von den ersten Ausgrabungen bei den Grimaldi-Höhlen und in Ligurien, die der aus Menton stammende Naturwissenschaftler Bonfils im 19. Jh. leitete.
Im Erdgeschoß sind in Rekonstruktionen die wichtigsten Ereignisse des frühgeschichtlichen Tagesablaufs veranschaulicht, wie sie die Menschen der Vor- und Frühgeschichte in der Zeit von vor etwa 1 Mio. Jahren bis 1 500 Jahre v. Chr. erlebten: Umgang mit dem Feuer, erste künstlerische Zeugnisse, Anfänge der Landwirtschaft und der Metallverarbeitung am Mont Bégo. Der Besucher kann in einem Projektionssaal und anhand interaktiver Testsäulen seine Kenntnisse prüfen.
Im Untergeschoß befindet sich ein Saal zur Mentoner Geschichte. Als Beispiele für die Wohnverhältnisse im 19. Jh. werden eine charakteristische Küche und ein Schlafzimmer gezeigt. In zwei anderen Räumen sind traditionelle Gegenstände ausgestellt, die in der Region bei der Zitronen- und Olivenernte verwendet werden. Eine Plakatgalerie erinnert an das goldene Zeitalter des Fremdenverkehrs in den Wintermonaten von 1870 bis 1914.

Église orthodoxe russe ⓥ – *Rue Morillot, Eingang in der Avenue Carnot.* Die russisch-orthodoxe Kirche wurde 1892 von dem dänischen Architekten Tersling gebaut und gleicht eher einer Kapelle; der Innenraum ist jedoch mit Wandmalereien von Fürst Gagarin und zahlreichen Ikonen reich verziert.

UMGEBUNG

★ **Roquebrune-Cap-Martin** – *Siehe dort*

Gorbio – *9 km. Ausfahrt aus Roquebrune-Cap-Martin in nördlicher Richtung auf der D 23 (Route de Gorbio). Es ist eine schmale, kurvenreiche Straße, die Konzentration am Steuer erfordert.* Die Straße führt im grünen, blühenden und als exquisite Wohnlage geschätzten Tal von Gorbio zu dem alten Bergdorf hinauf, das in seiner ursprünglich gebliebenen felsigen **Umgebung**★ ein äußerst malerisches Bild abgibt; dieser Eindruck bestätigt sich beim Gang durch die am Ortseingang liegende überwölbte Gasse, am alten Brunnen vorbei über das Kieselsteinpflaster der engen Sträßchen zum Dorfplatz mit seiner 1713 gepflanzten Ulme. Zu Fronleichnam veranstalten die Dorfbewohner eine pittoreske **Schneckenprozession**, bei der jeder ein in einem Schneckenhäuschen flackerndes Öllicht trägt. Die um die Dorfkirche führende Rue Garibaldi bietet einen schönen **Ausblick** auf das Meer in Richtung Bordighera.

★ **L'Annonciade** – *6 km. Verlassen Sie Menton auf der Avenue de Verdun und ihrer Verlängerung, der Avenue de Sospel. Links ist dann eine schmale Zufahrtsstraße nach L'Annonciade ausgeschildert; man fährt jedoch geradeaus weiter und unter der Autobahn hindurch. Nach zwei Haarnadelkurven verläßt man die D 2566, die nach Sospel führt, und fährt nach links, wieder unter der Autobahn hindurch, weiter bis zum Gasthaus Auberge des Santons, wo der ansteigende Weg zum Kloster L'Annonciade abzweigt.* Seit dem 11. Jh. ist dieser Ort das Ziel von Marienwallfahrten. Die heutige **Kapelle** stammt aus dem 17. Jh. Der 225 m hoch gelegene Kapellenvorplatz bietet einen schönen **Ausblick**★, der die Küste von Bordighera bis zum Cap Martin und die Menton umgebenden Berge umfaßt.
Fahren Sie über eine schmale, steil abfallende Straße zurück. Vor allem auf den letzten zwei Kilometern vor der Einmündung in die nach Menton führende Avenue de Sospel ist wegen der vielen Kurven Vorsicht geboten.

★ **Ste-Agnès** – *13 km. Verlassen Sie Menton auf der Avenue Carnot in nördlicher Richtung, dann fahren Sie nach rechts auf den Cours René-Coty, weiter durch die Avenue des Alliés und die Route des Castagnins (D 22).* Auf der Strecke eröffnen sich schöne Ausblicke auf das Tal von Gorbio. Beim **Col St-Sébastien** (600 m) bietet sich ein besonders hübscher **Blick**★ auf Ste-Agnès. *Fahren Sie nach rechts weiter.*

Das Dorf, in dem sich viele Kunsthandwerker niedergelassen haben, hat eine außergewöhnliche **Lage**★. Obwohl es nur 3 km von der Küste entfernt ist, liegt es in 666 m Höhe (das höchste Dorf der Küste) an einem steil aufragenden grauen Kalkfelsen, der bei Sonnenuntergang rosafarben leuchtet. Ein Spaziergang durch die malerischen Gassen, die mit Kieseln gepflasterte Rue Longue oder die streckenweise überwölbte Rue des Comtes-Léotardi ist reizvoll.

Auf einem steinigen Weg, der hinter dem Friedhof beginnt, erreicht man die in der Nähe der Burgruine befindliche Orientierungstafel, von der sich ein weiter **Blick**★★ bietet.

Fort Maginot de Ste-Agnès ⓥ – *Fahren Sie am Dorfeingang in Richtung „Parking Sud" und parken Sie links in der Nähe des Eingangs.* Die große, geschickt durch vorspringende Felsen getarnte Anlage wurde zwischen 1931 und 1930 zur Verstärkung der die Alpen durchquerenden Maginotlinie erbaut. Die vier Feueröffnungen mit den Granatwerfern vom Kaliber 8,1 cm und den 7,5er und 13,5er Geschützen sind nach Südosten auf die Bucht von Menton gerichtet. Noch heute kann man in den tief in die Felsen gehauenen Räumen den noch funktionierenden Generator, die Küchen und die Unterkünfte der Besatzung besichtigen.

Außen befindet sich weiter unten eine Plattform, unterhalb derer die Autobahn La Provençale verläuft. Von dort hat man einen beeindruckenden **Blick**★★ auf die Küste, der vom italienischen Bordighera bis zum Cap Martin und zum Mont Agel *(ganz rechts)* reicht.

Castellar – *13 km. Verlassen Sie Menton in nördlicher Richtung auf der Route de Castellar.* Alte, hin und wieder überwölbte Gassen durchziehen das Bergdorf, welches viele Wandermöglichkeiten bietet. Von der Terrasse am Place Clemenceau läßt sich ein schöner **Blick** auf das Meer und die Gipfel der umliegenen Berge genießen.

Die Rückfahrt erfolgt nach 2,5 km über den kurvenreichen Chemin du Mont-Gros, der mit einigen schönen Ausblicken auf die Küste und das Hinterland von Menton aufwartet. Man kann auch hinter dem Friedhof auf der Straße weiterfahren, die in die D 2566 mündet.

AUSFLUG

8 Route du Col de Castillon

21 km – etwa 1 1/2 Std. – s. auch Kartenskizze NICE S. 275

Verlassen Sie Menton auf der Avenue de Verdun, die in die Avenue de Sospel übergeht.

Die Paßstraße führt über einen Gebirgszug zwischen dem Mentoner Land und dem Becken von Sospel. Ihre Trasse benutzt südöstlich des Passes das Tal des Carei, der ins Mittelmeer mündet; hinter dem Paß (auch Col de la Garde genannt) verläuft sie dann durch das Tal des Merlanson, eines Nebenflusses der Bévéra.
Hinter der Autobahnbrücke führt die D 2566 kurvenreich zunächst an Zitronen-, dann an Olivenhainen und zuletzt an Kiefern vorbei das reizende **Carei-Tal**★ aufwärts. Über dem linken Ufer des Flusses erheben sich die kahlen Grate des nahen französisch-italienischen Grenzgebiets.
Hinter dem Ort Monti fährt man am Forêt de Menton entlang und hat einen schönen Blick auf Menton und das Meer sowie das Bergdorf Castellar.
In der Talsohle vor einer Schleife geht die kurvenreiche Zufahrtsstraße nach Castellar ab.

Forêt de Menton – Der Mischwald bietet besonders viele schöne Spazierwege. Bei einem Forsthaus *(Maison forestière)* geht ein Fußweg links *(1 Std. hin und zurück)* zu einer Orientierungstafel mit weitem **Blick**★ auf die Küste.

Etwas weiter führt die Straße am elegant geschwungenen **Viadukt** des Caramel vorbei, der früher von der Kleinbahn Menton–Sospel benutzt wurde.

Castillon – Rechts der Straße liegt das Dörfchen Castillon, das nach dem schweren Erdbeben von 1887 und der Bombardierung von 1944 restlos zerstört war und zweimal vollständig wiederaufgebaut wurde. Das Dorf, von seinem Kunsthandwerksviertel *(Parkplatz in der Nähe)* geprägt, ist ganz im provenzalischen Stil errichtet und ein Modell ländlicher Bauweise. Vom Hügel aus hat man einen **Blick** auf das Carei-Tal und in der Ferne auf das Meer.

Nach dem linker Hand gelegenen Dorf geht eine direkte Zufahrtsstraße zum Tal von Sospel ab, die durch Tunnel der ehemaligen Kleinbahntrasse folgt. Die rechte Straße erreicht bald die Paßhöhe.

Col de Castillon – 707 m. Der **Blick** umfaßt das Bévéra-Tal mit den Gipfeln des Peïra-Cava und des Authion in der Ferne; zur Linken sieht man das Band der D 54, die zum Col St-Jean führt. Dann beginnt die lange Abfahrt durch das grüne Tal des Merlanson. Je näher man Sospel kommt, desto mehr weichen die Waldgebiete Olivenhainen und auf Terrassen angelegten Weinbergen. Dann kommen das Fort auf dem Mont Barbonnet, etwas später der Ort **Sospel** *(s. dort)* in Sicht.

Vallée des MERVEILLES**

Michelin-Karte Nr. 84 341 F 3, Nr. 115 Falten 7 und 8 oder Nr. 245 Falten 25, 26

Das Randgebiet des 2 872 m hohen **Mont Bégo** westlich von Tende ist von der gewaltigen Kraft der eiszeitlichen Eismassen geprägt: Talkessel, Gletscherseen und Moränen bestimmen diese durch das Fehlen von Straßen und das rauhe Hochgebirgsklima einsam gebliebene, isolierte Welt. Zwar gibt es in den Tälern von La Minière, Casterine und Fontanalbe dichten Lärchenbestand, doch das zwischen dem Mont du Grand Capelet und dem Mont Bégo verlaufende Vallée des Merveilles, das **Tal der Wunder**, entbehrt jeglicher Vegetation, sieht man von dem im Sommer blühenden Kräuterteppich ab.
Das Hochgebirge mit seinen Gipfeln, Tälern und Seen bildet hier ein grandioses Naturschauspiel, doch sind es die überaus zahlreichen Felszeichnungen (zwischen 2800 und 1300 v. Chr.), welche die Berühmtheit dieses Gebiets im **Nationalpark Mercantour** ausmachen. Über die Hälfte dieser Felsbilder sind im Vallée des Merveilles in große Schiefer- oder Sandsteinplatten *(chiappes)* geritzt. Man erreicht dieses Gebiet durch ein Seitental der Roya. Tatsächlich besteht das unter der Bezeichnung „Tal der Wunder" zusammengefaßte Gebiet aus fünf verschiedenen Sektoren, die um den Mont Bégo angeordnet sind:

- das eigentliche Vallée des Merveilles, das größte Tal, in dem mehr als die Hälfte der Felszeichnungen zu finden sind,
- das kleinere Vallée de Fontanalbe mit etwa 40 % der Felsbilder;
- schließlich die Gebiete Valmasque, Valaurette, Lac Ste-Marie und Col du Sabion, in denen es nur vereinzelte Felszeichnungen gibt.

Im Zusammenhang mit einer Wanderung durch das Vallée des Merveilles bietet sich auch ein Besuch im Musée des Merveilles in Tende an (s. dort).

HINTERGRUNDINFOS

Die Felszeichnungen – Die Umgebung des **Mont Bégo** – die indoeuropäische Wurzel des Namens bedeutet „Heiliger Berg" (Be) und „Wohnort des Stiergotts" (Go) – ist ein wahres Freilichtmuseum der Frühgeschichte. Sein „Fundus" besteht aus mehr als 30 000 Felsbildern, deren Existenz zwar bereits Ende des 17. Jh.s bekannt war, die jedoch erst ab 1897 durch den Briten Clarence Bicknell systematisch erforscht wurden. Nachdem das Gebiet 1947 zu Frankreich kam, wurden die Forschungen intensiviert, insbesondere durch ein Forschungsteam unter der Leitung von Henry de Lumley, das sich seit nunmehr fast 30 Jahren mit den Felszeichnungen in dem 14 ha großen Gebiet beschäftigt. Die Bilder sind in die vor 15 000 Jahren durch die eiszeitliche Erosion geglätteten Oberflächen der Felsen eingeritzt. Die linearen Ritzungen sind gesondert zu betrachten; die ältesten davon gehen auf die gallorömische Epoche zurück und reichen über das Mittelalter bis in unsere Tage. Die Bilder jedoch, die das besondere Interesse der Archäologen wecken, sind wesentlich älter. Ihr überwiegender Teil stammt aus der frühen Bronzezeit (um 2800-1300 v. Chr.). Die Technik der damaligen Felsgravierung war folgende: Mit Quarzit- und Feuersteinwerkzeugen wurden Vertiefungen von 1 mm bis 5 mm Durchmesser dicht aneinandergereiht in die Felsoberfläche eingehauen.

Der Zauberberg – Die Felsgravuren geben Aufschluß über das Leben und die Sorgen der damals in den Tälern beheimateten ligurischen Volksstämme, für die der Mont Bégo wahrscheinlich eine Gottheit darstellte, zu der sie pilgerten: Sie betrachteten den Berg als Schutzgott, da er ihnen von seinen Hängen herab Wasser schickte, und zugleich fürchteten sie ihn, weil er häufig mit Unwettern zürnte. Es wurden Felszeichnungen zu fünf verschiedenen Themen entdeckt: gehörnte Tiergestalten, Waffen und Werkzeuge, Menschengestalten, geometrische Figuren und eine Gruppe verschiedenartiger, nicht identifizierter Formen. Hier wie andernorts war die Verehrung der Berggottheit mit dem Kult des Stiers verbunden; dies belegt die Hälfte der Zeichnungen, die Rinder und gehörnte Symbole zeigen. Die abgebildeten Hakenpflüge oder Eggen, die vorgespannten Zugtiere sowie die netzartigen Gebilde, die Wiesen- oder Feldereinteilungen wiedergeben, lassen darauf schließen, daß damals Ackerbau betrieben wurde. Die in großer Zahl abgebildeten Waffen entsprechen ziemlich genau den bei archäologischen Ausgrabungen gemachten Funden aus dieser Zeit. Die Menschen jener Epoche erscheinen ebenfalls in einigen Darstellungen; für die bekanntesten erfand man Namen wie **Hexenmeister**, **Christus**, **Stammesführer**, **Tänzerin** usw. Andere sind rätselhafter und lassen alle möglichen Interpretationen zu, wie etwa der **Lebensbaum** in Fontanalbe *(nur mit Führer zu besichtigen)*.

Parc national du Mercantour – Der jüngste französische Nationalpark wurde 1979 angelegt und erstreckt sich auf einer Fläche von 68 500 ha und auf einer Höhe zwischen 500 m und 3 143 m zwischen den Meeralpen und den Alpen der Haute-Provence. Der Park, der vor 1861 die beiden Alpenhänge einnahm, gehörte früher zum ehemaligen Jagdreservat des Königs von Sardinien-Piemont und pflegt seit 1987 eine Partnerschaft mit dem italienischen Naturpark Parco naturale delle Alpi marittime (früher Argentera). Beide

TIPS UND ADRESSEN

Unterkunft

Verpflegung und Unterkunft vor Ort möglich; man sollte aber in der Hauptreisezeit die Übernachtung vorher buchen. Wenden Sie sich direkt an folgende Schutzhütten:

Refuge des Merveilles – ☎ *04 93 04 64 64 / 04 93 04 69 22 (außerhalb der Saison) – Juni-Mitte Okt.; außerhalb der Saison an Wochenenden und Feiertagen.*

Refuge de Fontanalbe – ☎ *04 93 04 89 19 / 04 93 04 69 22 (außerhalb der Saison) – Juni-Ende Sept.*

Kontaktadressen

Destination Merveilles – *10 Rue des Mesures – 06270 Villeneuve-Loubet – ☎ 04 93 73 09 07 – www.destination-merveilles.com* – Veranstalter von Ausflügen und Wanderungen im Vallée des Merveilles.

Association des Guides, Accompagnateurs et Amis des Alpes méridionnales – *Bureau de la Haute Vésubie – 06450 St-Martin-Vésubie – ☎/Fax 04 93 03 26 60.* Verein der Wanderführer im Vallée des Merveilles.

Wichtige Hinweise

Schutz der Felsbilder – Die Felsbilder aus der Bronzezeit, die den Großteil des Jahres (Mitte Oktober bis Ende Juni) schneebedeckt sind, wurden im vergangenen Jahrzehnt leider mehr oder weniger mutwillig von Menschenhand beschädigt. Deshalb sind das Vallée des Merveilles und das Vallée de Fontanalbe, abgesehen von den üblichen Bestimmungen für die Nationalparks, zusätzlichen Sonderregelungen unterworfen. Lediglich auf bestimmten Wanderpfaden wie dem GR 52, auf den Bergkämmen um die Täler und im Umkreis der Seen dürfen die Besucher auf eigene Faust das Gebiet durchwandern. Die untenstehenden Schilder weisen auf die Verhaltensregeln zum Schutz der Felszeichnungen hin. Zuwiderhandlungen werden von den Parkwächtern mit schweren Geldbußen geahndet. Will man sich die Felszeichnungen ansehen, die weit von den erlaubten Pfaden entfernt sind, muß man sich an einen entsprechenden Führer wenden, die an ihrem Abzeichen des Nationalparks Mercantour zu erkennen sind. Eine Liste dieser Führer ist an den Informationsstellen des Parks und in den Fremdenverkehrsämtern des Vallée de la Roya erhältlich. Einzelbesucher dürfen das Fontanalbe-Wandergebiet von der Valmasque-Niederung bis zur Schutzhütte von Fontanalbe auf den zugelassenen Pfaden *(etwa 3 Std.)* auch allein durchwandern. Das Arpette-Gebiet ist nur im Rahmen einer Führung zugänglich.

Die gekennzeichneten Pfade nicht ohne Führer verlassen

Die Felsbilder nicht berühren

Nicht über die Felsbilder laufen

Die Felsbilder nicht beschädigen

Wanderungen – Man sollte nicht vergessen, daß die Wanderung im Hochgebirge (zwischen 1 600 m und 2 500 m) stattfindet und einige grundlegende Vorkehrungen nötig sind: gute körperliche Verfassung, feste Gebirgswanderschuhe und warme Kleidung sowie Regenschutz. Aufgrund der häufig auftretenden, teilweise sehr starken Gewitter ist es ratsam, sich vorher über die Wetterlage zu erkundigen. Kenntnisse über die genaue Wanderroute verschafft man sich am besten mit einer Karte im Maßstab 1:25 000. Auf der Karte in diesem Kapitel sind die zugänglichen Wanderpfade eingezeichnet.

Parks haben eine 33 km lange gemeinsame Grenze. Sie verwalten gemeinsam die Überwachung der Tierarten, die sich im ganzen geschützten Kerngebiet aufhalten. Der Steinbock z. B. bezieht sein Sommerquartier im Mercantour-Park, nachdem er im Argentera-Park überwintert hat, während das Mufflon den umgekehrten Weg zurücklegt.

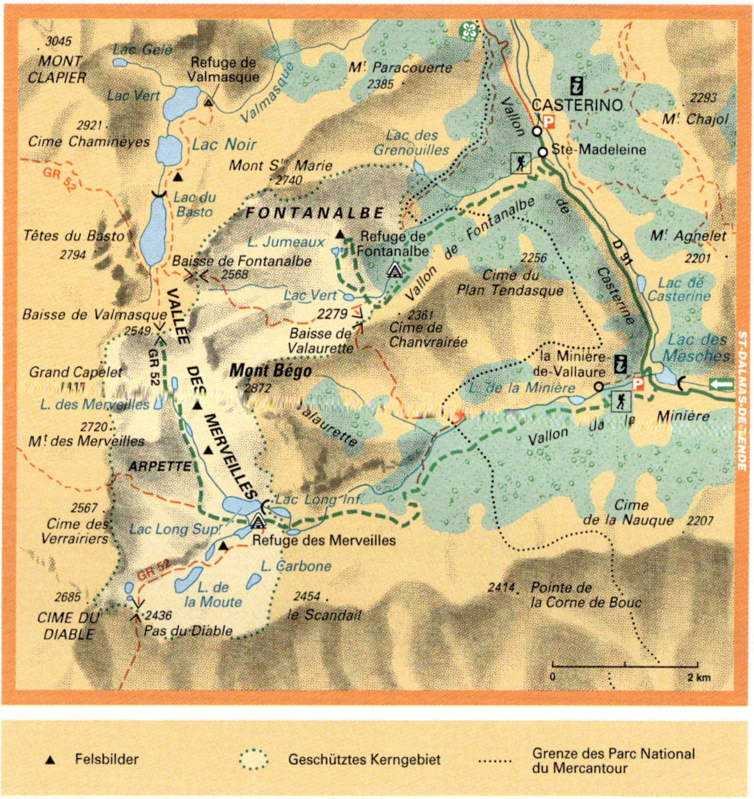

Die reiche Flora zählt mehr als 2 000 Arten, darunter das Steinbrechgewächs **Saxifraga florulenta**, das eine Zeitlang das Wahrzeichen des Parks war. Vom Olivenbaum über den Rhododendron bis zum Enzian sind hier alle Vegetationszonen vertreten und erblühen im Frühling in einer wunderbaren Farbensymphonie.
Zur Fauna gehören etwa 6 300 Gemsen, 350 Steinböcke und 1 000 Mufflons. Der Mercantour-Park ist das einzige Gebirge Europas, in dem diese drei Huftierarten gleichzeitig vorkommen. Die Mufflons waren im Gegensatz zu den beiden anderen Arten in den Alpen ursprünglich nicht heimisch, sie wurden aus Korsika eingeführt. In den Wäldern der mittleren Höhenlagen leben Hirsche und Rehe sowie kleinere Säugetiere wie Schneehasen, Hermeline und Murmeltiere. Zu den Vögeln gehören Birkhühner, Schneehühner und eine stattliche Anzahl von Raubvögeln wie Schlangenadler und Königsadler. Außerdem war die Wiederansiedlung von Bartgeiern erfolgreich. Seit 1993 sind in den beiden Parks insgesamt acht Tierarten wieder heimisch geworden. Auch Wölfe sind seit 1942 zum ersten Mal wieder auf ganz natürliche Weise nach Frankreich zurückgekehrt. Sie stammen aus Italien, wo diese Art unter Naturschutz steht und sich gegenwärtig wieder vermehrt.
Der nördliche Teil des Mercantour-Nationalparks ist übrigens im Grünen Reiseführer Französische Alpen beschrieben.

WANDERUNGEN

Die Zufahrt zu den archäologischen Stätten erfolgt entweder durch das Roya-Tal bergauf auf der N 204 bis St-Dalmas-de-Tende, dann auf der D 91 bis zum Weiler Casterino. Zwei Wanderwege stehen dann zur Auswahl: vom Lac des Mesches in das Arpette-Gebiet und zur Schutzhütte Les Merveilles *(Marschdauer: 3 Std.)* oder vom Parkplatz in Casterino zur Schutzhütte von Fontanalbe und ins Fontanalbe-Gebiet *(Marschdauer: 1 1/2 Std)*.
Nachstehend sind die beiden beliebtesten Ausflüge ab St-Dalmas-de-Tende aufgeführt.

Vallée des Merveilles – *10 km nördlich von St-Dalmas-de-Tende. Auf der D 91 fahren Sie bis zum Lac des Mesches und stellen dort Ihren Wagen ab.* Zu Fuß geht es weiter auf dem markierten Wanderweg zur Merveilles-Schutzhütte und zum Lac Long *(3 Std.)*, dem Ausgangspunkt der Führungen in der Arpette-Region. In der

Schutzhütte gibt es Übernachtungsmöglichkeiten *(Reservierung notwendig in der Hauptsaison)*. Am nächsten Tag können Sie die Wanderung durch das Vallée des Merveilles bis zur Baisse de Valmasque genannten Senke *(Durchschnittsdauer 2 1/2 Std.)* fortsetzen und dann zum Parkplatz am Lac des Mesches zurück; Ankunft dort am Spätnachmittag.

B. Kaufmann/MICHELIN

Geheimnisvolle Nachrichten aus grauer Vorzeit

Fontanalbe – *12 km über die D 91 ab St-Dalmas-de-Tende; etwa 1 Tag. Fahren Sie bis zum Weiler Casterino und parken Sie dort.* Folgen Sie unweit des Dorfeingangs links dem durch ein Schild („Fontanalbe" und Informationen) angezeigten Waldweg bis zur Hütte (Refuge de Fontanalbe, *etwa 1 Std.*); diese lassen Sie rechts liegen und wandern bis zum Lac Vert („Grüner See") weiter *(etwa 3/4 Std.)*. Will man an einer **Führung** ⓥ teilnehmen, muß man auf dem Uferweg zu den beiden kleinen Gletscherseen **(Lacs Jumeaux)** zum Haus der Parkaufsicht gehen, wo die Führungen beginnen.

Wenn man in der Fontanalbe-Hütte übernachtet *(vorab buchen)*, kann man am nächsten Tag in den Ausläufern des Mont Bégo bis zum Fontanalbe-Sattel (Baisse de Fontanalbe; 2 568 m) wandern: schöne Ausblicke auf die drei Seen des dahinter liegenden Valmasque-Tals. Von dort hat man die Wahl, zur Valmasque-Hütte weiterzugehen oder umzukehren und auf demselben Weg nach Casterino zurückzuwandern.

Principauté de MONACO★★★

29 876 Einwohner
Michelin-Karte Nr. 341 F 5, Nr. 115 Falten 27 und 28
oder Nr. 245 Falte 38
Kartenskizze Corniches de la RIVIERA, S. 316

Das 197 ha große Fürstentum umfaßt die auf dem Felsen (Le Rocher) gelegene Altstadt Monaco, den neuen Stadtteil Monte-Carlo, das die beiden Teile verbindende Geschäfts- und Hafenviertel La Condamine, das Industrieviertel Fontvieille im Westen und Le Larvotto (Strand) im Osten. Mehrere Millionen Touristen besuchen jährlich das Fürstentum, dessen Glanz nicht zuletzt von der Fürstenfamilie verkörpert wird: von Fürst Rainier, der seine Frau Gracia Patrizia, die frühere Filmschauspielerin Grace Kelly, 1982 bei einem tragischen Autounfall verlor, und seinen drei Kindern, Erbprinz Albert und die Prinzessinnen Caroline und Stephanie. Die monegassischen Staatsbürger (nur 5 000 von den knapp 30 000 Einwohnern) genießen Steuerfreiheit und sind nicht zum Wehrdienst verpflichtet.

HINTERGRUNDINFOS

Die Dynastie der Grimaldi Das bereits in frühgeschichtlicher Zeit besiedelte, dann von den Phokäern und später den Römern als Hafen benutzte Monaco fand erst unter den Grimaldi wirklich Eingang in die Geschichte. Die verschiedenen Linien der Familie, die im Jahre 1333 110 männliche Mitglieder zählten, hatten in Cagnes, Beuil, Genua und Neapel ihre Stammsitze. Während der Auseinandersetzungen zwischen den papsttreuen Guelfen und den Anhängern der Stauferkaiser, den Gibellinen, in Italien wurde Franz Grimaldi aus Genua vertrieben. Ihm und einigen Helfern gelang es 1297, sich als Mönche verkleidet Monacos zu bemächtigen (daher erhielt Franz den Beinamen „der Listenreiche", und daher stammen auch die bewaffneten Mönche im Grimaldi-Wappen); er konnte den Ort jedoch nicht halten. 1308 kaufte ein anderer Grimaldi den Genuesen Monaco ab, und seitdem werden Name und Wappen der Grimaldi von allen Titelerben bis heute weitergetragen, ob sie nun der Linie Goyon-Matignon (1731-1949) oder, wie seit 1949, der Linie Polignac entstammen.

Die Entstehung Monte-Carlos – 1856 gab der damalige Fürst von Monaco die Erlaubnis zur Eröffnung eines Spielkasinos in Monaco, der einzigen und bescheidenen monegassischen Siedlung. Er erhoffte damit, zunächst vergebens, eine Überwindung der akuten Finanzmisere. 1862 wurde in Monte-Carlo ein weiteres, wenig aufwendiges Kasino errichtet, das lange isoliert lag, da niemand in seiner Nähe bauen wollte. Das Spiel um Geld begann erst zu florieren, als **François Blanc**, der geschickte und reiche Kasinodirektor des hessischen Kurortes Bad Homburg, Lizenzinhaber des Kasinos wurde und sich mit einigen Leuten zu der vorsichtig als „Seebädergesellschaft" (Société des Bains de Mer, S.B.M.) bezeichneten Organisation zusammenschloß. Diese ließ in Monte-Carlo eine Luxusstadt aus Hotelpalästen, Villen und prächtigen Anlagen entstehen und förderte so gegen Ende des 19. Jh.s den unter den Vornehmen Europas aufkommenden Trend, während des Erholungsaufenthaltes an der Französischen Riviera Abwechslung in Monte-Carlo zu suchen.

D. Hée/MICHELIN

Palastwache in Monaco

TIPS UND ADRESSEN

Verkehrsmittel

Anfahrt mit dem Auto – Die Zufahrt in die Altstadt ist nur den Fahrzeugen vorbehalten, die im Fürstentum oder im Departement Alpes-Maritimes zugelassen sind.
Größere öffentliche, gebührenpflichtige Parkplätze:
Tiefgarage des Stade Louis II (1 200 Stellplätze), **Chemin des Pêcheurs** (600) **Einkaufszentrum Fontvieille** (680), **Les Boulingrins** (600)

Großräumige **Aufzüge** erleichtern die Überwindung der Höhenunterschiede zwischen einzelnen Vierteln; Aufzüge für die Hauptverbindungen:
Vom Place Ste-Dévote zum Boulevard de Belgique (längste Strecke)
Vom Strand Plages du Larvotto (und Musée national) zum Place des Moulins
Von der Avenue Hector-Otto zum Boulevard de Belgique
Von der Avenue de la Costa (Gebäude Park Palace) zum Boulevard Princesse-Charlotte
Vom Kongreßzentrum (Boulevard Louis-II) zu den Terrassen des Kasinos
Vom Parkplatz Parking des Pêcheurs zum Ozeanografischen Museum
Von der Avenue de Grande-Bretagne zur Avenue des Citronniers
Vom Einkaufszentrum Fontvieille zum Place d'Armes

Buslinien – Nr. 1 (Felsen–Kasino), Nr. 2 (Jardin exotique) oder Nr. 4 (Strände).

Héli Air Monaco – *Héliport de Monaco-Fontvieille, ☎ 00 377 92 05 00 50.* Diese Fluggesellschaft am Hubschrauberlandeplatz Monaco-Fontvieille bietet täglich alle 15 Min. Verbindungen zwischen dem Fürstentum und dem Flughafen Nice-Côte d'Azur in Nizza. Flugdauer: 6 Min. Im Angebot sind auch Rundflüge über der Küste.

Stadtbesichtigung

Petit Train Azur Express – *☎ 00 377 92 05 64 38 – 10.30-18 Uhr (17 Uhr im Winter). Im Januar nicht in Betrieb. 6,10 €.* Besichtigungsfahrten im Bähnchen ab der Avenue St-Martin.

Monte Carlo Story – *♿ ☎ 00 377 93 25 32 33 – März bis Okt.: 11-17 Uhr (Juli und Aug.: bis 18 Uhr); Nov. bis Febr.: 14-17 Uhr. Dez. geschlossen – 4,57 € (Kinder: 2,45 €).*

Post, Telefon, Geld

Post – Briefe und Postkarten müssen mit den monegassischen Briefmarken frankiert und in die orangefarbenen Briefkästen geworfen werden. **Telefon** – Die Vorwahlnummer des Fürstentums ist (00) 377. **Geld** – Das Fürstentum Monaco hat sich der europäischen Währung Euro angeschlossen. Die alten monegassischen Banknoten und Münzen haben keine Gültigkeit mehr.

Gastronomie

Gut und preiswert

Le Jazz – *3 Rue de la Turbie – ☎ 00 377 97 70 50 24 – Aug., Sa-mittag und So geschl. – Sa/So Reserv. empf. – 11,89 € Mittagessen – 18,29/42,69 €.* Das Lokal erinnert an eine Jazzbar: moderner Dekor, in dem die rote Farbe dominiert, originelle Stühle mit riesigen Rückenlehnen, Bilder mit Jazzthemen. Mittags viele einheimische Gäste, abends intimere Atmosphäre, Jazzmusik.

Polpetta – *2 Rue Paradis – ☎ 00 377 93 50 67 84 – 10.-30. Juni, Sa-mittag und Di geschl. – 22,87 €.* Dieses kleine italienische Restaurant besteht aus drei Gasträumen: aus der Veranda an der Straßenseite, einem rustikal eingerichteten Speiseraum und einem intimeren, gediegeneren im hinteren Bereich.

Unsere Empfehlung

Richart – *19 Boulevard des Moulins – 98000 Monaco – Monte-Carlo – ☎ 00 377 93 30 15 06 – www.richart-monaco.com – So außer im Dez. geschl. – 24,41/34,63 €.* Ein Chocolatier und sehr elegantes Café mit einem hübschen grau-weißen Gastraum. Verführerische Karte mit Salaten, salzigem und süßem Gebäck, Tee und hausgemachter heißer Schokolade.

Costa à la Crémaillère – *Place de la Crémaillère – 98000 Monaco – Monte-Carlo – ☎ 00 377 93 50 66 24 – Aug., Sa-mittag und So geschl. – 19,80 € Mittagessen – 25,99/35,50 €.* Der verglaste Pavillon im Stil der Zeit um 1900 hat die Metallkonstruktion des alten Zahnradbahnhofs, der er einmal war, bewahrt. Einige Fotos und Wandmalereien erinnern an die Bahn, die nach La Turbie fuhr. Heute herrscht hier die Stimmung einer modernen Brasserie; Stellage mit Meeresfrüchten.

La Maison du Caviar – *1 Avenue St-Charles – ☎ 00 377 93 30 80 06 – 20. Juli-20. Aug., Sa-mittag und So geschl. – 15 € Mittagessen – 28/43 €.* Seit fast 50 Jahren serviert dieses Restaurant in einem den Monegassen gut bekannten Rahmen aus Flaschenkästen und Holzvertäfelungen: Kaviar natürlich, aber auch Gänsestopfleber, Lachs oder Bœuf Stroganoff. Ein Klassiker, den man nicht verpassen sollte.

Unterkunft

Gut und preiswert

Villa Bœri – *29 Boulevard du Général-Leclerc – 06240 Beausoleil – ☎ 04 93 78 38 10 – 30 Z: 38,11/62,50 € – ☕ 5,34 €.* Kleines Gebäude auf französischem Boden, das hinter einem Gärtchen mit mediterranen Pflanzen verborgen liegt. Einige Zimmer verfügen lediglich über bescheidenen sanitären Komfort. Man braucht nur die Straße zu überqueren, und schon ist man im Fürstentum Monaco.

Unsere Empfehlung

Hôtel de France – *6 Rue de la Turbie – 98000 Monaco – Unweit des Bahnhofs – ☎ 00 377 93 30 24 64 – 26 Z: 63,27/80,80 €.* Dieses Hotel ist verschönt aus einer Verjüngungskur hervorgegangen. Die Zimmer sind gut geräuschisoliert und im provenzalischen Stil dekoriert; moderner Frühstücksraum mit hübschem Mobiliar aus Holz und Metall.

Cafés, Kneipen und Bars

Café de Paris – *Place du Casino – ☎ 00 377 92 16 20 20 – www.sbm.mc – Tgl. 7.30-2 Uhr.* Von den Terrassen dieser Brasserie im Stil der Jahrhundertwende läßt sich der Kasino-Platz beobachten, und vom Salon Bellevue im ersten Obergeschoß sieht man die Italienische und die Französische Riviera. Im Winter Meeresfrüchte und Schalentiere, im Frühling und Sommer Eisverkauf. Themenwochen zur einheimischen, traditionellen und europäischen Küche.

La Terrasse (Bar des Vistamar) – *Square Beaumarchais – ☎ 00 377 92 16 40 00 – Tgl. 11.30-1 Uhr.* Im Hermitage pflegte Onassis Maria Callas zu treffen. Von der herrlichen Terrasse des Cafés dieses Luxushotels hat man einen schönen Blick auf den Hafen von Monaco. Spezialität des Hauses: Champagner und Cocktails.

Le Jimmy'z – *Quai Princesse-Grace – ☎ 00 377 92 16 22 77 – Tgl. von 23 Uhr bis zum Morgengrauen – Reserv. empf.* Monaco zu verlassen, ohne dem berühmten Jimmy'z einen Besuch abgestattet zu haben, kommt einem Sakrileg gleich. Anzug und Krawatte sind Pflicht in diesem Heiligtum des Jet Sets, in dem man Topmodels in Pailletten, Stars und andere Berühmtheiten sehen kann. Die Bar ist winzig, aber, einzigartig, phantastisch, grandios!

Stars'N'Bars – *6 Quai Antoine-1er – ☎ 00 377 93 50 95 95 – www.starsnbars.com – Tgl. 11-0 Uhr; Tanzbereich bis 4 Uhr.* Eine große und beliebte amerikanische Bar mit jüngerer und weniger mondäner Atmosphäre als die anderen monegassischen Lokale. Hier kann man ein Bier trinken, einen Hamburger essen, Billard spielen, im Internet surfen und bis zum Morgengrauen tanzen. Als Dekoration ausgestellt sind ein Sprungstab von Sergej Bubka, ein Kleid von Sharon Stone, eine Handtasche von Catherine Deneuve und unzählige andere Gegenstände, die einmal Stars aus Sport, Film und Musik gehört haben. Die Kinder werden von einer Animateurin betreut. Häufig Rockkonzerte. Terrasse zum Hafen hin.

The Living Room Club – *7 Avenue des Spélugues – ☎ 00 377 93 50 80 31 / 00 377 93 50 88 10 – www.monte-carlo.mc/livingroom – Mo-Sa von 23 Uhr bis zum Morgengrauen. Am Sonntag des Großen Preises von Monte-Carlo ausnahmsweise geöffnet.* Distinguierter Club mit gediegener Atmosphäre, in dem sich die Nachtschwärmer nach dem Besuch bei Jimmy'z treffen. Spezialität des Hauses: Champagner in großer Auswahl und der „Living Room Cocktail". Sehr heterogenes Publikum; abends Pianobar oder DJ.

Sass Café – *11 Avenue Princesse-Grace – ☎ 00 377 93 25 52 00 – Tgl. 20-1 Uhr (Restaurant), 23 Uhr bis zum Morgengrauen (Pianobar).* Die Schönen und Reichen geben sich in dieser eleganten Restaurant-Bar ein Stelldichein – danach begeben sie sich dann gern ins Jimmy'z. Abends ab 23 Uhr Pianobar. Spezialität des Hauses: Wodka, Cocktails, Champagner in reicher Auswahl.

Ausgehtips

Casino de Monte-Carlo – *Place du Casino – ☎ 00 377 92 16 20 00 – www.casino-monte-carlo.com – Tgl. ab 12 Uhr, geöffnet bis der letzte Gast das Haus verläßt.* Mit über 150 Mio. € Umsatz (die zu 70 % mit klassischen europäischen Spielen und nicht von Spielautomaten erwirtschaftet werden) ist dieses Kasino das bedeutendste Europas. Die majestätischen Spielsalons und das luxuriöse, im Dekor einen Zug nachahmende Restaurant Le Train Bleu sind sehenswert. Die zum Meer gelegene Terrasse erfüllt Sie mit gelassener Ruhe, egal ob Sie das Kasino mit vollen oder mit leeren Taschen verlassen haben.

Folie Russe – *12 Avenue des Spélugues – ☎ 00 377 93 50 65 00 – Di-So, Show um 22.30 Uhr.* Das Cabaret des Hôtel Loews unterhält mit Tanzvorführungen, Magie und Jongleuren.

Le Cabaret – *Place du Casino – ☎ 00 377 92 16 36 36 – www.montecarlo-resort.com – Tgl. außer Mo: Show von 23-0 Uhr.* Das Cabaret des Kasinos von Monte-Carlo zeigt seine kubanische Show. Daneben gibt es immer wieder Jazz und Konzerte internationaler Unterhaltungskünstler.

Grimaldi Forum – *10 Avenue Princesse-Grace – Le Larvotto – ☎ 00 377 99 99 21 00 – www.grimaldiforum.mc.* 35 000 m^2 Glas und Stahl über dem Meer beherbergen drei Vorführsäle und eine Ausstellungshalle der Gegenwartskunst. Auf dem Programm stehen Tanz (ein Festival ist in Vorbereitung), moderne Musik und natürlich Galaabende des Fürsten.

Sport und Freizeit

Bateaux de la French Riviera – *Compagnie de Navigation et de Tourisme de Monaco – Quai des Etats-Unis – ☎ 00 377 92 16 15 15 – www.cntmonaco.com – Juli und Aug.: 11 Uhr, 14.30 Uhr, 16 Uhr und 17.30 Uhr; Juni und Sept.: tgl. außer Mo 11 Uhr, 14.30 Uhr und 16 Uhr; Apr., Mai und Okt: tgl. außer Mo 14.30 Uhr – 10,67 € (Kinder 7,62 €).* Schiffsfahrten mit Unterwasserpanorama.

Shopping

Alle großen Luxusmarken sind in Monte-Carlo und in den Einkaufsgalerien der Luxushotels (Métropole, Park Palace) vertreten. Die Geschäfte mit einem herkömmlichen Warenangebot liegen alle in den kleinen Straßen auf dem Felsen gegenüber dem Palast. Beachtenswert ist die **Boutique du Rocher**, Avenue de la Madone, das offizielle Geschäft des monegassischen Kunsthandwerks.

Besondere Termine

Im Fürstentum Monaco gibt es fast keinen Monat, in dem nicht eine größere Veranstaltung oder ein Festival stattfindet. Das Jahr beginnt mit der sehr bekannten Rallye Automobile de Monte-Carlo, die seit 1911 jedes Jahr Ende Januar ausgetragen wird, und dem Grand Prix Automobile, der im Mai auf einer kurvenreichen, 3,145 km langen Strecke in den Straßen des Fürstentums stattfindet. Erwähnung verdienen auch das Fest der hl. Devota (27. Januar), das Internationale Fernsehfestival (Februar), das Kunstfestival (Printemps des Arts), das Internationale Tennisturnier (April), die Internationale Blumenbukett-Ausstellung (Mai), das Open-Golfturnier von Monte-Carlo an den Hängen des Mont Agel (Juni), die Konzerte im Ehrenhof des Schlosses und das Feuerwerksfestival (Juli, August), der monegassische Nationalfeiertag (19. November) und das Internationale Zirkusfestival (Dezember). Schließlich genießen auch die Veranstaltungen der Oper und des Balletts sowie die Konzerte des Philharmonischen Orchesters von Monte-Carlo einen ausgezeichneten Ruf.

Eine florierende Wirtschaft – Die Geschäfte mit dem Glücksspiel, der Fremdenverkehr sowie die Steuervorteile des Landes, die viele ausländische Firmen nach Monaco zogen, brachten eine rege Bautätigkeit mit sich. Durch den einsetzenden Bauboom war der knapp bemessene Boden bald vollständig verbaut. Es wurde beschlossen, durch Aufschüttung dem Meer Baugrund abzuringen. Heute sind 22 % der Gesamtfläche auf diese Weise gewonnenes Land.
Der Fremdenverkehr ist nach wie vor ein wesentlicher Wirtschaftszweig des Fürstentums und ließ die Seebädergesellschaft S.B.M. zu einem riesigen Unternehmen anwachsen. Diese ist heute nicht nur bemüht, den Anforderungen des traditionellen Tourismus zu entsprechen, sondern sie versucht auch, die Geschäftswelt zu Kongressen und Veranstaltungen nach Monaco zu ziehen. Dafür wurde unterhalb des Kasinos der Baukomplex „Les Spélugues" angelegt. Er ruht auf Pfeilern und umfaßt Wohnungen, Hotels (Loews Hôtel), Restaurants, ein technisch perfektes

Kongreßzentrum und einen Mehrzwecksaal, der 1 100 Personen faßt. Heute ist die Unterkunftskapazität Monte-Carlos beträchtlich, und die Stadt kann Nizza und Cannes durchaus Konkurrenz machen.
Aber auch die Industrie kommt zu ihrem Recht, wie das sich rasch entwickelnde Viertel Fontvieille bezeugt, wo eine umweltfreundliche Leichtindustrie Bekleidung, Druckerzeugnisse, Arzneimittel, Kunststoffartikel, Präzisionsgeräte, Parfüm und Nahrungsmittel produziert. Die ungefähr 40 im Fürstentum angesiedelten Bankinstitute machen Monaco weltweit zu einem der führenden Bankplätze. Auch die Medien spielen mit Radio und TV Monte-Carlo eine entscheidende Rolle. Die S.B.M., der das Spielkasino und das Hôtel de Paris gehört, ist der größte private Arbeitgeber Monacos.

Originelle und revolutionäre Stadtplanung – Die große Raumnot in Monaco war Mitte der 60er Jahre des 20. Jh.s ein Hemmschuh für den Wirtschaftsboom, als die ersten großen Städtebauprojekte in Angriff genommen wurden.
Bis Ende der 70er Jahre wurde bevorzugt in die Höhe gebaut. In dieser Zeit entstanden ein knappes Dutzend Hochhäuser mit mehr als 30 Stockwerken, die ein „amerikanisches" Stadtbild als architektonische Umsetzung der monegassischen Wirtschaftsentwicklung schufen. Von den 80er Jahren an entwickelte sich ein neues städtebauliches Konzept, um dem zunehmenden Wohnungs- und Dienstleistungsbedarf gerecht zu werden. Allem Anschein nach liegt die bauliche Zukunft nun im Untergrund des Fürstentums.
Die neuen direkten Zufahrten sind mittlerweile über tiefe Tunnel mit dem französischen Straßennetz verbunden. Die Verbindung zwischen einzelnen Vierteln wird durch unzählige automatische Aufzüge oder Rolltreppen erleichtert. Hinter den Fassaden einiger Luxushotels in Monte Carlo verbergen sich die Zufahrtsrampen zu riesigen öffentlichen Parkhäusern, die in den Felsen hinein gebaut wurden. Im Fontvieille-Viertel befindet sich ein Busbahnhof 10 m unter dem Meeresspiegel, und innerhalb von 10 Jahren wurde dem Meer durch Aufschüttung eine 22 ha große Halbinsel abgewonnen. Bei einem Spaziergang wird es den Besucher kaum mehr überraschen, in den tiefen Baugruben zwischen zwei alten Gebäuden kleine Bagger am Werk zu sehen. Alle Neubauten müssen nämlich mit mehrgeschossigen Tiefgaragen versehen werden. Ein unterirdischer Bahnhof mit Schienennetz und die Errichtung eines weitläufigen Kongreß- und Messepalastes (Grimaldi Forum) am Strand von Le Larvotto sind vor kurzem fertiggestellt worden. Bei anderen, langfristigeren Projekten werden revolutionäre technische Verfahren eingesetzt wie die Anlage künstlicher Lagunen zur Errichtung neuer Viertel auf den Sandbänken des Fürstentums.

AUF ENTDECKUNGSTOUR

★★ Der Felsen von Monaco *Besichtigung: 3 Std.*

Stellen Sie Ihren Wagen im Parkhaus Les Pêcheurs ab und fahren Sie mit dem Aufzug nach oben.

Die Hauptstadt des Fürstentums liegt malerisch auf einem 300 m breiten und 800 m weit ins Meer hinausragenden, steil abfallenden Felsen. Die sich zwischen den alten Befestigungsanlagen ausdehnende Altstadt ist besonders bei nächtlicher Beleuchtung von der Höhenstraße Grande Corniche oder vom Belvédère de la Turbie aus ein wunderschöner Anblick. Die schmucken Häuser aus dem 18. Jh. mit ihren lachsfarbenen Fassaden entlang den schmalen Gassen geben eine echte Theaterkulisse ab. Die alten Verwaltungsgebäude, das Fürstliche Palais, die Kathedrale, Parkanlagen und das **Ozeanographische Museum★★★** nehmen die obere Fläche des Felsens ein und befinden sich 60 m hoch über dem Meeresspiegel; sie sind durch die tiefer gelegene Bahnlinie und den Straßenzug der Corniche Inférieure von den zerklüfteten Bergflanken mit dem bekannten Tropengarten getrennt. Auf der Dachterrasse des Parkhauses in der Nähe des Musée océanographique befindet sich in einem Saal der Riesenbildschirm der sogenannten **Monte Carlo Story** ⓥ, die von der Dynastie der Grimaldi und der Geschichte des Fürstentums berichtet. Eine Besichtigung der Altstadt wäre unvollständig ohne die Wachablösung vor dem Palast *(s. weiter unten)*.
Das dem Tropengarten vorgelagerte Viertel **Fontvieille**, früher der Industrie vorbehalten, ist vollkommen umgestaltet worden und erhielt auf Aufschüttungsgelände in der Uferzone neue Wohn- und Erholungsgebiete.

Terrasse des Musée océanographique – *Aufzug*. Die im zweiten Stock über dem Meer liegende Dachterrasse bietet einen weiten **Blick★★** vom Esterelmassiv bis zur Italienischen Riviera. Hinter der Stadt erkennt man den Tête de Chien und den Mont Agel mit seinen Funkantennen.

Cathédrale – Auf den Resten der alten St. Nikolaus-Kirche erstand zwischen 1875 und 1903 das neuromanische Gebäude aus weißem Stein von La Turbie. Die weiße Farbe wurde im marmornen Hochaltar, dem Orgelgehäuse und dem Bischofsthron fortgeführt, doch ist sie dort aufs schönste von Mosaiken und Einlegearbeiten aus Kupfer unterbrochen. Die Kapelle des rechten Querschiffs enthält einen rot und gold bemalten Schnitzaltar im Stil der spanischen Renaissance.

Kunstschätze ganz besonderer Art sind die schönen **Altarbilder**★★ der alten Meister von Nizza. Das große, bei den Fürstengräbern am linken Eingang des Chorumgangs befindliche **Nikolausretabel** mit 18 Bildtafeln, die fast alle den Namen des jeweiligen auf Goldgrund gemalten Heiligen tragen, ist ein Werk Louis Bréas. Es ist umrahmt von Renaissanceblattwerk und Delphinen und zeigt in der Mitte den hl. Nikolaus auf seinem grünen Bischofsthron; unten links sind die hl. Devota, die Schutzheilige von Monaco, und unten rechts Maria Magdalena zu erkennen; oben rechts sieht man die hl. Anna, die in italienischer Manier ihre Tochter Maria und das Jesuskind in den Armen hält. Drei weitere Tafelbilder der Nizzaer Malerschule zeigen im Chorumgang die Heiligen Rochus und Antonius sowie den Rosenkranz. Die hinter dem Hochaltar befindliche Pietà der Weißen Büßer besitzt eine reizvolle Predella.
Im rechten Querschiffarm der Kathedrale erblickt man über der Tür zur Sakristei nochmals ein wundervolles Retabel Louis Bréas, die **Pietà des Pfarrers Teste**. Es ist nach dem darauf abgebildeten Stifter benannt; der Landschaftshintergrund stellt Monaco dar.

Die Rue Comte-Félix-Gastaldi (beachten Sie die Renaissancetore) führt zur Rue Princesse-Marie-de-Lorraine.

Chapelle de la Miséricorde – Die 1646 erbaute Kapelle der Schwarzen Büßer liegt gegenüber dem Rathaus (Mairie) und zeigt eine klassizistische rosa-weiße Fassade. Im Inneren befindet sich in einer Nische rechts eine **Liegefigur Christi**★ von dem monegassischen Bildhauer François Joseph Bosio; sie wird bei der feierlichen Karfreitagsprozession durch die Straßen der Altstadt getragen.

Gehen Sie rechts die malerische Rue Basse entlang.

Historial des Princes de Monaco ⓥ – In mehreren überwölbten Räumen veranschaulichen 40 lebensgroße Wachsfiguren in 24 Szenen die Geschichte der Grimaldi.

★**Place du Palais** – Die Kanonen und Kugeln, die Ludwig XIV. dem damaligen Fürsten schenkte, verleihen dem Schloßplatz etwas Kulissenhaftes. Von der Brüstung an der Nordostseite ergibt sich ein **Blick** auf den Hafen, Monte-Carlo und die Küste bis zur Landzunge von Bordighera. Die im Südwesten an den Platz angrenzende **Promenade Ste-Barbe** bietet eine Aussicht auf das Cap d'Ail. Jeden Mittag, kurz vor 12 Uhr, findet die Wachablösung statt.

Rampe Major – *Unter dem Torbogen rechts des Palastes hindurch.* Der Weg führt über Treppen oberhalb des Hafens und des Viertels La Condamine entlang. Er geht unter Toren aus dem 16., 17. und 18. Jh. hindurch zum Place d'Armes (Exerzierplatz) hinunter, auf dem allmorgendlich ein Markt abgehalten wird.

La Condamine *Besichtigung: 1/2 Std.*

Mit „La Condamine" wurde im Mittelalter das landwirtschaftlich genutzte Gebiet am Fuß eines mit einem Schloß oder einer Siedlung bebauten Bergs bezeichnet. Heute ist La Condamine das zwischen Monaco und Monte-Carlo liegende Geschäftsviertel.

Port – Eine Promenade führt an dem von Albert I. angelegten Hafen entlang. Dieser wurde von Fürst Rainier III., dem jetzigen Regenten, um ein olympiagerechtes Schwimmbad bereichert. Im Hafen reiht sich heute eine Luxusjacht an die andere. In der Saison werden Schiffsfahrten auf einem Katamaran mit Tiefseepanorama ab dem Quai des États-Unis angeboten.
Am nördlichen Ende des Boulevard Albert-1er öffnet sich ein Tal, das La Condamine von Monte-Carlo trennt und von einem beide Viertel verbindenden Viadukt überquert wird. Im Talgrund liegt die Kirche der Schutzpatronin Monacos.

Église Ste-Dévote – Wo sich heute das 1870 erbaute Gotteshaus erhebt, hat es schon lange vorher eine Kirche gegeben. Im Inneren ist ein schöner Marmoraltar aus dem 18. Jh. sehenswert.
Alljährlich am Abend des 26. Januar erinnert ein Festzeremoniell vor der Kirche an folgende Legende: Der Leichnam der im 3. Jh. in Korsika den Märtyrertod gestorbenen hl. Devota wurde in ein Boot gelegt, welches die Wogen des Meeres davontrugen. Als es in einen Sturm geriet, erschien eine Taube, führte es aus der Gefahr heraus und geleitete es an die monegassische Küste, wo die Reliquien der Heiligen fortan aufbewahrt wurden.
Im Mittelalter versuchten Diebe, die heiligen Reste mit einem Boot zu stehlen, doch die Monegassen holten die Räuber ein, retteten die Reliquien und verbrannten das Boot. Deshalb wird am Abend des 26. Januar auf dem Kirchplatz ein Boot verbrannt, und am darauffolgenden Tag wird eine Prozession veranstaltet.

Rue Grimaldi – Sie beginnt am Kirchplatz der Église Ste-Dévote. Orangenbäume verleihen dieser sehr belebten Geschäftsstraße eine exotische Note.

★★★ Monte-Carlo *Besichtigung: 1 1/2 Std*

In diesem Namen schwingt auf der ganzen Welt die Vorstellung von Spiel, launenhaftem Schicksal, Luxus, Extravaganz, Exklusivität und Exotik mit. Gleichzeitig drängen sich die Bilder seiner prachtvollen Grandhotels, seiner Kasinos, der luxuriösen Villen, der exquisiten Geschäfte, der Blumenpracht seiner Terrassen und seiner seltenen Bäume und Pflanzen auf. Monte-Carlo besticht durch sein vielseitiges Unterhaltungsangebot.

Im Ostteil des Fürstentums liegen auf dem Meer abgerungenem Grund die künstlichen Strände von Le Larvotto, die ultramodernen Freizeitzentren des Monte-Carlo-Sporting-Club sowie, jenseits der Staatsgrenze, der Monte-Carlo-Beach. Sie sind durch die schöne, von Anlagen und Parks gesäumte Avenue Princesse-Grace mit dem Gebäudekomplex Les Spélugues verbunden.

Wunderschöne Anlagen umgeben das Kasino. Von seiner herrlichen **Terrasse**★★ herab hat man Monaco und die Küste bis Bordighera vor Augen. Die als Promenadenwege gestalteten Dächer der Gebäude von Les Spélugues haben die Fläche der Terrasse beträchtlich vergrößert. Das dort aufgestellte geometrische Kunstwerk Vasarelys aus buntemaillierter Lava trägt den Titel *Hexa Grace*.

BESICHTIGUNGEN

Casino ⓥ – Der älteste Teil des Kasinos, der westliche Flügel, erhebt sich nicht weit vom Meer. Er wurde 1878 von **Charles Garnier**, dem Erbauer der Pariser Oper, geschaffen. Der jüngste Anbau wurde 1910 vollendet.

Vom Vestibül gelangt man geradeaus in das Theater; links liegen die prunkvollen Spielsäle. Die Besichtigung beginnt bei den öffentlichen Spielsälen (Salles publiques): dem Renaissance- und dem Europa-Salon, dem Amerika-Saal und dem Salon des Grâces. Sie führt weiter in die privaten Spielsäle (Salles du Cercle privé), die beiden Touzet-Säle und den riesigen, reich ausgestatteten François-Médecin-Saal. Eine prächtige Treppe führt hinunter zum Ganne-Saal mit einem Nachtclub sowie dem Theatersaal von Charles Garnier.

★ **Palais princier** ⓥ – Einige zinnenbekrönte Türme und ein Teil der von Vauban erweiterten und verstärkten Befestigungsanlage, die das Wappen der Grimaldi trägt, sind kühn über dem steilen Hang aufragende Zeugen der Burg des 13. Jh.s. Die südlichen Teile des fürstlichen Palasts weisen hingegen Kennzeichen der Renaissance oder der klassizistischen Architektur auf. Der Rundgang führt zuerst hinauf zur Herkules-Galerie, von wo aus man den schönen **Ehrenhof** mit seiner doppelläufigen Marmortreppe überschauen kann. Die Galerie ist mit Fresken aus dem 16. und 17. Jh., die hauptsächlich von Orazio Ferrari stammen, bedeckt. Der Thronsaal und die großen, öffentlichen Empfängen dienenden Räume sind mit kostbaren Teppichen, Möbeln sowie interessanten, von Rigaud, Champaigne und Van Loo signierten Porträts ausgestattet.

★ **Musée des Souvenirs napoléoniens und Collection des Archives historiques du Palais** ⓥ – Das in einem Flügel des Palais untergebrachte Museum ist für Napoleonfreunde von besonderem Interesse. Hier wurden etwa 1 000 Erinnerungsstücke und Dokumente des berühmtesten Sprosses der Familie Bonaparte, die übrigens mit der monegassischen Fürstenfamilie verwandt ist, zusammengetragen; persönliche

B: Kaufmann/MICHELIN

Berühmt (berüchtigte) Filmkulisse: das Kasino von Monte-Carlo

Gegenstände Napoleons, Kleidungsstücke seines einzigen Sohns, des Königs von Rom und Herzogs von Reichstadt, Münzen, Medaillen, Figürchen, Waffen, militärische Uniformen und Abzeichen, Fahnen, die bekannten Napoleon-Büsten von Canova und Houdon, die Büste Josephines von Bosio sowie die Stammbäume der Familie Bonaparte, die aus Florenz stammt, und der Fürsten von Monaco.
Im ersten Stockwerk bietet sich dem Besucher angesichts des von François Gérard (1770-1837) ausgeführten Porträts ein letzter Blick auf Napoleon, dann beginnt ein Gang durch die Geschichte Monacos. Einer ihrer Marksteine war die Unabhängigkeitserklärung des Fürstentums, welche durch die Charta Ludwigs XII. belegt wird. Weitere Ereignisse spiegeln sich in Schriftstücken Karls V. und Ludwigs XIV., auf Münzen, in einer bedeutenden Briefmarkensammlung und auf Gemälden wider. Selbst echtes Mondgestein hat den Weg bis hierhin gefunden!

★ **Musée national: Poupées et Automates d'autrefois** ⓥ – Das Puppen- und Automaten-Museum ist in einer hübschen, von Charles Garnier erbauten Villa eingerichtet und liegt in einem schönen, mit Skulpturen (man beachte besonders den *Jungen Faun* von Carpeaux) geschmückten Rosengarten.
In einem sehr malerischen Rahmen wird hier eine lehrreich kommentierte, äußerst reizvolle Sammlung von über 100 Automaten des 19. Jh.s präsentiert, deren komplizierter Mechanismus durch einen Blick in die „Eingeweide" einer dieser mechanisch bewegten Puppen erkennbar wird. (Die Automaten werden mehrmals am Tag in Bewegung gesetzt). Außerdem sieht man über 400, seit dem 18. Jh. bis heute zusammengetragene Puppen und eine riesengroße neapolitanische Weihnachtskrippe mit 250 Figuren.

A. Soriano

Musée national
Pierrot mit Hunden von Vichy, 1865

Musée de la Chapelle de la Visitation ⓥ – In dieser Barockkapelle aus dem 17. Jh. ist die Collection Barbara Piasecka-Johnson untergebracht, eine reichhaltige Sammlung sakraler Kunst. Besonders sehenswert sind Werke von Zurbarán, Rubens und italienischen Meistern des Barocks.

★ **Collection des Voitures anciennes** ⓥ – In einer auf fünf Ebenen angelegten Ausstellungshalle sind um die 100 Autos und Kutschen aus der fürstlichen Sammlung zu sehen. Die erste Ebene ist den von Charles III. benutzten Kaleschen vorbehalten. Dann kann man den ersten Wagen von Fürst Albert I., einen De Dion Bouton (1903), und die Prestige-Modelle Lincoln Torpedo Kabriolett (1928), Packard Kabriolett (1935) und Buick Skylar (1966) bewundern. Eine persönliche Note erhält die Ausstellung durch den Rolls-Royce Silver Cloud, den die monegassischen Geschäftsleute Fürst Rainier 1956 zur Hochzeit schenkten, und das Londoner Taxi, einen Austin von 1952, der speziell für Fürstin Gracia ausgestattet wurde. Als Marksteine der zeitgenössischen Automobilgeschichte werden das Citroën-Kettenfahrzeug der in den 20er Jahren durchgeführten Asienexpedition, eine schöne Sammlung von Citroën Frontantrieb-Oldtimern, amerikanische Militärfahrzeuge, ein Trabant und ein futuristisch gestylter Lamborghini von 1986 präsentiert. Im Ehrensaal, der den Formel-1-Wagen gewidmet ist, thronen ein Bugatti von 1929, der den ersten Grand-Prix gewann, und ein Ferrari F1 von 1989 mit 600 PS. Links erinnert auf einem immer wieder mit frischen Blumen geschmückten Podest ein Helm, den der 1994 verunglückte Rennfahrer Ayrton Senna trug, an die ständige Gefahr des Motorsports.

Musée naval ⓥ – Das Seefahrtsmuseum umfaßt an die 100 der bemerkenswertesten Schiffsmodelle aus der fürstlichen Sammlung. Es sind dort Schiffe aus der Antike bis zur Gegenwart ausgestellt. Die ältesten Modelle wurden 1874 von Fürst Albert I. gebaut. Besonders sehenswert sind die **Kaisergondel**, die innerhalb von nur zwei Wochen für den Besuch Napoleon Bonapartes in Antwerpen gefertigt wurde, und das Modell des Schlachtschiffs *Missouri*, so wie es am 2. September 1945 aussah, als die Japaner dort mit den Amerikanern das Waffenstillstandsabkommen unterzeichneten und somit der Zweite Weltkrieg auch im Pazifik beendet war.

Musée des Timbres et des Monnaies ⓥ – Ganz modern präsentiert sich das Briefmarken- und Münzenmuseum, in dem die gesamte Briefmarkenproduktion des Fürstentums ausgestellt ist. Sie stellt eine interessante Retrospektive der fürstlichen Sammlungen dar. 1885 wurde unter der Herrschaft Charles' III. die erste Briefmarke mit dem Bildnis eines monegassischen Herrschers ausgegeben. Davor

wurden, seit Einführung des Poststempels, die Briefe mit sardischen und ab 1860 mit französischen Marken frankiert, die den Zusatzvermerk „Monaco" trugen. Im großen Saal steht die bemerkenswerte Kupferstich-Rotationsmaschine, mit der ein halbes Jahrhundert lang die Briefmarken des Fürstentums gedruckt wurden. Der Saal, in dem die selteneren Marken ausgestellt sind, versetzt Briefmarkensammler in Begeisterung, wenn sie diese Besonderheiten sehen: Briefe aus Fort Hercule (so wurde Monaco während der Französischen Revolution genannt) oder die ersten sardischen und monegassischen Briefmarken mit Farbfehldruck.
Am Eingang des Museums kann man alle derzeit im Umlauf befindlichen monegassischen Briefmarken erwerben, ebenso Kästchen mit Münzen (sowohl im Umlauf befindliche als auch Sammlerstücke).

BESONDERE HIGHLIGHTS

Pflanzen- und Tierwelt des Fürstentums

★★ **Musée océanographique** Ⓥ – Das der Meereskunde gewidmete Museum, das auch ein wissenschaftliches Forschungszentrum ist, wurde 1910 von Fürst Albert I. eingeweiht. Der leidenschaftliche Meeresforscher gründete es, um der Meereswissenschaft zu dienen und die wissenschaftlichen Sammlungen aufzunehmen, die er auf seinen ab 1885 unternommenen Seereisen zusammengetragen hatte.
Das große, majestätische Gebäude aus schönem Haustein liegt herrlich auf der Südseite des Felsens und überragt das Mittelmeer von einem beeindruckenden, 80 m hohen Steilhang aus.

Untergeschoß – Das **Aquarium★★** zählt europaweit zu den interessantesten. Mehr als 4 500 Fische, die 400 Arten angehören, leben in 90 Becken, in denen die natürliche Umgebung der Fische nachgebildet wurde. Die tropische Wassertierwelt entfaltet einen außerordentlichen Farbenreichtum. Zu den erstaunlichsten, schönsten oder seltensten Exemplaren gehören der Fliegende Drachenkopf, Doktorfische, riesige Mondfische, verschiedene, teils sehr seltene Seepferdchenarten und giftige Steinfische. In einem 25 000 l fassenden Becken leben Ammenhaie, Suppenschildkröten sowie Echte Karettschildkröten Seite an Seite. Das lebende Korallenriff aus dem Roten Meer ist ohnegleichen auf der Welt.

Musée Océanographique, Monaco

Korallenriff aus dem Roten Meer

Erdgeschoß – Die links neben der Eingangshalle gelegene **Abteilung für physische Meereskunde★** (Salle d'Océanographie physique, die sogenannte Walabteilung) enthält Skelette großer Meeressäugetiere wie das eines 20 m langen, an der Italienischen Riviera gestrandeten Wals, eines Schwertwals, eines Pottwals, einer Seekuh, eines Narwals; präparierte Meerestiere wie einen japanischen Riesenkrebs (2 m lang), eine 200 kg schwere Schildkröte und Abgüsse von Quastenflossern. In der Ausstellung „Perlmuttkunst" (Art de la Nacre) kann man herrlich bearbeitete Muscheln aus der Sammlung von Fürst Albert I. und neuere Exponate bewundern.
Im Atrium gegenüber dem Eingang heißen zwei Tauchkapseln, wie sie an Bord der *Calypso* verwendet wurden, den Besucher willkommen.
Rechts neben dem Atrium werden in dem zu einem Kinosaal umfunktionierten ehemaligen Konferenzsaal Filme vorgeführt, die von Commandant Cousteau und seiner Crew gedreht wurden. Dort werden auch wichtige internationale Wissenschaftskongresse abgehalten.

Erster Stock – Im mittleren Saal für angewandte Meereskunde erinnern die Modellbauten der vier Forschungsschiffe von Fürst Albert I., vor allem der *Princesse Alice II*, an seine wissenschaftlichen Seereisen. An Bord der dieses Schiffs gelang es dem Fürsten 1901, Fische aus einer Rekordtiefe von 6 000 m zu holen und bei Expeditionen nach Spitzbergen 80° nördlicher Breite zu erreichen. Unweit davon sieht man die Nachbildung des Bordlabors seines ersten Schiffs, der *Hirondelle II*, sowie ein Walfangboot, auf dem man den Mägen der erbeuteten Meeressäuger Tiefseefische entnahm.
Dann gelangt man in die Ausstellung „Entdeckung des Meeres", wo Phänomene wie Wellenbewegung, Salzgehalt des Wassers, Ebbe und Flut und komplexere Fragen wie die Strömung bestimmter Küsten (upwelling) erläutert werden. Unter den

bemerkenswert naturgetreuen Darstellungen verweilt man gerne vor der Nachbildung des Titanic-Unglücks, vor dem riesigen Modell des Marianengrabens, des tiefsten Meeresgrabens der Welt, sowie dem ersten U-Boot, der „Bushnell-Schildkröte".

Dachterrasse – Auf der Dachterrasse im zweiten Stock ist ein Panoramarestaurant untergebracht.

★★ **Jardin exotique** ⓥ – In diesem Tropengarten gedeihen in einem außergewöhnlichen Mikroklima über 6 000 Arten prächtiger, zum Großteil in den Halbwüsten Mexikos und Südafrikas beheimateter Kakteen und Sukkulenten. Beim Anblick ihres ungewöhnlichen Wuchses und der einmaligen Farbenpracht ihrer Blüten fühlt man sich in andere Breiten versetzt.

Besonders eindrucksvoll sind die Euphorbien (Wolfsmilchgewächse) mit ihren hohen Säulen, die riesigen Aloen, die zum Teil eßbare Früchte tragenden Opuntien und die bezeichnenderweise „Schwiegermutterstuhl" genannten kugelförmigen Echinokakteen. Wenn sich das Auge von den exotischen Gewächsen losreißt, gleitet der **Blick**★ den steil abfallenden Hang hinab auf das Meer, den Felsen von Monaco, den Hafen, Monte-Carlo, das Cap Martin und die Italienische Riviera *(Orientierungstafel)*.

★ **Grotte de l'Observatoire** ⓥ – *558 Stufen hin und zurück ab dem Tropengarten.* In mehreren übereinanderliegenden Räumen eröffnet sich die Schönheit der gut erschlossenen, an wundervollen Stalagmiten, Stalaktiten und sonstigen Konkretionen reichen Höhle, die sich in etwa 100 m Höhe im Kalkstein (Juraformation) gebildet hat.

In der Eingangshöhle wurden Knochen prähistorischer Tiere und Handwerkszeug gefunden, was darauf hinweist, daß sich bereits vor etwa 200 000 Jahren Menschen hier aufhielten. Diese Funde sind im benachbarten Museum für Vor- und Frühgeschichte ausgestellt.

★ **Musée d'Anthropologie préhistorique** ⓥ – *Zugang durch den Tropengarten.* Eine reiche, differenzierte, übersichtlich präsentierte Sammlung veranschaulicht die Frühgeschichte der Menschheit und der damaligen Tierwelt.

Im Salle Rainier-III sind regionale Sammlungen von Tierknochen und Steinwerkzeugen ausgestellt. Sie belegen, daß es an der Côte d'Azur Perioden gab, in denen hier Rentiere, Mammuts und Höhlenbären lebten; zu anderen Zeiten traf man infolge eines Klimawechsels Elefanten und Flußpferde an. Eindrucksvoll sind die verschiedenen Homo sapiens-Skelette, die sogenannten Negriden von Grimaldi, die zum Cro-Magnon-Formenkreis gehören, das Sippengrab u. a. m.

Im Salle Albert-Ier sieht man einen Überblick über die wichtigsten Entwicklungsstufen der Menschheit. Eine Vitrine enthält wertvolle prähistorische Figürchen (Mammut, Pferd) sowie eine Kleinplastik aus der Bronzezeit.

★ **Jardin japonais** ⓥ – *Zufahrt über den Boulevard Louis-II.* Im stark urbanisierten Stadtteil Le Larvotto ist diese ruhige grüne Oase für den Besucher eine angenehme Abwechslung. Der 7 ha große Garten, der nach schintoistischem Vorbild von einem

Fürstin Gracia Patrizia

Grace Kelly wurde am 12. November 1929 als drittes von vier Kindern eines reichen Industriellen in Philadelphia in den USA geboren. Nachdem sie eine Ausbildung an der New Yorker Academy of Dramatic Arts absolviert hatte, begann sie ihre Karriere als Schauspielerin in Filmen und auf der Theaterbühne. Ihr Durchbruch im Kino gelang ihr mit dem Film *Zwölf Uhr mittags* (1952), in dem sie die Ehefrau eines Sheriffs (Gary Cooper) spielte, der allein gegen eine Verbrecherbande kämpfte. Viele Spielfilme folgten, doch ihr Name wird hauptsächlich mit dem des englischen Regisseurs Alfred Hitchcock in Verbindung gebracht, für den sie in den Filmen *Bei Anruf Mord* (1954), *Das Fenster zum Hof* (1954) und *Über den Dächern von Nizza* (1955) vor der Kamera stand. Der letztgenannte Film wurde ausschließlich an der Côte d'Azur gedreht. Bei den Filmfestspielen von Cannes lernte Grace Kelly den Fürsten Rainier von Monaco kennen. Sie heirateten im April 1956 und bekamen drei Kinder: Caroline, Albert und Stéphanie.

Die frisch gebackene Fürstin erfreute sich bald allgemeiner Beliebtheit bei ihren Untertanen. Sie war eine vorbildliche Mutter und setzte sich für wohltätige Zwecke ein. Sie arbeitete intensiv mit dem Roten Kreuz und AMADE zusammen, einer Hilfsorganisation für Entwicklungsländer. Ihr Leben nahm 1982 ein tragisches Ende, als ihr Wagen auf der Grande Corniche von der Fahrbahn abkam und gegen eine Felswand schleuderte.

Albert-1er (Bd) .BXY
Antoine-1er (Quai) .BCY
Armes (Pl. d') .BY 2
Basse (R.) .BY 3
Belgique (Bd de) .AXY
Bel-Respiro (R.) .BX
Campanin (Pl. du) .BZ 5
Castelans (Av.des) .AZ
Castro (R. Col.-de) .BY 7
Comte-Félix-Gastaldi (R.) .BY 10
Costa (Av. de la) .BCX
Crovetto-Fréres (Av.) .AY
Doumer (Av. Paul) .AX
États-Unis (Quai des) .BCX
Fontvieille (Av. de) .AYZ 15
Gabian (R. du) .AZ
Grimaldi (R.) .BXY
Guelfes (Av. des) .AZ
Jardin exotique (Bd du) .ABXY
Kennedy (Av. J.-F.) .BCX 23
Ligures (Av. des) .BZ
Louis-II (Bd) .CX
Madone (Av. de la) .CX
Major (Rampe) .BY 27
Moneghetti (Bd des) .AX
Moulins (Bd des) .CX 32
Notari (R. L.) .BY
Ostende (Av. d') .CX 34
Palais (Pl. du) .BY 35
Papalins (Av. des) .BZ
Pasteur (R.) .AX
Pêcheurs (Ch. des) .CY 37
Port (Av. du) .BY
Porte-Neuve (Av. de la) .BCY
Prince-Héréditaire-Albert (Av.) .AZ
Princesse-Caroline (R.) .BY 48
Princesse-Charlotte (Bd) .BCX 49
Princesse-Alice (Av.) .CX
Princesse-Marie-de-Lorraine (R.) .BCY 54
Quarantaine (Av. de la) .BCY
Rainier-III (Bd) .AY
Roqueville (Av. de) .BX
Sanbarbani (Quai des) .BZ
St-Martin (Av.) .CY
Ste-Barbe (Promenade) .BY 60
Ste-Dévote .BX
Suffren-Reymond (R.) .BY 64
Suisse (Bd de) .BX
Villaine (Av. de) .BX

Casino .CX
Cathédrale .BY
Chapelle de la Miséricorde .BY B
Collection des voitures anciennes .AY M1
Église Ste-Dévote .BX
Église St-Martin .AY
Grotte de l'Observatoire .AY D
Historial des Princes de Monaco .BY M2
Jardin animalier .BY E
Jardin exotique .AY
Jardin japonais .CX
Jardins St-Martin .BZ
Musée d'Anthropologie préhistorique .AY M3
Musée de la chapelle de la Visitation .CY
Musée des Timbres et des Monnaies .BY M4
Musée national .CX M5
Musée naval .AY M6
Musée océanographique .CY
Palais princier .BY
Parc paysager .BZ
Port de la Condamine .BCXY

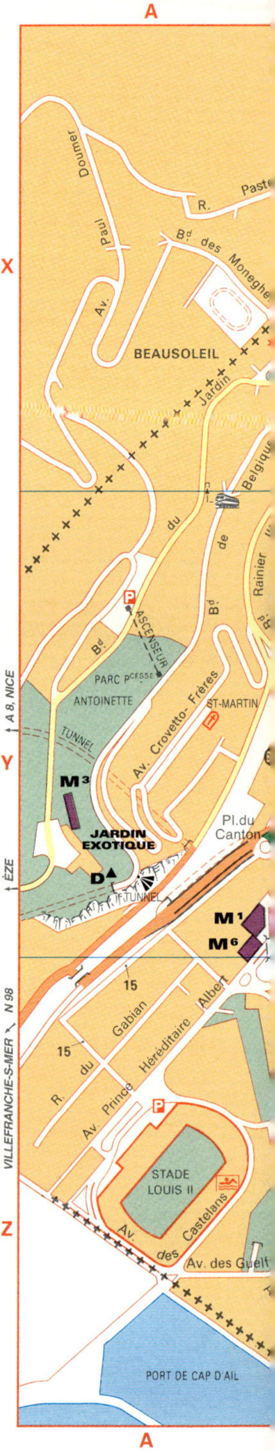

großen japanischen Meister der Landschaftskunst angelegt wurde, ist eine Darstellung der Natur in Miniaturform mit den drei Grundprinzipien des japanischen Gartens: Linie (die Allee), Punkt (das Becken) und Fläche (der Wasserfall). Das Gestein stammt aus der Auvergne (Granit), Korsika (Porphyr) und dem Tinée-Tal (Beckenkiesel). Die ganze Anlage und die Blumenkomposition haben einen

tiefen Symbolcharakter. Die zinnoberrote (Farbe des Glücks) **Rundbogenbrücke „Taïko"** versinnbildlicht den schwierigen Weg zu den Göttern, die durch die Inseln in der Mitte verkörpert werden. Die mit zwei Kiefern bepflanzte Insel hat die Form einer Schildkröte als Symbol für ein langes Leben; die kleine langgestreckte Insel mit nur einer Kiefer stellt einen nistenden Kranich dar.

In der Nähe des Teehauses lädt der **Zen-Garten** (Karésansuï) zur Meditation in einer kargen Landschaft ein, die von sieben Steinen vom Cap Corse begrenzt wird. Die im Kies geformten Ellipsen symbolisieren die ständige Bewegung des Universums. Durch das Teehaus im nüchternen Baustil erhält die ungewöhnliche Anlage eine weitere fernöstliche Note.

★ **Jardins St-Martin** – Wer auf den schattigen Alleen zwischen prachtvoller afrikanischer Vegetation spazierengeht, welche hier und da Ausblicke auf das Meer freigibt, entdeckt ein 1951 von François Cogné geschaffenes Standbild des Fürsten Albert I. sowie Fragmente von Säulen und Kapitellen der St. Nikolaus-Kirche, die der heutigen Kathedrale vorausging.

In der Hauptreisezeit macht die kleine Touristenbahn **Azur Express** *zwei verschiedene Rundfahrten ab der Avenue St-Martin (s. oben unter Tips und Adressen).*

Parc paysager – In diesem Landschaftspark sind um eine reizvolle Wasserfläche die verschiedenartigsten Pflanzen aus der ganzen Welt gruppenweise angeordnet. Im benachbarten Rosengarten „Princesse Grace" wachsen etwa 4 000 Rosensorten, die zum Teil von renommierten Gärtnern gezüchtet wurden. Die Statue von Fürstin Gracia Patrizia wurde nach ihrem Tod 1983 von Kees Verkade geschaffen. Vom Meer abgewandt kann man die Ausläufer des Fürstentums weit überblicken: die „Skyline" des Fontvieille-Viertels und im Hintergrund die schroffen Umrisse des Tête de Chien, der seinerseits vom Mont Agel beherrscht wird. Links liegt der Jachthafen Port-Cap-d'Ail.
Auf dem Weg zum Einkaufszentrum kommt man an einem harmonisch angelegten Wohnviertel vorbei, aus dem ein mit glasierten Ziegeln gedeckter Zwiebelturm hervorragt.
In der ersten Etage der **Terrasses de Fontvieille** über dem Einkaufszentrum (Centre commercial) sind drei Museen eingerichtet.

Jardin animalier ⌚ – Um die Südwestflanke des Stadtfelsens ziehen sich die Terrassen des Zoos, auf denen sehr viele Affen, aber auch andere Säugetiere, Reptilien und Vögel das Herz des Tierfreunds erfreuen; die Aussicht auf das Mittelmeer sowie das Cap d'Ail ist reizvoll.

WANDERUNGEN

★★ **Vom Monte-Carlo-Beach zum Cap Martin auf dem Uferweg** – *3 Std. zu Fuß hin und zurück; s. Kartenskizzen MENTON, S. 230, und Corniches de la RIVIERA, S. 287. Der Spaziergang sollte möglichst am Nachmittag gemacht werden. Wer nicht so weit gehen möchte, kann mit dem Auto bis zum Bahnhof von Roquebrune-Cap-Martin fahren; unterhalb davon stößt man auf den Uferweg. Ausgangspunkt: Monte-Carlo-Beach, bei einer kleinen Treppe zwischen zwei Villen links des Monte-Carlo Beach Hotels.*

Der Spaziergang ist unter ROQUEBRUNE-CAP-MARTIN (s. dort, Ein besonderes Highlight) in umgekehrter Richtung beschrieben.

★ **Von Fontvieille zum Cap d'Ail auf dem Uferweg** – *3,5 km; 1 Std. zu Fuß hin und zurück; s. Kartenskizze Corniches de la RIVIERA, S. 287. Ausgangspunkt: der kleine Marquet-Strand westlich von Fontvieille; parken Sie dort in der Nähe.* Der Uferweg nimmt seinen Anfang beim Strand. Bald verschwindet der Felsen von Monaco aus dem Blickfeld, während man unter dem Tosen der Brandung, die schäumend an die Felsen schlägt, um die Landspitze Cap d'Ail geht. Am Horizont zeichnen sich die Silhouetten von Beaulieu und des Cap Ferrat ab. Schließlich erreicht man das Restaurant La Pinède; links davon gelangt man über eine Treppe auf die zum Bahnhof von Cap d'Ail führende Straße. Man kann auch den Pfad bis zum Plage Mala weitergehen, von wo eine Treppe zur Straße im Ort führt.

★ **Beausoleil-Mont des Mules** – *3 km zuzüglich 1/4 Std. zu Fuß hin und zurück; s. Kartenskizze und Beschreibung unter Corniches de la RIVIERA,* 2.

MONS★

Michelin-Karte Nr. 340 P 3, Nr. 115 Falte 22 oder Nr. 245 Falte 36

Das sehr alte Dorf (es sind Reste einer vorgeschichtlichen ligurischen Siedlung erhalten) liegt auf einem Felssporn in einer ursprünglich gebliebenen, sonnendurchfluteten **Gegend**★ der Voralpen von Grasse, in der die gesamte typisch provenzalische subalpine Flora anzutreffen ist. Der Ort wurde nach der Entvölkerung durch die Pest im Mittelalter wahrscheinlich von Siedlern aus der Gegend von Genua neu gegründet. Diese bebauten auch die Äcker wieder mit Weizen und pflanzten Olivenbäume. Die idyllischen Gassen laden zum beschaulichen Bummeln ein. Dabei kommt man zu kleinen Plätzen, auf denen immer noch die alten Brunnen plätschern.

Gastronomie

Gut und preiswert

Auberge Provençale – *7 Rue du Rempart-du-Midi – ☏ 04 94 76 38 33 – Mitte Nov.-Mitte Dez., Di außer Juli und Aug. geschl. – 12,20/23,63 €.* Unterhalb des Place St-Sébastien liegt dieses Restaurant, das durch seine großen Fensterflächen an der Terrasse einen großartigen Panoramablick auf die Umgebung gewährt und eine regionaltypische Küche pflegt. Nachmittags Cafébetrieb.

Besondere Termine

Töpferwarenmarkt am 1. Augustwochenende. **Frauenfest** am Tag der hl. Agathe am ersten Februarwochenende. **Peter- und Paulstag** Ende Juni. **Fest der Kirchenpatronin** an Mariä Himmelfahrt am 15. August.

AUF ENTDECKUNGSTOUR

Place St-Sébastien – Bei einem Brunnen aus dem 18. Jh. hoch über dem Siagne- und dem Siagnole-Tal ergibt sich ein weiter **Blick★★** *(Orientierungstafel)*. Dieser reicht bei klarer Sicht von dem bei Toulon liegenden Coudon bis zu den Alpen an der französisch-italienischen Grenze; dazwischen sieht man im Meer die Kette der Îles de Lérins und Korsika.

Auf einer Wanderung in die Umgebung, ausgehend vom Chemin de la Chapelle St-Pierre im Dorf, kommt man an drei Dolmen vorbei: **Riens** *(400 m)*, **La Colle** *(3,5 km)* und **La Brainée** *(7,5 km)*.

Église ⓥ – Die ursprünglich romanische Kirche wurde im 15. und 17. Jh. umgebaut, enthält jedoch eine selten einheitliche Innenausstattung: fünf Barockretabel, darunter das monumentale Triptychon von 1680 am Hochaltar, das der Himmelfahrt Mariens sowie Petrus und Paulus geweiht ist. Rechts vom Hochaltar befindet sich ein schönes silbernes Prozessionskreuz aus dem 15. Jh. Die Glocke im quadratischen Turm wurde 1438 gegossen.

MOUGINS

16 051 Einwohner

Michelin-Karte Nr. 341 C 6, Nr. 115 S der Falte 24 oder Nr. 245 Falte 37

Eine grünende, blühende **Landschaft★** umrahmt das alte Bergdorf. Reste der Befestigung und das sogenannte Sarazenentor aus dem 12. Jh. sind Zeugen aus der Vergangenheit. Die Häuser in den engen Gassen sind sorgfältig restauriert.

Der Rathausplatz mit zahlreichen Restaurants, seiner alten Ulme, dem Brunnen und dem in den Mauern der altehrwürdigen Kapelle der Weißen Büßer untergebrachten Rathaus bietet ein anmutiges, immer belebtes Bild.

An mehreren Stellen des Dorfs ergibt sich ein weiter **Blick** über den Landstrich zwischen Grasse und dem Meer. Die Terrasse des **Kirchturms** ⓥ bietet ein herrliches **Panorama★** auf die Umgebung und die Küste.

Im Jahr 1935 entdeckte Pablo Picasso zusammen mit Dora Marr und dem Fotografen Man Ray den Ort. 1961 zog er mit seiner Frau Jacqueline in das Landhaus „L'Antre du Minotaure" im Viertel Notre-Dame-de-Vie, das zum Ort des künstlerischen Schaffens und der Begegnungen wurde. Dort lebte er bis zu seinem Tode 1973.

BESICHTIGUNGEN

Musée municipal ⓥ – Das Heimatmuseum befindet sich im ersten Stock des Rathauses (Mairie), das auf den Grundfesten der einstigen Chapelle St-Bernardin gebaut wurde. Unter den Ausstellungsstücken fallen besonders die römischen Grabstelen (die Stadt war eine römische Poststation an der *Via Aurelia*), ein Reliquienschrein aus dem 16. Jh. und zahlreiche Gebrauchsgegenstände aus Handwerk und Landwirtschaft auf, die heute nicht mehr verwendet werden. Einige Vitrinen sind dem Afrikafahrer **Kommandant Lamy** gewidmet, der 1858 in Mougins geboren wurde und N'Djamena, die Hauptstadt des Tschad (früher Fort Lamy), gründete. Stadtgeschichtliche Sammlung.

Musée de la Photographie ⓥ – Hinter der Kirche steht nahe am Sarazenentor das dreistöckige Fotografie-Museum mit einer schönen Sammlung alter fotografischer Apparate – darunter ein Vorläufer der Trickfilmkamera – und zahlreicher Fotografien Picassos und seiner Familie, die von dessen Freund André Villers aufgenommen wurden. Neben diesen privaten Zeugnissen aus dem Leben Picassos sind auch Aufnahmen großer Fotografen wie Clergue, Doisneau, Duncan, Lartigue, Roth, Otero, Colomb und des Reporters Gatti zu sehen.

In anderen Sälen werden Wechselausstellungen mit Werken zeitgenössischer Fotografen gezeigt.

Gastronomie

Unsere Empfehlung

La Broche de Fer – *In St-Basile, Route de Valbonne – ☎ 04 92 92 08 08 – 5.-16. März, 5.-16. Nov., Do-mittag und Mi geschl. – 18,29/28,20 €.* Dieses außerhalb des Dorfes gelegene Restaurant ist für großen Andrang ausgelegt. Sein viergeschossiger Gastraum ist hübsch im provenzalischen Stil dekoriert. Hier gibt's vor allem Gegrilltes bzw. am Spieß Gegartes.

L'Amandier de Mougins – *Im Dorf – ☎ 04 93 90 00 91 – 25,15/30,49 €.* Das alte Kelterhaus aus dem 14. Jh. ist ein wunderbarer Ort zum Verweilen und Pausemachen. Man versteht, daß sowohl der hübsche gewölbte Gastraum als auch die kleine Terrasse den ganzen Tag über gut besucht sind. In der Tat sind mit der guten Speisekarte, dem sympathischen Team und dem schönen Rahmen alle Voraussetzungen für seine Beliebtheit gegeben.

Brasserie de la Méditerranée – *Im Dorf – ☎ 04 93 90 03 47 – 10. Jan.-3. Febr. und Di vom 15. Okt.-1. Apr. geschl. – 26,22/34,61 €.* Das Bistro am Dorfplatz öffnet seine schöne Terrasse zur Hauptstraße hin. Das Interieur im Stil einer gediegenen Brasserie lädt die zahlreichen Gäste ein, sich bei zeitgenössischer, provenzalisch inspirierter Küche zu stärken.

UMGEBUNG

Ermitage Notre-Dame-de-Vie ⓥ – *6 km; etwa 3/4 Std. Ausfahrt aus Mougins in nordwestlicher Richtung auf der D 235; dann rechts auf die D 35. 2 km weiter ist rechts der Zufahrtsweg ausgeschildert.* Die **Kapelle** (Ermitage Notre-Dame-de-Vie) befindet sich in einer reizvollen **Höhenlage★** am Ende einer großen Wiese mit zwei Reihen mächtiger Zypressen (unter den Bäumen rechts steht ein Steinkreuz aus dem 15. Jh.). Der **Blick★** umfaßt Mougins und eine an die Toskana erinnernde Landschaft. Kein Wunder, daß Picasso in dieser wunderschönen Gegend, im dem Anwesen rechts unterhalb der Kapelle, die letzten Jahre seines Lebens verbrachte. Die Kapelle stammt aus dem 17. Jh. Sie trägt einen mit glasierten Ziegeln gedeckten Glockenaufsatz. Drei Inschriften aus römischer Zeit, eine davon auf einer Stele, sind im Kirchenraum zu sehen. An der linken Seitenwand zeigen Votivtäfelchen naive Volkskunst. Den Hochaltar ziert ein schön geschnitztes, in Blau und Gold bemaltes Retabel, auf dem Mariä Himmelfahrt dargestellt ist.
Einst wurden manchmal von weither totgeborene Kinder zu der Kapelle gebracht, da man glaubte, sie würden während des Meßopfers für einen kurzen, gerade für die Taufe ausreichenden Augenblick zum Leben erweckt.
Über einen befestigten Weg kommt man zur D 3, von der aus man nach Mougins zurückfährt.

Étang de Fontmerle – *3 km über die D 35 in Richtung Golfplatz, am Kreisverkehr biegen Sie in die Avenue de Grasse ein und anschließend in die Promenade de l'Étang.* Lange Zeit lag der große Teich brach, bis darin eine Lotusblumenzucht angelegt wurde, die unter Naturschutz steht und heute die größte Europas ist *(Blüte von Juli bis Mitte September)*. Vogelkundlern und interessierten Laien ist der Ort ein interessantes Beobachtungsgebiet der vielen Zugvögel, die den Teich bevölkern.

★ **Musée de l'Automobiliste** ⓥ – *5 km. 772 Chemin de Font-de-Currault. Das Museum liegt an der Autobahn A 8 in Richtung Nizza-Cannes, auf der Nordseite des Rastplatzes Les Bréguières. Der Zugang ist zu Fuß über einen Steg auch von der Südseite aus möglich. Das Museum kann ebenfalls von Vallauris (s. dort) aus erreicht werden.*
Man verläßt Mougins in nordwestlicher Richtung auf der D 235 und fährt zur D 3, der Straße nach Cannes. Auf dieser weiter bis kurz vor die Autobahnbrücke, wo man nach links auf den Chemin du Belvédère abbiegt, der später in den Chemin des Collines übergeht. Bei der zweiten Kreuzung fährt man links in den Chemin de Ferrandou, dann nochmals links und über die Autobahnbrücke. Dann kommt rechts der Chemin de Font-de-Currault, dem man bis zum Parkplatz des Museums folgt.

Die Fassade des futuristischen Gebäudes am Rand der Autobahn erinnert an eine Kühlerverkleidung. Die beiden begeisterten Sammler von Oldtimern, Adrien Maeght und Antoine Raffaelli, haben hier mit Unterstützung der Autobahngesellschaft ESCOTA ihre Kollektion dem Publikum zugänglich gemacht. Die chromblitzenden Modelle sind alle fahrtüchtig; sie werden abwechselnd (jeweils rd. 90 Wagen) gezeigt. Man sieht weltbekannte Marken wie Benz (erstes Serienmodell von 1894), Bugatti (Typ 57 von 1938), Ferrari, Hispano-Suiza, Delage, Rolls-Royce usw. Im ersten Stock ist unter den Rennwagen, mit denen zum Teil Grands Prix gewonnen wurden, eine Reihe von Matras aus den Jahren 1967 bis 1974 beachtenswert. Jedes Jahr werden zwei thematische Ausstellungen zu speziellen Aspekten des Automobils organisiert. Außerdem kann man sich im Kinosaal des Museums Filme anschauen *(in französischer Sprache)*, die von der Geschichte des Automobils und von dem dazu geleisteten Beitrag der verschiedenen Autobauer handeln.
Auf dem Platz vor dem Museum finden das ganze Jahr über Veranstaltungen wie Tauschbörsen, Concours d'Élégance, Versteigerungen usw. statt.

ROUTE NAPOLÉON★★

Michelin-Karten Nr. 333, 334, 341, 115 oder 245 und 244

Die den Spuren Napoleons bei seiner Rückkehr von Elba folgende Straße beginnt in Golfe-Juan *(s. unter JUAN-LES-PINS, Umgebung)*, wo der Kaiser wieder französischen Boden betrat, und endet in Grenoble. Sie wurde als Touristenstraße 1932 dem Verkehr übergeben.
Die Gedenktafeln und Monumente am Wegrand weisen einen Adler mit ausgebreiteten Flügeln auf, das Symbol Napoleons.

HINTERGRUNDINFOS

Der Flug des Adlers – Von Golfe-Juan kommend, erreichte Napoleon am 1. März 1815 spätabends mit wenigen Getreuen Cannes. Am folgenden Morgen brach er in aller Frühe auf, um über die Alpen zum Durance-Tal vorzustoßen. Aus Gründen der Sicherheit zog er den beschwerlichen Marsch über Grasse dem Weg durch das Rhonetal vor.
Hinter Grasse galt es, auf Saumpfaden weiterzuziehen. Am 6. März kam der Trupp in Corps an. Der 7. März war der Tag der Ankunft in La Mure; bei Laffrey sah sich Napoleon plötzlich Truppen aus Grenoble gegenüber, mit denen zu verhandeln ergebnislos war. Hier kam es zu einem durch ein Denkmal verewigtes Bravourstück Napoleons: Als die gegnerischen Gewehrläufe schon auf ihn gerichtet waren, trat er einen Schritt vor und rief: „Ich bin euer Kaiser! Wenn ihr mich erschießen wollt, tut es! Hier bin ich!" Der Schießbefehl wurde erteilt. Nichts rührte sich. Nach bangen Sekunden der Stille ertönten die Stimmen der soeben noch feindlichen, jetzt zu Napoleon überlaufenden Soldaten: „Es lebe der Kaiser!" Am selben Abend hielt Napoleon mit seinem kleinen Heer triumphalen Einzug in Grenoble.
In der außergewöhnlichen Karriere des Soldaten Bonaparte ist dieser 20tägige Marsch auf Paris wohl das gelungenste Meisterstück. Bei seiner Landung an der Côte d'Azur begleiteten den Kaiser gerade mal 1 100 Mann. Bis zu seinem triumphalen Einzug in der Hauptstadt war seine Armee auf 20 000 angestiegen.
Die im folgenden behandelte Strecke von Golfe-Juan zum Col de Valferrière entspricht der historischen Marschroute. Ihre Fortsetzung bis Grenoble ist im Grünen Reiseführer Französische Alpen beschrieben.

AUSFLUG

Von Golfe-Juan zum Col de Valferrière *57 km – etwa 1/2 Tag*

Golfe-Juan – *Siehe unter JUAN-LES-PINS, Umgebung*

Von Golfe-Juan aus fahren Sie auf der N 7 südwestwärts.

Die Straße führt um den Hügel von Super-Cannes herum, während sich am Horizont – besonders schön im Gegenlicht bei Sonnenuntergang – die Îles de Lérins und das Esterelmassiv abzeichnen.

Cannes – *Siehe dort*

Verlassen Sie Cannes über die N 85 nach Norden in Richtung Mougins.

Von der ansteigenden Straße aus sieht man beim Zurückschauen Cannes und das Meer, rechts das Bergdorf Mougins *(s. dort)*.

O. T. Vallauris-Golfe-Juan

Die „Grande Nation" liebt immer noch ihre Historienschauspiele: Landung Napoleons in Golfe-Juan am 1. März 1815 nach seinem Exil auf Elba

Mouans-Sartoux – Dieses reizende Dorf ist aus dem Zusammenwachsen des von den Sarazenen in Ruinen gelegten mittelalterlichen Ortes Sartoux und der einstigen Burg Mouans entstanden, die die Straße von Grasse schützte.
Im Jahr 1588 verteidigte die Hugenottenwitwe Susanne von Villeneuve ihren Ort gegen die Truppen des Herzogs von Savoyen. Nachdem der Herzog das geschlossene Abkommen gebrochen hatte und die Burg hatte schleifen lassen, wurde er von Susanne bis Cagnes vertrieben, wo er die Einwohner großzügig entschädigen mußte.
Die von einem hübschen Park umgebene Burg mit Grundfesten aus dem 16. Jh., deren heutiges Aussehen jedoch auf das Ende des 19. Jh.s zurückgeht, beherbergt heute das Ausstellungsforum **Espace de l'Art concret** ⓥ, wo eine Sammlung zeitgenössischer Werke und Themenausstellungen zu sehen sind.
Beim Verlassen des Ortes kommt Grasse in Sicht, dessen Häuser sich am Gebirgshang ausbreiten.

★★ **Grasse** – *Siehe dort*

Verlassen Sie Grasse in nordwestlicher Richtung, weiterhin auf der N 85.

Auf der Weiterfahrt kommt man bei dem „Napoleonsplateau" vorbei; hier rastete der Kaiser am 2. März 1815, als ihm der Weg durch die Stadt zu gefahrvoll erschien. Danach durchquert man das Gebiet der Plans de Provence, später das der Kalk-Voralpen von Grasse und überwindet nacheinander drei Pässe: in 782 m Höhe den Col du Pilon, in 981 m den Pas de la Faye, in 1 169 m den Col de Valferrière. Von den Paßhöhen aus bieten sich wunderschöne Fernsichten zurück in die bereits durchfahrene Landschaft.

Col du Pilon – Die **Aussicht**★★ von der Südseite des Passes auf die Bucht von La Napoule, die Îles de Lérins, Grasse, den Lac de St-Cassien, das Esterel- und das Maurenmassiv ist bezaubernd.

St-Vallier-de-Thiey – *Siehe dort*

Der Anstieg zum Pas de la Faye bringt nochmals sehr schöne **Ausblicke**★.

★★ **Pas de la Faye** – Der **Blick**★★ nach Süden entspricht der Aussicht vom Col du Pilon. Wer die Strecke in umgekehrter Richtung fährt, hat hier den ersten Blick auf das Mittelmeer und die herrliche Französische Riviera.

Die Straße führt durch eine etwas öde Landschaft, in der sich zur Rechten die Montagne de l'Audibergue und die Montagne de Bleine, zur Linken die Montagne de Lachens erheben. Nach Süden tun sich viele schöne Blicke auf. 1 km vor Escragnolles zweigt links, in Höhe einer Tankstelle, die Zufahrtsstraße zur Aussichtsterrasse auf dem Baou Mourine ab.

★ **Belvédère de Baou Mourine** – *1 km zzgl. 1/2 Std. zu Fuß hin und zurück. Rote Markierungen kennzeichnen den Weg.* Aus der Höhe hat man eine schöne **Aussicht**★ auf das Siagne-Tal, die Bucht von La Napoule, das Esterel- und das Maurenmassiv. Hinter Escragnolles, wo Napoleon kurz rastete, eröffnen sich von der Straße aus noch mehrere schöne Ausblicke.

Am Col de Valferrière angelangt, bietet sich für die Rückfahrt nach Cannes die unter Grasse unter dem Titel „Die Voralpen von Grasse" in umgekehrter Richtung beschriebene Strecke an.

Der Marsch über die Alpen aus der Sicht von Las Cases

„Er war einige Stunden vor Einbruch der Dunkelheit in Golfe-Juan an Land gegangen und hatte dort sein Lager aufgeschlagen. Bei Mondaufgang, gegen ein oder zwei Uhr nachts, wurde das Lager abgebrochen, und wir machten uns auf den Weg nach Grasse. Dort hoffte der Kaiser eine Straße vorzufinden, die er früher in Auftrag gegeben hatte; sie war jedoch nie gebaut worden. Wir mußten uns entschließen, schwierigen und verschneiten Pfaden zu folgen. Daher ließ der Kaiser in Grasse seine Kutsche und zwei Kanonen in der Obhut der Stadtverwaltung zurück.
(...) Der Kaiser ging schnell wie der Blitz voran. „Mein Wille war der Sieg. Frankreich war für mich in Grenoble." Wir mußten durch hundert Orte ziehen, wir schafften es in fünf Tagen, vom 2. bis 7. März, aber auf welchen Wegen und bei welchem Wetter (...)."

nach Las Cases *(Mémorial de Ste-Hélène)*

NICE★★★

NIZZA

475 507 Einwohner
Michelin-Karte Nr. 341 E 5, Nr. 115 Falte 26 oder Nr. 245 Falte 38
Kartenskizzen weiter unten S. 274 und Corniches de la RIVIERA, S. 316

Nizza, die Metropole der Französischen Riviera und „Hauptstadt" der Côte d'Azur – kein Titel ist zu gering für das mondäne Ganzjahres-Seebad und die Touristenhochburg an der Küste. Eine ausnehmend reizvolle, durch ein Halbrund von Bergen geschützte **Lage**★★ an der Baie des Anges (Engelsbucht), herrlich mildes Klima, Kunstschätze und eine Fülle von Unterhaltungsmöglichkeiten sind die Vorzüge der Stadt, die außerdem unweit von mehreren, binnen ein bis zwei Stunden erreichbaren Wintersportorten liegt.
Der zum Teil mit Anlagen überbaute Wildbach Paillon, über dem das Theater, das Veranstaltungs- und Kongreßzentrum Acropolis und das Ausstellungsgebäude errichtet wurden, teilt die Stadt in zwei Teile; im Westen dehnt sich das moderne Nizza aus, im Osten liegen die Altstadt und der Hafen, überragt von einer Anhöhe, auf der früher eine Burg wachte.

HINTERGRUNDINFOS

Von den Griechen zum Hause Savoyen – Die ersten Spuren einer menschlichen Siedlung im Gebiet der heutigen Stadt sind 400 000 Jahre alt. Sie wurden bei *Terra Amata* gefunden. In der frühgeschichtlichen Epoche gab es hier eine ligurische Festung. Spätestens im 4. Jh. v. Chr. gründeten Griechen von ihrer Kolonie Marseille aus eine Handelsniederlassung. Sie gaben ihr den Namen **Nikaia**. Die Römer siedelten ihre Kolonie *Cemenelum* auf dem Hügel des heutigen Cimiez an. Diese überflügelte an Wohlstand das kleine massaliotische Kontor, das auf der Anhöhe östlich des Paillon lag und östlich des heutigen Quai des États-Unis einen Hafen besaß.
Die Germanen- und Sarazeneneinfälle brachten mit der weitgehenden Zerstörung Cemenelums einen Umschwung zugunsten des alten *Nikaia*, welches vom 10. Jh. an unter den Grafen von Provence wieder an Bedeutung gewann und die Führung übernahm.
Im 14. Jh. kam Nizza zu Savoyen. Dieses Ereignis wurde eingeleitet durch den Tod der Königin **Johanna von Sizilien** und Gräfin der Provence, der sogenannten Reine Jeanne. Als Rivalen standen sich die Adoptivsöhne der Verstorbenen, Ludwig von Anjou und dessen Cousin, Karl von Durazzo, gegenüber. In dieser Zeit der Zerwürfnisse schien es dem Grafen **Amadeus VII**. von Savoyen günstig, in das Geschehen einzugreifen. Der mächtige Graf besaß bereits Piemont und war sehr an einer Seeverbindung nach Italien interessiert. Nachdem er Johann Grimaldi, dem Nizza unterstand, auf seiner Seite hatte, erreichte er 1388 sein Ziel; die Stadt Nizza und ihr Hinterland schlossen sich Savoyen an, und er konnte unter dem Jubel der Bevölkerung in die Stadt einziehen. Nizza blieb mit einigen Unterbrechungen nahezu fünf Jahrhunderte in Savoyer Besitz, die Fürsten von Piemont und dann Könige von Sardinien wurden. 1860 wurde es an Frankreich angeschlossen.

Berühmte Söhne der Stadt: Masséna und Garibaldi – **André Masséna** (1758-1817), der Sohn eines Weinhändlers, hatte sich nach einer erfolglosen militärischen Laufbahn nach Antibes zurückgezogen, wo er 1792 zum Führer des Freiwilligenbataillons des Departements Var gewählt wurde. 1793 war er bereits zum Divisionskommandeur aufgestiegen. Napoleon nannte ihn das „Lieblingskind der Siegesgöttin". Er machte ihn zum Marschall, zum Herzog von Rivoli und Fürsten von Essling. Masséna war bekannt für seine Fähigkeiten als Stratege ebenso wie als politisches Chamäleon: Er hat im Laufe seiner Karriere nacheinander auf seiten der Republik, des Kaisers und des Königs gestanden.

Giuseppe Garibaldi (1807-1882), einer der populärsten italienischen Freiheitskämpfer und Mitinitiator der Italienischen Revolution von 1860, führte durch seinen politischen und militärischen Einsatz in Europa wie in Südamerika (Uruguay, Brasilien) ein sehr bewegtes Leben.

Der Volksentscheid zugunsten Frankreichs – 1859 war zwischen Frankreich und Sardinien ein Bündnis geschlossen worden, aufgrund dessen Napoleon III. verpflichtet war, Sardinien bei der Vertreibung der Österreicher aus den norditalienischen Provinzen Hilfe zu leisten. Als Gegenleistung sollte Frankreich Nizza und Savoyen erhalten. Da sich Napoleon III. aber dann in dem übereilt von ihm unterzeichneten Friedensvertrag von Villafranca mit dem Verbleiben Venetiens bei Österreich einverstanden erklärte, war es fraglich, ob er tatsächlich Nizza und Savoyen bekommen würde, zumal dies nicht im Sinne Englands war.
1860 schließlich wurde in dem von Napoleon III. und dem sardischen König Viktor-Emanuel II. ausgehandelten Vertrag von Turin ein Volksentscheid bestimmt. Dabei befürworteten 25 743 Nizzaer den Anschluß an Frankreich, 260 waren dagegen. Am 14. Juni 1860 fand ein Festakt zur Feier der Angliederung an Frankreich statt, und die französischen Truppen zogen in die Stadt ein. Am 12. September überreichte der Bürgermeister von Nizza auf dem heutigen Garibaldi-Platz dem Kaiser und seiner

Gemahlin Eugénie die Schlüssel der Stadt. Diese Schlüssel sind im Masséna-Museum zu sehen. Das Gebiet um Tende und La Brigue wurde erst durch den Vertrag vom 10. Februar 1947 französisch.

Eine neue „Nizzaer Schule“ – Anfang der 60er Jahre entwickelte sich Nizza mit zahlreichen avantgardistischen Ausstellungen und erstaunlichen Happenings zu einem der bedeutendsten Zentren für moderne Kunst in Westeuropa. Im Gegensatz zu den Malern der ersten Hälfte des 20. Jh.s, die sich an die Côte d'Azur zurückzogen, um in Ruhe und Abgeschiedenheit zu malen, vermischte sich in dieser neuen Bewegung das Leben der Künstler mit ihrer Kunst. Unter der Führung von **Yves Klein**, der die Lehre der Reinheit wieder in die Malerei einbrachte (die Leere, einfarbige Flächen als Symbole für Himmel, Feuer, etc.) und **Arman**, der Alltagsgegenstände zu Kunstobjekten erhob, gaben die „Neuen Realisten“ der zeitgenössischen Kunst in Nizza neue Impulse. Weitere Künstler schlossen sich der Gruppe an: Raysse, Sosno, Verdet, Chacallis, Venet und Ben. Ihre Werke sind im **Musée d'Art moderne et d'Art contemporain** in Nizza ausgestellt sowie an einigen öffentlichen Plätzen in der Stadt, wo diese modernen Kunstwerke die Blicke der Vorübergehenden auf sich ziehen.

Nizza heute – Die 1860 nur 40 000 Einwohner zählende Stadt erfuhr bis heute einen enormen Zuwachs. Sie ist – nach Marseille – die zweitgrößte Stadt des französischen Mittelmeerraums und die fünftgrößte Frankreichs. Ihre Industrie spielt inzwischen eine beträchtliche Rolle. In Nizza laufen die Fäden der Verwaltung des Departements zusammen. Die Universität, der sogenannte Carrefour universitaire méditerranéen, die Hochschulen für bildende Künste und Musik, das Zentrum für zeitgenössische Kunst sowie die Museen begründen den Ruf Nizzas auf dem Bildungssektor. Vor allem aber ist die Stadt mit ihrem Ausstellungsgebäude, dem neuen Kongreßzentrum Acropolis sowie dem unvergleichlichen Hotelangebot ein Favorit unter den französischen Fremdenverkehrszentren.

A. Philipon/EXPLORER

Karnevalsumzug am Place Masséna

TIPS UND ADRESSEN

Verkehrsmittel

Städtische Verkehrsmittel (Sunbus) – Die Buslinien verkehren in einem weiten Umkreis um die Stadt. Die Pauschalfahrkarte *Nice by bus* für Touristen gibt es für einen Tag oder 5 und 7 Tage. *Verkaufsstelle: 10 Avenue Félix-Faure, ☎ 04 93 16 52 10.*

Stadtbesichtigung

Petit Train touristique – Stadtrundfahrt mit dem Touristenbähnchen. Abfahrt Strandpromenade, gegenüber dem Hotel Méridien: *3/4 Std. Juni und Aug.: 10-19 Uhr; Apr. und Mai sowie Sept.: 10-18 Uhr; Okt. bis März: 10-17 Uhr. Mitte Nov.-Mitte Dez. sowie Anf.-Mitte Jan. nicht in Betrieb. 5,34 € (Kinder: 3,05 €). ☎ 04 93 92 45 59.*

Gastronomie

Gut und preiswert

Le Pain Quotidien – *3 Rue St-François-de-Paul (Cours Saleya) – ☎ 04 93 62 94 32 – 12,20/18,29 €.* Die Idee des Gasttischs *(table d'hôte)* – an einem großen Tisch nimmt man gemeinsam mit anderen seine Mahlzeit ein – wird in diesem Haus gepflegt. Viel Holz im Gastraum, der Duft von warmem Brot und eine lange Karte mit Sandwiches und „Schnittchen", Salaten und Brunch am Wochenende sind die Kennzeichen des Lokals.

Nissa Socca – *7 Rue Ste-Réparate – ☎ 04 93 80 18 35 – Jan., 10 Tage im Juni, Mo-mittag und So geschl. – ⊠ – 13,70/16,70 €.* Pasta, Pizza und einheimische Spezialitäten kann man in den beiden kleinen und gemütlichen Gasträumen zu sich nehmen. Einfacher Komfort und typische Atmosphäre, Holzofen am Eingang. Eher niedrige Preise.

La Tapenade – *6 Rue Ste-Réparate – ☎ 04 93 80 65 63 – Nov. und Mo geschl. – 15/20 €.* Der Dekor ist originell, denn er imitiert eine typische Straße mit ihren Fensterläden, Blumentöpfen und Knoblauchzöpfen. Achten Sie auf das ungewöhnliche Deckengemälde. Familiäre und freundliche Atmosphäre, in der man *Tapenade*, andere regionaltypische Gerichte oder einfach eine Pizza essen kann.

Unsere Empfehlung

Grand Café de Turin – *5 Place Garibaldi – ☎ 04 93 62 29 52 – 19,82/30,49 €.* Dieses einfache, freundliche Lokal ist seit über zwei Jahrhunderten eine Institution in Nizza. Man serviert – ganztägig und zu zivilen Preisen – Meeresfrüchte.

L'Escalinada – *22 Rue Pairolière – ☎ 04 93 62 11 71 – ⊠ – 20/30,50 €.* Traditionelles Haus im alten Nizza. Im kleinen, hübsch-rustikalen Gastraum werden die kulinarischen Traditionen Nizzas hochgehalten. Die Speisekarte ist ansprechend, die Atmosphäre sympathisch und gastfreundlich.

Gaité-Nallino – *72 Avenue Cap-de-Croix, in Cimiez – ☎ 04 93 81 91 86 – Aug., So und abends geschl. – 21,34/38,11 €.* Seit 1872 hält dieselbe Familie die Geheimnisse der Nizzaer Küche in Händen, die in diesem Restaurant gepflegt wird. Einfacher Rahmen, viele Stammgäste und freundliche Atmosphäre. Das Haus liegt im Norden der römischen Stätte Cimiez.

La Table d'Alziari – *4 Rue François-Zannin – ☎ 04 93 80 34 03 – Febr., So und Mo geschl. – ⊠ – 30 €.* Charmantes kleines Restaurant in einer Gasse der Altstadt. Auf Schiefertafeln werden Nizzaer und provenzalische Spezialitäten angeboten, die Weine schlägt man im Gespräch vor, und alles wird in einem angenehm einfachen Rahmen serviert.

Capeline – *06830 Gilette – 9 km von Gilette über die D 17, die Straße nach Roquesteron – ☎ 04 93 08 58 06 – Mo von März bis Okt., Di, Mi und Do von Nov. bis Febr. geschl. – Reserv. – 19,51/32,01 €.* Den Besuch dieses kleinen Restaurants an der Straße werden Sie nicht bereuen. Die Chefin des Hauses, mit weißer Schürze, steht selbst am Herd und bereitet jeden Tag ein Menü mit Erzeugnissen der Region zu, das die Feinschmecker erfreuen wird.

Unterkunft

Gut und preiswert

Star Hôtel – *14 Rue Biscarra – ☎ 04 93 85 19 03 – Nov. geschl. – 19 Z: 38,11/53,36 € – ☕ 4,57 €.* Etwas abseits des Zentrums steht dieses kleine Hotel mit einfachen Zimmern, von dem aus Sie ein volkstümlicheres und authentisches Viertel der Stadt kennenlernen können.

E. Baret

Altstadtgasse in Nizza

Unsere Empfehlung

Gourmet Lorrain – *7 Avenue Santa Fior – ☏ 04 93 84 90 78 – 1.-8. Jan., 15. Juli-13. Aug. geschl. – 11 Z: 45,73/53,36 € – ☕ 6,86 € – Rest. 23/38 €.* Dieses Hotel mit mittelgroßen, individuell eingerichteten Zimmern liegt in einem Wohnviertel. Die im Restaurant angebotenen Gerichte sind keinesfalls – wie etwa der Name „lorrain" vermuten ließe – lothringisch inspiriert. Man serviert traditionelle Küche, die Weinkarte ist gut und der Gastraum ein bißchen plüschig-kitschig.

Villa St-Hubert – *26 Rue Michel-Ange – ☏ 04 93 84 66 51 – 15. Nov.-15. Dez. geschl. – 13 Z: 47,26/60,22 € – ☕ 4,57 €.* Die Villa aus der Zeit um 1900 liegt in einer ruhigen Straße in der Nähe der Universität. Die Zimmer sind nicht sehr groß, aber gut ausgestattet. Frühstück im kleinen blumengeschmückten Hof.

St-Gothard – *20 Rue Paganini – ☏ 04 93 88 13 41 – 64 Z: 53,36/62,50 € – ☕ 5,03 €.* Zwischen Bahnhof und Stadtzentrum steht dieses Hotel, das von einer belebten Geschäftsstraße und zwei recht ruhigen Straßen eingefaßt ist. Die modernen Zimmer an der Fassade besitzen Doppelglasfenster.

Spitzenkategorie

Château des Ollières – *39 Avenue des Baumettes – ☏ 04 92 15 77 99 – www.chateaudesollieres.com – P – 9 Z: 145/335 € – ☕ 14 €.* Als Überbleibsel der russischen Kolonie des 19. Jh.s strahlt diese fürstliche Residenz in einem kleinen Park hinter dem Musée des Beaux-Arts einen ganz besonderen Zauber aus. Die Salons sind luxuriös möbliert, überall trifft man auf Kunstwerke, die Zimmer sind behaglich und komfortabel, die Appartements geräumig. In der Nähe der Schnellstraße gelegen.

Cafés, Kneipen und Bars

L'Ambassade – *18 Rue du Congrès – ☏ 04 93 88 88 87 – www.l'ambassade.net – Mi-Sa ab 23 Uhr.* Kleines In-Lokal unweit der Promenade des Anglais. Unterschiedliches Musikprogramm, insbesondere Techno.

La Trappa – *Rue de la Préfecture – ☏ 04 93 80 33 69 – Tgl. 17-2 Uhr.* Der Ort, an dem sich diese Tapas-Bar befindet, nannte sich schon 1886 La Trappa. In einem großen Raum mit roten Wänden erwarten Sie komfortable Sofas. Die Stimmung ist offen und freundlich, die Musik lateinamerikanisch. Spezialitäten des Hauses sind kubanische Cocktails und spanische Tapas, nicht zu vergessen eine gute Auswahl an Weinen.

Le Relais – *37 Promenade des Anglais – ☏ 04 93 16 64 00 – direction@hotel-negresco.com – Tgl. 11.30-1 Uhr, im Winter bis Mitternacht.* Der Dekor dieser prachtvollen Bar hat sich seit der Eröffnung des Hôtel Négresco im Jahre 1913 nicht verändert. Hier trinkt man Champagner, umgeben von Kunstwerken – Brüsseler Tapisserie (1683), Gemälde aus dem 18. Jh., Repliken aus dem Ballsaal des Schlosses von Fontainebleau und vieles mehr. Abends Pianobar.

Les Trois Diables – *2 Cours Saleya – ☏ 04 93 62 47 00 – Tgl. 16-2.30 Uhr.* Der Cours Saleya ist das Zentrum des Nizzaer Lebens. Bei Tag und bei Nacht sind an dem langgezogenen Platz die Brasserien und Restaurants geöffnet, laden ihre Terrassen zum Verweilen ein. Das Les Trois Diables ist das meistbesuchte und dynamischste Lokal der Stadt. Es organisiert Rockkonzerte und Karaoke-Abende, sponsert Sportclubs und nimmt an Wettkämpfen wie den 24 Stunden von Le Mans im Karting teil. Zur Kundschaft gehören viele Studenten, und hier ist immer etwas los.

Hôtel Palais Maeterlinck – *30 Boulevard Maurice-Maeterlinck – ☎ 04 92 00 72 00 – www.palais-maeterlinck.com – Tgl. 11-24 Uhr.* Bar des Hotels Le Mélisande, das im ehemaligen Anwesen des Dichters Maurice Maeterlinck (Literaturnobelpreis 1911) eingerichtet wurde. Von der Terrasse über dem Meer herrlicher Blick auf die Nizzaer Küste.

Wayne's Pub – *15 Rue de la Préfecture – ☎ 04 93 13 46 99 – www.waynes.fr – Tgl. 12-1 Uhr.* Ein typisch angelsächsischer Pub, und was für einer! Der Chef ist Brite, die Kellner sind Australier, Amerikaner oder Kanadier; die Karte ist in der Sprache Shakespeares geschrieben, die Rockgruppen (jeden Abend Konzert) kommen von der Insel und um halb eins schließt der Pub, wie in England üblich. Tea-Time von 16-18 Uhr, Aperitifs von 18-19 Uhr.

Ausgehtips

Casino Ruhl – *1 Promenade des Anglais – ☎ 04 97 03 12 22 – casinoruhl@aol.com –Tgl. von 10 Uhr bis zum Morgengrauen.* 300 Spielautomaten, französisches und englisches Roulett, Black Jack, Punto Banco und Stud Poker ziehen die Fans des Glücksspiels an. American Bar. Dinner mit Show am Freitag und am Samstag; Themenabend donnerstags.

Shopping

In der Altstadt Nizzas sind die meisten Geschäfte montags geschlossen. Karnevalsdienstag sind viele Geschäfte in der ganzen Stadt nachmittags geschlossen. Spezialitäten Nizzas kann man in den folgenden Geschäften kaufen:

Alziari – *14 Rue St-François-de-Paule – ☎ 04 93 85 76 92 – Di-Sa 8.15-12.15 Uhr und 14.15-19 Uhr.* Fachgeschäft für Öl und Produkte aus der Region.

Confiserie Auer – *7 Rue St-François-de-Paule – ☎ 04 93 85 77 98 – Di-Sa 8-12.30 Uhr und 14.30-18 Uhr.* Kandierte Früchte aus Nizza.

Confiserie Florian – *14 Quai Papacino – ☎ 04 93 55 43 50.* Kandierte Früchte, Marmeladen, kristallisierte Blüten, Konfitüren aus Rosen-, Jasmin- und Veilchenblüten, Pralinen und sonstige Süßwaren. Besichtigung der Produktionsstätte 9-12 Uhr und 14-18.30 Uhr.

Maison Poilpot – Aux Parfums de Grasse – *10 Rue St-Gaétan – ☎ 04 93 85 60 77 – Tgl. außer So-nachmittag 9.30-12 Uhr und 14.30-18 Uhr.* Der Parfümfabrikant hat 80 verschiedene Duftnoten in seinem Angebot (Mimose, Rose, Veilchen, Zitrone etc.).

Märkte – Täglich außer montags, dem Tag der Antiquitätenhändler, auf dem Cours Saleya.
Der malerischste Markt ist der Fischmarkt, Place St-François von 6-13 Uhr.
Der typischste ist der Blumenmarkt auf dem Cours Saleya von 6-17.30 Uhr. Je nach Jahreszeit kann man dort nachmittags immer mal ein Schnäppchen machen.
Der lebhafteste und farbenfrohste ist der Gemüsemarkt morgens auf dem Cours Saleya.
Der größte ist der Marché de la „Libération" auf der Avenue Malausséna und dem Place Charles-de-Gaulle.
Der Flohmarkt findet dienstags bis samstags auf dem Place Robilante statt.

Sport und Freizeit

Wanderungen – Der Club alpin français organisiert ab Nizza Tageswanderungen in das Hinterland der Stadt (alle Schwierigkeitsgrade). ☎ 04 93 62 59 99.

Société de Navigation Niçoise – *24 Quai Lunel – ☎ 04 92 04 28 30.* Während der Saison kann man auf den Schiffen der Gallus-Gesellschaft Ausflüge und Kreuzfahrten entlang der Französischen Riviera (Monaco, St-Tropez, die Inselgruppen) unternehmen. Île Ste-Marguerite: 13,72 €; Monaco: 22,87 €; St-Tropez: 27,44 €; Corniche d'Or: 18,29 € (mit Zwischenaufenthalt auf der Île Ste-Marguerite).

Trans Côte d'Azur – *Quai Lunel – ☎ 04 92 00 42 30.* Febr. bis Okt.: Schifffahrten mit Erläuterungen entlang der Küste (1 Std.) Di, Mi, Fr und So um 15 Uhr (und Do während der Schulferien). 9,15 € (Kinder 4,57 €). Juni bis Sept.: Ausflüge mit Erläuterungen zu den Îles de Lérins, nach St-Tropez, San Remo, Monaco und die Corniche d'Or. 16,77-32,01 € (Kinder 12,20-18,29 €).

Besondere Termine

Festin des Cougourdons – *Cougourdons* sind getrocknete und bemalte Kürbisse, die auf einem Fest im April zu Ehren kommen.

Nice Jazz Festival – *Ende Juli. ☎ 04 92 14 48 00.* Das frühere Amphitheater gibt die Kulisse ab für das Jazzfestival, das die größten Künstlers dieses Genres vereint. Im Sommer finden darüber hinaus das Internationale Folklorefestival und mehrere Blumenschlachten statt.

Veranstaltungen – Den Höhepunkt des Jahres bildet zweifellos der **Karneval von Nizza★★★**. An den Wochenenden zwischen Karnevalsbeginn und Faschingsdienstag werden Konfettischlachten, Feuerwerke, Maskenbälle *(veglioni)*, Umzüge und **Blumenschlachten** veranstaltet, ein farbenprächtiges Schauspiel, das jedes Jahr Scharen begeisterter Zuschauer anlockt.
Im Sommer beleben Volks- und sonstige Feste die nun touristenreiche Szene; das Maifest (Fête des Mais) von Cimiez, die Pferderenntage von Cagnes, Blumenfeste, Freilichtspiele und Wassersportveranstaltungen, nicht zu vergessen das Jazzfestival (Grande Parade du Jazz) im Juli, bei dem die Stars der Jazzmusik ihr Können zeigen. Ebenfalls im Juli wird das Festival Internationaler Folklore veranstaltet *(zu den genauen Terminen s. PRAKTISCHE HINWEISE, Veranstaltungskalender)*.

Prinz Karneval – Der Karneval in Nizza, eine uralte Tradition, wurde bereits zur Zeit Karls II., des Grafen von Provence, im Jahr 1294 schriftlich erwähnt. Diese Festlichkeiten waren für Nizza immer eine Gelegenheit, die gesellschaftlichen Spannungen und die Sorgen zu vergessen, die mit den ständigen, geographisch bedingten Konflikten einhergingen. Bis zum 18. Jh. wurden die Karnevalsfeste nach der Fastenzeit in den Vierteln Alt-Nizzas gefeiert.
Nach langer Unterbrechung in der von Kriegswirren geprägten Zeit der Revolution und des 1. Kaiserreichs fand 1830 erstmals wieder ein Festwagenumzug statt, um den in Nizza weilenden König Karl Felix zu begrüßen und die Rückkehr des Gebiets an die sardische Oberherrschaft zu feiern. Der Karneval in seiner heutigen Form geht auf das Jahr 1878 und eine Anregung des Malers Alexis Mossa zurück; damals wurden die einzelnen Festetappen festgelegt und für jedes Jahr ein neues Thema vorgeschrieben. Bei den Nizzaer Karnevalsteilnehmern handelt es sich um regelrechte Dynastien mit eigenen Merkmalen, die ihre Tradition und ihre Festwagengespanne von Generation zu Generation weitergeben. Der Bau eines Festwagens erfordert durchschnittlich 1 Tonne Pappmaché. Berühmte Nizzaer Maler haben den Karnevalsdekor bereichert.
Nach dem heutigen Brauch findet der Einzug der symbolischen Figur des „Prinzen Karneval“ etwa drei Wochen vor dem Karnevalsdienstag statt, an dem er verbrannt wird. Während der Festlichkeiten ziehen an den Wochenenden tagsüber Festwagen durch die Stadt, die an manchen Abenden von kostümierten Gruppen mit großen, witzigen Pappmaché-Köpfen zu Fuß begleitet werden.

AUF ENTDECKUNGSTOUR

Strandpromenade *Besichtigung: 2 Std.*

★★ **Promenade des Anglais** – Die prächtige Straße zieht sich an der Südseite der Stadt am Meer entlang. Sie bietet herrliche Ausblicke auf die Baie des Anges, vom Cap de Nice bis zum Fort Carré von Antibes. Benannt wurde sie nach den Engländern, die seit dem 18. Jh. in Scharen nach Nizza kamen und 1820 den Bau der Straße an dem hier schwer zugänglichen Teil der Küste finanzierten.
Obwohl die Promenade nicht vom starken Autoverkehr verschont blieb, hat sie bis heute etwas von ihrer ursprünglichen Pracht bewahrt; Touristen aus aller Welt geben sich noch immer hier ein Stelldichein und genießen unter Palmen das besondere Flair der weißen Fassaden oder spiegelnden Fronten majestätischer Hotelpaläste. Zu ihrem besonderen Glanz tragen das Casino Ruhl, das Luxushotel Méridien (1973), das in den 30er Jahren errichtete prunkvolle **Palais de la Méditerranée**, das erste Hotel am Platz **Negresco** – ein typischer Bau aus der Belle Époque – und das Musée Masséna bei. Beim Betrachten der Fassade des Élysée Palace *(Rue Honoré-Sauvan)* sticht die **Bronze-Venus** des Bildhauers Sacha Sosno ins Auge (1989), ein monumentales Werk von 26 m Höhe.

Place und Espace Masséna – 1815 begann man, diesen Platz im Turiner Stil anzulegen. Er ist umgeben von schönen, in rotem Ocker getünchten Laubenhäusern. Auf dem Südteil steht ein Brunnen, den Bronzepferde schmücken.
Im Norden schließt sich die belebte Geschäftsstraße Avenue Jean-Médecin an; im Westen liegt der von den Engländern im 18. Jh. als Newborough („neues Viertel“) bezeichnete Stadtteil. Die Rue Masséna und in ihrer Fortsetzung die Rue de France, an deren Rand sich Cafés, Restaurants, Kinos und Geschäfte jeglicher Art aneinanderreihen, bilden eine hübsche Fußgängerzone.
Die Avenue de Verdun führt am **Jardin Albert-1er** entlang, in dem eine Freilichtbühne liegt; bemerkenswert ist hier die Figurengruppe der *Drei Grazien* von Volti, die einen Brunnen schmückt.
Im Park befindet sich die Abfahrtsstelle der **Minizüge** *(s. oben unter Tips und Adressen)*.

Port – 2 000 Jahre lang gingen die Nizza anlaufenden Schiffe, je nach den Windverhältnissen, auf der einen oder anderen Seite des Burgbergs vor Anker, bis Herzog Karl Emmanuel III. von Savoyen 1750 im Sumpfgebiet von Lympia einen tiefen **Hafen** anlegen ließ. Nach 1870 und 1904 wurde dieser vergrößert, vertieft und um einen von zwei Molen geschützten Vorhafen erweitert. Der Place Île de Beauté gegenüber dem Hafen, dessen Häuser Portalvorbauten und schöne Fassaden kennzeichnen, entstand um die gleiche Zeit.

Wegen der geringen Industrialisierung des Nizzaer Hinterlands beschränkt sich der Warenumschlag überwiegend auf den Export des in der Umgebung erzeugten Zements. Außer den Handelsschiffen erfüllen Jachten, die Korsika-Fähren, Fischerboote, Ausflugsschiffe und Leihboote den Hafen mit stetigem Treiben.

S. Sauvignier/MICHELIN

Über den Dächern von Nizza ...

★ Alt-Nizza

Besichtigung: 3 Std.

Nach der erfrischenden Brise an der Meerseite von Nizza erwartet Sie in der barocken Altstadt der Kontrast der engen Gassen, die sich zwischen dem Burgberg und der Rue des Ponchettes wie ein Netz ausbreiten.

Cours Saleya – Früher ging hier die elegante Gesellschaft Alt-Nizzas spazieren; heute ist der Korso mit seinen Geschäften und Restaurants das Zentrum eines eher volkstümlichen Viertels. Hier findet der berühmte **Blumenmarkt** statt. An den Ständen finden Sie aromatische Gewürze, Oliven und alle Zutaten für eine Ratatouille. Die typische Blume der Region ist die Nelke, die auf Terrassenfeldern auf den Hügeln des Nizzaer Hinterlandes gezüchtet wird und den größten Teil der Blumenproduktion des Departements Alpes-Maritimes darstellt.
Aus der mondänen Vergangenheit der Straße stammen die wunderschöne Fassade der **Chapelle de la Miséricorde** und an ihrem Ostende das gelbe **Palais Caïs de Pierla**, in dem Matisse von 1921 bis 1938 in zwei verschiedenen Wohnungen mit Blick auf das Meer lebte. Links der Kapelle gelangt man über den Place Pierre-Gautier zu dem ehemaligen **Palais du Gouverneur et des Princes de Savoie** *(heute Präfektur)* aus dem 17. Jh. Westlich ragt der Tour de l'Horloge (Uhrturm) aus dem 18. Jh. auf. Östlich des Cours Saleya erblickt man die düstere, jedoch sehr schöne **Église St-François-de-Paule** (18. Jh.) mit ihrem bunten Glockenturm.

Biegen Sie links in die Rue de la Poissonnerie ein.

Chapelle de l'Annonciation – Die Verkündigungskapelle war früher dem hl. Giaume (dem Apostel Jakobus) geweiht und ist in Nizza auch als Rita-Kapelle bekannt. Die Beliebtheit jener italienischen Heiligen bezeugen die zahlreichen Blumen und Kerzen an ihrem Altar links vom Eingang. Der Barockstil zeigt in der überreichen **Ausstattung★** dieser Kapelle eine für Nizza typische Entfaltung.
Die Altäre und Balustraden weisen marmorne Einlegearbeiten auf; die Retabel, besonders das in der Karmel-Kapelle (Chapelle du Carmel) mit einer marmornen Marienstatue aus dem 16. Jh., sind prunkvoll gestaltet; die Gewölbe tragen Gemälde und Kassettendecken; schöne Täfelung aus derselben Zeit schmückt die Wände. Die Außenseite des Portals ist kunstvoll geschnitzt.

Gehen Sie ein Stück geradeaus weiter und biegen Sie in die zweite Straße rechts ein, die Rue de la Place-Vieille, von der aus man einen schönen Blick auf den Burgberg hat.

★ **Église St-Jacques oder Gesù** – Das einst zu einem Jesuitenkolleg gehörende Gotteshaus wurde im 17. Jh. nach dem Vorbild von Il Gesù in Rom im Barockstil erbaut. Kannelierte Doppelpilaster tragen das Tonnengewölbe des Hauptschiffs, zu dem hin sich die Seitenkapellen mit ihren ursprünglich dem Hochadel vorbehaltenen Loggien öffnen. Der für den Stil der Entstehungszeit typische Schmuck des Innenraums wirkt theatralisch und pompös (es gibt allein 164 gemalte und 48 skulptierte

Der Kanonenschuß

Jeden Tag um 12 Uhr mittags ist ein Kanonenschuß zu hören, der die Einwohner Nizzas darauf aufmerksam macht, daß es Zeit für das Mittagessen ist. Dieser Brauch geht zurück auf den Engländer Sir Thomas Coventry, der in Nizza wohnte und der der ständig wechselnden Essenszeiten überdrüssig wurde. Er schlug der Stadtverwaltung vor, auf eigene Kosten eine Kanone anzuschaffen und zu unterhalten, die jeden Mittag vom Burghügel aus der Bevölkerung von Nizza die genaue Essenszeit ankündigen sollte. Diese Tradition hat sich bis heute erhalten, wenn auch die Kanone mittlerweile durch einen Knallkörper ersetzt wurde.

Engelchen). Das Deckengemälde zeigt Szenen aus dem Leben des Kirchenpatrons. Mehrere alte Gemälde sind Geschenke verschiedener Bruderschaften, rechts befindet sich eine schöne Pietà aus dem 16. Jh.

Die den früheren Versammlungsraum der Kleriker einnehmende **Sakristei** enthält 14 Nußbaumschränke von 1696. In einigen ist der Kirchenschatz, darunter Hostiengefäße, Monstranzen, Reliquiare und Paramente, ausgestellt.

Von der Rue du Jésus gelangt man in die Rue Ste-Réparate.

Cathédrale Ste-Réparate – Der Nizzaer Architekt Guiberto erbaute 1650 die der hl. Reparata, der Schutzpatronin seiner Heimatstadt, geweihte Kirche.

Die ausgewogene Fassade läßt vor allem in dem Teil zwischen Boden und erstem Gesims, an den Bögen des Portals, dem Schmuck der Nischen sowie den Medaillons den Einfluß des Barocks erkennen. Der Glockenturm rechts wurde erst im 18. Jh. errichtet. Die Kuppel ist mit glasierten Ziegeln gedeckt.

Im **Innenraum**★ entfaltet sich in Stuck und Marmor barockes Stilempfinden. Der Hochaltar und die Chorschranke aus Marmor sind mit Wappen verziert; reizvoll sind auch Fries und Gesims gestaltet. Die Sakristei besitzt eine schöne Täfelung aus dem 17. Jh.

Nehmen Sie die Rue Rossetti gegenüber und biegen Sie in die dritte Straße links, die Rue Droite, ein.

Place St-François – Allmorgendlich findet um seinen hübschen Brunnen herum ein Fischmarkt statt. Das schöne Haus rechter Hand mit klassizistischer Fassade war ehedem Stadthaus und ist heute Sitz der Gewerkschaften.

Die Kanonenkugel am Haus an der Ecke Rue Droite/Rue de la Loge ruft die im Zusammenhang mit Catherine Ségurane erwähnte Besetzung Nizzas von 1543 durch die mit Franz I. verbündeten Türken in Erinnerung.

Verzeichnis der Straßen und Sehenswürdigkeiten auf den Stadtplänen von Nizza

Alberti (R.) KQ, GHY 2
Alsace-Lorraine (Jardin d') EZ 3
Anglais (Promenade des) EFZ
Arène (Av. P.) DX
Arènes de Cimiez (Av. des) HVX
Armée-du-Rhin (Pl. de l') JX 5
Arson (Pl. et R.) JY
Aubert (Av.) FY
Auriol (Pont Vincent) JV 7
Barbéris (R.) JXY
Barel (Pl. Max) JY
Barla (R.) JY
Baumettes (Av. des) DZ
Bellanda (Av.) HV 10
Berlioz (R.) FY 12
Besset (Av. Cyrille) EFV
Bieckert (Av. Émile) HX
Binet (R. A.) FX
Bonaparte (R.) JY 13
Borriglione (Av.) FV
Bounin (R. P.) FV
Boyer (Square R.) EV
Brancolar (Av. de) FV
Carabacel (Bd) HY
Caravadossi (Av.) FV
Carnot (Bd) JZ 15
Châteauneuf (R. de) EY
Cimiez (Bd de) GHVX
Clemenceau (Av. Georges) FY
Collet (R. du) LQ 17
Comboul (Av. R.) FX
Congrés (R. du) FZ
Cyrnos (Av. de) EV
Dante (R.) EZ
Delfino (Bd Gén. L.) JX
Dellile (R.) KQ
Desambrois (Av.) GHX 18
Diables-Bleus (Av. des) JX 19
Droite (R.) LQ 20
Dubouchage (Bd) GHY
Durante (Av.) FY
Estienne (Av. Gén.) HV
Estienne-d'Orves (Av. d') DEY
États-Unis (Quai des) GHZ, KLR
Europe (Parvis de l') JX 21
Félix-Faure (Av.) QK, GZ 22
Fleurs (Av. des) EZ
Flirey (Av. de) HV
Flora (Av.) GV
Foch (Av. Mar.) GY
Foncet (R.) KQ
France (R. de) DEFZ
Gal (R. Auguste) JXY
Gallieni (Av.) HJX 24
Gambetta (Bd) EXYZ
Garibaldi (Pl.) JY, LQ
Garnier (Bd Joseph) EFX
Gaulle (Pl. Ch.-de) FX
Gauthier (R. A.) LQ
Gautier (Pl. P.) HZ, KR 25
George-V (Av.) GVX
Gioffredo (R.) HY, QK
Gorbella (Bd de) EFV
Gounod (R.) FY
Grosso (Bd François) DYZ
Guisol (R. F.) LQ
Guynemer (Pl.) JZ, LR
Hôtel-des-postes (R. de l') QK, HY 30
Ile-de-Beauté (Pl. de l') JZ 32
Jean-Jaurès (Bd) KLQ, HYZ 33
Jésus (R. du) KR 33
Joffre (R. du Mar.) FZ
Jouan (R. Nicolas) LQ
Karr (R. A.) FYZ
Léopold-II (Av.) HV
Lesage (Montée) LR 34
Liberté (R. de la) GZ 35
Loge (R. de la) KLQ 36
Lunel (Quai) LR, JZ 37
Lyautey (Quai Mar.) JVX
Malausséna (Av.) FX
Malraux (Tunnel) HX
Marceau (R.) FX
Mari (R. Alexandre) KR 40
Masséna (Pl. et Espace) GZ, KR
Masséna (R.) FGZ 43
Médecin (Av. J.) KQ 44
Meyerbeer (R.) FZ 45
Michelet (R.) FV
Monastère (Av. et Pl. du) HV 46
Moulin (Pl. Jean) HY 47
Neuve (R.) LQ 49
Opéra (R. de l') KR 53
Paillon (Promenade du) HZ, KQ
Pairolière (R.) LQ 54
Palais (Pl. du) KR
Papacino (Quai) JZ, LQR
Paradis (R.) GZ 55
Parc-Impérial (Bd du) DEX
Passy (R. F.) EY 57
Pasteur (Bd) HJV
Pastorelli (R.) QK, GY 58
Pessicart (Av. de) DEX
Phocéens (Av. des) GZ, KR 59
Pilatte (Bd F.) JZ
Poissonnerie (R. de la) KRL 60
Ponchettes (R. des) LR
Préfecture (R. de la) KLR
Primerose (Av.) DY
Prince-de-Galles (Bd) GHV
Providence (R. de la) LQ 62
Raiberti (R.) FVX
Rauba-Capéu (Quai) HJZ, LR
Ray (Av. du) FV 63
Raynaud (Bd A.) FV
République (Av. de la) LQ 64
Riquier (Bd de) JY
Risso (Bd) JX
Rivoli (R. de) FZ 65
Robbins (R.) KR 66
Roquebilièrre (R. de) JVX
Rossetti (R.) KLR
Rossini (R.) FY
St-Augustin (R.) LQ 68
St-Barthélemy (Av.) EV
St-François (R.) LQ 70
St-François-de-Paule (R.) GHZ 72
St-Jean-Baptiste (Av.) KLQ, HY 73
St-Lambert (Av.) FV
St-Pierre-de-Féric (Rte) DX
St-Sébastien (Av.) LQ
Ste-Réparate (R.) KR 81
Ste-Rosalie (Corniche) HV
Saleya (Cours) HZ, KR 82
Sauvan (R. H.) EZ 84
Ségurane (R. C.) JYZ, LQ
Semeria (Av. D.) JV
Sola (Bd Pierre) JX
Stalingrad (Bd de) JZ
Thiers (Av.) EFY
Trachel (R.) FX
Turin (Rte de) JV
Tzarewitch (Bd du) DEY
Valrose (Av.) FV
Verany (Bd J.-B.) JV
Verdun (Av. de) FGZ 89
Vernier (R.) FX
Victor-Hugo (Bd) FYZ
Vieille (R. de la Pl.) KR 90
Villebois-Mareuil (Bd) HVX
Walesa (Bd Lech) JYZ 91
Wilson (Pl.) HY 92

Acropolis - Palais des Congrès HJX
Ancien Palais du Gouverneur et des Princes de Savoie (Préfecture) KR P
Cathédrale orthodoxe russe St-Nicolas DXY
Cathédrale Ste-Réparate KR
Chapelle de l'Annonciation KR D
Chapelle de la Miséricorde KR B
Chapelle du St-Sépulcre LQ E
Château LR
Église St-Barthélemy EV
Église St-François-de-Paule KR
Église St-Jacques LR
Église St-Martin-St-Augustin LQ
Église Ste-Jeanne-d'Arc FV
Élysée Palace EZ F
Façade de l'ancien Palais de la Méditerranée FZ G
Faculté de droit DZ U
Jardin Albert 1er GZ
Monastère franciscain HV K
Monument de Catherine Ségurane LQ L
Musée archéologique HV M1
Musée d'Art moderne et d'Art contemporain LQ M2
Musée d'Art naïf A. Jakovsky DZ
Musée des Arts asiatiques DZ
Musée des Beaux-Arts DZ
Musée Marc Chagall GX
Musée Masséna FZ M3
Musée Matisse (Villa des Arènes) HV M4
Musée de Terra Amata JZ M5
Muséum d'Histoire naturelle HJY M6
Négresco FZ N
Palais Lascaris LQ V
Parc Phoenix DZ
Port JZ
Prieuré du Vieux-Logis EV M7
Site Gallo-romain HV
Tour Bellanda (Musée naval) LR

Socca

„Schon in der Frühe mühte man sich in dieser Wirtschaft in Nizza ab, in der mein Onkel und ich früher Socca aßen. Kichererbsenmehl, Olivenöl, feines Kochsalz und Wasser bilden die Zutaten. Dazu bedarf es noch der Kunst, die Mehlklümpchen aufzulösen, man braucht eine große Kupferbackform, einen Holzofen, man muß die Backzeit entweder mit wissenschaftlicher Genauigkeit oder nach Gewohnheit einhalten, dann sind noch Geschicklichkeit und Schnelligkeit erforderlich, um vor dem Servieren die Socca in Stücke zu schneiden, denn sie darf nicht lange stehen und muß heiß aufgetragen werden. Jeder würzt nach seinem Geschmack mit Pfeffer nach. (...) Es ist die gleiche Socca, die die Dockarbeiter nach ihrem um fünf Uhr getrunkenen Kaffee mit einem Schuß Alkohol, dann um halb sieben in der Bar Niçois zu sich nahmen. Es war dann die *Merenda*, das 2. Frühstück."

Louis Nucera
Chemin de la Lanterne (1981)

Gehen Sie weiter durch die sehr belebte Rue Pairolière, in der mehrere Restaurants die heimische Spezialität **Socca** *anbieten, die heiß gegessen werden muß.*

Place Garibaldi – Der Platz wurde Ende des 18. Jh.s im piemontesischen Stil angelegt und befand sich damals am Nordrand der Stadt. Die Nizzaer mögen diesen von ockerfarbenen Laubenhäusern umgebenen Platz besonders gern. In der Mitte erhebt sich zwischen dichtem Grün und Wasserspielen die Statue Garibaldis. An der Südseite liegt die **Heilig-Grab-Kapelle** (Chapelle du St-Sépulcre) aus dem 18. Jh. Sie gehört der Bruderschaft der Blauen Büßer, ihre barocke Ausstattung ist in Blautönen gehalten. Von der belebten Geschäftsstraße Rue Pairolière aus sieht man rechts einen barocken Glockenturm (Clocher St-François); er gehörte zu einem im 16. Jh. nach Cimiez verlegten Franziskanerkloster.

Setzen Sie den Rundgang durch die Rue Neuve bis zur Église St-Martin-St-Augustin fort.

NICE

Collet (R. du) . . . . LQ 17
Droite (R.) . . . . LQ 20
Félix-Faure . . . . KQ
Gautier (Pl. Pierre) . . . . KR 25
Gioffredo (R.) . . . . KQ
Hôtel-des-Postes (R. de l') . . . KQ
Jésus (R. du) . . . . KR 33
Lesage (Montée) . . . . LR 34
Loge (R. de la) . . . . KLQ 36
Mari (R. Alexandre) . . . . KR 40
Masséna (Espace, Pl.) . . . . . KR
Médecin (Av. J.) . . . . KQ 44
Neuve (R.) . . . . LQ 49
Opéra (R. de l') . . . . KR 53
Pairolière (R.) . . . . LQ 54
Pastorelli (R.) . . . . KQ
Phocéens (Av. des) . . . . KR 59
Poissonnerie (R. de la) . . . . KLR 60
Providence (R. de la) . . . . . . LQ 62
République (Av. de la) . . . . . LQ 64
Robbins (R.) . . . . KR 66
St-Augustin (R.) . . . . LQ 68
St-François (Pl.) . . . . LQ 69
St-François (R.) . . . . LQ 70
St-François-de-P. (R.) . . . . . KR 72
Ste-Réparate (R.) . . . . KR 81
Saleya (Cours) . . . . KR 82
Vieille (R. de la Pl.) . . . . KR 90

Ancien Palais du Gouverneur et des Princes de Savoie (Préfecture) . . . . KR **P**
Chapelle de l'Annonciation KR **D**
Chapelle de la Miséricorde KR **B**
Chapelle du St-Sépulcre . . LQ **E**
Musée d'Art moderne et d'Art contemporain . LQ **M²**
Monument de Catherine Ségurane . . . . LQ **N**
Palais Lascaris . . . . LQ **V**

NICE

Alberti (R.) GHY 2
Alsace-Lorraine (Jardin d') EZ 3
Armée-du-Rhin (Pl. de la) JX 5
Auriol (Pont V.) JV 7
Bellanda (Av.) HV 10
Berlioz (R.) FY 12
Bonaparte (R.) JY 13
Carnot (Bd) JZ 15
Desambrois (Av.) GHX 18
Diables-Bleus (Av. des) JX 19
Europe (Parvis de l') GX 21
Félix-Faure (Av.) GZ 22
France (R. de) DFZ
Gallieni (Av.) HJX 24
Gambetta (Bd) EXZ
Gautier (Pl. P.) HZ 25
Gioffredo (R.) HY
Hôtel-des-Postes (R. de l') HY 30
Ile-de-Beauté (Pl. de l') JZ 32
Jaurès (Bd J.) HYZ 33
Liberté (R. de la) GZ 35
Lunel (Quai) JZ 37
Masséna (Espace Pl.) GZ
Masséna (R.) FGZ 43
Médecin (Av. J.) FGY 44

Meyerbeer (R.) FZ 45
Monastère (Av., Pl. du) HV 46
Moulin (Pl. J.) HY 47
Paradis (R.) GZ 55
Passy (R. F.) EY 57
Pastorelli (R.) GY 58
Phocéens (Av. des) KR 59
Ray (Av. du) FV 63
République (Av. de la) JXY 64
Rivoli (R. de) FZ 65
St-François-de-P. (R.) GHZ 72
St-Jean-Baptiste (Av.) HY 73
Saleya (Cours) HZ 82
Sauvan (R. H.) EZ 84
Verdun (Av. de) FGZ 89
Walesa (Bd Lech) JYZ 91
Wilson (Pl.) HY 92

Église St-Martin-St-Augustin ⓥ – Sie ist die älteste Pfarrkirche Nizzas. In ihr soll Luther 1510, als er noch Augustinermönch war, eine Messe gehalten haben; Garibaldi wurde – wie eine beim Taufbecken links des Eingangs angebrachte Fotokopie seines Taufscheins bestätigt – hier getauft. Der **Innenraum★** ist barock ausgestattet. Er birgt auf der linken Seite des Chors ein Vesperbild, die Zentraltafel eines Retabels von Louis Bréa.

Richten Sie Ihren Blick nach Verlassen der Kirche auf das an der gegenüberliegenden Straßenseite sich erhebende **Denkmal Catherine Séguranes**; das die Nizzaer Heldin zeigende Flachrelief wurde 1923 errichtet.

Elysée Palace . . . . EZ F
Façade de l'ancien Palais de la Méditerranée . . . EZ G
Faculté de droit . . . . DZ U
Monastère Franciscain
Musée archéologique . . . HV M¹
Musée d'Art moderne et d'Art contemporain . LQ M²
Musée Masséna . . . . FZ M³
Musée Matisse (Villa des Arènes) . . . . HV M⁴
Musée de Terra Amata . . . JZ M⁵
Muséum d'Histoire naturelle . . . . HJY M⁶
Prieuré du Vieux-Logis . . . EV M⁷
Négresco . . . . FZ N

Über die Rue St-Augustin und die Rue de la Providence gelangt man zu den Stufen, die zum Burgberg hinauf führen.

Château ⓥ – Der Hügel war Standort der 1706 zerstörten Nizzaer Burg; die Erinnerung an sie lebt in seinem Namen fort. Die 92 m hohe Erhebung bietet sich an zum Spaziergang und zum Verweilen bei der wunderschönen **Rundsicht★★** oben auf der Plattform *(Orientierungstafel)*.
Unterhalb davon ergießen sich mit Vésubie-Wasser gespeiste Kaskaden. Etwas östlich wurden Grundmauern der Apsiden und Apsidialkapellen der **zerstörten Kathedrale** aus dem 11. Jh. freigelegt; unter diesen kamen sogar Fundamente aus der Zeit der Römer und Griechen zutage.

Gehen Sie um die Mauerreste herum zur Nordwestseite des Berges (folgen Sie den Schildern „Cimetière, Vieille Ville").
Es bieten sich nun **Blicke** hinunter auf die Dächer der Altstadt und die Engelsbucht. Der Weg geht in Höhe einer Kapelle links über eine Treppe weiter abwärts.

Setzen Sie den Rundgang zum etwas unterhalb gelegenen Tour Bellanda fort, in dem das Musée national de la Marine untergebracht ist.

Tour Bellanda – Diese enorme Rundbastion wurde ihrem Aussehen zum Trotz erst im 19. Jh. gebaut, allerdings haargenau nach dem Vorbild des vorher an dieser Stelle stehenden Turms der Zitadelle, die 1706 von der Armee Ludwigs XIV. zerstört wurde.

BESONDERE HIGHLIGHTS

Moderne und zeitgenössische Kunst

★★ **Musée des Beaux-Arts Jules-Chéret** ⓥ – Die ukrainische Fürstin Kotschubej ließ 1878 das Gebäude, das seit 1928 eine reiche Kunstsammlung birgt, im Renaissancestil der genuesischen Paläste erbauen. Grundstock dieser äußerst vielfältigen Sammlung war eine Sendung von Kunstwerken, die Napoleon III. für die Errichtung des ersten Kunstmuseums 1860 nach Nizza bringen ließ und die allmählich durch Schenkungen und Nachlaßwerke erweitert wurde.

Erdgeschoß – Auf der Fassadenseite folgen drei Säle aufeinander: Im ersten Gewölbesaal der frühitalienischen Malerei sind unter anderem *Der Tod Kleopatras* von Francesco Cozza und *David bezwingt Goliath* von Francesco Guarino zu bewundern. Im zweiten Saal hängen Werke des 18. Jh.s: *Greisenbildnis* von Jean-Honoré Fragonard, *Schlucht von Ollioules* von Hubert Robert und *Allegorie des menschlichen Lebens* von Donato Creti. Der dritte Saal ist der bedeutenden Malerfamilie **Van Loo** gewidmet, von deren berühmtestem Vertreter, dem 1705 in Nizza geborenen Carle, das Gemälde *Theseus bezwingt den Stier von Marathon* stammt.
Jean-Baptiste van Loo schuf die berühmten Bildnisse Ludwigs XV. und der Maria Leszczynska.
In der großen Galerie, die sich rechts des Eingangs befindet, hängen großformatige Gemälde aus der Dritten Republik wie *Thamar* von Alexandre Cabanel und prächtige Frauenporträts. Im Innenhof steht *Das Eherne Zeitalter* von Auguste Rodin sowie ein Werk von Jean-Baptiste Carpeaux, *Triumph der Flora.*
Der kleine Saal hinten rechts enthält kleinformatige Werke des 17. und 18. Jh.s.

Obergeschoß – Eine Ehrentreppe führt in den Eingangsbereich des ersten Stocks, der wegen seiner Akustik ursprünglich als Konzertsaal verwendet wurde. An den Wänden hängen Werke von **Jules Chéret**, der 1932 in Nizza starb.
Der erste Stock ist ganz der Kunst aus der zweiten Hälfte des 19. Jh.s und des beginnenden 20. Jh.s gewidmet. Der erste der vier großen Säle, der auch für Wechselausstellungen genutzt wird, zeigt die akademische Tradition (Boulanger, Hercule Trachel) und die Orientalisten mit einer Ausführung der *Ruhe auf der Flucht nach Ägypten* von Olivier Merson sowie die berühmte *Haremsdienerin* von Paul Trouillebert. Beachtung verdient unter den Skulpturen die Original-Gipsfigur von Rodin *Der Kuß.*
Die Galerie zeigt neben einem Werk der Interieurmalerei von Eugène Carrière eine reichhaltige Sammlung von romantischen Landschaftsbildern des Malers Félix Ziem, die vor dem Aufkommen des Impressionismus entstanden sind.
Der zweite Saal auf der Fassadenseite veranschaulicht die Entwicklung der Landschaftsmalerei in Frankreich vom Klassizismus mit Werken von Vincent Courdouan bis zum Impressionismus, vertreten durch Eugène Boudin *(Die Bucht von Villefranche)*, Monet, Sisley *(Pappelallee in der Nähe von Moret)* und Pierre Bonnard *(Offenes Fenster an der Seine)*. Im dritten Saal sieht man Pastelzeichnungen von Jules Chéret, dem Erfinder des modernen Plakats. Sammlungen kleinerer Meister aus dem 19. Jh. sind im letzten Saal nach ihrem Genre eingeordnet: Akte, Genreszenen und Landschaften.
Rechts am Ende der Galerie sind zwei Räume mit Werken von Marie Bashkirtseff, Jules Bastien-Lepage, ihrem geistigen Meister, und ihrer Rivalin Luise Breslau ausgestattet.
Zum Schluß sind im Van-Dongen-Saal die wichtigsten Gemälde dieses fauvistischen Malers zusammengestellt: *Chimère-pie* (1895) und der berühmte *Tango des Erzengels.* In den Vitrinen sieht man Keramiken von Picasso.

★★ **Musée Matisse (Villa des Arènes)** ⓥ – Das herrliche Patrizierhaus ist ein typisches Beispiel für die Bauentwicklung der Bürgerhäuser in Nizza.
1670 wurde am Standort einer antiken römischen Villa von *Cemenelum* (Cimiez) eine Prachtvilla erbaut, die von vielen symmetrischen Fenstern durchbrochen ist. Die Fassade ist mit farbigem Putz und illusionistischer Malerei geschmückt. Der Bau ist durch balusterverzierte Terrassen verlängert. Heute befinden sich hier die Sammlungen und die Verwaltung des Matisse-Museums.

Am Eingang empfängt den Besucher eine große Collage mit dem Titel *Blumen und Früchte*, das letzte Werk von Matisse (1953).

Etwa 30 **Ölgemälde** verdeutlichen die Entwicklung des Malers, beginnend mit den Ergebnissen seiner schüchternen Versuche von 1890 *(Stilleben mit Büchern)* bis zu den ausgereiften Werken von 1946 *(Rocaille-Sessel)*.

Die in den frühen Gemälden auffallende Vorliebe für ziemlich dunkle Farben wich später, nach der Entdeckung der Mittelmeerlandschaft und ihres Lichts, einer helleren Palette und klareren, expressiveren Farben. Matisse war zuerst von Cézanne, dann von Signac beeinflußt, wie das *Stilleben mit Harmonium* und die *Junge Frau mit Sonnenschirm* erkennen lassen. Ab 1916 *(Porträt Laurettes)* verwendete er reine Farben: *Odaliske mit rotem Schmuckkästchen* (1926), *Fenster auf Tahiti* (1935), *Nackte in einem Sessel* (1937), *Lesende am gelben Tisch* (1944), *Stilleben mit Granatäpfeln* (1947); im Blau der Collage *Akt in Blau IV* von 1952 ist diese Farbe bis zum Absoluten gesteigert.

Unter den 235 **Zeichnungen** aus allen Schaffensperioden, die das Museum zur umfangreichsten Sammlung von Matisses Werken machen, befinden sich 30 Entwürfe zu der beeindruckenden Wanddekoration *Der Tanz* von 1933. Zahlreiche Stiche bezeugen, daß Matisse auch ein hervorragender Buchillustrator war. Seine Begabung als Bildhauer bekunden in diesem Museum 54 (von insgesamt 62) **Bronzefiguren** (*Der Leibeigene*, um 1900; *Schlangentänzerin*, 1909). In den verschiedenen Serien von Skulpturen, die *Jeannette* (1910-1913) und *Henriette* (1925-1929) darstellen, in den Akten und den monumentalen Plastiken der Rückenakte wurde die Form immer abstrakter. Auf zwei Räume verteilt sind Modelle und Entwürfe für die Kapelle in Vence *(s. dort)*, sowie die herrlichen Siebdrucke *Ozeanien das Meer* und *Ozeanien der Himmel* von 1947 und der große **Wandteppich** *Polynesien* aus Beauvais.

Ergänzend sieht man einige der auf den Ölgemälden abgebildeten Möbel sowie Kunst- und andere Gegenstände aus dem persönlichen Besitz des Künstlers. Das Museum besitzt außerdem ein Auditorium und ein Dokumentationszentrum über Matisse.

★★ **Musée Marc-Chagall** Ⓥ – Den Hauptteil dieser größten Sammlung von Chagall-Werken bildet eine dem französischen Staat gemachte Schenkung des Künstlers. Das 1972 erbaute Museumsgebäude wurde von André Hermant speziell für Chagalls *Biblische Botschaft* konzipiert. In dem modernen Flachbau aus Beton und Glas kommen die Gemälde durch das günstig einfallende mediterrane Licht besonders zur Geltung.

In der weiten Eingangshalle stimmt ein 1971 geschaffener bunter Wandteppich den Besucher auf die wunderbare Welt der Heilsgeschichte ein, in die ihn die Werke des russisch-französischen, 1887 in Witebsk geborenen und 1985 in St-Paul-de-Vence gestorbenen jüdischen Malers versetzen.

Die *Biblische Botschaft* setzt sich aus einem Zyklus von **17 großen Gemälden** zusammen, die zwischen 1954 und 1967 entstanden. In einem großen Saal sind 12 Bilder der Themenkreise Erschaffung des Menschen, Garten Eden, Noah, Abraham, Jakob und Moses vereint. Chagall veranschaulicht die ernsten Themen mit einer Überfülle leuchtender Farben in einer für ihn typischen, naiv-zauberhaften Leichtigkeit. In einem angrenzenden Raum befinden sich fünf Gemälde zum Hohelied. Sie zeigen im glühenden Abendrot über schlafenden Städten schwebende Traumgeschöpfe.

Auch einige Skulpturen Chagalls und ein großes, sich in einem Wasserbecken spiegelndes **Mosaik** (1970) sind hier ausgestellt. Es läßt den inmitten der Tierkreiszeichen auf einem Feuerwagen gen Himmel fahrenden Propheten Elias erkennen *(man sieht es am besten von der Tür zur Bibliothek aus)*. Der runde Konzert- und Konferenzsaal ist ganz in bläuliches Licht getaucht, das durch drei große, die Erschaffung der Welt darstellende Fenster einfällt.

Die anderen Räume sind Wechselausstellungen und den der *Biblischen Botschaft* vorausgegangenen Werken vorbehalten. Insbesondere sieht man hier: 39 von Chagall 1931 nach seiner Rückkehr aus Palästina gemalte Guaschen (es ist interessant, sie mit den Ölgemälden zu vergleichen); einen Teil der 105 Radierungen zu einer 1956 erschienenen Bibel sowie einige ihrer Kupferplatten; mehr als 200 Entwürfe in verschiedenen Maltechniken, welche den Reifungsprozeß des 17teiligen Hauptwerks von den ersten Versuchen bis zur künstlerischen Vollkommenheit verfolgen lassen; außerdem Lithographien zu religiösen Themen.

★★ **Musée d'Art moderne et d'Art contemporain** Ⓥ – Das von Yves Bayard und Henri Vidal entworfene Gebäude besteht aus vier quadratischen Türmen, die durch Glasüberführungen miteinander verbunden sind. Im Vorhof, der das Museum vom angrenzenden Theater trennt, erhebt sich eine monumentale Plastik von Alexander Calder.

Die in den beiden oberen Stockwerken ausgestellten Sammlungen zeigen die künstlerischen Bewegungen der französischen und amerikanischen Avantgarden von 1960 bis heute (im ersten Stock finden Wechselausstellungen statt). In beiden Ländern haben

Jakobs Kampf mit dem Engel von Marc Chagall

sich parallele Bewegungen entwickelt, deren Suchansätze ähnlich sind und die in Frankreich oft durch Impulse von an der Französischen Riviera lebenden Künstlern entstanden. In den 60er Jahren versuchte zum Beispiel sowohl die amerikanische **Pop Art** als auch der europäische **Neue Realismus** die alltägliche Realität des modernen Lebens und der Konsumwelt auszudrücken. Die Pop Art mit Andy Warhol, Roy Lichtenstein, Tom Wesselmann, James Rosenquist, George Segal, Robert Rauschenberg machte sich die durch die Medien übertragene Kultur wieder zu eigen, während der Neue Realismus die industriellen Objekte, Symbole der Konsumgesellschaft, kritisch reflektierte, indem er diese anhäufte oder zerbrach (Arman), zerdrückte (César), in einer Glashülle bewahrte (Spoerri) oder sie verpackte (Christo). Ein besonderer Bereich wurde **Yves Klein** (1928-1962) zugeteilt, um eines seiner monumentalen Werke auf der höchsten Terrasse des Museums zu präsentieren: *Feuerwand*. In seinen *Monochromen Bildern* (hauptsächlich in Blau und Gold) versuchte er, Raum, Energie, die universale Essenz der Gegenstände zu erfassen und auszudrücken, und sprengte damit den Rahmen seiner Zugehörigkeit zu den **Neuen Realisten**, deren Begründer er war. Die neodadaistische Bewegung **Fluxus**, deren Ziel die Aufhebung der Grenzen zwischen Kunst und Leben ist, wird insbesondere in einer Werkauswahl von den Nizzaer Künstlern wie Ben, Serge III, Robert Filliou, George Brecht berücksichtigt.

Während dieses Jahrzehnts entwickelt sich die Abstraktion in den USA in mehrere Richtungen: Bei Morris Louis und Larry Poons steht das Farbfeld im Vordergrund, bei Frank Stella und Kenneth Noland wird der Bildträger u. a. durch die Anwendung von unregelmäßigen Rahmen reflektiert. Später hat sie Einfluß auf **Support/Surface** ausgeübt (Viallat, Pagès, Dezeuze, Dolla, Alocco, Cane, Arnal) und ihre Nizzaer Gefährten der **Gruppe 70** (Charvolen, Chacallis, Isnard, Miguel und Maccaferri). Diese beiden Bewegungen streben danach, die Malerei auf ihre materielle Realität zu reduzieren, indem sie entweder mit dem Bildträger oder der Anwendungsart der Farbe spielerisch arbeiten. Auf den Spuren von Simon Hantaïs Faltungen wird die rahmenlose Leinwand geschnitten, aufgehängt, gefaltet. Die amerikanische **Minimal Art** (Sol Le Witt, Richard Serra) reduziert den Eingriff des Künstlers auf ein Minimum durch die Anwendung von Elementarformen, welche manchmal nach industriellem Vorbild in Serien vervielfältigt werden. Sie ist der **BMPT** (Buren, Mosset, Parmentier, Toroni) nicht fremd. Die 80er Jahre standen im Zeichen der Wiederkehr der Figürlichkeit, die von Persönlichkeiten wie dem Holländer Karel Appel schon angekündigt wurde: So beziehen sich Gérard Garouste und Jean-Charles Blais auf traditionelle Vorbilder, während die Künstler der Freien Figürlichkeit (Robert Combas, Hervé Di Rosa, Jacques Blanchard) durch den Einfluß von Comics und Rock-Kultur geprägt wurden.

Das Museum stellt auch Werke von Künstlern der Nizzaer Schule aus, die während der letzten 30 Jahre des 20. Jh.s ihren eigenen Weg eingeschlagen haben, wie z. B. Venet, Sosno, Gilli, Farin, Malaval, Chubac.

2 600 Jahre Geschichte in Cimiez *Besichtigung: 3 1/2 Std*

Auf der Anhöhe von Cimiez liegt das vornehme Viertel von Nizza. Das Denkmal der englischen Königin Victoria am Ende des Boulevard de Cimiez erinnert an die ehemaligen adligen Bewohner dieser Gegend. Der Nobelcharakter des Viertels geht allerdings bereits auf die Römer zurück, deren reiche Bürger sich im damaligen *Cemelenum* niederließen, das zur Hauptstadt der römischen Provinz *Alpes Maritimae* wurde. Im 16. Jh. siedelten sich die Franziskaner im Osten der Anhöhe an. Ihr Schätze sind uns bis heute überliefert.

Ausgehend vom Place Jean-Moulin hinter dem Acropolis fährt man zuerst über den Boulevard Carabacel und folgt dann der auf dem Plan eingezeichneten Strecke.

Arènes – In der ellipsenförmigen (67 m x 56 m) mittelgroßen Anlage wurden Wettspiele und Gladiatorenkämpfe, aber keine Tierkämpfe veranstaltet. Etwa 4 000 Zuschauer fanden darin Platz. Einige Überreste der Gänge und Außenwände mit den Kragsteinen, welche die Masten des Sonnensegels trugen, sind noch vorhanden. Im Amphitheater finden das ganze Jahr über traditionelle Feste (Maifest, Fest der Cougourdons, Folkloreveranstaltungen) und im Sommer Festivals statt *(s. PRAKTISCHE HINWEISE, Veranstaltungskalender)*.

Musée archéologique ⓥ – Die Ausstellungsstücke im Archäologischen Museum sind Funde von Ausgrabungen in Cimiez und Umgebung sowie zusätzliche Schenkungen.
Im rechten Teil des Erdgeschosses sind Keramiken und Bronzen der Hochkulturen des Mittelmeerraumes zu sehen (Griechenland, Etrurien, das römische Afrika); einige stammen aus Schiffswracks. Besonders sehenswert ist die **Maske des Silen★**. Auf der linken Seite die Abteilung des Römischen Ligurien, das 14 v. Chr. zur Provinz *Alpes Maritimae* wurde; Objekte aus der Bronzezeit (archaische Statuette eines Kriegers vom Mont Bégo); Gegenstände des häuslichen Gebrauchs aus den Dörfern *(oppida)* der Eisenzeit; Meilensteine der *Via Julia Augusta* (1. Jh.); Zeugnisse häuslichen Lebens (Keramiken, Gläser, Kleinplastik, Schmuck, Präsentation römischer Münzen in einer interaktiven Vitrine). Inschriften aus römischer Zeit, Modelle der Stadtarchitektur von Cimiez, römische Statuetten der Herrscherfamilie (Antonia, Nichte des Kaisers Augustus) und weitere Zeugnisse dieser Kultur. Im Untergeschoß sind Grabstätten aus Cimiez ausgestellt. Stelen aus dem 1. und 2. Jh., Sarkophage aus dem 3. Jh. und Kunstgegenstände aus frühchristlicher Zeit; Keramiken und Inschriften.

★ **Site archéologique gallo-romain** ⓥ – Ende des 2. Jh.s n. Chr. lebten rund 20 000 Menschen in **Cemenelum**, dem Sitz des Prokurators der Provinz *Alpes maritimae*.

Thermenviertel – Man sieht links den **Decumanus I**, die Hauptstraße, die von Ladengeschäften gesäumt wurde, mit ihrem Abwassersammelkanal. Auf ihrer linken Seite befinden sich die **Nordthermen**, welche dem Prokurator und den Honoratioren vorbehalten waren. Die Anlage umfaßte das Freibad, dessen Becken mit Marmor verkleidet und von Säulen mit korinthischen Kapitellen umgeben war; die direkt an der Straße gelegenen Latrinen; das Kaltbad, **Frigidarium**, das von einem Gewölbe abgeschlossen und 10 m hoch und 9 m breit war; die sich links daran anschließenden warmen und heißen Räume, deren **Hypokausten** (Fußbodenheizung) und Öfen teilweise freigelegt wurden.
Ein Steg, der auf der anderen Seite des Decumanus I beginnt, führt über die **Ostthermen** hinweg. Diese waren für das Volk bestimmt und weniger luxuriös, besaßen aber sonst die gleichen Einrichtungen und Proportionen wie die Nordthermen. Im Süden schließt sich ein ganzes Wohnviertel an. Es wird von einem weiteren Decumanus (Decumanus II) begrenzt, dessen Pflaster noch erhalten ist; an seinem Rand liegen wieder Fundamente von Läden.
Geht man auf dieser Straße nach rechts weiter, erreicht man eine in Nord-Süd-Richtung verlaufende Straße (Cardo), die in Richtung Amphitheatre führt. Die früher nur den Frauen zugänglichen **Westthermen** *(links)* sind recht gut erhalten, obwohl sie im 5. Jh. zu einer Bischofskirche umgebaut wurden. Das **Frigidarium** wurde dabei zum halbrunden Chor; von einer steinernen Bank und dem Altar sind noch Spuren zu sehen. Im Nordteil ist in der Mitte eines runden Raums das **Taufbecken** erhalten.

Place du Monastère – Hier befindet sich ein interessanter **Bildstock**. Die zentrale gewundene Säule aus weißem Marmor trägt ein Kleeblattkreuz von 1477. Auf der einen Seite ist darauf der gekreuzigte Seraphim zu erkennen, der dem hl. Franz von Assisi erschien und ihm die Wundmale Christi aufprägte; auf der anderen Seite ist die Mutter Gottes mit der hl. Klara und dem hl. Franz dargestellt.

Musée d'Art moderne – *Nissa Bella* von Martial Raysse

An diesem Platz liegt der Eingang zum **Friedhof** (Cimetière) von Cimiez. Hier sind die Gräber des Malers Raoul Dufy (1877-1953) und des Schriftstellers Roger Martin du Gard (1881-1958); im Norden des Friedhofs befindet sich zwischen Olivenbäumen das Grab des Malers Henri Matisse (1869-1954).

★ **Monastère franciscain** – Im 16. Jh. ging das im 9. Jh. erbaute Benediktinerkloster in die Hände der Franziskaner über, die es restaurierten und die inzwischen als Pfarrkirche von Cimiez dienende Klosterkirche mehrmals erweiterten.

Notre-Dame-de-l'Assomption – An bedeutenden Kunstwerken enthält das Innere drei vollendete **Retabel**★★ des alten Nizzaer Meisters **Louis Bréa**. Rechts am Eingang befindet sich ein 1475 von dem jungen Bréa gemaltes **Vesperbild**, das zu des Künstlers schönsten Werken zählt. Die Kreuzarme und der gestreckt im Schoß seiner Mutter liegende Leichnam Christi betonen deutlich die Waagerechte der Bildkomposition. Unten, auf dem mit eingraviertem Rankenwerk verzierten Goldgrund, ist eine Landschaft angedeutet. Trotz der um das Kreuz schwebenden weinenden Engelchen scheint Maria allein gelassen in ihrem Schmerz. Auf dem linken der beiden Seitenflügel des Retabels wird der hl. Martin gezeigt, der hoch zu Roß seinen roten Mantel teilt. Sein sanft geneigter Oberkörper und der Hals des Pferdes verleihen dem Bild etwas Anmutiges.
Die Altartafel mit der **Kreuzigung Christi**, auf der linken Seite des Chors, unterscheidet sich sehr von dem oben genannten Werk, obwohl sie auf denselben Urheber zurückgeht. Sie ist später, nämlich 1512, entstanden und nicht mehr der Gotik verhaftet; der Goldgrund weicht hier einer sorgfältig, schon perspektivisch ausgearbeiteten Landschaftsdarstellung. Die Predella zeigt eine raffiniertere Bildkomposition.
In der zweiten Kapelle links befindet sich eine geschnitzte Liegefigur Christi aus dem 18. Jh. Die dritte Kapelle rechts birgt eine Louis Bréa zugeschriebene **Kreuzabnahme**. Diese Darstellung ist ebenfalls von der Renaissance geprägt, sie ergänzt die Kreuzigung. Die schräge Linie der auf Christi Körper hin ausgerichteten Personen wird durch die Senkrechten in der Landschaftsdarstellung ausgeglichen.
Ein großer, im Übergangsstil von Renaissance zu Barock gestalteter blattvergoldeter Schnitzaltar trennt den Mönchschor mit seinen 40 Chorstühlen und einem schönen Nußbaumchorpult (17. Jh.) vom übrigen Chorraum.

Musée franciscain ⓥ – Anhand vieler Dokumente und Kunstwerke (Fresken, Stiche, Skulpturen) wird die Geschichte der Franziskaner in Nizza vom 13. Jh. bis heute unter besonderer Berücksichtigung ihrer geistlichen und sozialen Aufgabe vergegenwärtigt. Bemerkenswert sind das herrlich illuminierte Antiphonar aus dem 17. Jh. sowie die im Stil des 17. Jh.s wieder hergerichtete Novizenkapelle und eine Mönchszelle.

Klostergarten – Im Süden des Klosters erstreckt sich oberhalb des Paillon-Tals die mit Zitronenbäumen und Blumenbeeten farbenfroh gestaltete Terrassenanlage. Von ihr reicht der **Blick** über Nizza, den Burgberg und das Meer, den Mont Boron und das Observatorium auf dem Mont Gros. Ein Zypressen- und Steineichenwäldchen markiert den Standort des alten ligurischen Oppidums.

Russisches Erbe in Nizza

Nachdem sich 1856 die Witwe des Zaren Nikolaus II., Alexandra Feodorowna, die Kaiserin von Rußland, hier niedergelassen hatte, wählten immer mehr reiche russische Aristokraten Nizza als Ort für ihre Sommerfrische. Die Großherzöge und Geschäftsleute des kaiserlichen Hofes wetteiferten miteinander beim Bau kostspieliger Residenzen an der Côte d'Azur im Stile ihres Vaterlands. In Nizza und Umgebung befinden sich zahlreiche dieser eklektischen Bauten, bei denen sich slawische mit südländischen Einflüssen vermischen. Baron von Dewies, der Erbauer der russischen Eisenbahn, ließ das **Château de Valrose** in gotischem Stil errichten. In einer Ecke des riesigen Parks ließ er eine *Isba* (Blockhütte) aufstellen, die von einem seiner Anwesen in Kiew stammte (sie wurde in Einzelteile zerlegt und auf dem Seeweg von Odessa nach Nizza transportiert). Das Anwesen gehört heute der Universität von Nizza. Am westlichen Stadtrand, nahe der Eisenbahnschienen, steht das **Château des Ollières** (heute Hotel-Residenz) mit seinem auffälligen Donjon, der von vier kleineren Türmchen flankiert wird. In der Nähe liegt das **Palais Kotschoubey**, in dem das Musée Chéret untergebracht ist. Aus derselben Epoche ist im Viertel um den Parc Impérial die Residenz Palladium *(am Boulevard Tsarevitch)* erhalten, die Anfang des Jahrhunderts für einen russischen Bankier errichtet wurde. Auf den umliegenden Hügeln befinden sich noch zahlreiche weitere Bauten der reichen „Exzentriker" (so wurden die Russen von den Einwohnern Nizzas genannt). In Nizza, im Caucade-Viertel, liegt auch der größte russische Friedhof an der Côte d'Azur, auf dem zahlreiche für die Geschichte Rußlands bedeutende Persönlichkeiten ihre letzte Ruhestätte gefunden haben (Herzen, Katja, die nicht standesgemäße Ehefrau des Zaren Alexander II., etc.).

★ **Cathédrale orthodoxe russe St-Nicolas** ⓥ – *Abb. s. EINFÜHRUNG, Architektur und Kunst.* Mit ihren sechs Zwiebelkuppeln und der ockerfarbenen Fassade gibt die russisch-orthodoxe Kathedrale dem Himmel über Nizza eine orientalische Note. Sie ist darüber hinaus ein Zeugnis der einstigen Bedeutung der russischen Bevölkerung an der Côte d'Azur. Es handelt sich um das größte russische Gotteshaus außerhalb Rußlands.

Da das Seebad ein vielbesuchter Aufenthaltsort des russischen Adels war und auch der Zarenhof regelmäßig hierher kam, wurde die Errichtung eines Gotteshauses notwendig. Die Zarin veräußerte im Jahr 1900 die Villa Bermond für den Bau der neuen Kathedrale. Der russische Architekt Preobraschenski entwarf die Pläne und leitete die Bauarbeiten. Der großzügige Zar Nikolaus II. wählte ausschließlich erlesene Baumaterialien: Ziegelsteine aus Deutschland, glasierte Ziegel für die Kuppeldächer und die sechs darauf errichteten goldenen Kreuze aus Italien. Die Kuppel des Glockenturms ist mit feinem Blattgold überzogen, und die Ikonenmosaike an den Fassaden wurden von russischen Künstlern in Handarbeit gefertigt. Im Dezember 1912 wurde die Kirche in Anwesenheit der Zarenfamilie eingeweiht. Weitere Ikonen und Kultgegenstände wurden dort nach 1917 in Sicherheit gebracht.

Der Innenraum der Kathedrale hat die Form eines griechischen Kreuzes und ist prachtvoll mit Fresken, Holztäfelung und durch Goldschmiedearbeiten verzierte Ikonen ausgeschmückt. Die **Ikonostase**★ am Beginn des Chors ist eine Zusammenstellung der schönsten Beispiele russischer Kirchenkunst nach dem Vorbild der Kirchen in Jaroslaw und der Basilius-Kathedrale in Moskau. Die auf Holz gemalte Ikone der **Lieben Frau von Kazan** auf der rechten Seite des Chors ist mit ziseliertem Silber- und Edelsteinschmuck verziert.

Die hinten links im Park stehende **byzantinische Kapelle** gilt dem Andenken an den Zarewitsch Nikolaus, den Sohn des Zaren Alexander II., der auf diesem Anwesen 1866 an einer Krankheit starb. Die Begräbnisfeierlichkeiten in der russischen Kirche in Nizza, Rue Longchamp, waren eine prunkvolle Zeremonie.

BESICHTIGUNGEN

Musée des Arts asiatiques ⓥ – *Von der Promenade des Anglais fahren Sie in Richtung Flughafen (Aéroport Nice-Côte d'Azur) und biegen rechts in eine Nebenstraße ein, die mit „Parc Phoenix" beschildert ist. Er befindet sich im neuen Komplex L'Arenas. Gebührenpflichtige Tiefgarage.* Das geschickt am See des Phoenix-Parks gelegene Museum asiatischer Kunst ist ein ungewöhnliches Gebäude aus weißem Marmor, das die fernöstliche Kosmogonie widerspiegelt, die den Himmel (der Kreis) und die Erde (das Quadrat) und ihre vier Himmelsrichtungen als eine Einheit versteht. Es wurde 1998 von dem japanischen Architekten Kenzo Tange entworfen und zeigt sakrale und traditionelle Stücke aus mehreren asiatischen Ländern. Kopfhörer ermöglichen dem Besucher eine individuelle Besichtigung.

Im ersten Stock wird er anhand einer informativen und anschaulich präsentierten Ausstellung mit der Geschichte des Buddhismus vertraut gemacht. Mehrere Buddhas aus Stein der Gandhara- (4. Jh.) und der Khmer-Kunst (12. Jh.) sind ausgestellt. Das Erdgeschoß ist in einzelne Abteilungen unterteilt, die jeweils der chinesischen, japanischen, kambodschanischen und indischen Kultur gewidmet sind. Die Skulpturen, Keramiken und Gemälde sind repräsentative Stücke der religiösen Welt ihres Ursprungslandes und entfalten vor einer spärlichen Dekoration ihre ganze Schönheit.

Das Untergeschoß wird für Wechselausstellungen genutzt. Interaktive Bildschirme zeigen Sammlungen der Museen asiatischer Kunst aus der ganzen Welt.

In der durch ihre auf ein Mindestmaß beschränkte Dekoration äußerst edel wirkenden Teestube neben der Buchhandlung können Sie einer Teezeremonie (**Cérémonie du Thé** ⓥ) beiwohnen.

★ **Parc Phoenix** ⓥ – Der riesige, 1990 eingeweihte botanische Erlebnispark versammelt auf einer Fläche von über 7 ha mehr als 2 000 Pflanzenarten aller Breitengrade, die je nach Zugehörigkeit zusammen mit den entsprechenden Tierarten angesiedelt wurden. Bei einem Besuch durchquert man nacheinander große Gebiete, die besonderen Klimazonen entsprechen und bestimmten Themen gewidmet sind.

Auf einem großen See bietet die Île des Temps révolus („Insel vergangener Zeiten") mit lebenden Pflanzenfossilien eine Rückkehr in die Vergangenheit: Palmfarne, Biloba-Gewächse, Ginkgobäume, Baumfarne. Daneben befinden sich Krater, die mit Blumen der gesamten Farbpalette bepflanzt sind.

Überall strahlen unaufdringliche Lautsprecher Tierstimmen aus, die der jeweiligen Vegetationszone entsprechen.

Im zweiten Abschnitt tummeln sich in einem großen Vogelkäfig Papageien und andere exotische Vögel; am Fuße eines Wasserfalls leben etwa 100 Schildkröten. Im anschließenden Wadi wurde ein Stück Oase der Sahara nachgebildet.

Das **Riesentreibhaus★** „Grüner Diamant" (Serre géante „Diamant vert") ist ein enormes Tropengewächshaus mit einer Fläche von 7 000 m^2, unter dessen 25 m hohem Dach 7 Klimazonen mit unterschiedlichen Temperaturen und Luftfeuchtigkeiten vereint sind. Man kommt an einem Garten mit Orchideen und Ananasgewächsen, einem Haus mit australischen Gewächsen, einem unterirdischen Insektarium, fleischfressenden Pflanzen, einem schönen Farngarten mit Pflanzen aus aller Welt und, im Mittelpunkt, am großen Tropengarten mit Palmen, Bananenstauden, Ravenalas (Baum der Reisenden) aus Madagaskar und zur Ernährung dienenden tropischen Pflanzen (Brotbaum, Kaffeestrauch, Melonenbaum) vorbei. Abschließend gelangt man zum Schmetterlingshaus.
Unweit davon befindet sich eine **Infothek**, die alle gewünschten Zusatzinformationen bietet.
Im Freien rechts liegt neben einem schönen Rosarium ein exotischer Garten mit Sukkulenten.
Schließlich kommt man zur „großen Aztekenpyramide", die originellerweise die Pflanzenwelt von unten sowie das unterirdische Tierleben mit einer wunderschönen Schmetterlingssammlung zeigt.
Nach Abschluß dieses Entdeckungsrundgangs geht man an einem großen runden Springbrunnen und anschließend an einer Wasserorgel vorbei in Richtung Ausgang.

Faculté de Droit ⓥ – Chagall hat in diesem Gebäude der Juristischen Fakultät die Halle des ersten Stockwerks mit einem wandgroßen, wunderbaren **Mosaik★** ausgestattet. Es zeigt den nach seiner langen Irrfahrt heimgekehrten Odysseus mit Penelope auf Ithaka, wieder glücklich vereint.

★ **Musée d'Art naïf A.-Jakovsky** ⓥ – *Avenue du Val-Marie. Verlassen Sie das Stadtzentrum auf der Promenade des Anglais. Das Museum ist in den Räumen von Schloß Ste-Hélène untergebracht.* Der Bestand des Museums für naive Malerei umfaßt 600 Gemälde. Er ist eine Schenkung des Sammlers und Kunstkritikers Anatole Jakovsky. Die 300 ständig ausgestellten Werke zeugen vom schier unerschöpflichen Einfallsreichtum der „Sonntagsmaler" aus aller Herren Länder.
Den Kroaten, Meistern ihres Fachs, wurde ein Ehrenplatz eingeräumt. Sie sind hauptsächlich im ersten Stock untergebracht; es seien besonders die Maler Generalic, Rabuzin, Kovacic und Petrovic *(Heimkehr ins Dorf)* erwähnt. Frankreich ist zahlreich vertreten, vor allem durch Bauchant, Vivin, Vieillard, die Nizzaer Maler Restivo und Crociani *(Nachtfest in Nizza)* sowie die Traumdarstellungen von Vercruyce und Lefranc *(Die Uhr)*.
Auch die Italiener, Schweizer wie Luthé *(Odysseus und die Sirenen)* und Belgier bereichern die Sammlung. Nicht vergessen seien Nordamerika (O'Brady) und Südamerika – dabei besonders Brasilien – mit interessanten Beiträgen zu diesem Kaleidoskop naiver Malerei.
Man beachte in einer Ecke die kleine Gemäldesammlung Jakovskys. In einem Saal wurden ältere anonyme Werke dieser Kunstrichtung vereint (17.-19. Jh.).

★ **Musée Masséna** ⓥ – In einem Park liegt das Gebäude, das 1898 nach Plänen des Dänen Tersling und des Nizzaers Messian für den Enkel des Marschalls Masséna nach dem Vorbild der im 1. Kaiserreich in Mode gekommenen italienischen Villen erbaut wurde. Sein Sohn André überließ es 1919 der Stadt.

★ **Acropolis-Palais des Congrès** ⓥ – Das langgestreckte Gebäude (338 m) des großen Veranstaltungs- und Kongreßzentrums zwischen der Avenue Galliéni und dem Boulevard Risso erinnert an ein majestätisches Schiff, das mit fünf mächtigen Gewölben im Paillon verankert ist. Es wurde von einer Architektengruppe aus Nizza konzipiert.
Überall im Inneren, außen in den Randzonen sowie auf der südlich gelegenen Esplanade Kennedy sind Werke zeitgenössischer Künstler aufgestellt, die sich harmonisch in die Architektur einfügen (Volti, Arman, César, Paul Belmondo, Moretti, Cyril de la Patellière usw.).

Palais Lascaris ⓥ – Das Adelspalais wurde ab 1648 im lokal abgewandelten Genueser Stil erbaut. Sein Eigentümer war J.-B. Lascaris, ein Neffe des Großmeisters des Malteserordens und Abkömmling der Grafen von Ventimiglia, deren Dynastie sich auf eine seit alters her bestehende Verbindung zu den Lascaris berief, die im 13. Jh. in der kleinasiatischen Stadt Nikaia Kaiser waren. Die Fassade weist von marmornen Konsolen und Pilastern gestützte Balkone mit Balustern auf, deren Kapitelle mit Girlanden geschmückt sind. Über der Tür befindet sich ein gesprengter Volutengiebel.
Im Erdgeschoß ist eine Apotheke von 1738 mit ihrer alten Einrichtung untergebracht. Eine **majestätische Treppe★** geleitet in das Hauptgeschoß, die zweite Etage, hinauf. Das Treppenhaus ist geschmückt mit Gemälden aus dem 17. Jh. sowie einer Mars- und einer Venusstatue (18. Jh.), die in barock verzierten Nischen stehen. Der große Salon enthält flämische Wandteppiche und ein Deckenfresko in illusionistischer Malerei, das den Sturz des Phaeton zeigt. Im Nachbarsaal sind zwei nach

Vorlagen von Rubens angefertigte Wandteppiche zu sehen. Das prunkvolle Schlafgemach ist durch eine von Atlanten und Karyatiden getragene Stuckwand vom Vorzimmer getrennt. Der private Wohnraum auf der anderen Seite der Treppe besitzt eine Decke aus dem 18. Jh., mit Stuck umrahmte gemalte Medaillons, eine mit Blattsilberintarsien verzierte Täfelung und mit Landschaftsmalerei geschmückte Türstürze aus der Rokokozeit.
Im ersten Stock birgt ein Saal des rechten Flügels Werke der **alten Nizzaer Meister**. In der Mitte des Raums befindet sich das „Friedenskuß" genannte Reliquiar, eine wunderschöne Silber- und Emailarbeit aus der Renaissance.
Unter den schönen Waffen und Rüstungen (14.-18. Jh.) fallen besonders ein Nackenschirm Karls V., eine Sturmhaube Philipps II. von Spanien und ein spektakulärer Reiter mit einer deutschen Rüstung, die als „gewellte Maximilian-Rüstung" (16. Jh.) bezeichnet wird, ins Auge.
Im zweiten Stock halten zeitgenössische Dokumente und Gegenstände das Andenken an die herausragenden Persönlichkeiten der Stadt (Masséna und Garibaldi) wach. An Revolution und 1. Kaiserreich erinnern eine wertvolle Porträtskizze Napoleon Bonapartes von Jacques-Louis David, der Krönungsmantel Josephines und die erste Totenmaske Napoleons.

★**Chapelle de la Miséricorde** ⓥ – Die 1740 nach Plänen des im 17. Jh. sehr bekannten italienischen Architekten Guarino Guarini erbaute Kapelle gehört der Bruderschaft der Schwarzen Büßer. Sie ist ein meisterhaftes Beispiel des Nizzaer Barocks. Die mit Girlanden geschmückte gekrümmte Fassade weist runde und ovale Ochsenaugen auf und zeigt die für den Barock typische Dynamik.
Diese tritt ebenso zutage im elliptischen Grundriß des Innenraums und in der Überschneidung der Linien von Jochen und Gewölben. Stuck, Marmor und Gold ergänzen sich zu einem harmonischen Raumschmuck, der die virtuose architektonische Gestaltung noch wirkungsvoller zur Geltung bringt.
In der Sakristei sind zwei **Tafelbilder**★ mit gleichem Thema von alten Nizzaer Meistern vereint: Die erste Gnadenmadonna, das Werk Jean Mirailhets, ist noch ganz der Gotik verhaftet; die andere, welche im Hintergrund die Umgebung von Nizza erkennen läßt, wurde 80 Jahre später von Louis Bréa geschaffen und verrät den Einfuß der Renaissance.

Musée Naval ⓥ – Der Bellanda-Turm beherbergt heute das Marinemuseum. Schiffs- und Hafenmodelle, Navigationsinstrumente und alte Waffen sowie Ansichten von Alt-Nizza sind im Inneren zu sehen.

Muséum d'Histoire naturelle ⓥ – Das auch über ein Forschungslaboratorium verfügende Museum besitzt eine einzigartige Sammlung von 7 000 Pilz-Nachbildungen, einen Saal mit Mineralien und einen zur Geologie und Paläontologie.

Prieuré du Vieux-Logis ⓥ – Das Museum ist in den aus dem 16. Jh. stammenden Gebäuden eines Bauernhofs untergebracht. Es zeigt die Rekonstruktion eines begüterten Priorats mit seinen vielen Kunstwerken – vor allem Statuen, darunter eine Pietà des 15. Jh.s aus der Franche-Comté –, dem Mobiliar vom 14. bis 17. Jh. und den Gegenständen des täglichen Lebens; die Küche ist bemerkenswert.

St-Barthélemy ⓥ – In der modernen Zeit erhielt die Bartholomäuskirche ihren den italienischen Stadttürmen des Quattrocento nachgebauten Turm. Die Renaissancefassade wurde im 19. Jh. erneuert. Das rechte Seitenschiff enthält ein schönes Triptychon von François Bréa mit der Darstellung der thronenden Jungfrau zwischen Johannes dem Täufer und dem hl. Sebastian.

Ste-Jeanne-d'Arc ⓥ – Jacques Droz hat das moderne weiße Betongebäude konzipiert. Ein 65 m hoher, wie aus geflochtenen Flammen gebildeter Kirchturm zeigt es an. Drei Kuppeln und eine ellipsenförmige Vorhalle sind weitere äußere Kennzeichen des Gotteshauses, das in seiner Erscheinung etwas an eine Moschee erinnert. Im Inneren überraschen die hohen Gewölbe. Die Fresken des Kreuzwegs wurden 1934 von Klementief gemalt.

Musée de Terra Amata ⓥ – Im Erdgeschoß ist die Nachbildung der knapp 50 m^2 großen Düne eines hier, 26 m über dem heutigen Meeresspiegel an den Westhängen des Mont Boron entdeckten fossilen Sandstrands untergebracht. An dieser Stelle kamen der Abdruck eines Menschenfußes, dessen Oberfläche verkalkt ist, und Reste von Feuerstätten zum Vorschein. Diese nähren – zusammen mit den gefundenen Knochenresten und Steinwerkzeugen – die Vermutung, daß es sich um eine der ältesten europäischen Wohnstätten handelt. Fundstücke, Zeichnungen, Karten und getreue Rekonstruktionen, darunter eine aus Zweigen gebaute Hütte, illustrieren die Lebensweise der vor etwa 400 000 Jahren im Altpaläolithikum (Acheuléen) hier wohnenden Jäger *(mehrsprachige audiovisuelle Erläuterungen)*.

Die Victorine-Studios oder wie Nizza Filmgeschichte machte

Zur Geburtsstunde des Kinos bot Nizza Regisseuren alle Voraussetzungen für einen Erfolgsfilm: gute Lichtverhältnisse und viel Sonnenschein, Meer und Luxushotels als natürliche Kulisse. Der Regisseur von *Fantômas*, Louis Feuillade, war einer der ersten, der sich der einmaligen Vorteile der Region bewußt wurde.
So gingen die Dächer des Hotels Negresco mit der Verfolgungsjagd zwischen Fantômas und Judex in die Kinogeschichte ein.
Jedoch wurde der eigentliche Startschuß für die Filmindustrie an der Côte d'Azur 1920 gegeben, als ein weitläufiges, brachliegendes Gelände westlich des Stadtzentrums, La Victorine, von dem reichen Hollywood-Produzenten Rex Ingram erworben wurde; durch ihn hatten bereits Rudolph Valentino und Roman Navarro Berühmtheit erlangt. Als Werbung für seine neuen Studios produzierte er einen gigantischen Monumentalfilm mit dem Titel *Mare Nostrum*. Von da an hatten während der folgenden 10 Jahre die Victorine-Studios viel Zulauf von französischen und europäischen Regisseuren. Dann gerieten sie aufgrund des veränderten Publikumsgeschmacks zehn Jahre lang mehr oder weniger in Vergessenheit.
Nach dem Waffenstillstand von 1940 fand die französische Filmindustrie in Nizza Zuflucht (Abel Gance, Jacques Prévert, Marcel Carné). Mit dem Film *Les Visiteurs du soir* gewannen 1943 Produktionen mit anspruchsvoller Kulisse wieder an Bedeutung. Die Verfilmung der *Kinder des Olymp* mit Arletty und Jean-Louis Barrault in den Hauptrollen, die gemeinsam von Carné und Prévert produziert wurde, ist zweifellos das größte Werk der Victorine-Studios. So waren für die Nachbildung des „Boulevard du Crime" mitten im Krieg über 30 Tonnen Gerüstmaterial und knapp 3 500 m² Schilfrohr für die Kulissen erforderlich. An den Dreharbeiten wirkten 2 000 in Nizza engagierte Statisten mit. Die Verschlechterung der Lebensumstände und die kriegsbedingten Entbehrungen setzten dem schöpferischen Enthusiasmus vorübergehend ein Ende. Die 15 Jahre nach dem Zweiten Weltkrieg waren für die Studios eine Blütezeit, doch dann verloren sie an Bedeutung.

AUSFLÜGE

★★ 1 Les Deux Monts (Zwei-Berge-Tour)

Rundfahrt von 11 km – etwa 3/4 Std. – s. Kartenskizze

Verlassen Sie Nizza in östlicher Richtung über den Place Max-Barel und die Moyenne Corniche, die N 7. Nach 2,5 km biegen Sie scharf rechts in eine Waldstraße (Route forestière; RF) ab; 1 km weiter, dann nehmen Sie scharf links einen Weg, der zu der Festung auf dem Mont Alban führt.

★★ **Mont Alban** – 222 m. Der Gipfelweg bietet einen einmaligen **Blick**★★ auf die Küste: im Osten auf die Halbinsel Cap Ferrat, das Cap d'Ail, die Landzunge von Bordighera und die Kalkfelsen des Tête-de-Chien; im Westen auf die Baie des Anges und das Plateau La Garoupe. Die aus dem 16. Jh. stammende mächtige Burg kann nur von außen auf einem darum herumführenden Fußweg besichtigt werden.

Kehren Sie zur letzten Kreuzung zurück, wo der Weg geradeaus zum nächsten Ziel, dem Mont Boron, weiterführt.

★ **Mont Boron** – 178 m. Von oben ergeben sich weite **Ausblicke**★ auf die Bucht von Villefranche und die Küste bis zur Halbinsel von Antibes; in der Ferne sieht man die Berge bei Grasse und das Esterelmassiv.

Die Rückfahrt nach Nizza erfolgt auf der Corniche Inférieure.

★★ 2 Plateau St-Michel

Rundfahrt von 19 km – etwa 1 Std. – s. Kartenskizze

Verlassen Sie Nizza in östlicher Richtung auf der Avenue des Diables-Bleus und der Grande Corniche (D 2564).

Beim Zurückschauen sieht man Nizza und die Engelsbucht, dann die Halbinsel von Antibes, das Esterelmassiv und das Paillon-Tal. Dem Blick nach vorne bietet sich das Fort de la Drète, im Hintergrund das Fort auf dem Mont Agel.

Observatoire du Mont-Gros Ⓥ – *Rechts von der Grande Corniche zweigt die Zufahrtsstraße zum Nizzaer Observatorium ab.* Den Anstoß für die Gründung dieses renommierten internationalen Astronomie-Forschungszentrums gab 1881 der Wissenschaftsmäzen Bischoffeim. Die Gebäude wurden von Charles Garnier gebaut, die Metallkonstruktionen der großen, 26 m hohen Sternwarte stammen von Gustave Eiffel. Das Zentrum verfügt über ein 18 m langes Keplersches Fernrohr

(„Grand Équatorial" genannt) mit einem optischen Durchmesser von 76 cm, einst das weltweit größte Instrument dieser Art. Das Giebeldreieck über dem Eingang der Sternwarte weist einen zeittypischen neoklassizistischen Stil auf.
Hinter dem Col des Quatre-Chemins kommt die Halbinsel Cap Ferrat, anschließend die Bucht von Villefranche-sur-Mer in Sicht.

Biegen Sie nach rechts auf die D 34 ab. Nach 500 m stellen Sie den Wagen auf einem Parkplatz ab.

★★ **Aussicht vom Plateau St-Michel** – Auf der Orientierungstafel kann man alle markanten Punkte vom Cap d'Ail bis zum Esterelmassiv lokalisieren.

Die D 34 führt zur Moyenne Corniche (N 7), der man nach links folgt. Kurz hinter einem langen Tunnel ergibt sich ein schöner **Blick★** auf Beaulieu, das Cap Ferrat, Villefranche-sur-Mer, Nizza und die Halbinsel von Antibes. Die Straße folgt ein Stück weit dem Verlauf der Bucht von Villefranche, passiert den Paß von Villefranche und gibt den Blick frei auf Nizza mit dem Burgberg, dem Hafen, der Engelsbucht, auf die am Horizont sich abzeichnenden Berge des Esterelmassivs sowie die Kalkgebirge um Grasse.

Über den Place Marx-Marel kommt man nach Nizza zurück.

★ 3 Tour um den Mont Chauve

Rundfahrt von 53 km ab Nizza – etwa 2 1/2 Std. – s. Kartenskizze

Verlassen Sie Nizza über die Avenue du Ray in nördlicher Richtung, dann nehmen Sie die scharf rechts abbiegende Avenue de Gairaut (D 14) in Richtung Aspremont. Etwa 2 km nach einer Autobahnüberführung nach rechts auf der D 14 weiter, bis links die Straße zum Wasserfall angezeigt ist.

Cascade de Gairaut – Die Wasser des Vésubie-Kanals, der die Versorgung Nizzas gewährleistet, stürzen über zwei Stufen in die Tiefe.
Fahren Sie bis zum Vorplatz der Kapelle von Gairaut, wo man einen **Ausblick★** auf Nizza hat.

Kehren Sie zur D 14 zurück.

An einigen Stellen zur Linken bietet sich eine schöne Aussicht auf Nizza, den Mont Boron sowie die Halbinsel von Antibes; dann ergeben sich mit zunehmender Höhe und Nähe zu Aspremont weite **Ausblicke** über die *Baous*, das Var-Tal sowie das gebirgige Hinterland.

Aspremont – Die Häuser des reizenden Dorfs sind in konzentrischen Kreisen an einen Hügel gebaut. Die **Kirche** ⓥ besitzt ein gotisches Schiff und ist mit Fresken und Säulen mit Würfelkapitellen geschmückt; eine bemalte, geschnitzte Madonna steht auf der linken Seite.
Gehen Sie um die Kirche herum zur Terrasse der geschleiften Burg über dem Dorf. Der **Blick★** von oben schweift über zahlreiche Bergdörfer, die Gegend von Vence, die Halbinsel von Antibes, die Höhen um Nizza, den Mont Chauve und den Mont Cima.

Am Ortsausgang nehmen Sie die D 719, die zwischen dem Mont Chauve und dem Mont Cima den Col d'Aspremont passiert und später das fruchtbare Becken von Tourrette-Levens erreicht.

Tourrette-Levens – Das Dorf liegt an einem messerklingenartigen Felsen. Seine kleine, aus dem 18. Jh. stammende **Kirche** ⓥ enthält hinter dem Hochaltar einen Schnitzaltar aus derselben Zeit. Er zeigt den hl. Silvester, den hl. Antonius und die Gottesmutter in der Mitte. Man geht zur teilweise restaurierten **Burg** ⓥ hinauf, die eine interessante Sammlung exotischer Schmetterlinge und ein Diorama mit Tieren aus aller Welt beherbergt. Am Ende des Spaziergangs bieten sich schöne **Ausblicke** auf die nahen Berge (Mont Chauve, Chaîne de Férion) sowie auf das Gabre- und das Rio Sec-Tal.

Biegen Sie nach links auf die D 19 ein und folgen Sie ihr das Gabre-Tal abwärts.

Gorges du Gabre – Der Gabre grub einen tiefen Einschnitt in den Kalkstein.

Fahren Sie auf der D 114 rechts nach Falicon weiter.

Falicon – Den Lesern der Werke Jules Romains' (1885-1972) ist dieses für das Nizzaer Umland typische, auf einer Anhöhe von Olivenhainen umgebene Dörfchen bekannt. Es ist Schauplatz der Liebesgeschichte zwischen Jallez und einer Nizzaer Zeitungsverkäuferin, den Hauptpersonen des Romans La Douceur de la vie. Das Gasthaus Bellevue mit seiner Aussichtsterrasse, in dem die beiden speisten, existiert noch heute und enthält einige Erinnerungsstücke an den Schriftsteller.
Das Dorf wurde von weiteren berühmten Persönlichkeiten besucht, die von der reizvollen Umgebung angetan waren. Queen Victoria kam aus dem benachbarten Cimiez, um hier Tee zu trinken. Das Teehaus hat diese Begebenheit auf dem Aushängeschild verewigt (*Au Thé de la Reine*, „Zum Tee der Königin").
Die von den Benediktinern aus St-Pons errichtete einschiffige **Dorfkirche** ⓥ hat einen viereckigen Glockenturm und eine Fassade mit illusionistischer Malerei. Rechts der Apsis befindet sich ein schönes, die Geburt Christi darstellendes Gemälde (17. Jh.).

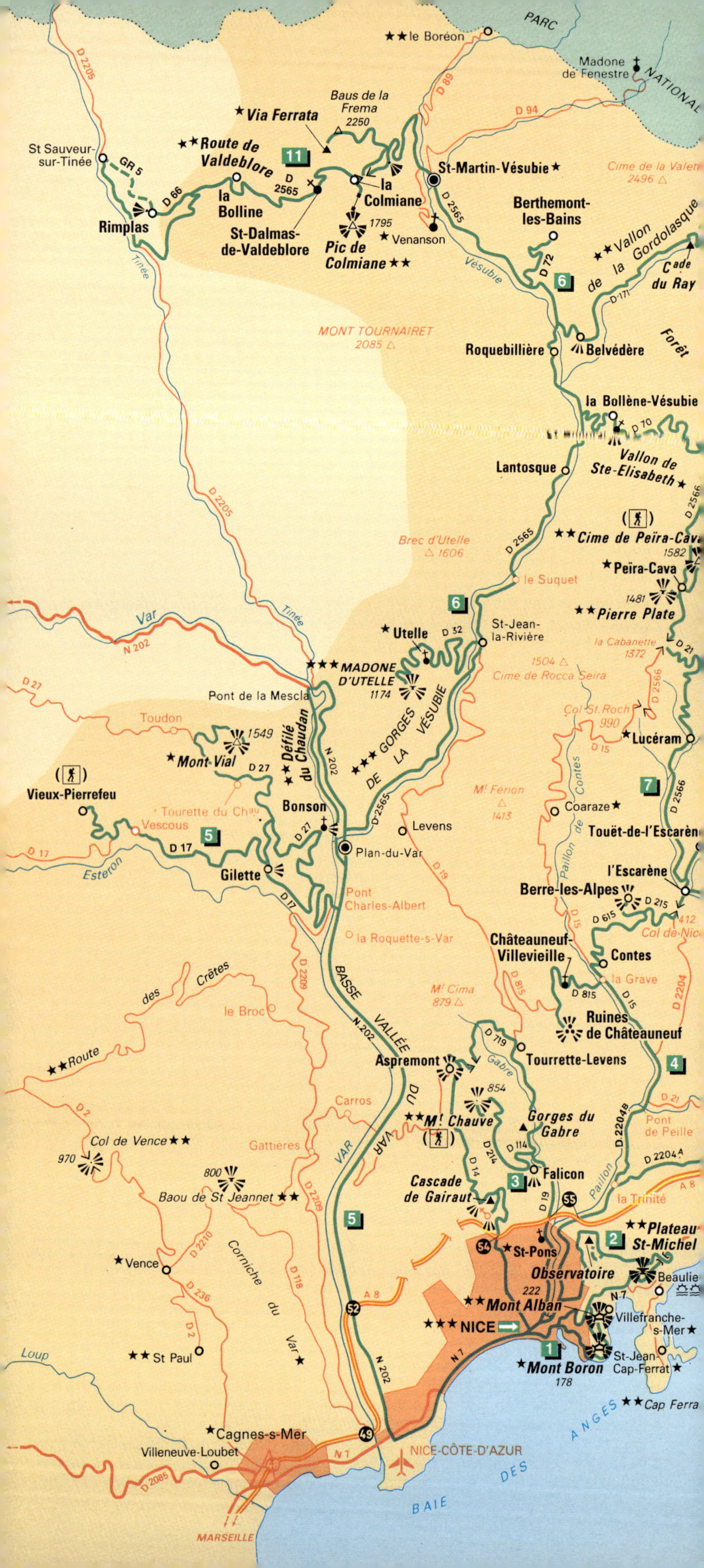

PARC NATIONAL
★★le Boréon
Madone de Fenestre
Baus de la Frema 2250
★Via Ferrata
★★Route de Valdeblore
11
St Sauveur-sur-Tinée
GR 5
D 66
Rimplas
la Bolline
St-Dalmas-de-Valdeblore
D 2565
la Colmiane
Pic de Colmiane★★
1795
★Venanson
St-Martin-Vésubie★
D 94
D 89
Cime de la Valette 2496
Berthemont-les-Bains
★★Vallon de la Gordolasque
Cade du Ray
D 72
6
Vésubie
Tinée
MONT TOURNAIRET 2085
Roquebillière
Belvédère
Forêt
la Bollène-Vésubie
D 70
Vallon de Ste-Elisabeth★
Lantosque
D 2565
Brec d'Utelle 1606
★★Cime de Peïra-Cava 1582
★Peïra-Cava
1481
le Suquet
★★Pierre Plate
6
St-Jean-la-Rivière
★Utelle
D 32
la Cabanette 1372
D 21
1504
Cime de Rocca Seira
★★★MADONE D'UTELLE
1174
Var
N 202
D 2205
D 27
Pont de la Mescla
Toudon
1549
★Mont Vial
D 27
★★Défilé du Chaudan
★★★GORGES DE LA VÉSUBIE
Col St-Roch 990
D 15
Lucéram
D 2566
7
Vieux-Pierrefeu
Tourette du Chau
Vescous
5
D 17
Bonson
D 27
Plan-du-Var
D 2565
Levens
Mt Férion 1413
Contes
Coaraze★
Touët-de-l'Escarène
Estéron
Gilette
D 17
D 19
Paillon de Contes
l'Escarène
Berre-les-Alpes
D 215
D 615
412
Col de Nice
Pont Charles-Albert
la Roquette-s-Var
Châteauneuf-Villevieille
Contes
la Grave
D 2209
BASSE VALLÉE DU VAR
Mt Cima 879
D 815
D 15
D 2204
Route des Crêtes
le Broc
Ruines de Châteauneuf
D 719
Tourrette-Levens
Gabre
Aspremont
4
854
Carros
D 2
★★Mt Chauve
Gorges du Gabre
D 21
Pont de Peille
Col de Vence★★
970
Gattières
D 214
D 114
D 2204B
D 2204A
800
Baou de St Jeannet★★
D 14
Cascade de Gairaut
3
Falicon
D 19
55
Paillon
la Trinité
A 8
5
VAR
D 2209
54
★St-Pons
★★Plateau St-Michel
2
★Vence
D 2210
Corniche du Var★
D 118
Observatoire
Beaulieu
222
A 8
52
★★Mont Alban
N 7
Villefranche-s-Mer
D 236
★★★NICE
D 2
1
Loup
★★St Paul
N 202
N 7
★Mont Boron
178
St-Jean-Cap-Ferrat★
★★Cap Ferrat
★Cagnes-s-Mer
49
Villeneuve-Loubet
N 1
NICE-CÔTE-D'AZUR
D 2085
BAIE DES ANGES
MARSEILLE

ARRIÈRE-PAYS NIÇOIS
0
5 km
3045
Mt CLAPIER
Cascade de l'Estrech
Fontanalbe
Casterino
Tende
Roya
N 204
Mt du Grd Capelet
2935
Baisse de Valmasque
2872
Mt Bégo
Vallée des Merveilles
la Brigue
D 143
Mt SACCAREL
2200
D 43
Levense
N.-D. des-Fontaines
D 91
St-Dalmas-de-Tende
2685
CIME DU DIABLE
DU
MERCANTOUR
Granile
HAUTE VALLÉE DE LA ROYA
Gorges de Bergue
N 204
Fontan
l'Authion
Pnte des 3 Communes
2082
1889
Mont aux Morts
D 68
Cabanes Vieilles
Saorge
Gorges de Saorge
10
1607
Col de Turini
7
Turini
Vallée de la Bévéra
la Giandola
Moulinet
Mt Mangiabo
1801
D 2566
Breil-s-Roya
D 2204
N.-D. de la Menour
879
Col de Brouis
9
Piene-Haute
Cascade
Col du Perus
654
Col de Vescavo
477
N 204
Gorges du Piaon
Mt Agaisen
745
Col Braus
1002
St Roch
Sospel
Olivetta
ITALIA
Bevera
Nervia
Fort Suchet
847
D 2566
S 20
642
Braus
Col St-Jean
Merlanson
Col de Castillon
707
Clue de Braus
Castillon
8
Viaduc du Caramel
Vallée du Careï
Roia
Forêt de Menton
Gorges du Paillon
D 21
Monti
Peille
Ste-Agnès
Castellar
A 10
GENOVA
S 1
59
A 8
Ventimiglia
4
D 23
D 22
D 2566
la Grave
Gorbio
Peillon
Mont Agel
1110
D 53
Roquebrune-
MENTON
St-Martin-de-Peille
Cap-Martin
N.-D. de Laghet
Cap Martin
N 7
57
56
la Turbie
MONTE-CARLO
Èze
MONACO
Cap-d'Ail
MER MÉDITERRANÉE

Steigen Sie die breite Treppe links der Kirche hinauf und nehmen Sie dann rechts den zu einer Terrasse hinaufführenden Weg. Am Ziel wird man mit einem schönen **Ausblick★** auf Nizza und das Meer, die Berge bei Nizza und den Mont Agel belohnt.

Zur D 114 und nach links weiter.

Bei der Sebastianskapelle (Chapelle St-Sébastien) beginnt rechts die schmale, gefährliche D 214 zum Mont Chauve.

Parken Sie am Ende der Straße.

Mont Chauve d'Aspremont – *1/2 Std. zu Fuß hin und zurück.* Der Gipfel (854 m) des Berges ist, wie sein Name sagt, kahl. Auf ihm erhebt sich nur ein verlassenes Fort. Dort oben eröffnet sich ein großartiges **Panorama★★**: Es reicht im Norden bis zu den verschneiten Gipfeln der Alpen, im Süden bis Nizza mit seinen umliegenden Bergen sowie zur gesamten Küste zwischen Menton und der Halbinsel Cap Ferrat; bei klarer Sicht ist manchmal sogar Korsika zu erkennen.

Kehren Sie zur D 114 zurück und fahren Sie nach links weiter; nach 2 km biegen Sie scharf rechts in die D 19 ein. 1 km hinter der Autobahnüberführung liegt rechts die Zufahrt zur Pontiuskirche.

★**Église St-Pons** – Zur Zeit Karls des Großen war hier eine Benediktinerabtei gegründet worden, die 1 000 Jahre lang in der Gegend eine bedeutende Rolle spielte. Ihre auf einer Anhöhe über dem Paillon-Tal weithin sichtbare Kirche wurde im frühen 18. Jh. wieder aufgebaut.
Das Barockgebäude mit einem der schönsten Genueser Glockentürme der Gegend hat eine bewegt gestaltete Fassade; die schwingende Bewegung wird von der vorgelagerten Säulenhalle nachgezeichnet. An die Vorhalle schließt das ellipsenförmige Schiff mit einem halbrunden, von einem Kapellenkranz umgebenen Chor an. Der Innenraum ist reich mit Stuck dekoriert.

★4 Les Deux Paillons (Zwei-Flüsse-Tour)

Rundfahrt von 90 km ab Nizza – 1 Tag – s. Kartenskizze

Die Route führt zu den beiden sich zum Paillon vereinigenden Flüssen und ein Stück weit an ihnen entlang: am Paillon de l'Escarène, dem kurz Paillon bezeichneten Hauptfluß, und an dessen Nebenfluß, dem Paillon de Contes. Ersterer entspringt nordöstlich des Col St-Roch, letzterer nordwestlich dieses Passes auf der Cime de Rocca-Seira; sie vereinigen sich bei Pont-de-Peille zum Paillon, der in Nizza ins Meer mündet. Die vorgeschlagene Strecke verläuft zuerst durch das Tal des Laghet und dann mit einem Umweg über La Turbie und Peille durch die Täler der beiden Paillons.

Verlassen Sie Nizza in nördlicher Richtung über den Boulevard J.-B.-Véramy und die Route de Turin (D 2204). In La Trinité biegen Sie rechts nach Laghet ab.

Die Straße führt das herrlich grüne Laghet-Tal aufwärts. Die La Turbie mit Cimiez verbindende Römerstraße benutzte das andere Flußufer.

Notre-Dame-de-Laghet – Seit 1656 sind unzählige Wallfahrer von diesseits und jenseits der italienischen Grenze zu diesem Heiligtum gepilgert. Die Wallfahrtskirche und der dazugehörige Kreuzgang sind mit Votivtäfelchen geradezu tapeziert. Die interessantesten davon wurden in das kleine **Museum** am Kirchplatz (Place du Sanctuaire) aufgenommen.
Der barocke Schmuck des Kirchenraums wirkt überladen. Den Hauptaltar ziert die aus Holz geschnitzte Statue der Lieben Frau von Laghet.

Die Straße windet sich durch Olivenhaine bergan und mündet in die Grande Corniche ein, der man nach links folgt.

★**La Turbie** – *Siehe dort*

Von La Turbie fahren Sie auf der D 53 nordwärts. Die Straße bietet Ausblicke auf das Meer und das Paillon-Tal hinunter. Links kommt bald eine Kapelle in Sicht.

St-Martin-de-Peille – *Zur Zeit wegen Renovierung geschlossen.* Die moderne, schlichte **Kirche** liegt abgeschieden in schöner Gebirgslandschaft, umgeben von grünen Höhen mit Olivenbäumen. Die großen Fenster rechts und links des Altars haben Plastikscheiben. Der Sockel des Altartisches wurde aus einem massiven Olivenbaumstamm gefertigt.
Die Straße führt kurvenreich am Fuß des Mont Agel entlang, dann bergab in Richtung Peille; beim letzten Tunnel bietet sie einen schönen **Blick** auf das reizvoll gelegene Dorf.

★**Peille** – *Siehe dort*

In La Grave erreicht man das Paillon-Tal, dem die Straße folgt. 2,5 km hinter dem Ort biegen Sie nach links auf die D 121 ab. Schon der Blick aus der Ferne auf Peillon läßt die malerische Höhenlage erkennen.

★★ **Peillon** – *Siehe dort*

Zur D 21 zurück und nach rechts weiter. Man fährt talaufwärts durch das Paillon-Tal.

Bald kommt rechts das am Mont du Castellet gelegene Dorf Peille in Sicht.

★ **Gorges du Paillon** – Bewaldete, kühle Schlucht.

L'Escarène – Der große Marktflecken liegt in einer Talsohle am Schnittpunkt der Zufahrtsstraße zu dem Wintersport- und Sommerferienort Peïra-Cava und der hier beginnenden serpentinenreichen Paßstraße des Col de Braus. Der Ort, durch den der Paillon fließt, war früher eine Maultierstation auf dem alten Weg von Nizza nach Turin, der sogenannten **Salzstraße** *(s. unter SOSPEL, 9)*. Die alte einbogige Brücke und der Place de la Gabelle legen heute noch davon Zeugnis ab.
Von der Brücke Pont de l'Armée des Alpes, die über den Paillon führt, bietet sich eine schöne Gesamtansicht des alten Dorfes.
Die **Église St-Pierre**★ aus dem 17. Jh., die von der Kapelle der Weißen Büßer und der Kapelle der Schwarzen Büßer flankiert wird, ist das Werk des Nizzaer Architekten Guibert, der auch die Kathedrale von Nizza erbaute. Sie ist mit einer sehenswerten, fein gearbeiteten Barockfassade geschmückt. Die Ausstattung des erstaunlich großen Innenraums stammt aus derselben Zeit. Das Taufbecken rechts wurde in einen früheren römischen Altar gegraben. Darüber befindet sich eine goldene Statuette aus dem 17. Jh. Die Orgel wurde 1791 von den **Gebrüdern Grinda** gebaut.
An der Straße zum Col de Turini erinnert das imposante Mausoleum der 1. Französischen Befreiungsdivision, das 1964 von General de Gaulle eingeweiht wurde, an die Gefallenen und die Widerstandskämpfe.

Fahren Sie auf der D 2204 zum Paß von Nizza (Col de Nice) hinauf; auf der Paßhöhe biegen Sie nach rechts auf die D 215 ab.

Während der Fahrt nach Berre-les-Alpes hat man dieses Dorf oft im Blickfeld.

Berre-les-Alpes – Das 675 m hoch in wunderschöner Umgebung gelegene Dörfchen lädt bei seinem Friedhof zu einem herrlichen **Rundblick**★ über die Nizzaer Voralpen und das Meer ein.

Auf der engen, kurvenreichen D 215 fahren Sie zur D 615 und hier nach rechts weiter.

Die Fahrt von Berre-les-Alpes nach Contes ist trotz der zahlreichen Kurven sehr schön. Das lockere Nebeneinander von Kastanienbäumen, Kiefern, Zypressen, Mimosen, Olivenbäumen und bepflanzten Terrassen macht den außerordentlichen Reiz dieser für das Nizzaer Hinterland typischen Landschaft aus.

Contes – Das Dorf geht auf eine römische Gründung zurück. Der alte Teil liegt auf einem über dem Paillon de Contes aufragenden Felssporn; der neue Teil breitet sich im Flußtal aus. Man erzählt, daß im 16. Jh. eine schreckliche Raupenplage das Dorf heimsuchte, gegen die sich die Einwohner folgendermaßen zur Wehr setzten: Sie brachten die Eindringlinge vor Gericht und verurteilten sie feierlich zur Verbannung. Um das Urteil zu bekräftigen, zogen die Einwohner von Contes in einer großen Prozession durch Dorf und Flur, woraufhin die Raupen tatsächlich für immer verschwanden ...
Die Dorfkirche enthält in der rechten Seitenkapelle ein Magdalenenretabel (1525) der Nizzaer Schule. Das zentrale Bild mit der Darstellung der Maria Magdalena fehlt; auf der **Predella**★ jedoch zeigen fünf kleine Bilder Szenen aus dem Leben dieser Heiligen. Das Hauptportal, die Empore und die Kanzel sind mit schönen, im 17. Jh. ausgeführten Holzschnitzereien versehen.
In der Nähe des mit einem hübschen Renaissancebrunnen (1587) geschmückten Kirchplatzes liegt eine Terrasse, von der aus man das Paillon-Tal überschauen kann.

6 km bis La Grave, wo man über den Paillon fährt, dann folgen Sie der D 815.

Die kurvenreiche, schattige D 815 führt durch Kiefernbestände und Olivenhaine bergauf. Bald kann man aus der Höhe Contes auf seinem Felssporn und Berre-les-Alpes erkennen.

Châteauneuf-Villevieille – Auf halber Höhe am Hang, zwischen Olivenhainen und Obstgärten, ist dieses kleine, auf eine ligurische Siedlung, dann ein Römerkastell zurückgehende Dorf angelegt. Von den **Ruinen des mittelalterlichen Châteauneuf** *(1/2 Std., 2 km zu Fuß hin und zurück)* hat man einen weiten **Rundblick**★ bis zum Mont Chauve und zur Chaîne de Férion im Westen sowie zu den hohen Gipfeln der Alpen im Norden und Osten.
Die aus dem 11. Jh. stammende romanische **Dorfkirche** ist unter dem Namen **Madone de Villevieille** bekannt. Sie trägt Blendbögen und Lisenen; an der Fassade ist eine römische Inschrift zu erkennen. Mächtiges Strebewerk stützt das Chorhaupt. Der Innenraum wurde im 17. Jh. renoviert; das Gewölbe wurde mit Fresken geschmückt. Hinter dem Hochaltar schönes Stuckretabel mit einer im 15. Jh. geschnitzten Madonnenstatue.

Auf die D 15 zurück, die später in die D 2204 mündet und durch das Paillon-de-Contes-Tal wieder nach Nizza führt.

5 Vallée du Var und Vallée de l'Esteron

66 km – etwa 1/2 Tag – s. Kartenskizze

Ausfahrt aus Nizza an der Baie des Anges entlang über die Promenade des Anglais und deren Verlängerung, die Promenade Corniglion-Molinier. Fahren Sie auf die N 98 und biegen Sie nach rechts in Richtung Plan-du-Var ab.

Die N 202 führt zwischen am linken Ufer des Var entlang. Im Hinterland von Nizza und Vence tauchen nun nacheinander zwischen Blumenfeldern, Obst- und Gemüseplantagen, Weinbergen und Olivenhainen die Bergdörfer auf. Links liegen, zu Füßen der *Baous* genannten Berge, Gattières, Carros und Le Broc; rechts Aspremont und Castagniers unterhalb des Mont Chauve; St-Martin-du-Var, La Roquette-sur-Var. Am Horizont reicht der **Blick**★ bis zu den verschneiten Alpengipfeln. Bei St-Martin-du-Var mündet der Esteron in den Var.

Fahren Sie über die Pont Charles-Albert ans rechte Var-Ufer und dort auf die D 17 in Richtung Gilette.

Man erblickt Bonson in eindrucksvoller Lage auf einem Steilhang hoch über dem Fluß. Bald kommt auch das in einer Bresche gelegene Gilette in Sicht.

Gilette – Vom Rathausplatz aus folgen Sie dem ausgeschilderten Weg zur Burgruine. Der **Blick**★ aus der Höhe erfaßt mehrere in die Felsen geschlagene Straßen, das Var-Tal, die Mündung des Esteron in den Var und die Voralpen bei Nizza. Die unterhalb der Burg entlangführende, von Akazien und Platanen gesäumte Allee bietet nach Norden schöne Ausblicke auf die Bergdörfer Bonson und Tourette-du-Château vor der beeindruckenden Kulisse der Hochalpen.

Nördlich von Gilette kehren Sie wieder auf die D 17 zurück und fahren das Esteron-Tal aufwärts. 2 km hinter Vescous biegen Sie rechts auf die schmale, steile Straße in Richtung Vieux-Pierrefeu ab.

Vieux-Pierrefeu – *Fußgängerzone, für den Verkehr gesperrt.* Das Bergdorf in 618 m Höhe über dem Esteron-Tal war in der Römerzeit als *Petra Igniaria* bereits eine Station, von der aus Lichtsignale weitergeleitet wurden. Es gab solche Stationen im ganzen Römischen Reich; sie bildeten eine lange Kette, die vom Hadrianswall an der schottischen Grenze bis nach Rom reichte.
Die Kirche wurde zu dem **Musée Hors du Temps** ⌚ umgestaltet. Die einzigartige Sammlung zeigt Werke zeitgenössischer Künstler zum Thema der Genesis. Unter den rund 40 Malern seien Brayer, Carzou, Folon, Erni, Vicari, Villemont und Moretti hervorgehoben.
Die Abfahrt bietet Ausblicke auf das Var-Tal, und die auf einem Felsen thronenden Dörfer Bonson und La Roquette kommen in Sicht.

Bonson – Das Dörfchen bietet in seiner bemerkenswerten **Lage**★ über dem Var-Tal eine **Aussicht**★★ allerersten Ranges: Vom Kirchplatz aus liegen der Zusammenfluß von Var und Vésubie, die Schlucht von Le Chaudan und die Vésubie-Schlucht vor den Augen des Betrachters; unterhalb sieht man den Var am Fuß vieler malerischer, in die steilen Ufer eingenisteter Dörfchen. Die beliebte bewaldete Umgebung wurde im August 1994 von einem schrecklichen Waldbrand heimgesucht, der bis zur Dorfgrenze alles vernichtete.
Die **Kirche** zählt zu ihren Kunstschätzen drei schöne Werke alter Nizzaer Meister; an der Fassadenrückseite das **Antoniusretabel**, auf dem u. a. die hl. Gertrud mit zu ihren Schultern hinaufkriechenden Ratten zu erkennen ist (die Heilige wurde zum Schutz vor der Pest angebetet); das Antoine Bréa zugeschriebene **Tafelbild mit Johannes dem Täufer**, dessen Mitteltafel stellenweise übermalt ist *(im rechten Seitenschiff)*; die **Altartafel des hl. Benedikt**★ *(am Hochaltar)*, auf der die hl. Agathe mit ihren abgeschlagenen blutüberströmten Brüsten in den Händen erscheint.

★ **Mont Vial** – *20 km ab Bonson. Verlassen Sie das Dorf westlich auf der D 27 in Richtung Puget-Théniers.* Die malerische Straße, die kurvenreich den Hang des Reliefs entlangführt, bietet schöne Ausblicke auf Gilette. Nach Tourette-du-Château biegen Sie rechts in die Straße mit starkem Gefälle ein; sie schlängelt sich zum Kamm des Mont Vial hinauf und führt dann zum Gipfel in 1 549 m Höhe *(Möglichkeit zum Wenden)*. Ein überwältigendes **Panorama**★★ entschädigt für die beschwerliche Auffahrt. Bei schönem Wetter erkennt man den Verlauf des Var von Puget-Théniers bis zur Mündung.

Fahren Sie auf derselben Strecke nach Bonson zurück.

Die D 27 führt in weiten Kurven ins Var-Tal hinab. Sie eröffnet schöne **Ausblicke**★ auf das Tal, das man bei der Pont Charles-Albert erreicht. Die N 202 führt linker Hand nach Plan-du-Var, wo sie die Vésubie an ihrem Zusammenfluß mit dem Var überquert. Rechts öffnet sich die Vésubie-Schlucht.

★★ **Défilé du Chaudan** – Bis in die Nähe der Brücke Pont de la Mescla windet sich der Var durch eine enge Schlucht, die nach dem kleinen Dorf Le Chaudan benannt ist. Die Straße, die den Mäandern des Flusses folgt und dabei vier Tunnels passiert, scheint stellenweise als Sackgasse zu enden.
Bei der **Pont de la Mescla** mündet die Tinée in den Var.

Kehren Sie über die N 202 nach Nizza zurück.

6 Vallée de la Vésubie – *Siehe dort*

Von Plan-du-Var nach St-Martin-Vésubie

7 Forêt de Turini – *Siehe dort*

Authion★★ *Siehe unter Forêt de TURINI*

Vallon de Ste-Elizabeth★ *Siehe unter Forêt de TURINI*

Route du Col de Braus★★ *Siehe unter Forêt de TURINI.*

8 Route du Col de Castillon – *Siehe unter MENTON, Ausflug*

Von Menton nach Sospel

9 Route du Col de Brouis – *Siehe unter SOSPEL, Ausflüge*

Von Sospel nach La Giandola

10 Gorges de Saorge und Gorges de Bergue – *Siehe unter SAORGE, Ausflüg*

11 Route de Valdeblore – *Siehe unter ST-MARTIN-VÉSUBIE, Ausflüg*

PEILLE★

2 045 Einwohner
Michelin-Karte Nr. 341 F 5, Nr. 115 N der Falte 27 oder Nr. 245 Falte 38
Kartenskizze NICE, S. 275

Die Berge Mont Agel, Pic de Baudon und Rastel umgeben das am Hang über dem Faquin in ursprünglich gebliebener Gegend, nah bei den Ruinen des Schlosses der Grafen von Provence gelegene mittelalterliche Dorf.

AUF ENTDECKUNGSTOUR

Parken Sie im Nordteil des Dorfs in Höhe der Kirche und gehen Sie zu Fuß auf dem um das Spital (Hospice) herumführenden Weg zur Kirche hinauf.

★ **Alt-Peille** – *Steigen Sie vom Place de la Tour bei der D 53 die Stufen zur steinigen Rue de la Sauterie hinunter, auf der sich Treppen und überdachte Passagen abwechseln. Die Straße führt steil bergab zum Place A.-Laugier.* Von diesem geht rechts die Rue Centrale ab, die zu der im 13. Jh. erbauten, an ihrer Kuppel erkennbaren ehemaligen Sebastianskapelle führt. Letztere wurde restauriert und dient heute als Rathaus. Nach zweimaligem Linksabbiegen erreicht man die Rue St-Sébastien; an der nächsten Kreuzung ist auf der linken Seite der alte Salzsteuerhof (Ancien Hôtel de la Gabelle) zu sehen.

Man erreicht wieder den Place A.-Laugier, wo die Aufmerksamkeit dem ehemaligen Konsul-Palais (Ancien Hôtel des Consuls, auch Palais du Juge Mage genannt) mit seinen alten Portalen und Zwillingsfenstern gebührt. Hinter einem gotischen Brunnen befinden sich im Unterbau eines Hauses zwei Bögen, die sich auf einen romanischen

Gastronomie

Gut und preiswert

Le Relais St-Martin „Chez Cotton“ – *06440 St-Martin-de-Peille – 6 km südlich von Peille, Richtung La Turbie – ☎ 04 93 41 16 03 – Nov., im Winter abends und Mi geschl. – 15,26/32,06 €.* Wenn es am Wasser so richtig heiß ist, kommen die Leute gerne hier herauf in die Frische. Nicht nur deswegen, die regionaltypische Küche und die gegrillten Fleischgerichte, die im großen verglasten Gastraum oder auf der schattigen Terrasse serviert werden, tun ihr Übriges. Blick auf Tal und Gebirge.

Unterkunft

Gut und preiswert

Chambre d'hôte Les Lavandes – *247 Route de Peille – 2,5 km südlich von Peille, Richtung La Turbie – ☎ 04 92 10 86 23 – ⊭ – 5 Z: 45,73 €.* Dieser ehemalige Gasthof bietet nun „Bed and Breakfast“ für durchreisende Touristen. Die Zimmer mit Balkon sind am schönsten, denn von dort hat man einen weiten Blick auf die Berge. Provenzalisch inspirierter Rahmen. Das Frühstück kann man auf der Terrasse oder in einem mit Antiquitäten dekorierten Raum einnehmen.

Pfeiler stützen. Durch den rechten geht der Weg weiter zur Rue Lascaris; die Rue Mary-Garden links führt hinauf zum Kriegerdenkmal (Monument aux Morts), von wo man eine herrliche **Aussicht★** hat.

Église ⓥ – Die Kirche (12.-13. Jh.) besteht aus einem an lombardische Glockentürme erinnernden Turm und zwei aneinander gebauten Kapellen. Der Innenraum birgt einige Kunstschätze: links des Eingangs ein 1579 von Honoré Bertone geschaffenes 15teiliges Altarbild, dessen Zentraltafel, welche die Jungfrau mit dem Rosenkranz zeigte, leider durch eine Statue ersetzt wurde; auf der rechten Seite ein Bild mit der Darstellung des mittelalterlichen Peille. Eine Wandmalerei aus dem 14. Jh. zeigt die hl. Anna und Maria mit dem Kind.

Via ferrata (Klettersteig ⓥ**)** – *Stellen Sie den Wagen auf dem Parkplatz am Eingang des Dorfes ab und folgen Sie der Beschilderung. Länge des Klettersteigs: 600 m, Dauer: etwa 2 1/2 Std.* Etwas Ausdauer und Mut sind schon notwendig für diesen Parcours 50 m über der Erde, der über Steige, Hängebrücken und an Metallseilen entlang führt, jedoch ein Höchstmaß an Sicherheit bietet.

PEILLON★★

1 227 Einwohner

Michelin-Karte Nr. 341 F 5, Nr. 115 Falte 27 oder Nr. 245 Falte 38

Kartenskizze NICE, S. 275

Das Bergdorf ist eins der eindrucksvollsten seiner Art an der Côte d'Azur. Aufgrund seiner Lage auf einem engen Felssporn und der ehemals gegebenen Notwendigkeit der Verteidigung bildet es architektonisch eine harmonische Einheit. Die Häuser liegen am Hang, dessen höchste Stelle die Kirche einimmt.

Tip

Gut und preiswert

Annexe Lou Pourtail – ☎ *04 93 79 91 17 – ⊠ – 6 Z: 36,59/64,03 € – ☕ 10,67 €.* Das am Fuße des Bergdorfes gelegene Nebengebäude der Auberge de la Madonne ist ein zauberhaftes altes Haus mit gekalkten Wänden, Gewölben oder hohen Decken und ländlichem Mobiliar.

AUF ENTDECKUNGSTOUR

★Dorf – *Stellen Sie den Wagen am Rand der Zufahrtsstraße ab.* Es hat sein mittelalterliches Aussehen noch vollständig bewahrt. Zahlreiche Treppengassen schlängeln sich zwischen den dicht zusammengedrängt stehenden, blumengeschmückten Häusern und durch Passagen hindurch. Die Kirche wurde im 18. Jh. erbaut. Sie trägt eine achteckige Laterne. Den Innenraum schmücken Ölgemälde des 17. und 18. Jh.s sowie ein im 18. Jh. geschnitztes Holzkruzifix.

Chapelle des Pénitents-Blancs ⓥ – Die kleine Kirche birgt interessante, Ende des 15. Jh.s von Jean Canavesio gemalte **Fresken★**, deren Verwandtschaft mit denen der Kapelle Notre-Dame-des-Fontaines *(s. unter La BRIGUE, Auf Entdeckungstour)* unverkennbar ist. Hinten im Gotteshaus befindet sich eine Kreuzigung Christi mit dem hl. Antonius und der hl. Petronilla; die Wände und Gewölbe zeigen Szenen aus der Leidensgeschichte, die sehr lebendig wirken (z. B. die Geißelung und der Judaskuß). Den Altar schmückt eine bemalte Pietà aus Holz.

E. Baret/MICHELIN

Peillon – Canavesio-Fresken (Ausschnitt aus den Passionsszenen)

🚶 Ein Wanderweg auf der Trasse der ehemaligen Römerstraße verbindet Peillon mit Peille in 2 Std. von der Kirche aus.

Le PRADET

10 975 Einwohner
Michelin-Karte Nr. 340 L 7, Nr. 114 Falte 45 oder Nr. 245 Falte 46

Das reizvolle Seebad am Massif de la Colle-Noire bietet kleine, leicht zugängliche Strände. Ein botanischer Lehrpfad wurde im Courbebaisse-Wald angelegt. Die Besichtigung einer Kupfermine und malerische Wanderwege sind weitere Anziehungspunkte.

LE PRADET IM ÜBERBLICK

Die Strände – Von der Baie de la Garonne bis zum Cap de Carqueiranne liegen verstreut hübsche kleine Buchten. Manche sind von der Straße aus erreichbar, am schönsten ist jedoch ein Spaziergang entlang des Küstenweges, auf dem man von einem Strand zum nächsten gelangt.

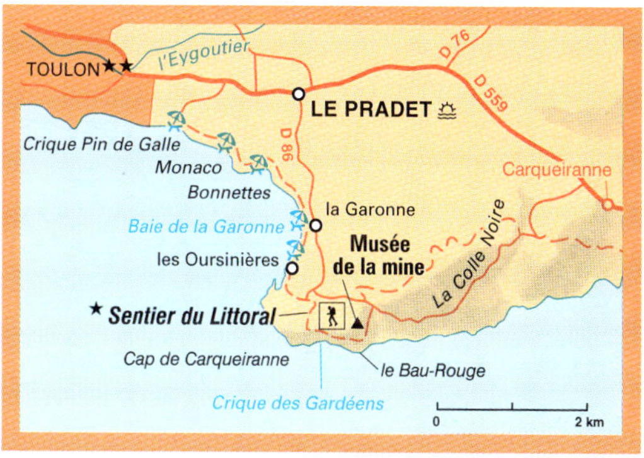

★ Sentier du Littoral – *Mindestens 3 Std., da der Küstenweg sehr kurvenreich ist und streckenweise steil bergab verläuft. Häufig muß man über eine steile, in den Felsen gehauene Treppe zum Strand hinuntergehen.* Die gelb markierte, 7 km lange Strecke reicht vom Parkplatz der schönen Bucht **Crique du Pin de Galle** bis Le Bau-Rouge *(der Spaziergang kann hinter Le Bau-Rouge bis Carqueiranne fortgesetzt werden).* Der zerklüftete Hang über dem Strand Plage du Pin de Galle eröffnet eine wunderbare Aussicht auf die Reede von Toulon. Die kleinen Hütten, die man bei einem Spaziergang entdeckt, machen das idyllische Landschaftsbild noch reizvoller.

Ein schattiger Weg führt zur Straße des Parks. Man muß sie überqueren und einen steil abfallenden Hang hinuntergehen, um den Strand **Plage de Monaco** zu erreichen, der stellenweise von FKK-Anhängern aufgesucht wird. Am Ende des Strandes beginnt hinter einer kleinen Mauer ein Pfad, auf dem man eine herrlich mit Macchia bewachsene Felswand erklimmt. Von einem etwas weiter gelegenen Kap überblickt man die aufeinanderfolgenden Einbuchtungen der Küste. Nach einem gut markierten Abstieg erreicht man den Strand **Plage des Bonnettes** am Fuß einer beeindruckenden Felsbucht *(calanque)*. In der Hauptreisezeit gibt es dort eine Badeaufsicht und ein Lokal. An diesem Strand schiffte sich Marschall Murat nach Korsika ein.

Den Schildern folgend gelangt man vom **Plage de la Garonne** zu dem von **Les Oursinières**. Hinter dem Hafen von Les Oursinières zweigt rechts ein Weg von der Straße nach Le Pradet ab. Er führt an Aussichtspunkten vorbei über die Felsen nach Le Bau-Rouge, von wo sich ein herrlicher Blick auf die Ostküste nach Carqueiranne und auf die Crique des Gardéens bietet.

Im **Bois de Courbebaisse** (5 ha) mitten in der Stadt kann man seine Kenntnisse der Mittelmeerflora auffrischen.

BESICHTIGUNG

Musée de la Mine de Cap-Garonne – *In Le Pradet fahren Sie südlich auf die D 86 und folgen der Aussschilderung. Hinter dem Strand „La Garonne" biegen Sie links in die ansteigende Straße.* Der Abbau dieses Kupfererzvorkommens geht weit in die Vergangenheit zurück. Die ersten Spuren des Kupferbergbaus stammen aus dem 16. Jh. Der industrielle Abbau setzte jedoch erst mit der 1862 erteilten Konzession ein und hielt bis 1917 an. Danach war die Mine aufgrund des gesunkenen Kupfergehalts nicht mehr rentabel.

Die Besichtigung erfolgt auf einem in den Stollen angelegten Rundweg, wo man anhand von mehreren Nachbildungen und Darstellungen die zeitliche Entwicklung der Arbeits- und Lebensbedingungen der Bergleute von Cap-Garonne sowie die Abläufe des Bergwerksbetriebs und das Einschiffen von Kupfer nach England nachverfolgen kann.

Musée de la Mine de Cap-Garonne

Cyanotrichit

Am Ende des Rundgangs stehen in einem großen Saal eine bemerkenswerte **Sammlung von Mineralien**★ aus aller Welt sowie Tische mit Mikroskopen, durch die man farbenprächtige Kupfererzplättchen, zum größten Teil aus der Lagerstätte von Cap-Garonne, betrachten kann. Besonders bemerkenswert sind die ideal ausgebildeten blauen Kristallnadeln aus **Cyanotrichit** (Kupfersamterz), dem Haupterz der Mine. Man unterscheidet zwei Kategorien von Kupfererz: die oxidierten wie Rotkupfererz, Kupferspat und Kupferlasur, die gegenwärtig in Afrika und im Fernen Osten gefördert werden, und die weiter verbreiteten **sulfidischen Erze**, die hier vornehmlich mit eisenhaltigem Kupferkies vertreten sind. Sehenswert sind auch die schönen Stalagtiten, deren grüne Farbe auf die Oxidation dieses Erzes zurückzuführen ist.

Ein **botanischer Lehrpfad** *(1,2 km, mit Erklärungen auf Schildern und Orientierungstafel)* führt um das Bergwerksgelände herum und bietet schöne Blicke auf die Halbinsel Giens und das Massif de la Colle Noire.

RAMATUELLE★

2 131 Einwohner

Michelin-Karte Nr. 340 O 6, Nr. 114 Falte 37 oder Nr. 245 Falte 49

Kartenskizze Massif des MAURES, S. 217

Das von Weinbergen umgebene reizvolle Dorf liegt auf einer Anhöhe. Es hat mit verwinkelten Gassen, Passagen und den noch von der Stadtmauer beschützten, um die Kirche gedrängten Häusern sein altprovenzalisches Ortsbild bewahrt.

Trotz seiner zurückgezogenen Lage wurde das Dorf von den Sarazenen besetzt. Die ehemaligen Verliese sind seltene Zeugen sarazenischer Bauweise. 1592 wurde Ramatuelle, das sich auf die Seite der Katholischen Liga geschlagen hatte, belagert und zerstört. Zahlreiche Türstürze erinnern an das Jahr des Wiederaufbaus, 1620.

Auf dem Dorffriedhof steht rechts vom Eingang das efeubewachsene Grab des aus Cannes stammenden Schauspielers **Gérard Philipe** (1922-1959) und seiner Frau, der Schriftstellerin Anne Philipe (gest.1990).

D. Philippe/ALTITUDE

Das malerische Ramatuelle ist für sein Theater- und Musikfestival bekannt

AUF ENTDECKUNGSTOUR

Église – Ein Serpentinportal von 1620 führt ins Innere dieser romanischen Kirche mit geradem Chorabschluß. Sie beherbergt zwei Barockaltäre aus dem 17. Jh.

Monument de la Résistance – Ein Denkmal gegenüber dem Friedhof erinnert an die Gefallenen der Spezialeinheit der französischen Landesverteidigung im Zweiten Weltkrieg und an den Umstand, daß ganz in der Nähe, an der Küste bei Roche-Escuelier, die Unterseeboote vor Anker gingen, die die Verbindung zu der Widerstandsbewegung im besetzten Frankreich aufrecht erhielten.

TIPS UND ADRESSEN

Gastronomie

Unsere Empfehlung

Key West Beach – *Plage de Pampelonne – 4 km östlich von Ramatuelle, Richtung St-Tropez – ☎ 04 94 79 86 58 – 27,74/45,73 €.* Modelle und Photos von Segelschiffen, Antiquitäten und andere Gegenstände aus der Welt des Meeres schmücken dieses Restaurant am berühmten Strand von Pampelonne. So ist es wunderbar – im Meer baden, eine Erfrischung zu sich nehmen, eine Liege mieten und entspannen.

La Forge – *Rue Victor-Léon – ☎ 04 94 79 25 56 – 16. Nov.-14. März, mittags im Juli und Aug. und Mi geschl. – 28,20 €.* Der Name und der eindrucksvolle Blasebalg erinnern noch an die Vergangenheit dieses Restaurants. Hier war einst eine Schmiede, in der die Dorfbewohner ihre Pferde beschlagen ließen. Auch heute noch knistert ein Feuer; aber jetzt werden darauf Fisch und Fleisch am Spieß gebraten. Sympathischer rustikaler Rahmen, provenzalische Küche.

Spitzenkategorie

Chez Camille – *Bonne Terrasse – 5 km östlich von Ramatuelle über die D 93 und die Straße nach Camarat – ☎ 04 94 79 80 38 – 11. Okt.-31. März, Di außer abends im Juli und Aug. und Mo-mittag geschl. – Reserv. im Sommer und Sa/So – 35,06/50,31 €.* Das freundliche, familiäre Restaurant, das früher einmal eine einfache Schenke war, ist für seine Bouillabaisse und den gegrillten Fisch bekannt. Man kommt gerne und zahlreich hierher, nicht nur wegen der guten Speisekarte, sondern auch wegen der hervorragenden Lage direkt am Strand.

Unterkunft

Unsere Empfehlung

Chambre d'hôte Leï Souco – *3,5 km von Ramatuelle auf der D 93, Richtung St-Tropez – ☎ 04 94 79 80 22 – www.leisouco.com – 15. Okt.-31. März geschl. – ⊭ – 6 Z: 61/96 €.* Inmitten von Weinbergen, Oliven- und Maulbeerbäumen liegt dieses Landhaus in friedvoller Ruhe. Die Zimmer sind reizend mit ihren Terrakottafliesen, den Holzvertäfelungen und Fayencen aus Salernes. Reichhaltiges Frühstück unter den Glyzinien auf der Terrasse. Tennis.

Spitzenkategorie

Ferme d'Hermès – *2,5 km südöstlich von Ramatuelle über die Route de l'Escalet und einen Privatweg – ☎ 04 94 79 27 80 – 11. Jan.-31. März und 2. Nov.-26. Dez. geschl. – 8 Z: 121,96/140,25 € – ☕ 12,20 €.* Umgeben von Weingärten ist dieses provenzalische Haus, das für seine Gäste hübsche Zimmer mit hellen, auf alte Art gewachsten Möbeln bereithält. Alle liegen am schönen Garten mit Olivenbäumen und Oleander. Hier herrscht herrliche Ruhe. Swimmingpool.

Sport und Freizeit

Team Water Sports – *Route de l'Épi/Bucht von Pampelonne – ☎ 04 94 79 82 41 – Mai bis Sept.: tgl. 10-17 Uhr.* Wasserski, Paragliding, Jet-Ski, Wasserscooter u. a.

Shopping

Märkte – Donnerstags und sonntags.

Besondere Termine

Beim alljährlichen Theaterfestival in den ersten beiden Augustwochen werden hochwertige zeitgenössische Stücke und Musikveranstaltungen geboten.

Domaine du RAYOL★★

Michelin-Karte Nr. 114 Falten 49 und 50, Nr. 340 N 7 oder Nr. 245 Falte 48

Le Rayol zeugt von der prunkvollen Epoche am Anfang unseres Jahrhunderts, als die europäischen Industriellen und Bankiers für ihre Familien Sommerresidenzen in bis dahin unbebauten Küstenstrichen mit Meerblick und inmitten üppiger Vegetation errichten ließen. Die außergewöhnliche **Lage★** von Le Rayol zählt zu den schönsten an der Var-Küste. Im Halbrund liegt es stufenförmig ansteigend an Bergeshöhen, die mit Korkeichen, Mimosen und Kiefern bewaldet sind.
Der **Strand** von Le Rayol-Canadel-sur-Mer *(2 km westlich über die D 599)* zu Füßen der Chaîne des Pradels ist schützend von Pinienwäldern umgeben und einer der schönsten an der Mauren-Küste.

BESICHTIGUNG

Das Anwesen ⓥ – Ein Pariser Bankier namens Courmes, der zahlreiche Länder besucht hatte, ließ 1910 eine Residenz, umgeben von einem exotischen Garten, erbauen. Der Börsenkrach von 1929 unterbrach jedoch jäh den Ausbau der Anlage. Der Flugzeugbauer Potez, der 1940 gezwungen war, an der Küste Zuflucht zu suchen, brachte das Anwesen und den Garten wieder zur Geltung. Eine wunderschön angelegte Treppe führt durch den prächtigen Garten hinauf zum Aussichtspunkt Patek, wo man von der Laube eine wunderbare Aussicht genießt. Nachdem das Anwesen jahrzehntelang leer stand, kaufte das Conservatoire du Littoral 1989 das gesamte Gelände (20 ha) und bewahrte so einen der letzten naturbelassenen Küstenstriche an der Corniche des Maures.

Domaine du Rayol

Kakteengarten im Jardin du Rayol

Der Landschaftsarchitekt Clément schuf auf dem Gelände ein Mosaik von Gärten, in denen Pflanzenarten aus der ganzen Welt gezeigt werden, die sich dem Klima des Mittelmeerraumes anpassen. Im Kanarischen Garten findet man Drachenbäume, aus Mittelamerika stammen die Agaven, aus Chile die sehr seltenen Honigpalmen oder die Araukarien aus den Anden, aus Australien der Eukalyptus, die „Bottlebrush" und die blauen Gummibäume, aus Südafrika die Strelitzien (Papageiblumen) und aus China die Bambuspflanzen. Zwischen den einzelnen Abteilungen verlaufen Wege oder stehen kleine Pinienwälder, von denen sich immer wieder schöne Ausblicke auf das türkisfarbene Meer bieten.
Während der Sommermonate werden hier abendliche Konzerte klassischer Musik veranstaltet; in den Konzertpausen kann man einen wunderschönen Spaziergang durch die beleuchteten Gärten machen.

★ **Sentier marin** ⓥ – Der kleine Strand des Anwesens ist Ausgangspunkt für eine Unterwasserführung, auf der man die mediterrane Meeresfauna kennenlernt. Zunächst macht ein Vortrag mit den verschiedenen Arten bekannt. Dabei wird auf ihre Besonderheiten hingewiesen und erklärt, woran man sie in ihrem natürlichen Lebensumfeld erkennen kann. Dann beobachtet man das erstaunliche Leben der Seegurken, das unermüdliche Treiben der Meergrundeln, die wegen ihrer Neugierde auch als Meereswächter gelten, und das merkwürdige Sexualverhalten der Meerjunker. Man kann den hier einheimischen Scheibenbauch entdecken, dem Tanz eines Salpenschwarms (kleine, tonnenförmige Meerestiere) zusehen, die schillernden Farben der Lippfische bewundern und darauf hoffen, einen Seeaal zu Gesicht zu bekommen, der meist in einer der zahlreichen Felsspalten der Bucht auf der Lauer liegt.

Corniches de la RIVIERA★★★

Michelin-Karte Nr. 341 E 5-F 5, Nr. 115 Falten 26, 27, 28 oder Nr. 245 Falten 38, 39

Zwischen Nizza und Menton fällt das Gebirge steil zum Meer ab. Über den Stränden erheben sich jäh die Felswände, in welche in verschiedener Höhenlage die Trassen der drei **Höhenstraßen** *(corniches)* getrieben wurden. Die oberste, bis zu 550 m Höhe über dem Meeresspiegel erreichende Straße bietet weite Ausblicke; die mittlere erschließt die Schönheit der Gestade; die unterste berührt sämtliche Küstenorte.

AUSFLÜGE

In der angegebenen Ausflugsdauer ist die Zeit für die Besichtigung von Nizza und Menton nicht inbegriffen.

★★★ 1 Grande Corniche

Von Menton nach Nizza *31 km – etwa 3 Std. – s. Kartenskizze*

Napoleon ließ die oberste, die sogenannte Grande Corniche bauen. Sie folgt teilweise dem Verlauf der antiken *Via Julia Augusta*. In La Turbie erreicht sie eine Höhe von 450 m. Dabei eröffnen sich faszinierende Ausblicke. Auf der Strecke bietet sich der Besuch des Bergdorfs Roquebrune an.

★★ **Menton** – *Siehe dort*

Verlassen Sie Menton über die Avenue Carnot und die Avenue de la Madone (N 7). Anschließend biegen Sie nach rechts auf die Grande Corniche (D 2564) ab. Die Straße führt oberhalb der Stadt und der Halbinsel Cap Martin entlang. 400 m hinter dem Ortseingang von Roquebrune-Cap-Martin geht scharf rechts die Straße nach Alt-Roquebrune ab.

★ **Roquebrune-Cap-Martin** – *Siehe dort*

Kehren Sie zur D 2564 zurück.

★★ **Le Vistaëro** – Beim Hotel Le Vistaëro hat man 300 m über dem Meer eine wunderschöne **Aussicht**★★ auf Bordighera, das Cap Mortola, Menton, das Cap Martin, Roquebrune; unterhalb liegt Monte-Carlo-Beach; rechts Monaco, Beausoleil, der beide überragende Tête de Chien und ganz rechts La Turbie sowie das römische Siegesdenkmal.

★ **La Turbie** – *Siehe dort*

Die Straße bietet **Ausblicke** auf das Cap Ferrat und das Dorf Èze, bevor sie ihre maximale Höhe von etwa 550 m erreicht. Bei Pical erinnert links ein Steinkreuz daran, daß Papst Pius VII., als er 1814 aus dem Exil heimkehrte, hier vorbeikam.

Col d'Èze – Der 512 m hohe Paß bietet zur Rechten herrliche **Blicke** auf die Berge bei den Hochtälern von Vésubie und Var; zur Linken sieht man den Mont Bastide, wo die keltisch-ligurische Urbevölkerung und die Römer einen befestigten Platz hatten.

Astrorama Ⓥ – *(Gehört zu Èze, s. dort) Nach Verlassen des Passes fahren Sie in Richtung Nizza und dann rechts eine ansteigende Straße mit der Markierung „Parc départemental de la Grande Corniche – Astrorama" hinauf.* Nach einer Reihe von Haarnadelkurven erreicht man eine Terrasse, auf der sich zwischen dem Fort de la Drête und dem Fort de la Revère die ausgediente Batterie des Feuillerins befindet, die zum Verteidigungssystem von Séré de Rivières gehörte. Heute ist dort das **Astrorama**, ein Sternkunde-Schulungszentrum für Interessenten ohne Vorkenntnisse, untergebracht.

In zunächst theoretischen, dann praktischen Kursen wird der Lehrgangsteilnehmer mit den verschiedenen Etappen der Entdeckung und Beobachtung der Sterne vertraut gemacht. Da die Stelle abgeschieden vom Lichtermeer der Küstenorte liegt, können hier unter Leitung des Lehrpersonals verschiedene hochempfindliche Beobachtungsgeräte ausprobiert werden. So können Sie hier an einem schönen Sommerabend auch Sternschnuppen beobachten.

Man kann mit dem Wagen auf der Straße weiter bergauf bis zum Parkplatz der Befestigungsanlage Fort de la Revère fahren *(Zugang zum Fort verboten)*. Am Fuß des Forts eröffnet sich ein herrliches **Panorama**★★ über die Côte du Var bis hin nach Italien, und im Winter kann man mit etwas Glück morgens bei klarer Sicht südöstlich sogar die Umrisse Korsikas erkennen.

Belvédère d'Èze – 1 200 m hinter dem Paß taucht in einer Rechtskurve das kleine Rasthaus „Belvédère" auf, bei dem sich ein unermeßlich weiter **Rundblick**★★ öffnet: Man sieht den Tête de Chien, Èze und das sogenannte Mer d'Èze, die Halbinsel Cap Ferrat, den Mont Boron, die Halbinsel von Antibes, die Îles de Lérins, das Esterelmassiv mit dem Pic du Cap-Roux, die französischen und die italienischen Alpen.

Col des Quatre-Chemins – Kurz hinter dem 327 m hohen Paß bietet der Einschnitt des Paillon-Tals freie Sicht auf die Alpen.

Bald tun sich von der abschüssigen Straße schöne **Ausblicke**★ auf. Man entdeckt die Voralpen, Nizza und den Burgberg, den Hafen, die Baie des Anges, die Halbinsel von Antibes und das Esterelmassiv.

Von Osten her kommt man auf der Avenue des Diables-Bleus nach Nizza.

★★★ **Nice** – *Siehe dort*

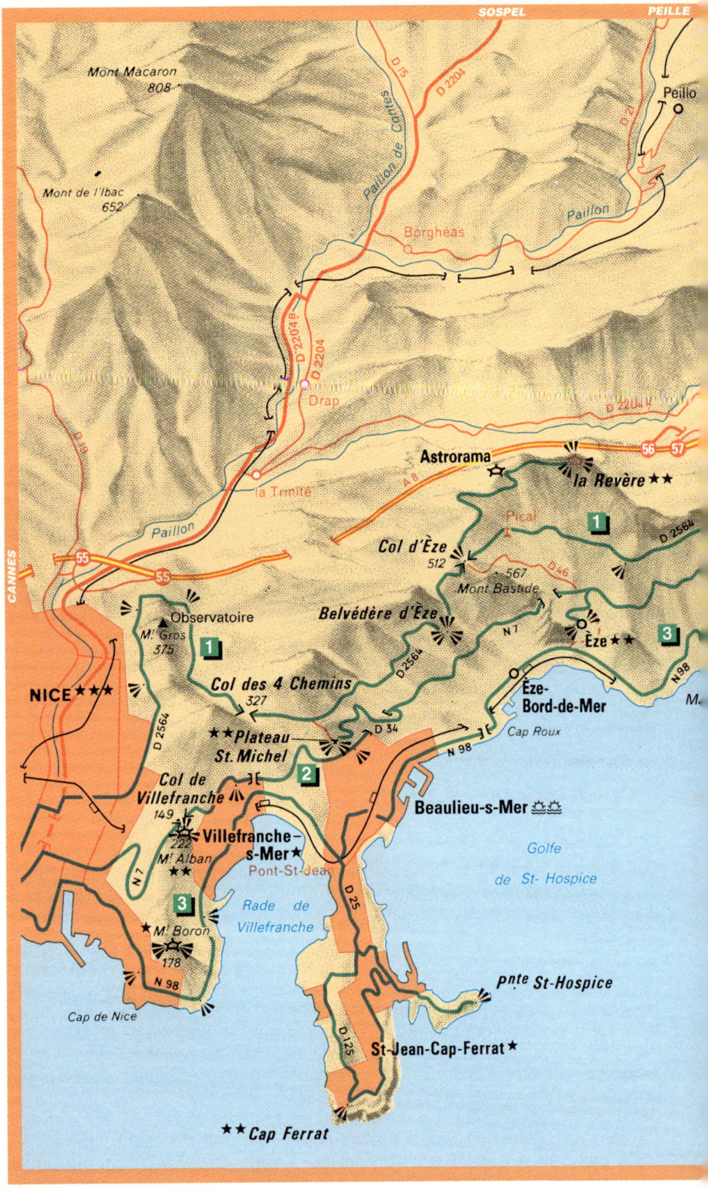

★★ 2 Moyenne Corniche

Von Nizza nach Menton *31 km – etwa 2 Std. – s. Kartenskizze*

Die Mittlere Corniche (N 7) ist breit, gut ausgebaut und, was die Straßenführung betrifft, sehr schön. Bald durchquert sie in Tunneln den Fels, bald paßt sie ihren Lauf kurvenreich den natürlichen Gegebenheiten der reizvollen Mittelmeerlandschaft an. Sie bietet prachtvolle Ausblicke auf den Meeressaum sowie die Küstenorte und führt an Èze, einem der besterhaltenen mittelalterlichen Bergdörfer, vorbei.

Streckenweise verwehrt eine Brüstung an der Meerseite die freie Sicht. An den schönsten Aussichtspunkten sind jedoch Parkplätze angelegt, wo man den Wagen abstellen und in aller Ruhe den Ausblick genießen kann.

★★★ **Nice** – *Siehe dort*

Verlassen Sie Nizza über den Place Max-Barel und die N 7 in östlicher Richtung.

Im Vordergrund sieht man die Stadt Nizza, den Burgberg, den Hafen, die Baie des Anges; am Horizont zeichnen sich das Esterelmassiv sowie die Kalksteinberge bei Grasse ab.

Col de Villefranche – Kurz hinter dem 149 m hohen Paß entdeckt man in einer scharfen Kurve die Bucht von Villefranche-sur-Mer und die Halbinsel Cap Ferrat. Kurz vor Einfahrt in einen 180 m langen Tunnel ergibt sich ein wunderbarer **Blick★★** auf Beaulieu, das Cap Ferrat, Villefranche-sur-Mer, Nizza und die Halbinsel von Antibes. Gleich hinter der Tunnelausfahrt taucht auf einem Felskegel unvermutet das Bergdorf Èze auf.

Leicht rechts ist der über dem Cap d'Ail und Monaco aufragende Tête de Chien zu erkennen.

★★ **Plateau St-Michel** – *2 km ab der N 7. Nach dem Tunnel biegen Sie rechts auf die schmale D 34 ab.* Nach 2 km erreicht man einen Parkplatz, von wo aus ein Fußweg zur Orientierungstafel am Rand des 371 m hohen Plateaus geht. Der **Blick★★** reicht vom Cap d'Ail bis zum Esterelmassiv.

★★ **Èze** – *Siehe dort*

Jenseits von Èze führt die Corniche an Steilhängen um den Tête de Chien herum, wobei die Halbinsel Cap Martin und die Landspitze mit dem italienischen Bordighera in Sicht kommen. Ein Stück weit verläuft die Straße oberhalb des Fürstentums Monaco.

Am Ortseingang von Monaco bleiben Sie links auf der N 7. Sie umgeht das Fürstentum. Die **Ausblicke★** auf Monaco, das Cap Martin, die italienische Küste und die Küstenmassive sind herrlich.

★ **Beausoleil** – Die Stadt befindet sich zwar auf französischem Gebiet, ist jedoch mit Monte-Carlo zusammengewachsen. Sie liegt hoch über dem Mittelmeer, an die Südhänge des Mont des Mules geschmiegt.

★ **Mont des Mules** – *Zufahrt über die D 53. 1 km zzgl. 1/2 Std. zu Fuß hin und zurück; markierter Fußweg.* Vom Gipfel ergibt sich ein schönes **Panorama★** *(Orientierungstafel).*

Die Corniche führt dann unterhalb des Vistaëro entlang und mündet bei Cabbé in die Corniche Inférieure, die untere Küstenstraße.

★★ **Cap Martin** – *Siehe unter ROQUEBRUNE-CAP-MARTIN. Ein besonderes Highlight*

★★ **Menton** – *Siehe dort*

★★ 3 Corniche Inférieure

Von Nizza nach Menton *33 km – etwa 6 Std. – s. Kartenskizze*

Einem monegassischen Fürsten ist der Bau der Unteren Corniche im 18. Jh. zu verdanken. Die Bauarbeiten wurden 1857 von der russischen Zarin in einer Zeremonie lanciert und waren 1881 abgeschlossen. Während die Straße am Meeressaum entlang am Fuß der steilen Hänge verläuft, verbindet sie einen Küstenort mit dem nächsten.

★★★ **Nice** – *Siehe dort*

Verlassen Sie Nizza auf dem Boulevard Carnot (N 98) in südöstlicher Richtung.

Am Fuß des Mont Boron eröffnen sich nacheinander hübsche **Ausblicke★** auf die Engelsbucht, die Südspitze der Halbinsel Cap Ferrat, die Bucht von Villefranche-sur-Mer, Èze und den Tête de Chien.

★ **Villefranche-sur-Mer** – *Siehe dort*

In Pont-St-Jean beginnt der Ausflug zum Cap Ferrat.

★★ **Cap Ferrat** – *Siehe dort*

Beaulieu – *Siehe dort*

Am Cap Roux hat man das Mer d'Èze und das Cap d'Ail vor Augen.

Èze-Bord-de-Mer – Das Seebad liegt im Schutz des Hausbergs von Alt-Èze. Die Straße führt eng an der Felsküste entlang; das Cap d'Ail ist aus neuer Perspektive zu sehen.

Cap-d'Ail – An den unteren Südhängen des Tête de Chien bis zum Meer hinab liegen zwischen Kiefern, Palmen und Zypressen die schönen Villen dieses Badeorts.

★ **Sentier touristique du Cap d'Ail** – *1 Std. zu Fuß hin und zurück. Rechts vom Bahnhof gehen Sie eine Treppe hinunter, die durch eine überwölbte Passage auf eine Straße führt. Sie folgen der Straße nach links bis zum Restaurant La Pinède; rechts davon befindet sich eine Treppe, auf der man schließlich zum Meer hinuntergelangt.* Ein befestigter Wanderweg verläuft an den Felsen und der bei windigem Wetter tosenden Brandung am Kap entlang ostwärts. In der Ferne zeichnen sich die Häuser von Beaulieu und die Halbinsel Cap Ferrat ab. Der Weg endet beim Marquet-Strand, wo man denselben Weg zurück- oder auf der Corniche nach Monaco weitergehen kann.

Tip

Unsere Empfehlung

La Réserve de la Mala – *Plage de la Mala – 06320 Cap-d'Ail – Über die Avenue des Combattants-Afrique-du-Nord (am Spar-Geschäft) – ☎ 04 93 78 21 56 – plage-mala@monte.carlo.mc – 4. Nov.-24. März geschl. – 28/47 €.* Zwei Wege führen zu diesem paradiesischen Winkel, der touristische Fußweg vom Cap d'Ail und ein anderer, der vom Ortszentrum ausgeht und sich in einer Treppe fortsetzt. Der bezaubernde Strand besitzt ein Restaurant mit zahlreichen Terrassen und einem Ponton, auf dem man bis zum Sonnenuntergang schön flanieren und frischen Fisch essen kann.

★★★ **Principauté de Monaco** – *Siehe dort*

Beim Strand von Cabbé mündet die Untere Corniche in die Mittlere Corniche.

★★ **Cap Martin** – *Siehe unter ROQUEBRUNE-CAP-MARTIN. Ein besonderes Highlight*

★★ **Menton** – *Siehe dort*

ROQUEBRUNE-CAP-MARTIN★

11 692 Einwohner
Michelin-Karte Nr. 341 F 5, Nr. 115 Falte 28 oder Nr. 245 Falte 39
Kartenskizzen MENTON, S. 230, und Corniche de la RIVIERA, S. 287

Die Stadt hat sich über die Halbinsel Cap Martin und an der Küste entlang von Monte-Carlo bis Menton ausgebreitet. Oberhalb des modernen Seebads liegt der noch immer von seinen Mauern geschützte und vom Wehrturm der Burg überragte alte Teil. Alt-Roquebrune ist Frankreichs einziger befestigter Ort aus der Karolingerzeit. Es ist der Vorläufer der zwei Jahrhunderte später errichteten Ritterburgen.

TIPS UND ADRESSEN

Gastronomie

Unsere Empfehlung

La Roquebrunoise – *12 Avenue Raymond-Poincaré (im alten Dorf) – ☎ 04 93 35 02 19 – Nov.-30. Dez., Mo außer abends im Juli und Aug., Di-mittag und Do-mittag geschl. – 18,32 €.* Dieses rosafarbene Haus am Ortseingang lädt zu einer kleinen Pause ein. Der ländliche Gastraum ist mit Gemälden geschmückt. Einfache und schmackhafte Küche, die man auch auf der Terrasse mit Blick auf Meer und Burg genießen kann.

Au Grand Inquisiteur – *18 Rue du Château (im alten Dorf – Fußweg) – ☎ 04 93 35 05 37 – 2.-8. Juli, 5. Nov.-25. Dez., Di außer Juli und Aug. und Mo geschl. – Reserv. – 22,87/34,15 €.* „Großinquisitor" heißt dieses Restaurant, aber haben Sie keine Angst, das aus dem 14. Jh. stammende Haus mitten im Dorf, das man zu Fuß erreicht, birgt ein angenehmes Restaurant mit einem ganz kleinen, einfach eingerichteten, gewölbten Gastraum.

Unterkunft

Unsere Empfehlung

Hôtel Westminster – *14 Avenue L.-Laurens, über die N 98 Richtung Monaco über die Corniche Inférieure – ☎ 04 92 41 41 40 – 24. Nov.-10. Febr. geschl. – 32 Z: 51,83/76,99 € – ☕ 4,88 €.* Das in einer Wohnstraße gelegene einfache Hotel besitzt einen hübschen Terrassengarten, der über dem Mittelmeer zu schweben scheint. Sie können das Frühstück auf dem Balkon Ihres Zimmers einnehmen und den Blick genießen. Hinter dem Haus fährt die Eisenbahn, aber ganz sanft.

Hôtel Diodato – *Pointe de Cabbé (über die Avenue Vilaren und die Avenue Le Corbusier) – ☎ 04 92 10 52 52 – 12. Nov.-20. Dez. geschl. – 32 Z: 76,22/175,32 € – ☕ 9,15 €.* Der ehemalige Sommersitz einer russischen Adelsfamilie liegt hoch über dem Meer auf einem Felsvorsprung. Beachten Sie die Nähe des Bahnhofs nicht. Die Zimmer mit ihrem Mobiliar mit den abgerundeten Formen zeigen auf die Pinien und Palmen des Gartens. Schöner Swimmingpool und direkter Zugang zum Meer.

HINTERGRUNDINFOS

Graf Konrad I. von Ventimiglia ließ die wehrhafte Anlage im 10. Jh. zum Schutz vor den Sarazenen erbauen. Sie gehörte mehrere Jahrhunderte lang den Grimaldi *(s. unter Principauté de MONACO, Hintergrundinfos)*, die sie zur Aufnahme von Artillerie umbauten. Die Burg vereinigte ursprünglich innerhalb des sechs Tore aufweisenden Mauerrings den Wohnturm (Donjon) und das Dorf. Im 15. Jh. übernahm der Donjon den Namen „Burg" (Château); der Rest der Anlage wurde zum „Dorf" (Village), so wie es sich, mittelalterlich, bis heute erhalten hat.

Traditionelle Prozessionen – Seit über 500 Jahren findet alljährlich am Nachmittag des 5. August eine etwa zweistündige Prozession statt, bei der, wie es 1467 die Roquebruner bei einer Pestepidemie gelobt hatten, in lebenden Bildern Szenen der Leidensgeschichte Christi dargestellt werden.
Die heute nicht mehr existierende Bruderschaft der Weißen Büßer begründete den Brauch der **Prozession des Toten Christus★**. In jeder Karfreitagsnacht um 21 Uhr formieren sich etwa 60 Stadtbewohner, um als römische Legionäre und Zenturionen, Jünger (sie tragen die Christusstatue) und heilige Frauen gekleidet die Grablegung Christi nachzuvollziehen. Die Straßen, durch die sich der Zug bewegt, sind festlich geschmückt und erleuchtet. Tausende von Lichtern flackern in Muschelschalen und Schneckenhäuschen, die als Öllämpchen dienen. Einige der Lichtergruppen geben die Form der Passionswerkzeuge wieder.

AUF ENTDECKUNGSTOUR

★★ Alt-Roquebrune *Besichtigung: 1 Std.*

Der mittelalterliche Donjon und die wunderbare Höhenlage des Orts faszinieren den Besucher auf den ersten Blick. Seinen ganz eigenen Reiz verspürt man jedoch erst, wenn man ihn zu Fuß erobert. Die Gassen sind schmal, verwinkelt, steil, unter Gewölben und über Treppen fortgesetzt; trotz der sie heute säumenden Galerien, Werkstätten mit Kunsthandwerk und Souvenirläden haben sie ihr historisches Aussehen bewahrt.

Stellen Sie den Wagen am Place de la République ab.

Hier befand sich einst die Barbakane, das Außenwerk des Donjons.

Blick von Roquebrune-Cap-Martin auf die Höhenstraßen der Riviera

★ **Rue Moncollet** – *Gehen Sie zum Place des Deux-Frères. Dort nehmen Sie die Rue Grimaldi und biegen links in die Rue Moncollet ab.* Die malerische, in den Felsen gehauene Straße ist geblieben wie einst. So bot sie sich schon den Besuchern der Burgherren dar, wenn sie durch die Gitterfenster der anliegenden Gästehäuser auf sie hinaussahen. Sie führt zur Rue du Château weiter, der man nach links folgt.

★ **Donjon** – Nachdem man die Enceinte fleurie („blühende Mauer") passiert hat, gelangt man in den trutzigen Wohn- und Verteidigungsturm. Er überragt mit der gegenüberliegenden Fassade die Häuser der Rue Moncollet um 26 m. Seine 2 m bis 4 m dicken Mauern sind mit Pechnasen, Schießscharten, Zinnen etc. ausgerüstet.

20 Stufen führen in das erste Stockwerk zum höfischen Festsaal hinauf; in ihm sieht man noch die Stelle, wo sich ein Verlies befand sowie eine würfelförmige Zisterne. Das Fenster mit steinernem Kreuz und Rahmen aus dem 15. Jh. ersetzte kleine Mauerluken von 20 cm Seitenlänge. Unterhalb dieses Saals lag der aus dem Felsen gehauene Vorratsraum. Im zweiten Stock kommt man zuerst in die Wachstube, dann rechts zu einem „komfortableren" Kerker und, etwas weiter, zum Schlafraum der Bogenschützen. Darüber folgt im dritten Stock die möblierte Wohnetage; sie besteht aus dem Eßzimmer, der kärglich ausgestatteten Küche mit einem Brotbackofen und dem Schlafraum, in dem einige alte Waffen zu sehen sind.

Eine Treppe höher erstreckt sich die obere Plattform, auf der einst Geschütze standen. Sie bietet einen weiten **Blick**★★ auf die malerischen Dächer der Altstadt, das Meer, die Halbinsel Cap Martin, das Fürstentum Monaco und den Mont Agel (Luftwaffenstützpunkt).

Auf dem Wehrgang und an dem etwas ungeschickt restaurierten „Engländerturm" (Tour de l'Anglais) vorbei geht man wieder hinunter. Als Abschluß der Besichtigung bietet sich noch ein Gang zu der Plattform der leichten Geschütze und dem Späherstand an.

Tausendjähriger Olivenbaum – *Überqueren Sie den Place William-Ingram und biegen Sie rechts in die Rue du Château ein. In Höhe eines Ladens, kurz vor der Post, biegen Sie links in die in ihrer Fortsetzung nach Menton führende Rue de la Fontaine ein.* 200 m hinter dem Ortsausgang steht ein Olivenbaum, der als einer der ältesten der Welt gilt.

Kehren Sie zur Rue du Château zurück und folgen Sie ihr nach links.

Église Ste-Marguerite – Die im 12. Jh. erbaute Kirche wurde später, wie die schlichte Barockfassade erkennen läßt, stark verändert.

Der reich mit mehrfarbig bemaltem Stuck ausgestattete Innenraum enthält zwei Gemälde des im 17. Jh. lebenden Roquebruner Malers **Marc-Antoine Otto**, nämlich eine Kreuzigung Christi am zweiten Altar und ein Vesperbild über der Tür.

Gehen Sie nach rechts auf der Rue Grimaldi weiter; sie führt zum Place des Deux-Frères, über den man zum Place de la République zurückkehrt.

EIN BESONDERES HIGHLIGHT

★★ Cap Martin

Stattliche, in Blumen und Parks eingebettete Villen und Anwesen machen die Halbinsel Cap Martin zur vornehmsten Wohngegend von Menton.

Von harzigem Duft erfüllte Kiefernwäldchen, Olivenhaine, Zypressenreihen und Mimosenbüsche verleihen den Straßen, die sie durchziehen, viel mediterrane Atmosphäre.

Auf der Halbinsel erhebt sich ein wehrhaft aussehender Turm. Es handelt sich um einen Semaphor, der zu einer Relaisstation umfunktioniert wurde. Zu seinen Füßen befindet sich die Ruine der Martinsbasilika (Basilique St-Martin), letzter Rest eines im 11. Jh. erbauten und um 1400 von Piraten zerstörten Priorats.

Ostküste – Die am östlichen Ufer der Halbinsel entlangführende Straße bietet eine großartige **Aussicht**★★ auf Menton und die umliegenden Berge sowie auf die Italienische Riviera bis Bordighera.

Unterhalb des Bergs von Alt-Roquebrune breiten sich das moderne Roquebrune und sein Strandgebiet aus. Es umfaßt insbesondere die beiden Strände von Cabbé, im Westen der Halbinsel, und den an den Strand von Menton angrenzenden Plage de Carnolès.

Der „Cabanon" von Le Corbusier ⓥ – Das unscheinbare Äußere des Gebäudes, das unterhalb der Le-Corbusier-Promenade an der Küste zwischen Cabbé und Cap-Martin steht, täuscht. Tatsächlich handelt es sich um ein absolutes Unikum, dessen Abmessungen von Le Corbusier nach der **Modulor-Methode** berechnet wurden. Die Modulor-Maßreihe ist ein von Le Corbusier als Grundlage für seine Bauten entwickeltes Porportionensystem, das auf den Körpermaßen beruht. Das Haus besteht aus einem Korridor, der mit einer von seinem Erbauer geschaffenen Wandmalerei geschmückt ist, und einem 10 m^2 großen Zimmer. Jedes Einrichtungsstück erfüllt mehrere Funktionen.

Das gleiche gilt für die Fenster, von denen man einige kippen kann. Sie dienen einerseits als Lichtquelle und andererseits der seitlichen Belüftung.

Das Bauwerk, das der Künstler zeitweise selbst bewohnte und in dessen Nähe er verstarb, ist für Laien ein merkwürdiges Gebilde und setzt für Architektenschulen Maßstäbe. „Ich besitze ein Schloß an der Côte d'Azur, das 3,66 m x 3,66 m groß ist. Es ist außergewöhnlich komfortabel und behaglich zugleich", befand Le Corbusier.

Auf dem Friedhof von Roquebrune, wo er mit seiner Frau 1965 seine letzte Ruhestätte fand, kann man sein von ihm selbst konzipiertes Grab besuchen.

★**Sentier touristique (Küstenweg)** – *Vom Cap Martin nach Monte-Carlo-Beach: 4 Std. zu Fuß hin und zurück. Der Weg ist am Nachmittag am schönsten zu gehen. Lassen Sie den Wagen auf dem Parkplatz in der Avenue Winston-Churchill auf der Kapspitze stehen. Bei einem Restaurant beginnt der als „Promenade Le Corbusier" ausgeschilderte Wanderweg.* Zunächst geht man westwärts, dann an der Westseite der Halbinsel entlang. Nach einigen Steigungen und Treppen befindet man sich inmitten einer üppigen, urwüchsigen Vegetation. Man kommt an herrlichen Anwesen vorbei und genießt mit jeder Anhöhe andere Aussichten: Zuerst sieht man nur einen Teil von Monaco, schließlich das gesamte Fürstentum, die Südspitze der Halbinsel Cap Ferrat, den Tête de Chien, den Mont Agel, La Turbie sowie Alt-Roquebrune mit seiner Burg.

Man kann den Spaziergang verkürzen, indem man über eine Treppe rechts die Bahnlinie überquert und am Rathaus vorbei zum Strand von Carnolès geht.

In der Folge führt der Weg – zur Linken die Steilküste, zur Rechten die Bahngleise – zum Bahnhof von Roquebrune. Weiter geht es an den Stränden von Cabbé und den Rochers de Bon-Voyage entlang in Richtung Monte-Carlo. Zurückblickend sieht man das Cap Martin. Man kommt an der Landspitze Pointe de la Veille vorbei und erreicht über eine Treppe beim Monte-Carlo Beach Hotel schließlich Monte-Carlo.

Wer den Rückweg nicht zu Fuß machen will, hat die Möglichkeit, mit einem der häufig verkehrenden Züge von Monaco oder Cap-Martin-Roquebrune aus zum Bahnhof von Carnolès zurückzufahren. Für die Rückfahrt kann man auch den Bus ab dem Quartier St-Roman in Monte-Carlo nehmen.

ROQUEBRUNE-SUR-ARGENS

11 349 Einwohner

Michelin-Karte Nr. 340 O 5, Nr. 114 Falte 24 oder Nr. 245 Falte 36

Diese kleine Stadt, die wahrscheinlich Anfang des 11. Jh.s gegründet wurde, nachdem das von den Sarazenen besetzte Gebiet zurückerobert war, liegt auf einem Felssporn am Fuß des Rocher de Roquebrune. Ursprünglich nur ein befestigtes Haus, dehnte sich das nahe der Kirche gelegene *Castrum* immer mehr aus und wurde mit einer Ringmauer umgeben, die 1592 während der Religionskriege zerstört wurde. Der Lageplan ist heute noch zu erahnen, insbesondere vom Boulevard de la Liberté *(unterhalb der Kirche)* aus, wo die Häuser auf den Grundmauern der früheren Befestigungsanlage und des ehemaligen Stadttores gebaut wurden. Am Fuße des Tores stehen der alte Brunnen und gegenüber, in der Rue des Portiques, Häuser mit Bogengängen, von denen einige aus dem 16. Jh. stammen. Innerhalb der früheren Festungsanlage erinnern die engen und gewundenen Gäßchen sowie zwei alte Portale an die mittelalterliche Vergangenheit von Roquebrune.

BESICHTIGUNGEN

Église St-Pierre-St-Paul ⓥ – Die auf das 16. Jh. zurückgehende, im gotischen Stil errichtete Kirche wurde im 18. Jh. mit einer merkwürdigen Fassade versehen. Innen auf der linken Seite sind zwei Kapellen, deren mit dicken Bandrippen verstärkte Gewölbe noch von dem ursprünglichen Gebäude (11.-14. Jh.) übriggeblieben sind. In der ersten Kapelle befindet sich ein geschnitzter Altaraufsatz aus dem Jahre 1557 mit einem Hochrelief Johannes' des Täufers, der vom hl. Claudius und der hl. Brigitte umgeben ist; in der zweiten Kapelle sieht man ein Retabel aus derselben Epoche mit dem Motiv des Jüngsten Gerichts. Im Hauptschiff rechts des Eingangs steht ein weiteres Retabel aus dem 16. Jh., dessen sechs kleine geschnitzte Tafeln die Leidensgeschichte Christi darstellen und um ein großes Bildnis des Gekreuzigten angeordnet sind; auf der Empore hängen zwei Tafelbilder aus dem 16. Jh. Bedeutende Gemälde aus dem 19. Jh. schmücken den Chor sowie die Seitenkapellen.

Shopping

Märkte – Dienstags vormittags und freitags vormittags.

Fête du miel (Honigfest) – *Ende Okt.*

L'Amie Ailée – *36 Rue St-Éloi – ☎ 04 94 45 30 20 – Mi und Sa 10-12 Uhr.* Verkauf von Honig, Blütenpollen und sonstigen Imkereierzeugnissen.

Musée du Patrimoine roquebrunais ⓥ – *Rue de l'Hospice, die Fortsetzung der Rue des Portiques.* Das in der ehemaligen Jakobskapelle untergebrachte Museum beherbergt im wesentlichen prähistorische und römische Funde, die zum größten Teil aus den Grottes de la Bouverie stammen (in der Gemarkung von Roquebrune). Sie bezeugen, daß diese Gegend im Zeitraum von 30000 bis 8000 v. Chr. kontinuierlich bewohnt war. Das gefundene Material erlaubt es insbesondere, eine eigenständige südostfranzösische Kultur zu definieren: Das „Bouvérien" (ca. 15000 bis 10000 v. Chr.) entspricht dem „Magdalénien" in anderen Gegenden.

Weitere interessante Funde aus dem Neolithikum und sehenswerte Zeugnisse aus der Römerzeit, darunter die Rekonstruktion eines Grabmals, runden die Ausstellung ab. In der Sakristei kann man sich eine Sammlung von Weihgeschenken und alte Dokumente ansehen. Interessante audiovisuelle Vorführung über die frühzeitliche Feuersteinbearbeitung und -industrie *(1/2 Std.)*.

Chapelle St-Pierre ⓥ – *Südöstliche Ausfahrt von Roquebrune auf die D 7.* Die im romanischen Stil im 11. Jh. nach den Invasionen der Sarazenen wiederaufgebaute Kapelle besitzt eine Apsis aus karolingischer Zeit. Ein Wandgrab aus der Renaissance ist in die Fassade eingebaut. Das Chorhaupt ist von einem sehr alten Friedhof umgeben, dessen Gräber in den Felsboden eingelassen sind.

AUSFLUG

Rocher de Roquebrune – *Rundfahrt von 14 km – etwa 1 Std. ohne Aufstieg.* Der teilweise mit Korkeichen, baumartigen Farnen und Nadelbäumen bedeckte Felsen erhebt seine stolze Silhouette als kleines, isoliertes Massiv zwischen dem Mauren- und dem Esterelmassiv. Der rötliche Sandstein stammt aus der Erosion der Gebirgszüge, die am Ende des Paläozoikums die Mauren bildeten. Dieser verfestigte Sandstein erodierte wiederum an seinen weichsten Stellen; er zeichnet so zerklüftete Formen, wie sie in eindrucksvoller Weise das Argens-Tal beherrschen.

Verlassen Sie Roquebrune-sur-Argens auf der kleinen Straße im Süden gegenüber dem Friedhof.

Notre-Dame-de-Pitié ⓥ – Eukalyptusbäume und Kiefern wachsen bei der Kapelle, die auf einer Anhöhe am Fuß einer majestätischen Steilwand des Maurenmassivs steht. Ihren Hauptaltar schmückt ein Retabel aus dem 17. Jh. mit einem Vesperbild in der Mitte, das an ein Werk Annibale Caraccis (im Pariser Louvre) erinnert. Bei der Kapelle genießt man eine schöne **Aussicht**★ auf die Argens-Ebene, Fréjus, St-Raphaël und das Esterelmassiv.

Kehren Sie nach Roquebrune zurück, wo Sie nach links auf die D 7 und nach 500 m wieder links abbiegen; 1 km weiter geht es nochmals nach links auf eine Waldstraße (Route forestière). 2 km weiter, in Höhe eines Wegs, parken Sie rechts (nach einer Plattform über der Maurette).

★ **Sommet de Roquebrune** – *2 Std. zu Fuß hin und zurück. Der Aufstieg auf den Gipfel ist mühsam; es wird geraten, nicht vom Weg abzuweichen.* Der weite **Ausblick**★ vom höchsten Punkt des Gebirges (372 m) reicht über die Ebene am Unterlauf des Argens, die Bucht von Fréjus und das Esterelmassiv bis zu den Alpen am Horizont.

Auf dem Felsen stehen drei unterschiedliche Kreuze des Bildhauers Vernet, die als Hommage an drei berühmte Kreuzigungsszenen von Giotto, Grünewald und El Greco auf dieser die Kreuzigungsstätte symbolisierenden Anhöhe errichtet wurden.

Fahren Sie an der Südseite des Felsens hinunter. Dann nehmen Sie die D 25 nach rechts (Blick auf den Argens). Nach 1 km biegen Sie bei der nächsten Gelegenheit rechts ab. Es geht nun am Fuß der Nordflanke des Gebirges entlang, parallel zur Autobahn (A 8). Fahren Sie durch den Ort La Roquette hindurch.

Notre-Dame-de-la-Roquette – *1/2 Std. zu Fuß hin und zurück. Stellen Sie den Wagen auf einem Parkplatz am Straßenrand ab und nehmen Sie den Fußweg rechts.* Die Kapelle, eine Ruine, ist ein alter Wallfahrtsort und heute Treffpunkt der Wanderer. Sie liegt in einer schönen **Landschaft**★ mit Kastanien, Zürgelbäumen und Stechpalmen, in der Nähe eines bedeutenden, aus rötlichem Sandstein gebildeten, felsigen Chaos. An die Kapelle schließt sich eine Terrasse an; sie gewährt aus 143 m Höhe einen schönen **Blick** auf das untere Argens-Tal und die Provenzalischen Hochplateaus.

Kehren Sie zur Straße zurück und fahren Sie nach rechts weiter bis zur D 7, die nach Roquebrune zurückführt.

ST-CYR-SUR-MER

8 898 Einwohner
Michelin-Karte Nr. 340 J 6, Nr. 114 Falte 43 oder 245 Falte 45
Kartenskizze BANDOL, S. 107

Das im Sommer wie im Winter bei Familien beliebte Seebad besitzt einen geschützten Hafen in einer friedlichen Bucht. Sein schöner Sandstrand, den zum Landesinneren hin eine fruchtbare, mit Reben und Olivenbäumen bepflanzte Ebene säumt, verbindet Les Lecques mit der bei La Madrague beginnenden, zerklüfteten Felsküste.

Zu den Kuriositäten des Ortes gehört eine vergoldete Freiheitsstatue in Miniaturausgabe, die 1901 auf dem Place Portalis errichtet wurde.

BESICHTIGUNG

Musée de Taurœntum ⓥ – *Fahren Sie entlang der Küste in Richtung La Madrague.* Das heutige Museumsgebäude ruht auf den Grundmauern einer römischen Villa, welcher auf der dem Meer zugewandten Seite ein 80 m langer Laubengang vorgelagert war, von dem im Museum noch eine Granitsäule zu sehen ist. Dort befinden sich ferner drei Mosaiken aus dem 1. Jh. an ihrer ursprünglichen Stelle, Freskenfragmente, gewundene Säulen mit korinthischen Kapitellen vom Peristyl und Amphoren. In den Schaukästen werden zahlreiche griechische und römische Fundstücke gezeigt: Münzen, Keramiken, Glasgegenstände, Schmuck und Figürchen. Außerhalb des Gebäudes befindet sich ein Grabbau sehr seltener Art, auf den man in La Madrague stieß. Es ist eine mit rosa Marmorplatten ausgekleidete Grabkammer, in welcher der Leichnam eines Kindes ruhte; darüber ein für Trankopfer vorgesehener Raum, der im 4. Jh. ein Satteldach erhielt.

In einer ehemaligen Fabrik in der Nähe ist seit 1993 das **Centre d'Art Sébastien** ⓥ untergebracht, das Wechselausstellungen sowie Werke des Malers Sébastien (1909-1990) zeigt, der ein Freund von Picasso, Matisse, Cocteau und Gide gewesen war.

TIPS UND ADRESSEN

Gastronomie

Gut und preiswert

La Bergerie – *Rue de la Chapelle – 83270 St-Cyr-sur-Mer – ☎ 04 94 26 24 69 – So-abend und Mo außerhalb der Saison geschl. – 13,42/21,34 €.* Am Boden Terrakottafliesen, die Decke von Balken durchzogen und altes landwirtschaftliches Gerät an den einfach verputzten Wänden: Der Rahmen dieses freundlichen Restaurants ist ausgesprochen ländlich. Einfache Küche, nette Bedienung.

Unsere Empfehlung

Restaurant La Calanque – *Bucht von Port d'Alon – 83270 St-Cyr-sur-Mer – 5 km südl. von St-Cyr, Richtung Bandol und Port d'Alon – ☎ 04 94 26 20 08 – 1. Nov.-1. Febr., abends und Di von Febr. bis Okt. geschl. – 24,23 € Mittagessen – 24,09/31,86 €.* In dieser kleinen Felsbucht werden Mittelmeerfreunde und Naturliebhaber auf Ihre Kosten kommen. Auf der Speisekarte stehen auf Holzfeuer gegrillter Fisch und südliche Küche. Ein einfaches Haus in außergewöhnlicher Lage, die Füße baumeln quasi im Wasser.

Unterkunft

Unsere Empfehlung

Grand Hôtel des Lecques – *In Les Lecques – ☎ 04 94 26 23 01 – 28. Okt.-30. März geschl. – 58 Z: Halbpension 79,15/114,92 € – ☕ 12,20 € – Rest. 29/46 €.* Palmen, Pinien und Kletterpflanzen säumen die Alleen des üppigen Parks, in dem dieses in einem etwas mächtigen Gebäude aus dem späten 19. Jh. eingerichtete Hotel steht. Seine im provenzalischen Stil gehaltenen Zimmer sind ansprechend. Swimmingpool.

Chanteplage – *In Les Lecques – ☎ 04 94 26 16 55 – 16. Nov.-14. Febr. geschl. – 20 Z: 57,93/73,18 € – ☕ 6,10 € – Rest. 15/20 €.* Dieses einfache Hotel liegt unmittelbar am Strand, zwischen Meer und Stadt gegenüber der Bucht von Les Lecques. Alle Zimmer besitzen einen Balkon mit freiem, weitem Blick. Die beiden großen Familienzimmer im dritten Stock haben eine Terrasse.

Sport und Freizeit

Neuer Hafen in Les Lecques – *Hafenmeisterei (Capitainerie) – ☎ 04 94 26 21 98.* 431 Liegeplätze.

Hafen in La Madrague – *Hafenmeisterei (Capitainerie) – ☎ 04 94 26 39 81.* 400 Liegeplätze, davon 37 für Gastschiffe.

Shopping

Traditioneller Markt – Sonntags vormittags.

Markt landwirtschaftlicher Produkte – Montags und donnerstags am Hafen von La Madrague, dienstags und freitags auf dem Place Gabriel-Péri, mittwochs und samstags in Les Lecques.

AUSFLUG

Sentier du Littoral – *Fahren Sie in St-Cyr auf die D 87. Folgen Sie der Küste bis La Madrague. Der mit gelber Beschilderung markierte Küstenweg beginnt an der Pointe Grenier. Entweder Sie gehen bis Port d'Alon (4,5 km) oder weiter bis Bandol (6 km).* Der Weg verläuft von La Madrague nach Bandol und hält schöne Ausblicke auf das Meer und auf der Landseite auf schöne Weinberge bereit. Der Pflanzenkenner wird auf eine einheimische Veilchenart *(im Herbst)* und einen regionaltypischen Pilz stoßen. Der Weg ist zwar nicht schwierig, Wanderschuhe und einen Wasservorrat sollte man jedoch dabei haben. Wegen der steilen Klippen und entlang der Schienen ist für Eltern mit Kindern besondere Vorsicht geboten.

ST-MARTIN-VÉSUBIE★

1 098 Einwohner
Michelin-Karte Nr. 341 E 3, Nr. 115 Falte 6 oder Nr. 245 Falte 25
Kartenskizze NICE, S. 274

Der Ort liegt auf einem Felsgrat, der von den Wildbächen Boréon und Madone-de-Fenestre umflossen wird. Im Umkreis erheben sich mehrere über 2 000 m hohe Berge. Diese und das gute Höhenklima locken im Sommer viele Gäste und Bergsteiger in den Ort, der einen ausgezeichneten Ausgangspunkt für **Bergtouren** ⓥ bildet.

AUF ENTDECKUNGSTOUR

Das Dorf

Beginnen Sie die Besichtigung bei dem schönen, mit Platanen bestandenen Place Félix-Faure an den Allées de Verdun.

Rue du Docteur-Cagnoli – Die enge Straße durchzieht den Ort von Norden nach Süden; eine Wasserrinne bildet ihre Mitte. Häuser aus der Gotik mit schönen Toren und Türstürzen säumen sie.

Chapelle des Pénitents-Blancs – Die Kapelle der Weißen Büßer hat einen hübschen Zwiebelturm und eine reliefgeschmückte Fassade. Unter dem Altar befindet sich eine Liegefigur Christi, die Engelchen an den vier Ecken tragen die Passionswerkzeuge.

Maison des Gubernatis – Die Nr. 25 am Ende der Straße ist das an seinen Lauben erkennbare stattliche Haus der Grafen von Gubernatis.

Place de la Frairie – Zu dem Platz mit einem Brunnen gelangt man über die Rue du Plan. Er liegt terrassenartig über dem Wildbach Madone und bietet einen **Blick** auf diesen wasserreichen Gebirgsfluß und die umliegenden Berge (Cime de la Palu, Cime du Piagu). *Gehen Sie zur Kirche nordwestlich des Platzes.*

Église – Im Innenraum mit schöner Ausstattung aus dem 17. Jh. befindet sich rechts im Chor die bemalte Holzfigur der Notre-Dame-de-Fenestre. Es handelt sich um eine sitzende Madonna aus dem 12. Jh. Am letzten Junisamstag wird sie in einer Prozession zu ihrem Bergkirchlein getragen, wo sie bis zum zweiten Septembersonntag bleibt. In der zweiten Kapelle des linken Seitenschiffs sind zwei Louis Bréa zugeschriebene Altartafeln zu bewundern: Auf der linken erkennt man die Heiligen Petrus und Martin, auf der rechten Johannes und Petronilla. In der dritten Kapelle steht ein schöner vergoldeter Schnitzaltar aus dem 17. Jh. zum Thema des Rosenkranzes. Darauf ist die Jungfrau mit dem Kind dargestellt, umgeben von Szenen aus dem Leben Christi.

Vom Kirchenvorplatz aus hat man eine schöne **Aussicht** auf einen Teil des Boréon-Tals und das vom bewaldeten Tête du Sirvol überragte Dorf Venanson.

Unterkunft

Unsere Empfehlung

La Châtaigneraie – ☎ *04 93 03 21 22 – Okt. bis Mai geschl. – 38 Z: 63,27/69,36 € – ☕ 3,81 € – Rest. 14/18 €.* Dieses in einem ruhigen Park gelegene Haus heißt Urlauber willkommen, die im Parc du Mercantour wandern oder klettern möchten oder einfach nur das Grüne suchen. Die Zimmer sind recht angenehm. Menü nur für Hausgäste.

Shopping

Märkte – Dienstags, samstags und sonntags auf dem Place du Marché.

Wanderkarte – Das Fremdenverkehrsamt von Valdeblore gibt eine übersichtliche Wanderkarte heraus, ☎ 04 93 23 25 90.

UMGEBUNG

★**Venanson** – *4,5 km. Verlassen Sie St-Martin-Vésubie über die Boréon-Brücke und die D 31.* Der Weiler liegt auf einem Felssporn. Vom Dorfplatz aus eröffnet sich ein schöner **Blick**★ auf St-Martin, das Vésubie-Tal und das Rund der umliegenden Berge.

Chapelle St-Sébastien ⓥ – Der Innenraum wurde im 15. Jh. von Jean Baleison mit **Fresken**★ ausgeschmückt. Hinten ist unter der Darstellung der Kreuzigung der von Pfeilen durchbohrte Kirchenpatron zu erkennen; an den Seitenwänden und am Gewölbe sieht man Szenen aus dem Leben des Heiligen, wie sie nach der Tradition der in Frankreich bekannten „Goldenen Legende" überliefert sind. Auf einer anderen Tafel wird das Thema des richtigen und des falschen Betens behandelt. Die Gedanken der Betenden sind durch Linien angezeigt. So hat die linke Gestalt wirklich nur die Wundmale Christi, zu dem sie betet, vor Augen; die rechte Figur jedoch denkt an Haus, Hab und Gut, welche hinter ihr dargestellt sind.

Église paroissiale – Links vom Eingang der Pfarrkirche befindet sich ein Flügelaltar, auf dem Maria mit dem Kind zwischen Johannes dem Täufer und der hl. Petronilla zu sehen ist. Das große Gemälde des barocken Retabels des Hauptaltars von 1645 schildert die Marienkrönung. Die Altartafel rechts hat den Rosenkranz zum Thema.

★★ **Le Boréon** – *8 km. Verlassen Sie St-Martin-Vésubie in nördlicher Richtung auf der D 2565. Die Straße führt am rechten Ufer des Boréon entlang.*

Der Ort hat eine herrliche Lage in 1 500 m Höhe am Rand des Nationalparks Mercantour. Nicht weit davon stürzt der **Wasserfall**★ des Boréon aus 40 m Höhe in eine Schlucht hinunter. Ein kleiner Stausee ist in die sattgrüne, von Wäldern und Weiden bestimmte Berglandschaft eingebettet.
Le Boréon ist Ausgangspunkt für Wanderungen in die Wälder, zu den Seen und Gipfeln der Umgebung. Mit dem Wagen kann man in östlicher Richtung bis nach Vacherie du Boréon fahren *(2,5 km)*, wo sich ein Blick auf die eigenartige Silhouette des Cougourde ergibt. Nach Westen führt eine Straße am Nationalpark entlang 4 km weit das Vallon de Salèse hinauf.

★ **Vallon de la Madone de Fenestre** – *12 km östlich; etwa 1/2 Std. Verlassen Sie St-Martin über die Avenue de Saravalle, im Nordosten.* Die D 94 führt stark ansteigend das Tal zwischen der Cime du Piagu und der Cime de la Palu entlang; mehrmals überquert man den Wildbach. Dann geht der Weg durch einen Tannen- und Lärchenmischwald mit schönem Unterholz. Schließlich erreicht man Bergweiden und fährt durch eine malerische Hochgebirgslandschaft.

Chapelle de la Madone de Fenestre – Die Straße endet bei einem wilden **Talkessel**★★, dessen Hänge ein beliebtes Übungsgebiet für Bergsteiger sind. In der Nähe erhebt sich im Osten mächtig und spitz der Gipfel des Caïre de la Madone (2 532 m); im Nordosten wird der Horizont von den firnweißen Hängen der **Cime du Gélas** (3 143 m) über der Landesgrenze abgeschlossen.
Die Wallfahrtskapelle *(Wallfahrten am letzten Junisamstag, am 26. Juli, 15. August und 8. September)* birgt im Sommer die Statue der Notre-Dame-de-Fenestre, die Mitte September in feierlicher Prozession wieder nach St-Martin-Vésubie heimgeführt wird.

AUSFLUG

★★ 11 Route de Valdeblore *29 km – etwa 2 1/4 Std. – s. Kartenskizze NICE*

Die Straße, die Teil der vom Genfer See bis zur Côte d'Azur verlaufenden Hochalpenstraße (**Route des Grandes Alpes**, *s. auch Grüner Reiseführer Französische Alpen*) ist, verbindet den Oberlauf von Vésubie und Tinée und durchquert dabei die ausgedehnte Gemeinde Valdeblore (559 Einwohner – Ferienort) mit ihrem Weideland und den bewaldeten Berghängen.

Parc National du Mercantour

Wildbach Boréon

Die geographischen Namen dieser Gegend erinnern an die bedauernswerten Frauen eines Blaubarts, der einst über das Land herrschte. So entstand Valdeblore aus *Val des pleurs* („Tal der Tränen") und Bramafan aus *Crie la faim* („nach Brot schreien").

Ausfahrt aus St-Martin nördlich auf der D 2565, die lange oberhalb des Tales und der Orte St-Martin und Venanson entlangführt.

Direkt vor dem Tunnel bietet sich ein besonders hübscher **Blick**★ nach links auf das Durchbruchstal der Vésubie, St-Martin, das Tal von La Madone und, ganz links, auf den Gebirgskessel von Le Boréon (Mercantour).

La Colmiane – Der Wintersportort am Col St-Martin (1 500 m Höhe) besteht aus Ferienhäusern und Hotels, die zwischen Lärchen- und Tannengehölz verstreut liegen.

Am Col St-Martin folgt man links der kleinen Straße zum Sessellift.

Ein Pionier des Alpinismus an der Côte d'Azur

Der von einer alten Nizzaer Familie abstammende **Victor de Cessole** (1859-1940) entdeckte hier in La Madone de Fenestre seine Leidenschaft für Bergwanderungen. Seine Tätigkeit brachte ihn an die Spitze des Französischen Alpenvereins, dessen Vorsitz er 40 Jahre lang innehatte. Als Veranstalter der ersten Skirennen gilt er als Begründer des ältesten Wintersportortes des Departements, Beuil. Der engagierte Naturliebhaber setzte die erste Naturschutzmaßnahme in der Region durch: ein Pflückverbot für das Steinbrechgewächs *Saxifraga florulenta*, das Wahrzeichen des Nationalparks Mercantour. Dank der umfangreichen Unterlagensammlung, die de Cessole im Lauf der Zeit zusammentrug, schuf man die bemerkenswerte De Cessole-Bibliothek, die dem Musée Masséna in Nizza vermacht wurde.

★★ **Pic de Colmiane** – *Sessellift* Ⓥ *zum Gipfel.* Oben entdeckt man ein weites **Panorama**★★: Im Süden liegen der Mont Tournairet und jenseits der Vésubie die Höhen des Forêt de Turini, im Osten die Kette des Mercantour-Massivs mit seinen Hauptgipfeln; im Norden und Westen das Gebiet zwischen dem Baus de la Frema und dem Mont Mounier, im Vordergrund das ganze Gebiet von Valdeblore.

★ **Via ferrata du Baus de la Frema** Ⓥ – *Am Col St-Martin nehmen Sie die Straße, die rechts gegenüber der Minigolfanlage abzweigt, und folgen den Pfeilen mit der Aufschrift „Via ferrata". An der bergauf führenden Straße gibt es mehrere Parkmöglichkeiten. Am letzten Parkplatz, hinter dem Informationsschild, beginnt die Via ferrata („eisenbeschlagener Weg"), eine ausgewiesene Strecke für Bergsteiger und Kletterer. Am Paß befindet sich das Sportgeschäft „Igloo Sport", in dem man die nötige Ausrüstung ausleihen kann. Das Fremdenverkehrsamt von Valdeblore gibt einen Wanderführer mit Kurzbeschreibungen der Strecken heraus.* Das kürzlich neu angelegte Gelände, das unmittelbar ohne lange Anmarschwege zugänglich ist, ist für Anfänger des Bergsports wie für erfahrene Kletterer und Bergsteiger gleichermaßen interessant. Es werden drei Strecken in verschiedenen Schwierigkeitsgraden angeboten, die blau, rot und schwarz gekennzeichnet sind. Für die erste Strecke sind mindestens 1 1/2 Std. zu rechnen. Kletterer, die den Nervenkitzel lieben, werden besonders den schmalen, 35 m langen Steg schätzen, der in 50 m Höhe die beiden Felsspitzen der Aiguillettes miteinander verbindet.

J.-L. Gallo/MICHELIN

Schwindelerregende Via ferrata du Baus de la Frema

Hinter der Paßhöhe des Col St-Martin gelangt man in eine fruchtbare Niederung, den oberen Teil von Valdeblore.

Colmiane Forest Ⓥ – In diesem „Erlebniswald" sind vier verschiedene Parcours unterschiedlichen Schwierigkeitsgrades eingerichtet, auf denen Sie sich von Baum zu Baum schwingen und mehrere sportliche Hindernisse überwinden können. Ein spezieller Parcours steht Kindern zur Verfügung. Ein gute Vorbereitung für die Via ferrata.

St-Dalmas-de-Valdeblore – Auffällig an der romanischen **Kirche** Ⓥ sind vor allem der hohe pyramidenförmige Turm, der, wie häufig in den Alpen, mit Diamantquadern verziert ist, sowie die mächtigen Strebepfeiler und der Rundbogenfries am Chorhaupt.

Die Wiederansiedlung der „Knochenbrecher"

Der majestätische **Bartgeier** mit einer Flügelspannweite von 2,80 m gehört zu den bedrohten Tierarten Europas. Während er in den Alpen am Ende des 19. Jh.s fast ausgestorben war, lebte der Bestand in den Pyrenäen und auf Korsika fort. Der größte in den Alpen vorkommende Vogel hat eine eigentümliche Lebensweise: Abwechselnd im Gleitflug und mit gewagter Flugakrobatik überfliegt er die Weiden an den steilen Berghängen. Er ernährt sich von Kadavern von Gemsen oder Schafen, aus denen er große, bis zu 3 kg schwere Stücke herausreißt. Diese läßt er dann aus großer Höhe auf die Felsen fallen, wodurch die Knochen zertrümmert werden. Früher galt der Bartgeier als natürlicher Helfer der Schäfer. Die Wiederansiedlung von Jungvögeln im Mercantour-Park bei Roubion im Jahre 1993 war erfolgreich. Erst nach 8 Jahren jedoch sind die Vögel ausgewachsen; sie erreichen ein Lebensalter von bis zu 40 Jahren. 1996 wurden im Rahmen eines einzigartigen, umfassenden internationalen Ansiedlungsprogrammes fünf Tiere in den Südalpen und 60 im gesamten Alpengebiet in freier Wildbahn ausgesetzt.

Die Basilika mit einem über Hauptschiff und Seitenschiffe reichenden Satteldach wurde über einer vorromanischen Krypta mit Kreuzgratgewölbe errichtet; im Langhaus zog man im 17. Jh. ein Gewölbe ein, um das ursprüngliche Gebälk zu verdecken. Über dem Hochaltar befindet sich ein Flügelaltar von Guillaume Planeta: *Der hl. Dalmas und der hl. Rochus mit den Evangelisten*; auf der Predella die *Anbetung der Hirten und der Hl. Drei Könige*. Im linken Seitenschiff steht der André de Cella zugeschriebene Altar des hl. Franziskus. Hinter einem Rosenkranzaltar aus dem 17. Jh. entdeckt man in der rechten Chorkapelle Reste alter Fresken: im Gewölbe die Geschichte Johannes' des Täufers sowie Christus als Weltenherrscher.

Die Straße führt oberhalb des Bramafan-Tals entlang und durchquert das Dorf La Roche zu Füßen eines grauen Felsens.

La Bolline – Verwaltungszentrum der Gemeinde Valdeblore, gleichzeitig ein angenehmer Ferienort inmitten lichter Kastanienwälder.

Hinter La Bolline biegen Sie rechts ab auf die D 66.

Rimplas – Sehenswert ist die **Lage**★ des Dorfes auf einem Felsgrat in 1 000 m Höhe. Bei der Magdalenenkapelle (Chapelle de la Madeleine) unterhalb des am Rande des Felsgrates gelegenen Forts eröffnet sich ein weiter **Ausblick** auf das Tinée- und das Bramafan-Tal sowie auf die Dörfer von Valdeblore.

Ein angenehmer Wanderweg (mit GR 5 markiert), der nordwestlich des Dorfes beginnt, führt hinab nach St-Sauveur-sur-Tinée.
Wenn man zur Abzweigung der D 2565 zurückkehrt und dieser Straße rechts etwa 7 km bis zur Kreuzung mit der D 2205 folgt, erreicht man den Zusammenfluß von Valdeblore und Tinée.

ST-PAUL★★

2 847 Einwohner
Michelin-Karte Nr. 341 D 5, Nr. 115 Falte 25 oder Nr. 245 Falte 37

Sanfte Hügel und fruchtbare Täler umrahmen die weithin sichtbare Silhouette des Ortes und ergeben ein reizvolles **Landschaftsbild**★. St-Paul gehörte zu den befestigten Plätzen, die bis 1870 die Grenze des Var verteidigten. Obwohl der Ort zu den beliebtesten Touristenzielen Frankreichs zählt, blieb hinter den fast unversehrten Mauern sein mittelalterliches Stadtbild erhalten.
Nach einer Blütezeit im Mittelalter wurde St-Paul im letzten Jahrhundert von den nahen Städten Vence und Cagnes überflügelt, und erst in den 20er Jahren von Malern wie Signac, Modigliani, Bonnard und Soutine „entdeckt", deren ehemaliges Stammlokal, heute das pompöse Hotel **La Colombe d'Or**, inzwischen eine regelrechte Gemäldegalerie geworden ist. Viele andere folgten – Maler, Bildhauer, Schriftsteller und Schauspieler und schließlich die Fondation Maeght, die dem Ort zu seiner heutigen Berühmtheit verhalfen. Der Maler Marc Chagall liegt übrigens in St-Paul begraben.

AUF ENTDECKUNGSTOUR

Am besten stellt man den Wagen auf einem der Parkplätze vor dem Nordtor ab, wo eine Kanone steht, die 1544 bei der Schlacht von Cérisoles erbeutet wurde. Ein Viereckturm mit Pechnasenkranz beherbergt das Fremdenverkehrsamt (Syndicat d'Initiative) und eine ständige Ausstellung moderner Kunst.

TIPS UND ADRESSEN

Gastronomie

Gut und preiswert

Chez Andréas – *Remparts Ouest (westliche Stadtmauer) – ☎ 04 93 32 98 32 – 17/20 €.* Die reizende kleine Terrasse, von der man wunderbar den Sonnenuntergang betrachten kann, weist auf einen geschmackvoll eingerichteten Gastraum: Vom Mobiliar bis zum kleinsten Gegenstand ist hier alles mit Liebe ausgewählt! Auf der Speisekarte stehen einige Salate, ein Tagesgericht und Weine der Region.

Unsere Empfehlung

La Cocarde de St-Paul – *23 Rue Grande – ☎ 04 93 32 86 17 – 22/30 €.* Im Zentrum des Dorfes, in der bedeutendsten Fußgängerstraße, befindet sich dieses Restaurant-Café, das zunächst wegen der Harmonie seiner mediterranen Farben die Aufmerksamkeit auf sich zieht. Die Küche und vor allem die Süßspeisen des Chefs lassen nichts zu wünschen übrig.

La Ferme de St-Paul – *1334 Route de la Colle – ☎ 04 93 32 82 48 – 26,68/45,73 €.* Ein altes, wunderbar restauriertes Bauernhaus, in dem der Zauber des Dekors – provenzalische Farben, Mahagoni, Schmiedeeisernes und herrliches Geschirr – mit den Gaumenfreuden – überwiegend Fischgerichte – in Konkurrenz tritt. Hübsche Terrasse und Antiquitätengeschäft in den Nebengebäuden.

Unterkunft

Gut und preiswert

Hostellerie Les Remparts – 72 Rue Grande – ☎ 04 93 32 09 88 – h.remparts@wanadoo.fr – 🅿 – 9 Z: 38,11/79,27 € – ☕ 6,86 € – Rest. 24 €. Perfekt restaurierte Steinmauern, alte Möbel, Terrakottaboden und warme Farben machen dieses kleine, zauberhafte Hotel aus, in dem jedes Zimmer den Namen einer Blume trägt. Die größeren bieten einen schönen Blick auf die Umgebung.

Unsere Empfehlung

Chambre d'hôte La Bastide de St-Donat – *Route du Pont de Pierre, Parc St-Donat – 06480 La Colle-sur-Loup – 2 km südlich von St-Paul über die D 6 – ☎ 04 93 32 93 41 – ⊭ – 5 Z: 60,98/91,47 €.* Die Steinfassade dieser ehemaligen Schäferei aus dem Jahre 1850 verrät nichts von der ausgewählten Innendekoration des Hauses: Pastelltöne, Balken und schöne Möbel in den auf alte Art gestalteten Zimmern. Die ins sanfte Plätschern eines Baches eingehüllte Terrasse ist wunderbar.

Spitzenkategorie

Hostellerie des Messugues – *Im Quartier des Gardettes, über die Route Fondation Maeght, 2 km – ☎ 04 93 32 53 32 – Okt. bis März geschl. – 15 Z: 76,22/106,71 € – ☕ 8,38 €.* Oberhalb der Fondation Maeght steht in einem üppig grünen und ruhigen Garten diese von Weinbergen umgebene provenzalische Villa. Die Zimmer des Obergeschosses sind geräumiger. Hübsch sind der Swimmingpool und seine kleine, mit Bananenstauden bepflanzte Insel.

Cafés, Kneipen und Bars

Café de la Place – *Place du Général-de-Gaulle – ☎ 04 93 32 80 03 – Juli und Aug.: tgl. 8-1 Uhr; in den übrigen Monaten: tgl. 8-20 Uhr.* Nicht zu verfehlen ist dieses Café, schon allein wegen seiner zentralen Lage. Hier trinken die Bewohner von St-Paul ein Gläschen zwischen zwei Pétanque-Partien. Es gehört zum legendären Hôtel Colombe d'Or, das auf der gegenüberliegenden Seite steht, einst Yves Montand gehörte und in der Vergangenheit weitere illustre Künstlerpersönlichkeiten, z. B. Pablo Picasso, Jacques Prévert u. a., willkommen hieß.

Sport und Freizeit

Tennis Club des Serres – *56 Chemin de Rome – ☎ 04 93 32 85 09 – Tgl. bis Einbruch der Dunkelheit.* Tennisliebhaber können sich in diesem schönen Club mit den Sandplätzen ihrer Leidenschaft hingeben und dabei den Blick auf das Tal und das Mittelmeer genießen – und das für nur 5,34 € pro Person!

Rue Grande – Die Hauptstraße, heute Fußgängerzone, durchquert der Länge nach das Städtchen und ist von wappengeschmückten Häusern mit Lauben und Balkonen (16. und 17. Jh.) gesäumt. Hier gibt es zahlreiche Kunstateliers, Antiquitätengeschäfte und Galerien für Kunst und Kunsthandwerk.
Der markante **Brunnen** in Urnenform mit dem überwölbten Waschhaus verleiht dem kleinen Platz viel Atmosphäre.

Zur Kirche geht man den Treppenweg hinauf, biegt in die erste Gasse rechts und dann wieder links ab.

Église – Das Gewölbe dieser gotischen Kirche aus dem 12. und 13. Jh. wurde im 17. Jh. erneuert, der Glockenturm im 18. Jh. wiederaufgebaut. Schöne Kunstwerke birgt der dreischiffige, von massigen Pfeilern gestützte Innenraum. Am Ende des linken Seitenschiffes ist eine hl. Katharina von Alexandria zu sehen, im prächtigen Purpurmantel, ein Schwert in der Hand. Das Bild wird Tintoretto zugeschrieben. Das schöne geschnitzte Chorgestühl entstand im 17. Jh.
Eine Seitenkapelle rechts, die zugleich das Querschiff bildet, besitzt reiche Stuckdekoration. An der vorderen Altarseite zeigt ein Flachrelief das Martyrium des hl. Klemens. Über dem Altar hängt ein Gemälde der italienischen Schule (17. Jh.): *Der hl. Karl Borromäus bringt seine Werke der Jungfrau dar*; linker Hand die Himmelfahrt Mariens von einem Schüler Murillos.

E. Baret/MICHELIN

Brunnen in der Rue Grande

Die nächste Kapelle enthält eine Madonna mit dem Rosenkranz (1558), wobei man in der Menge der Gläubigen das Gesicht Katharinas von Medici erkennen kann. Der Kreuzweg in Temperamalerei, einer Technik des 16. Jh.s, ist eine zeitgenössische Arbeit. Zum **Kirchenschatz** gehören zahlreiche Stücke aus dem 12. bis 15. Jh. Statuetten, ein Hostiengefäß, Reliquienschreine, ein Prozessionskreuz, eine Maria mit Kind aus vergoldetem Silber (13. Jh.) im Seitenschiff zeugen vom Können der provenzalischen Goldschmiede. Ein kostbares Dokument ist das von König Heinrich III. unterzeichnete Pergament.

Donjon – Im ehemaligen Wohnsitz der Lehnsherren, gegenüber der Kirche, ist das Bürgermeisteramt untergebracht.

Nun kehrt man zur Rue Grande zurück und geht weiter bis zum Südtor (Porte du Sud).

★ **Remparts** – In der Nähe des Südtores der Stadtmauer bietet sich von einer Bastion oberhalb des Friedhofs ein bemerkenswerter **Blick** auf die Alpen, die Halbinsel von Antibes und das Esterelmassiv.
Die Befestigungsanlage wurde kaum verändert, seit Franz I. sie 1537-1547 als Entgegnung auf die Zitadelle Nizzas hatte anlegen lassen. Ab der Südbastion folge man der östlichen Mauer, wobei man teilweise den alten Wehrgang benutzen kann. Bei diesem Spaziergang schweift der Blick über die Orangen- und Blumenhaine des Tals sowie über die Berge und Hügel der Umgebung.

BESICHTIGUNGEN

★★ **Fondation Maeght** ⓥ – Nordwestlich von St-Paul liegt auf dem Colline des Gardettes in wunderschöner Umgebung diese Stiftung für moderne Kunst. Dem Architekten José Luis Sert gelang es, den Bau aus hellem Beton und rotem Backstein der südlichen Landschaft anzupassen und damit einen Rahmen zu schaffen, in den sich die monumentalen Kunstwerke harmonisch einfügen.
Der Besucher betritt zunächst einen Park, dessen Umfassungsmauer mit einem Mosaik von Tal-Coat geschmückt ist. Außerdem sieht man u. a. ein riesiges Stabile von Calder, verschiedene Mobiles, eine Bronzeskulptur von Zadkine, den *Pépin géant* („Riesenkern") von Arp und einen Brunnen mit sich bewegenden Metallrohren von Pol Bury. Die Bernhardskapelle rechts ist mit Fenstern von Ubac und Braque sowie einem Kreuzgang von Ubac ausgestattet. Skulpturen und Keramiken von Miró stehen im Labyrinth eines weiteren Gartens. Ein Mosaik von Braque bildet den Boden eines Bassins, während eines von Chagall die Außenwand der Buchhandlung schmückt.
Das eigentliche **Museum** besteht aus zwei Gebäuden, dazwischen der Giacometti-Hof mit Werken dieses Künstlers *(der ständige Museumsbestand ist während der Dauer der Ausstellungen nicht zugänglich)*. Mehrere Säle, speziell für die

Ausstellung moderner Kunst angelegt, zeigen aus dem beachtlichen Fundus Gemälde, Plastiken, Keramik und Zeichnungen von Braque, Chagall, Léger, Kandinsky, Miró, Giacometti, Bonnard, Bazaine, Hartung, Tapiès, Alechinsky u. a., aber auch von Vertretern der jungen Generation (Adami, Garache, Messagier, Viallat). Eine Buchhandlung, ein Kino und eine Bibliothek ergänzen den künstlerischen Aspekt.
Jedes Jahr werden in der Fondation Maeght bedeutende Ausstellungen gezeigt. Diese können ein bestimmtes Thema oder das Werk eines zeitgenössischen Malers betreffen; manchmal beleuchten sie auch das Schaffen von Schriftstellern, die einen großen Einfluß auf die Kunst ausgeübt haben. So fand z. B. die Ausstellung von 1973 zu Malraux' Werk *Das imaginäre Museum* internationale Beachtung.

Musée d'Histoire locale ⓥ – *Place de la Castre*. Es zeigt einen interessanten Abriß der Geschichte der Gemeinde. Acht Bilderszenen mit lebensgroßen Figuren verdeutlichen die historischen Etappen, die oft gleichzeitig die Geschichte der Provence prägten. Der Rundgang beginnt mit einer Szene, die die Ankunft des Grafen von Provence, Raimond Bérenger V., in St-Paul im Jahre 1224 zeigt. Es folgen der Besuch von Königin Johanna und Franz I. anläßlich des „Waffenstillstands von Nizza". Der Anwesenheit Vaubans ist die Einbindung des Dorfs in das Grenzfestungssystem zu verdanken. Eine Darstellung örtlicher Episoden aus dem Krieg zwischen französischen Republikanern und der österreichisch-sardischen Koalition rundet die Bilderschau ab. Die Lokalchronik erhält eine etwas zeitgenössischere Note durch die Fotoausstellung von Berühmtheiten, die in St-Paul weilten.

ST-RAPHAËL*

30 671 Einwohner

Michelin-Karte Nr. 340 P 5, Nr. 114 Falte 25, Nr. 115 Falte 33 oder Nr. 245 Falte 36

Kartenskizzen Massif de l'ESTEREL, S. 156, und Massif des MAURES, S. 217

Aufgrund seiner geschützten Lage an der Bucht von Fréjus, am Fuß des Esterelmassivs, ist St-Raphaël das ganze Jahr über ein beliebter Ferienort. Sein alter Hafen in einer Bucht, die sogar Kriegsschiffen zugänglich ist, wird für Fischerei und Handel genutzt, während die beiden Jachthäfen südöstlich der Stadt, darunter der Hafen **Santa-Lucia**, bis zu 1 800 Boote aufnehmen können.

HINTERGRUNDINFOS

Die Anfänge – Wie Fréjus ist St-Raphaël eine Tochter Roms. Wo heute das Kasino steht, entstand damals ein römischer Luftkurort für reiche Familien aus Fréjus, terrassenförmig an den Hang gebaut, mit Thermen, Fischteich und schmückenden Mosaiken.
Im Mittelalter plünderten maurische Seeräuber die Villen. Nach ihrer Vertreibung Ende des 10. Jh.s überließ der Graf von Provence die verwüsteten Ländereien den Abteien von Lérins und St-Victor in Marseille.
Die Mönche erbauten um die Kirche ein Dorf, das man im 12. Jh. der Obhut der Tempelritter anvertraute. Im 18. Jh. lebten die Bauern und Fischer von St-Raphaël da, wo sich heute die Altstadt ausbreitet. Wegen der dort grassierenden Malaria wurden sie „Bleichgesichter" genannt.
Nachdem Korsika 1768 an Frankreich angegliedert worden war, wurde der Hafen von St-Raphaël vorübergehend zum Ausgangspunkt einer Schiffsverbindung mit der Insel.

Zwei Künstler, die den Aufschwung des Seebades betrieben – Der in Frankreich bekannte Journalist und Gesellschaftskritiker **Alphonse Karr** (1808-1890), eine extravagante Persönlichkeit, verfaßte seine Angriffe gegen Napoleon III. zunächst von Nizza aus, wo er im Exil lebte. Seine leidenschaftliche Betätigung als Gärtner führte ihn nach St-Raphaël, wo er sich 1864 niederließ und in der Villa **Maison Close** lebte. Seinen begeisterten Schilderungen folgten bald Pariser Künstlerfreunde und Schriftsteller wie Alexandre Dumas, Maupassant, Berlioz und Gounod. In der Folgezeit verwandelte der Bürgermeister des Ortes, der Tiefbauingenieur **Félix Martin**, das Dorf in ein schickes Seebad mit Sommerresidenzen. Er schuf außerdem durch den Bau einer kleinen Küstenbahn eine Verbindung zwischen St-Raphaël und Hyères, das sich zu jener Zeit ebenfalls zu einem Bedeutenden Seebad entwickelte. Der von ihm ausgewählte Architekt Pierre Aublé prägte das Stadtbild des Ortes ganz nach den im 19. Jh. vorherrschenden städtebaulichen Vorstellungen.
Berühmte Gäste schufen während ihres Aufenthaltes in St-Raphaël bedeutende Werke: Charles Gounod komponierte hier 1869 *Romeo und Julia*, F. Scott Fitzgerald schrieb *Zärtlich ist die Nacht*, und Felix Ziem malte einige seiner Gemälde.

ST-RAPHAËL IM ÜBERBLICK

Der alte Ortskern ist einer der wenigen, die noch in ihrer Gesamtheit als geschlossenes Beispiel für die Architektur eines Seebades aus der Zeit um die Jahrhundertwende erhalten sind.

Strandpromenade – Besonders belebt sind am alten Hafen der Cours Jean-Bart und der Quai Albert-1er, deren breite Bürgersteige zahlreiche Geschäfte und Restaurants säumen.

TIPS UND ADRESSEN

Verkehrsmittel

Schiffahrten nach St-Tropez kann man von dem alten Hafen aus unternehmen. Sie dauern 50 Min. und kosten 16,77 € hin und zurück. Zwei Fahrten täglich außerhalb der Saison (außer Fr) und fünf im Sommer. Auskünfte am Bootshafen unter ☎ 04 94 95 17 46. Darüber hinaus werden Ausflüge ins Esterelmassiv und zu den Îles de Lérins angeboten.

Gastronomie

Gut und preiswert

La Sarriette – *45 Rue de la République* – ☎ *04 94 19 28 13* – *22.-30. Dez., So-abend und Mi geschl.* – *10,52/13,42 €*. Fern von den Menschenmassen, die sich am Meer tummeln, ganz in der Nähe des Marché de la République befindet sich unter einer mächtigen Platane die schöne Terrasse dieses farbigen Hauses. Die Küche ist preiswert und, wie die beiden Gasträume, provenzalisch inspiriert.

Unsere Empfehlung

Pastorel – *54 Rue de la Liberté* – ☎ *04 94 95 02 36* – *14.-21. Mai, Nov., mittags im Aug., So-abend und Mo geschl.* – *25,92/32,01 €*. Wenn Sie einen sympathischen und ruhigen Ort fern des Verkehrs suchen, sollten Sie hierher kommen. Dieses Restaurant besitzt eine im Schatten einer Pergola verborgene Terrasse, auf der Sie in wohliger Atmosphäre provenzalische Gerichte genießen können.

Unterkunft

Gut und preiswert

Hôtel Bellevue – *22 Boulevard Félix-Martin* – ☎ *04 94 19 90 10* – P – *20 Z: 44,97 €* – ☕ *3,81 €*. Die Lage dieses kleinen und einfachen Hotels unweit von Kasino und Strand ist günstig. Die einfach eingerichteten Zimmer sind klimatisiert und gut geräuschisoliert. Für den Ort erschwingliche Preise.

Spitzenkategorie

Sol e Mar – *Route de la Corniche-d'Or* – *83530 Agay* – *6 km von St-Raphël über die N 98* – ☎ *04 94 95 25 60* – *16. Okt.-6. Apr. geschl.* – *46 Z: 83,85/117,39 €* – ☕ *7,62 €* – *Rest. 23/35 €*. Dem Meer gegenüber steht dieses Hotel aus den 60er Jahren mit seinen Meerwasser-Swimmingpools. Alle seine Zimmer sind funktionell und bequem eingerichtet und zeigen auf die Île d'Or und das Cap du Dramont.

Ausgehtips

In St-Raphaël gibt es wie im benachbarten Fréjus unzählige Unterhaltungsmöglichkeiten für groß und klein: Kasino, Golf, Wassersport usw. Auch bei Nacht reißen die Aktivitäten nicht ab, Pubs, Bars und Eissalons sorgen dafür.

The Loch Ness – *15 Avenue de Valescure* – ☎ *04 94 95 99 49* – *Tgl. 7-1 Uhr; während der Schulferien: 7-4 Uhr.* Dekor „made in Scotland" in diesem schönen Pub, der einer der beliebtesten der Region ist. Große Auswahl an frisch gezapftem Bier.

Casino de St-Raphaël – *Square Gand* – ☎ *04 98 11 17 77* – *Juli und Aug.: tgl. 10-5 Uhr; in den übrigen Monaten: 10-4 Uhr.* Das Kasino wurde 1881 am Standort einer römischen Villa erbaut. Über 100 Spielautomaten und traditionelle Glücksspiele stehen zur Verfügung. Abends Pianobar.

Palais des Congrès – *Jachthafen Santa-Lucia* – ☎ *04 98 11 89 00* – *Je nach Veranstaltung geöffnet.* Im Kongreßpalast gibt es Theater- und Ballettvorstellungen sowie Konzerte klassischer Musik.

Sport und Freizeit

Golf de Valescure – *Avenue des Golfs* – ☎ *04 94 82 40 46* – *Juli und Aug.: tgl. 8-20 Uhr; Mai, Juni, Sept. und Okt.: 8-19 Uhr; Nov. bis Apr.: 8-17 Uhr.* Zu diesem schönen 18-Loch-Platz gehören ein Restaurant, das in einem entzückenden Haus eingerichtet wurde, ein Hotel und eine Bar.

École de Cirque – *Cap Esterel Village* – ☎ *04 94 82 58 12* – *www.capesterel.com* – *Mo-So 9-12 Uhr und 16-18 Uhr.* Zirkusprofis bringen den Schülern die Geheimnisse des Metiers (Trapez, Seiltanz, Jonglieren, Trampolin usw.) bei. Einzelstunden und längerfristige Kurse möglich.

Shopping

Markt – Täglich auf dem Place de la République und dem Place Victor-Hugo. Der Fischmarkt findet im alten Hafen statt.

ST-RAPHAËL

Aicard (R. J.) .... Z 2
Albert-Ier (Quai) .... Z 3
Allongue (R. Marius) .... Y 5
Barbier (R. J.) .... Z 6
Basso (R. Léon) .... Y 7
Baux (R. Amiral) .... Y 9
Carnot (Pl.) .... Y 10
Coty (Promenade René) .... Z 13
Doumer (Av. Paul) .... Z 14
Gambetta (R.) .... Y 15
Gounoud (R. Ch.) .... Z 17
Guilbaud (Cours Cdt) .... Y 18
Karr (R. A.) .... Y 21
Libération (Bd de la) .... Z 22
Liberté (R. de la) .... Y 23
Martin (Bd Félix) .... YZ 24
Péri (Pl. Gabriel) .... Y 26
Remparts (R. des) .... Y 28
Rousseau (R. W.) .... Y 30
Vadon (R. H.) .... Z 31

Musée archéologique .... Y M

Die Statue vor dem Kasino, *Der Bürgerwehrsoldat*, ist ein Geschenk der Stadt Gent. Die Promenade René-Coty und der Boulevard du Général-de-Gaulle, von Platanen und Palmen bestanden, bieten einen reizvollen **Ausblick** auf das Meer und die beiden roten Felsen, „Landlöwe" und „Seelöwe" genannt. Hier gelangt man zum Jachthafen, wo Terrassen, Restaurants und Boutiquen zum Verweilen einladen.

Villen – Durch die Umgestaltung des Wohnviertels zwischen der Promenade René-Coty und der Rue Alphonse-Karr sind zahlreiche exotisch verzierte oder im Stil der normannischen Chalets gehaltene Fassaden verschwunden. Dennoch kann man auf der Promenade René-Coty die üppig verzierte Villa Roquerousse (1900) bewundern. Auch am Boulevard Félix-Martin sind einige interessante Fassaden erhalten: bemerkenswert der orientalische Charme der Villa Sémiramis, der Keramikschmuck der Villa Paquerettes und etwas weiter die Villa Oustalet dou Capelan (provenzalisch für „Haus des Pfarrers"), wo man noch den Geist von Gounod zu verspüren meint. Auch auf dem Plateau Notre-Dame und dem Hügel St-Sébastien befinden sich zahlreiche sehenswerte Villen, deren Gartenanlagen und Treppenaufgänge die klassizistische Inspiration ihrer Erbauer im Sinne Palladios deutlich machen.

Église Notre-Dame-de-la-Victoire-de-Lépante – Die eigenwillige Kirche im neobyzantinischen Stil wurde 1883 von Pierre Aublé, dem Architekten zahlreicher Villen in der Stadt, errichtet. Auf Wunsch des aus Griechenland stammenden Erbauers wurde sie auf diesen Namen geweiht.

Quartier de Valescure – Das Stadtviertel auf dem rechten Garonne-Ufer wurde früher von ausländischen Badegästen besonders geschätzt. 1880 ließ der Direktor der Pariser Oper, Carvalho, dort nach den Ratschlägen von Charles Garnier einen Park anlegen, der mit Überresten des Palais des Tuileries aus Paris durchsetzt ist. An der Kreuzung der Rue Allongue und der Rue du Général-Leclerc kann man einen ebenfalls aus den Tuilerien stammenden Brunnen sehen, der auf diese Weise der Zerstörung entkam.

Église St-Pierre-des-Templiers (oder St-Raphaël) – Die einschiffige Kirche im provenzalisch-romanischen Stil (12. Jh.) wurde auf den Fundamenten eines vorromanischen Gebäudes mit basilikalem Grundriß erbaut, wie man kürzlich bei Ausgrabungen herausfand. Sie diente der Bevölkerung bei Piratenüberfällen als Zuflucht und Festung. An die militärischen Bauten der Tempelritter erinnert noch der Wachtturm anstelle der südlichen Chorkapelle.

Eine Seitenkapelle enthält einen heidnischen Altar aus rotem Sandstein, der dem modernen Altartisch als Sockel dient. Die Petrusfigur aus vergoldetem Holz wird bei der Augustprozession von den Fischern bis zum Seelöwenfelsen getragen.
In der Nähe der Kirche sind Reste eines römischen Aquäduktes zu sehen, über das die Stadt mit Wasser versorgt wurde.

BESICHTIGUNG

Die nördlich vom Bahnhof gelegene Altstadt erstreckt sich hinter dem Rathaus in einem Gebiet, das früher von einer Befestigungsmauer umgeben war. Reste dieser Stadtbefestigung sind heute noch entlang der Rue Allongue und im Park des archäologischen Museums sichtbar; die Rue des Remparts folgt ihrem Verlauf.

Musée archéologique ⓥ – Als alter Land- *(Via Aurelia)* und Seeverkehrsknotenpunkt (zwischen *Massalia* und den Handelsniederlassungen des westlichen Mittelmeers) ist St-Raphaël eine ergiebige Fundgrube an Altertümern, die im Archäologischen Museum untergebracht sind.
Eine reiche **Amphorensammlung★** wird in den Räumen des Erdgeschosses gezeigt, zeitlich geordnet vom 5. vorchristlichen bis zum 5. nachchristlichen Jahrhundert. Eine interessante Rekonstruktion veranschaulicht, wie ein römisches Schiff beladen wurde. Im Garten steht ein Meilenstein aus dem 3. Jh. v. Chr., der am Cap Roux gefunden wurde. Der Technologie-Saal zeigt Prototypen von Hochseetauchgeräten und Unterwasserkameras sowie die Technik, altes, im Wasser gelagertes Holz zu behandeln und zu konservieren.
Zwei Säle im zweiten Stock enthalten im Esterelmassiv geborgene frühgeschichtliche Fundgegenstände aus der Altsteinzeit und der Bronzezeit. Ein Saal im ersten Stock ist den Dolmen und Menhiren aus dem östlichen Teil des Var gewidmet.

UMGEBUNG

Boulouris – Das kleine Seebad mit seinen von Gärten umgebenen und in Kiefernwäldchen verstreut liegenden Villen besitzt einen Jachthafen und mehrere kleine Strände.

Agay – Das Seebad liegt am Rand einer tiefen Bucht, der geschütztesten des Esterelmassivs. Ligurer, Griechen und Römer haben sie gekannt und aufgesucht; auf dem Meeresgrund wurden römische Amphoren gefunden, die wahrscheinlich von einem hier vor 2 000 Jahren gesunkenen Schiff stammen.
Der Ort, den der **Rastel d'Agay** mit herrlich roten Prophyrwänden überragt, verfügt über einen weiten, sonnigen Strand, der sich bis zu einer kleinen Mole erstreckt; dahinter beginnt ein schattiger, stärker besuchter Strand.
Der französische Pilot und Schriftsteller Antoine de St-Exupéry war oftmals während der Sommermonate in Agay anzutreffen. Er heiratete 1932 ein Mädchen aus dem Dorf, deren Bruder, Pierre d'Agay, in der Gegend sehr bekannt war.

Anthéor – Hinter dem kleinen Ort erheben sich die roten Gipfel des Pic du Cap-Roux. Kurz vor der Pointe de l'Observatoire ergibt sich ein **Blick** nach links auf die roten Felswände des Rocher de St-Barthélemy und des Pic du Cap-Roux. Bald zweigt die Zufahrtsstraße zum Pic du Cap-Roux *(s. unter Massif de l'ESTEREL,* 4*)* ab.

★ **Le Trayas** – Das Dorf besteht aus zwei Ortsteilen; der eine ist an bewaldeten Hängen gelegen, der andere am Meeresrand. In Buchten und schmalen Calanques liegen mehrere Strände, von denen der in der Bucht von La Figueirette am ausgedehntesten ist. Im 17. Jh. war diese Bucht ein reicher Thunfischgrund; die im Meer ausgelegten Netze blieben dort vier Monate lang; zu ihrer Überwachung gab es am Ufer einen Turm.

Antoine de St-Exupéry

St-Exupéry wurde 1900 in Lyon geboren, ging in eine Jesuitenschule und studierte an der Universität Freiburg in der Schweiz. Schon früh interessierte er sich für die Fliegerei und trat 1921 der französischen Luftwaffe bei, die er jedoch fünf Jahre später wieder verließ, um für private Luftfahrtgesellschaften zu arbeiten. Kurz darauf entdeckte er sein schriftstellerisches Talent und begann 1928 zu schreiben. Sein zweiter Roman *Vol de Nuit* (dt. „Nachtflug") erhielt 1931 von der Académie Française einen Literaturpreis. Bekannt wurde er dem breiten Publikum jedoch durch das Märchen *Le Petit Prince* (dt. „Der kleine Prinz", 1943), das besonders unter Kindern und Jugendlichen großen Erfolg hatte. Während des Zweiten Weltkriegs diente er als Flugausbilder und unternahm mehrere Aufklärungsflüge über den Süden Frankreichs. Von einem dieser Flüge kehrte er am 31. Juli 1944 nicht mehr zurück. Einige Tage später wurde er offiziell für vermißt erklärt, doch sein Leichnam konnte bis heute nicht aus dem Mittelmeer geborgen werden. 1998 wurde im Mittelmeer ein silbernes Armband mit Gravur gefunden, von dem man annimmt, daß es St-Exupéry gehörte.

ST-TROPEZ★★

5 444 Einwohner
Michelin-Karte Nr. 340 O 6, Nr. 114 Falte 37 oder Nr. 245, Falte 49
Kartenskizzen weiter unten S. 313 und Massif des MAURES, S. 217

Am Südufer einer der schönsten Buchten der Côte d'Azur, gegenüber von Ste-Maxime, liegt die kleine Hafenstadt, die im Osten durch ein Kap mit Zitadelle von der hübschen Baie des Canébiers getrennt ist. Dieses St-Tropez machten Presse, Schriftsteller und Künstler, insbesondere aus dem Showgeschäft, zu einem der mondänsten sommerlichen Treffpunkte Europas.

HINTERGRUNDINFOS

Die Republik St-Tropez (15.-17. Jh.) – 1470 akzeptierte der Groß-Seneschall der Provence das Angebot eines Genueser Edelmannes, sich mit 60 Familien in St-Tropez niederzulassen, das seit dem späten 14. Jh. verwüstet war. Gegen völlige Steuerfreiheit verpflichtete er sich zu Wiederaufbau und Verteidigung der Stadt. Es folgte ein rascher Aufschwung; St-Tropez wurde eine Art kleine Republik, verwaltet von der Versammlung der Familienväter und später von zwei Konsuln und 12 gewählten Beratern.

Der Bailli de Suffren (18. Jh.) – Pierre-André de Suffren de St-Tropez wurde 1729 in St-Cannat, in der Nähe von Aix-en-Provence, geboren; das Haus seiner Eltern stand jedoch in St-Tropez. Als Landvogt *(Bailli)* diente er im Malteser-Orden und danach in der Königlichen Marine. 55jährig, er war noch immer nur Kapitän, erhielt er das Oberkommando über fünf Schiffe, die Verstärkung nach Indien bringen sollten – eine erfolgreiche Kampagne, die für Suffren anläßlich des Friedens von Versailles mit dem Admiralstitel endete; er starb 1788 im Alter von 59 Jahren. Seine Heimatstadt hat ihm am heutigen Quai Suffren ein Denkmal gesetzt.

Die „Bravades" – Alljährlich finden zwei *Bravades* statt. Die erste dieser Veranstaltungen entwickelte sich Ende des 15. Jh.s aus einer einfachen Prozession zu Ehren des hl. Tropez zu ihrer heutigen Form: Am 16., 17. und 18. Mai wird eine vergoldete Holzbüste des Heiligen durch die Stadt getragen, die durch das vom Stadtrat gewählte Oberhaupt sowie das Bravade-Corps, eine aus der alten Stadtmiliz hervorgegangene Bruderschaft, begleitet wird. Eine große Menge Fremder wohnt diesem malerischen Ereignis bei.
Die zweite Veranstaltung entstand aus einer stadtgeschichtlichen Episode: Am 15. Juni 1637 versuchten 22 spanische Galeeren, St-Tropez zu überfallen und vier im Hafen ankernde königliche Schiffe zu kapern. Dank der energischen Verteidigung durch die Bürgerwehr wurde der Gegner erfolgreich in die Flucht geschlagen.

S. Sauvignier/MICHELIN

St-Tropez: klein, aber fein

Der Ruhm – Ende des 19. Jh.s lag der hübsche verträumte Ort abseits der Touristenziele, nur durch ein Schmalspurbähnchen mit dem Umland verbunden. Im Hafen schaukelten neben Fischerbooten die mit Sand und Wein beladenen einmastigen Tartanen. Damals entdeckte Maupassant St-Tropez.
Vorwiegend aber waren es nach Paul Signac die Maler, die diesen Ort bekannt machten. Zwischen den beiden Weltkriegen hielt sich die Schriftstellerin Colette hier in ihrem Haus „La Treille Muscate" (auch ein Buchtitel) auf; man traf auch Politiker, den Modeschöpfer Paul Poiret und später Jean Cocteau.
In den 50er Jahren kam St-Tropez vor allem in den literarischen Kreisen von St-Germain-des-Prés (Paris) in Mode, dann beim Film und seinem breiten Publikum, was der Stadt ihr internationales Renommee und ihre heutige Beliebtheit einbrachte.

ST-TROPEZ IM ÜBERBLICK

★★ **Port** – Im Hafen schlägt das Herz von St-Tropez: Neben kleinen Fischer- und Ausflugsbooten liegen unzählige Jachten – von der bescheidensten bis zum Luxusschiff – vor Anker. An den Kais und in den benachbarten Straßen beherbergen rosa und gelb getünchte alte Häuser die großen Cafés und Konditoreien, Kabaretts, Restaurants, teure Geschäfte, Galerien und Antiquitätenhandlungen. Mindestens ebenso pittoresk ist jedoch das wahrhaft internationale Publikum, das sich während der Saison hier ein Stelldichein gibt.

TIPS UND ADRESSEN

St-Tropez ist eine Stadt, die zwei Rhythmen kennt. Im Sommer ist es die Stadt der Shows, Jachten, Luxushotels und Verkehrsstaus; im Winter wirkt es wie eine Geisterstadt. In der Tat stellt man am 11. November, in Frankreich ein Feiertag, an dem man des Waffenstillstandes von 1918 gedenkt, die sommerlichen Aktivitäten ein. Die meisten Hotels, Restaurants und Lokale schließen dann und öffnen ihre Pforten erst im April wieder. Viel bleibt nicht übrig, aber man kann immer noch auf der berühmten Terrasse des Sénéquier eine *Tarte tropézienne* zu sich nehmen, die einen vielleicht über die Regenmonate hinwegtröstet ...

Verkehrsmittel

Schiffsausflüge mit der Gesellschaft MMG – ☎ *04 94 96 51 00*. Regelmäßige Verbindungen ab St-Tropez nach Ste-Maxime: Apr.-Ende Okt. 10,21 € hin und zurück; nach Les Issambres: Juli-Ende Aug. 10,67 € hin und zurück; nach Port-Grimaud: Juli-Mitte Sept. 8,84 € hin und zurück. Zur Baie des Canébiers: 15.30 Uhr ab St-Tropez (8,38 € hin und zurück) sowie 17 Uhr ab Ste-Maxime (11,43 € hin und zurück).

Gastronomie

Unsere Empfehlung

Régis Restaurant – *19 Rue de la Citadelle – ☎ 04 94 97 15 53 – 10. Okt.-1. Apr. geschl. – ⊠ – 19/30 €*. Sehr unterschiedlich zubereitet sind die Nudelgerichte in diesem Restaurant, das an eine steile Gasse des alten St-Tropez geklebt zu sein scheint. Man kann sich auf der Terrasse oder in einem der kleinen weißen Gasträume niederlassen.

La Cantina el Mexicano – *16 Rue des Remparts – ☎ 04 94 97 40 96 – Nov. bis März und mittags geschl. – 24/34 €*. Kosten Sie zwischen zwei Tequilas die reichhaltige mexikanische Küche in mittelamerikanisch-farbigem Ambiente, das durch religiöse Statuetten, eine Vasensammlung u. a. seine Note erhält. Selbst die Toiletten verdienen einen Besuch. Junge, lockere Atmosphäre.

Leï Salins – *Plage des Salins – ☎ 04 94 97 04 40 – www.lei-salins.com – 15. Okt.-31. März geschl. – 30/50 €*. In diesem nach allen vier Seiten offenen Strandrestaurant gibt es Salate und tagesfrischen Fisch, der vor den Augen der Gäste gegrillt wird. Das Vergnügen, hier eine Pause zu machen, wird durch die schöne Lage des Lokals gegenüber dem Meer nur noch größer.

Spitzenkategorie

La Table du Marché – *38 Rue Georges-Clemenceau – ☎ 04 94 97 85 20 – www.christophe-leroy.com – 15. Nov.-6. Apr. geschl. – 38,11/53,36 €*. Zu jeder Tageszeit kann man sich in diesem Lokal, einer Mischung aus Feinkostgeschäft und Bistro, in der Nähe des Place des Lices stärken. Vom Frühstück über die Nascherei am Nachmittag – köstliche Pâtisserien, darunter der berühmte *Gendarme de St-Tropez* –, man findet garantiert immer etwas. Schöner, altmodischer Gastraum und Laden mit ausgewählten Produkten der Region.

Leï Mouscardins – *Am Hafen (Tour du Portalet) – ☎ 04 94 97 29 00 – Nov. bis Febr., mittags im Juli und Aug. und Mi von Sept. bis Mai geschl. – 57,93 €*. Eine Adresse, die man kennen sollte. In diesem etwas vom Hafen zurückgesetzten, renommierten Restaurant in der Nähe des Tour du Portalet wird eine kreative mediterrane Kochkunst gepflegt, die schon zahlreiche Feinschmecker begeistert hat. Die beiden Gasträume zeigen auf den Golf von St-Tropez.

Unterkunft

Unsere Empfehlung

Hôtel Lou Cagnard – *Avenue P.-Roussel – ☎ 04 94 97 04 24 – 6. Nov.-27. Dez. geschl. – 19 Z: 47,26/89,94 € – ☕ 6,86 €*. Es macht großen Spaß, sein Frühstück in einem Garten im Schatten von Maulbeerbäumen einzunehmen, so wie es in diesem in einem kleinen provenzalischen Dorfhaus eingerichteten Hotel (unweit des Place des Lices) möglich ist. Zikaden sorgen für die musikalische Untermalung. Zivile Preise für St-Tropez.

Spitzenkategorie

Hôtel Sube – *15 Quai Suffren – ☎ 04 94 97 30 04 – Jan. geschl. – 28 Z: 90/230 € – ☕ 9,91 €*. Für Nachtschwärmer ist dieses Hotel gegenüber dem großen Hafenbecken und seinen Schiffen genau das Richtige. Schlicht eingerichtete Zimmer provenzalischer Inspiration. Im Obergeschoß große englische Bar, die mit Fotos von Segelschiffen dekoriert und mit Ledersesseln und Kamin ausgestattet ist.

Bastide des Salins – *4 km südöstlich von St-Tropez – ☎ 04 94 97 24 57 – 11. Okt.-31. März geschl. – 14 Z: 213,43/335,39 € – ☕ 10,67 €.* In dieser alten Bastide inmitten eines großen Gartens wird man Sie wie einen Freund empfangen. Das Hotel wirkt abgelegen, befindet sich aber kaum 5 Min. vom Place des Lices entfernt. Die großen provenzalischen Zimmer mit ihrem schlichten Mobiliar werden Sie bestimmt nicht enttäuschen.

Hôtel Ponche – *Place Révelin – ☎ 04 94 97 02 53 – 5. Nov.-31. März geschl. – 18 Z: 213,43/304,90 € – ☕ 15,24 € – Rest. 30/38 €.* Romy Schneider liebte ihr blaues Zimmer mit der Dachterrasse zwischen Zitadelle und Glockenturm. Das aus vier alten Fischerhäusern zusammengesetzte, behagliche Hotel besitzt den ganzen Zauber provenzalischer Häuser. Raffinierte Details und Farbgebung werden Sie begeistern.

Hôtel Byblos – *Avenue P.-Signac – ☎ 04 94 56 68 00 – Mitte Okt.-Mitte Apr. geschl. – 76 Z: 320,14/762,25 € – ☕ 21,34 €.* Das Hotel der Milliardäre, der Stars und Nachtschwärmer ist wie ein Dorf aufgebaut, mit farbig verputzten Häusern, mit Innenhöfen und kleinen Plätzen. Bei Tag und Nacht herrscht zwischen dem Swimmingpool, den Restaurants und dem berühmten Nachtclub Les Caves du Roy reges Kommen und Gehen.

Cafés, Kneipen und Bars

Bar du Château de la Messardière – *Route de Tahiti – ☎ 04 94 56 76 00 – hotel@messardiere.com – Apr. bis Okt.: tgl. ab 18 Uhr.* Diese renommierte Bar gehört zu einem der berühmtesten Hotels am Mittelmeer. Die Atmosphäre in der Pianobar der ehemaligen Familienvilla aus dem 19. Jh. ist gedämpft vornehm. Von der Terrasse Blick auf den Golf von St-Tropez.

Chez Nano – *2 Rue Sibille – ☎ 04 94 97 72 59 – Tgl. 19-3 Uhr.* Eine Institution in St-Tropez. Jachtbesitzer und wohlhabende Urlauber lieben Chez Nano, wo man in behaglichem Ambiente seinen Drink zu sich nehmen kann. Gemäldeausstellungen.

Café de Paris – *15 Quai Suffren – ☎ 04 94 97 00 56 – Mai bis Sept.: tgl. 7-2 Uhr; Okt. bis Apr.: tgl. 7-23 Uhr.* Die In-Bar von St-Tropez. Jeunesse dorée und Schöne und Reiche treffen sich in dem neuen Dekor aus Lüstern und roten Veloursssesseln. Im Sommer werden in einem Anbau, dem „Living Room", Sushis und Cocktails angeboten.

Les Caves du Roy – *Avenue du Maréchal-Foch – ☎ 04 95 56 68 00 – www.byblos.com – Apr. und Mai, Mitte Sept.-Mitte Okt.: Fr-Sa 23-5 Uhr, Juni-Mitte Sept.: tgl. 23-5 Uhr.* Eine der „hippesten" Diskotheken der Côte d'Azur. Hollywoodstars, Aristokraten aus Europa und Topmodels – und Sie? – geben sich hier ein Stelldichein!

Bar Sube – *15 Quai Suffren – ☎ 04 94 97 30 04 – Tgl. 18-23 Uhr, Juli und Aug.: bis 3 Uhr.* Eine der schönsten Bars der Stadt. Schiffsmodelle, Kamin und Ledersessel schaffen eine gemütliche Atmosphäre. Auf dem Balkon stehen kleine Tische, schöner Blick auf den alten Hafen.

Kelly's Traditional Irish Pub – *Quai Frédéric-Mistral – ☎ 04 94 54 89 11 – Tgl. 10.30 Uhr bis zum Morgengrauen.* Kleiner Pub in einem reizenden Keller. Unschätzbarer Vorteil: Die Preise sind niedriger als in den anderen Lokalen. Große Auswahl an Biersorten.

Für zwischendurch

Chez Fuchs – *7 Rue des Commerçants – ☎ 04 94 97 01 25 – Sept. bis Juni: tgl. 7-22 Uhr, Juli und Aug.: tgl. 7-0 Uhr.* In diesem Lokal treffen sich alte Freunde und Stammgäste auf einen Pastis und eine Zigarre (das Haus besitzt einen Zigarrenkeller) oder zum Essen – denn Mme Fuchs bereitet auch schmackhafte provenzalische Gerichte zu!

La Tarte Tropézienne – *36 Rue Georges-Clemenceau – ☎ 04 94 97 71 42 – Tgl. 7-20 Uhr.* In dieser Pâtisserie wurde 1955 von dem Polen Alexandre Micka die berühmte *Tarte tropézienne* erfunden, eine mit Orangenwasser parfümierte und mit Puddingcreme gefüllte Brioche.

Sénéquier – *Quai Jean-Jaurès – ☎ 04 94 97 00 90 – Tgl. 8-19 Uhr; Juli und Aug.: 8-3 Uhr.* Die Terrasse und die roten Stühle dieser Konditorei mit Café sind weltberühmt. Colette, Jean Cocteau, Jean Marais, Errol Flynn und viele andere kamen, um hier am Hafen einen Eiskaffee zu trinken oder das hausgemachte Nougat zu kosten.

Shopping

Les Sandales Tropéziennes – *16 Rue Georges-Clemenceau – ☎ 04 94 97 19 55 – www.nova.fr – Okt. bis März: Di-Sa 9.30-12 Uhr und 14.30-18.30 Uhr; Apr. bis Sept.: tgl. bis 20 Uhr.* Das Atelier Rondini stellt seit 1927 die sogenannte *Sandale tropézienne* her. Es gibt verschiedene Typen dieser St-Tropez-Sandalen; die meistverkaufte ist aus Naturleder, es gibt aber auch welche aus Schlangenleder.

Märkte – Dienstags und samstags auf dem Place des Lices.

Wein- und Kostproben

Domaine du Bourrian und Domaine de Pin Pinon – *2496 Chemin du Bourrian – 83580 Gassin – ☎ 04 94 56 16 28 – www.domainedubourrian.com / www.domainedepinpinon.com – Jan. und Febr.: 8-12 Uhr und 14-18 Uhr; März bis Okt.: 8-12 Uhr und 14.30-19 Uhr; Nov. und Dez.: 8-12 Uhr und 13-17 Uhr.* Die Domaine Bourrian ist eines der ältesten Weingüter der Halbinsel von St-Tropez. Seit drei Generationen erzeugt die Familie Chapelle hier, am ehemaligen Standort eines römischen Dorfes, wie auch in der Domaine de Pin Pinon, Landweine aus dem Maurenmassiv *(Vins de Pays des Maures)* und Weine mit geprüfter Herkunfsbezeichnung *(Appellation d'Origine contrôlée, AOC)* der Region Côtes-de-Provence.

Sport und Freizeit

Artemis – *Route des plages – ☎ 04 94 97 86 69 – artemis-stk@wanadoo.fr – Juli und Aug.: Mo-Sa 9-21 Uhr; Sept. bis Juni: Mo-Fr 9-20 Uhr, Sa 9-14 Uhr.* Einmalig in Frankreich ist das System in diesem Fitneßstudio, in dem ein Computer Ihr Trainingsprogramm nach Ihren Vorgaben (Abnehmen, Entspannung, Muskelaufbau etc.) festlegt. Weitere Verwöhnangebote für den Körper können ebenfalls in Anspruch genommen werden.

Maison du Tourisme du Golfe de St-Tropez – *83580 Gassin – ☎ 04 94 55 22 00.* Das Fremdenverkehrsamt gibt eine Broschüre mit den Adressen sämtlicher Tauchclubs am Golf von St-Tropez heraus.

Die Strände von St-Tropez – Die feinen Sandstrände von St-Tropez erstrecken sich zwischen kleinen Felsbuchten und sind geradezu paradiesisch. Der nächstliegende ist der Plage de la Bouillabaisse *(1 km über ① des Plans)*. Der **Plage des Graniers** *(Zufahrt über die Rue Cavaillon)* liegt östlich der Stadt in der Bucht zwischen Zitadelle und Cap St-Pierre. Weiter östlich befindet sich der **Plage des Salins** *(4,5 km, Zufahrt über die Avenue Foch)*. Die schönsten und beliebtesten sind allerdings die feinkörnigen und vor dem Mistral gut geschützten **Plages de Pampelonne**, die größtenteils mit Konzessionen belegt und daher gebührenpflichtig sind; es gibt jedoch auch einige öffentliche, gebührenfreie Zugänge. An mehreren Stellen befinden sich im Sommer bewachte Strände. Entlang der Baie des Canébiers reihen sich die Villen der Berühmtheiten, darunter „La Hune" (Paul Signac), „La Treille Muscate" (Colette) und „La Madrague" (Brigitte Bardot).

AUF ENTDECKUNGSTOUR

Môle Jean-Réveille – Reizvoller **Blick★** auf St-Tropez: Man sieht den Tour du Portalet, den Hafen, die Stadt mit ihrer Zitadelle; die Bucht, Grimaud und seine Burgruine; Beauvallon, Ste-Maxime, das Cap des Sardinaux, die Landspitze von Les Issambres, Le Dramont, das Esterelmassiv mit dem Pic du Cap-Roux; bei klarer Sicht erkennt man sogar die Alpen.

Quartier de la Ponche – In diesem Viertel geht man vom Quai Jean-Jaurès zum Place de l'Hôtel-de-Ville, wo sich links das mächtige **Château de Suffren des Seigneurs de St-Tropez** (16. Jh.) erhebt. Hinter dem Rathaus links gelangt man zur Anse de la Glaye; die Rue de la Ponche führt durch ein altes Tor zum Strand, wo beim Alten Turm (Tour Vieille) die Fischerboote im Wasser schaukeln. Diese beiden Winkel wurden schon immer von Malern als Motive bevorzugt.

Kehren Sie um und biegen Sie links in die Rue du Commandant-Guichard ein.

Église – Die Kirche wurde Anfang des 19. Jh.s im Stil des italienischen Barocks errichtet und mit einem schmiedeeisernen Glockenkäfig gekrönt. Aus der Zeit der Restauration (1814-1830) stammt das schöne Schnitzwerk im Kircheninneren. Die linke Kapelle enthält eine bunt bemalte Büste des hl. Tropez, von alten Büchsen umgeben, die während einer Bravade explodiert waren, ohne jemanden zu verletzen, und die daraufhin als Votivgabe in das Gotteshaus gelangten. Zu Weihnachten wird eine wunderhübsche provenzalische Krippe aus dem 19. Jh. aufgebaut.

Gehen Sie Rue du Clocher hinunter, dann geht es links weiter durch die Rue des Commerçants und wieder rechts in die Rue du Marché.

Der reizende und sonnenüberflutete **Place aux Herbes**, den Albert Marquet so trefflich auf seinen Bildern einfing, ist der Schauplatz eines kleinen traditionellen Marktes, der noch immer allmorgendlich stattfindet. Schlendern Sie an den Ständen der Fischer unter der Porte de la Poissonnerie entlang bis zum Quai Jean-Jaurès und zum Fremdenverkehrsamt.

Place des Lices – Spazieren Sie vom Hafen durch die belebten Geschäftsstraßen Rue Laugier und Rue Gambetta oder Rue F.-Sibilli und Rue G.-Clemenceau, die internationale Markengeschäfte säumen. Sie erreichen den Place des Lices, wo das Herz des St-Tropez der Einheimischen schlägt und wo sich deshalb auch die Auswärtigen ein Stelldichein geben. Cafés, Restaurants, der Markt und ein Boule-Platz ziehen das ganze Jahr über die Menschenmengen an.

★ **Citadelle** – Die Festung liegt auf einem Hügel östlich der Stadt. Ein schöner sechseckiger, von drei Rundtürmen flankierter Wohnturm bildet den Kern der Anlage aus dem 16. Jh.; er wurde im folgenden Jahrhundert mit einer durch Bastionen verstärkten Mauer versehen. Vom Fuß dieser Befestigung reicht der **Blick**★ über St-Tropez und die Bucht, Ste-Maxime und das Maurenmassiv.

BESICHTIGUNGEN

★★ **L'Annonciade, Musée de St-Tropez** ⏲ – Die Annunziatenkapelle, um 1510 erbaut und während der Revolution zweckentfremdet, wurde im 19. Jh. in zwei Ebenen unterteilt und 1937 zum Museum gemacht. Die Stiftung Donation Georges-Grammont besteht aus einer Sammlung von 10 Skulpturen und etwa 50 Gemälden aus der Zeit von 1890 bis 1940, welche die Bedeutung von St-Tropez für die nachimpressionistische Malerei bezeugt.

Paul Signac siedelte 1892 nach St-Tropez über, dessen herrliche Lage er in einer Ansicht festhielt. Er veranlaßte etliche Malerfreunde zu einem Aufenthalt in dieser Gegend, etwa Matisse, Bonnard, Marquet, Camoin, Dunoyer de Segonzac.

Vom außergewöhnlichen Licht der Côte d'Azur fasziniert, fanden viele hier auf der Suche nach ästhetischen Neuerungen der Farbe eine Bereicherung oder gar einen neuen Stil. Wichtigste Strömungen des ausgehenden 19. Jh.s und des frühen 20. Jh.s sind der Pointillismus, der Fauvismus, die Malerei der *Nabis* und schließlich der Expressionismus, die unter anderem hier ihren Anfang fanden.

Museumsrundgang – Unter den Pointillisten ist Signac mit verschiedenen Gemälden und Aquarellen in Wechselausstellungen zu sehen. Er ist umgeben von seinen Schülern Cross *(Strand von St-Clair)*, Van Rysselberghe und Luce und Malern wie Derain und Picabia, die in ihrer frühen Zeit einige pointillistische Gemälde schufen. Der Fauvismus, der die Form vereinfacht und die Farbe verselbständigt, ist mit Matisse *(Die Zigeunerin)*, Braque *(L'Estaque)*, Manguin, Vlaminck, Van Dongen und Dufy vertreten.

Die Malerei der Nabis, die die realistische Dreidimensionalität zugunsten einer Flächigkeit der Formen sowie des Farbauftrags und einer Mattheit der Farben aufgibt, ist mit Werken von Bonnard, Vuillard *(Zwei Frauen unter der Lampe)*, und Vallotton *(Misia an ihrem Schreibtisch)* vertreten.

La Nioulargue, das Seglerfestival

Bei diesem herausragenden Ereignis der Nachsaison in St-Tropez kommen die Liebhaber des Meeres und traditionsreicher Segelschiffe (in den 20er Jahren für Filmstars oder berühmte Eigner gebaute Swans, Ketschen und Schoner) auf ihre Kosten. Seit ihrer Entstehung 1981 hat diese Regatta, die zum europäischen Treffpunkt für alte Segelschiffe wurde, jedes Jahr Anfang Oktober mit über 250 Teilnehmern (von denen die meisten vorher beim *America's Cup* mitmachen) großen Zulauf. Der Startschuß fällt am Tour du Portalet; dann führt die Strecke um die mit der Nioulargue-Boje gekennzeichnete Untiefe herum und wieder zurück zum Hafen.

Das unvergeßliche Schauspiel der gigantischen Segel wird den Laien beeindrucken. Der meisterhafte Reigen der Ketschen (erkennbar am kleinen Mast am Heck) und der Schoner (kleiner Mast am Bug) erfordert großes Können bei der richtigen Manöverentscheidung und Erfahrung mit dem physikalischen Verhalten der Segel (die Zugkraft am Fuß des Zentralmastes kann 500 Tonnen erreichen!).

So können Sie die Regatta gut mitverfolgen – Am besten nähert man sich den alten Segelschiffen an Bord der Boote der Gesellschaft MMG, die im Golf pendeln (Anlegestelle gegenüber dem Restaurant L'Escale im alten Hafen). Ein schöner Überblick bietet sich von der Zitadelle, vorausgesetzt, man hat ein gutes Fernglas dabei.

Außerdem gibt es noch die – kostspieligere – Möglichkeit, ein kleines Boot zu mieten, um die geschickten Skipper aus nächster Nähe zu beobachten.

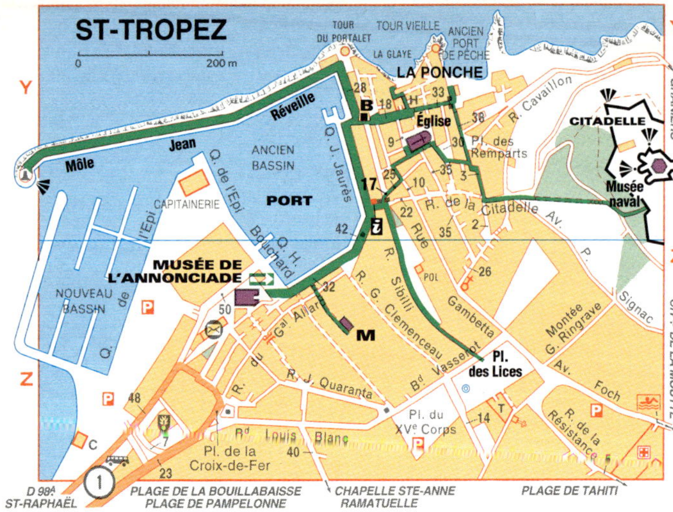

Während der Hauptsaison ist die Altstadt für Autos gesperrt

Aire-du-Chemin (R.)	Y	2	Herbes (Pl. aux)	Y	17	Péri (Quai Gabriel)	Z	32
Aumale (Bd d')	Y	3	Hôtel-de-Ville (Pl. de l')	Y	18	Ponche (R. de la)	Y	33
Belle-Isnarde (R. de la)	Z	5	Laugier (R. V.)	Y	22	Portail-Neuf (R. du)	YZ	35
Blanqui (Pl. Auguste)	Z	7	Leclerc (Av.)	Z	23	Remparts (R. des)	Y	38
Clocher (R. du)	Y	9	Marché (R. du)	Y	25	Roussel (Av. Paul)	Z	40
Commerçants (R. des)	Y	10	Miséricorde (R.)	Z	26	Suffren (Quai)	Y	42
Grangeon (Av.)	Z	14	Mistral (Quai-Frédéric)	Y	28	8-Mai-1945 (Av. du)	Z	48
Guichard (R. du Cdt)	Y	15	Ormeau (Pl. de l')	Y	30	11-Novembre (Av. du)	Z	50

Château de Suffren	Y	B	Maison des papillons	Z	M

Rouault, Chabaud *(Hotel-Hotel)*, Utrillo und Valadon zählen zu den Expressionisten, deren Malerei die Gefühlswelt durch Pathos und willkürlich gesetzte Pinselstriche auszudrücken versucht.

Das kubistische Gemälde *Der Ruderer* von Roger de la Fresnaye und zahlreiche Landschaften und Hafenansichten (Camoin, Bonnard, Marquet) vervollständigen die vielfältige Sammlung der klassischen Moderne, die nicht über die Gegenständlichkeit hinausgeht. Die Skulpturen von Maillol *(Nymphe)* und Despiau sowie die Steinvasen von Decoeur stammen aus derselben Epoche.

Maison des Papillons (Musée Dany-Lartigue) ⓥ – *9 Rue Étienne-Berny*. Das „Haus der Schmetterlinge" ist ein reizender provenzalischer Bau in einer ruhigen Gasse abseits vom geschäftigen Treiben des Hafens. Dort wohnte einst die Mutter des Malers Dany Lartigue und Gemahlin des Fotografen Jacques-Henri Lartigue. Jetzt ist darin eine Sammlung mit fast 5 000 Schmetterlingen untergebracht; sie umfaßt sämtliche in Frankreich vorkommende Tagfalterarten, die von dem Künstler gefangen wurden, sowie eine Schenkung mit exotischen Exemplaren. Im Erdgeschoß sind die bemerkenswertesten dieser exotischen Schmetterlinge zu sehen: Neben den wunderbaren Vogelfaltern aus Neu-Guinea (den größten Tagfaltern der Welt) findet man Morphos aus Südamerika, bei denen nur die Männchen die wunderschönen, blauglänzenden, irisierenden Flügel besitzen. Ein schöner Innenhof mit Brunnen liegt hinter diesem Raum. Zwei Gemälde zeigen die Feste in St-Tropez. An den Wänden im Treppenhaus hängen Aufnahmen von Jacques-Henri Lartigue und Familienerinnerungen des Komponisten André Messager, des Großvaters des Malers. Im ersten Stock wird in künstlerischen Darstellungen die Anpassungsfähigkeit der Insekten an ihr Umfeld (Mimikry) gezeigt. Außerdem sieht man in Schaukästen seltene Arten (darunter der berühmte schwarze Apollo aus dem Mercantour, zahlreiche Zerynthia- und Parnassus-Arten) sowie exotische Schmetterlinge.

Musée naval ⓥ – Das Museum ist im Wohnturm untergebracht und eine Zweigstelle des Musée de la Marine im Pariser Palais de Chaillot. Im Hof stehen zwei eindrucksvolle spanische Bronzekanonen aus dem 16. Jh. Die Säle enthalten alte und moderne Schiffsmodelle (u. a. das einer griechischen Galeere), Kupferstiche, Gemälde und stadtgeschichtlich interessante Gegenstände, den Schnitt eines Torpedos in natürlicher Größe (aus der Werft von St-Tropez) sowie Erinnerungen an die Landung der Alliierten 1944. In einem Saal wird jedes Jahr eine Wechselausstellung zu einem bestimmten Thema gezeigt.

Von der Turmterrasse bietet sich ein großartiger **Rundblick**★★ über die Stadt und die Bucht von St-Tropez, auf das Mauren- und das Esterelmassiv und, in der Ferne bei klarer Sicht, die Alpen.

AUSFLUG

Moulins de Paillas und Gassin

Rundfahrt von 28 km – 1/2 Tag – s. Kartenskizze

Beim Ausflug in das Hinterland von St-Tropez mit seiner von Weinbergen, Zypressen, Pinien und Bauernhäusern geprägten Landschaft fährt man durch reizende Dörfer; außerdem eröffnen sich auf der Fahrt zahlreiche weite Blicke auf die Küste und das Hinterland des Maurenmassivs.

Chapelle Ste-Anne – *1 km. Ausfahrt aus St-Tropez auf der Avenue Paul-Roussel, dann weiter auf der Route de Ste-Anne.* Die hübsche provenzalische Kapelle auf einem Vulkankegel, im Schatten großer Bäume, ist ein Wallfahrtsziel für Seeleute. Von dieser das Meer überragenden Stelle bietet sich ein weiter **Blick★** auf den Golf.

Die D 93 verläuft durch die Weinberge oberhalb der Bucht von Pampelonne.

Biegen Sie rechts auf die D 61 nach Ramatuelle ab.

★ **Ramatuelle** – *Siehe dort*

Biegen Sie nach rechts auf die D 89 in Richtung Col de Paillas ab.

★★ **Moulins de Paillas** – Bei drei in Trümmern liegenden Ölmühlen befindet sich eine Plattform mit einer Funkpeilanlage für die Navigation. *Folgen Sie dem markierten Pfad.* Der Weg an der Umzäunung entlang ermöglicht hin und wieder einen wunderschönen freien **Blick★★**: zum Meer hin auf das Cap Roux, die zerklüftete Bergkette des Esterelmassivs, die Mauren-Küste, Ste-Maxime, die Bucht von St-Tropez, den langen Strand von Pampelonne, den Leuchtturm des Cap Camarat, die Bucht von Cavalaire, die Île du Levant und Port-Cros; zum Landesinneren hin sieht man die nahe Chaîne des Pradels, Gassin *(unterhalb)*, Cogolin und Grimaud; im Norden die Chaîne de la Sauvette-Kette, im Nordosten die Alpen.

Zurück zur Abzweigung und dort rechts nach Gassin weiter.

Gassin – Das in 201 m Höhe liegende Dorf hat seinen typisch provenzalischen Charakter bewahrt und ist von einem Netz aus schmalen Gassen durchzogen, die zum Teil durch Treppen miteinander verbunden sind. Von der mit Zürgelbäumen bestandenen **Terrasse des Barri** mit ihrer südländischen Atmosphäre erstreckt sich der **Blick★** über die Bucht von St-Tropez, die Bucht von Cavalaire und die Hyèrischen Inseln; wenn der Mistral weht, sieht man im Osten sogar die Alpen. In den verschiedenen Weingütern des Ortes wird ein sehr guter AOC Côtes-de-Provence produziert. Anläßlich des Laurentiusfestes (er ist der Schutzpatron des Dorfes) am zweiten Sonntag im August wird ein Aïoli-Essen organisiert.

Auf der D 559 und der D 98A kehren Sie nach St-Tropez zurück.

WANDERUNGEN

★★ Auf dem Küstenpfad um die Kaps der Halbinsel

Die gelb ausgeschilderte Strecke führt von St-Tropez über das Cap Camarat und das Cap Lardier bis zum Plage de Cavalaire *(etwa 40 km)*, kann jedoch nicht an einem einzigen Tag zurückgelegt werden, da die Gesamtdauer des Ausflugs mehr als 11 Stunden beträgt. Dank der Schutzmaßnahmen des Landschaftschutzamtes ist der Küstenstrich noch unberührt und vor allem unbebaut trotz der Touristenströme, die alljährlich im Sommer St-Tropez überfallen.

Von St-Tropez zum Plage de Tahiti *Etwa 3 Std.*

Der Weg beginnt am Plage des Graniers im äußersten Westen des Hafens. Er folgt den Windungen der Küste und bietet herrliche Aussichtspunkte mit Blick auf die Ausläufer des Maurenmassivs und die ersten roten Felsen des Esterelmassivs. Über die Pointe des Rabiou und das Cap de St-Tropez erreicht man den Plage des Salins, wo die in der Sommersaison geöffneten Ausflugslokale Erholung und Erfrischung bieten. Hinter dem Cap Pinet erreicht man den Plage de Tahiti, den nördlichen Abschluß der Bucht von Pampelonne.

Der Zollpfad

Der Zollpfad, der die gesamte Küste des Var in unmittelbarer Ufernähe säumt, stammt aus der Zeit Napoleons. Ursprünglich sollten hier bewaffnete Zöllner ausgedehnte Patrouillen durchführen, um im Rahmen der Kontinentalsperre gegen England den Salz-, Tabak- und Waffenschmuggel zu verhindern. Seit 1976 wurde der Zollpfad wieder angelegt, für den jeder Besitzer eines Küstengrundstücks ein Wegerecht für einen mindestens 3 m breiten Weg am Ufer abtreten mußte. Dies gilt jedoch nicht für vor 1976 erbaute Mauern oder fest installierte Tore. Im Var sind fast 200 km Küstenstreifen von dieser Verordnung betroffen.

E. Baret/MICHELIN

Blick auf die Bucht von Briande

Vom Plage de Tahiti zum Cap Camarat *Etwa 2 1/4 Std.*

Bis zur Pointe de la Bonne-Terrasse verläuft der Weg über 5 km parallel zum weitläufigen Sandstrand von **Pampelonne**. Unmittelbar vor der Baie de la Bonne-Terrasse genannten Bucht steigt der Pfad in einer dichteren Vegetation zu den ersten Felsen empor. In der Nähe des Felsens Rocher des Portes führt ein Pfad nach rechts zum Phare de Camarat; der Leuchtturm ragt aus einem Wald von Erdbeerbäumen und Baumfarnen empor.

★ **Phare de Camarat** – *Anfahrt mit dem Wagen von der D 93 aus Richtung Ramatuelle möglich. Nehmen Sie die mit „Route du Phare" ausgeschilderte Straße bis zum Campingplatz Les Tournels. Stellen Sie den Wagen auf den Stellplätzen außerhalb des den Leuchtturm umgebenden Bereichs ab.* Der zu Beginn des 19. Jh.s Jahrhunderts errichtete majestätische **Leuchtturm** ist mit 129,80 m Höhe über dem Meeresspiegel einer der höchsten Frankreichs, und sein Leuchtfeuer hat eine Reichweite von 60 km. Seit 1977 ist er vollständig automatisiert. Es bieten sich von oben wunderschöne **Ausblicke**★★ auf die Bucht von Pampelonne, die gesamte Halbinsel und den Golf von St-Tropez.

Vom Cap Camarat zum Cap Taillat

Etwa 2 Std. (abgesehen von L'Escalet keine Einkehrmöglichkeit)

Der Pfad führt zunächst um den Rocher des Portes herum und dann zum Plage de l'Escalet. Man erreicht ihn nach mehreren hintereinanderliegenden, leicht zugänglichen kleinen Buchten. Sie eignen sich aufgrund ihrer geschützten Lage hervorragend zum Sonnenbaden. Unterwegs bietet sich völlig überraschend der Blick auf das majestätische **Château de Volterra** hoch über der Bucht *(keine Besichtigung)*, in dem die französische Fernsehserie *Les Cœurs brûlés* gedreht wurde – vom Genre her mit der deutschen *Schwarzwaldklinik* zu vergleichen ...

Einige Hinweise vorab

Wir empfehlen, die Wanderungen wegen des zum Teil felsigen Untergrunds, dort, wo der Pfad abgebrochen und sehr steil ist, nur mit guten Wanderschuhen anzutreten. Man sollte die heißesten Stunden des Tages meiden; aufgrund der Hitze ist die Sicht durch den Dunst außerdem sehr eingeschränkt. Sandstrände gibt es nur in Gigaro, Briande und L'Escalet; jedoch laden die vielen kleinen Felsbuchten im Verlauf dieses gewundenen Weges zu Abstechern in fast unberührte Natur ein. An den Stränden der Bucht von Pampelonne gibt es zahlreiche Getränkestände; wenn man jedoch abseits der Strände wandern möchte, sollte man sich vorher mit genügend Flüssigkeit versorgen.

Dauer der Wanderungen ab dem Hafen von St-Tropez bis:

- zur Baie des Canébiers, etwa 30 Min.
- zum Plage des Salins, 2 1/2 Std.
- zum Plage de Tahiti (am Anfang der Bucht von Pampelonne), 3 1/2 bis 4 Std.

Die Entstehung des Naturschutzgebietes Cap Lardier

Um die Jahrhundertwende erstreckte sich dort, wo sich heute der Mas de Gigaro und Siedlungen befinden, noch ein bedeutendes Weinanbaugebiet. Der Mas de Gigaro entstand in den 50er Jahren, als das Gelände verkauft und in einen Campingplatz umgewandelt wurde. Anfang der 70er Jahre kaufte eine Bank das Gebiet und weitere Parzellen bis zum Strand von Brouis, um dort einen Jachthafen zu bauen. Durch den Widerstand der Anwohner und den Erwerb des Geländes durch das Küsten-Landschaftsschutzamt im Jahre 1976 konnte dieser Küstenabschnitt des Var in seiner Ursprünglichkeit bewahrt werden.

Vom Zollhäuschen an der Einfahrt zum Parkplatz L'Escalet kann man wieder zur Straße zurückkehren.
Der Pfad dringt nun in eine von Macchie und Steineichen geprägte Landschaft ein. Hinter diesen Wäldern erstrecken sich Weinberge. Das **Cap Taillat** ist eigentlich ein Felsenriff, das durch anhaltende und wachsende Anschwemmung von Sand mit dem Festland verbunden ist und so eine Halbinsel bildet. An der äußersten Spitze steht ein Semaphor.

Vom Cap Taillat zum Cap Lardier über Gigaro

Der größte Teil der Strecke führt durch das vom Küsten-Landschaftsschutzamt eingerichtete **Naturschutzgebiet★★** des Cap Lardier. Der Weg führt direkt an der Steilküste entlang, von der aus man einen Ausblick auf die gesamte Bucht von Briande genießt, die im Osten von der Silhouette des Cap Taillat begrenzt wird.
Vom Strand von Briande kann man über den inneren Weg (DFCI-Route) zum Informationsstand von Gigaro zurückkehren. Dies ist eine schöne Strecke durch dichten Kiefernwald.

In Gigaro gibt es einen Parkplatz am Meer oder links direkt vor dem Kiefernwald. Während der Saison ist ein Informationsstand bei dem Wegweiser am Rand des Waldes von Gigaro eingerichtet. Sie können von La Croix-Valmer aus mit dem Bus nach St-Tropez zurückkehren.

ST-VALLIER-DE-THIEY

2 281 Einwohner
Michelin-Karte Nr. 114 Falten 12, 13, Nr. 115 Falte 24, Nr. 245 Falten 36, 37 oder Nr. 341 C 5

Das mittelalterliche Dorf, einst Römerkastell, liegt mitten in einer grünen Hochfläche und ist ein traditioneller Ferienort der Einwohner von Grasse. Seine auf das frühe 12. Jh. zurückgehende Kirche wurde im 17. Jh. umgebaut. Sie besitzt ein schönes Langhaus aus dem 13. Jh. mit zwei Barockretabeln und einem Spitztonnengewölbe. Der mit Bogenwerk geschmückte Kirchturm, ein Zeuge des früheren Bauwerks, trägt einen anmutigen Glockenaufsatz aus dem 19. Jh. Neben der Kirche steht das einstige Herrenschloß, in dem heute das Bürgermeisteramt untergebracht ist. Die benachbarten Häuser sind an der Stelle der alten Stadtmauer aufgereiht, von der noch ein schönes Tor mit Schießscharten erhalten ist. Auf dem Platz erinnert eine Säule mit Napoleon-Büste an den Durchzug der kaiserlichen Truppe.

BESICHTIGUNG

★**Souterroscope de la Baume Obscure** – *Am Ortsausgang von St-Vallier-de-Thiey fahren Sie nach Süden in Richtung St-Cézaire und biegen rechts in den Weg beim Friedhof mit der Kennzeichnung „Grotte Baume Obscure" ein. Hinter dem Friedhof führt der nicht befestigte Weg noch 2 km weiter bis zu einem großen Parkplatz gegenüber dem Gebäude, in dem die Eintrittskarten verkauft werden. Die Besichtigung mit Erläuterungen über Kopfhörer dauert 1 Std. Schuhe mit rutschfesten Sohlen sind empfehlenswert; Vorsicht ist auch bei einigen sehr schmalen Gängen geboten.* Ein wahres Netzwerk aus unterirdischen Gängen in dieser Tropfsteinhöhle wurde erst 1958 richtig entdeckt, weil sich die ersten Höhlenforscher von den langen, engen Zugangsstollen abschrecken ließen. Erst 1980 wurden alle Säle restlos erforscht und danach der Öffentlichkeit zugänglich gemacht. 1 200 m des unterirdischen Gängenetzes wurden erkundet und 500 m davon für den Besucherverkehr freigegeben. Beim Rundgang gelangt man in die Galerie du Pas de Course („Laufschritt-Stollen") in 50 m Tiefe, wo eine konstante Temperatur von 14 °C herrscht.
Nach einem langen, ursprünglich mit Lehm zugeschütteten Gang kommt der Besucher nacheinander in neun Säle, in denen riesige Kuppeln, kaskadenartige Stalagmitenauftürmungen, eine Vielzahl feingliedriger Stalaktiten („Spaghetti") – ein dichter Wald herabhängender Nadeln – zu entdecken sind. Im Stalagmitensaal (Salle des Gours) kann man die eigentümliche Farbe des Wassers, die durch die Beleuchtung besonders gut zur Geltung kommt, und den aus einer ungeheuren Stalagmitenschicht geformten Boden bewundern. Die Höhle ist für die große Vielfalt ihrer außergewöhnlichen Tropfsteinformationen bekannt.

Tip

Gut und preiswert

Villa Quercus – *Am Ortseingang, gegenüber der Apotheke – ☎ 04 92 60 03 84 – Nov. bis Jan. geschl. – – 4 Z: 45,73/53,36 €.* Glanzpunkte dieser Villa sind ihr großer, schattiger Garten mit Swimmingpool und ihre angenehme überdachte Terrasse, auf der man im Sommer das Frühstück einnehmen kann. In den Zimmern herrscht ein ungewöhnlicher Stilmix. Eine Küche für Selbstversorger steht zur Verfügung.

R. Delon/CASTELET

Die Beleuchtung in der Tropfsteinhöhle Baume Obscure läßt das Wasser schwefelgelb erscheinen

AUSFLUG

★Plateau de Caussols

Von St-Vallier-de-Thiey nach Gourdon *30 km – 2 Std. (Besichtigung des Observatoriums nicht eingerechnet)*

Am Ortsausgang fahren Sie auf die N 85 in Richtung Pas de la Faye, dann rechts auf die D 5, die sich am Gebirgshang hinaufschlängelt und schöne Aussichten auf das Becken von St-Vallier bietet. Hinter dem Col de Ferrier zieht sich die Straße oberhalb des Waldtals von Nans entlang. Verlassen Sie die an der Montagne de l'Audibergue vorbeiführende Hauptstraße und schlagen Sie die rechts abzweigende D 12 mit der Beschilderung „Caussols" ein.

Das zwischen anderen höheren Gebirgsebenen eingekeilte **Plateau de Caussols** mit einer mittleren Höhe von 1 000 m ist ein seltenes Beispiel für ein Karstgebirge in Frankreich. Der nördliche Plateauteil ist dank der aufgetragenen fruchtbaren Erde eine Ackerbau- und Wiesenlandschaft, wohingegen der von Dolinen, Schluchten und Höhlen gekennzeichnete Süden rundum das typische Bild von zerklüftetem Kalk bietet. Spaziergänger sollten in der Nähe dieser Klüfte vorsichtig sein, vor allem bei Regenwetter. Ein eindrucksvolles Beispiel bietet sich übrigens an der östlichen Ausfahrt aus dem Ortskern von **Caussols**, einem Dorf mit relativ weit auseinanderliegenden Häusern. Eine kleine Straße rechts führt diagonal durch das Plateau bis zu den **Claps**★ („Steine" auf provenzalisch), einer regelrechten Chaos-Landschaft, deren steinerner Charakter durch das Fehlen umliegender Vegetation noch verstärkt wird.
Zurückblickend sieht man auf der gegenüberliegenden Hochfläche die Kuppeln des Observatoriums des CERGA.

Fahren Sie auf die D 12 zurück und 2 km weiter nach Gourdon.

Observatoire du CERGA Ⓥ – *Am Ortsausgang von Caussols zweigt nach 2 km links der D 12 eine Straße mit der Kennzeichnung „St-Maurice – Observatoire du CERGA" ab. Fahren Sie an den Wohnhäusern vorbei auf dem Zufahrtsweg mit dem Schild „Route privée" weiter.* Die kurvenreiche Straße bietet schöne Blicke auf die Senke von Caussols.
Das 1 300 m hohe **Plateau de Calern**, auf dem die Anlagen des Observatoriums aufgebaut sind, ist geologisch gesehen ein einzigartiger Standort. Das 1974 gegründete CERGA (Zentrum für geodynamische und astronomische Studien und Forschungen) befaßt sich mit der Entwicklung moderner Instrumente für die Astronomie und die Beobachtung der Erdbewegungen.
Beim Besuch dieses Zentrums, das Bestandteil des Observatoriums der Côte d'Azur ist (zu dem auch das Beobachtungszentrum von Nizza gehört), kann man den Teams über die Schulter schauen, die mit Interferometern (zur Messung der Sterndurchmesser), dem Schmidtschen Teleskop (zur Himmelsüberwachung), Laser-Fernmessern (zur Messung der Entfernung zwischen Erde und Mond bzw. den Satelliten) und Astrolabien (zur Bestimmung der Position der Sterne) arbeiten.

Kehren Sie zur D 12 zurück und fahren Sie in Richtung Gourdon.

Die Straße führt geradlinig bis zum östlichen Ende des Plateaus und dann hinunter nach Gourdon. An der ersten Kurve bietet sich ein schöner **Ausblick**★ auf das Loup-Tal.

★**Gourdon** – *Siehe dort*

STE-MAXIME ☼☼

11 785 Einwohner
Michelin-Karte Nr. 340 O 6, Nr. 114 Falte 37 oder Nr. 245 Falte 49
Kartenskizze Massif des MAURES, S. 217

Der Ferienort liegt malerisch am Nordufer der Bucht von St-Tropez, öffnet sich nach Süden und wird im Norden von bewaldeten Hügeln vor dem Mistral geschützt. Er besitzt sowohl einen Fischerei- als auch einen gut ausgestatteten Jachthafen sowie einen schönen Sandstrand. Im Sommer bleibt die unlängst restaurierte Altstadt den Fußgängern vorbehalten.

D. Pazery/MICHELIN

Wem es in St-Tropez zu mondän zugeht, der findet sein Glück bestimmt in Ste-Maxime

AUF ENTDECKUNGSTOUR

Meerseite – Die Promenade Simon-Lorière verläuft unter schattenspendenden Platanen und Palmen am Strand und anschließend am Hafen entlang. Sie hält einen herrlichen Blick auf St-Tropez bereit. Die parallele Verkehrsachse dazu ist die Avenue Charles-de-Gaulle.

Tour carrée des Dames – *Gegenüber der Kirche, vor dem Hafen.* Der Viereckturm, der ursprünglich von den Mönchen von Lérins als Wehrturm (16. Jh.) errichtet wurde, diente später als Gerichtsgebäude und beherbergt heute das **Musée des Traditions locales** ⓥ. Das Heimatmuseum behandelt die Landschaft (u. a. das Meer), die Geschichte und die Sitten und Bräuche (Kunsthandwerk, Trachten etc.) von Ste-Maxime und seiner Umgebung.

Kirche – Ein modernes Keramikrelief ziert das Bogenfeld des Portals. Der schöne barocke Altar aus grünem und ockerfarbenem Marmor stammt aus der Kartause von La Verne (17. Jh.); das Chorgestühl entstand im 15. Jh.

Parc St-Donat – *10 km nördlich ; etwa 1 Std. Ausfahrt aus Ste-Maxime nördlich über den Boulevard Georges-Clemenceau, die D 25.* Im Wald zwischen dem Col de Gratteloup und der Donatuskapelle ist ein kleiner Vergnügungspark angelegt, dessen Hauptsehenswürdigkeit das Museum für mechanische Musikinstrumente ist.

Musée du Phonographe et de la Musique mécanique ⓥ – In dem Museum, dessen Fassade an eine Limonaire-Orgel von 1900 erinnert, ist eine erstaunliche Sammlung von 350 Musikinstrumenten und Phonogeräten untergebracht, die viele seltene und amüsante Stücke enthält, so z. B. ein sogenanntes Melophon (1780), einen Vorgänger des Akkordeons, Spieldosen verschiedener Epochen, Drehorgeln und automatische Klaviere, Grammophone von Edisons Phonographen (1878) bis zum modernen Plattenspieler, ein Diktaphon von 1903, einen „Pathegraphen" – das erste audiovisuelle Gerät zum Erlernen von Fremdsprachen – und sogar einen Vogel, der singen kann (Bontemps, 1860).

TIPS UND ADRESSEN

Gastronomie

Gut und preiswert

Chez Sophie – *4 Place des Sarrasins – ☎ 04 94 96 71 00 – 15. Nov.-15. Dez. und Mi außerhalb der Saison geschl. – 14,94 €.* Ein einfaches Haus, in dem es in jeder Hinsicht nach Provence duftet: Die Inneneinrichtung ist in sonnigen Farben gehalten, Holz dominiert, die Terrasse – im Sommer genau der richtige Ort für einen Pastis – wird von einer gewaltigen Platane überschattet. Die südlichen Gerichte und die leckeren hausgemachten Nachspeisen werden freundlich serviert.

La Maison Bleue – *48 Rue Paul-Bert – ☎ 04 94 96 51 92 – maisonbl@aol.com – 6. Jan.-9. Febr., 23. Febr.-30. März und 20. Okt.-27. Dez. geschl. – 15,09/21,34 €.* Nudeln haben dieses provenzalische Haus voll im Griff, wie die alten Werbeplakate, Emailschilder und Nudelverpackungen zeigen, die die ockerfarbenen Wände zieren. Auch auf der Karte nehmen sie einen bedeutenden Platz ein. Schöne Terrasse unter Platanen.

Unterkunft

Gut und preiswert

L'Auberge Provençale – *19 Boulevard Aristide-Briand – ☎ 04 94 55 76 90 – 20. Dez.-10. Jan. geschl. – 15 Z: 53,36 € – Rest. 33 €.* Die Fassade dieses Hauses ist nicht besonders anziehend. Sobald man aber seine Schwelle überschritten hat, taucht man in ein schönes provenzalisches Ambiente ein. Die Zimmer und die Bäder sind in südlichen Farben renoviert worden. In der (Mittelmeer-)Küche werden nur frische Zutaten verwendet.

Unsere Empfehlung

Le Chardon Bleu – *29 Rue de Verdun – ☎ 04 94 55 52 22 – www.aubergeduchardonbleu.fr – Jan. geschl. – 25 Z: 62,50/76,22 € – ☕ 5,95 €.* Dieses Hotel ist sehr günstig im Zentrum des Badeortes und nur 150 m vom Strand entfernt gelegen. Die meisten Zimmer sind klimatisiert und besitzen einen Balkon; zwei haben eine große Terrasse, auf der man im Sommer sein Frühstück einnehmen kann.

Cafés, Kneipen und Bars

Im Unterschied zu St-Tropez, das an der anderen Seite des Golfs liegt, sind die Cafés und Kneipen von Ste-Maxime das ganze Jahr über geöffnet, so daß hier im Winter genau soviel los ist wie im Sommer.

Golf Plaza – *Avenue Célestin – BP 29 – ☎ 04 94 56 66 66 – www.golf-plaza.fr – März bis Jan. ab 18.30 Uhr.* Diese Hotelbar in einer von Korkeichen bestandenen, typisch südfranzösischen Strauchheide beherrscht die Stadt und den Golf von St-Tropez. Zum Haus gehören ein Golfplatz, ein Fitneßzentrum und ein riesiges Schachspiel.

Big Pierrot's Café – *24 Rue d'Alsace – ☎ 04 94 49 16 65 – So-Do 17-1 Uhr, Fr-Sa 17-3 Uhr.* Ein kleiner Pub, der in einem 300 Jahre alten Haus untergebracht ist. Im Obergeschoß befindet sich ein 150 Jahre alter interessanter Kamin. Spezialität des Hauses: Bier.

L'Esquinade – *112 Avenue Charles-de-Gaulle – ☎ 04 94 49 23 72 – tgl. 18-2 Uhr.* Der Dekor dieser neuen Nachtbar ist wirklich gelungen: Man meint, in einem Schiffsrumpf zu sitzen. Spezialität des Hauses: Cocktails und Whisky.

Café de France – *Pl. Victor-Hugo – ☎ 04 94 96 18 16 – Juli und Aug.: tgl. 7-3 Uhr; Okt. bis März: 7-20 Uhr; Sept. und Apr. bis Juni: 7-0 Uhr.* Eine leicht altmodische Atmosphäre herrscht in dieser Brasserie, die 1852 – damals war Ste-Maxime noch ein kleines Fischerdorf – eröffnet wurde. Im Inneren erinnern ein Originalspiegel und Fotos an diese alten Zeiten. Draußen dehnt sich im Schatten von 200 Jahre alten Platanen vor der Marina eine große Terrasse aus.

Ausgehtips

Théâtre de la Mer – *Promenade Simon-Lorière – ☎ 04 94 49 18 86 / 06 03 69 32 23 – Juni bis Sept. je nach Veranstaltung (45 Aufführungen, davon vier kostenpflichtig).* Ein Freilichttheater, in dem im Sommer Shows, Kabarett-Veranstaltungen, Konzerte klassischer Musik, Volkstanzvorstellungen und Feuerwerksabende organisiert werden. Auskunft erteilt Ste-Maxime Animation.

Shopping

Märkte – Freitags Jahrmarkt sowie jeden Morgen ein überdachter und gut besuchter Markt in der Nähe des Place du Marché.

Sport und Freizeit

Golf de Ste-Maxime – *Route du Débarquement – BP 1 – ☎ 04 94 55 02 02 – ste.maxime@bluegreen.com – tgl. bis Einbruch der Dunkelheit.* Ein herrlicher, hügeliger Golfplatz, der über der Stadt und dem Golf von St-Tropez liegt. Bar mit Terrasse gegenüber dem Meer.

Club nautique de Ste-Maxime – *Boulevard Jean-Moulin – ☎ 04 94 96 07 80 – Während der Schulferien: Mo-Sa 8.30-18.30 Uhr, So 13.30-18.30 Uhr.* Ein Segelclub, der während der Schulferien Segelkurse durchführt und in den Monaten Juli und August Boote etc. vermietet.

Héli Sécurité – *Quartier Perrat – ZA Grimaud – 83316 Grimaud – ☎ 04 94 43 39 30 – tgl. 9-19 Uhr.* Der Hubschrauberdienst bietet Rundflüge, Flughafen- und sonstige Transfers sowie Frachtflüge an. Der Preis für einen Rundflug über der Halbinsel von St-Tropez beträgt 38,11 €. Flugunterricht gehört ebenfalls zum Angebot.

SANARY-SUR-MER

16 995 Einwohner

Michelin-Karte Nr. 340 J 7, Nr. 114 Falte 44 oder Nr. 245 Falte 46

Der Name Sanary kommt von Saint Nazaire, dem Schutzpatron der Stadt. Der hübsche, ganzjährig besuchte Ferienort mit rosafarbenen und weißen Häusern besitzt einen schmucken, palmengesäumten kleinen Hafen, der sowohl Fischer- als auch Sportboote aufnimmt. Stadt und Bucht mit mehreren Sandstränden liegen im Schutz bewaldeter Hügel, überragt vom Gros Cerveau.

HINTERGRUNDINFOS

Sanary, „Hauptstadt der deutschen Literatur" in der Zeit des Nationalsozialismus – Die kleine Hafenstadt des Var, die deutschen Malern bereits in den 20er Jahren bekannt war, wurde ab 1933 Zufluchtsort für zahlreiche Intellektuelle, die vor dem Hitlerregime flohen. Einer dieser Flüchtlinge, ein deutscher Journalist, nannte Sanary die Hauptstadt der deutschen Literatur. Unter den berühmtesten Zuwanderern waren Thomas und Heinrich Mann, die in der Villa La Tranquille lebten, Lion Feuchtwanger sowie Alma Mahler und Franz Werfel. Stefan Zweig machte auf dem Weg in die USA hier Station. Anläßlich des Waffenstillstandes 1940 konnten sich auf Veranlassung der Ehefrau des amerikanischen Präsidenten Roosevelt die meisten Künstler nach Amerika in Sicherheit bringen. Andere, weniger bekannte Persönlichkeiten wurden im Lager Milles bei Aix-en-Provence interniert. Am Hafen oberhalb des Boule-Platzes erinnert eine Gedenktafel an die hierhin geflohenen Künstler, und in den Buchhandlungen ist eine kleine Broschüre erhältlich, in der die von ihnen bewohnten Villen verzeichnet sind.

E. Baret/MICHELIN

Hafen von Sanary

AUF ENTDECKUNGSTOUR

Der ehemalige Bürgermeister und Architekt **Marius Michel** (1819-1907), der wegen seiner Vorliebe für die Kultur der Osmanen auch Michel Pacha („Pascha") genannt wurde, entwarf mehrere Villen im orientalischen Stil *(s. unter TOULON, Ausflüge)*.

Chapelle Notre-Dame-de-Pitié – *Zufahrt über den Boulevard Courbet.* Von dem Treppenweg mit Betkapellen, der zum Gotteshaus hinaufführt, eröffnet sich ein hübscher **Blick★** über die Bucht von Sanary mit den Hügeln von Toulon im Hintergrund und die Küste bis zu den Îles des Embiez, hinter denen man die Höhen des Cap Sicié erkennt. Die Kapelle wurde 1560 auf einer Erhebung westlich der Stadt errichtet; ihre Wände sind mit Votivgaben (vorwiegend naive Malerei) bedeckt.

TIPS UND ADRESSEN

Gastronomie

Gut und preiswert

Restaurant du Théâtre – *Impasse de l'Enclos – In der Nähe des Theaters – ☎ 04 94 88 04 16 – Juli und Aug., So-abend und Mo geschl. – 12,20/18,29 €.* Sie müssen nur einige Stufen hinabsteigen, und schon befinden Sie sich in einem rustikal eingerichteten originellen Gastraum in U-Form. Bald wird der Blick von dem schönen Kaminfeuer angezogen, auf dem Fleisch, Lachs, Gambas und Spieße garen.

Unsere Empfehlung

Cour des Arts – *Rue Barthélémy-de-Don – ☎ 04 94 88 08 05 – Nov., So und Mo außer Juli und Aug. und mittags von Sept. bis Juni geschl. – 28,20/33,54 €.* In einer Gasse im Zentrum liegt dieses Restaurant, man mit den ersten Sonnenstrahlen im Hof unter Sonnenschirmen oder im kleinen und schlichten, in Pastellfarben gehaltenen Gastraum speisen kann. Die Küche ist frisch und provenzalisch. Mittags vereinfachte Karte.

Unterkunft

Unsere Empfehlung

Chambre d'hôte Villa Lou Gardian – *646 Route de Bandol – ☎ 04 94 88 05 73 – ⊭ – 4 Z: 60,98/68,60 € – Mahlzeit 45,73 €.* Trotz der nahen Straße sind die farbigen, einfach eingerichteten Zimmer dieses neuen Gebäudes recht ruhig. Wählen Sie die unweit des großen Swimmingpools gelegenen. Der riesige Garten mit Tennisplatz ist sehr angenehm. Im Sommer werden den Gästen die Mahlzeiten im Patio serviert.

Ausgehtips

La Mezzanote – *1370 Route de Bandol – ☎ 04 94 88 16 00 – Do-So 21-4 Uhr.* Diese Restaurant-Bar hat viel Erfolg. Jede Woche organisiert sie Karaoke- und Themenabende. Sie dient als Voretappe für den Besuch der benachbarten Diskothek Mai Taï und ist am Wochenende immer voll.

Théatre National de la Danse et de l'Image – *In Châteauvallon – ☎ 0800 08 90 90.* Der Kern des von Komatis entworfenen und ab 1965 von Gérard Paquet geleiteten Theaters ist ein Landhaus aus dem 17. Jh. Die Einrichtung besteht aus einem weiten Amphitheater unter freiem Himmel und einem Theatersaal. Zu den alljährlichen Veranstaltungen gehören das Theaterfestival und das sehenswerte Jazzfestival.

Shopping

Markt – Mittwochs am Hafen.

Besondere Termine

Juli: Fischerfest St-Pierre; Brasilianisches Folklorefest; Provenzalisches Turnier; Lavendelfest; Knoblauchmarkt (regionale Erzeugnisse).

Sport und Freizeit

Aquascope – ♿ *Quai d'Honneur (gegenüber dem Rathaus) – Juli und Aug.: 9-18.30 Uhr; Apr. bis Juni sowie Sept.: 14-17 Uhr; Jan. und März an Wochenenden und Feiertagen – Dauer 1/2 Std. – 11,43 € (Kinder 7,62 €).* Eine originelle Art und Weise, die Flora und Fauna des Meeresgrundes zu entdecken, sind die Fahrten mit dem Boot mit einem gläsernen Rumpf.

AUSFLÜGE

★★1 Gros Cerveau

13 km nördlich – etwa 1 1/4 Std.

Ausfahrt aus Sanary in östlicher Richtung über die Avenue de l'Europe-Unie.

Die D 11 durchquert ein fruchtbares Becken, wo überwiegend Blumen, Obstbäume und Reben wachsen.

Vor Ollioules biegen Sie links auf die D 20 ab.

Zu Beginn der Fahrt durch am Hang angelegte Felder sieht man abwechselnd den Hügel mit dem Fort von Six-Fours und die Kleine Reede (Petite Rade) von Toulon mit dem Gipfel des Mont Faron. Je höher man kommt, desto weiter erstreckt sich die Sicht auf dieser eindrucksvollen Höhenstraße nach Südosten über Toulon und die Halbinsel des Cap Sicié. Etwas weiter reicht der reizvolle **Blick**★ rechts über die Grès de Ste-Anne – riesige Felsen voller Höhlen – und die Ebene von Le Beausset, das Ste-Baume-Massiv, die Hügel von Évenos sowie die Schlucht von Ollioules. Dann weitet sich der Blick erneut über die Küste.

8 km hinter Ollioules fordert ein Schild auf, umzukehren (Plattform).

Mit wenigen Schritten erreicht man einen Aussichtspunkt (443 m), von dem man einen wundervollen **Blick**★★ auf die Küste hat: von der Halbinsel Giens bis zur Île Verte, der Grünen Insel, südlich von La Ciotat.

★★2 Mont Caume *23 km in nordöstlicher Richtung – etwa 2 Std.*

Ausfahrt aus Sanary in östlicher Richtung über die Avenue de l'Europe-Unie und auf der D 11 weiter bis Ollioules.

Ollioules – Zu Füßen einer Burg aus dem 13. Jh. ziehen sich von alten, laubengeschmückten Häusern gesäumte Straßen hin; die Kirche (12.-13. Jh.) wurde im romanischen Stil provenzalischer Prägung erbaut. Ollioules ist ein bedeutender Markt für Schnittblumen, die in alle europäischen Länder versandt werden.

Beim Ortsausgang zweigt links die N 8 ab, die direkt zur Schlucht führt.

★**Gorges d'Ollioules** – Die Reppe, die bei Sanary ins Meer mündet, hat hier eine öde, windungsreiche Schlucht geschaffen. Nach der Durchfahrt sieht man die stark von Erosion ausgehöhlten Grès de Ste-Anne.

Bei Ste-Anne-d'Évenos biegen Sie rechts auf die D 462 ab.

Nun gelangt man in ein enges Tal, zur Linken überragt von der Steilwand der Barre des Aiguilles.

Biegen Sie rechts ab in Richtung Évenos; Parkmöglichkeit bei einem Felsen mit Kreuz.

★**Évenos** – *1/4 Std. zu Fuß hin und zurück.* Die „Stadt aus Basalt, die rings um ihre Burg im Sterben liegt", ist an den steilen Hang gebaut und besteht aus einer wirren Ansammlung verfallener oder verlassener Häuser an gepflasterten, gewundenen Gassen; aus dem 13. Jh. stammen die Kirche und ihr Glockenturm mit zwei Bogenfenstern. Oberhalb der Stadt steht die Ruine der ehemaligen Burg aus dem 16. Jh. Der Wohnturm, wie die Häuser aus Basalt erbaut, erhebt sich auf einem Vulkankegel, dessen Schlacke noch heute zu sehen ist. Von der Plattform reicht der **Blick** über die nahe Destel-Schlucht und den Croupatier, das Cap Sicié, die Schlucht von Ollioules und den Gros Cerveau, im Nordwesten über das Ste-Baume-Massiv.

Fahren Sie auf die D 62 und am Col du Corps-de-Garde links auf die D 662.

Mont Caume – Der Gipfel des Mont Caume erreicht eine Höhe von 801 m. Die steile Straße bietet hübsche Aussichtspunkte, und an ihrem Ende eröffnet sich nach Erklimmen des Hügels ein großartiges **Panorama**★★ über die Küste vom Cap Bénat bis zur Bucht von La Ciotat und im Landesinneren über das Ste-Baume-Massiv.

★ 3 Presqu'île du Cap Sicié *Rundfahrt von 25 km – etwa 2 Std. (ohne die Île des Embiez)*

Ausfahrt aus Sanary über die Avenue d'Estienne-d'Orves.

Die Strecke führt am Strand von Bonnegrâce entlang und dann am Beginn der Pointe Nègre vorbei, bevor sich hübsche Ausblicke auf die Bucht von Sanary und Bandol ergeben.

Le Brusc – Fischerdorf und günstig gelegener kleiner Ferienort, von dem eine Fährverbindung zur **Île des Embiez** *(s. dort)* besteht.

Petit Gaou – Diese ehemalige Insel, die mit ihren brandungsumtosten Felsen an bretonische Landstriche erinnert, ist heute mit der Küste verbunden. Von der Landspitze erstreckt sich der **Blick** weit über die Küste und die Îles des Embiez.

Zurück nach Le Brusc und auf der D 16 in Richtung Six-Fours, dann biegen Sie bei Roche-Blanche rechts ab.

Obwohl die Straße im Abstand von etwa 1 km dem Küstenverlauf folgt, bietet sich immer wieder ein hübscher Ausblick auf La Ciotat, Bandol und Sanary. Sie stößt auf die Straße zur Kapelle. Der **Blick**★★ schweift über die Bucht von Toulon, Cap Cépet, die Halbinsel Giens und die Hyèrischen Inseln.

Man biegt rechts ab und fährt bis zum Parkplatz bei der Sendeantenne.

★★ **Chapelle Notre-Dame-du-Mai** – *Der Zugang zur Kapelle führt an den Anlagen des französischen Radios und Fernsehens (TDF) vorbei (s. Beschreibung unter SIX-FOURS-LES-PLAGES, Umgebung).* Bei der Kapelle auf der schroffen Spitze des Cap Sicié, hoch über dem Meer, umfaßt das herrliche **Panorama**★★ die Küste von den Hyèrischen Inseln bis zu den *Calanques* der Marseiller Gegend.

Zurück zur Kreuzung und geradeaus weiter.

Die schmale Straße durchquert den schönen Nadelwald **Forêt de Janas** und stößt auf die D 16, auf die man links abbiegt.

Six-Fours-les-Plages – *Siehe dort*

Kehren Sie auf der D 559 nach Sanary zurück.

SAORGE★★

323 Einwohner
Michelin-Karte Nr. 341 G 4, Nr. 115 Falte 18 oder Nr. 245 Falte 26
Kartenskizze NICE, S. 175

In einer wildromantischen **Landschaft**★★ liegen die mit Steinplatten gedeckten Häuser und Glockentürme von Saorge im Halbrund der Hänge oberhalb einer leichten Verbreiterung des Roya-Tals.
An dieser Stelle gab es bereits eine Siedlung der Ligurer, dann der Römer. Im Mittelalter hatte Saorge, die uneinnehmbare Festung, aufgrund seiner Lage besondere strategische Bedeutung. Dennoch mußte das Dorf sich ergeben: 1794 dem Franzosen Masséna, ein zweites Mal 1945.

AUF ENTDECKUNGSTOUR

★ **Alt-Saorge** – *Parken Sie am nördlichen Ortseingang.* Sehenswert sind das Gewirr von Gassen, fast immer als Treppe ansteigend und häufig überwölbt, und viele Häuser aus dem 15. Jh. mit interessanten Türen und verziertem Sturz. Geht man geradeaus, dann rechts bis zum Platzende und dort wieder rechts, erreicht man eine Terrasse mit schönem **Ausblick**★ auf die Roya-Schlucht.

Tip

Gut und preiswert

Le Bellevue – *5 Rue L.-Périssol – ☎ 04 93 04 51 37 – 1.-15. Juni, 1.-8. Sept., 18. Nov.-8. Dez., Di-abend und Mi außer Juli und Aug. geschl. – 15,25/22,50 €.* Beim Besuch der Gäßchen von Saorge kann man sich im gelben, mit Holzdecke versehenen Gastraum dieses Restaurants stärken und den Panoramablick auf die Roya-Schlucht und das Dorf genießen.

Die direkt auf den steilen Hang gebauten Häuser von Saorge erinnern an Bilder aus dem Himalaya

Église St-Sauveur – Die dreischiffige Erlöserkirche aus dem 16. Jh. wurde im 18. Jh. mit einem neuen Gewölbe versehen. Säulen mit vergoldeten korinthischen Kapitellen und viele Altäre.
1847 wurde die **Orgel** von den Lingiardis in Pavia hergestellt, von Genua per Schiff nach Nizza und von dort auf Maultieren bis Saorge transportiert. Weitere Ausstattungsstücke: ein Gemälde aus dem 18. Jh., das den hl. Eligius mit der Jungfrau und dem Kind darstellt; ein schönes Renaissancetabernakel, ein Taufbecken aus dem 15. Jh., darüber ein kleines Bild, 1532 von einem Bürger von Saorge gemalt; eine Madonnenfigur aus vergoldetem Holz (1708) und links, auf dem Verkündigungsaltar, ein Gemälde aus dem 16. Jh.

Man durchquert das Dorf in südlicher Richtung und hält sich an einer Weggabelung rechts.

Madonna del Poggio – *Privatbesitz, keine Besichtigung.* Bei diesem frühromanischen Bau wird man zunächst den schlanken sechsstöckigen, mit Rundbogenfriesen geschmückten **Turm** und das Chorhaupt bewundern. Die drei Schiffe des Kirchenraumes ruhen auf Säulen, deren Kapitelle ein schönes stilisiertes Pflanzenmuster aufweisen. Es soll sich um das älteste Gotteshaus im Roya-Tal handeln.
Auf dem Rückweg bietet sich ein hübscher **Ausblick** auf Saorge und seine Olivenhaine.

Bei der Weggabelung biegen Sie scharf rechts zum Kloster ab.

Couvent des Franciscains ⓥ – Das Franziskanerkloster wurde im 17. Jh. gegründet und nach langer Pause erst 1969 wieder bezogen. Nach dem Vorbild des italienischen Barocks besitzt die Kirche, von Olivenbäumen umgeben, das Dorf im Süden beherrschend, eine balustergekrönte Vorhalle und einen mit bunten Ziegeln gedeckten Zwiebelturm.
Ein kleiner **Kreuzgang** enthält hübsche Bilder, ein Ausdruck volkstümlicher Frömmigkeit. Von der Terrasse schweift der **Blick**★★ über Saorge und die Roya-Schlucht.

AUSFLUG

10 Gorges de Saorge und Gorges de Bergue *39 km – etwa 4 Std. – s. Kartenskizze NICE*

Breil-sur-Roya – *Siehe dort*

Von Breil-sur-Roya fahren Sie auf der N 204 nordwärts und an der links einmündenden Route du Col de Brouis (D 2204, s. unter Sospel, 9) vorbei.

La Giandola – *Siehe unter SOSPEL, 9*

Hinter La Giandola führt die Straße flußaufwärts durch das sich zunehmend verengende Tal der Roya.

★★ **Gorges de Saorge** – Die Straße wird schmaler und windet sich oberhalb des gurgelnden Flusses unter Felsüberhängen hindurch. Auch die Bahnlinie Nizza–Cuneo geht durch die Schlucht; die Trasse führt dabei über zahlreiche kühne Bauwerke. Am Ausgang der Schlucht taucht zwischen zwei felsigen Steilwänden das Dorf Saorge auf.

★ **Gorges de Bergue** – Sobald die Straße Fontan passiert hat, folgt sie dem Verlauf dieser Schlucht, die in dünnschichtiges, rötliches Schiefergestein eingeschnitten ist. Auf einem hübschen Pfad gelangt man zu dem winzigen Dorf Granile.
Bei St-Dalmas-de-Tende weitet sich das Tal zu einem Becken *(s. unter TENDE, Umgebung)*.

SEILLANS★

2 115 Einwohner
Michelin-Karte Nr. 340 O 4, Nr. 114 Falte 11 oder Nr. 245 Falte 36

Der Komponist Charles Gounod und der Journalist Alphonse Karr hielten sich in dem Bergdorf auf, wo der Maler **Max Ernst** (1891-1976) seine letzten Lebensjahre verbrachte. Der Künstler war einer der wichtigsten Vertreter des Dadaismus. Er ließ sich 1964 mit seiner Frau, der Malerin Dorothee Tanning, in Seillans nieder. Ein kleines **Museum** ⓥ stellt einige seiner traumhaft-visionären und mit Humor gespickten Lithographien aus.
Gelblich und rosa verputzte Häuser liegen am Steilhang des Plan de Canjuers, und freundliche, blumengeschmückte Gassen mit Kopfsteinpflaster führen zur Kirche und zur alten Burg hinauf, wo noch Überreste der Befestigung und ein hübscher Brunnen zu sehen sind. In Seillans werden hauptsächlich Aromastoffe und Honig hergestellt.

Unterkunft

Unsere Empfehlung

Les Deux Rocs – *Place Font-d'Amont – ☎ 04 94 76 87 32 – Nov. bis März, Di und Do außer abends geschl. – 14 Z: 48,78/91,47 € – ☕ 7,62 € – Rest. 40 €.* Ein altes Haus oben im Dorf, in dem ein geschmackvolles Hotel untergebracht ist. Eine alte Treppe führt zu den mit alten Möbeln ausgestatteten Zimmern. Gastraum vor dem Kamin, Sommerterrasse unter den Platanen in der Nähe des Dorfbrunnens.

Besondere Termine

Fête de l'Olive – Das Olivenfest findet am ersten Februarwochenende statt und ist eine einmalige Gelegenheit, die einheimische Olivenspezialität kennenzulernen. Weitere Feierlichkeiten: Fête de Notre-Dame-des-Selves (erstes Juliwochenende) sowie Fête de St-Cyr et St-Léger (letztes Juliwochenende).

Foire de la Faïence – Fayencenmarkt am 15. August.

BESICHTIGUNGEN

Kirche – Das Gebäude von 1477 enthält noch einige Teile des Vorgängerbaus aus dem 11. Jh. Innen findet man rechts zwei schöne Flügelaltäre (einer zeigt die Marienkrönung, ein Tafelgemälde aus dem 15. Jh.) und ein marmornes Weihwasserbecken (1491). Von der Kirche blickt man über die Ebene von Fayence und das Tanneron-Massiv.

Notre-Dame-de-l'Ormeau ⓥ – *1 km südöstlich in Richtung Fayence.* Halb zwischen Bäumen verborgen liegt die romanische Kapelle, flankiert von einem Glockenturm aus Quadersteinen und mit einer nach drei Seiten offenen Vorhalle, die erst später, nicht eben stilgerecht, angefügt wurde.
Sie birgt einen außergewöhnlichen **Altar★★**, der im 16. Jh. von einem italienischen Mönch geschnitzt und bemalt wurde. Im Mittelteil ersteigt eine ganze Reihe von Personen die Wurzel Jesse; links ist die Anbetung der Hirten, rechts sind die Hl. Drei Könige dargestellt, beides von erstaunlicher Ausdruckskraft. Die Predella hinter einem kleinen Säulengang zeigt von links nach rechts das Leben der hl. Anna, die Geburt der Jungfrau und ihre Vermählung sowie die Verkündigung. Auf der linken Seite des Altars schönes Flachrelief mit der Himmelfahrt Mariä (17. Jh.); rechts im Chor steht in einer Nische eine schlichte Statue der Schutzpatronin, der Lieben Frau von der Ulme, die am 16. Juli Gegenstand einer feierlichen Prozession ist.

E. Baret/MICHELIN

Anbetung der Hirten – Notre-Dame d'Ormeau

Links vom Eingang der Kapelle sieht man einen römischen Grabstein mit Inschrift. Zahlreiche Votivgaben (um 1800), rührend in ihrer Naivität, schmücken die Wände.

SIX-FOURS-LES-PLAGES

32 742 Einwohner
Michelin-Karte Nr. 340 K 7, Nr. 114 Falten 44 und 45 oder Nr. 245 Falte 46
Kartenskizze SANARY-SUR-MER, S. 319

Diese ausgedehnte Gemeinde zählt nicht weniger als 125 Ortschaften und Wohnsiedlungen, ihr Gebiet umfaßt mehrere Strände, von denen der nächste und längste mit 2 km der Sandstrand von Bonnegrâce bei Sanary ist. Der Ortsname kommt von der lateinischen Bezeichnung *sex furni* für einen befestigten Posten, den die aus Phokäa stammenden Griechen hier gründeten, als sie von *Massilia* (Marseille) herüberkamen. Im Mittelalter wurde die auf der Hügelkuppe liegende Siedlung Teil eines Dorfes, das durch einen dreifachen Befestigungsring geschützt war. Aus dieser Zeit stammt die Stiftskirche St-Pierre. Ab dem 18. und 19. Jh. zogen die Bewohner die Ebene Plaine de Reynier der Hanglage des alten Dorfes vor.

AUF ENTDECKUNGSTOUR

Altstadt

Zufahrt über die Avenue du Maréchal-Juin; biegen Sie nach links auf die kleine Straße zum Fort ab.

Während der sehr steilen Auffahrt blickt man auf der einen Seite über die Bucht von Sanary, auf der anderen über die von Toulon.

★ **Fort de Six-Fours** – 210 m. *Keine Besichtigung.* Von der Plattform vor dem Eingang des Forts erstreckt sich das **Panorama**★ über die Bucht von Toulon, die Halbinsel von St-Mandrier, das Cap Sicié, die Bucht von Sanary, Le Brusc und die Île des Embiez.

Collégiale St-Pierre Ⓥ – Unterhalb der Festung liegt die Stiftskirche des verlassenen Dorfes. Sie diente den ersten verfolgten Christen als Zufluchtsstätte. Der Altar, das Taufbecken und Teile der Absidialkapelle bezeugen, daß sie dann ab dem 5. Jh. als ständiges Gotteshaus fungierte. Die Mönche von Montmajour und danach die von St-Victor errichteten hier ein Priorat und eine Kapelle. Der ausgefallene Grundriß der Stiftskirche – zwei sich rechtwinklig schneidende Schiffe – entstand im 17. Jh. durch den Marseiller Architekten Guillaume Borelli, der das zweite Schiff im gotischen Stil anfügte.
Im gut erhaltenen romanischen Teil befindet sich ein mehrflügeliges Altarbild, das Louis Bréa zugeschrieben wird. Die Kapellen des gotischen Baus enthalten eine Kreuzabnahme der flämischen Schule (Ende 16. Jh.) und eine Jungfrau Maria, wahrscheinlich von Pierre Puget.

Sentier du Littoral

Beginn am Strand von Bonnegrâce (an der Grenze zu Sanary). Der Küstenweg führt an den Stränden entlang durch eine niedrige, aus dornigen Gewächsen bestehende Vegetation. Man gelangt in den kleinen Fischerhafen von Le Brusc, in dem malerische Boote, die sogenannten *Pointus*, vor Anker liegen. Am Ende dieses Wegstücks erreicht man die felsige Landspitze **Petit Gaou** *(Beschreibung s. unter SANARY-SUR-MER, 3).* Es bietet sich ein schöner **Blick**★ auf den südlichen Teil der Halbinsel des Cap Sicié.
Geübte Wanderer können auf dem Küstenweg weitergehen bis zur Kapelle Notre-Dame-de-Mai, wo man sich abholen lassen kann.

Gastronomie

Gut und preiswert

Le Ligure – *60 Avenue John-Kennedy, Richtung Playes – ☎ 04 94 25 63 87 – 15. Nov.-15. Dez., So-abend und Mo außerhalb der Saison geschl. – 10,37/20,89 €.* Dieses Lokal bietet von seiner großen Terrasse ein außergewöhnliches Panorama auf das Meer und die Bucht von Sanary. Das einfache Interieur ist in den Farben der Provence gehalten. Der Hauptakzent der Karte liegt auf Fisch und Pizza vom Holzfeuer.

La Marmite – *Quai St-Pierre, am Hafen von Le Brusc – ☎ 04 94 34 04 81 – lamarmite@infonie.fr – Jan., So-abend und Mo außer Juli und Aug. geschl. – 9,90 € Mittagessen – 14,50/22,59 €.* Hinter großen Glasfenstern können Sie in diesem einfachem Lokal Ihre Mahlzeit einnehmen und zugleich den Blick auf den Hafen genießen. Man kommt auch der zivilen Preise wegen hierher.

Unterkunft

Unsere Empfehlung

L'Île Rose – *242 Promenade du Général-de-Gaulle – ☎ 04 94 07 10 56 – www.hotelilerose.com – Nov. geschl. – P – 21 Z: 45,73/54,88 € – ☕ 5,49 € – Rest. 18 €.* Die Gäste dieses kleinen Hotels schätzen seine nur 20 m vom Plage de Bonnegrâce entfernte Lage, seine einfarbigen renovierten Zimmer und das Vergnügen, am Morgen die Fenster zu öffnen und auf die Bucht von Sanary und die Îles des Embiez schauen zu können.

Der Kaviar des Mittelmeeres

Seit der Antike wird der eßbare Seeigel, im Volksmund Meereskastanie genannt, wegen des feinen Geschmacks seiner „Eier" geschätzt und wurde daher in großen Mengen gefangen, was dazu führte, daß er an den Küsten des Mittelmeeres nur noch selten vorkommt. Der Stachelhäuter ernährt sich von Algen, kleinen Tierchen und Bakterien, die sich in seinen Stacheln verfangen. Die um die Mundöffnung herum angeordneten Füßchen sind mit Saugnäpfen versehen, so daß der Seeigel sich am Meeresboden festsetzen kann. Die mit Muskeln versehenen Stacheln dienen auch der Fortbewegung (mit einer Geschwindigkeit von 1 cm pro Minute). Ab und zu verlieren die Seeigel durch bakterielle Infektionen ihre Stachel und werden kahl.
Der eigentliche eßbare Teil des Seeigels sind die aus fünf Zweigen bestehenden Fortpflanzungsorgane, die bei den weiblichen Tieren orangefarben und bei den männlichen weißlich sind. Das Fischen von Seeigeln ist von Mai bis Ende August (in den Monaten ohne „r") verboten, in dieser Zeit sind die Tiere leer. Um Seeigel zu fangen, muß man einen Tauchgang. Nur die Seeigel mit einem Durchmesser von mehr als 5 cm werden in einem großen Netz gesammelt, in dem bis zu 240 Tiere Platz finden.
Zum besseren Schutz der Seeigel werden Informationsveranstaltungen, z. B. vom Ozeanographischen Institut Paul-Ricard (Île des Embiez), durchgeführt.

UMGEBUNG

★★ **Chapelle Notre-Dame-du-Mai** ⓥ – *Zufahrt mit dem Auto von Mitte Juni bis Mitte September verboten. Gehen Sie zu Fuß zur Kapelle an den Anlagen des französischen Fernsehens (TDF) vorbei.* Die Kapelle Unserer Lieben Frau als Beschützerin ist Wallfahrtsziel (14. September) und enthält zahlreiche Votivgaben. Bei der Kapelle auf der schroffen Spitze des Cap Sicié, hoch über dem Meer (318 m), umfaßt das herrliche **Panorama**★★ die Küste von den Hyèrischen Inseln bis zu den *Calanques* der Marseiller Gegend.

Notre-Dame-de-Pépiole ⓥ – *3 km; etwa 1 Std. Verlassen Sie Six-Fours in nördlicher Richtung. Kurz danach zweigt am Kreisverkehr links eine kleine ausgeschilderte Straße ab. Parkmöglichkeit auf einem Platz, 100 m vor der Kapelle.* Reizvoll ist die **Lage**★ des Gotteshauses inmitten von Kiefern, Zypressen, Olivenbäumen, Reben und Ginster vor der Kulisse der Berge von Toulon.
Die Kapelle mit ihren beiden hübschen Glockenaufsätzen besteht aus rötlichem und gelb-grauem Mauerwerk, dessen Verputz lange verbarg, daß es sich um eines der ältesten frühchristlichen Baudenkmäler (5.-6. Jh.) Frankreichs handelt. Ursprünglich waren es drei getrennte Kapellen, die im 12. Jh. durch die Arkaden aus blauem Stein verbunden wurden. In der linken Kapelle steht eine Statue der Lieben Frau von Pépiole (17. Jh.).

SOSPEL★

2 885 Einwohner
Michelin-Karte Nr. 341 F 4, Nr. 115 W der Falte 18 oder Nr. 245 Falten 25, 26
Kartenskizze NICE, S. 275

Malerisch reihen sich die alten Häuser von Sospel zu beiden Uferseiten der Bévéra aneinander. Der Ferienort mit frischem Gebirgsklima liegt in einer landwirtschaftlich genutzten Niederung (Oliven) und ist von hohen Bergen umgeben. Der Kreuzungspunkt der Strecken Menton–Obere Vésubie und Nizza–Turin über den Col de Tende, am Zusammenfluß von Merlanson und Bévéra, ist ein günstiger Ausgangspunkt für Ausflüge.
Die Stadt war im 13. Jh. Sitz des Richters *(Viguier)* des Herzogtums Ventimiglia, dann, zur Zeit des Schismas (Kirchenspaltung, 14.-15. Jh.), Bischofssitz und schließlich eine obligatorische Zwischenstation für alle, die über die **Salzstraße** von der Hauptstadt des sardischen Königreichs, Turin, an die Mittelmeerküste reisen wollten.

AUF ENTDECKUNGSTOUR

★ Alter Dorfkern

Rechtes Ufer – Hübsch ist der Place St-Michel mit den Laubenhäusern, deren ältestes, das Palais Ricci *(rechts der Kirche)*, 1809 Papst Pius VII. beherbergte, als er auf Geheiß Napoleons aus dem Vatikan nach Frankreich gebracht wurde.

Église St-Michel – Zur Zeit des Schismas war dies die Kathedrale. Der mit Rundbogenfriesen verzierte romanische Glockenturm flankiert eine eindrucksvolle Barockfassade. Das Innere wurde im Barockstil ausgestattet: ein Baldachinaltar, mehrere mächtige Altarretabel, Fresken in illusionistischer Malerei, Vergoldungen und ein Zackengesims, das die Wände des Langhauses ziert.

Gastronomie

Gut und preiswert

L'Auberge du Pont Vieux – *3 Avenue Jean-Médecin – ☎ 04 93 04 00 73 – Während der Februarferien, 15. Juni-7. Juli, während der Allerheiligenferien und So-abend außerhalb der Saison geschl. – 10,52 € Mittagessen – 13,42/19,82 €.* Der in den Mauern eines Klosters aus dem 14. Jh. eingerichtete einfache Gasthof wird von den Bewohnern von Sospel wegen seiner reichhaltigen Regionalküche geschätzt. Der Gastraum ist teilweise holzvertäfelt und mit Tischdecken in sonnigen Farben aufgepeppt. Die Zimmer wurden alle renoviert.

Shopping

Markt – Donnerstags auf dem Place Gianotti und sonntags vormittags auf dem Place de la Cabraïa, wo Ziegenkäse und Honig verkauft werden. Am Michaelstag (29. September) bieten einheimische Hersteller ihre Produkte feil. Im Mittelpunkt stehen gedrechselte Gegenstände aus Olivenbaumholz und Honig.

Sport und Freizeit

Jérôme Béretti – *3 Place Auguste-Cotta – ☎ 0800 59 83 25.* Mit dem Führer kann man auf eine Canyoning-Tour gehen oder einen Klettersteig (Via ferrata in La Colmiane, Tende und Peille) erklimmen. Die nötige Ausrüstung ist ebenfalls vorhanden.

Wanderungen – Das Fremdenverkehrsamt gibt eine Liste mit mehreren beschilderten Wander- und Reitwegen ab Sospel heraus.

Der Altar der Barmherzigen Mutter in der linken Chorkapelle scheint nicht aus der Nizzaer Schule zu stammen. Außerdem ist hier eines der eindruckvollsten Werke François Bréas zu sehen, die **Jungfrau der Unbefleckten Empfängnis**★: Das Altarbild zeigt Maria in einer idyllischen, von kleinen Engeln bevölkerten Landschaft.
Rechts vom Vorplatz führen breite Treppen zu den von Pflanzen überwucherten Ruinen eines Karmeliterklosters. Beim Weitergehen stößt man auf die Überreste der Wehrbauten, darunter ein großer Eckturm aus dem 15. Jh. und etwas weiter ein Rundbogentor. Durch dieses Tor gelangt man über eine Treppe zur **Rue St-Pierre**, die sich an den Kathedralenvorplatz anschließt. Diese von Arkaden gesäumte Straße mündet auf einen kleinen Platz hinter dem Rathaus, wo man einen hübschen Mauerbrunnen bewundern kann. Im Vorbeigehen sollte man auf die wappenverzierten Türstürze vor allem der Häuser Nr. 3, 20 und 29 achten. Über diesen gemeißelten Steinreliefs befindet sich meistens ein Gitter, welches das Rundbogengewölbe abschließt und wie eine natürliche Klimaanlage die Belüftung fördert.
Die Fassade von Haus Nr. 30 mit schönem Mauerwerk ist mit zwei Renaissancefenstern geschmückt. Das Erdgeschoß im gotischen Stil besitzt eine Tür und ein Fenster mit Spitzbögen.

Die Brunnen – Der Handel spielte in Sospel früher eine wichtige Rolle. Davon zeugen noch die vielen skulptierten Brunnen, die im Dorf verteilt stehen. Der imposanteste auf dem Place de la Cabraïa hat zwei Stufen und diente als Tränke. Der Name dieses Platzes geht in der Tat darauf zurück, daß hier früher Ziegenherden zusammengetrieben wurden. Weitere Brunnen erheben sich auf dem Place St-Nicolas (der älteste), am Ende der Rue de la République und auf dem Place St-Pierre, hinter dem Rathaus.

★ **Vieux Pont** – Die Brücke aus dem 11. Jh. verbindet die beiden Stadtteile. Ihr im Zweiten Weltkrieg zerstörter Mautturm wurde wieder aufgebaut. Darin befindet sich das Fremdenverkehrsamt (Syndicat d'Initiative) und während der Saison auch ein Auskunftsbüro über den Mercantour-Nationalpark.

Linkes Ufer – Überquert man die alte, mit Kieselsteinen gepflasterte Brücke, so gelangt man zu dem kopfsteingepflasterten Place St-Nicolas. Unter den Arkaden des ehemaligen, mit dem Flachrelief des Osterlamms verzierten Gemeindehauses steht noch ein schöner Brunnen aus dem 15. Jh. In der Rue de la République zur Rechten gab es früher zahlreiche Handelsgeschäfte und geräumige Keller, in denen durchreisende Händler bis zur Erledigung des Brückenzolls ihre Waren abstellen konnten. Schöne steinerne Türstürze schmücken noch immer die Häuser, die diese Straße säumen (Nr. 14, 15, 23 und 51). Hinter dem Haus Nr. 51 sieht man rechts in einer Einbuchtung einen schönen provenzalischen Brunnen. Durch die schmale malerische Rue des Tisserands gelangt man zur Chapelle Ste-Croix aus dem 17. Jh.

UMGEBUNG

★ **Fort St-Roch** ⓥ – *In 1 km Entfernung vom Dorf an der Straße nach Nizza, der D 2204. Biegen Sie rechter Hand hinter dem Friedhof in eine ausgeschilderte ehemalige Militärstraße ein.* Das 1932 fertiggestellte Festungswerk sollte das Bévéra-Tal abriegeln und den Col de Brouis sowie die aus dem Eisenbahntunnel herausfahrenden Züge aus Breil schützen. Die Festung, eine regelrechte unterirdische Stadt, in der man in 50 m Tiefe drei Monate lang ohne Nachschub ausharren konnte, gehörte zu den Befestigungsbauten der Maginotlinie der Alpen, die in den 30er Jahren in dieser Region angelegt wurde. Bei einem Rundgang durch die mehr als 2 km langen Gänge besichtigt man die Küchen, die Stromgeneratoren, den Operationssaal und die Belüftungsräume. Zu den Geschütztürmen gelangt man mit einer Standseilbahn, die eine Steigung von 45° überwindet und für den Munitionstransport bestimmt war. Zu besichtigen sind ferner ein Kinosaal und Artilleriesäle (8,1 cm-Mörser und 7,5 cm-Geschütz) sowie ein Periskop zur Beobachtung der Umgebung. Der interessante Besuch wird durch ein Museum abgerundet, das einen Überblick über die Alpenarmee während des Zweiten Weltkriegs bietet.

WANDERUNGEN

Botanischer Lehrpfad – *1 1/2 Std. hin und zurück. Der angenehme ausgeschilderte Spazierweg, an dem Erläuterungstafeln zu den jeweiligen Pflanzenarten aufgestellt sind, liegt rechts unterhalb der D 93 in Richtung des Grenzpostens Olivetta. Gehen Sie von der Straße aus den Weg hinunter zur Eisenbahnstrecke, biegen Sie dann links ab und gehen Sie unter der Brücke hindurch. Ein Hinweisschild nahe einer Ruine weist auf den Beginn des Weges hin.* Man durchquert nacheinander ein Flaumeichenwäldchen, ein Feuchtgebiet mit einer Gruppe von Erlen, ein Stück Garrigue-Landschaft auf terrassenförmig angelegtem Gelände, das früher landwirtschaftlich genutzt wurde, sowie einen Steineichenwald.

Mont Agaisen – *7 km mit dem Auto, dann 2 Std. zu Fuß hin und zurück. Verlassen Sie Sospel auf der am Postamt vorbeiführenden Straße, die das linke Bévéra-Ufer hinaufführt. Nach 1 1/2 km biegen Sie rechts ab und fahren den Weg in Richtung Gewächshäuser von Bérins (Serres de Bérins) hinauf.* Die Straße schlängelt sich an Berghängen inmitten von Obstgärten entlang und bietet kurze Ausblicke auf das Tal. Am Eingang von Bérins nehmen Sie rechts die befestigte Straße in Richtung Süden. Nach einer Strecke durch den Wald trifft die ehemalige Militärstraße auf die ersten kleineren Anlagen der Festung des Mont Agaisen *(keine Besichtigung)*.

Man kann auf dieser Steigung an verschiedenen Stellen parken. Dann zu Fuß weiter auf dem Pfad, der zur Bergspitze (745 m) führt. Es gibt hier sehr viele Kasematten und Gefechtsstände. Hält man sich südlich, erreicht man den Gipfelrand in der Nähe eines großen Metallkreuzes und hat hier einen schönen Blick auf das Dorf, das

J.-L. Gallo/MICHELIN

Wahrzeichen von Sospel ist seine alte Brücke

Bévéra-Tal und den Mont Barbonnet, der an den befestigten Glacis zu erkennen ist. Von der Bergspitze sieht man außerdem den Col de Brouis und im Norden das Engtal, über dem sich der kahle Gipfel des Mont Mangiabo (1 810 m) erhebt.

Für echte Wandervögel gibt es eine reine Fußwanderung vom Dorf aus. Die Route beginnt an der Schule im oberen Dorfteil und folgt rechts dem Weg mit der Markierung „GR 52" – Mont Agaisen *(rd. 3 Std. Fußmarsch).*

Der Pfad folgt dem rot-weiß gekennzeichneten Wanderpfad GR 52, an den man sich ca. 1 km lang hält. Man stößt auf eine befestigte Straße und geht diese links ca. 1 km lang hinauf. Dann erblickt man die ersten Ruinen der Militärbauten und erreicht die Route, die bereits für die Autofahrt beschrieben wurde.

AUSFLÜGE

★ Piène-Haute über den Col de Vescavo *9 km – 1/2 Tag*

Verlassen Sie Sospel in östlicher Richtung auf der D 2204. Nach 2 km zweigt rechts eine Straße mit der Kennzeichnung „Piène-Olivetta" ab. 4 km weiter erreicht die D 93 den Col de Vescavo (478 m), der oberhalb des Bévéra-Hangs verläuft. Diese Straße führt anschließend zwischen Kiefern und später Olivenhainen in Serpentinen hinunter bis zum Grenzübergang, hinter dem das italienische Dorf Olivetta liegt.

Die D 193 zur Linken führt weiter nach oben bis zu einem reizvollen Dorf namens **Piène-Haute**, das abgeschieden auf einem 613 m hohen Felsvorsprung liegt. Man parkt am besten am Ortseingang auf der Esplanade. Bevor man zu Fuß den abschüssigen Weg hinuntergeht, sollte man erst den **Blick★** über die alten Häuser schweifen lassen. Kleine, mit Blumen geschmückte Straßen führen zum malerischen kleinen Platz vor dem Bürgermeisteramt. Weiter oben steht die Kirche mit einem schön skulptierten Glockenturm und einem seltsamen Altar aus rotem Marmor im Inneren. Von den Burgruinen hat man einen schönen Blick auf das Roya-Tal und den Weiler Piène-Basse, der gleichzeitig Grenzübergang nach Italien ist.

Es besteht die Möglichkeit, Halbtagswanderungen bis zum Col de Brouis oder Ganztagsausflüge bis zum Arpette-Gipfel (1 610 m) zu unternehmen. Diese Wanderungen führen über den Weiler Libre und den Grenzkamm.

9 Route du Col de Brouis *21 km – etwa 1 Std. – s. Kartenskizze NICE*

Die einstige Salzstraße (Route du Sel) führt als Fortsetzung der Paßstraße des Col de Braus (s. unter Forêt de TURINI, 7) bis nach Turin. Sie verbindet das Bévéra-Tal mit dem Roya-Tal.

Verlassen Sie Sospel in östlicher Richtung auf der D 2204.

Der Blick zurück öffnet sich auf die reizvolle Umgebung von Sospel, aus der das Fort auf dem Mont Barbonnet aufragt.

Col du Pérus – 654 m. Unterhalb der Straße tut sich die tief eingeschnittene Schlucht der Bassera auf.

★ **Col de Brouis** – 879 m. *Brouis* sind Heidekrautsträucher, die in dieser Gegend besonders üppig wachsen. Aus der Höhe eröffnet sich ein weiter **Blick★** auf die Kämme der zum linken Roya-Ufer abfallenden Berge.

Die zunächst sehr abschüssige, dann kurvenreiche Strecke führt in das tief eingeschnittene Roya-Tal zu dem Weiler La Giandola hinunter.

La Giandola – In eine schöne Gebirgslandschaft ist das hübsche Dorf gebettet, dessen Kirche einen Renaissanceturm besitzt.

Hinter La Giandola führt die Straße flußaufwärts durch das zunehmend sich verengende Tal der Roya.

Die Salzstraße

Aufgrund der großen Bedeutung, die dem Salz bei der Konservierung von Fleisch und beim Gerben von Tierhäuten zukommt, waren Salzgewinnung und Salzhandel zu allen Zeiten von besonderem strategischem Interesse. Seit dem Mittelalter wurde das italienische Piemont von den provenzalischen Salzgärten aus versorgt, zuerst per Schiff bis Nizza, dann weiter per Maultier auf dem Landweg bis nach Turin. Auf dem Rückweg waren die Karawanen mit piemontesischem Reis, Hanf und Stoffen beladen. Das riesige Handelsvolumen (5 000 Tonnen Salz pro Jahr, für deren Transport man Ende des 18. Jh.s etwa 15 000 Maultiere benötigte) veranlaßte die Behörden, die Straße auszubauen, sie für Wagen befahrbar zu machen und Pläne für einen Tunnel am Col de Tende zu zeichnen. Dieser wurde jedoch erst 1883 fertiggestellt. Die Straße, die heute von modernen Kunstwerken gesäumt ist, bildet für die Orte des Piemont noch immer den Hauptzufahrtsweg an die Côte d'Azur.

Massif du TANNERON★

Michelin-Karte Nr. 340 Q 4, Nr. 115 N der Falten 33 und 34 oder Nr. 245 Falten 36 und 37

Dieses kleine Urgebirge ist die nördliche Verlängerung des Esterelmassivs, von dem es durch eine Senke getrennt ist, durch die die N 7 und die Autobahn führen. Mit seinen schweren, abgerundeten Formen und seinem Gestein (Gneis) ähnelt es jedoch eher dem Maurenmassiv.

AUSFLUG

Rundfahrt ab Cannes

56 km – etwa 1/2 Tag

★★★ **Cannes** – *Siehe dort*

Ausfahrt aus Cannes über ③ des Plans, die N 7. Bis zur Auberge des Adrets und der Carrefour du Logis-de-Paris genannten Kreuzung ist diese Strecke unter Ausflug 2 im Massif de l'ESTEREL beschrieben.

Dann biegt man rechts ab auf die D 237, die kurze **Ausblicke** auf die Bucht von La Napoule und den Mont Vinaigre bietet. Hinter Les Adrets-de-l'Esterel erblickt man die Voralpen von Grasse. Man durchquert den Wald von Montauroux und passiert auf einer Überführung die Autobahn A 8, bevor man am Lac de St-Cassien entlangfährt.

Lac de St-Cassien – *Siehe unter FAYENCE, Ausflüge*

Vor der Brücke (Pont-de-Pré-Claou) biegt man rechts ab auf die D 38.

Sie führt durch Kiefernwald bergauf; hin und wieder ergibt sich ein hübscher **Blick** auf den See, den Staudamm und die Gipfelkette am Horizont.
Bei dem Weiler Les Marjoris fährt man auf kurvenreicher Strecke über die mimosenbestandenen Hänge des Vallon de la Verrerie.

Vor dem Ortseingang von Tanneron biegen Sie rechts ab auf eine schmale, steile Straße.

★ **Notre-Dame-de-Peygros** – 412 m. Vom Vorplatz der kleinen romanischen Kapelle umfaßt der wunderschöne **Rundblick★** den Lac de St-Cassien, das Siagne-Tal und Grasse; im Osten erkennt man den Mont Agel und die französischen und die italienischen Alpen, im Süden das Esterel- und das Maurenmassiv.
Honigliebhaber sollten auf die kleinen Schilder am Straßenrand mit der Aufschrift „Miel" achten, den man bei den Einheimischen kosten und erstehen kann.

Man durchquert den Ort Tanneron und fährt bis zur Kreuzung von Val-Cros.

Während der Talfahrt öffnet sich der **Blick** auf die Umgebung von Auribeau, Grasse und die weite Siagne-Senke.

Gastronomie

Unsere Empfehlung

Champfagou – *Place du Village – 83440 Tanneron – ☎ 04 93 60 68 30 – Okt., Nov. und vom 15. Okt.-15. Dez. abends geschl. – 19,06/25,92 €.* Eine rosafarbene Fassade, Hortensien, ein hübscher Garten und eine schattige Terrasse hat dieser Dorfgasthof aufzuweisen. Die Karte enthält vor allem regionaltypische Speisen. Kleine, einfache Zimmer mit Bambusmöbeln.

Unterkunft

Unsere Empfehlung

Auberge de Nossi-Bé – *06810 Auribeau-sur-Siagne – Im Dorfzentrum – ☎ 04 93 42 20 20 – 1. Nov.-15. Dez. und Mi geschl. – 6 Z: 45,73/50,31 € – ☕ 7,62 € – Rest. 28 €.* Von der geräumigen Terrasse dieses ansprechenden Gasthofs ergibt sich ein schöner Panoramablick auf das Tal und die bewaldeten Hügel der Siagne. Die rustikal eingerichteten Zimmer sind nicht sehr groß, aber gepflegt. Traditionelle Küche.

N. Thibaut/EXPLORER

Blühende Mimosen

Mimosen wohin das Auge reicht

Das Tanneron-Massiv ist für seine Mimosenwälder bekannt, die es im Winter leuchtend gelb schmücken und herrlich mit dem zu dieser Zeit besonders klaren Himmel kontrastieren.
Früher wuchsen hier hauptsächlich Sternkiefern und Kastanien, doch nahm der Wald durch eine dreifache Belastung erheblich ab: durch Abholzung (seit dem Mittelalter gibt es ein „Rodungsrecht"), die Schildlaus (ein Parasit, der vorwiegend die Sternkiefer befällt) und Waldbrände. 1839 wurde die Mimose aus Australien in den europäischen Mittelmeerraum eingeführt; seither erobert sie die entwaldeten Hänge des Tanneron-Massivs und brachte die Gegend Anfang des 20. Jh.s zu Wohlstand. In den außergewöhnlich kalten Januarmonaten 1985 und 1986 sind viele Mimosen erfroren.
Botanisch gehört die Mimose zur Gattung der Akazien (nicht zu verwechseln mit der gemeinen Akazie oder Robinie, die eine „unechte" ist). Es gibt viele Mimosenarten, in Buschform oder als bis zu 12 m hoher Baum, die zwischen November und März oder wie die „Vierjahreszeiten-Mimose" sogar das ganze Jahr über blühen. Die häufigste Art wächst praktisch wild in ausgedehnten Gehölzen. Ihre Blüte läßt sich künstlich vorverlegen bzw. verbessern, indem man die früh geschnittenen Zweige 2 bis 3 Tage bei 22-25 °C und sehr hoher Luftfeuchtigkeit in einem dunklen geschlossenen Raum aufbewahrt.
Man kann aber auch mit einem Spezialpuder präparierte Knospenzweige verschicken, die beim Zusatz von warmem Wasser aufblühen. Alljährlich gelangen Tausende von Tonnen solcher Schnittblumen aus dem Tanneron-Massiv zum Versand ins In- und Ausland.

★ **Auribeau-sur-Siagne** – *7 km ab der Kreuzung von Val-Cros.* Mimosen verbergen fast ganz die schmale, kurvenreiche Zufahrt. Das hübsche Bergdorf oberhalb der Siagne, dessen Gründung auf das 12. Jh. zurückgeht, wurde 1490 durch die Genuesen wieder aufgebaut. Durch die Porte Soubran (16. Jh.), d. h. das obere Tor, gelangt man zu den Treppengäßchen, die meist sehr verwinkelt sind. Die alten restaurierten Häuser umgeben die **Kirche** ⓥ, die einen Reliquienschrein aus emailverziertem Silber (16. Jh.) und einen Kelch (16. Jh.) birgt. Vom Kirchplatz umfaßt der **Blick** die bewaldeten Hügel über der Siagne, die Stadt Grasse, ihre Berge, den Pic des Courmettes und das Plateau von Valbonne. Kehrt man vor die Kirche zurück, so gelangt man über Stufen zur Porte Soutran, d. h. zum unteren, befestigten Tor aus dem 15. Jh.

Bei der Kreuzung von Val-Cros verlassen Sie die D 38 und fahren geradeaus in Richtung Mandelieu weiter.

★★ **Route de Mandelieu** – Durch Macchiengestrüpp führt die D 92 bergauf in Richtung Mandelieu. Besonders schön ist die rasche Talfahrt durch Mimosenwälder nach Mandelieu-la-Napoule: Mehrfach ergibt sich ein **Ausblick**★★ auf das Esterelmassiv, die Stadt Mandelieu-la-Napoule mit ihrem Flugplatz, die Bucht von La Napoule, Cannes und die Îles de Lérins, das Siagne-Tal, Grasse und die Voralpen; dahinter die Gipfel der französischen und der italienischen Alpen.

Mandelieu-la-Napoule – *Siehe dort*

An der Küste entlang (D 92, dann N 98) fährt man nach Cannes zurück.

TENDE★

1 844 Einwohner
Michelin-Karte Nr. 341 G 3, Nr. 115 Falte 8 oder Nr. 245 Falte 26
Kartenskizze NICE, S. 275

Kurz vor dem Paß von Tende und der italienischen Grenze nimmt der Ort Tende in 816 m Höhe eine reizvolle **Lage**★ ein: Hohe, mit Schieferplatten gedeckte Häuser drängen sich an dem Gebirgsfluß Roya zusammen, überragt von der Steilwand des Riba de Bernou. Ein 20 m hoher spitzer Mauerrest ist einziger Zeuge der Lascaris-Burg, die 1692 im Krieg der Augsburger Liga von den Franzosen geschleift wurde. Tende ist ein günstiger Ausgangspunkt für Ausflüge ins Vallée des Merveilles *(s. dort)*.

AUF ENTDECKUNGSTOUR

★ **Alt-Tende** – Aus grünem und violettem Schiefer bestehen viele Häuser, von denen einige im 15. Jh. entstanden. In dem Gassengewirr entdeckt man zahlreiche wappen- oder figurenverzierte Türstürze, breite Dächer und Balkone. Die Kapellen der Schwarzen und der Weißen Büßer besitzen Glockentürme im Renaissancestil. Oberhalb der Stadt, wo früher die Burg stand, liegt ein seltsamer, terrassenartig angelegter Friedhof, von dem aus man eine gute **Aussicht**★ auf Tende hat.

Collégiale Notre-Dame-de-l'Assomption – Die Mariä-Himmelfahrts-Kirche aus grünem Schiefer stammt bis auf den mit einem Rundbogenfries verzierten Turm mit Kuppel aus dem 15. Jh. Am **Renaissanceportal** stützen zwei Löwen dorische Säulen; das Gesims zieren Statuetten von Christus und den Aposteln, darüber ein halbrundes Bogenfeld mit dem Relief der Himmelfahrt. Das Innere, das die sterblichen Überreste der Fürsten Lascaris bewahrt, besitzt ein dreischiffiges Langhaus mit kräftigen Säulen aus grünem Roya-Schiefer. Die Decke der Sakristei ist mit Fresken und Stukkaturen aus dem 17. Jh. verziert.

BESICHTIGUNG

Musée des Merveilles ⌚ – *Avenue du 16-Septembre-1947, gegenüber dem Zollgebäude.* Das Museum ist in einem Gebäude untergebracht, dessen ultramoderne Fassade aus 12 quaderförmigen Säulen besteht. Der Vorplatz aus dem grünen Stein des Roya-Tals ist mit Motiven von Felszeichnungen geschmückt. Der Museumsbesuch ist die ideale Ergänzung zu einer Wanderung durch die Stätten am Mont Bégo *(s. unter Vallée des MERVEILLES).* Das Museum präsentiert in drei Themenkomplexen die Geschichte des „Tals der Wunder" und seiner Bewohner: Das geologische Umfeld der Region wird anhand von Reliefmodellen und Tafeln erläutert; der Archäologie wird ein wichtiger Platz eingeräumt mit Dioramen, die das Alltagsleben der Menschen in der Bronzezeit darstellen, zahlreichen Abgüssen von Felszeichnungen, einer Originalstele, die dem **„Stammeshäuptling"** zugeschrieben wird (sie mußte wegen starker Verwitterung versetzt werden), sowie Gegenständen, die bei Ausgrabungen entdeckt wurden. Schließlich werden die noch heute bestehenden Traditionen in Brauchtum und Viehhaltung durch eine Sammlung von Gegenständen und weitere Dioramen erläutert, wobei der Bezug zu der Lebensweise in prähistorischer Zeit verdeutlicht wird.

Das Museum verfügt außerdem über ein der Universität angeschlossenes Ausbildungszentrum und eine Forschungseinrichtung zu Felsbildern aus jener Epoche.

UMGEBUNG

St-Dalmas-de-Tende – Ein Kastanienwald zieht sich um den ruhigen kleinen Luftkurort. St-Dalmas bietet seinen Gästen viele Ausflugsmöglichkeiten; es ist insbesondere einer der Ausgangspunkte für Exkursionen ins Vallée des Merveilles *(s. dort).* Die breite und prunkvolle Fassade des Bahnhofsgebäudes erinnert daran, daß der Ort in den 30er Jahren ein wichtiger Grenzposten auf der Strecke Nizza–Cuneo war.

La Brigue – *Von St-Dalmas fahren Sie 2,5 km durch das grüne Levense-Tal ostwärts. Beschreibung s. unter La BRIGUE.*

** **Notre-Dame-des-Fontaines** – *4 km hinter La Brigue über die D 43 und die D 143 ostwärts. Beschreibung s. unter La BRIGUE, Umgebung.*

Kehren Sie nach St-Dalmas-de-Tende zurück und folgen Sie 1 km lang der D 91 bis zum Lac des Mesches, dann biegen Sie links in Richtung Granile ab.

Gastronomie

Gut und preiswert

Auberge Tendasque – *65 Avenue du 16-Septembre-1947 – ☎ 04 93 04 62 26 – Di von Juni bis Okt. und abends außer Sa von Okt. bis Juni geschl. – 12,96/19,82 €.* Kleines Restaurant in der Nähe des Musée des Merveilles, eines Museums, in dem die archäologische und geologische Geschichte der Region nachgezeichnet wird. Qualitätvolle regionaltypische Küche. Gutes Preis-/Leistungsverhältnis.

Unterkunft

Unsere Empfehlung

Prieuré – *06430 St-Dalmas-de-Tende – 4 km südlich von Tende über die N 204 – ☎ 04 93 04 75 70 – Weihnachten bis Neujahr geschl. – 24 Z: 40,40/57,17 € – ☕ 5,64 € – Rest. 14/21 €.* Das ehemalige Prioratsgebäude wurde geschmackvoll in zeitgenössischem Stil restauriert und wird tadellos geführt. Geräumige Zimmer mit schönen Möbeln. Das Restaurant, ein gewölbter Raum, der sich auf einen Innenhof öffnet, bietet Speisen der Region. Terrasse mit Weinspalier, im Hintergrund der Mont Bego.

Sport und Freizeit

Lucien Béranger – Bergführer. ☎ *04 93 04 77 85.*

Alter Dorfkern von Tende

Granile – Die sich über 5 km in Serpentinen windende Straße führt durch Kastanien- und Kiefernhaine und endet als Sackgasse. Das reizende Dorf, das einsam am Berghang liegt, bildet mit seinen Berghäusern, die mit Holzbalkons geschmückt und mit Schieferplattendächern versehen sind, eine originelle Einheit. Überwältigende Aussicht auf die Roya-Schlucht und im Osten auf den Kamm der Grenzgipfel. Über einen im Süden des Dorfs gelegenen Weg kann man wahlweise wieder zur N 204 ins Tal oder zum Dorf Bergue (oder auch Berghe) weiter südlich fahren.

Fahren Sie nach St-Dalmas-de-Tende zurück und weiter das Roya-Tal aufwärts.

Die Wiesen mit Apfelbäumen unterscheiden sich von der steinigen und von Olivenbäumen bestandenen Landschaft bei Sospel und Breil. In einer Kurve kommt das Dorf Tende in Sicht.

Abbaye du THORONET★★

Michelin-Karte Nr. 340 M 5, Nr. 114 Falte 21 oder Nr. 245 Falte 34
Kartenskizze BRIGNOLES, S. 121

Le Thoronet, das älteste der drei provenzalischen Zisterzienserklöster, liegt wie Silvacane und Sénanque *(s. Grüner Reiseführer Provence)* versteckt in der Einsamkeit bewaldeter Hügel, wie es die strenge Ordensregel verlangt.

HINTERGRUNDINFOS

Von der Gründung bis heute – Nachdem die Mönche sich 1136 zunächst bei Tourtour im Haut-Var niedergelassen hatten, kamen sie nach Le Thoronet auf ein Gut, das ihnen Raimond Bérenger V., Graf von Barcelona und Marquis von Provence abgetreten hatte. Durch großzügige Stiftungen, besonders der Herren von Castellane, gelangte die Abtei bald zu großem Reichtum. Zwischen 1160 und 1190 wurden Kirche und Klostergebäude errichtet.

Einige Zeit später stand das Kloster unter der Leitung von **Folco** (auch Folquet oder Foulques) **von Marseille**, seinem berühmtesten Abt. Folco stammte aus Genua und war eigentlich Kaufmann, gab diese Laufbahn jedoch auf, um sich der Dichtkunst zu widmen. Nachdem er ein berühmter Troubadour geworden war (Dante zitiert ihn), entschloß er sich 1196, in den Zisterzienserorden einzutreten. 1201 wurde er Abt von Le Thoronet, 1205 Bischof von Toulouse.

Wie viele andere Zisterzienserklöster erlebte Le Thoronet im 14. Jh. einen Niedergang. Infolge innerer Unruhen und schließlich der Religionskriege verließen die Mönche die Abtei, die 1787 dem Bischof von Digne unterstellt wurde. Als Kirchengut kam sie in der Französischen Revolution zum Verkauf und war dann dem Verfall preisgegeben. 1854 erwarb sie der französische Staat. Nur dank der Bemühungen Prosper Mérimées, des als Schriftsteller bekannt gewordenen damaligen staatlichen Konservators, blieb sie erhalten.

Seither wurde die Abtei mehrfach restauriert. Dies war um so notwendiger geworden, als die Gebäude durch die Bauxitförderung in der Nähe in Mitleidenschaft gezogen worden waren.

BESICHTIGUNG

1 Std.

Die Gebäude, besonders Kirche und Kreuzgang, zeichnen sich durch äußerste Schlichtheit, eine einfache, präzise Architektur und harmonische Proportionen aus. Daher gilt Le Thoronet als ein Juwel der Zisterzienserbaukunst.

Tip

Gut und preiswert

Le Tournesol – *9 Rue des Trois-Ormeaux – 83340 Le Thoronet – 4 km vom Kloster entfernt – ☎ 04 94 73 89 81 – Jan. geschl.* – *15 €.* Dieses Haus aus dem 17. Jh., das mitten im Dorf liegt, ist recht klein, bezaubert aber durch die heiteren Farben der Wände und des Mobiliars, durch seine einfache Küche und die reizende Terrasse, die sich in einem Gäßchen befindet.

★ **Kirche** – Sie gehört stilistisch zur provenzalischen Romanik. Der von geometrischer Strenge bestimmte Bau wirkt gedrungen und herb. Im Grundriß erinnert er stark an die Kirche des provenzalischen Klosters Sénanque. Besonders auffallend ist das regelmäßige Mauerwerk aus fein behauenen Quadern. Der kleine steinerne Glockenturm ist wohl eine Konzession an das Klima der Gegend (starker Wind und Feuergefahr), denn nach der Zisterzienserregel waren nur Dachreiter erlaubt.

Die Westfassade zeigt ein Ochsenauge und darunter vier schmale Rundbogenfenster. Anstelle eines Mittelportals gewähren zwei Türen rechts und links Einlaß in die Seitenschiffe. Die Laienbrüder (Konversen) benutzten die linke Tür. An der den Klosterbauten entgegengesetzten Seite befindet sich eines der in der Provence seltenen außen angebrachten Nischengräber. Hier wurden früher die Toten aus dem Dorf aufgebahrt.

Das mit einer Spitztonne überwölbte Schiff besteht aus drei von Gurtbögen getrennten Jochen, denen sich hinter der Vierung ein gleich hohes viertes Joch anschließt. Überhöhte Bögen markieren den Eingang zu den beiden Querhäusern, die ebenfalls von Spitztonnen abgeschlossen sind und im Osten in je zwei Kapellen enden. Wie in Sénanque sind diese Kapellen innen gerundet und haben außen einen geraden Abschluß.

Der halbrunde Chor mit Halbkuppel wird von drei Fenstern erhellt; ein Triumphbogen mit einem Rundfenster und ein kurzes Joch gehen ihm voraus. Die niedrigen Seitenschiffe besitzen steigende Halbtonnengewölbe. Die fast völlige Schmucklosigkeit der Kirche unterstreicht die Würde und Reinheit der Bauformen. Nur die Wülste der Kämpfer von Pfeilern und Halbsäulen bilden in 2,90 m Höhe einen Blickfang.

★ **Kreuzgang** – Er schließt sich an die Nordwand der Kirche an und ist eine trapezförmige Anlage. Nur der Südflügel befindet sich etwa auf der gleichen Ebene wie die Kirche, die anderen Galerien liegen wegen der Unebenheit des Geländes insgesamt sieben Treppenstufen tiefer. Im Westflügel ist heute eine Ausstellung von

B. Kaufmann/MICHELIN

Im Kapitelsaal versammelten sich einst die Mönche zur Lesung

Handschriften und Miniaturen untergebracht; der Ostflügel trug früher noch ein Geschoß mit Dachstuhl. Tonnengewölbe schließen die Flügel ab. Zum Kreuzgarten hin öffnen sich mächtige Rundbogenarkaden, die durch zwei kleinere, auf einer starken Mittelsäule ruhende Bögen geteilt sind.
Gegenüber der Tür zum Speisesaal (Refektorium) steht das schön restaurierte sechseckige **Brunnenhaus**. Das Wasser fließt in mehreren Strahlen von der oberen in die breitere untere Brunnenschale.

Klostergebäude – Sie liegen nördlich der Kirche. Im Erdgeschoß befindet sich die auch Armarium genannte, durch einen dreieckigen Türsturz angezeigte **Bibliothek**. Der **Kapitelsaal★** stammt aus der Frühgotik. Er besitzt ein Palmengewölbe, dessen Rippen aus zwei Säulen mit behauenen Kapitellen aufsteigen. Diese Skulpturen (Wasserblätter, Pinienzapfen, Palmzweige und eine über einem Bischofsstab geschlossene Hand) sind die einzigen, aus dem Rahmen fallenden Dekorationselemente der Abtei – schließlich soll eine Zisterzienserabtei schmucklos sein. Die Steinbänke wurden teilweise wiederhergestellt. Das **Sprechzimmer** (Parlatorium) beim Kapitelsaal verbindet Kreuzgang und äußeren Klostergarten. Der **Schlafsaal** (Dormitorium) liegt über dem Kapitelsaal und ist über eine überwölbte Treppe erreichbar. Eine Spitztonne schließt ihn ab. Am Südende liegt über dem Kreuzgang in einer Gartenecke das Abtszimmer.
Die Türen des Nordflügels öffneten sich einst zu heute nicht mehr vorhandenen Baulichkeiten (Mönchsaal, Wärmestube, Speisesaal und Küche).
Der westlich des Kreuzgangs gelegene **Vorratsraum** besitzt ein Spitztonnengewölbe. Hier sind Wein- und Ölfässer aus dem 18. Jh. sowie Reste von einer Kelter ausgestellt.
Der Bau der Laienbrüder liegt am Nordwestflügel des Kreuzganges. Die Konversen nahmen den Mönchen mühsame Arbeit ab, unterstanden aber einer weniger strengen Ordensregel. Der Bau ist zum Teil restauriert und umfaßt den Speisesaal (Refektorium) im Erdgeschoß und den Schlafsaal im ersten Stock.

Nebengebäude – Am Ufer des Wildbachs wurden die Fundamente des ehemaligen **Gästehauses** freigelegt. In der südlich der Kirche befindlichen **Zehntscheune**, die später als Ölmühle benutzt wurde, sind Mühlsteine und ein Mörser zu sehen.

TOULON★★

Ballungsraum: 519 640 Einwohner
Michelin-Karte Nr. 340 K 7, Nr. 114 Falte 45 oder Nr. 245 Falte 4

Der zweitgrößte Kriegshafen Frankreichs liegt in einer wunderschönen **Bucht★★**, bewacht von den Forts der nahen Kalksteinhöhen. Die moderne Stadt und die Vororte mit ihren hellen rosa- und cremefarbenen Häusern erstrecken sich terrassenförmig über die sonnigen Hügel des nördlichen Hinterlandes.

HINTERGRUNDINFOS

Purpur aus Toulon – Am Küstenstreifen, nahe bei dem römischen Ort *Telo Martius*, gab es besonders viele Murex-Purpurschnecken, die den gesuchten roten Naturfarbstoff lieferten. Daher arbeitete hier zur Römerzeit eine Purpurfärberei, die als Staatsmonopol hohe Einnahmen einbrachte. Purpur war wegen seiner Kostbarkeit zunächst nur den Cäsaren vorbehalten. Er fand später, als Zeichen von amtlicher Würde oder hoher gesellschaftlicher Stellung, allgemeinere Verbreitung. Bei Erweiterungsbauten der Marinewerft stieß man auf Fundamente der Färberei.

Die Galeeren – Im 17. und 18. Jh. war Toulon Heimathafen der königlichen Galeeren. Als Waffen dienten den Schiffen Kanonen, Wurfmaschinen und der Rammsporn. Die 16 m langen Ruder (meist 25 oder 26 auf jeder Seite) wurden von je vier Mann, meist Galeerensträflingen, bedient. Diese lebten hier unter schrecklichen Bedingungen, an die Ruderbänke gekettet und auf engstem Raum zusammengepfercht. Wenn die Galeeren vor Anker lagen, übten sie eine große Anziehungskraft auf die Schaulustigen aus, denn es war gestattet, die Schiffe und ihre Mannschaft (Verbrecher, politische Gegner des Königs, Hugenotten oder gefangene Piraten) zu besichtigen. Diese war von Entbehrung, Krankheit und Peitschenhieben gleichermaßen gezeichnet. 1748, noch vor der Revolution, wurde die Galeerenstrafe abgeschafft und durch spezielle Gefängnisse (Bagno) in Seestädten und Zwangsarbeit in den Häfen ersetzt. Ab 1854 wurden auch diese geschlossen, und fortan verbannte man die Sträflinge in weit entfernte Strafkolonien.

Erste Lorbeeren – Der 23jährige **Napoleon Bonaparte** erwarb sich vor Toulon seinen ersten Kriegsruhm. Die Royalisten hatten sich damals mit England gegen die junge französische Republik verbündet, Toulon den Engländern geöffnet, und eine englisch-spanische Flotte lag im Hafen. Gemäß der Idee des Korsen wurde der Angriff zuerst auf ein von den Engländern errichtetes starkes Fort am Hafeneingang gerichtet – das sogenannte „Kleine Gibraltar" beim heutigen Fort Napoléon –, und dank dieser Strategie konnte am 17. Dezember 1793 der Sieg davongetragen werden. Die ausländische Flotte ergriff mit vielen Emigranten an Bord die Flucht; vorher waren jedoch mehrere französische Schiffe, das Arsenal und das Lebensmittellager in Brand gesteckt worden. Bonaparte wurde zum Brigadegeneral befördert. Es war die erste Etappe seiner erstaunlichen Laufbahn. Das royalistische Toulon entging knapp der vom Konvent als Vergeltungsmaßnahme beschlossenen Zerstörung.

Die Selbstversenkung der französischen Flotte – Im Zweiten Weltkrieg beherbergte Toulon traditionsgemäß die Kriegsflotte. In seinen Becken versenkten sich im November 1942 75 Schiffe der französischen Marine, um nicht in die Hände der deutschen Besatzungsmacht zu fallen, die nun ganz Frankreich okkupierte. Nach der Befreiung durch die Anglo-Amerikaner sollte es noch 10 Jahre dauern, bis die 400 000 Tonnen Schrott aus dem Hafenbecken entfernt waren.

Das Bagno von Toulon

Von diesem schrecklichen Gefängnis für Schwerverbrecher, dessen Haftbedingungen Victor Hugo in *Les Misérables* in aller Ausführlichkeit schilderte, besteht nur noch eine Mauer im Arsenal. Als man die Galeeren abschaffte, wurden 1748 aus den Galeerenhäftlingen Bagnosträflinge. Zu Zeiten der höchsten Belegung waren im Bagno von Toulon knapp 4 000 Zuchthäusler inhaftiert, die auf den Schiffswerften oder bei der Instandhaltung des Hafens arbeiteten. Sie bildeten eine Gesellschaftsgruppe für sich, die allerdings einer starren hierarchischen Ordnung unterlag. Die einzige Gemeinsamkeit, die alle verband, war eine 7 kg schwere Kette, die jeder Häftling ständig tragen mußte. Die Jakobinermütze aus Wolle diente als Unterscheidungsmerkmal für die Art der Verurteilung: eine rote Mütze für Sträflinge mit begrenzten Haftstrafen, eine grüne Mütze für Lebenslängliche und eine rotbraune Mütze für Deserteure. Die unmenschlichen Haftbedingungen inspirierten viele Romanschriftsteller. Ab 1854 wurden für die zur Verbannung verurteilten Gefangenen Strafkolonien vor allem in Französisch-Guyana und in Neukaledonien geschaffen.
Nachdem die Fregatte *La Guerrière* mit den letzten Bagnosträflingen an Bord Toulon in Richtung Cayenne verlassen hatte, wurde das Bagno am 1. Januar 1874 endgültig geschlossen.

TIPS UND ADRESSEN

Verkehrsmittel

Zone Piétonne – Die von den Straßen Rue Anatole-France, Avenue de la République, Avenue de Besagne und Boulevard de Strasbourg begrenzte Fußgängerzone in der Altstadt ist nur für den Anwohnerverkehr freigegeben. Die größten Parkplätze befinden sich auf dem Place d'Armes, auf dem Place de la Liberté und im Centre Mayol.

Bus – Die Buslinien der städtischen Verkehrsbetriebe RMTT versorgen Toulon und die angrenzenden Gemeinden. Fahrpläne und Fahrkarten sind erhältlich am Kiosk auf dem Place de la Liberté.

Schiffsverbindungen – *SITCAT/RMTT, Quai Cronstadt oder 720 Avenue du Colonel-Picot – ☎ 04 94 03 87 03.* Es bestehen das ganze Jahr über Schiffsverbindungen von Toulon zu den Ortschaften La Seyne-sur-Mer, Les Sablettes, Tamaris und St-Mandrier-sur-Mer. Sie sind integraler Bestandteil des öffentlichen Nahverkehrs, und die Fahrpreise sind vergleichbar mit den Busfahrkarten.

Gastronomie

Gut und preiswert

Al Dente – *30 Rue Gimelli – ☎ 04 94 93 02 50 – So-mittag geschl. – 9,15 € Mittagessen – 16,16/22,87 €.* Nudelgerichte, italienische Speisen und Menüs zu annehmbaren Preisen ziehen zahlreiche Stammgäste an, die sich in der zeitgenössischen, farbigen Umgebung wohl fühlen.

Unsere Empfehlung

Chez Mimi – *83 Avenue de la République – ☎ 04 94 92 79 60 – Juli und Mo geschl. – 19,82/25,92 €.* Ein einfach eingerichteter Gastraum mit traditionellen tunesischen Bildern, freundliche Bedienung und familiäre Atmosphäre lassen Sie eine schöne Zeit bei Couscous und anderen nordafrikanischen Speisen verbringen, ohne daß Sie das Mittelmeer zu überqueren brauchen.

Lido – *Avenue Frédéric-Mistral, in Le Mourillon – ☎ 04 94 03 38 18 – Vom 30. Sept.-30. Mai So-abend und Mo geschl. – 21,34/28,97 €.* Schon mit den ersten Sonnenstrahlen kommen die Segler und Wassersportler zur Terrasse dieses am Strand gelegenen Restaurants. Der etwas zurückgesetzte Gastraum erinnert im Dekor an die Seefahrt. Fisch und Meeresfrüchte stehen auf der Speisekarte.

Spitzenkategorie

Chez Daniel „restaurant du Rivage" – *83500 La Seyne-sur-Mer – 4 km südlich von La Seyne über die Route de St-Mandrier und eine Nebenstraße – ☎ 04 94 94 85 13 – Nov., von Sept. bis Juni So-abend und Mo geschl. – 35,06/57,93 €.* Genießen Sie die provenzalische Lebensart und probieren Sie in dieser kleinen Bucht lokale Spezialitäten: Fische und Meeresfrüchte kommen direkt aus dem Meer oder aus dem Fischbassin. In einem der Gasträume ist eine Sammlung alter Werkzeuge und Kaleschen zu sehen.

Unterkunft

Gut und preiswert

Grand Hôtel Dauphiné – *10 Rue Berthelot – ☎ 04 94 92 20 28 – grandhoteldudauphine@wanadoo.fr – 55 Z: 36,59/45,73 € – ☕ 5,64 €.* Das zentral gelegene Hotel ist ein idealer Ausgangspunkt für die Erkundung der verwinkelten Gassen der Altstadt. Die angenehm gestalteten und gepflegten Zimmer sind aber in erster Linie funktionell eingerichtet.

Les 3 Dauphins – *9 Place des Trois-Dauphins – ☎ 04 94 92 65 79 – 14 Z: 38,11/42,69 € – ☕ 4,12 €.* Die Fenster dieses erst kürzlich renovierten sympathischen Hotels zeigen auf einen winzig kleinen Platz, auf dem eine Büste des Schauspielers Raimu thront. Die gelungen dekorierten Zimmer sind klein, werden aber durch hübsche Sonnenfarben aufgehellt. Freundlicher Empfang.

Unsere Empfehlung

New Hôtel de l'Amirauté – *4 Rue A.-Guiol – ☎ 04 94 22 19 67 – 58 Z: 60,98/65,55 €.* In diesem Hotel im Stadtzentrum können Sie touristische und geschäftliche Belange in Einklang bringen. Der Dekor erinnert an große Kreuzfahrtschiffe; die funktionsgerechten Zimmer sind gut schallisoliert.

Val'Hôtel – *Avenue René-Cassin, ZA Paul Madon – 83160 La Valette – Auf der A 57 Ausfahrt 5, hinter Leroy-Merlin, ZI (Zone industrielle / Gewerbegebiet) von Toulon-la-Valette – ☎ 04 94 08 38 08 – www.val-hotel.com –*

🅿 – *42 Z: 48,78 € – ☕ 5,34 €.* Die grüne Umgebung, die geräumigen und farbigen Zimmer, alle mit Balkon oder Terrasse ausgestattet, und die attraktiven Preise lassen die Nähe einer Autobahnausfahrt bald vergessen.

Cafés, Kneipen und Bars

Bar à Thym – *32 Boulevard de Cunéo – ☎ 04 94 41 90 11 / 04 94 41 90 10 – www.barathym.com – Mo-Di 18-1 Uhr; Mi-Sa: 18-3 Uhr, Mai bis Sept.: 18-5 Uhr.* Hier muß man einfach hin! Die Bierkarte umfaßt um die 100 Sorten, davon 12 vom Faß. Man liebt die Konzerte, die hier stattfinden (dienstags bis donnerstags). An den anderen Abenden kümmert sich ein DJ um die musikalische Unterhaltung. Freitags und samstags Themenabende.

La Lampa – *117 Quai de Sinse – ☎ 04 94 03 06 09 – Tgl. 10-1 Uhr.* Eine kleine Bar mit einer großen Theke, die ganz unterschiedliche Gäste anzieht. Zum Hafen gelegene Terrasse. Das La Lampa organisiert das ganze Jahr über Themenabende.

Le Panoramique – *Auf dem Gipfel des Mont Faron – ☎ 04 94 88 08 00 – Juni bis Sept.: tgl. 9.30-22 Uhr; Okt. bis Mai: tgl. 10-18 Uhr.* Eine außergewöhnlich schöne Sicht über die Bucht von Toulon hat man von diesem Café-Restaurant, das auf dem Mont Faron hoch über der Stadt liegt. Seit April 2000 ist es in Händen der Familie Souza (Eigentümer des Zoos), die sich auf Ihren Besuch freut. Freundliche Bedienung; Erläuterungen werden gerne gegeben, Fernglas steht zur Verfügung.

Ausgehtips

In Toulon wimmelt es im Sommer nur so von Menschen. Die Bucht, das Veranstaltungsangebot und zahlreiche Freitzeiteinrichtungen machen aus der Stadt ein touristisches, kulturelles und sportliches Zentrum. Dank der vielen Restaurants, Bars und Cafés ist auch abends einiges los.

Café-Théâtre – *Place Armand-Vallée – ☎ 04 94 92 99 75 – Je nach Veranstaltung geöffnet.* In diesem Café-Théâtre werden ganzjährig Konzerte (Jazz, Klarinette), Pantomime-, Comedy- oder Kabarett-Veranstaltungen gegeben.

Opéra de Toulon – *Boulevard de Strasbourg – ☎ 04 94 92 70 78 / 04 94 93 03 76 – Mo-Fr 9-12.30 Uhr und 14.30-18.30 Uhr und bei Vorstellungen geöffnet.* Die 1862 erbaute Oper von Toulon ist eine der größten von Frankreich. Das Programm der Saison 2001-2002 umfaßt Opern *(Norma, La Somnambule – Die Nachtwandlerin, Manon, La Traviata, Don Giovanni usw.)*, Operetten *(Valses de Vienne – Walzer aus Wien, Die lustige Witwe, Die schöne Helena usw.)*, Ballettaufführungen *(Dornröschen, Don Quijote usw.)* und Theaterstücke.

Zénith-Oméga – *Place des Lices – ☎ 08 36 68 06 86 – Je nach Veranstaltung geöffnet.* In dieser großen Halle finden unterschiedliche Veranstaltungen statt: Shows, Konzerte, Theateraufführungen usw. sowie Messen und Ausstellungen.

J.-L. Gallo/MICHELIN

Markt auf dem Cours Lafayette

Shopping

Côté Tissus – *8 Rue de la Fraternité – ☏ 04 94 46 37 92 – Di-Sa 9-12 Uhr und 14.30-19 Uhr.* Zauberhafte kleine Boutique aus Stein, in der man provenzalische Stoffe kaufen kann. An der rechten Wand erkennt man einen kleinen Bogen, der von einem Wasserlauf zeugt, der vor mehreren hundert Jahren genau an diesem Ort verlief.

Les Navires de la Royale – *30 Rue des Riaux – ☏ 06 14 45 19 38 – Mo-Sa 9-12 Uhr und 14-18 Uhr.* Das muß man gesehen haben! Jean-Michel Delcourte ist ein Künstler, der sich für Schiffe begeistert. Kein Wunder, daß er Modelle herstellt – von Schiffen der französischen Marine, von Segelschiffen u. a. – und gerne vom Leben seiner „Geschöpfe" erzählt.

La Santonnerie – *92 Rue Alphonse-Daudet – 83220 Le Pradet – ☏ 04 94 75 04 35 – tgl. 9-12 Uhr und 15-19 Uhr.* Verkauf von Krippenfiguren *(santons)*.

Moulin de St-Côme – *Quartier St-Côme – 83740 La Cadière-d'Azur – ☏ 04 94 90 11 51.* Olivenöl, regionale Spezialitäten, kunstvolle Stoffe. Kostenlose Besichtigung der Ölpresse und Verkosten des Olivenöls.

Markt – Cours Lafayette (täglich außer montags).

Sport und Freizeit

Plage du Mourillon – Der Parkplatz am Strand von Le Mourillon ist gebührenpflichtig, daher empfiehlt sich die Anfahrt mit dem Bus (Linie 3, 13 und 23 in Richtung Le Mourillon oder Linie 7 und 23 in Richtung der Buchten Méjean und Magaud).

Plages des Anses Méjean et Magaud – *Vom Plage du Mourillon aus folgen Sie der Richtung La Garde-Le Pradet.* Am Ortseingang von La Garde führt der Chemin de la Mer zu zwei natürlichen Sandstränden, dem Plage de l'Anse Magaud *(links)* und dem Plage de l'Anse Méjean *(rechts)*.

AUF ENTDECKUNGSTOUR

1 Vom Bahnhof zum Arsenal

Place de la Liberté – Der Platz ist das Zentrum der modernen Stadt. Der monumentale Brunnen **Fontaine de la Fédération** wurde 1889 anläßlich des hundertjährigen Bestehens der Republik von André Allar geschaffen. Im Hintergrund steht das 1870 erbaute Grandhotel, dessen Fassade einen etwas altmodischen Charme besitzt. Es ist das letzte noch erhaltene Beispiel für die prunkvollen Bauten der Belle Époque.

Wandfresken in Toulon

Bei einem Stadtbummel wird dem Besucher beim Betrachten der riesigen Fresken, die verschiedene Häuserfassaden schmücken, die große Zeit von Toulon vor Augen geführt, die häufig mit den beiden Namen Marcel Pagnol und Raimu verknüpft ist.

Place Victor-Hugo – Das Kartenspiel von César; **Rue du Noyer** *(an der Ecke zum Place Raimu)* – Die glorreiche Handelsmarine; **Avenue Franklin-Roosevelt**; – **Félix Mayol**; **Ecke der Rue Micholet**; – Die typische Lebensweise im Toulon des 19. Jh.s (auf drei Ebenen)

D. Pazery/MICHELIN

Eines der großen Wandfresken in Toulon

Der Boulevard de Strasbourg und die Avenue du Général-Leclerc, die im Verlauf der ehemaligen Stadtmauer angelegt wurden, bilden die Hauptachse der Stadt und trennen die im Süden gelegene Altstadt von der „Neustadt" im Norden. Die städtische Oper von 1862, die den zu jener Zeit größten Saal in der französischen Provinz (1 800 Plätze) besaß, war bis zum Zweiten Weltkrieg ein Hauptanziehungspunkt des Nachtlebens von Toulon. Die umliegenden Cafés und Bars trugen zu dem bunten Treiben in diesem Viertel bei.

Place Victor-Hugo – Ein Stück weiter am Boulevard de Strasbourg erhebt sich das Stadttheater von Toulon, das 1862 errichtet wurde und zu den schönsten Theatergebäuden außerhalb von Paris gehört. Gehen Sie um das Gebäude herum, um sich die andere Fassade und den Platz anzusehen, auf dem Terrassencafés zum Verweilen einladen.

Place d'Armes – Der im Süden von dem Gebäude der Seilerei (Corderie) begrenzte Platz wurde von Colbert geschaffen. Ursprünglich (1683) als Paradeplatz für den Aufmarsch der Truppen angelegt, entwickelte er sich zum beliebten Treffpunkt der Bürger von Toulon und der in See stechenden Marineoffiziere. Am Musikpavillon in der Platzmitte wurden sonntags Matineekonzerte veranstaltet. An der Nordseite des Platzes befanden sich renommierte Cafés und Restaurants; außerdem waren hier die Verlage der großen regionalen Tageszeitungen (z. B. der *Petit Marseillais*) ansässig.

Östlich des Platzes, im Haus Nr. 6 der Rue Anatole-France erblickte 1883 der berühmteste Sohn der Stadt das Licht der Welt: der Schauspieler Jules Muraire, genannt **Raimu**.

Corderie – *Militärisches Gebiet, keine Besichtigung.* In dem nach Plänen von Vauban errichteten 320 m langen Gebäude waren die Fabriken für die Herstellung von Tauen für die Marine untergebracht. Heute ist es der Verwaltungssitz der französischen Marine. Das schöne **Portal★** von 1689 stammt aus dem ehemaligen Jesuitenkolleg und wurde 1976 in diese Fassade eingesetzt. Bemerkenswert sind die großartigen allegorischen Darstellungen von Gesetz und Stärke, die die Attika einrahmen.

★ 2 Altstadt *Besichtigung: 2 1/2 Std.*

Der alte Stadtkern von Toulon mit seinen ineinander verflochtenen Sträßchen wird im Osten vom Cours Lafayette, im Westen von der Rue Anatole-France und im Norden von der Rue Landrin begrenzt. Diese Straßenzüge entsprechen dem Verlauf der Stadtbefestigung zur Zeit Heinrichs IV. Das Altstadtviertel, in dem sich früher auch ein Rotlichtbezirk mit Namen „Chicago" befand (ein solches Viertel war in jeder Hafenstadt des Mittelmeerraumes ein fester Bestandteil des Nachtlebens), wird derzeit umfassend saniert.

Begeben Sie sich zum Place de l'Amiral-Senès und biegen Sie rechts in die Rue Notre-Dame ein.

Église St-Louis – Ein besonders gutes Beispiel für die klassizistische Architektur des späten 18. Jh.s. Der Bau hat die Form eines griechischen Tempels; die drei Schiffe sind durch eine doppelte Kolonnade dorischer Säulen voneinander getrennt, die eine Kassettendecke tragen. Im Chor tragen 10 korinthische Säulen eine Kuppel mit Laterne, die mit einem Fries mit Rankenornamenten geschmückt ist. Bemerkenswert ist auch die reich verzierte **Kanzel**.

Fontaine des Trois-Dauphins – Der eigenartige Brunnen verleiht dem Place Puget ein besonderes Flair. Er wurde 1780 von zwei Künstlern aus Toulon geschaffen und ist besonders originell, weil die Wasserbecken völlig von Grün überwuchert sind. Die drei ineinander verschlungenen Delphine sind mit Moos und Kalkablagerungen bedeckt. Auf dem Brunnen wachsen mittlerweile neben Farnkraut auch ein Feigenbaum, ein Mispelbaum und ein Oleander. Auf dem schattigen Platz sitzt man angenehm kühl auf den Terrassen der zahlreichen Cafés, die ihn umgeben.
Etwas weiter nordwestlich liegt der **Place des Trois-Dauphins**, der mit einer Büste des Schauspielers Raimu geschmückt ist.

Rue d'Alger – Die Hauptstraße der Altstadt endet am Alten Hafen. Sie ist heute Fußgängerzone und Einkaufsstraße.

Église St-François-de-Paule ⌚ – Die kleine, 1744 von den Rekollekten erbaute Kirche erinnert mit ihrer doppelt gekrümmten Fassade und dem Genueser Turm an den Barockstil Nizzaer Prägung. Der dreischiffige Innenraum mit gekuppelten Säulen und einer Empore mit Balustergeländer weitet sich über dem Chorraum zur Rotunde. Die Figur der Friedensmadonna hinten im rechten Seitenschiff schnitzte ein Schüler Pierre Pugets anläßlich des Pyrenäenfriedens 1659 (Beilegung der französisch-spanischen Streitigkeiten).

Die Rue Méridienne und der Place à l'Huile führen zum Place de la Poissonnerie, an dem jahrhundertelang die Fischmarkthallen standen und der einer der urwüchsigsten Plätze der Stadt war. Die letzten Fischhallen wurden 1988 abgerissen.

Arsenal maritime . . . . EFY
Atlantes . . . . GZ F
Cathédrale Ste-Marie . . . . . GY
Corderie . . . . EY
Corniche du mont Faron . . GX
Église St-François-de-Paule GZ
Église St-Louis . . . . FY
Fontaine des Trois-Dauphins . . . . . . GY K

Jardin Alexandre 1er . . . .EFY	Musée du Vieux Toulon . .GY M2	Porte de l' Arsenal Maritime . . . . .FY
Musée de la figurine . . . .GY M1	Muséum et Musée d'Art . . . . .FY M3	Porte d'Italie . . . . .HYZ
Musée de la Marine . . . . .FY		

Verzeichnis der Straßen und Sehenswürdigkeiten von Toulon s. nächste Seite

Verzeichnis der Straßen und Sehenswürdigkeiten von Toulon

Albert 1er (Pl.) FX
Alger (R. d') GY
Amiral Senès (Pl.) GY
Anatole France (R.) FY
Armes (Pl. d') FY
Baudin (R.) GY
Bernard (R. Saint) HY
Bert (Bd. Paul) HZ
Berthelot (R.) GY 12
Besagne (Av. de) GZ
Bir-Hakeim (Rd-pt) HY
Blache (Pl. Noël) HY
Blum (Pl. Léon) EY
Bonaparte (Rond-Point) GHZ
Bonnet (R. A.) EX
Bony (R. A.) EX
Boucheries (R. des) GY 20
Bozzo (Av. L.) HX 22
Brunetière (R. F.) GYZ 25
Carnot (Av. L.) EXY
Cathédrale (Traverse de la) GYZ 32
Centrale (R.) HX
Chalucet (R.) FXY
Churchill (Av. W.) EY 36
Clappier (R. Victor) GY
Clemenceau (Av. G.) HY
Colbert (Av.) GY
Collet (Av. Amiral) EX
Claret (Av. de) EX
Corderie (R. de la) EFY
Cronstadt (Quai) FGZ
Cuzin (Av. François) HY
Dardanelles (Av. des) EXY
Daudet (R. Alphonse.) HY 43
Delpech (R.) HX
Démocratie (Bd de la) HY
Dr. Barnier (R.) FX
Dr. Fontan (R.) EX
Fabié (R. François) GHY
Foch (Av. Mar.) EY
Fraize (Impasse) HX
Gambetta (Pl.) GYZ 65
Garibaldi (R.) GY 68
Glacière (R. de la) GY 70
Globe (Pl.du) GY 72
Grandval (R.) HX
Guillemard (R. G.) EY
Hoche (R.) GY
Huile (Pl. à l') GZ 80
Infanterie de Marine (Av. de l') GZ 82
Italie (Porte d') HYZ
Jaujard (R. Amiral) HZ
Jaurès (R. Jean) FGY
Juin (Av. Alphonse.) HY
Lafayette (Cours) GYZ
Lambert (Pl. Gustave) GY 87
Landrin (Cours) GY
Landrin (R. P.) GY
Lattre de Tassigny (Av. Mar. de) HZ 88
Le Bellegou (Av. E.) HZ
Lebon ((R. Philippe) HY
Leclerc (Av. Gén.) EFY
Lesseps (Bd Ferdinand. de) HXY
Liberté (Pl. de la) GY
Lices (Av. des) GHX
Lices (Chemin. des) HX
Lorgues (R. de) GY
Loubière (Chemin. de la) HY
Louis Blanc (Pl.) GZ 92
Louvois (Bd) FGX
Lyautey (Av. Mar.) EXY
Magnan (Av. Gén.) FY 94
Marchand (Av. Cdt) HY
Méridienne (R.) GZ 97
Micholet (Av. V.) FY 102
Monsenergue (Pl. Ingénieur-Gén.) FY 108
Moulin (Av. Jean) FY
Muraire (R. Jules) GY 114
Murier (R. du) GYZ
Nicolas (Bd Cdt) FGX
Noguès (Av. Gén.) EX
Notre-Dame (R.) GY 118
Noyer (R. du) GY 120
Orfèvres (Pl. des) GYZ 124
Pasteur (Pl.) HZ
Pastoureau GY 128
Péri (Pl. Gabriel) EY
Peyresc (R.) FY
Poincaré (R. H.) HZ
Poissonnerie (Pl. de la) GZ 132
Pressensé (R. F. de) GZ 134
Puget (Pl.) GY
Rageot de la Touche (Av.) EXY
Raimu (Pl.) GY 140
Raynouard (Bd) HY
Rebufat (R.) HX
République (Av. de la) FGZ
Riaux (R. des) GY 142
Richard (Bd G.) HX
Roosevelt (Av.Franklin) HZ
Saint-Roch (Av.) EX
Sainte-Anne (Bd) GX 146
Seillon (R. H.) GZ 152
Sémard (R. P.) GY
Siblas (Av. des) HX
Sinse (Quai de la) GZ
Souvenir Français (Pl. du) HY
Strasbourg (Bd de) GY
Tessé (Bd de) GXY
Toesca (Bd P.) EFX
Trois Dauphins (Pl. des) GY 100
Vallée (Pl. A.) HY
Vauban (Av.) FXY
Vert coteau (Av.) HY 175
Vezzani (Pl. César) GY 178
Victoire (Av. de la) FGX
Victor-Hugo (Pl.) GY
Vienne (R. H.) EX
Vincent (Av. E.) EFX
Visitation (Pl. de la) GHY 180
9e D.I.C. (Rond-Point de la) HZ 188
112e Régt d'Infanterie (Bd du) GXY

Cathédrale Ste-Marie – Der Bau aus dem 11. Jh. wurde im 12. Jh. restauriert und im 17. Jh. vergrößert – aus der letztgenannten Epoche stammt die schöne klassizistische Fassade, die von einem wuchtigen Glockenturm (1740) flankiert wird; das ziemlich dunkle Innere wurde von den damaligen Baumeistern in der ursprünglichen romanisch-gotischen Anlage belassen.

Porte d'Italie – Das 1790 an der Stelle einer älteren Befestigung errichtete befestigte Stadttor ist der einzige noch erhaltene Teil der Stadtmauer, die Toulon früher umgab. Das Tor ist Schauplatz in einem Roman des Schriftstellers Honoré de Balzac. Der Held Vidocq bedient sich dort einer List und kann so in einem Trauerzug unerkannt aus der Stadt entkommen.

Mitten im Getümmel

Cours Lafayette – Hier reihen sich allmorgendlich unter den Platanen die Stände der Obst- und Gemüsehändler farbenprächtig aneinander; das lebhafte Markttreiben greift auch auf die benachbarten Gassen über.

Quai Cronstadt – Moderne Hochhäuser mit getönten Scheiben verbergen die Altstadt, und zahlreiche Cafés und Geschäfte ziehen eine Unmenge von Schau- und Kauflustigen an. Einzig die berühmten **Atlanten**★ von Pierre Puget unter dem Ehrenbalkon des alten Rathauses erinnern an die Vergangenheit.

BESICHTIGUNGEN

Musée du Vieux Toulon ⓥ – Das in den Räumen des alten Bischofssitzes untergebrachte Altstadtmuseum veranschaulicht anhand von Plänen, Stichen und Gemälden die bedeutenden Momente der Touloner Geschichte seit dem Mittelalter. In Schaukästen sind Keramik, Kleinplastiken, Kostüme und Gegenstände provenzalischer Tradition ausgestellt. Ein Saal zeigt außerdem ein schönes Relief mit dem Stadtplan von Toulon aus dem Jahr 1880.

Muséum ⓥ – Der rechte Teil des Erdgeschosses des Renaissancegebäudes ist mit zwei Räumen der zoologischen Sammlung gewidmet: zahlreiche Vögel, Säugetiere, Primaten; beachtenswert sind zwei große Kiefer eines Pottwals.

Musée d'Art ⓥ – Im linken Gebäudetrakt zeigt das Kunstmuseum Werke der flämischen, holländischen und französischen Malerschule (16.-18. Jh.). Stark vertreten ist das 19. Jh. mit zahlreichen provenzalischen Künstlern wie etwa dem Landschaftsmaler Vincent Courdouan aus Toulon. Ebenso ist eine eklektische Auswahl zeitgenössischer Gemälde und Plastiken in Wechselausstellungen zu sehen.

Jardin Alexandre-Ier – Zu dem schönen Baumbestand gehören Magnolien, Palmen und Zedern. Die Büste von Pierre Puget schuf Jean-Antoine Injalbert.

Musée de la Figurine ⓥ – *Place du Globe.* Im Figurenmuseum, das in einer umgebauten Badeanstalt untergebracht ist, sind die Dioramen über den Ägyptenfeldzug Napoleons mit 3 000 Figuren bestückt. Ein Muß für Fans von Zinnsoldaten und Bewunderer des Kaisers der Franzosen.

BESONDERE HIGHLIGHTS

Die französische Marine

★ **Port (Hafen)** – Nach großen Bauarbeiten in der Regierungszeit Heinrichs IV. und Ludwigs XIV. wurde Toulon zum wichtigen Kriegshafen. Zwischen 1589 und 1610 entstand damals das älteste Becken Vieille Darse, das mit einer Ölsteuer finanziert wurde. Sein 30 m breiter Zufahrtskanal konnte durch eine Kette gesperrt werden. Zu jener Zeit besaß der König keine eigene Flotte – Adlige oder Kapitäne bauten die Schiffe, die der König mitsamt der Mannschaft und Bewaffnung mietete. Richelieu beendete diesen Zustand, indem er das sogenannte Arsenal gründete, wo Kriegsschiffe gebaut und repariert wurden. Unter Ludwig XIV. genügte der Hafen nicht mehr. Festungsbaumeister Vauban schuf daher 1680 bis 1700 die westliche Erweiterung, die sogenannte Darse Neuve, die nun den Kriegshafen aufnahm, während das alte Becken dem Handel vorbehalten blieb. Im 19. Jh. wurde das Hafengebiet mehrfach erweitert.

Heute spielt neben der Kriegsmarine auch der Seehandel für Toulon eine große Rolle (hauptsächlich im westlichen Teil der Kleinen Reede, der Anse de Brégaillon). Dem Passagierverkehr zu den Hyèrischen Inseln, nach Korsika und Sardinien, den Schiffen für Kreuzfahrten sowie den Sportbooten bleibt der östliche Abschnitt vorbehalten.

Das Treiben im Hafen und die Silhouetten der Segler, Jachten und Kriegsschiffe im Rahmen dieser schönen Bucht bieten ein faszinierendes Schauspiel.

Arsenal Maritime – Die Werft, vergleichbar mit der von Brest, bietet etwa 12 000 Beschäftigten Arbeit; sie versorgt die im Mittelmeer operierende Kriegsmarine (Flugzeugträger, Fregatten, Avisos, Unterseeboote und Minensuchboote). *Keine Besichtigung!*

Tour Royale ⓥ – Der auch „dicker Turm" genannte Bau wurde Anfang des 16. Jh.s von Ludwig XII. zu Verteidigungszwecken errichtet (an der Basis sind seine Mauern 7 m dick!); in den folgenden Jahrhunderten diente er vor allem als Gefängnis. Heute ist das Seefahrtsmuseum darin untergebracht. Vom Wehrgang entdeckt man das **Panorama★**: Toulon mit dem Mont Faron, die Buchten und die Küste zwischen der Halbinsel Giens und dem Cap Sicié.

★ **Fahrt durch die Kleine Reede und die Außenreede** ⓥ – *Abfahrt: Quai Cronstadt im alten Hafen in der Kleinen Reede.* Bei der Fahrt durch die Kleine Reede (Petite Rade) kommt man in einiger Entfernung am Kriegshafen vorbei. Man sieht Minensuchboote, Fregatten für die U-Boot-Jagd oder mit Raketenabschußvorrichtungen und, wenn man Glück hat, auch Flugzeugträger und gelegentlich die dunkle, langgezogene Silhouette eines Atom-U-Boots.

Anschließend kommt man am Schiffsfriedhof vorbei, der letzten Etappe für ausrangierte Schiffe, bevor sie dem Schweißbrenner anheimfallen. Dann nähert man sich dem Hafen von La Seyne mit seiner alten Hebebrücke und einem großflächigen Gelände, das von den ehemaligen Schiffswerften aufgegeben wurde. Die Corniche de Tamaris führt zur Baie de Balaguier, wo das Fort Balaguier und das Fort de l'Éguillette liegen. In der Mitte der Bucht erkennt man an den Pfahlbauten die

J.-L. Gallo/MICHELIN

Atlanten von Puget über dem Rathausportal

Toulon ist immer noch wichtigster französischer Flottenstützpunkt im Mittelmeer

Gehege für die Muschelzucht. Der Rückweg führt an der Baie du Lazaret, an der Halbinsel von St-Mandrier und dem langen Deich vorbei. Während der ganzen Fahrt genießt man zudem herrliche **Ausblicke★** auf Toulon, das sich zwischen Meer und Gebirge in der Länge ausbreitet.

★ **Musée de la Marine** Ⓥ – Das Monumentaltor des Marinearsenals aus dem 18. Jh. dient dem Marinemuseum als Eingangsportal: Vier Marmorsäulen stützen den Giebel, links die Statue des Mars, rechts die der Minerva. In der Ausstellung werden auf zwei Etagen Geschichte und Gegenwart der französischen Kriegsmarine in Toulon illustriert: eine Ansicht des Quai de l'Artillerie mit der alten Kriegswerft, wie Joseph Vernet sie im 18. Jh. gemalt hatte, Zeichnungen und verschiedene Gegenstände, die an die Vergangenheit Toulons als Seehafen und an sein ehemaliges Zuchthaus erinnern, riesige, sehr sehenswerte Schiffsmodelle vom 18. Jh. bis heute usw.

UMGEBUNG

★★★ **Mont Faron** – Der 584 m hohe Mont Faron ist ein kleines, von tiefen Tälern begrenztes Kalksteinmassiv in unmittelbarer Nähe Toulons. Die Auffahrt durch schattenspendende Kiefernwälder bietet wunderschöne **Ausblicke★** auf die Stadt, die Kleine und die Große Reede, die Halbinsel von St-Mandrier, das Cap Sicié und Bandol.

★ **Seilbahn zum Mont Faron** Ⓥ – *Nehmen Sie den Boulevard Ste-Anne und folgen Sie der Beschilderung „Téléphérique du Mont Faron". Die Talstation liegt in der Avenue Perrichi. Bei starkem Andrang kann man den Wagen links unterhalb der Station abstellen. Fahrtdauer: 6 Min.* Während der Fahrt mit der Seilbahn bieten sich schöne **Ausblicke★** auf die Stadt, die Reede und die Kalksteinberge, die Toulon umgeben. Links erkennt man Überreste mehrerer kleiner Befestigungsanlagen. Die Aussichtsterrasse an der Bergstation ist nur für Gäste des Lokals geöffnet. Man genießt ebenfalls eine schöne Aussicht, wenn man sich nach links wendet und die Zufahrtsstraße zum Mont Faron einige Meter entlanggeht.

★ **Musée-Mémorial du Débarquement en Provence** Ⓥ – Der Tour Beaumont *(links der Straße)* enthält Erinnerungsstücke an die Befreiung Südostfrankreichs im August 1944; außerdem werden Dokumentarfilme von der Landung der Alliierten gezeigt. Von der vom Museum aus zugänglichen Terrasse reicht der großartige **Rundblick★★★** *(3 Orientierungstafeln)* über Toulon, die Bucht, das Meer, die umliegenden Inseln und das Gebirge.

Zoo Ⓥ – Der Tiergarten beherbergt Raubtiere (Löwen, Tiger, Jaguare) sowie zahlreiche Affen und bemüht sich vor allem um die Nachzucht.

La Garde – *9 km östlich über die D 29 in Richtung La Valette.* In dem Industrievorort von Toulon hat die Stadt das **Musée Jean-Aicard** Ⓥ im Haus des Schriftstellers eingerichtet.

Solliès-Ville – *15 km nordöstlich; etwa 1 1/2 Std. Man verläßt Toulon über die A 57; fahren Sie bei der Autobahnausfahrt „La Farlède" in Richtung La Farlède und auf der D 67 nach Solliès-Ville.* Das alte Solliès-Ville thront auf einem Hügel

über der fruchtbaren Gapeau-Ebene; Solliès-Pont, der Ort in der Niederung, ist als Markt für Obst bekannt, insbesondere für Kirschen und Feigen; hier werden etwa drei Viertel der französischen Feigenproduktion verkauft.
Der interessante zweischiffige **Kirche** ⓥ vereint romanische Stilelemente mit gotischen Gewölben. Der Monolith am Hauptaltar, ein regelrechtes Spitzenwerk mit Einlagen aus farbigem Glas, ist wahrscheinlich ein Ziborium aus dem 15. Jh. Das aus Nußbaum geschnitzte Orgelgehäuse (1499) zählt zu den ältesten Frankreichs.
Ein weiteres Haus des Schriftstellers Jean Aicard (1848-1921), des Autors des Romans *Maurin des Maures*, wurde als kleines Museum **(Maison Jean-Aicard** ⓥ**)** eingerichtet.
Von der **Esplanade de la Montjoie**, auf der sich die verfallene Burg derer von Forbin, der Herren von Solliès, befindet, bietet sich ein schöner **Blick★** auf das Gapeau-Tal und das Maurenmassiv.

AUSFLÜGE

Die bei diesen Ausflügen beschriebenen Routen führen auch zu Militäranlagen; es handelt sich aber um öffentliche, also frei zugängliche Straßen und Wege. Allerdings ist es natürlich verboten, ausgeschildertes militärisches Sperrgebiet zu betreten; dies gilt vor allem für die nähere Umgebung des Fort de la Croix-Faron, des Fort du Lieutenant-Girardon und des Fort du Cap Brun.

★★ 1 Die Touloner Bucht bis St-Mandrier

7 km südlich – etwa 1 1/2 Std. – s. Kartenskizze

Ausfahrt aus Toulon auf der Autobahn A 50, dann der D 559.

Die Straße führt am Handelshafen von Brégaillon vorbei.

Biegen Sie links ab in Richtung La Seyne.

La Seyne-sur-Mer – Der Fischerei- und Sporthafen des Industrieortes liegt an der Kleinen Reede (Petite Rade). In der 1856 gegründeten Werft wurden Handelsschiffe gebaut, aber auch die prächtigsten Einheiten der Kriegsmarine. Der einstige Brückenkran am Werfteingang wurde erhalten. Man fährt an der kleinen Bucht vorbei, die vom Fort de l'Éguillette und vom Fort Balaguier begrenzt wird, Befestigungen aus dem 17. Jh., die zusammen mit dem Tour Royale die Einfahrt der Kleinen Reede verriegeln konnten. Von der Straße sieht man die ganze Kleine Reede, Toulon, den Mont Faron und den Coudon; im Vordergrund Muschelbänke und vor Anker liegende alte Schoner.

Fort Balaguier – In den runden, mit 4 m starken Mauern geschützten Räumen von Fort Balaguier, das der junge Bonaparte 1793 von den Engländern zurückerobern konnte, ist ein Schiffahrtsmuseum **(Musée naval)** mit einer Sammlung von Schiffsmodellen und Erinnerungsstücken aus der napoleonischen Zeit eingerichtet. Die Wände sind mit Seestücken und Malereien aus der Gegend von Toulon geschmückt.
Die Kapelle (17. Jh.) beherbergt zahlreiche Dokumente über das Zuchthaus und die Galeeren von Toulon, Zeichnungen und von Häftlingen angefertigtes Kunsthandwerk. Von der Terrasse oberhalb des Gartens der Festung und seines Vogelhauses bietet sich ein **Blick★** über die Küste zwischen Toulon und der Île du Levant.

D. Pazery/MICHELIN

Seilbahn zum Mont Faron, im Hintergrund die Reede von Toulon
und die Halbinsel von St-Mandrier

Tamaris – In diesem kleinen Ort, der geschützt am Hang eines Hügels liegt, schrieb die französische Schriftstellerin George Sand (1804-1876) mehrere Romane. Schöner Blick auf die Halbinsel von St-Mandrier. Einer anderen Persönlichkeit hat der Ort die **Villa Tamaris-Pacha** ⓥ zu verdanken. Der Franzose Marius Michel mit dem Spitznamen Michel Pacha (er modernisierte den Hafen von Istanbul) wurde nach seiner Rückkehr nach Frankreich Bürgermeister von Sanary *(s. dort, Auf Entdeckungstour)*. Seiner Frau wollte er einen Palast nach dem Vorbild der florentinischen Villen schenken. Als nach dreijähriger Bauarbeit seine Frau 1893 von einem Geisteskranken erdolcht wurde, ließ Michel Pacha die laufenden Arbeiten endgültig einstellen, und das Palais blieb ein Jahrhundert lang unbewohnt. Nach Umbauarbeiten beherbergt es nun eine Kultureinrichtung der Stadt und wird für Ausstellungen genutzt.
Die Baie du Lazaret säumen Muschelbänke und kleine Hütten auf Pfählen. Am Rande der Bucht befindet sich ein prachtvolles Anwesen, das von Michel Pacha in einem sehr kunstvollen maurischen Stil errichtet wurde. Heute ist hier ein Institut der Universität von Lyon untergebracht.

Les Sablettes – Langer Sandstrand am offenen Meer. Der Architekt Fernand Pouillon baute die Häuser nach dem Krieg im neuprovenzalischen Stil.
Man passiert die schmale Landenge, die die Halbinsel mit dem Festland verbindet. Von hier aus gesehen erscheint Toulon hübsch von den Bergen umrahmt.

★ **Presqu'île de St-Mandrier** – Von der Straße reicht der **Blick★** über die ganze Bucht und die Stadt Toulon. Danach fährt man an der tief eingeschnittenen, engen Bucht von St-Georges (Anse du Creux de St-Georges) entlang, wo ein Marineflugplatz, die Schule für Marinemechaniker und der kleine Sport- und Fischereihafen von **St-Mandrier-sur-Mer** liegen. Am Ortseingang zweigt rechts eine steile Straße zu einem kleinen Friedhof ab, von wo sich der **Rundblick★★** über Toulon, das Cap Sicié und die Hyèrischen Inseln erstreckt.

Die Halbinsel von St-Mandrier im Zweiten Weltkrieg

Im Bergmassiv La Croix aux Signaux ließ die deutsche Kriegsmarine von September 1943 bis August 1944 Ein-Mann-U-Boote bauen. Der Stützpunkt war geheim. Die Boote gelangten durch einen Kanal an den Strand von Cavalas. Auch die Franzosen schienen diesen Ort für strategisch wichtig zu halten, denn schon 1929 hatte die französische Marine dort zwei riesige Geschütztürme 14 m tief in die Erde eingelassen. Jeder war mit zwei 17 m langen 340 mm-Geschützen bestückt und konnte die Küste von Le Lavandou bis La Ciotat mit Feuer belegen. Die intensive Bombardierung vor der Landung der Alliierten im August 1944 bedeutete das Ende des deutschen U-Boot-Stützpunkts.

★★ 2 Corniche du Mont Faron *Rundfahrt von 1/2 Std.*

Den besten Blick auf Toulon genießt man von der Corniche du Mont Faron aus. Am späten Nachmittag herrschen dort optimale Lichtverhältnisse.

Fahren Sie über die Pont Ste-Anne, die Avenue de la Victoire und den Boulevard Ste-Anne links auf die Höhenstraße.

Die Fahrt auf der herrlichen Corniche Marius-Escartefigue, am Hang des Mont Faron entlang, bietet schöne Ausblicke auf Toulon und seine Umgebung: Die Altstadt liegt am Hafen, während sich die Vororte den Berg hinaufziehen.
Reizvoll ist der **Blick★** über die Buchten: die Kleine Reede zwischen Le Mourillon und La Seyne, hinter der sich die Steilküste des Cap Sicié abzeichnet; die Große Reede (Grande Rade), davor die Halbinsel von St-Mandrier und ihre Landenge; im Osten das Cap de Carqueiranne; weiter in der Ferne die Bucht von Giens und die Halbinsel.

★ 3 Baou de Quatre-Oures

11 km nordwestlich – etwa 1 Std. – s. Kartenskizze

Ausfahrt aus Toulon auf der Avenue de St-Roch, der Rue du Dr-Fontan, der Avenue du Général-Gouraud, dann folgen Sie links der Avenue des Routes bis zum Place Macé und nehmen dort rechts die D 62 (Avenue Clovis). Nach 4 km fahren Sie links auf die D 262.

Nach 3 km erreicht man eine Plattform, von der sich ein herrlicher **Blick★★** auf die Küste mit der Bucht von Toulon bietet. Danach durchquert die schmale Zufahrt zum Gipfel *(4 km)* einen Schießplatz. Vom Gipfel umfaßt das **Panorama★★** die Küste vom Cap Bénat bis La Ciotat und das Binnenland zwischen Ste-Baume- und Maurenmassiv.

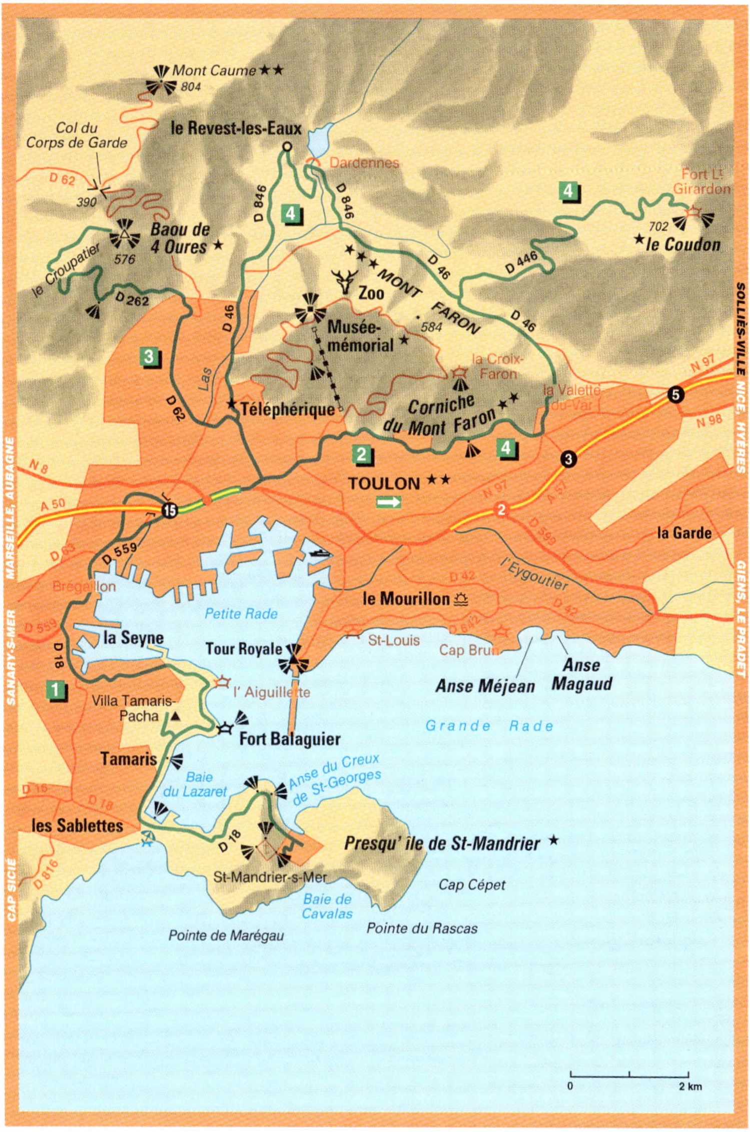

★4 **Le Coudon** *Rundfahrt von 36 km – etwa 1 1/2 Std. – s. Kartenskizze*

Man verläßt Toulon über die Ste-Anne-Brücke, die Avenue de la Victoire und den Boulevard de Ste-Anne (links), dann den Boulevard Escartefigue, rechts. Am Ende des Boulevard Escartefigue biegen Sie links auf die Avenue de la Canaillette ab, die zur D 46 führt. Nun auf der D 46 weiter bis zu ihrer Kreuzung mit der D 446. Dort folgt man der schmalen, steilen D 446 (Route du Coudon) zum Gipfel.

★ **Le Coudon** – 702 m. Zunächst sieht man den Berg in voller Höhe über der Ebene aufragen. Man fährt durch Kiefernwälder, Olivenhaine und die von Steineichen durchsetzte Garrigue; danach weitet sich der **Blick**★, bis man vor dem Fort du Lieutenant-Girardon die gesamte Küste erkennt, von der Halbinsel Giens bis zur ehemaligen Insel Gaou bei Le Brusc.

Zurück und rechts auf die D 46. Nach 2,5 km biegen Sie rechts auf die D 846 ab, die an einem Stausee vorbeiführt.

Le Revest-les-Eaux – Hübsches altes Dorf im Schatten des Mont Caume, überragt von einem sogenannten Sarazenenturm. Der harmonische Bau des Schlosses *(heute Gasthof)* stammt aus dem 17. Jh., ebenso die Kirche.

Durch das Las-Tal (D 846) zwischen dem Mont Faron und dem Croupatier geht es nach Toulon zurück.

TOURRETTES-SUR-LOUP★

3 870 Einwohner

Michelin-Karte Nr. 341 D 5, Nr. 115 Falte 25 (westlich von Vence) oder Nr. 245 Falte 37

In dieser Gegend werden auf den Terrassen der Olivenhaine Veilchen gezogen. Das Dorf, dessen äußerster Häuserring gleichzeitig als Wehrmauer diente, liegt auf einem steil abfallenden Felsplateau. Die beste **Ansicht★** von Tourrettes bietet sich von der Route des Quenières aus, in Verlängerung der Route de St-Jean. Weber, Töpfer, Bildhauer und Maler haben den Ort zu einem Zentrum für Kunst und Handwerk gemacht.

AUF ENTDECKUNGSTOUR

★ **Alt-Tourrettes** – Das mittelalterliche Ortsbild ist nahezu unberührt geblieben. Einen Eindruck davon gibt ein Spaziergang vom Südende des Platzes durch den Torturm die Grande-Rue entlang, die im Bogen durch ein anderes Tor zum Ausgangspunkt zurückführt. Entlang der steilen Gassen, die zum Teil überwölbt sind und den Höhenunterschied durch Treppen ausgleichen, kommen Sie an den Läden und Werkstätten der Handwerker, Künstler und Restaurateure vorbei und gelangen zum Wehrgang *(Orientierungstafel)*, der die **Sicht★** auf die Umgebung frei gibt.

Kirche – Das Langhaus aus dem 15. Jh. birgt *(rechts beim Eingang)* einen Dreiflügelaltar aus der Werkstatt der Bréa. Dargestellt ist der hl. Antonius, umringt von St. Pankratius und St. Claudius. Hinter dem Hauptaltar steht ein römischer, einst dem Merkur geweihter Altar.

Chapelle St-Jean Ⓥ – *Im Norden des Dorfes.* 1959 wurde die Kapelle von Ralph Souplaut mit naiven **Fresken** ausgemalt.

TIPS UND ADRESSEN

Gastronomie

Gut und preiswert

Le Médiéval – *6 Grande-Rue – ☎ 04 93 59 31 63 – 15. Dez.-15. Jan., Mi und Do geschl. – 14,50/26,70 €.* Beim Spaziergang durch die Gassen des Dörfchens trifft man auf dieses Restaurant mit seinem langen rustikalen Gastraum. Im Obergeschoß an der Rückseite des alten Hauses befindet sich eine Terrasse. Einfache Speisen zu erschwinglichen Preisen.

Unsere Empfehlung

Auberge de Tourrettes – *11 Route de Grasse – ☎ 04 93 59 30 05 – 10. Jan.-18. Febr., von Okt. bis Mai Mo und Di geschl. – 34,30/57,17 €.* Das rosafarbene Haus mit den grünen Fensterläden birgt einen schönen, sonnigen Gastraum und eine Terrasse mit weitem Blick auf das Tal. Auf der Speisekarte stehen Gerichte mit marktfrischen Zutaten. Einige hübsche provenzalische Zimmer stehen ebenfalls zur Verfügung.

Unterkunft

Unsere Empfehlung

Chambre d'hôte Mas des Cigales – *1673 Route des Quenières – 2 km von Tourrettes über die Route de St-Jean – ☎ 04 93 59 25 73 – http://mascigale.online.fr – 30. Okt.-1. März geschl. – ⊭ – 6 Z: 69/77 €.* Man möchte länger bleiben in dieser schönen, von einem Garten eingefaßten Villa. Von der Terrasse am Swimmingpool sieht man, etwas unterhalb, einen Wasserfall, den Tennisplatz und in der Ferne das Meer. Die komfortablen Zimmer sind hübsch eingerichtet. Sehr freundlicher Empfang.

Shopping

Confiserie des Gorges du Loup (Florian) – *Pont-du-Loup – ☎ 04 93 59 32 91.* Kandierte Früchte, Zitronen-, Orangen- und Pampelmusenkonfitüre, kristallisierte Blüten, Pralinen und hausgemachte Marmeladen befinden sich im reichhaltigen Angebot dieser Konditorei, deren Produktionsstätte man besichtigen kann. Führungen 9-12 Uhr und 14-18.30 Uhr.

TOURTOUR★

472 Einwohner

Michelin-Karte Nr. 340 M 4, Nr. 114 Falte 21 oder Nr. 245 Falte 34

Das Dorf liegt in einer bewaldeten Gegend in einer Höhe von 625 m auf einem Bergrücken, der sich an die Ausläufer der Voralpen anschließt und die Ebene des Var überragt. Es wird an jedem Ende von einer alten Burg flankiert.
Im 12. Jh. gründeten Zisterziensermönche hier die Abtei von Florielle, bevor sie nach Le Thoronet weiterzogen. In der Nähe der heutigen Kapelle von Florielle im Südosten sind noch einige Überreste der Klosteranlage erhalten.

AUF ENTDECKUNGSTOUR

★Das Dorf

Mit den Teilen der alten Stadtmauer und den geschmackvoll restaurierten Häusern steht es noch fast wie im Mittelalter da. Die schmalen, steil ansteigenden Gassen sind durch überwölbte Passagen miteinander verbunden und führen zu dem zentral gelegenen Dorfplatz. Diesen beschatten zwei große Olivenbäume, die jene Ulmen ersetzen, die anläßlich des Besuchs von Anna von Österreich im Jahre 1638 gepflanzt worden waren. Eine vom Place Centrale abzweigende überwölbte Passage führt vorbei am **Tour de l'Horloge** (Uhrturm) zu dem in einer alten Ölmühle untergebrachten Fossilienmuseum.
Links vom Museum gelangt man zu den Ruinen der alten Burg aus dem 12. Jh. Etwa 1 km weiter steht ein zweistöckiger mittelalterlicher Turm, der **Tour Grimaldi**. Rechts neben der bergauf führenden Straße steht ein hübsches altes Waschhaus.
In der ehemaligen Burg der Raphelis, einem mächtigen Bau aus dem 16. Jh., dessen Ecktürme Kegeldächer aufweisen, ist heute das Bürgermeisteramt untergebracht.

★ **Aussichtspunkt** – Von dem mit Rasen bewachsenen Vorplatz der Kirche bietet sich ein weiter **Rundblick**★ *(Orientierungstafel)* auf die Ebenen des Argens und des Nartuby; bei klarem Wetter reicht die Sicht im Osten sogar bis zum Maurenmassiv, im Westen zum Ste-Beaume-Massiv, zur Montagne Ste-Victoire und bis ins Luberon.

BESICHTIGUNGEN

Musée des Fossiles ⓥ – Das Museum beherbergt eine interessante Sammlung von Fossilien aus der Gegend. Es handelt sich u. a. um Dinosauriereier sowie zahlreiche, teils sehr große Ammoniten, darunter auch Arten mit aufgerolltem Gehäuse.

Moulin à Huile ⓥ – Die Mühle aus dem 17. Jh. ist noch heute in Betrieb und besitzt drei Pressen. Die alte Tradition der Ölherstellung spielt nach wie vor eine bedeutende Rolle. Dies zeigt sich im Herbst, zur Zeit der Ölproduktion, wenn hier jährlich 5 000 l Olivenöl gepreßt werden. Im Sommer werden in der Mühle Gemäldeausstellungen gezeigt.

Einige Kilometer weiter östlich liegt in einem schönen Wald das als Wohngebiet angelegte Dorf **St-Pierre-de-Tourtour**. Es wurde von Beaumont, dem Architekten des Ferienortes Les Issambres, konzipiert.

D. Pazery/MICHELIN

Die Kirche St-Denis ist zwar im 19. Jh. stark verändert worden, stammt in ihren Ursprüngen aber noch aus dem 11. Jh.

Unterkunft

Unsere Empfehlung

Auberge St-Pierre – *3 km östlich von Tourtour über die D 51 und eine Nebenstraße – ☎ 04 94 70 57 17 – 15. Okt.-31. März geschl. – 16 Z: 68,60/91,47 € – ☕ 8,38 € – Rest. 23/33 €.* Schön in der Natur gelegen ist dieses regionaltypische Haus, das isoliert in einem 90 ha großen Gut unweit des hübschen Dorfes Tourtour steht. Ländliche Ruhe herrscht hier; die Zimmer sind einfach eingerichtet. Für Sportler geeignet (Swimmingpool, Tennisplatz, Mountainbike, Fitneß usw.).

Shopping

Markt – Mittwochs und samstags auf dem Place des Ormeaux.

Ferme de Tourtour – *Route de Villecroze – ☎ 04 94 70 56 18.* Pasteten, Gänseleber, Anchovispaste, Konfituren, Fruchtkompotte und *Tapenade* (Würze aus Kapern, Oliven, Anchovis, Olivenöl, Zitrone und Kräutern).

La TURBIE★

3 021 Einwohner

Michelin-Karte Nr. 341 F 5, Nr. 115 Falte 27 oder Nr. 245 Falte 38

Kartenskizzen NICE, S. 275, und Corniches de la RIVIERA, S. 287

La Turbie liegt in 480 m Höhe an der Grande Corniche, am Paßübergang und zu Füßen des mächtigen Tête de Chien. Zu römischen Zeiten verlief die *Via Julia Augusta*, die Genua mit Cimiez verband, durch den Ort. Eine bekannte Sehenswürdigkeit ist das römische Siegesdenkmal, eine weitere Attraktion der Ausblick auf die Küste – besonders abends ein faszinierendes Schauspiel, wenn Monaco und Monte-Carlo im Lichterglanz erstrahlen!

HINTERGRUNDINFOS

Beim Tod Cäsars entglitt der größte Teil der Alpen der römischen Oberhoheit. Gallien und Spanien waren zwar erobert, doch bedrohten im Grenzgebiet zwischen diesen Ländern und Italien aufständische Völkerstämme unablässig die Verbindung Roms mit seinen Kolonien jenseits der Alpen.

Augustus beendete diesen Zustand. In zahlreichen Feldzügen, an denen er z. T. selbst teilnahm, gelang es ihm, mit der Hilfe von Drusus und Tiberius zwischen 25 und 14 v. Chr. den römischen Machtbereich auszudehnen. Neue Provinzen bildeten nun ein Bindeglied zwischen Italien, Gallien und Germanien, u. a. die Provinz *Alpes Maritimae* mit der Hauptstadt Cimiez *(Cemelenum)*. Zur Erinnerung an diese entscheidenden Eroberungen wurde im Jahr 6 v. Chr. vom römischen Senat und Volk ein bedeutendes Siegesdenkmal zu Füßen des Mont Agel errichtet, dort, wo die *Via Julia Augusta*, die während der Kämpfe gebaut worden war, hoch über der Küste verläuft. Außer dem Denkmal von Adamklissi in Rumänien, 150 km von Bukarest entfernt, ist dies das einzige erhaltene augusteische Siegesmonument. Es gab der Siedlung, die in der Nähe entstand, den Namen: Aus *Tropea Augusti* wurde La Turbie.

AUF ENTDECKUNGSTOUR

Der Rundgang beginnt an der Avenue Charles-de-Gaulle.

Fontaine – Der Brunnen wurde im 19. Jh. am Ende des römischen Aquädukts gebaut, das zur selben Zeit wieder in Betrieb genommen wurde.

Place Neuve – Südwestlich dieses Platzes eröffnet sich eine hübsche **Aussicht★** auf die gesamte Küste bis zum Maurenmassiv.

Rue Comte-de-Cessole – Die ehemalige Römerstraße *Via Julia Augusta*, der Weg nach Gallien, ist von mittelalterlichen Häusern gesäumt, passiert das Westtor und führt zum Tropaion, dem Siegesdenkmal. Auf dem Eckstein eines Hauses rechter Hand stehen Verse, die Dante La Turbie widmete. Eine andere Inschrift besagt, daß die Stadt im Antoninusitinerar (einer Art Verzeichnis, das für die großen Straßen im Römischen Reich Rastplätze und Entfernungen angab) genannt war. Am Ende der Steigung hübscher Blick auf das Monument.

Église St-Michel-Archange – Wenige Schritte von der Rue Comte-de-Cessole entfernt erhebt sich die schöne Erzengel-Michael-Kirche im Nizzaer Barockstil (18. Jh.). Eine zweigeschossige, leicht gekrümmte Fassade mit Dreiecksgiebel wird von einer mit glasierten Ziegeln gedeckten Turmkuppel überragt.

★ **Inneres** – *Beginnen Sie die Besichtigung auf der linken Seite.* Langhaus und Kapellen über ellipsenförmigem Grundriß sind von einem Tonnengewölbe abgeschlossen, das auf hohen Wandpfeilern ruht; Fresken und Stuck bilden die harmonische Dekoration. Zwei Gemälde stammen von Jean-Baptiste van Loo: *Der hl. Karl Borromäus* und *Maria Magdalena*; ferner sind zu sehen: eine Kopie des *hl. Michael* von Raffael *(Original im Louvre, Paris)*. In der Kapelle links vom Chor eine schöne Pietà aus der Schule der Bréa und der *Evangelist Markus*, der Veronese zugeschrieben wird. Die Kommunionsbank (17. Jh.) ist aus Onyx und Achat gefertigt. Der Hochaltar aus farbigem Marmor mit einem Kruzifix aus bemaltem Holz (18. Jh.) stand ehemals in der Pontiuskirche in Nizza und diente während der Revolution dem Kult der Vernunft. Im Chor zwei Flügelaltäre derselben Epoche: Der rechte stellt *Christus und die Ecclesia* dar, personifiziert durch eine weißgekleidete Königin, sowie die *Synagoge*, die vor der Wahrheit den Kopf abwendet. In der ersten Kapelle rechts befinden sich ein Bild von Ribera *(Die hl. Devota)* und eine Madonna mit Kind aus dem 15. Jh. Die zweite Kapelle enthält eine *Maria als Fürbitterin* von einem Schüler Murillos und eine *Geißelung* im Stil Rembrandts; etwas weiter eine Darstellung der hl. Katharina von Siena von einem Schüler Raffaels.

Kehren Sie in die Rue Comte-de-Cessole (links) zurück, dann rechts über die Rue Droite und durch das Osttor. Diese Straße folgt zum Teil dem Verlauf der alten Via Julia Augusta in Richtung Italien, die später links als Rue Incalat weiterführt. Von hier aus geht es nach einem Abstecher zu den Terrassen in Richtung Avenue Charles-de-Gaulle zurück.

Terrasses – Von den Aussichtsterrassen bieten sich herrliche **Blicke**★★★ auf die italienische Küste, das Cap Martin, das über 40 m tiefer liegende Fürstentum Monaco, Èze, das Cap Ferrat, das Esterelmassiv, die Höhen der Küstenstraße, das Tal von Laghet und den Mont Agel.

EIN BESONDERES HIGHLIGHT

★ **Trophée des Alpes** ⓥ – Das Siegesdenkmal hatte ursprünglich eine Gesamthöhe von 50 m bei einer Seitenlänge von 38 m. Das Monument bestand aus einem quadratischen Sockel, an dem auf einer Seite eine Inschrift zu Ehren des Augustus mit Aufzählung der 44 unterworfenen Volksstämme angebracht war. Darauf – etwas zurückgebaut – zwei Stockwerke, wobei das obere die Form einer von dorischen Säulen umgebenen Rotunde hatte. In den Nischen waren Statuen der Heerführer aufgestellt, die an den Alpenfeldzügen teilgenommen hatten. Den Abschluß bildete ein stufenförmiges Kegeldach, darauf eine Kolossalstatue des Augustus, flankiert von zwei Gefangenen. Treppen ermöglichten den Zugang zu allen Ebenen.

E. Baret/MICHELIN

Einst zu Ehren der *Pax Romana* errichtet, läßt auch die Ruine noch vergangene Größe erahnen

Das Denkmal war größtenteils aus dem schönen weißen Stein von La Turbie errichtet. In der Spätantike wurde es beschädigt, im Mittelalter zur Festung umgebaut. Diesem Umstand verdanken wir seinen guten Erhaltungszustand und die am oberen Rand sichtbaren Blendarkaden. Auf Befehl Ludwigs XIV. sollte es gesprengt werden, widerstand aber dem Zerstörungsversuch. Dann begann man die Mauersteine abzutragen, um sie anderweitig zu verwenden, z. B. zum Bau der Erzengel-Michael-Kirche von La Turbie. Was schließlich im frühen 20. Jh. übrigblieb, war eine aus einem Schuttkegel herausragende Turmruine.

Die Stiftung des Amerikaners Edward Tuck ermöglichte die Restaurierung unter Leitung des Altertumforschers und Architekten Jules Formigé. Man baute das Denkmal allerdings nur bis in 35 m Höhe wieder auf und beließ große Teile im alten Zustand. Die Inschrift konnte dank einer Erwähnung bei Plinius wiederhergestellt werden. Sie fand ihren alten Platz am Sockel und ist die längste aus der römischen Antike überlieferte Inschrift überhaupt.

Musée – Das Museum enthält Pläne, Zeichnungen und Fotos zur Geschichte und Restaurierung des Siegesmonuments *(Gipsmodell der Rekonstruktion)*. Außerdem sieht man hier Fragmente vom Bau sowie römische Meilensteine, Dokumente und Abgüsse von anderen römischen Baudenkmälern in Europa.

Forêt de TURINI★★

Michelin-Karte Nr. 341 F 4, Nr. 115 Falten 17 und 18 oder Nr. 245 Falte 25
Kartenskizze NICE, S. 275

Obwohl der Wald von Turini (Forêt de Turini) nur 25 km vom Mittelmeer entfernt ist, besitzt er eine überraschend nördlich anmutende Vegetation und stellt für die Küstenbewohner eine erfrischende Oase dar. Während auf den unteren Hängen Sternkiefern und Flaumeichen wachsen, trifft man in den höheren Lagen auf Kastanien, Ahorn und Buchen, vor allem aber auf herrliche Tannen und Fichten, die an der Nordseite z. T. über 35 m hoch werden. Zwischen 1 500 m und 2 000 m überwiegt die Lärche. Insgesamt bedeckt dieses Waldgebiet eine Fläche von 3 500 ha zwischen Vésubie- und Bévéra-Tal. Mehrere Strecken kreuzen sich am Col de Turini, einem guten Ausgangspunkt für Ausflüge in diese schöne Gegend.

AUSFLÜGE

★★ 7 Authion

Rundfahrt ab dem Col de Turini *18 km – etwa 3/4 Std. – s. Kartenskizze NICE.*

Die Straßen sind wegen Schnee im Winter (oft bis Anfang Juni) unbefahrbar. Zum besseren Einblick in die Landschaft und ihre Bewohner und Vegetation ist ein beschilderter Rundweg eingerichtet.

Am Col de Turini zweigt die Authion-Straße *(D 68)* ab. Sie führt durch eine bewaldete Gebirgslandschaft, die mit zunehmender Höhe immer grandioser wird. 4 km hinter dem Paß steht ein Kriegerdenkmal.

Monument aux Morts (Kriegerdenkmal) – Am Authion kämpften 1793 die Konventstruppen gegen die Austro-Sarden, 1945 Franzosen gegen Deutsche. Weiter **Rundblick★**.

In der Nähe treffen sich die beiden Enden der Schleife, die die D 68 beschreibt; halten Sie sich rechts und fahren Sie in Richtung Cabanes-Vieilles. Tannen- und Lärchenbewuchs weicht der Mattenlandschaft; es bieten sich reizvolle **Ausblicke★** auf das Roya-Tal.

Unterkunft

Unsere Empfehlung

Les Trois Vallées – *06440 Turini (Col de) – ☎ 04 93 91 57 21 – 20 Z: 41,16/91,47 € – ☕ 8,84 € – Rest. 21/24 €.* Nehmen Sie auf der Terrasse Platz und genießen Sie den Blick von diesem großen Chalet über das Tal. Die Zimmer sind einfach (verlangen Sie eines mit Balkon). Im Gastraum strahlt der Kamin wohlige Wärme aus.

Les Chamois – *06440 Turini (Col de) – ☎ 04 93 91 57 42 – 13. März-15. Apr., 13. Nov.-22. Dez., Mo, Di, Do und Fr außerhalb der Schulferien geschl. – 41,16/80,04 €.* Ein Logenplatz für die Rallye Monte Carlo, wenn der „Korso" den Col de Turini überquert! Restaurant mit dem Ambiente eines Berggasthofs. Einfache Zimmer, einige haben einen Balkon.

Biegen Sie bei einem weiteren Denkmal rechts auf einen unbefestigten Weg ab, der nach 500 m auf einen Platz mündet, wo sich leicht wenden läßt.

★★ **Pointe des Trois-Commune** – In 2 082 m Höhe bietet die „Drei-Gemeinden-Spitze" ein großartiges **Panorama★★** mit den Gipfeln des Mercantour und den Nizzaer Voralpen.

Zurück zur D 68. Nehmen Sie beim Kriegerdenkmal dieselbe Strecke wie beim Hinweg.

★ 7 Vallon de Ste-Élisabeth

Vom Col de Turini zur Vésubie *15 km – etwa 1 Std. – s. Kartenskizze NICE.*

Die D 70 führt zwischen der Cime de la Calmette und dem Tête de Scoubayoun oberhalb des kleinen Flusses entlang, der durch das Vallon de Ste-Élisabeth der Vésubie zufließt.

Gorges de Ste-Élisabeth – Die Schlucht besteht aus fast senkrecht aufgefalteten Felsen.

Kurz hinter dem Tunnel hält man bei der in einer Kurve gelegenen Honoratiuskapelle.

★ **Ausblick bei der Chapelle St-Honorat** – Der Blick schweift über das Bergdorf La Bollène, dessen Lage von hier gut zur Geltung kommt, über das Vésubie-Tal zwischen Lantosque und Roquebillière, im Norden über die Gipfel des Mercantour.

La Bollène-Vésubie – Der freundliche Ort liegt auf einem Hügel, von Kastanienwald umgeben, zu Füßen der Cime des Vallières. Ringförmige Straßen führen zwischen Wohnhäusern aus dem 18. Jh. zur Kirche hinauf.
Über zahlreiche Serpentinen gelangt man ins Vésubie-Tal hinunter; schöne Ausblicke während der Talfahrt.

DPPI

Die Rallye Monte-Carlo findet durchaus auch auf französischem Territorium statt

★★ 7 Route du Col de Braus

Ab dem Col de Turini, von Peïra-Cava zum Vallée de la Bévéra *76 km – 1 Tag – s. Kartenskizze NICE*

Bis Peïra-Cava durchquert die Straße den grünsten und dichtesten Teil des Forêt de Turini. Auf halber Höhe ergeben sich **Ausblicke** auf das Vésubie-Tal und die umliegenden Berge.

★ **Peïra-Cava** – Der 1 450 m hoch auf einem schmalen Grat gelegene Wintersport- und Sommerferienort ist eine regelrechte Aussichtskanzel zwischen den Tälern von Vésubie und Bévéra.

Beim Ortsausgang führt eine Straße scharf rechts zu einem Parkplatz. Von dort gehen Sie zu Fuß 50 m weiter bis zu einer Treppe (links).

★★ **Pierre Plate** – Von dieser Erhebung genießt man einen **Rundblick**★★ einerseits über Tal und Berge der Vésubie, andererseits über das Bévéra-Tal, den Mercantour und die Gipfel entlang der französisch-italienischen Grenze.
Zurück zur D 2566 und weiter durch Wald, bis man beim Col de la Cabanette auf die D 21 in Richtung Lucéram abbiegt, die in Haarnadelkurven zu Tal führt und dabei schöne **Ausblicke**★ ermöglicht. Die malerische Strecke über den Col de l'Orme zum Col de Braus läßt man links liegen. Auf der D 21 gelangt man aus dem Wald nach Lucéram.

★ **Lucéram** – *Siehe dort*

Von Lucéram bis L'Escarène führt die D 2566 durch das Paillon-Tal.

L'Escarène – *Siehe unter NICE,* 4

Nördlich von L'Escarène verläuft die D 2204 am Braus-Bach entlang. Es folgt bis Sospel ein eindrucksvoller Streckenabschnitt mit dicht aufeinanderfolgenden Kehren an den Steilhängen der Nizzaer Voralpen hinauf. Die Paßstraße des Col de Braus ist ein Teil der alten, von Nizza nach Turin führenden piemontesischen Straße.

Touët-de-l'Escarène – Das schmucke Dörfchen besitzt eine Barockkirche. Die Olivenhaine machen dann einer ginsterreichen Garrigue Platz.

Clue de Braus – Die kurze, aber eindrucksvolle Schlucht öffnet sich hinter dem Dorf Touët.
Von St Laurent aus führt ein Fußweg (*1/4 Std. hin und zurück*) zum Wasserfall Cascade de Braus. *Parkmöglichkeit beim Restaurant.* In St-Laurent beginnt der auf 3 km Länge 16 Kehren aufweisende Streckenabschnitt. Er beschert mit zunehmender Höhe eine immer bessere **Aussicht**★. Es kommen das auf dem Gipfel des Mont Gros liegende, an seiner weißen Kuppel erkennbare Observatorium von Nizza ins Blickfeld sowie das Meer, vor dem sich das Cap d'Antibes und das Esterelmassiv abzeichnen.

Col de Braus – 1 002 m. Ein Blick in die Tiefe zeigt all die auf engem Raum angeordneten Serpentinen, über die man den Berg erklommen hat.
Jenseits des Passes erfolgt in 18 Kehren die Talfahrt. Es bieten sich dabei weite **Ausblicke**★★, die bis zu den beim Bévéra-Becken aufragenden Gipfeln, insbesondere zur Cime du Diable und zum sich davor erhebenden Authion, reichen.
Die Straße führt um den Mont Barbonnet mit den Befestigungsanlagen von Fort Suchet.

Col St-Jean – Hier zweigt links zwischen Wohnhäusern die einstige Militärstraße ab, die zum Eingangstor von **Fort Suchet** führt. Auf der Spitze fallen vor allem die beiden imposanten 155 mm-Panzerdrehtürme auf.
Hinter dem Col St-Jean nähert sich die Straße dem Merlanson-Tal und erreicht dann das Städtchen Sospel. In Höhe der Kasematten von Fort St-Roch hat man eine schöne Aussicht auf das Dorf.

★ **Sospel** – *Siehe dort*

In der weiten Niederung von Sospel tauchen wieder Olivenpflanzungen auf. Dann verläuft die D 2566 durch Wald das **Bévéra-Tal**★ aufwärts. Die Bévéra hat sich in engen Mäandern, zwischen denen hohe, teils bewaldete Felsen aufragen, ein tiefes Flußbett gegraben. Rechts ein hübscher **Wasserfall**.

★★ **Gorges du Piaon** – Im wildesten Abschnitt des Engtals verläuft die Straße teilweise unter Felsüberhängen hoch über der Bévéra, deren Bett zuweilen von riesigen Felsblöcken versperrt ist.

Chapelle Notre-Dame-de-la-Menour – Vom Weg, der rechts zur Kapelle führt *(am Beginn kleine Betkapelle)*, hat man beiderseits einen guten Blick über das Tal und die Schlucht. Eine große Treppe liegt vor der zweigeschossigen Renaissancefassade.

Moulinet – Das Dorf liegt in einer fruchtbaren grünen Senke.

Die Straße führt dann durch Wald zum Col de Turini zurück.

UTELLE★

488 Einwohner
Michelin-Karte Nr. 341 E 4, Nr. 115 Falte 16 oder Nr. 245 Falte 25
Kartenskizze NICE, S. 274

In 800 m Höhe über dem Vésubie-Tal liegt Utelle mit Blick auf die bewaldeten Berge von Turini und La Gordolasque. Früher war dieses Dorf der Hauptort zwischen Tinée und Vésubie. Da es heute abseits der großen Straßen liegt, konnte es viel von seiner Eigenart bewahren: Reste der Stadtmauer, alte Häuser und Sonnenuhren, einen Platz mit hübschem Brunnen.

AUF ENTDECKUNGSTOUR

Église St-Véran – Man betritt die Basilika (14. Jh., im 17. Jh. umgebaut) durch eine gotische Vorhalle; auf den Türflügeln ist in 12 naiven Bildern die Legende des hl. Veranus dargestellt.

Das Innere überrascht durch den Kontrast zwischen der schlichten Architektur – Kreuzgrat- oder Tonnengewölbe über archaisch wirkenden romanischen Säulen und Kapitellen – und der überreichen barocken und klassizistischen Dekoration (Stuck bis zu den Gewölbebögen). Hinter dem Hochaltar steht auf einem geschnitzten **Passionsaltar**★ die Statue des hl. Veranus. Über dem ersten Altar des linken Seitenschiffes befindet sich ein Verkündigungsaltar der Nizzaer Schule; unter dem Altar des rechten Seitenschiffes eine Liegefigur Christi aus bemaltem Holz (13. Jh.). Sehenswert sind auch das Schnitzwerk aus dem 17. Jh. (Chor, Kanzel) und das Taufbecken aus Stein und Holz (16. Jh.). In der Sakristei schöne Priestergewänder aus Genueser Samt und Seide.

Tip

Unsere Empfehlung

L'Aubergerie Del Campo – *Route d'Utelle – 06450 St-Jean-la-Rivière – 5 km östlich von Utelle über die D 132 – ☎ 04 93 03 13 12 – – Abends Reserv. empf. – 16,77/28,97 €.* Eine gewisse Bohème-Atmosphäre herrscht in diesem kleinen Gasthaus, das auf den Überresten einer alten Schäferei errichtet wurde. Einfacher, von winzig kleinen Fenstern erhellter Gastraum und wunderbare Terrasse über der Vésubie-Schlucht. Provenzalische Küche.

Chapelle des Pénitents-Blancs – Die Kapelle der Weißen Büßer in der Nähe der Veranuskirche enthält einen Schnitzaltar mit einer Kreuzabnahme von Rubens, und sechs großformatige Gemälde aus dem 18. Jh.

UMGEBUNG

★★★ **Panorama de la Madone d'Utelle** – *6 km südwestlich.* Ziel vieler Wallfahrten (besonders am 15. August und am 18. September) ist das Sanktuarium der Madonna von Utelle, das im Jahre 850 von spanischen Seefahrern gegründet wurde, die eines Tages bei einem Seesturm ein Gelübde abgelegt hatten. In der Nähe befindet sich unter einem Schutzdach eine Orientierungstafel (Höhe: 1 174 m). Von hier reicht der unvergeßliche **Rundblick** über die Meeralpen und das Meer.

VALBONNE

10 746 Einwohner
Michelin-Karte Nr. 341 D 6, Nr. 115 S der Falten 24 und 25 oder Nr. 245 Falte 37

Das grüne und einladende Hochplateau von Valbonne (*vallis bona* in Latein bedeutet Glückliches Tal), bewässert von der Brague und ihren Nebenflüssen Bouillide und Bruguet, ist schon seit der Antike besiedelt. Die mit Kiefern und Steineichen bewachsene Ebene liegt etwa 200 m oberhalb von Cannes und Nizza und fällt leicht von den Voralpen von Grasse zur Küste hin ab. Das Städtchen Valbonne entstand aus dem hier gegründeten Kloster und steht in starkem Kontrast zum High-Tech-Park Sophia Antipolis.

S. Sauvignier/MICHELIN

In Valbonne findet sich schlichte mittelalterliche Romanik nur unweit des Hightech-Pols von Sophia-Antipolis

AUF ENTDECKUNGSTOUR

Das alte Dorf – Im 16. Jh. bauten die Mönche von Lérins das Dorf mit schnurgeraden Straßen, bewehrten Häusern und im Schachbrettmuster angelegten Stadtvierteln wieder auf. Der zentrale **Platz** unter alten Ulmen ist von eleganten Arkaden aus dem 15. und 17. Jh. umgeben. Jedes Jahr um St. Blasien (3. Februar) feiert man hier das Servan-Traubenfest (die Servan-Traube ist eine besonders spät reifende Sorte).

Église – 1199 gründete der Orden von Chalais hier eine Abtei, die zunächst in die Abhängigkeit von Lérins geriet, bevor sie **Pfarrkirche** wurde. Der Bau mit dem Grundriß eines lateinischen Kreuzes und geradem Chorschluß vermittelt, obwohl mehrfach verändert, noch immer den Eindruck äußerster, für diesen Orden typischer Schlichtheit. In der Abtei ist das interessante Volkskundemuseum **Musée du Patrimoine** ⓥ untergebracht.

EIN BESONDERES HIGHLIGHT

Sophia-Antipolis (Parc International d'Activités) – Auf einem Waldplateau südöstlich von Valbonne wurde auf einer Fläche von 2 300 ha ein internationales Zentrum für Technologie, Wissenschaft und Kultur geschaffen: Wohnviertel mit Dienstleistungsbetrieben und Freizeitanlagen fügen sich trotz einer konsequent modernen Architektur gut in die Grünflächen ein, der zwei Drittel des Raumes vorbehalten sind.

Das gegenwärtige Forschungsprogramm hat die Ansiedlung von vier großen Tätigkeitsbereichen ermöglicht: Informatik, Elektronik und Telekommunikation; Medizin und Biotechnologie; Bildung und Forschung; Umwelt.

Gastronomie

Unsere Empfehlung

Auberge Fleurie – *Route de Cannes – 1,5 km über die D 3 – ☎ 04 93 12 02 80 – Dez., So-abend außer von Juni bis Sept. und Mo geschl. – 19,82/25,61 €.* Reichhaltig, herrlich duftend und gepflegt sind die Speisen, die es in diesem Restaurant gibt. Probieren Sie die köstliche Pastete aus Ente und Auberginen! Sie können in einem der beiden Verandaräume oder im Haus selbst speisen.

Unterkunft

Unsere Empfehlung

Château de la Bégude – *06650 Opio – 2 km nordöstlich von Valbonne über die Route de Biot – ☎ 04 93 12 37 00 – Mitte Nov.-Mitte Dez. geschl. – 36 Z: 70,13/144,83 € – ☕ 10,67 € – Rest. 25/25 €.* Diese Bastide aus dem 17. Jh. ist ideal für Anhänger des „dolce farniente", denn sie verbindet schöne alte Architektur mit zeitgenössischem Komfort. Das Hotel liegt am Golfplatz von Opio-Valbonne und verfügt über einen Swimmingpool. Das Restaurant dient zugleich als Clubhaus und Gaststätte des Golfplatzes.

Die günstige Verkehrslage unweit des internationalen Flughafens Nizza-Côte d'Azur und der Autobahn A 8 kommt den bereits hier angesiedelten 900 in- und ausländischen Firmen und Instituten zugute, unter denen sich z. B. Air France (Reservierungszentrale), Abteilungen des staatlichen französischen Forschungsinstituts CNRS, France Télécom, die Hochschule für Bergbau und ausländische High-Tech-Firmen befinden. Weitere Bauvorhaben sind auf den Gemeindegebieten nördlich des Parks geplant, denn am Ende des Projektes sollen sich die Fläche und auch die Zahl der niedergelassenen Unternehmen verdoppelt haben.
Dieser Technologiepark ist die letzte Etappe auf der **„Route des Hautes Technologies"**, die verschiedene Entwicklungszentren für Spitzentechnologie zwischen Aix-en-Provence und Valbonne miteinander verbindet.

VALLAURIS

25 773 Einwohner mit Golfe-Juan
Michelin-Karte Nr. 341 D 6, Nr. 115 Falte 39 oder Nr. 245 Falte 37
Übersichtsstadtplan von CANNES

Vallauris breitet sich in Meeresnähe weit über sanfte, von Orangenbäumen und Mimosen bedeckte Hügel aus. Nachdem der Ort 1390 zerstört worden war, wurde er im 16. Jh. von Familien aus der Gegend im Schachbrettmuster wiederaufgebaut. Der traditionelle Erwerbszweig der Stadt, die Töpferei, ging immer mehr zurück, bis Picasso sie zu neuem Leben erweckte. Heute ist Vallauris ein bedeutendes Zentrum für Keramik, in dem die Internationale Biennale für Keramikkunst (Juli bis Mitte Okt.) stattfindet. Weitere Gewerbe sind der Handel mit Schnittblumen, Gewürzkräutern und Parfüm.

BESICHTIGUNGEN

Château – Das ehemalige Priorat des Klosters von Lérins (nur die Kapelle aus dem 12. Jh. ist erhalten) wurde im 16. Jh. wiederaufgebaut und gehört zu den wenigen Renaissancebauten der Provence: ein rechteckiges, zweigeschossiges Gebäude, an den vier Ecken Rundtürme mit Kegeldächern. Es enthält zwei Museen:

★ **Musée national „La Guerre et la Paix"** ⓥ – Die romanische Kapelle wurde, nachdem sie seit der Zerstörung des Klosters unbenutzt geblieben war, schließlich 1952 von Picasso mit der großen Komposition *Krieg und Frieden* ausgemalt: Schwarze Eindringlinge treten die Symbole der Zivilisation mit Füßen und greifen einen strahlenden Ritter an, der Gerechtigkeit (seine Lanze bildet die Achse einer Waage) und Frieden (sein Schild trägt das Bild einer Taube) vertritt. Auf der gegenüberliegenden Wand widmen sich die Menschen den sinnvollen Arbeiten und unschuldigen Freuden des Friedens. Das dritte Gemälde symbolisiert die Verbrüderung der Rassen.

Musée Magnelli – Musée de la Céramique ⓥ – In überwölbten Räumen werden preisgekrönte Keramiken von der Internationalen Biennale gezeigt.
Eine schöne Renaissancetreppe mit Balustern führt in den zweiten Stock, wo in zwei Sälen Keramiken von **Picasso** (Teller, Platten, Vasen) ausgestellt sind. In sechs Sälen ist die **Stiftung Magnelli** untergebracht: 15 Gemälde, Collagen und Guaschen. Alberto Magnelli (1888-1971) wurde in Florenz geboren, verbrachte jedoch den

TIPS UND ADRESSEN

Gastronomie

Unsere Empfehlung

Gousse d'Ail – *11 Avenue de Grasse – ☎ 04 93 64 10 71 – 25. Juni-3. Juli, 5. Nov.-4. Dez., So-abend und Mo geschl. – 19,51/27,14 €.* Nomen est omen – in der „Knoblauchzehe" kann ja nur regionaltypische Küche geboten werden! Die Speisen werden im rustikalen Gastraum serviert, die Atmosphäre ist familiär. Freitag ist Aïoli-Tag!

Shopping

Besichtigung von traditionellen Töpferwerkstätten – *Tgl. (außer am Wochenende) 10.30 Uhr und 15.30 Uhr. Eintritt frei. Auskunft beim Fremdenverkehrsamt.*

Galerie Madoura – *Rue Suzanne-et-Georges-Ramié – ☎ 04 93 64 66 39 – www.madoura.com – Sa/So geschl.* Ausstellung und Verkauf von Keramiken, die Picasso entworfen hat.

Galerie Jean-Marais – *3 Avenue des Martyres-de-la-Résistance – ☎ 04 93 63 85 74 – So geschl.* Ausstellung und Verkauf von Töpferwaren, Gemälden und Lithographien, die von dem Schauspieler geschaffen wurden.

Großteil seines Lebens in Frankreich. Beginnt man den Rundgang auf der linken Seite, folgt man der chronologischen Ordnung: Ausgehend von figurativen großen Formen in klaren Farben verlief die künstlerische Entwicklung Magnellis über die Abstraktion *(Lyrische Explosion)*, die in den 20er Jahren vorübergehend aufgegeben wurde, um 1931 endgültig zu dominieren *(Beginnende Aufmerksamkeit, Nichts anderes, Freiwilliger Nr. 3)*. Unter den Collagen seien die *Japanischen Rechen* erwähnt. Erstaunlich ist die Ausstellung **präkolumbianischer Keramik**, die die ganze Kunstfertigkeit der Kulturen Mittel- und Südamerikas wiedergibt. Vervollständigt wird die Ausstellung im ersten Stock durch schöne Jugendstil- und Art-Déco-Stücke sowie Keramiken aus den 50er Jahren.

Lacroix

Provenzalischer Drachen *Tarasque*, hier à la Picasso (1952)

Musée de la Poterie – *Rue Sicard.*
Das in einer Werkstatt eingerichtete Töpfereimuseum bietet einen Rückblick auf die Arbeitsweise des Töpfers in der ersten Hälfte des 20. Jh.s: Vorgestellt werden die Tongewinnung aus der Erde, Tonschlag- und Filtermaschinen, die Zubereitung der Glasuren, ein Holzofen und eine Sammlung alter Töpferarbeiten. Ein Besuch der modernen Werkstatt läßt die Entwicklung dieses Handwerks ermessen.

VENCE*

16 982 Einwohner
Karte Nr. 341 D 5, Nr. 115 Falte 25 oder Nr. 245 Falte 37

Vence liegt 10 km vom Meer entfernt zwischen Nizza und Antibes. Sein mildes Klima, das Rosen, Nelken, Veilchen, Mimosen sowie Oliven, Orangen und Zitronen gedeihen läßt, macht es sowohl im Sommer wie im Winter zu einem anziehenden Ferienort. Viele Künstler haben sich in dem Marktflecken niedergelassen, und zahlreiche Galerien bereichern mit ihren Ausstellungen das Kulturleben. Das alte, malerische Vence auf einem Felsvorsprung wird von zwei Schluchten eingeschlossen und von den letzten Alpenausläufern und den sogenannten *Baous* vor den Nordwinden geschützt. Auf den umliegenden Hängen wachsen gute Weine (La Gaude, St-Jeannet).

HINTERGRUNDINFOS

Die Bischofsstadt – Die römische Stadt *Vintium*, eine ligurische Gründung, entwickelte sich seit dem 4. Jh. zu einem bedeutenden Bischofssitz. Ihr standen zwischen 374 und 1790 u. a. der hl. Veranus (5. Jh.), der hl. Lambrecht (12. Jh.) und Alexander Farnese, der im 16. Jh. als Paul III. Papst wurde, vor. Lokale Berühmtheit erlangten Antoine Godeau und Surian (18. Jh.).
Während der Religionskriege hielt Vence erfolgreichreich einer Belagerung durch die Hugenotten stand (1592) – ein Ereignis, das alljährlich zu Ostern festlich begangen wird.

Die Herren von Vence – Die Bischöfe lagen ständig im Streit mit den Baronen von Villeneuve, den Mitlehnsherren der Stadt. Diese Familie wurde durch **Romée de Villeneuve** bekannt, einen Seneschall katalanischer Herkunft, der im 13. Jh. die finanziellen Schwierigkeiten Raimond Bérengers V., des Grafen von Provence und Forcalquier, zu beheben verstand. Der Graf hatte keinerlei Vermögen, jedoch vier Töchter zu verheiraten, die er dank seines diplomatischen Talents allesamt zu Königinnen oder gar Kaiserinnen werden ließ und somit den Staatssäckel wieder füllte ...

Bischof Godeau – Die Erinnerung an diese ungewöhnliche Persönlichkeit ist in der ganzen Gegend wachgeblieben. Dabei schien er alles andere als für eine kirchliche Karriere geeignet zu sein. Trotz seiner kleinen und mageren Statur, seines häßlichen Gesichts und seiner dunklen Hautfarbe hatte er bei den gebildeten Damen der oberen Gesellschaftsschicht wegen seines Geists, seiner Redegewandtheit und seines dichterischen Talents großen Erfolg. Sein Ruf war so weit verbreitet, daß Richelieu ihn zum ersten Mitglied der Académie française ernannte. Mit 30 Jahren schien er des Dichtens überdrüssig geworden zu sein und trat nach einer unglücklichen Liebe in den Priesterstand ein. Im darauffolgenden Jahr wurde er zum Bischof von Grasse und Vence ernannt. Mehrere Jahre lang stand er zwischen den beiden Städten, die von einem gemeinsamen Bischof nichts wissen wollten, bis er sich schließlich für Vence entschied. Der frühere Salonlöwe nahm seine neue Aufgabe sehr ernst; er baute die verfallene Kathedrale wieder auf, zog mehrere Gewerbe (Parfümerien, Gerbereien, Töpfereien) in seine Stadt und verhalf seiner armen und hinterwäldlerischen Diözese zu Wohlstand und Reichtum.

TIPS UND ADRESSEN

Gastronomie

Gut und preiswert

Crêperie Bretonne Hervé – *6 Place Surian – ☎ 04 93 24 08 20 – 2.-28. Nov., Mi-abend und Do von Sept. bis Mai geschl. – 7,62/15,24 €*. Im Zentrum der historischen Stadt hat sich eine schöne bretonische Crêperie den provenzalischen Farben angepaßt. Bei schönem Wetter ist eine Pause auf der großen Terrasse am Platz eigentlich unumgänglich.

Le Pêcheur de Soleil – *1 Place Godeau – ☎ 04 93 58 32 56 – Nov., Dez., So und Mo vom 15. Okt.-15. März geschl. – 10,67/22,87 €*. Haben Sie Lust auf eine Pizza? Dann wählen Sie doch aus den 600 verschiedenen, die diese Pizzeria in der Altstadt von Vence anbietet, die Ihnen genehme aus! Auf Holzfeuer gebacken, wird sie in einem rustikalen Gastraum serviert, dessen Balken mit altem Küchengerät dekoriert sind. Im Sommer Terrasse zu Füßen der Kathedrale.

Unsere Empfehlung

Chez Jordi – *8 Rue de Hôtel-de-Ville – ☎ 04 93 58 83 45 – 15. Juli-15. Aug., 20. Dez.-14. Jan., So und Mo geschl. – Reserv. – 18,29/22,87 €*. Das in einer ruhigen und wenig belebten Straße gelegene kleine Restaurant ist genau richtig, wenn man bei der Besichtigung der Stadt eine Pause einlegen möchte. Die einfachen Speisen – auf Wunsch spanische Gerichte (Paella, Zarzuela usw.) – werden von einer freundlichen Bedienung serviert.

Auberge des Seigneurs – *Place du Frêne – ☎ 04 93 58 04 24 – 16. Nov.-14. März, Di-mittag, Mi-mittag und Mo geschl. – 25,92/37,35 €*. Dieses Haus aus dem 17. Jh. befindet sich am Eingang zur Altstadt von Vence. Im Gastraum alte Massivholzmöbel und schönes Silberbesteck. Im Hotelteil gibt es einige geräumige Zimmer.

Unterkunft

Gut und preiswert

Hôtel La Victoire – *Place du Grand-Jardin – ☎ 04 93 58 61 30 – Mitte Nov.-Mitte Dez. geschl. – 15 Z: 25,92/35,06 € – ☕ 5,34 €*. Unschlagbar ist dieses Hotel an den Toren der Altstadt in seinem sehr guten Preis-/Leistungsverhältnis. Die amüsant im Stil der 70er Jahre möblierten Zimmer sind tadellos gepflegt; die Zimmer des dritten Stocks sind etwas dunkler. Freundlicher Empfang.

Parc Hôtel – *50 Avenue Foch – ☎ 04 93 58 27 27 – Ende Sept.-Ostern geschl. – 13 Z: 39,64/56,41 € – ☕ 6,10 €*. Das bürgerliche Wohnhaus aus dem frühen 20. Jh. besitzt einen palmengesäumten Hof. Die nur mäßig großen Zimmer sind alle nach demselben Modell eingerichtet.

Unsere Empfehlung

Villa Roseraie – *Route de Coursegoules – ☎ 04 93 58 02 20 – 14 Z: 74,70/114,34 € – ☕ 10,67 €*. Mit besonderer Sorgfalt hat man dieses charmante Hotel, das in einer Villa aus der Zeit um 1900 eingerichtet wurde, dekoriert. Die kleinen Zimmer sind frisch und angenehm, ein Swimmingpool lädt ein, die Siesta nach draußen zu verlegen. Auf der Terrasse stehen Skulpturen.

Spitzenkategorie

La Bastide aux Oliviers – *1260 Chemin de la Sine – Richtung Tourrettes-sur-Loup – ☎ 04 93 24 20 33 – bastidoliv@netcourrier.com – 15. Nov.-Ende Jan. außer von Weihnachten bis Neujahr geschl. – ⊭ – 4 Z: 99,09/114,34 €*. In dieser Bastide aus hellem Stein, die von Pinien und Olivenbäumen umgeben ist, gibt es drei Zimmer und eine Suite, alle sehr harmonisch in den Farben der Provence eingerichtet. Von der Terrasse hat man einem schönen Blick auf das Tal des Loup.

La Tour de Vence – *310 Chemin du Baou des Noirs – Nordöstlich von Vence, Richtung St-Jeannet – ☎ 04 93 24 59 00 – latourdevence@wanadoo.fr – 15. Nov.-15. Dez. geschl. – ⊭ – 4 Z: 137,20/274,41 €*. Dem Charme dieses alten Hauses, das aus den Steinen eines alten burgundischen Klosters erbaut wurde, kann man nicht widerstehen. Behagliche, mit Raffinesse eingerichtete Zimmer. Der weite Blick auf die Mittelmeerküste und die Berge ist atemberaubend.

Shopping

Märkte – Blumen und sonstige regionale Produkte: täglich außer montags auf dem Place du Grand-Jardin und dem Place Surian. Trödelwaren und Bücher: mittwochs auf dem Place du Grand-Jardin. Sonstiges: dienstags und freitags auf dem Place Clemenceau, dem Place Godeau, in der Rue de l'Évêché, im Impasse Cahours.

Besondere Termine

Les Jardins de la Cité – Am ersten Maiwochenende verwandeln sich die Straßen und Plätze von Vence in Gärten mit verschiedenen Themen (Tropen-, Wasserpflanzen-, Japanischer Garten etc.). Die Kreationen der einheimischen Landschaftsgärtner versetzen Sie in eine andere Welt.

Sonstige Festlichkeiten – Osterfest: Ende März-Anfang April. Festival „Les Nuits du Sud": Mitte Juli-Mitte August. Dorffest: am St.-Elisabeth-Tag, Ende Juli-Anfang August. Folklorefestival: Ende September.

AUF ENTDECKUNGSTOUR

Altstadt

Ausgangspunkt ist der Place du Grand-Jardin. Bevor Sie die mittelalterliche Altstadt mit ihrem schönen Schloß und den verwinkelten Gassen betreten, sollten Sie sich den Place du Frêne anschauen, dessen alte Esche im 16. Jh. zu Ehren Franz' I. und Papst Pauls III. gepflanzt worden sein soll.

Vieille Ville – Der mittelalterliche Stadtkern war von einer elliptischen Mauer mit fünf Toren umgeben, die teilweise noch heute erhalten ist. Man geht um den Viereckturm (15. Jh.), der sich an das ehemalige Schloß der Barone von Villeneuve anschließt, herum und durch die Porte du Peyra (1441). In diesem Viertel gibt es zahlreiche Künstlerateliers, Werkstätten und kleine Geschäfte.

★ **Place du Peyra** – Malerischer Platz mit Viereckturm und urnenförmigem Brunnen (1822). Hier war das Forum der alten Römerstadt.

Folgen Sie südlich des Platzes der Rue du Marché, dann biegen Sie links ab zum Place Clemenceau.

Stadtmauer – Vom Chor der Kirche gelangt man auf den Place Godeau, von dem aus der Blick den zinnengekrönten Viereckturm und alte Wohnhäuser umfaßt; in der Platzmitte erhebt sich die römische Marssäule. Durch die Rue St-Lambert und die Rue de l'Hôtel-de-Ville erreicht man die Porte de Signadour (13. Jh.) und biegt links ab.
Geht man weiter nach Norden, so kommt man am Osttor (Porte de l'Orient) vorbei, das im 18. Jh. angelegt wurde (die Jahreszahl links oben, 1592, erinnert an die Belagerung durch die Hugenotten). Der Boulevard Paul-André, in den viele Treppenwege münden, führt an der noch in großen Teilen erhaltenen Stadtmauer entlang und bietet schöne **Ausblicke** auf die *Baous* und die Ausläufer der Alpen. Durch das Portail Lévis (13. Jh.), ein Tor mit gotischer Arkatur, und die Rue du Portail-Lévis, die von schönen alten Häusern gesäumt wird, kehrt man zum Place du Peyra zurück.

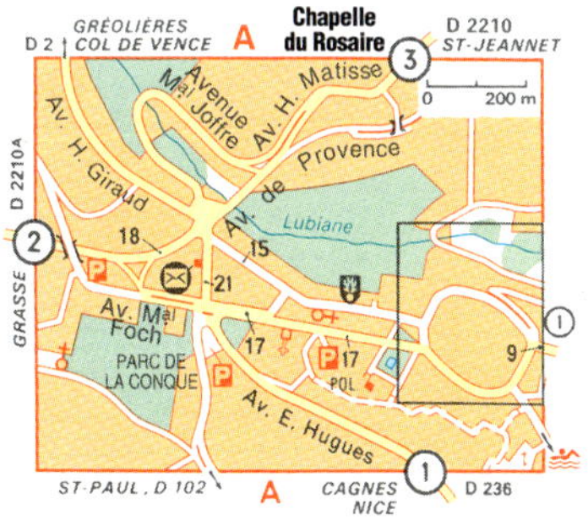

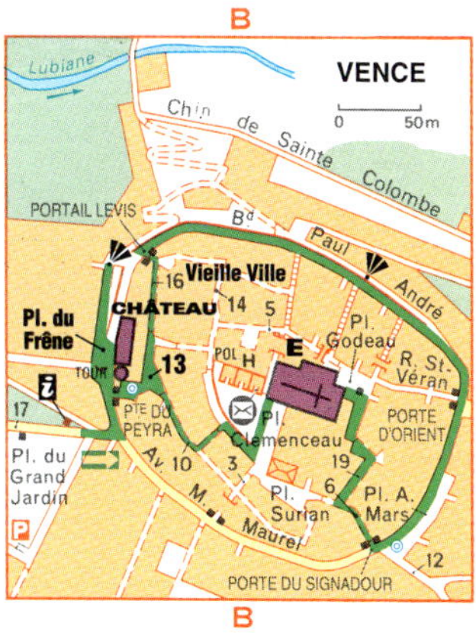

Alsace-Lorr. (R.)	B	3
Évêché (R. de l')	B	5
Hôtel-de-ville (R.)	B	6
Leclerc (Av. Gal.)	A	9
Marché (R. du)	B	10
Meyère (Av. Col.)	B	12
Peyra (Pl. du)	B	13
Place-Vieille (R. de la)	N	14
Poilus (Av. des)	A	15
Portail-Levis (R. du)	B	16
Résistance (Av. de la)	AB	17
Rhin-et-Danube (Bd)	A	18
St-Lambert (R.)	B	19
Tuby (Av.)	A	21

Cathédrale . . . . B E

BESICHTIGUNGEN

Cathédrale ⓥ – An der Stelle der ehemaligen Kathedrale stand früher ein Marstempel, danach eine merowingische Kirche. Der ursprüngliche romanische Bau wurde mehrfach verändert und vergrößert.

Der fünfschiffige Innenraum enthält u. a. das Grabmal des hl. Lambrecht *(zweite Kapelle rechts)*; einen römischen Sarkophag aus dem 5. Jh., möglicherweise das Grab des hl. Veranus *(dritte Kapelle rechts)*; eine geschnitzte Tür mit spätgotischem Rosettenmuster und einen Altar der hl. Engel aus dem 16. Jh. *(linkes Seitenschiff)*. In mehrere Pfeiler wurden Steine mit besonders schönen **karolingischen Verzierungen** eingefügt; die Taufkapelle schmückte Chagall mit einem Mosaik aus, das Moses' Errettung zeigt. Der interessanteste Teil ist die **Empore**, wo außer dem Chorpult ein **Chorgestühl★** zu sehen ist: Wangen, Lehnen und vor allem die Gesäßstützen (Miserikordien) gestaltete Jacques Bellot aus Grasse (15. Jh.) mit zuweilen recht drastischem Humor.

★**Chapelle du Rosaire (oder Chapelle Matisse)** ⓥ – „Trotz aller ihrer Unvollkommenheiten betrachte ich sie als mein Meisterwerk – das Ergebnis einer lebenslangen Suche nach der Wahrheit." So urteilte Matisse selbst über die Kapelle, die er 1947-1951 entwarf und ausstattete, womit er sich in die Tradition mittelalterlicher Stifter stellte. Von außen gleicht der Bau einem einfachen provenzalischen Haus, auf dessen Dach aus glasierten Ziegeln sich ein riesiges schmiedeeisernes, goldverziertes Kreuz erhebt.

Innen schneiden sich in Höhe des schrägstehenden Altars Nonnenschiff und Langhaus. Bis auf die hohen, schmalen Fenster mit Blumendekor in Zitronengelb, Dunkelgrün und Ultramarin strahlen Boden, Decke und die mit Kacheln verkleideten Wände in reinem Weiß. Die Ausstattung – Mobiliar, liturgische Geräte und Meßgewänder – ist von äußerster Schlichtheit. Wandbilder, wie der Kreuzweg und der hl. Dominikus, bestehen aus schwarzer Linienzeichnung auf weißem Grund. Die einzelnen Stationen des Kreuzwegs stehen in willkürlicher Reihenfolge nebeneinander, ergeben jedoch insgesamt eine „plastische Ordnung", die im Aufstieg zum Kalvarienberg ihren Höhepunkt findet. Eine sehenswerte Galerie zeigt Matisses Studien zum Bau der Kapelle.

Château de Villeneuve – Fondation Émile-Hugues ⓥ – Das einstige Schloß der Barone von Villeneuve wurde im 17. Jh. erbaut, umfaßt aber auch einen Wachtturm aus dem 13. Jh. Die Stiftung Emile-Hugues versteht sich als ein Bindeglied zwischen dem örtlichen Kulturerbe und dem künstlerischen Schaffen. Im Obergeschoß sticht das schöne Innendekor ins Auge. Thematische Ausstellungen der Werke großer Maler des 20. Jh.s, die nach einem Aufenthalt in Vence entstanden sind (Bilder von Matisse, Dubuffet, Dufy und Chagall), wechseln ab mit Ausstellungen zeitgenössischer und moderner Kunst.

S. Sauvignier/MICHELIN

Die Chapelle Matisse überrascht im Innern auch mit schönen Glasfenstern

UMGEBUNG

Galerie Beaubourg-Château Notre-Dame-des-Fleurs ⓥ – *3 km nordwestlich auf der D 2210A*. Im 19. Jh. auf den Grundmauern einer Benediktinerabtei (11. Jh.) errichtet, wurde die Burg Notre-Dame-des-Crottons („der Grotten"), die von 1638 bis 1728 Residenz der Vencer Bischöfe war, in Notre-Dame-des-Fleurs, den Namen der Grasser Parfümerie des Käufers, umgetauft.

Eine Galerie für zeitgenössische Kunst stellt in den Sälen und Gärten Werke zahlreicher Künstler aus. Von der Terrasse, die mit duftenden Pflanzen bewachsen ist, bietet sich ein schöner **Blick★** auf das Cap Ferrat bis zum Esterelmassiv. Im selben Stockwerk befindet sich die romanische Kapelle (vor dem 10. Jh.), die 1988 restauriert wurde. Der Chor ist mit einem Glasfenster von Bernard Dhonneur mit dem Rosenkreuzthema geschmückt.

AUSFLUG

★★Route des Crêtes **(Kammstraße)** *Rundfahrt von 59 km – 1/2 Tag*

Ausfahrt aus Vence in nordöstlicher Richtung über ③ des Plans, die Straße nach St-Jeannet.

Die D 2210 führt an den Bergen Baou des Blancs, Baou des Noirs und Baou de St-Jeannet entlang. Sie bietet längere Zeit eine gute Aussicht auf den Ort St-Jeannet in seiner schönen **Lage★**.

Gattières – Man fährt durch Weinberge und Olivenhaine zum Dorf hinauf, das das Var-Tal und die benachbarten Weiler überblickt und eine **Kirche** Ⓥ im romanisch-gotischen Übergangsstil besitzt. Im Inneren des Gotteshauses sind eine bemalte Statue in naiver Faktur, die den hl. Nikolaus mit drei Kindern darstellt *(rechts vom Chor)*, und das moderne Kruzifix im Chor bemerkenswert.

Am westlichen Ortsausgang von Gattières nehmen Sie die D 2209.

Die Höhenstraße führt oberhalb des Var durch das Randgebiet der Voralpen von Grasse und eröffnet einen reizvollen Blick zurück auf Gattières.

Carros – In schöner **Lage★** umringen die alten Häuser das Schloß (13.-16. Jh.). Etwas unterhalb des Orts wurde bei einer alten Mühle eine Aussichtsplattform angelegt, deren **Panorama★★** *(Orientierungstafel)* man sich nicht entgehen lassen sollte.
Zwischen Carros und Le Broc ergeben sich **Ausblicke★** auf zahlreiche Bergdörfer, auf die Esteron-Mündung und das Var-Tal, in dem der in mehrere Arme geteilte Fluß in einem breiten, flachen Bett zwischen weißen Kieseln dahinfließt.

Le Broc – Das Bergdorf besitzt einen idyllischen Platz mit Laubenhäusern und einem Brunnen (1812). Die **Kirche** Ⓥ aus dem 16. Jh. wurde von dem modernen Maler Guillonet verschönert. Vom Dorf aus bietet sich eine reizvolle Sicht hinunter ins Var-Tal.

Die Straße verläuft oberhalb der Mündung des Esteron in den Var, dann oberhalb der Schlucht des Bouyon.

Bouyon – Überall im Dorf bietet sich eine schöne **Aussicht★** auf die Cime du Cheiron, die Täler von Esteron und Var und die Alpen im französisch-italienischen Grenzgebiet.

Südlich von Bouyon fährt man dann auf der D 8 an der Montagne du Chiers entlang und erreicht über Bézaudun-les-Alpes das Dorf Coursegoules.

Coursegoules – Auf einem Felssporn am Fuß der Montagne du Cheiron erheben die hohen Häuser ihre Fassaden über einer Schlucht der Cagne, die hier noch Quellbach ist. Die **Dorfkirche** Ⓥ enthält ein **Tafelbild** von Louis Bréa, auf dem Johannes der Täufer in Begleitung der hl. Petronilla und des hl. Gotthard dargestellt ist. Besonders die Gestalt des hl. Gotthard ist ausdrucksvoll und fein in den Details.

Nehmen Sie die D 2 in Richtung Vence.

Die Straße durchquert eine öde Gegend hoch über der Cagne. In der regenreichen Zeit schwillt dieser Fluß an und bildet einen hübschen Wasserfall. Es bieten sich schöne Ausblicke.

★★**Col de Vence** – 970 m. Kurz hinter dem Paß umfaßt der weit nach Süden reichende **Ausblick★★** die Höhenzüge zwischen dem linken Var-Ufer und dem Mont Agel, die Küste mit dem Cap Ferrat, der Baie des Anges, der Halbinsel von Antibes; außerdem die Insel Ste-Marguerite und das Esterelmassiv; im Norden zeichnet sich der weiße Gebirgsstock des Cheiron am Himmel ab. Die Straße nach Vence führt am Südrand der Voralpen von Grasse bergab durch eine karge Garrigue.

Wanderung– *4 Std.* Links hinter dem Paß führt ein Weg zum GR 51, auf dem man an der Cagne entlang nach St-Jeannet kommt. Die Aussicht auf die *Baous* ist wunderbar.

Vallée de la VÉSUBIE★★

Michelin-Karte Nr. 341 E 3-E 4, Nr. 115 Falten 6, 16 und 17 oder Nr. 245 Falte 25
Kartenskizze NICE, S. 274

Zwei Wildbäche bilden die Vésubie, einen linken Nebenfluß des Var: die Madone-de-Fenestre und der Boréon, die beide nahe der italienischen Grenze entspringen, gespeist vom Schnee der letzten, bis 2 500 m hohen Alpengipfel.
Dieses Tal, eines der schönsten des Nizzaer Hinterlandes, zeigt ganz verschiedene Gestalt: Dem alpin anmutenden Oberlauf mit grünen Weiden, Tannenwald, Wasserfällen und hohen Gipfeln folgt zwischen Lantosque und St-Jean-la-Rivière der mittlere Abschnitt, wo bereits das mediterrane Klima vorherrscht. Auf den flacheren sonnigen Hängen sind terrassenförmig Weingärten und Olivenhaine angelegt.
Im unteren Teil, ab St-Jean-la-Rivière, hat das Wildwasser eine Schlucht mit senkrechten Wänden gegraben, ehe es in den Var mündet, der aus der Schlucht von Le Chaudon tritt.

AUSFLÜGE

6 Von Plan-du-Var nach St-Martin-Vésubie

110 km – etwa 5 Std. – s. Kartenskizze NICE

Tip

Unsere Empfehlung

Auberge du Bon Puits – *06450 Le Suquet – 5,5 km südlich von Lantosque, Richtung Nizza – ☎ 04 93 03 17 65 – 1. Dez.-Ostern und Di außer Juli und Aug. geschl. – ⌧ – 16,77/25,15 €.* Das aus dicken Steinen aus der Region errichtete Gasthaus steht am Straßenrand an der Vésubie. Ein Kamin bildet den Mittelpunkt des großen Gastraums mit den massiven Balken. Es gibt einige Fremdenzimmer und einen Park mit Ponys und Spielgerät für Kinder.

Die D 2565 folgt dem Grund der engen, gewundenen **Vésubie-Schlucht★★★** (Gorges), deren Steilwände aufgrund der Gesteinsschichtung verschiedene Farben aufweisen.

Wer auf der Fahrt Fotos machen möchte, kann dafür in den Haltebuchten parken, was um so ratsamer ist, als den Einheimischen die schöne Landschaft herzlich egal ist und sie für langsame Touristen auf der Landstraße kaum Verständnis aufbringen werden …

In St-Jean-la-Rivière biegen Sie links ab auf die D 32, die nach Utelle hinaufführt und dabei zahlreiche **Ausblicke** auf die Schlucht bietet.

★★★**La Madone d'Utelle** – *Siehe unter UTELLE, Umgebung*

Zurück nach St-Jean-la-Rivière und dann links in die D 2565.

Hinter St-Jean-la-Rivière fließt die Vésubie zwischen Felsufern dahin, und erst bei Le Suquet weitet sich das Tal etwas. Hier ragt linker Hand der Brec d'Utelle (1 606 m) auf.

Lantosque – Das Dorf liegt auf einem Kalksteingrat, der sich quer durch das Tal zieht. Die Lärchen bilden die Grenze zum Hochgebirge.

Roquebillière – Seit dem 6. Jh. mußte dieses Dorf sechs Mal nach Zerstörung durch Erdrutsch oder Hochwasser wiederaufgebaut werden. 1926 verschonte der letzte Erdrutsch nur einen Teil der alten hohen Häuser und machte es nötig, am anderen Vésubie-Ufer zu bauen, wo bereits im 15. Jh. die Kirche errichtet worden war. Diese **Église St-Michel-du-Gast** Ⓥ benannte Kirche im neuen Dorf ist ein Beispiel für die in der Provence häufig vorkommende Vermischung gotischer und hier länger als anderswo beibehaltener spätromanischer Stilmerkmale. Der Glockenturm mit steinerner Spitze ist leider durch eine Uhr verunziert. Die dreischiffige Anlage trägt gotische Gewölbe, die auf gedrungenen romanischen Pfeilern ruhen; sie birgt ein **Retabel** der Nizzaer Schule, das dem hl. Antonius geweiht ist; die Predella zeigt Szenen aus dem Leben des Heiligen. In das Taufbecken aus Vulkangestein ist ein Malteserkreuz eingehauen, das an die Stifter der Kirche erinnert. In der Sakristei sind schöne Priestergewänder aus dem 17. und 18. Jh. zu sehen.

Am Ortsausgang von Roquebillière-Vieux fahren Sie rechts auf die schmale Straße in Richtung Belvédère.

Der malerische Weg führt zwischen den Bergmassiven der Cime du Diable und der Cime de la Valette das **Vallon de Gordolasque★★** aufwärts.

E. Baret/MICHELIN

Durch das Vallon de Gordalasque in Richtung Nationalpark Mercantour

Belvédère – Das hübsche Dörfchen zeichnet sich aus durch seine **Lage★** auf einem Berg über Vésubie und Gordolasque zugleich.

Die Terrasse hinter dem Rathaus (Mairie) bietet einen schönen **Blick★** auf die Vésubie flußabwärts, den Mont Férion, den Wald von Turini zur Linken, den Mont Tournairet zur Rechten und Roquebillière-Vieux direkt unterhalb.

Folgen Sie bergaufwärts der D 171. Die Straße führt durch eine grandiose Felslandschaft mit rauschenden Wasserfällen.

Die Rückkehr des Wolfes

Nachdem man 1989 zum ersten Mal Wolfsspuren entdeckt hatte, bestätigte sich im Lauf des Winters 1992, daß im Mercantour-Naturpark tatsächlich ein Wolf *(Canis lupus)* lebt. Aufgrund von Beobachtungen im Frühjahr 1995 kam man zu dem Schluß, daß es dort ein Wolfsrudel und ein allein lebendes Wolfspaar gibt. Die Tiere waren nach und nach aus den Abruzzen in Mittelitalien bis hierher gewandert. Der Wolf ist stets auf der Suche nach neuen Revieren, wo er sich auf erstaunliche Weise den neuen Lebensumständen anpassen kann. Das Rudel ist ein Familienverband, der sich aus den Eltern und den Jungen der zwei letzten Jahre, also aus sechs bis acht Tieren zusammensetzt.

Die Rückkehr des Wolfes spricht für die guten Umweltbedingungen des Aufnahmegebiets. Der Mercantour-Naturpark setzt sich engagiert für die Sensibilisierung und Unterweisung der Schäfer ein, die mit den neuen Problemen des Zusammenlebens zwischen Wolf und Mensch unmittelbar konfrontiert sind. Es wurden deshalb folgende Maßnahmen ergriffen: Die Schafe werden nachts zum Schutz eingepfercht, eine Schäferhundrasse aus den Pyrenäen, der Patou, wurde eingeführt, weil er Angriffe von Wölfen sehr gut abwehrt. Im Park wurde zur besseren Aufklärung der breiten Öffentlichkeit eine Informationsstelle über Wölfe, das Maison du Loup, eingerichtet.

★**Cascade du Ray** – Die Gordolasque ergießt sich in zwei breiten Strömen über die Felsen.

Die Straße steigt weiter an; sie verläuft parallel zum Vallée des Merveilles (s. dort), von dem sie durch das Bergmassiv der Cime du Diable getrennt ist.

Etwas später beginnen sich die gezackten Felsen des Mont du Grand Capelet abzuzeichnen.

★**Cascade de l'Estrech** – In der Nähe dieses beeindruckenden Naturschauspiels endet die Straße *(1 km Gebirgspfad)*. Der Wasserfall kommt aus einem von ewigem Schnee bedeckten **Hochgebirgs-Talkessel**★★, der von den beiden über 3 000 m hohen Gipfeln der Cime du Gélas und des Mont Clapier überragt wird.

Kehren Sie zur D 2565 zurück und biegen Sie rechts auf die D 72 ein.

Berthemont-les-Bains – *4 km ab der D 2565.* Der größte Thermalkurort der Côte d'Azur hat eine schöne schattige Lage. Die radioaktive, 30 °C warme Schwefelquelle war bereits den Römern bekannt. Behandelt werden dort Atemwegserkrankungen, Rheuma und Gelenkbeschwerden.

Je mehr man auf der D 2565 an Höhe gewinnt, desto mehr ändert sich die Landschaft: Kastanienbäume, Tannen und grüne Weiden rechtfertigen den Beinamen „Nizzaer Schweiz". Links liegt das Bergdorf Venanson.

★**St-Martin-Vésubie** – *Siehe dort*

VILLECROZE

1 087 Einwohner

Michelin-Karte Nr. 340 M 4, Nr. 114 Falte 21 oder Nr. 245 Falte 175

Ein Komplex von Höhlen, die teilweise als Wohnungen eingerichtet wurden, hat dem Ort seinen Namen gegeben: Villecroze *(ville creusée)* bedeutet „in den Fels gehauene Stadt". Sie liegt zwischen Obstgärten, Weinbergen und Olivenpflanzungen an den ersten bewaldeten Ausläufern der Plans de Provence.

AUF ENTDECKUNGSTOUR

Das Dorf ist heute noch von Teilen der alten Stadtmauer umschlossen, die mittlerweile den Wohnhäusern als Stützmauern dienen. Viele der schmalen Straßen sind von Arkaden gesäumt. Durch den Uhrturm aus dem 15. Jh. gelangt man in die im Sommer blumengeschmückte **Rue des Arcades**. Die nahegelegene Rue de France hat ihr mittelalterliches Aussehen bewahrt. Nicht weit davon entfernt erhebt sich die Église Notre-Dame aus dem 18. Jh.

Parc municipal – Ein schöner Wasserfall stürzt etwa 40 m tief die Felswand hinab und fließt dann idyllisch zwischen Grünanlagen dahin. Ein ausgeschilderter Wanderweg führt zu den Höhlen.

Grottes ⓥ – Einen Teil der **Höhlen** bauten die Herren von Villecroze im 16. Jh. als Zufluchtsort aus; aus dieser Zeit stammen die in den Fels eingelassenen Fenster mit steinernen Rahmen. In mehreren kleinen Räumen ergeben Tropfsteine eine hübsche Dekoration.

★ **Belvédère de Villecroze** – An der Straße nach Tourtour wurde 1 km vom Ort entfernt ein Aussichtspunkt angelegt *(Orientierungstafel)*: Der **Rundblick**★ umfaßt die Plans de Provence, Tourtour, Villecroze, Salernes, den Gros Bessillon und in der Ferne das Mauren- und das Ste-Baume-Massiv.

VILLEFRANCHE-SUR-MER★

6 833 Einwohner
Michelin-Karte Nr. 341 E 5, Nr. 195 Falte 27 oder Nr. 245 Falte 38
Kartenskizze Corniche de la RIVIERA, S. 286

Das Seebad Villefranche ist zugleich Fischereihafen und Anlaufstelle für Passagierschiffe und Kriegsmarine; am bekanntesten ist jedoch seine von bewaldeten Hängen eingerahmte tiefe **Bucht**★★ zwischen der Halbinsel Cap Ferrat und dem Mont Boron, eine der schönsten des Mittelmeers. Hafen, Zitadelle und alte Gassen erinnern noch immer an das Villefranche des 17. Jh.s.

HINTERGRUNDINFOS

Die Gründung – Die Stadt verdankt ihren Namen („freie Stadt") dem Grafen von Provence Karl II. von Anjou, einem Neffen Ludwigs des Heiligen, der sie im 13. Jh. gründete und ihr gleichzeitig Stadtrechte verlieh. Nach der Abtretung an Savoyen war Villefranche bis zur Anlage des Nizzaer Hafens Lympia im 18. Jh. der große savoyische und später sardische Staatshafen.

Vom Kriegshafen zur zoologischen Forschungsstation – Seit dem 18 Jh. übte Villefranche auf Rußland eine starke Anziehungskraft aus, die auf außergewöhnliche Weise Bestand hatte. Die strategische Bedeutung der Bucht war den damaligen russischen Marinebehörden nicht entgangen. Bei jedem Konflikt zwischen dem Russischen Zarenreich und der Türkei lagen zeitweilig russische Flottenverbände in Villefranche vor Anker. Jedoch erst nach dem Krimkrieg (1856) war die Bucht von Villefranche von entscheidender Bedeutung für die russische Kriegsflotte, die durch den Verlust des Bosporus keinen Zugang mehr zum Mittelmeer hatte. 1858 wurde mit dem König von Sardinien ein Abkommen geschlossen, nach dem dieser Rußland das Lazarett und den Hafen von Villefranche überließ, wo Brennstoff und Lebensmittel gelagert werden sollten.
Auch die russische Zarenfamilie hatte hier in der Sommerfrische ihren Anlaufhafen. Der Anschluß an die Grafschaft Nizza ließ diese Vereinbarungen unberührt, allerdings änderte sich das Interesse für den Hafen im ausgehenden 19. Jh. 1893 trat ein Stab von russischen Wissenschaftlern und Universitätsgelehrten aus Kiew die Nachfolge der Armee an, um dort aufgrund der günstigen aufsteigenden Strömung in der Bucht meereskundliche Forschungsarbeiten zu betreiben. Trotz der politischen Wechselfälle in den Beziehungen zwischen Frankreich und Rußland wurden die Studien bis in die 30er Jahre des 20. Jh.s fortgesetzt. Dann übernahm die Pariser Universität die Räumlichkeiten und richtete eine meereszoologische Forschungsstation von internationalem Ruf ein.

Blick auf Villefranche-sur-Mer: hinter der Hügelkette liegt direkt Nizza

TIPS UND ADRESSEN

Gastronomie

Gut und preiswert

La Caravelle – *3 Rue de l'Église, in der Altstadt – ☎ 04 93 01 81 10 – Nov. und Dez., mittags und Mi außerhalb der Saison geschl. – 12,96/16,77 €.* Typisches Meeresrestaurant, bei dessen Gastraum und Terrasse die Farbe Blau in allen ihren Schattierungen eine große Rolle spielt. Die Küche ist, wie der Service, einfach, die Atmosphäre freundlich. Hinzu kommt, daß der Chef des Hauses die Region wie seine Westentasche kennt.

Unsere Empfehlung

La Grignotière – *3 Rue du Poilu – ☎ 04 93 76 79 83 – Mittags außer So und Mi-abend außerhalb der Saison geschl. – 16,62/27,29 €.* Der Name des Restaurants trügt. *Grignoter* bedeutet „knabbern", und davon kann hier eigentlich keine Rede sein, denn die Portionen sind sehr großzügig. Hundertprozentig frische Zutaten machen die Küche aus; kein Wunder, daß die Zahl der Stammgäste hoch ist.

Unterkunft

Unsere Empfehlung

Le Riviera – *2 Avenue Albert-1er – ☎ 04 93 76 62 76 – contact@hotel-riviera-hrv.com – Jan. geschl. – 24 Z: 45,73/60,98 € – ☕ 7,32 €.* Dieses einfach, aber hübsch renovierte Hotel liegt an der Corniche Inférieure. Die Zimmer, die nach und nach renoviert werden, sind für jeden Geldbeutel erschwinglich. Einige haben Blick aufs Meer. Angenehme überdachte Frühstücksterrasse.

Sport und Freizeit

Wanderungen – Einen schönen Blick von oben auf die herrliche Bucht hat man auf den dicht bewaldeten Hügeln des Mont Alban und des Mont Boron *(Wegbeschreibung beim Fremdenverkehrsamt).*

AUF ENTDECKUNGSTOUR

★ **Altstadt** – Mit einer Reihe hoher, bunter Fassaden liegt die Altstadt am hübschen Fischereihafen (Port de Pêche). Als Hauptstraße zieht sich die Rue du Poilu durch ein malerisches Gewirr enger Gassen, die teilweise in Stufen ansteigen oder überwölbt sind wie die seltsame **Rue Obscure**, wo die Bevölkerung bei Bombardierungen Schutz suchte.

Église St-Michel – Die Kirche im gemäßigten Barockstil enthält mehrere Altäre aus dem 18. Jh. Links an einem Pfeiler steht die bemalte Holzstatue des hl. Rochus mit seinem Hund (16. Jh.). Im linken Querschiff befindet sich eine in ihrem Realismus ergreifende Liegefigur Christi, die im 17. Jh. von einem Galeerensträfling aus einem Feigenbaumstamm geschnitzt wurde. Die Orgel auf der Empore ist ein Werk der angesehenen Brüder Grinda aus Nizza. Sie stammt von 1790 und wurde unlängst restauriert.

Darse – Ehemaliger Kriegshafen, in dem Galeeren gebaut und bemannt wurden und wo heute Jachten und Sportboote ankern.

BESICHTIGUNGEN

★ **Chapelle St-Pierre** ⓥ – Die Kapelle wurde 1957 ganz von Jean Cocteau ausgemalt. Zu beiden Seiten der innen bemalten Tür bilden die Flammen der apokalyptischen Leuchter (aus Keramik) zwei weit geöffnete Augen. Die Fresken sind typisch für Cocteaus Zeichentechnik: Weitläufig angelegt, präzise und sehr bildhaft erzählen sie auf volkstümliche Weise das Leben Petri, greifen aber auch weltliche Motive auf wie die *Huldigung an die Mädchen von Villefranche* oder *Die Zigeuner*. Ein geometrisches Muster verbindet die verschiedenen Szenen.

Citadelle – Sie wurde Ende des 16. Jh.s durch den Herzog von Savoyen zum Schutz der Bucht errichtet und beeindruckte den Festungsbaumeister Vauban so sehr, daß sie, zusammen mit dem Fort auf dem Mont Alban, verschont blieb, als Ludwig XIV. die Verteidigungsanlagen der Grafschaft Nizza schleifen ließ.
Nach der Restaurierung von 1981 ist hier das Bürgermeisteramt eingezogen. In der ehemaligen Chapelle St-Elme werden Wechselausstellungen gezeigt. Außerdem wurden in der Zitadelle ein Vortragssaal mit 200 Plätzen und eine Freilichtbühne eingerichtet. In den Kasematten ist die **Roux-Sammlung** ⓥ untergebracht. Diese Keramikfigurensammlung ist aus kleinen Alltagsszenen des Mittelalters und der Renaissance zusammengestellt. Sie sind nach Quellenmaterial aus der jeweiligen Epoche rekonstruiert worden.

VILLEFRANCHE-SUR-MER

Cauvin (Av.) 2
Corderie (Quai de la) 3
Corne-d'Or (Bd de la) 5
Courbet (Quai Amiral) 6
Église (R. de l') 7
Foch (Av. du Maréchal) 8
Gallieni (Av. Général) 9
Gaulle (Av. Général-de) 10
Grande-Bretagne (Av. de) 12
Joffre (Av. du Maréchal) 14
Leclerc (Av. Général) 15
Marinières (Promenades des) . . . 16
May (R. de) 18
Obscure (R.) 19
Paix (Pl. de la) 20
Poilu (R. du) 22
Pollonais (Pl. A.) 24
Ponchardier (Quai Amiral) 25
Poullan (Pl. F.) 26
Sadi-Carnot (Av.) 28
Settimelli-Lazare (Bd) 30
Soleil d'Or (Av. du) 31
Verdun (Av. de) 32
Victoire (R. de la) 34
Wilson (Pl.) 35

★ **Musée Volti** – Ein großer Hof der Zitadelle und das umliegende Labyrinth der Kasematten bringen die Skulpturen von Volti, einem Künstler aus Villefranche, wunderschön zur Geltung.
Sein Werk, das streng figurativ ist, beschränkt sich auf den menschlichen Körper, wobei es aber durchaus humorvoll sein kann, wie man an den *Himmelsreitern* aus getriebenem Kupfer im Hof sieht. Am gelungensten sind jedoch seine Frauendarstellungen: die Eleganz der *Pariserinnen*, die anmutig liegende *Nikaia*, die sitzende *Muttergestalt* und die *Kauernde Lotus*.
Einige neuere Arbeiten, wie z. B. die *Königin* und *Minerva*, erreichen eine erhabene Größe. Einigen der Plastiken sind sehr hübsche Rötelzeichnungen beigegeben.

Musée Goetz-Boumeester – Die rund 100 Werke sind eine Schenkung des 1909 geborenen Malers und Graveurs Henri Goetz und seiner Frau Christine Boumeester (1904-1971). Sie umfassen einen Zeitraum von 50 Jahren und sind größtenteils abstrakt. Unter dem Titel *Œuvres-Souvenirs* sind Werke ihrer Künstlerfreunde zusammengestellt, darunter Picasso, Miró, Hartung, Picabia u. a. m.

VILLENEUVE-LOUBET

12 935 Einwohner
Michelin-Karte Nr. 341 D 6, Nr. 115 Falte 25 oder Nr. 245 Falte 37
Stadtplan CAGNES-SUR-MER, S. 128

Zu Villeneuve-Loubet am Fluß Loup gehört ein langer Strand. Über dem alten Ortskern erhebt sich die mittelalterliche **Burg** derer von Villeneuve, die im 19. Jh. restauriert wurde und gut erhalten ist. Der hohe fünfeckige Wehrturm stammt zum Teil noch aus dem 9. Jh. In dieser Burg wohnte Franz I., und dort wurde 1538 mit Karl V. der Frieden von Nizza unterzeichnet. Villeneuve pflegt noch immer die sportliche Tradition der *Pelote*, des provenzalischen Ballspiels mit der bloßen Hand.
Bekannt ist Villeneuve vor allem für seine **Marina-Baie-des-Anges**. Die vier riesigen elegant geschwungenen Pyramiden mit Ferienwohnungen wurden 1970 von dem Architekten André Managoy geschaffen. Sie gehören zu den bekanntesten, aber auch umstrittensten modernen Bauten an der Côte d'Azur und bieten den Urlaubern Strand, Schwimmbad und Jachthafen direkt vor der Haustür. Cafés, Restaurants und Läden aller Art beleben diese funktionelle Marina an der Baie des Anges. Ihre außergewöhnliche Silhouette überragt die Bucht vom Cap Martin bis zum Cap d'Antibes.

BESICHTIGUNGEN

★ **Musée de l'Art culinaire** ⓥ – Das Kochkunstmuseum wurde im Geburtshaus des berühmten französischen Küchenchefs Auguste Escoffier (1846-1935) eingerichtet, der im Hotel Savoy und im Londoner Carlton Berühmtheit erlangte und u. a. die Nachspeise Pfirsich Melba kreierte. Zu der Sammlung gehören Dokumente und die unglaublichsten Schaustücke aus Zucker oder Marzipan. Durch eine hübsch eingerichtete provenzalische Küche gelangt man in den ersten Stock mit einer Kollektion von 5 000 festlichen Menüs von 1820 bis heute.

Musée d'Histoire et d'Art ⓥ – Das Historische Museum befaßt sich mit den großen Konflikten unseres Jahrhunderts, in die Frankreich verwickelt war: die beiden Weltkriege, der Indochina-Krieg (1946-1954), der Algerien-Krieg (1954-1962), die Militärinterventionen im Tschad und in Zaire (1969-1984), im Libanon (1982-1987) sowie im Golfkrieg (1991). Außerdem finden zeitweise Kunstausstellungen statt.

E. Baret/MICHELIN

Kuriose Fortschrittsvision aus den 70er Jahren:
die Marina-Baie-des-Anges in Villeneuve-Loubet

Öffnungszeiten und Eintrittspreise

Die Sehenswürdigkeiten, für die besondere Besichtigungsbedingungen gelten, sind im Hauptteil durch das Zeichen ⓥ kenntlich gemacht. Im Folgenden sind sie nach Orten geordnet, wobei Inseln, Abteien, Orte mit Artikel etc. immer unter ihrem Eigennamen zu finden sind.
Die Informationen entsprechen dem Stand zur Zeit der Redaktion. Preise und Öffnungszeiten ändern sich jedoch sehr häufig - für eventuelle Unstimmigkeiten bitten wir daher um Verständnis. In diesem Zusammenhang möchten wir Sie insbesondere darauf aufmerksam machen, daß es sich bei fast allen in Euro angegebenen Preisen um Umrechnungen seitens unserer Redaktion handelt, und zwar auf der Grundlage der uns mitgeteilten Preise in Francs (Umrechnungskurs 1 € = 6,55957 F). Für eventuelle Unstimmigkeiten können wir daher nicht haftbar gemacht werden. Wir bitten um Ihr Verständnis.
Die Angaben gelten für Einzelbesucher (ohne Ermäßigung); für Gruppen können im allgemeinen bei Voranmeldung besondere Bedingungen vereinbart werden.
Kirchen sollte man während der Gottesdienste nicht besichtigen. Kleinere Kapellen und Kirchen sind häufig geschlossen. Ist das Innere von großem Interesse, werden genauere Besichtigungszeiten angegeben. Durch Kapellen wird der Reisende meist von der Person geführt, die auch den Schlüssel aufbewahrt; in diesem Fall sollte man eine Anerkennung oder Spende bereithalten. Die Museen schließen oft während der Mittagszeit. Staatliche Museen sind meistens dienstags geschlossen. Letzter Einlaß, besonders bei Führungen, 1 oder 1/2 Stunde vor Schließung.
In einigen Städten, besonders in den durch A hervorgehobenen „Ville d'Art" und „Ville d'Art et d'Histoire" werden in der Reisezeit von den Fremdenverkehrsämtern (Office de Tourisme oder Syndicat d'Initiative, in der folgenden Liste mit i gekennzeichnet) regelmäßig Stadtführungen organisiert.
Sind die beschriebenen Sehenswürdigkeiten auch für Behinderte zugänglich, erscheint das Zeichen ♿.

A

ANTIBES

i 11, place du Général-de-Gaulle – 06200 ANTIBES – ☎ 04 92 90 53 00

Fort Carré – Führungen (3/4 Std.) 10-18 Uhr (Okt.-Mai): 16.30 Uhr. 3,05 €. ☎ 06 14 89 17 45

Musée Archéologique – ♿ tgl. außer Mo 10-12 und 14-18 Uhr (Juni-Sept.: tgl. außer Mo 10-18 Uhr, Fr bis 22 Uhr). 1. Jan., 1. Mai, 11. Nov., 25. Dez. geschl. 3,05 €. ☎ 04 92 90 54 35

Musée Peynet et de la Caricature – ♿ tgl. außer Mo 10-12 und 14-18 Uhr (Juni-Sept.: tgl. außer Mo 10-18 Uhr, Fr bis 22 Uhr). 1. Jan., 1. Mai, 11. Nov., 25. Dez. geschl. 3,05 €. ☎ 04 92 90 54 30

Musée de la Tour des Arts et Traditions Populaires – Mi, Do, Sa 16-19 Uhr (Winter: 15-17 Uhr). An Feiertagen geschl. 3,05 €. ☎ 04 93 34 50 91 oder ☎ 04 93 34 66 07

Musée Picasso – tgl. außer Mo 10-12 und 14-18 Uhr (Juni-Sept.: 10-18 Uhr, Fr bis 22 Uhr). 1. Jan., 1. Mai, 1. Nov., 25. Dez. geschl. 4,57 €. ☎ 04 92 90 54 20

Marineland – ♿ Juli-Aug.: 10-24 Uhr. Frühjahr und Herbst: 10-19 Uhr (20 Uhr). Winter: 10-17 Uhr. 22,71 € (Kinder: 15.09 €). ☎ 04 93 33 49 49

Parc Aqua-Splash – Mitte Juni-Anfang Sept.: 10-19 Uhr. 15,09 € (Kinder: 12,65 €). ☎ 04 93 33 49 49

Jungle des Papillons – ♿ 10 Uhr bis Sonnenuntergang. 7,01 € (Kinder: 4,73 €). ☎ 04 93 33 49 49

Cap d'ANTIBES

Sanctuaire de la Garoupe – ♿ 9.30-12 und 14.30-19 Uhr (Winter: 10-12 und 14.30-17 Uhr). ☎ 04 93 67 36 01

Phare de la Garoupe – Führungen (1/4 Std.) 15-18 Uhr (Okt.-Apr.: 15-17 Uhr). ☎ 04 93 61 57 63

Jardin Thuret – tgl. außer Sa/So 8-18 Uhr (Winter: tgl. außer Sa/So 8.30-17.30 Uhr). 25. Dez.-1. Jan. und an Feiertagen geschl. Eintritt frei. ☎ 04 93 67 88 66

Musée Napoléonien – tgl. außer So 9.30-12 und 14.15-18 Uhr, Sa 9.30-12 Uhr. Okt. und an Feiertagen geschl. 3,05 €. ☎ 04 93 61 45 32

Les ARCS
ℹ Place du Gén.-de-Gaulle – 83460 Les ARCS – ☎ 04 94 73 37 30

Chapelle Ste-Roseline – tgl. außer Mo 15-19 Uhr (März-Mai: tgl. außer Mo 14-18 Uhr. Okt.-Febr.: tgl. außer Mo 14.30-17 Uhr). Eintritt frei. ☎ 04 94 73 37 30

ASPREMONT

Kirche – Außerhalb der Gottesdienste geschl.

AUPS
ℹ Pl. F.-Mistral – 83630 AUPS – ☎ 04 94 70 00 80

Collégiale St-Pancrace – Führungen auf vorherige Anfrage unter 04 94 70 00 80

Musée Simon-Ségal – Mitte Juni-Mitte Sept.: 10-12 und 15-19 Uhr. 2,29 €. ☎ 04 94 70 01 95

AURIBEAU-SUR-SIAGNE

Kirche – So 10-18 Uhr. Frau Vacance ☎ 04 93 42 25 46

B

BANDOL
ℹ Allée Alfred-Vivien – 83150 BANDOL – ☎ 04 94 29 41 35

Jardin Exotique et Zoo de Sanary-Bandol – ♿ 8-12 und 14-18 Uhr, Sonn- und Feiertage 14-18 Uhr (Juni-Sept.: 19 Uhr, So und Feiertage 10-12 und 14-19 Uhr). 6,10 € (Kinder: 4,57 €). ☎ 04 94 29 40 38

Chapelle Notre-Dame du Beausset-Vieux – 14-17 Uhr.

BARGEMON

Kirche – Führungen auf vorherige Anfrage beim Pfarrer unter ☎ 04 94 39 13 30

Le BAR-SUR-LOUP
ℹ Pl. F.-Paulet – 06600 Le BAR-SUR-LOUP – ☎ 04 93 42 72 21

Église St-Jacques – Führungen auf vorherige Anfrage beim Fremdenverkehrsamt (Office de tourisme).

BEAULIEU-SUR-MER
ℹ Pl. G.-Clemenceau – 06310 BEAULIEU-SUR-MER – ☎ 04 93 01 02 21

Villa Grecque Kerylos – Anfang Febr.-Anfang Nov.: 10.30-18 Uhr (Juli-Aug.: 10.30-19 Uhr). Anfang Nov.-Anfang Febr.: 14-18 Uhr, Schulferien 10.30-18 Uhr. 25. Dez. geschl. 6,86 €. ☎ 04 93 01 61 70

Île de BENDOR
ℹ Allées Vivien in Bandol – 83150 – ☎ 04 94 29 41 35

Anfahrt – Alle 30 Min. ab Bandol (7Min.) 4,27 € Hin- und Rückfahrt. ☎ 04 94 29 44 34

Exposition des Vins and Spiritueux – Ostern-Ende Sept.: tgl. außer Mi 10-12 und 14-18 Uhr (Juli-Aug.: 19 Uhr). Eintritt frei. ☎ 04 94 29 44 34

BIOT
ℹ 46 r. St-Sébastien – 06410 BIOT – ☎ 04 93 65 78 00

Musée National Fernand-Léger – ♿ tgl. außer Di 10-12.30 und 14-17.30 Uhr (Juli-Sept.: 18 Uhr). 1. Jan., 1. Mai, 25. Dez. geschl. 4,57 € (Kinder: Eintritt frei), 1. So im Monat Eintritt frei. ☎ 04 92 91 50 20

Bonsaï Arboretum – tgl. außer Di 10-12 und 14-17.30 Uhr (Apr.-Sept.: tgl. außer Di 10-12 und 15-18.30 Uhr). 1. Jan., 1. Mai geschl. 3,81 €. ☎ 04 93 65 63 99

Musée de Biot – Juli-Sept.: tgl. außer Mo und Di 10-18 Uhr. Okt.-Juni: tgl. außer Mo und Di 14-18 Uhr. An Feiertagen geschl. 1,52 €, 1. Sonntag im Monat Eintritt frei. ☎ 04 93 65 54 54

BORMES-LES-MIMOSAS
ℹ Pl. Gambetta – 83230 BORMES-LES-MIMOSAS – ☎ 04 94 01 38 38

Église St-Trophyme – Sommer: Führungen Do 18.30 Uhr. Winter: Sa 16.30 Uhr. Man wende sich an das Bürgermeisteramt (Mairie).

Musée "Arts et Histoire" – tgl. außer Di 10-12 und 14.30-17.30 Uhr, Sonn- und Feiertage 10-12 Uhr (Juni-Aug.: tgl. 10-12 und 15.30-19 Uhr). Eintritt frei. ☎ 04 94 71 56 60

BREIL-SUR-ROYA

ℹ Pl. Bianchéri – 06540 BREIL-SUR-ROYA – ☎ 04 93 04 99 76
Office du tourisme de la Vallée de la Roya – BREIL-SUR-ROYA – ☎ 04 93 04 99 90
ℹ Office du tourisme de la Vallée de la Roya – ☎ 04 93 04 99 90

Écomusée du Haut Pays – Juli-Sept.: Do und So 10.30-17.30 Uhr. 2,29 €. ☎ 04 93 04 46 91.

BRIGNOLES

ℹ 10 r. Palais – 83170 BRIGNOLES – ☎ 04 94 69 27 51

Führungen – Mit dem Fremdenverkehrsamt (Office de tourisme) entdecken Sie das Fischerdorf Cros-de-Cagnes (Do 9 Uhr, mit Reservierung 48 Std. im Voraus) und das Viertel Haut-de-Cagnes (Sa 11 Uhr, So 16 Uhr). Sich nach den Preisen erkundigen.

Église St-Sauveur – Auf Anfrage bei der Pfarrei unter ☎ 04 94 69 10 69

Musée du Pays Brignolais – Apr.-Sept.: tgl. außer Mo und Di 9-12 und 14.30-18 Uhr, So 9-12 und 15-18 Uhr. Okt.-März: tgl. außer Mo und Di 10-12 und 14-17 Uhr, So 10-12 und 15-17 Uhr. An Feiertagen geschl. 4 €. ☎ 04 94 69 45 18

La BRIGUE

Chapelle de l'Assomption et de l'Annonciation – Nur mit Führung nach vorheriger Anfrage beim Fremdenverkehrsamt (Office de tourisme).

Collégiale St-Martin – Führung möglich. Auskunft beim Fremdenverkehrsamt (Office de tourisme).

Le BROC

Kirche – Führungen 9-12 und 14-16 Uhr.

C

CABASSE

Église St-Pons – Auskunft beim Café auf dem Kirchenvorplatz.

CABRIS

ℹ 9 r. Frédéric-Mistral – 06530 CABRIS – ☎ 04 93 60 55 63

Grottes des Audides – Mitte Febr.-Ende Okt.: Führungen (3/4 Std.) tgl. außer Mo und Di 14-17 Uhr (Juli-Aug.: tgl. 10-18 Uhr): Nov.-Mitte Febr.: auf Anfrage. 1. und 8. Mai, Christi Himmelfahrt geschl. 4,57 € Grottes, 3,05 € Park (Kinder: 3,05 €/2,29 €). ☎ 04 93 42 64 15

CAGNES-SUR-MER

ℹ 6, boulevard Mar.-Juin, 06800 CAGNES-SUR-MER – ☎ 04 93 20 61 64
20 av. des Oliviers – CAGNES-SUR-MER – ☎ 04 93 07 67 08
ℹ 20 Avenue des Oliviers – ☎ 04 93 07 67 08

Église St-Pierre – 14-19 Uhr. An Regentagen geschl. ☎ 04 93 20 67 14

Chapelle Notre-Dame-de-Protection – Mo, Sa, So. 15-17 Uhr. 1. Jan., 1. Mai, 25. Dez. geschl. Eintritt frei. ☎ 04 93 20 61 64

Château-Musée – tgl. außer Di 10-12 und 14-17 Uhr (Mai-Sept.: 18 Uhr). 1. Jan., 1. Mai, 25. Dez. geschl. 3,05 €. ☎ 04 93 20 87 29

Musée Renoir – tgl. außer Di 10-12 und 14-17 Uhr (Mai-Sept.: 18 Uhr). 1. Jan., 1. Mai, 25. Dez. geschl. 3,05 €. ☎ 04 93 20 87 29

CALLAS

Kirche – Anfang Juli-Ende Aug.: Führungen Sa 10 Uhr.

CANNES

ℹ Palais des Festivals – 1, la Croisette – 06400 CANNES – ☎ 04 93 39 24 53
Im Ostflügel des Bahnhofs, CANNES – ☎ 04 93 99 19 77
ℹ Im Ostflügel des Bahnhofs (SNCF) – ☎ 04 93 99 19 77

La Malmaison – Während Wechselausstellungen geöffnet. 1,52 €. ☎ 04 93 38 55 26

Musée de la Castre – tgl. außer Di 10-12 und 14-17 Uhr (Apr.-Juni: 18 Uhr, Juli-Sept.: tgl. außer Di 10-12 und 15-19 Uhr). Jan. und an Feiertagen geschl. 1,52 €. ☎ 04 93 38 55 26

Chapelle Bellini – ♿ 14-17 Uhr, Sa/So: auf Anfrage. An Feiertagen geschl. Eintritt frei. ☎ 04 93 38 61 80

Église Orthodoxe St-Michel-Archange – Führungen auf vorherige Anfrage bei Herrn Wsevolojsky. ☎ 04 93 43 35 35

Le CANNET

ℹ Avenue du Campon – 06110 – ☎ 04 93 45 34 27

Chapelle St-Sauveur – ♿ 9-12 und 14-17.30 Uhr, Fr 9-12 und 14-16.30 Uhr auf Anfrage bei der Touristeninformation (Point d'Information tourisme). Eintritt frei. ☎ 04 93 46 74 00 oder 04 93 45 34 27

CAP FERRAT

ℹ 59 av. Denis-Semeria – 06230 ST-JEAN-CAP-FERRAT – ☎ 04 93 76 08 90

Musée Île-de-France – 10-18 Uhr (Nov.-Jan.: 14-18 Uhr, Sa/So und Feiertage 10-18 Uhr). Juli-Aug.: 10-19 Uhr. 7,62 €. ☎ 04 93 01 33 09

Zoo-Parc d'Acclimatation – ♿ 9.30-19 Uhr (Winter: 9.30-17.30 Uhr). 9,15 € (Kinder: 6,40 €). ☎ 04 93 76 07 60

La CELLE

Abbaye de La Celle – Führungen (1/2 Std.): Apr.-Okt.: 9.30-12 und 14-18 Uhr, Sa/So und Feiertage 10-12 und 14-18 Uhr. Nov.-März, wenden Sie sich an das Bürgermeisteramt (Mairie) für die Führungen. 1. Jan., 1. Mai, 1. und 11. Nov., 25. Dez. geschl. 3,50 €. ☎ 04 94 59 19 05

CHATEAUNEUF-VILLEVIEILLE

Église "Madone de Villevieille" – 9-18 Uhr. ☎ 04 93 79 23 76 oder 04 93 79 00 58

COARAZE

ℹ Pl. Ste-Catherine – 06390 COARAZE – ☎ 04 93 79 37 47

Chapelle Saint Sebastien – Führung möglich, Auskunft beim Fremdenverkehrsamt (Office de tourisme).

Notre-Dame-de-la-Pitié – Führungen auf vorherige Anfrage beim Fremdenverkehrsamt (Office de tourisme).

COGOLIN

ℹ Pl. de la République – 83310 COGOLIN – ☎ 04 94 55 01 10

Espace Raimu – ♿ Juli-Mitte Sept.: 10-12 und 16-19 Uhr, So 16-19 Uhr, Mitte Sept.-Ende Juni: 10-12 und 15-18 Uhr, So 15-18 Uhr. 1. Jan., Mitte-Ende Nov., 25 Dez. geschl. Preis nicht bekannt. ☎ 04 94 54 18 00

La COLMIANE

Via Ferrata du Baus de la Frema – tgl. 8.30-19 Uhr. Zugang: 3,05 €. Materialverleih beim Sportgeschäft Igloo Sport am Pass. Im Winter geschl. ☎ 04 93 23 25 90 oder 04 93 02 83 54

Colmiane Forest – Mi, Sa/So und Sommerferien 9-17 Uhr. Auskunft und Eintrittskarten bei Colmiane Accueil. ☎ 04 93 02 83 54

Pic de la Colmiane – Sessellift 10-18 Uhr (Sept.-Juni: Sa/So, Juli-Aug.: tgl.). 3,51 € (Pass möglich). ☎ 04 93 02 83 54

COURSEGOULES

Kirche – 9-11.30 Uhr.

D

DRAGUIGNAN

Stadtführung – Juli-Aug.: Mi und Sa 10 Uhr. 3,05 €. Anmeldung beim Fremdenverkehrsamt (Office de tourisme).

Tour de l'Horloge – Nur Führungen (S. "Besichtigungen", S. 151).

Musée Municipal – ♿ tgl. außer So 9-12 Uhr und 14-18 Uhr, Mo 14-18 Uhr. An Feiertagen geschl. Eintritt frei. ☎ 04 94 47 28 80

Musée des Arts and Traditions Populaires de Moyenne Provence – tgl. außer Mo 10-12 und 14-18 Uhr, So und Feiertage 14-18 Uhr. 1. Jan., 1. Mai, Ostern, 25. Dez. geschl. 3,05 €. ☎ 04 94 47 05 72

Cimetière Américain and Mémorial du Rhône – ♿ 9-17 Uhr. Eintritt frei. ☎ 04 94 68 03 62

Musée de l'Artillerie – tgl. außer Sa/So 8.30-12 und 14.30-18 Uhr, Fr 8.30-12 und 14.30-17 Uhr. Mitte Dez.-Mitte Jan. und Feiertage geschl. Eintritt frei. ☎ 04 98 10 83 86

E

Île des EMBIEZ

Anfahrt – Anlegestelle du Brusc in Six-Four. 20-24 Überfahrten pro Tag (10 Min.) in beide Richtungen je nach Saison. 5,64 € Hin- und Rückfahrt (Kinder: 4,12 €).

Institut Océanographique Paul-Ricard – 10-12.30 und 13.30-17.30 Uhr. Juni, Sept.-März: Mi, Sa/So und Feiertage 14-17.30 Uhr. Dauer: 1/2 Std. 3,81 € (Kinder: 1,83 €). ☎ 04 94 34 02 49

ENTRECASTEAUX

Cours Gabriel-Péri – 83570 ENTRECASTEAUX – ☎ 04 94 04 40 50

Château – Öffnungszeiten am Eingang der Burg. 5,34 €. ☎ 04 94 04 43 95

ÈZE

Pl. du Gén.-de-Gaulle – 06360 ÈZE – ☎ 04 93 41 26 00

Ortsführung – Führungen (1 1/2 Std.) auf Anfrage beim Fremdenverkehrsamt (Office de tourisme). 4,57 €.

Kirche – Sommer: 9-19 Uhr (Winter: 9.30-18.30 Uhr). Auskunft beim Fremdenverkehrsamt (Office de tourisme). ☎ 04 93 41 26 00

Chapelle des Pénitents Blancs – Geschl., aber man kann durch das Gitter schauen.

Jardin Exotique – 9-18 Uhr (Juli-Aug.: 9-20 Uhr, Sept.: 9-19 Uhr. Okt.-Jan.: 9-17 Uhr). 1. Jan., 25. Dez. geschl. 2,28 €. ☎ 04 93 41 26 00

Astrorama – Letzter Einlaß 1 Std. vor Schließung. Fr, Sa 14-18 Uhr (Juli-Aug.: tgl. außer So 18-23 Uhr). 1. Jan., 25. Dez. geschl. 6 € (9 € mit Konferenz). ☎ 04 93 85 85 58

F

FALICON

Kirche – Do 15-17.30 Uhr). ☎ 04 93 84 14 56

FAYENCE

Pl. Léon-Roux – 83440 FAYENCE – ☎ 04 94 76 20 08

Notre-Dame-des-Cyprès – Sich an Herrn Rebuffel wenden im Weinkeller an der Chorhaube der Kirche 8-12 Uhr und ab 18 Uhr.

FRÉJUS

325 Rue Jean-Jaurès – 83600 – ☎ 04 94 51 83 83
1 Boulevard de la Libération – ☎ 04 94 51 48 42

Stadtführung – Fréjus ist „Ville d'Art et d'Histoire" (Stadt der Kunst und Geschichte). Es werden verschiedene Führungen (vier Rundwege von 2 Std. im historischen Stadtkern und Entdeckung der römischen Ruinen) angeboten, die von offiziell vom frz. Ministerium für Kultur und Kommunikation anerkannten Stadtführern durchgeführt werden. 3,8 €. Auskunft beim Fremdenverkehrsamt (Office de tourisme) oder im Internet unter www.vpah.culture.fr

Quartier épiscopal – Apr.-Sept.: 9-19 Uhr. Okt.-März: tgl. außer Mo 9-12 und 14-17 Uhr. 1. Jan., 1. Mai, 1. und 11. Nov., 25. Dez. geschl. 4 €. ☎ 04 94 51 26 30

Arènes – ♿ Apr.-Okt.: 10-13 und 14.30-18.30 Uhr, Nov.-März: 10-12 und 13.30-17.30 Uhr. 1. Jan., 1. Mai, 1. und 11. Nov., 25. Dez. geschl. Eintritt frei. ☎ 04 94 53 58 75

Pagode Bouddhique Hông Hiên – Nov.-Okt.: 9-12 und 14-18 Uhr. Nov.-März: 9-12 und 14-17 Uhr. 0,80 €. ☎ 04 94 53 25 29

Mémorial des Guerres en Indochine – tgl. außer Di 10-17.30 Uhr. 1. Jan., 1. Mai, 25. Dez. geschl. Eintritt frei. ☎ 04 94 44 42 90

Musée des Troupes de Marine – ept.: tgl. außer Di und Sa. 10-12 und 15-19 Uhr. Mitte Sept.-Mitte Juni: tgl. außer Di und Sa. 14-18 Uhr (Mitte Nov.-Mitte Febr.: 17 Uhr). 25. Dez.-1. Jan. und an Feiertagen geschl. Eintritt frei. ☎ 04 94 17 86 55

Parc Zoologique – Juni-Okt.: 9.30-18 Uhr. Apr.-Mai: 10-17.30. Nov.-März: 10-17 Uhr. 9,70 € (Kinder: 6,05€). ☎ 04 94 40 70 65

Chapelle Notre-Dame-de-Jérusalem – Apr.-Okt.: tgl. außer Di und So. 14.30-18.30 Uhr, Sa 10-13 und 14.30-18.30 Uhr, Nov.-März: 13.30-17.30 Uhr, Sa 9.30-12.30 und 13.30-17.30 Uhr.

G

La GARDE-FREINET

ℹ 1 Place Neuve – 83680 – ☎ 04 94 43 67 41

Chapelle St-Éloi – wg. Renovierung geschl.

GATTIÈRES

Kirche – wg. Renovierung geschl.

GONFARON

Écomusée du Liège – Jan.-Ende Dez.: tgl. außer Sa/So 14-18 Uhr, (letzter Einlaß 17 Uhr). An Feiertagen geschl. 3,81 €. Führungen auf vorherige Anfrage unter 04 94 78 25 65

Village de Tortues de Gonfaron – ♿ März-Ende Nov.: 9-19 Uhr. 7 € (Kinder: 4,50 €). ☎ 04 94 78 26 41

GOURDON

ℹ Mairie, Place de l'Église – 06620 – ☎ 04 93 09 68 25

Château – Juni-Sept.: 11-13 und 14-19 Uhr. Okt.-Mai: tgl. außer Di 14-18 Uhr. 4 €. ☎ 04 93 09 68 02

GRASSE

ℹ Palais des Congrès, 22, Cours H.-Cresp – 06130 – ☎ 04 93 36 66 66

Stadtführung – Grasse ist „Ville d'Art et d'Histoire". Es werden Führungen angeboten (1 Std. – verschiedene Themen: Geschichte, Parfümerie, Gärten), die von offiziell vom frz. Ministerium für Kultur und Kommunikation anerkannten Stadtführern durchgeführt werden. Juli-Mitte Sept.: Di, Do und Sa 17 Uhr. Kostenlos. Auskunft beim Fremdenverkehrsamt (Office de tourisme) oder im Internet unter www.vpah.culture.fr

Musée Provençal du Costume et du Bijou – Febr.-Okt.: 10-18 Uhr, Nov.-Jan.: 10-12 und 14-18 Uhr. Eintritt frei. ☎ 04 93 36 44 65

Musée de la Marine – Juni-Sept.: 10-19 Uhr , Okt.-Mai: tgl. außer So 10-17 Uhr. Nov. und an Feiertagen geschl. 3,05 €. ☎ 04 93 40 11 11

Musée d'Art et d'Histoire de Provence – Juni-Sept.: 10-19 Uhr, Okt.-Mai: tgl. außer Di 10-12.30 und 14-17.30 Uhr. Nov. und an Feiertagen geschl. 3,05 € 3,81 € (mit Ausstellung). ☎ 04 93 36 01 61

Cathédrale Notre-Dame-du-Puy – tgl. außer So-nachmittag.

Musée International de la Parfumerie – Juni-Sept.: 10-19 Uhr, Okt.-Mai: tgl. außer Di 10-12.30 und 14-17.30 Uhr. Nov. und an Feiertagen geschl. 3,05 € Dauerausstellung (3,81 € Wechselausstellung), 1. So im Monat Eintritt frei. ☎ 04 93 36 80 20

Villa-Musée Fragonard – S. Musée d'Art et d'Histoire de Provence.

H

HYÈRES

ℹ 3 Avenue Ambroise-Thomas BP 721 – 83400 – ☎ 04 94 01 84 50

Ancienne Collégiale St-Paul – Di-Sa 10-12 und 15-18 Uhr, Mo 15-18 Uhr, So 10-12.30. ☎ 04 94 00 55 50 (Kirche St Louis).

Jardins Olbius-Riquier – 7.30-20 Uhr (Winter: 7.30-17 Uhr). Tropenhaus: 8.30-11.30 und 14.30-17 Uhr, Sa 8.30-11.30 Uhr. Eintritt frei.

Villa de Noailles – Führungen (1 1/2 Std.): Mitte Juni-Mitte Sept.: Fr 16 Uhr. 4,57 € (Kinder: Eintritt frei). Auskunft beim Fremdenverkehrsamt (Office de tourisme), ☎ 04 94 01 84 40

Musée Municipal – ♿ tgl. außer Di und Sa/So 10-12 und 14.30-17.30 Uhr. 25. Dez.-1. Jan. und an Feiertagen geschl. Eintritt frei. ☎ 04 94 00 78 42

Parc du Château Ste-Claire – Sommer: 8-19 Uhr, Winter: 8-17 Uhr. Eintritt frei.

L

LEVENS

i 12 Rue du Docteur Faraut – 06670 – ☎ 04 93 79 71 00

Mairie – Besichtigung der Fresken, sich an das Sekretariat wenden, tgl. außer So. 8.30-12 und 13.30-16 Uhr, Di 13.30-16 Uhr, Sa 9-12 Uhr. ☎ 04 93 91 61 16

La LONDE-les-MAURES

Jardin des Oiseaux Exotiques – ♿ Juni-Sept.: 9-19 Uhr, Febr.-Mai und Okt.: 14-18 Uhr. Nov.-Ende Jan. geschl. 6,86 € (Kinder: 4,57 €). ☎ 04 94 35 02 15

LORGUES

i Place d'Antrechaux – 83510 – ☎ 04 94 73 92 37

Chapelle Notre-Dame-de-Benva – Besichtigung auf vorherige Anfrage beim Fremdenverkehrsamt (Office de tourisme), ☎ 04 94 73 92 37

Le LUC

i Château des Vintimille, Place de la Liberté – 83340 – ☎ 04 94 60 74 51

Musée Historique du Centre-Var – ♿ Mitte Juni-Mitte Okt.: tgl. außer So 14.30-17.30 Uhr (Juli-Mitte Sept.: tgl. außer So 15-18 Uhr), Mitte Okt.-Mitte Juni: auf Anfrage. An Feiertagen geschl. Eintritt frei. ☎ 04 94 60 70 12

Musée Régional du Timbre – ♿ tgl. außer Mo und Di 14.30-18 Uhr, Fr, Sa/So 10-12 und 14.30-18 Uhr (Okt.-Mai: 17.30 Uhr). Sept., 1. Jan., 1. Mai, 25. Dez. geschl. 1,50 €. ☎ 04 94 47 96 16

LUCÉRAM

i Mairie – 06440 – ☎ 04 93 91 60 50

Église Ste-Marguerite – tgl. außer Mo und Di 10-12 und 14-18 Uhr. Führungen: Auskunft beim Centre d'Interprétation du Patrimoine, ☎ 04 93 91 60 50

Chapelle St-Grat – Schlüssel beim Maison de Pays, ☎ 04 93 79 46 50

Chapelle Notre-Dame-de-Bon-Cœur – Schlüssel beim Maison de Pays, ☎ 04 93 79 46 50

M

Massif des MAURES

Arboretum de Gratteloup – tgl. Eintritt frei. ☎ 04 97 71 06 07

Monastère de la Verne – tgl. außer Di 11.-17 Uhr (Apr.-Okt.: 18 Uhr). Jan., Ostern, Christi Himmelfahrt, Pfingsten, 15. Aug., 1. Nov., 25. Dez. geschl. 4,57 € (Kinder: 2,29 €). ☎ 04 94 43 48 28

MENTON

i Palais de l'Europe, 8 Avenue Boyer – 06500 – ☎ 04 92 41 76 76

Stadtführung – Menton ist „Ville d'art et d'histoire" (Stadt der Kunst und Geschichte). Es werden Stadtführungen angeboten, die von offiziell vom frz. Ministerium für Kultur und Kommunikation anerkannten Stadtführern durchgeführt werden. Di 14.30 Uhr 5 €. Auskunft beim Maison du Patrimoine, 5 €. Ciapetta, ☎ 04 92 10 33 66 oder im Internet unter www.vpah.culture.fr

Musée Jean-Cocteau – tgl. außer Di 10-12 und 14-18 Uhr. An Feiertagen geschl. 3,05 €. ☎ 04 93 35 49 71

Basilique St-Michel-Archange – tgl. außer Sa-vormittag und Feiertage: 10-12 und 15-17.15 Uhr. Führungen Di 14.30 Uhr.

Musée des Beaux-Arts – tgl. außer Di 10-12 und 14.-18 Uhr. An Feiertagen geschl. Eintritt frei. ☎ 04 93 35 49 71

Hôtel de Ville – Besichtigung des Trauungssaals Jean Cocteau tgl. außer Sa/So 8.30-12.30 und 13.30-17 Uhr. An Feiertagen geschl. 1,53 €. Fremdenverkehrsamt (Office de tourisme). ☎ 04 92 10 50 00

Musée de Préhistoire Régionale – tgl. außer Di 10-12 und 14.-18 Uhr. An Feiertagen geschl. Eintritt frei. ☎ 04 93 35 49 71

Église Orthodoxe Russe – Führungen 4. Sa im Monat 16.30 Uhr. Man wende sich an die Maison du Patrimoine. 5 €.

Jardin du Val Rameh – Mai-Sept.: 10-12.30 und 15-18 Uhr. Okt.-Apr.: 10-12.30 und 14-17 Uhr. 3,05 €. ☎ 04 93 35 86 72

Jardin des Romanciers (Villa Fontana Rosa) – Führungen (2 Std.) durch den Garten Fr 10 Uhr. 5 €. ☎ 04 92 10 97 10

Serre de la Madone – Führungen (2 Std.): Mitte Febr.-Ende März und Anfang Okt.-11. Nov. 14.30 Uhr. Apr.-Mai 14.30 und 16.30 Uhr. Juni-Sept.: 9-17.30 Uhr. Mo geschl. 7,62 €. ☎ 04 93 57 73 90

Jardin de Maria Serena – Führungen (2 Std.) Di 10 Uhr. 5 €. ☎ 04 92 10 97 10

Fort Maginot de Ste-Agnès – Führungen (1 Std.): Juli-Sept.: 15-18 Uhr. Okt.-Juni: Sa/So 14.30-17.30 Uhr. 3 €. ☎ 04 93 35 84 58

Vallée des MERVEILLES

Visite guidée des gravures (Führungen) – Vallée des Merveilles: ab Herberge (Refuge) CAF des Merveilles. Juli-Aug.: 8, 11, 13 und 15 Uhr. Juni und Sept.: Mo, Fr und Sa/So 8 und 13 Uhr. Vallée de Fontanalbe: ab Herberge (Refuge) de Fontanalbe. Juni-Sept.: 8, 11 und 14 Uhr. 7,62 (Kinder: 3,81 €). Auskunft bei der Association Merveilles, Gravures et Découvertes (13 r. Antoine-Opperto – 06430 Tende – ☎ 06 86 03 90 13) oder bei der Touristeninformation (Point d'information) des Nationalparks in Castérino.

Principauté de MONACO

ℹ 2a, Boulevard des Moulins – 98030 – ☎ 00 377 92 16 61 66

Jardin Exotique – Mitte Mai-Mitte Sept.: 9-19 Uhr. Mitte Sept.-Mitte Mai: 9-18 Uhr oder bis Sonnenuntergang, je nach Monat. 19. Nov. und 25. Dez. geschl. 6,25 €. (Sammelbillet mit Grotte de l'Observatoire und Musée d'Anthropologie préhistorique). ☎ 00 377 93 15 29 80

Grotte de l'Observatoire – S. Jardin exotique.

Musée d'Anthropologie Préhistorique – Apr.-Sept.: 9-18.30 Uhr (Mitte Mai-Mitte Sept.: 19 Uhr). Febr.-März und Okt.: 9.18 Uhr. Jan. und Nov.: 9-17.30 Uhr. Dez.: 9-17 Uhr. 19. Nov. und 25. Dez. geschl. 6,25 € (Besichtigung des Jardin exotique inkl.). ☎ 00 377 93 15 80 06

Collection des Voitures Anciennes – ♿ 10-18 Uhr. 25. Dez. geschl. 4,57 € (Kinder: 2,29 €). ☎ 00 377 92 05 28 56

Musée Naval – ♿ 10-18 Uhr. 3,81 €. ☎ 00 377 92 05 28 48

Musée des Timbres et des Monnaies – ♿ 10-17 Uhr (Juli-Sept.: 18 Uhr). 3,04 €. ☎ 00 377 93 15 41 50

Monte Carlo Story – ♿ Juli-Aug. 11-17 Uhr (März-Okt. bis 17 Uhr); Nov.-Febr. 14-17 Uhr; Dez. geschl. 4,57 € (Kinder: 2,45 €). ☎ 00 377 93 25 32 33

Musée Océanographique – Apr.-Sept.: 9-19 Uhr. Okt.-März: 10-18 Uhr. Am Sonntag geschl., an dem der Große Preis von Monaco (Formel 1) stattfindet. 11 €. ☎ 00 377 92 16 77 93.

Musée de la Chapelle de la Visitation – ♿ tgl. außer Mo 10-16 Uhr. 1. Jan., 1. Mai, 1.-4. Juni, 19. Nov., 25. Dez. geschl. 3,05 €. ☎ 00 377 93 500 700

Historial des Princes de Monaco – ♿ Febr.-März: 11-17 Uhr. Apr.-Nov. und Ende Dez.-Anfang Jan.: 10-18 Uhr). 3,50 € (Kinder: 2 €). ☎ 00 377 93 30 39 05

Palais princier – Juni-Sept.: 9.30-18.30 Uhr. Okt.: 10-17 Uhr. 4,57 €. ☎ 00 377 93 25 18 31

Musée Napoléonien et des Archives du Palais – Juni-Sept.: 9.30-18.30 Uhr. Okt.-11. Nov.: 10-17 Uhr. Mitte Dez.-Ende Mai: tgl. außer Mo 10.30-12.30 und 14-17 Uhr. Mitte Nov.-Mitte Dez., 1. Jan., 25. Dez. geschl. 3,05 €. ☎ 00 377 93 25 18 31

Jardin Animalier – ♿ Juni-Sept.: 9-12 und 14-19 Uhr. März-Mai: 10-12 und 14-18 Uhr. Okt.-Febr.: 10-12 und 14-17 Uhr. 3,05 €. ☎ 00 377 93 25 18 31

Casino – Kein Zutritt unter 21 Jahre. Ab 12 Uhr. 7,62 €. Personalausweis erforderlich. ☎ 00 377 92 16 20 00

Jardin Japonais – ♿ 9 Uhr bis Sonnenuntergang. Eintritt frei. ☎ 00 377 93 15 22 77

Musée National de Monaco (des Poupées et Automates) – Ostern-Sept.: 10-18.30 Uhr (letzter Einlaß 1 Std. vor Schließung). Okt.-Ostern: 10-12.15 und 14.30-18.30 Uhr. 1. Jan., 1. Mai, 19. Nov., 25. Dez. und an den vier Tagen des Autorennens von Monaco geschl. 4,57 €. ☎ 00 377 93 30 91 26

MONS

ℹ Place St-Sébastien – 83440 – ☎ 04 94 76 39 54

Kirche – Führungen 14-18 Uhr auf Anfrage beim Fremdenverkehrsamt (Office de tourisme). ☎ 04 94 76 39 54

MOUANS-SARTOUX

Espace de l'Art Concret – Juni-Sept.: 11-19 Uhr, Okt.-Mai: 11-18 Uhr. 2,29 €. ☎ 04 93 75 71 50

MOUGINS

ℹ 15 Avenue Ch-Malet – 06250 – ☎ 04 93 75 87 67

Musée Municipal – Jan.-Mitte Apr.: tgl. außer Sa/So 10-17 Uhr. Mitte Apr.-Ende Okt.: 10-12 und 14-18 Uhr. Nov. und an Feiertagen geschl. Eintritt frei. ☎ 04 92 92 50 42.

Musée de la Photographie – Juli-Sept.: tgl. außer Mo und Di 14-20 Uhr. Okt.-Juni: tgl. außer Mo und Di 10-12 und 14-18 Uhr (Sonn- und Feiertage: 14-18 Uhr). Nov. geschl. 0,76 €. ☎ 04 93 75 85 67

Ermitage Notre-Dame-de-Vie – So-vormittags während des Gottesdienstes geöffnet.

Musée de l'Automobiliste – Apr.-Sept.: 10-19 Uhr, Okt.-Mai: 10-18 Uhr. Mitte Nov.-Mitte Dez. geschl. 6,1 € (Kinder: 3,81 €). ☎ 04 93 69 27 80

Clocher de l'église – Juli-Sept: tgl. außer Mo und Di 14-20 Uhr. Okt.-Juni: tgl. außer Mo 10-12 und 14-18 Uhr (So und Feiertage: 14-18 Uhr). Nov. geschl. Schlüssel beim Musée de la Photographie. Eintritt frei. ☎ 04 93 75 85 67

N

La NAPOULE

Château-Musée – ♿ Führungen (1 Std.): März-Ende Okt. tgl. außer Di 14.30-17.30 Uhr (Juli-Aug.: tgl. außer Di 14.30-18.30 Uhr). 1. Mai geschl. 3,80 €. ☎ 04 93 49 95 05

NICE

ℹ Avenue Thiers – 06000 – ☎ 04 93 87 07 07
ℹ 2 Rue Massenet – 06000 – ☎ 04 93 87 60 60

Stadtführung – Besichtigung der barocken Altstadt Nizzas (1 1/2 Std.) Di und So 15 Uhr. 3,05. Auskunft beim Palais Lascaris, 15 r. Droite, ☎ 04 93 62 72 40

Musée des Arts Asiatiques – ♿ tgl. außer Di 10-17 Uhr (Mai-Mitte Okt.: tgl. außer Di 10-18 Uhr). 1. Jan., 1. Mai, 25. Dez. geschl. 5,34 €, 1. So im Monat Eintritt frei. ☎ 04 92 29 37 00

Teezeremonie – So (außer Aug.) 15 und 16 Uhr. 7,62 €. Eine Woche im voraus reservieren. ☎ 04 92 29 37 02

Palais Masséna: Musée d'Art et d'Histoire – wg. Renovierung geschl. Wiedereröffnung voraussichtl. im 1. Quartal 2004.

Château: Aufzug – Apr.-Sept.: 9-19 Uhr (Juni-Aug.: 9-20 Uhr). Okt.-März: 10-18 Uhr, letzte Fahrt 1/2 Std. vor Schließung. 0,84 € Hin- und Rückfahrt, 0,58 € Einfache Fahrt. ☎ 04 93 85 62 33

Musée Naval – Juni-Sept.: tgl. außer Mo und Di 10-12 und 14-19 Uhr, Okt.-Mai: 10-12 und 14-17 Uhr. Mitte Nov.-Mitte Dez. geschl. 2,29 €(Kinder: 1,37 €). ☎ 04 93 80 47 61

Église St-Martin-St-Augustin – tgl. außer Mo und So-nachmittag 8.30-12 und 14-16 Uhr. ☎ 04 93 92 60 45

Palais Lascaris – tgl. außer Mo 10-12 und 14-18 Uhr. Nov., 1. Jan., Ostern, 1. Mai und 25. Dez. geschl. Eintritt frei. ☎ 04 93 62 72 40

Chapelle de la Miséricorde – Di 14.30-17.30 Uhr, sonst auf Anfrage bei Herrn Dunan, 2 pl. Pierre-Gautier 06300 Nice.

Musée Marc-Chagall – ♿ tgl. außer Di 10-17 Uhr (Juli-Sept.: 18 Uhr), letzter Einlaß 1/2 Std. vor Schließung. 1. Jan, 1. Mai, 25. Dez. geschl. 4,57 €. (Ausstellung 5,79 €) ☎ 04 93 53 87 20

Musée Matisse (Villa des Arènes) – ♿ tgl. außer Di 10-17 Uhr (Apr.-Sept.: 18 Uhr). 1. Jan., 1. Mai, 25. Dez. geschl. 3,81 €. ☎ 04 93 81 08 08

Musée Archéologique – ♿ tgl. außer Mo 10-13 und 14-17 Uhr (Apr.-Sept.: tgl. außer Mo 10-12 und 14-18 Uhr). Mitte Nov.-Anfang Dez., 1. Jan., 1. Mai, 25. Dez. geschl. 3,81 €, inkl. Zugang zur Ausgrabungsstätte, 1. So im Monat Eintritt frei. ☎ 04 93 81 59 57

Site Archéologique Gallo-Romain – S. Musée archéologique (archäologisches Museum).

Musée Franciscain– tgl. außer So 10-12 und 15 18 Uhr. An Feiertagen geschl. Eintritt frei. ☎ 04 93 81 00 04

Musée des Beaux-Arts Jules-Chéret – tgl. außer Mo 10-12 und 14-18 Uhr. 1. Jan., 1. Mai, 25. Dez. geschl. 3,80 €, 1. So im Monat Eintritt frei. ☎ 04 92 15 28 28

Musée d'Art Naïf A.-Jakovsky – tgl. außer Di 10-12 und 14-18 Uhr. 1. Jan., Ostern, 1. Mai, 25. Dez. geschl. 3,81 €, 1. So im Monat Eintritt frei. ☎ 04 93 71 78 33

Faculté de droit (Mosaik) – Während des Semesters tgl. außer Sa/So 9-11.30 und 14-17 Uhr. ☎ 04 92 15 70 01

Parc Phoenix – ♿ Mitte März-Mitte Okt. 9-19 Uhr. Mitte Okt.-Mitte März 9-17 Uhr. 6,40 € (Kinder: 3,81 €). ☎ 04 93 18 03 33

Musée d'Art Moderne et d'Art Contemporain – tgl. außer Di 10-18 Uhr. 1. Jan., Ostersonntag, 1. Mai, 25. Dez. geschl. 3,81 €, 1. So im Monat Eintritt frei. ☎ 04 93 62 61 62

Acropolis-Palais des Congrès – Führungen auf vorherige Anfrage. ☎ 04 93 92 82 35

Museum d'Histoire Naturelle – tgl. außer Mo 10-12 und 14-18 Uhr. Mitte Aug.-Mitte Sept., 1. Jan., Ostern, 1. Mai, 25 Dez. geschl. Preis nicht bekannt. ☎ 04 93 55 15 24

Cathédrale Orthodoxe Russe – So-vormittag und an orthodoxen Festtagen vormittags geschl. 2,29 €. ☎ 04 93 96 88 02

St-Barthélemy – tgl. 8-12 und 14.30-18.30 Uhr (So 8-12 Uhr)

Église Ste-Jeanne-d'Arc – tgl. 8.30-11.30 und 15.30-18 Uhr. Auskunft unter 04 93 84 54 60

Prieuré du Vieux-Logis – Führungen (3/4 Std.) Mi, Do, Sa, 1. So im Monat. 15-18 Uhr. Eintritt frei. ☎ 04 93 88 11 34

Musée de Terra Amata – tgl. außer Mo 9-12 und 14-18 Uhr. 1. Jan., Ostern, 1. Mai, 25. Dez. geschl. 3,81 € (Kinder: Eintritt frei), 1. So im Monat Eintritt frei. ☎ 04 93 55 59 93

Observatoire du Mont-Gros – Führungen (2 Std.) Sa 15 Uhr. 4,5 €. ☎ 04 93 85 85 58

Église St-François-de-Paule – tgl. außer So

NOTRE-DAME-DE-LAGHET

Sanctuaire Notre-Dame-de Laghet: Musée – Sanctuaire: tgl. außer Di. 7.30-21.30 Uhr. Museum: im Sommer: tgl. außer Di. 15.30-17.30 Uhr, im Winter: tgl. außer Di 15-17 Uhr. In den ersten beiden Januarwochen geschl. Eintritt frei. ☎ 04 93 41 50 50

Chapelle NOTRE-DAME-DES-FONTAINES

Chapelle – Führungen 15-17 Uhr. Auskunft beim Fremdenverkehrsamt von La Brigue (Office de tourisme).

P

PEILLE

ℹ Mairie – 06440 – ☎ 04 93 91 71 71

Kirche – Führungen auf vorherige Anfrage beim Pfarrer unter ☎ 04 93 79 50 73

Via Ferrata – Preise: 3,05 €. Verleih von Ausrüstungsmaterial in der Bar Absinthe. Führungen: Auskunft bei den Bergführern in Sospel oder Tende. ☎ 04 93 91 71 71

PEILLON

ℹ Mairie – 06440 – ☎ 04 93 79 91 04

Chapelle des Pénitents-Blancs – Führungen auf Anfrage eine Woche im Voraus beim Bürgermeisteramt (Mairie). ☎ 04 93 79 91 04

Île de PORQUEROLLES

Bureau d'information – Informationszentrum (Bureau d'information) im Dorf und am Hafen, Porquerolles, ☏ 04 94 58 33 76

Conservatoire Botanique National Méditerranéen – Mai-Sept.: 9.30-12.30 und 13.30-17 Uhr. ☏ 04 94 12 30 32

Fort Ste-Agathe – Mai-Ende Sept.: 10-12 und 14-17.30 Uhr. 3,81 €. ☏ 04 94 12 30 40

Leuchtturm (Phare) – Führungen 10-12 und 14-16 Uhr. Eintritt frei. Während der Öffnungszeiten kann der Leuchtturm aus technischen Gründen geschlossen werden.

Île de PORT-CROS

Fort de l'Estissac – Eintritt frei Mai-Sept. Eintritt frei. ☏ 04 94 01 40 72

Sentier sous marin – Mitte Juni-Ende Sept.: Führungen mit einem Animateur des Parks (außer bei schlechtem Wetter). Kostenlos.

Le PRADET

ℹ Place du Général-de-Gaulle – 83220 – ☏ 04 94 21 71 69

Musée de la Mine de Cap-Garonne – Führungen (1 1/4 Std.) Schulferien: 14-17 Uhr (Juli-Aug.: letzte Fahrt 17.30 Uhr). Außerhalb der Schulferien: Mi, Sa/ So und Feiertage 14-17 Uhr. 1. Jan., 25. Dez. geschl. 6,10 €. ☏ 04 94 08 32 46

R

RAYOL-CANADEL-SUR-MER

ℹ Place du Rayol – 83240 – ☏ 04 94 05 65 69

Le domaine – Ende Jan.-Ende Nov.: (letzter Einlaß 3/4 Std. vor Schließung) 9.30-12.30 und 14.30-18.30 Uhr (Juli-Aug.: 9.30-12.30 und 15-19 Uhr), sonst nach Vereinbarung. 6,10 € (Kinder: 3,05 €). ☏ 04 98 04 44 00

Sentier marin – Nur Anfang Juli-Ende Aug.: Unterwasserführungen von Fauna und Flora des Mittelmeers (1 1/2 Std.) tgl. außer Sa. Nur mit Anmeldung und vorheriger Bezahlung. 12,20 € (Kinder: 9,15 €). Die gesamte Ausrüstung (Tauchanzug, Maske, Schwimmflossen, Schnorchel) wird gestellt.

ROQUEBILLIÈRE

Église St-Michel-du-Gast – Führungen auf Anfrage 10-12 und 14-18 Uhr. Eintritt frei. ☏ 04 93 03 45 62

ROQUEBRUNE-CAP-MARTIN

ℹ 214 Avenue Aristide-Briand – 06190 – ☏ 04 93 35 62 87

Donjon – Apr.-Sept.: 10-12.30 und 14-18.30 Uhr (Juli-Aug: 10-12.30 und 15-19.30 Uhr). Febr.-März und Okt.: 10-12.30 und 14-18 Uhr. Nov.-Jan.: 10-12.30 und 14-17 Uhr. 3,04 €. ☏ 04 93 35 07 22

Église Ste-Marguerite – 15-17.30 Uhr.

Le Cabanon de Le Corbusier – Führungen Di 10 Uhr und Fr 10 Uhr (Juli-Aug.: Di 10 Uhr, Fr 16 Uhr) nach Voranmeldung beim Fremdenverkehrsamt (Office de Tourisme). 7,62 €. ☏ 04 93 35 62 87

ROQUEBRUNE-SUR-ARGENS

ℹ 1 Rue Jean-Aicard – 83520 – ☏ 04 94 19 89 89

Église St-Pierre et St-Paul – tgl. nachmittags. ☏ 04 94 45 72 70

Chapelle St-Pierre – Auskunft beim Fremdenverkehrsamt (Office de tourisme), ☏ 04 94 45 72 70

Musée du Patrimoine Roquebrunois – ♿ Juni-Sept.: tgl. außer So und Mo 10-11.30 und 14-17.30 Uhr. Okt.-Mai: Do und Sa 10-12 und 14-18 Uhr. An Feiertagen geschl. 1,52 €. ☏ 04 94 45 34 28

Notre-Dame-de-Pitié – Auskunft beim Fremdenverkehrsamt (Office de tourisme), ☏ 04 94 45 75 51

S

ST-CÉZAIRE (Grottes)

Juli-Aug. Führung (3/4 Std.) 10.30-18.30 Uhr; Juni und sept. 10.30-12 und 14-18 Uhr; Mitte-Febr. Ende Mai und Okt.: 14.30-17 Uhr (Apr.-Mai bis 17.30 Uhr) Nov. bis Schulferien im Febr. einschl. 4,57 €. ☎ 04 93 60 22 35

ST-CYR-SUR-MER

Musée de Taurœntum – ♿ tgl. außer Di 15-18 Uhr. 2,29 €. ☎ 04 94 26 30 46

ST-DALMAS-VALDEBLORE

Kirche – Besichtigung auf vorherige Anfrage. Herr Alcoy. ☎ 04 93 02 82 29

Île ST-HONORAT

Monastère Moderne – 8.45-11.15 und 14-17.30 Uhr, So 8.45-9.40, 11.30-12.25 und 14-17.30 Uhr. Eintritt frei. ☎ 04 92 99 54 00

Kirche – tgl. 11.25 Uhr, So 9.50 Uhr.

ST-MARTIN-DE-PEILLE

Kirche – Aus Sicherheitsgründen geschl. ☎ 04 93 91 71 71

ST-MARTIN-VÉSUBIE

ℹ Place Félix-Faure – 06450 – ☎ 04 93 03 21 28

Vallon de la Madone de Fenestre – tgl. Mitte Juni-Mitte Sept.

ST-PAUL

ℹ Maison de la Tour, Rue Grande – 06570 – ☎ 04 93 32 86 95

Musée d'Histoire Locale – 10-12.30 und 13.30-17.30 Uhr. 1. Jan., 25. Dez. geschl. 3,05 €. ☎ 04 93 32 41 13

Fondation Maeght – 10-12.30 und 14.30-18 Uhr (Juli-Sept.: 10-19 Uhr). 7,62 € (-10 Jahre: Eintritt frei). ☎ 04 93 32 81 63

ST-PONS

Kirche – Nachmittags, auf vorherige Anfrage. ☎ 04 93 55 07 94 (vor 11 Uhr).

ST-RAPHAËL

ℹ Rue Waldeck-Rousseau – 83700 – ☎ 04 94 19 52 52

Musée Archéologique – Juni-Sept.: tgl. außer So und Mo 10-12 und 14-17.30 Uhr. Okt.-Mai: tgl. außer So und Mo 10-12 und 15-18.30 Uhr. An Feiertagen geschl. 1,52 €. ☎ 04 94 19 25 75

ST-TROPEZ

ℹ Quai Jean-Jaurès – 83990 – ☎ 04 94 97 45 21

L'Annonciade, Musée de St-Tropez – tgl. außer Di 10h-12 und 14-18 Uhr (Juni-Sept.: 10-12 und 15-19 Uhr). Nov., 1. Jan., 1. Mai, Christi Himmelfahrt, 25. Dez. geschl. 4,57 €. ☎ 04 94 97 04 01

Maison des Papillons – Apr.-Okt. und Mitte Dez.-Anfang Jan.: tgl. außer Di 10-12 und 14-18 Uhr (Juni-Okt.: tgl. außer Di 10-12 und 15-19 Uhr). 1., 16.-18. Mai, 14. Juli geschl. 3,05 €. ☎ 04 94 97 63 45

Musée Naval – Apr.-Sept.: tgl. außer Di 11-18 Uhr (letzter Einlaß 1/2 Std. vor Schließung). Okt.-März: tgl. außer Di 10-12 und 13-17 Uhr. Nov., 1. Jan., 1. Mai, Christi Himmelfahrt, 25. Dez. geschl. 3,81 €. ☎ 04 94 97 59 43

Presqu'île de ST-TROPEZ

Phare de Camarat – Mitte Juni-Ende Sept.: 14-17 Uhr.

ST-VALLIER-DE-THIEY

ℹ 10 Place de la Tour – 06460 – ☎ 04 93 42 78 00

Souterroscope de la Baume Obscure – Mai-Sept.: 10-17 Uhr, Sonn- und Feiertage 10-19 Uhr (Juli-Aug: 10-19 Uhr). Okt.-Apr.: tgl. außer Mo 10-17 Uhr. Mitte Dez.-Ende Jan. geschl. 7,62 € (Kinder: 3,81 €). ☎ 04 93 42 61 63

Observatoire du CERGA – Führungen (2 Std.): Mai-Ende Sept.: So 15.30 Uhr. 4,5 €. ☎ 04 93 85 85 58

Île STE-MARGUERITE

Circuit botanique – Entdeckung der Flora, Fauna und der historischen Reichtümer der Île Sainte. Ganzjährig. Preis nicht bekannt. Auskunft beim frz. Forstamt (ONF). ☎ 04 93 43 49 24

Fort Royal: Musée de la Mer – tgl. außer Di 10.30-12.15 und 14.15-16.30 Uhr (Juli-Sept.: 18.30, Apr.-Juni: 17.30 Uhr). Jan. und an Feiertagen geschl. 1,52 €. ☎ 04 93 38 55 26

STE-MAXIME

ℹ Promenade Simon-Loriere – 83120 – ☎ 04 94 55 75 55

Musée des Traditions Locales – tgl. außer Di 10-12 und 15-18 Uhr, Mo 15-18 Uhr. 2,29 €. ☎ 04 94 96 70 30

Musée du Phonographe et de la Musique Mécanique – ♿ Ostern-Ende Sept.: tgl. außer Mo und Di 10-12 und 15-18 Uhr. 3,05 €. ☎ 04 94 96 50 52

SAORGE

Couvent des Franciscains – Apr.-Okt.: tgl. außer Di 14-18 Uhr. Nov.-März: Sa/So 14-17 Uhr. 3,96 €. ☎ 04 93 04 55 55

SEILLANS

ℹ Rue du Valat – 83440 – ☎ 04 94 76 85 91

Notre-Dame-de-l'Ormeau – Juli-Aug.: Di und Do 11-12 Uhr, So 10.30-12.30 und 14-18 Uhr. ☎ 04 94 76 97 65. Sept.-Juni: Do 11-12 Uhr, So 10.30-12.30 Uhr auf vorherige Anfrage beim Fremdenverkehrsamt (Office de tourisme), ☎ 04 94 76 85 91

Musée – Mitte Juni-Mitte Sept.: tgl. außer So und Mo 10-12 und 15-19 Uhr. Mitte Sept.-Mitte Juni: 14-18 Uhr. 1. Jan., 1. Mai, 14. Juli, 25. Dez. geschl. 1,52 €. ☎ 04 94 76 85 91

La SEYNE-SUR-MER

ℹ Place Ledru-Rollin – 83500 – ☎ 04 94 94 73 09

Fort Balaguier: Musée Naval – Mitte Juni-Mitte Sept.: tgl. außer Mo 10-12 und 15-19 Uhr. Mitte Sept.-Mitte Juni: tgl. außer Mo 10-12 und 14-18 Uhr. 1. Jan., 1. Mai, 25. Dez. geschl. 1,52 €. ☎ 04 94 94 84 72

SIX-FOURS-LES-PLAGES

ℹ Promenade Charles-de-Gaulle – 83140 – ☎ 04 94 07 02 01

Collégiale St-Pierre – Sommer: 15-19 Uhr, So 9-12 und 15-19 Uhr. Winter: 14-18 Uhr, So 10-12 und 14-18 Uhr, ☎ 04 94 34 24 75

Chapelle de Notre-Dame-du-Mai – Besichtigung auf Anfrage bei Herrn Peyrat. ☎ 04 94 25 50 39

Chapelle Notre-Dame-de-Pépiole – Führungen 15-18 Uhr.

SILLANS-LA-CASCADE

Office de tourisme (Fremdensverkehrsamt) – ☎ 04 94 04 78 05

SOLLIÈS-VILLE

Église – Auskunft bei Maison Jean-Aicard.

Maison Jean-Aicard – Führungen (1/4 Std.): Mai-Okt.: tgl. außer So und Di 10 Uhr, Mo 14.30-16-30 Uhr, Nov.-Apr.: außer So-Mo-vormittags und Di, 2. und 3. Wochenende im Monat 10 Uhr, 14-16 Uhr. 1. Jan., Pfingsten, Ostern, 1. Nov., 25. Dez. geschl. Eintritt frei. ☎ 04 94 33 72 02

SOSPEL

ℹ Le Pont-Vieux – 06380 – ☎ 04 93 04 15 80

Fort St-Roch – Führungen (1 1/2 Std.): Apr.-Ende Okt.: Sa/So und Feiertage 14-18 Uhr (Juni-Sept.: tgl. außer Mo). 3,81 € (Kinder: 2,29 €). ☎ 04 93 04 14 41 oder ☎ 04 93 04 00 70

T

TAMARIS-SUR-MER

Villa Tamaris-Pacha – tgl. außer Mo 14-18 Uhr. 1. Jan., 1. Mai, 25. Dez. geschl. Eintritt frei. ☎ 04 94 06 84 00

TENDE

ℹ Avenue du 16-Septembre-1947 – 06430 – ☎ 04 93 04 73 71

Musée des Merveilles – ♿ Mai-Mitte Okt.: tgl. außer Di 10-18.30 Uhr. Mitte Okt.-Ende Apr.: tgl. außer Di 10-17 Uhr. Mitte-Ende März und Mitte-Ende Nov., 1. Jan., 25. Dez. geschl. 4,57 €, 1. So im Monat Eintritt frei. ☎ 04 93 04 32 50

Abbaye du THORONET

Abbaye (Kloster) – Apr.-Sept.: 9-19 Uhr, So 9-12 und 14-19 Uhr. Okt.-März 10-13 und 14-17 Uhr. 1. Jan., 1. Mai, 1. und 11. Nov., 25. Dez. geschl. 5,49 €. ☎ 04 94 60 43 90

TOULON

ℹ Place Raimu – 83000 – ☎ 04 94 18 53 00

Visites guidées de la ville – Treffpunkt beim Fremdenverkehrsamt (Office de tourisme) zur Besichtigung der Altstadt (1 1/2 Std.). Juli-Aug.: Di-Fr 10 Uhr. Sept.-Juni: Mi und Fr 14 Uhr. 3,5 €.

Musée de la Marine – Apr.-Sept.: 10-18.30 Uhr). Okt.-März: tgl. außer Di 10-12 und 14-18 Uhr. 1. Jan., 1. Mai, Nov., 25. Dez. geschl. 4,57 €. ☎ 04 94 02 02 01

Église St-François-de-Paule – tgl. außer So 10-12 und 15-18 Uhr.

Musée du Vieux Toulon – tgl. außer So 14-17.45 Uhr. An Feiertagen geschl. Eintritt frei. ☎ 04 94 62 11 07 oder ☎ 04 94 92 29 29.

Muséum – 9.30-12 und 14-18 Uhr, Sa/So 13-18 Uhr. An Feiertagen geschl. Eintritt frei. ☎ 04 94 36 81 10

Musée d'Art – tgl. außer So 14-17.45 Uhr. An Feiertagen geschl. Eintritt frei. ☎ 04 94 93 15 54

Musée de la Figurine – ♿ Di-Sa 10-12.30 und 13.30-18 Uhr. Eintritt frei. ☎ 04 94 93 07 59

Schiffsfahrt durch die Reede – Anlegestelle: Quai Cronstad, bei der Préfecture maritime. Mitte Apr.-Ende Okt.: vor und nachmittags Besichtigung (1 Std.) der Reede. 8,38 €. Reservierungen: SNRTM, 1247 rte du Faron, ☎ 04 94 62 41 14

Téléphérique du Mont Faron – Juni-Sept.: tgl. außer Mo 9.30-12 und 14-18.30 (Mitte Juni-Mitte Sept.: tgl. außer Mo 9.30-19, Juli-Aug.: 19.45 Uhr). Okt.-Mai: tgl. außer Mo 9.30-12 und 14-17.30 Uhr (Apr.-Mai und Okt.: 18 Uhr). Dez.-Jan. und an Feiertagen geschl. (außer 14. Juli und 15. Aug.). 5,79 € Hin- und Rückfahrt (Kinder: 3,96 €), 8,54 € Sammelbillet mit Zoo (Kinder: 5,49 €). ☎ 04 94 92 68 25

Mont Faron: Zoo – Mai-Sept.: 10-18.30 Uhr. Okt.-Apr.: 14-17.30 Uhr. 6,10 € (Kinder: 4,60 €). ☎ 04 94 88 07 89

Tour Royale – Apr.-Sept.: 10-18.30 Uhr). Okt.-März: auf Anfrage. Nov., 1. Jan., 1. Mai, 25. Dez. geschl. 4,57 €. ☎ 04 94 02 02 01

Musée-Mémorial du Débarquement en Provence – ♿ Juli-Sept.: 9.45-12.45 und 13.45-18.30 Uhr (letzter Einlaß 1 Std. vor Schließung), Mai-Juni: tgl. außer Mo 9.45-12.45 und 14-18 Uhr. Okt.-Apr.: tgl. außer Mo 9.45-11.45 und 14-17.30 Uhr. 3,65 €. ☎ 04 94 88 08 09

TOURRETTE-LEVENS

Kirche – Führungen auf vorherige Anfrage beim Pfarrsekretariat unter ☎ 04 93 91 00 41

Château: musée d'histoire naturelle – Juli-Sept.: 14-18.30, Apr.-Juni: 14-18 Uhr. Okt.-März: 14-17.30 Uhr. Eintritt frei. 1. Jan. geschl. ☎ 04 93 91 03 20

TOURRETTES-SUR-LOUP

ℹ 5 Route de Vence – 06140 – ☎ 04 93 24 18 93

Stadtführung– Auskunft beim Fremdenverkehrsamt (Office de tourisme).

Chapelle St Jean – Auf Anfrage beim Bürgermeisteramt (Mairie), ☎ 04 93 59 30 11

TOURTOUR

i Avenue des Ormeaux – 83690 – ☎ 04 94 70 54 36

Musée des Fossiles – Mitte Juni-Mitte Sept.: tgl. außer Di 14-18 Uhr, Schulferien (Zone B): tgl. außer Di 15-17 Uhr. Ansonsten: Di auf vorherige Anfrage beim Bürgermeisteramt (Mairie). Eintritt frei. ☎ 04 94 70 57 20 oder 04 94 70 56 06

Moulin à Huile – Mitte Juni-Mitte Sept.: Öffnungszeiten je nach den ausstellenden Künstlern. Mitte Sept.-Mitte Juni geschl. Eintritt frei. ☎ 04 94 70 57 20 oder 04 94 70 56 06

La TURBIE

Le Trophée des Alpes – Mitte Juni-Mitte Sept.: 9.30-19 Uhr. Apr.-Mitte Juni: 9.30-18 Uhr. Mitte Sept.-Ende März: tgl. außer Mo 10-17 Uhr. 1. Jan., 1. Mai, 1. und 11. Nov., 25. Dez. geschl. 3,96 €. ☎ 04 93 41 20 84

Forêt de TURINI

Col St-Jean: Fort Suchet – Juli-Ende Aug., Auskunft beim Fremdenverkehrsamt (Office de tourisme) vom Sospel, ☎ 04 93 04 15 80

V

Le VAL

Musée du Santon – tgl. außer Mo 9.30-12 und 14-17.30 Uhr (Juli-Aug.: tgl. außer Mo 10-12.30 und 14.30-18 Uhr). Lebende Krippe 10.30, 11.30, 14.30, 15.30 und 16.30 Uhr. An Feiertagen geschl. 1,52 ☎ 04 94 37 02 21

Musée d'Art Sacré – ♿ S. Musée du Santon.

Musée de la Figurine Historique – Apr.-Okt.: tgl. außer Mo 9-12 und 14-18.30 Uhr (Okt.: 9-12 und 14-17.30 Uhr. (Nov.-März: tgl. außer Mo 9.30-12 und 14-17.30 Uhr. 1. Jan. und 25. Dez. geschl. 1,52 €. ☎ 04 94 37 02 21

VALBONNE

i Espace de la Vignasse – 06560 – ☎ 04 93 12 34 50

Musée du Patrimoine – Mai-Sept.: tgl. außer Mo 15-19 Uhr. Okt.-Mai: tgl. außer Mo 14-18 Uhr. Ende Dez.-Ende Jan. geschl. 3,75 €. ☎ 04 93 12 96 54

VALLAURIS

i Square du 8-Mai-1945 – 06227 – ☎ 04 93 63 82 58

Musée National "La Guerre et la Paix" – tgl. außer Di 10-12 und 14-18 Uhr (Juni-Sept.: tgl. außer Di 10-18.30 Uhr). 1. Jan., 1. Mai, Allerheiligen, 25. Dez. geschl. 2,59 €, 1. So im Monat Eintritt frei. ☎ 04 93 64 98 05

Musée Magnelli - Musée de la Céramique – S. Musée national La Guerre et la Paix

Musée de la Poterie – ♿ Mai-Okt.: 9-18 Uhr, Sonn- und Feiertage 14-18 Uhr. Febr.-Apr. 14-18 Uhr. Nov.-Jan. geschl. 2,29 €. ☎ 04 93 64 66 51

VARAGES

Kirche – Führungen auf Anfrage bei Frau Mione, ☎ 04 94 77 66 36

Musée des Faïences – Ende Juni-Mitte Sept.: 15-19 Uhr. 2,29 €. ☎ 04 94 77 60 39

Atelier de Faïence – ♿ tgl. außer Do 9-12 und 15-18 Uhr. ☎ 04 94 77 64 10

VENANSON

Chapelle St-Sébastien – Besichtigung auf vorherige Anfrage beim Herrn Pfarrer oder im Restaurant "La Bella Vista". ☎ 04 93 03 25 11

VENCE

i Place du Grand-Jardin – 06140 – ☎ 04 93 58 06 38

Chapelle du Rosaire (Chapelle Matisse) – Mo, Mi und Sa 14-17.30, Di und Do 10-11.30 und 14-17.30 Uhr, So 10.45-11.45 Uhr. Zusätzl. Besichtigung Fr in den Schulferien 14-17.30 Uhr. ☎ 04 93 58 03 26

Château de Villeneuve-Fondation Émile-Hugues – tgl. außer Mo 10-12.30 und 14-18 Uhr (Juli-Sept.: tgl. außer Mo 10-18 Uhr). 1. Jan., 1. Mai, 25. Dez. geschl. 4,57 €. ☎ 04 93 24 24 23 oder 04 93 58 15 78

Cathédrale – Sommer: Möglichkeit der Besichtigung der Kirchenstühle. ☎ 04 93 58 42 00

Galerie Beaubourg-Château Notre-Dame-des-Fleurs – tgl. außer So 11-19 Uhr (Okt.-März: tgl. außer So und Mo 11-17.30 Uhr). ☎ 04 93 24 52 00

VIEUX-PIERREFEU

Musée "Hors du temps" – Juli-Aug.: 10-12 und 15-19 Uhr. Sonst. Besichtigung auf vorherige Anfrage beim Bürgermeisteramt (Mairie). 1,52 €. ☎ 04 93 08 58 18

VILLECROZE

ℹ Rue Ambroise-Croizat – 83690 – ☎ 04 94 67 50 00

Grottes – Führungen (1/4 Std.): Juli-Mitte Sept.: 10-12 und 14.30-19 Uhr. Mai-Juni: 14-18 Uhr. Weihnachtsferien: 14-18 Uhr. März und Mitte Sept.-Mitte Okt.: Sa/So 14-18 Uhr. Mitte Okt.-Weihnachtsferien geschl. 1,52 €. ☎ 04 94 70 63 06

VILLEFRANCHE-SUR-MER

ℹ Jardin François-Binon – 06230 Villefranche-sur-Mer – ☎ 04 93 01 73 68

Visites guidées de la ville – Stadtführungen (1 3/4 Std.) organisiert vom Fremdenverkehrsamt (Office de tourisme) Mi 10 Uhr. 4,57 € Frühstück und kommentierte Besichtigung der Jardins Volti Mai-Okt. Fr 9 Uhr. 7,62 €.

Chapelle St-Pierre – Mitte Juni-Mitte Sept.: tgl. außer Mo 10-12 und 16-20.30 Uhr. Mitte Sept.-Mitte Dez.: tgl. außer Mo 9.30-12 und 14-18. Mitte Dez.-Mitte März: tgl. außer Mo 9.30-12 und 14-17 Uhr. Mitte März-Mitte Juni: tgl. außer Mo 9.30-12 und 15-19 Uhr. Mitte Nov.-Mitte Dez., 25. Dez. geschl. 1,83 €. ☎ 04 93 76 90 70

Collection Roux – Juni-Sept.: tgl. außer Di 9-12 und 15-18 Uhr, So 15-18 Uhr (Juli-Aug.: tgl. außer Di 10-12 und 15-19 Uhr, So 15-19 Uhr). Okt.-Mai: tgl. außer Di 10-12 und 14-17 Uhr, So 14-17 Uhr. An manchen Feiertagen geschl. Eintritt frei. ☎ 04 93 76 33 27

Musée Volti – Juli-Aug.: tgl. außer Di 10-12 und 15-19 Uhr, So 15-19 Uhr. Juni und Sept.: tgl. außer Di 9-12 und 15-18 Uhr, So 15-18 Uhr. Okt.-Mai: tgl. außer Di 10-12 und 14-17 Uhr, So 14-17 Uhr. Nov., 1. Jan., 1. Mai, 25. Dez. geschl. Eintritt frei. ☎ 04 93 76 33 33

Musée Goetz-Boumeester – Juni-Sept.: tgl. außer Di 9-12 und 15-18 Uhr, So 15-18 Uhr (Juli-Aug.: tgl. außer Di 10-12 und 15-19 Uhr, So 15-19 Uhr). Okt.-Mai: tgl. außer Di 10-12 und 14-17 Uhr, So 14-17 Uhr. Nov., 1. Jan., 1. Mai, 25. Dez. geschl. Eintritt frei. ☎ 04 93 76 33 27

VILLENEUVE-LOUBET

ℹ 16 Avenue de la Mer – 06270 – ☎ 04 92 02 66 16

Musée de l'Art Culinaire – tgl. außer Mo 14-18 Uhr (Ende Juni-Ende Sept.: 19 Uhr). Nov. und an Feiertagen geschl. 3,80 €. ☎ 04 93 20 80 51

Musée d'Histoire et d'Art – 9-12 und 14-18 Uhr, Sa 9.30-12.30 Uhr, So 10-12 Uhr. 1. Jan., 1. Mai und 25. Dez. geschl. Eintritt frei. ☎ 04 92 02 60 56

Register

Cannes . . . . Ort, Sehenswürdigkeit, Reisegebiet
Alpes-Mar. . . . . Departement
Cäsar . . . . Historische Persönlichkeit bzw. Begriff aus Kunst oder Geschichte, ortsübliche Bezeichnung, die im Text beschrieben oder näher erklärt wird

Die meisten Sehenswürdigkeiten (Schloß, Kloster, Höhle etc.) erscheinen unter ihrem Eigennamen (siehe auch PRAKTISCHE HINWEISE, Wörterverzeichnis).

A

B

C

D

E

F

G

O

P

Q – R

S

T – U

V

W – Z

Notizen